鲍鹏山 著

孟子开讲

孟子卷第一
梁惠王章句上
凡七章

梁惠王上
（凡七章）

——

孟子卷第六
滕文公章句下
凡十章

滕文公下
（凡十章）

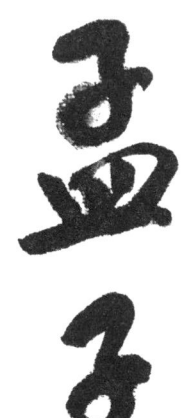

中国青年出版社

图书在版编目（CIP）数据

孟子开讲 / 鲍鹏山著 . — 北京 : 中国青年出版社，2023.8（2024.1 重印）
ISBN 978-7-5153-6963-1

Ⅰ. ①孟… Ⅱ. ①鲍… Ⅲ. ①儒家②《孟子》—研究 Ⅳ. ① B222.55

中国版本图书馆 CIP 数据核字（2023）第 083903 号

策　　划：吴晓梅工作室
责任编辑：马　绒
特约编辑：吴晓梅
书籍设计：吾然设计工作室
封面题签：苗冬青

出版发行：中国青年出版社
社　　址：北京市东城区东四十二条 21 号
邮政编码：100708
网　　址：www.cyp.com.cn
门 市 部：010-57350370
编 辑 部：010-57350510
印　　刷：北京中科印刷有限公司
经　　销：新华书店
开　　本：880 mm × 1230 mm　1/32
印　　张：34.375
字　　数：886 千字
版　　次：2023 年 8 月北京第 1 版
印　　次：2024 年 1 月北京第 2 次印刷
定　　价：218.00 元（全三册）

本图书如有印装质量问题，请凭购书发票与质检部联系调换
联系电话：（010）57350337

目录

001　例言
003　导言

001　卷一　梁惠王上（凡七章）
043　卷二　梁惠王下（凡十六章）
125　卷三　公孙丑上（凡九章）
181　卷四　公孙丑下（凡十四章）
247　卷五　滕文公上（凡五章）
287　卷六　滕文公下（凡十章）
341　卷七　离娄上（凡二十八章）
427　卷八　离娄下（凡三十三章）
527　卷九　万章上（凡九章）
579　卷十　万章下（凡九章）
627　卷十一　告子上（凡二十章）
715　卷十二　告子下（凡十六章）
791　卷十三　尽心上（凡四十六章）
921　卷十四　尽心下（凡三十八章）

1013　附录一　《孟子》的编撰与成书　衣抚生
1027　附录二　《孟子》字数统计明细
1030　附录三　主要参考文献
1039　后记

例　言

一、**版本**——以朱熹《四书章句集注》为底本，参考阮元校刻《十三经注疏》、焦循《孟子正义》等。对诸家版本差异之处，择善而从，择便而从，择易而从，取各家之长，存一己之得。

底本选取朱熹本，是因为朱熹本多用常见字。例如2.9，阮元本作"必使玉人彫琢之"，朱熹本作"必使玉人雕琢之"，"雕琢"为常见字。6.3，阮元本作"粢盛不絜"，朱熹本作"粢盛不洁"，"洁"为常见字。对于朱熹本的非常见字，则改从他本。例，"勾践"作为人名，在《孟子》中出现两次（2.3和13.9），朱熹本均作"句践"，阮元本则作"勾践"。"勾践"为常见字。13.39，阮元本作"亦教之孝悌而已矣"，朱熹本作"亦教之孝弟而已矣"，"孝悌"为常见字。与本书配套之《孟子正音诵读本》附录一《注音说明》总结了诸家版本诸多条重要差异，可参看。

二、**注释**——力避繁琐，务求明白简易，但于历来注家疑难之处，亦不惮展开讨论。对于前辈学者的分歧之处，简略梳理各家观点，力求不遗漏重要见解。理自不可异处，自然依从前人；势自不可同时，亦申一得之见。

三、**译文**——主要取直译，目的是让读者能逐字逐句和原文对照，以掌握古文特点。直译特别拗口时，也采用意译。力求翻译句子与原文句子一一对应，原文中一句话，翻译时也力求一句话以对应。个别意思跳脱处，翻译也注意补全逻辑环节。

四、**开讲**——《孟子》文本大多晓畅易懂，但义理深长，且对中国人的思想有深远影响。因此，开讲部分侧重于两点：一是解释文本自身的逻辑与文意——孟子为什么这样说，有什么针对性？逻辑脉络何在？二是阐释义理——文字背后的微言大义是什么？此义在中国思想史上有何地位与影响？对今天有何借鉴意义？本书对孟子的性善论、义利之辨与大丈夫精神等，尤为措意。

五、**成语**——《孟子》中的语言表达，不少已成为成语，本书也随时钩沉，以提示学习者注意记忆。

六、**正音**——本书只对一些生僻字注音。其他字各种特别读法，请参照我与衣抚生编校的《孟子正音诵读本》。

鲍鹏山

2023年2月，于上海偏安斋

导　言

孟子人格气质与时代

孟子（约公元前385，一说前372—前289年），名轲，字不详。[①] 战国中期邹国（今山东邹城）人，先秦儒家思想主要代表人物，地位仅次于孔子，后人称之为"亚圣"。韩愈《原道》将孟子列为继承孔子"道统"之人：

> 尧以是传之舜，舜以是传之禹，禹以是传之汤，汤以是传之文、武、周公，文、武、周公传之孔子，孔子传之孟轲。轲之死，不得其传焉。

《孟子》是孟子的言论汇编，由孟子与弟子共同编纂。后与《论语》《大学》《中庸》并列而为儒家经典"四书"，是"四书"中篇幅最大的一部，传世七篇十四卷，35384字（见本书附录二）。

孟子说过一句话："颂其诗，读其书，不知其人，可乎？是以论其

[①] 关于孟子的生年，见本书1.1章注释②。孟子的字在汉代以前没有记载，但曹魏、晋代之后传出有子车、子居、子舆、子展等不同的字，可能是后人的附会，未必可信。

世也，是尚友也。"（10.8）不同时代的人，有不同的气质和个性，一个人的性格、气质、态度，与社会、时代的性格、气质、态度正相关。身处战国时代的孟子和生活在春秋时代的孔子，个性就有很大的不同。黄仁宇先生《孔孟》说："《论语》中所叙述的孔子，有一种轻松愉快的感觉，不如孟子凡事紧张。"① 孟子出生时，孔子已经去世一百多年。他们不同的气质和个性，也可以说是春秋、战国两个不同的时代造就的。

子贡曾用五个字概括孔子的气质，"温、良、恭、俭、让"（《论语·学而》）。这是从西周到春秋，五六百年西周礼乐文化，对政治生活、社会生活以及个人行为熏陶约束的结果，而这种温柔、敦厚、宽博的气质，就集中体现在孔子身上。宽厚温煦的时代，才会养育宽厚温煦的人。孔子时代的贵族们也擅权谋私，也自相残杀，但是他们还有大气、大度、宽博、包容的一面，比如鲁国贵族就能包容孔子这样的鲁国现实政治的批判者。那个时代贵族阶层整体上也保有对礼乐的敬畏尊崇，比如"告朔"之礼虽然被疏忽，但鲁国国君还不敢明令废除，每月的一只羊还得宰杀。② 鲁国当权贵族"三桓"（孟孙氏、叔孙氏、季孙氏）中的孟僖子，遗嘱自己两个儿子向孔子学礼，也是一个代表性事实。因为政治观点、政治立场以及对传统文化的理解和尊崇程度不同，孔子屡次与"三桓"发生冲突。在鲁昭公与"三桓"发生武力冲突时，他公开站在鲁昭公这一边，对季氏的"八佾舞于庭"扬言："是可忍也，孰不可忍也！"嘲笑"三桓"之各种非礼："三家者以雍彻。子曰：'相维辟公，天子穆穆'，奚取于三家之堂？"警告他们："人而不仁，如礼何？人而不仁，如乐何？"③ 在鲁定公时他主持

---

① 黄仁宇《赫逊河畔谈中国历史》，北京：生活·读书·新知三联书店，1997年，第1页。
②《论语·八佾》："子贡欲去告朔之饩羊。子曰：'赐也！尔爱其羊，我爱其礼。'"
③《论语·八佾》。

"堕三都",拆孟孙氏、叔孙氏、季孙氏超出规制的封邑城墙——凡此种种公开对抗"三桓"的行为,"三桓"也没有如何报复孔子,比如关闭他的私学。孔子办学,带弟子们读《诗》《书》《易》《礼》《春秋》等典籍,不是纯粹的知识学习,而是以此参照和批评现实,他们几乎天天议论时政,直接批评国君、大夫。他的私学,实际上是当时舆论的策源地,是反对派的舆论场,但鲁国的君大夫们依然在经费、场地等方面赞助孔子办学。①能包容的政治,才能涵育出包容的社会;包容宽裕的社会,各种事业才有人做,各种创新创意才会层出不穷;而生活于这种社会中的人,其个性才会温厚、大度、谦和、恭谨、快乐、从容。孔子的气质,是那个时代的产物,甚至也可以看作是那个时代的气质。

孟子的气质与孔子截然不同:他咄咄逼人,锋芒毕露,正气浩荡,义气发扬。如果说孔子的个性如春天般温煦,孟子的性情便如夏天般猛烈。庄子与孟子同时代,庄子性格也激烈。孟子热讽,庄子冷嘲,都尖锐乃至尖刻。但庄子掉头不顾,所以水天空阔;孟子扑面而来,所以热浪滚滚。读《孟子》《庄子》《商君书》,与《论语》对照,就能感受到战国时期与春秋时期截然不同的社会氛围。战国时代的人往往极端、激烈、刻薄——看孟子、庄子,何等愤怒;看商鞅、韩非,何等惨礉。那是一个咬牙切齿、口谤腹诽、怒形于色、众口嚣嚣的时代。

孟子对他那个时代,有十二个字的描述:"圣王不作,诸侯放恣,处士横议。"(6.9)这十二个字,是战国现实的洞察和描述,但却是带着历史眼光和维度的。因为孟子讲这句话的立足点,是周朝

---

① 《孔子家语·致思》:孔子曰:"季孙之赐我粟千钟也,而交益亲,自南宫敬叔之乘我车也,而道加行。故道虽贵,必有时而后重,有势而后行,微夫二子之贶财,则丘之道,殆将废矣。"

"家天下"：在周朝的制度中，天子、诸侯、大夫、士，是社会权力系统的基本骨架。"圣王不作"，即天子退出，因为无有大家长的约束而"诸侯放恣"，因为王官之学的凋零而纷纷出入"二心私学"①，从而"处士横议"，百家争鸣。所以，当"圣王不作"的时候，战国最活跃的是两类人：诸侯和诸子（处士），诸侯"放恣"，诸子"横议"。鲁迅评价屈原时说他"放言无惮，为前人所不敢言"②，其实不只屈原，放言无惮地"横议"是当时处士们普遍的风气。自由的空气产生有价值的思想，自由的时代造就伟大的人物。胡适说："包容有时候比自由更重要。"③那个时代，在列国纷争的大背景下，形成了两个开放性的市场：人才市场和思想市场。人才市场使得当时的"士人"因为可以朝秦暮楚而拥有更多的人身自由和安全保障，不像大一统时代读书人走投无路，不服从即不得食。恰恰相反，他们一言不合，即可掉头而去④。当时诸侯一般不敢杀戮士人，担心造成寒蝉效应使得自由流动的人才对本国裹足不前。相反，他们用各种待遇和灵活的机制吸引

---

① 《韩非子·诡使》："凡乱上反世者，常士有二心私学者也。"
② 鲁迅《摩罗诗力说》评价屈原文字："惟灵均将逝，脑海波起，通于汨罗，返顾高丘，哀其无女，则抽写哀怨，郁为奇文。茫洋在前，顾忌皆去，怼世俗之浑浊，颂己身之修能，怀疑自遂古之初，直至百物之琐末，放言无惮，为前人所不敢言。"（《鲁迅全集》第一卷《坟》，北京：人民文学出版社，2005年，第71页）今人认为，鲁迅的总结很好地概括了当时的时代，不只屈原如此。
③ 胡适《容忍与自由》："十七八年前，我最后一次会见我的母校康奈尔大学的史学大师布尔先生（George Lincoln Burr）。我们谈到英国文学大师阿克顿（Lord Acton）一生准备要著作一部《自由之史》，没有完成他就死了。布尔先生那天谈话很多，有一句话我至今没有忘记。他说：'我年纪越大，越感觉到容忍（tolerance）比自由更重要。'"（《胡适文集》第11册，北京大学出版社，1998年，第823页）
④ 《史记·三十世家·魏世家》："子击逢文侯之师田子方于朝歌，引车避，下谒。田子方不为礼。子击因问曰：'富贵者骄人乎？且贫贱者骄人乎？'子方曰：'亦贫贱者骄人耳。夫诸侯而骄人则失其国，大夫而骄人则失其家。贫贱者，行不合，言不用，则去之楚、越，若脱屣然，奈何其同之哉！'子击不怿而去。"

士人前来，齐国之"稷下学宫"以及"战国四公子"①之广招门客即是这种风气的体现。士人不仅因此获得极高社会地位，获得极其巨大的杠杆社会的能量，而且养成傲视王侯、颐指气使的脾气。"一怒而诸侯惧，安居而天下熄"（6.2），虽然说的是公孙衍、张仪这样的纵横家，其他士人的情况也差不多，比如孟子在他所到的齐国、梁国、滕国，都有很大的政治政策影响力和舆论影响力，还有着道德上的震慑力。而思想市场对智力和思想的旺盛购买力和激烈竞争，使得这个市场成为智力和思想的卖方市场，这个市场对思想的包容和激励，竟然实现了思想创新的历史最大值，从而释放出一个民族最大的思想创造力。

孟子周游列国，在齐国时间最长。"泱泱大国"这个词，最初就是用来形容齐国的。齐国疆域位于现今山东省大部、河北省南部，幅员辽阔，面朝大海，风气开放，②和鲁国的严谨、守礼相当不同③。

---

① 贾谊《过秦论》："当此之时，齐有孟尝，赵有平原，楚有春申，魏有信陵。此四君者，皆明智而忠信，宽厚而爱人，尊贤而重士。"（《史记·陈涉世家》）

② 泱泱之风，出自《左传·襄公二十九年》，是吴国著名公子季札在鲁国观乐时对齐国的评价（《史记·吴太伯世家》有引用）。杨伯峻《春秋左传注》："为之歌《齐》，曰：'美哉，泱泱乎！大风也哉！表东海者，其大公乎？国未可量也。'"（北京：中华书局，1981年，第1162页）

齐国性格的描述则出自《史记·货殖列传》。司马迁《货殖列传》："齐带山海，膏壤千里，宜桑麻，人民多文采布帛鱼盐。临菑亦海岱之间一都会也。其俗宽缓阔达，而足智，好议论，地重，难动摇，怯于众斗，勇于持刺，故多劫人者，大国之风也。其中具五民。"（《史记》卷一百二十九，北京：中华书局，1982年，第3265页）

③ 司马迁《货殖列传》："而邹、鲁滨洙、泗，犹有周公遗风，俗好儒，备于礼，故其民龊龊。颇有桑麻之业，无林泽之饶。地小人众，俭啬，畏罪远邪。"（《史记》卷一百二十九，北京：中华书局，1982年，第3266页）

司马迁《鲁周公世家》："鲁公伯禽之初受封之鲁，三年而后报政周公。周公曰：'何迟也？'伯禽曰：'变其俗，革其礼，丧三年然后除之，故迟。'太公亦封于齐，五月而报政周公。周公曰：'何疾也？'曰：'吾简其君臣礼，从其俗为也。'及后闻伯禽报政迟，乃叹曰：'呜呼，鲁后世其北面事齐矣！夫政不简不易，民不有近；平易近民，民必归之。'"（《史记》卷三十三，北京：中华书局，1982年，第1524页）

许多荒诞不经之言[①]都出自齐国,孟子说"齐东野语"(9.4),庄子说《齐谐》志怪(《逍遥游》),曹丕说"时有齐气"(《典论·论文》),都是在说齐之风气。什么是"齐气"?有说是"逸气",有说是"高气",大致不外乎是说齐这个面朝大海春暖花开的大国特有的那种大气、舒缓、夸诞的气质。齐国的开放、包容、恣纵,在齐威王、齐宣王、齐湣王时代,就呈现在"稷下学宫"。"稷下学宫"是一个集学术研究、交流、传播的平台和政府智库,是当时百家争鸣的策源地、舆论核心。有人怀疑孟子是稷下学宫的第一任祭

---

① 齐国、燕国是海上仙人传说最盛的地区。《史记》中的相关记载很多(北京:中华书局,1982年),略举几例如下:

一,"齐人徐市等上书,言海中有三神山,名曰蓬莱、方丈、瀛洲,仙人居之。请得斋戒,与童男女求之。于是遣徐市发童男女数千人,入海求仙人。"(《秦始皇本纪》,第247页)

二,"自齐威、宣之时,驺子之徒论著终始五德之运,及秦帝而齐人奏之,故始皇采用之。而宋毋忌、正伯侨、充尚、羡门高最后皆燕人,为方仙道,形解销化,依于鬼神之事。驺衍以阴阳主运显于诸侯,而燕齐海上之方士传其术不能通,然则怪迂阿谀苟合之徒自此兴,不可胜数也。"(《封禅书》,第1368~1369页)

三,"自威、宣、燕昭使人入海求蓬莱、方丈、瀛洲。此三神山者,其傅在勃海中,去人不远;患且至,则船风引而去。盖尝有至者,诸仙人及不死之药皆在焉。其物禽兽尽白,而黄金银为宫阙。未至,望之如云;及到,三神山反居水下。临之,风辄引去,终莫能至云。世主莫不甘心焉。及至秦始皇并天下,至海上,则方士言之不可胜数。"(《封禅书》,第1369~1370页)

四,"(汉武帝)求蓬莱安期生莫能得,而海上燕齐怪迂之方士多更来言神事矣。"(《封禅书》,第1386页)

五,"栾大,胶东宫人,故尝与文成将军同师,已而为胶东王尚方……大见数月,佩六印,贵震天下,而海上燕齐之间,莫不搤捥而自言有禁方,能神仙矣。"(《封禅书》,第1389~1391页)

六,"齐人之上疏言神怪奇方者以万数,然无验者。"(《封禅书》,第1397页)

酒①，相当于今天的社会科学院院长。齐国的"大气"，涵养和包容了孟子的"浩然之气"。

孟子的为人，自负，自大，自信，有担当。面对诸侯，以王者师自居，居高临下，以道统孔子之学，指点评骘时事时人，毫不假以辞色。

> 孟子曰："说大人，则藐之，勿视其巍巍然。堂高数仞，榱题数尺，我得志弗为也；食前方丈，侍妾数百人，我得志弗为也；般乐饮酒，驱骋田猎，后车千乘，我得志弗为也。在彼者，皆我所不为也；在我者，皆古之制也，吾何畏彼哉？"（《孟子·尽心下》）

这与孔子的"畏大人"②形成鲜明对比。在孟子看来，我孟轲具有的，大人们够不着；大人们贪得的，我孟轲看不上——吾何畏彼哉？这句话不仅极度轻蔑"大人"，而且简直就是直接怼孔子一般。

孟子不仅认为自己在道义上高出于那些诸侯大夫很多，给他们以极低的道德和智慧评分；同时，他也并不觉得需要遵循所谓礼制上的等级差别，谨守礼制给予他的"士"这个较低的社会身份，以及这个身份要求于他的谦卑态度。孟子是昂藏的，傲慢的，这甚至导致了他在行为上

---

① 这种说法的主要依据是西汉著作《盐铁论》："齐宣王褒儒尊学，孟轲、淳于髡之徒，受上大夫之禄，不任职而论国事，盖稷下先生千有余人。"（王利器校注：《盐铁论校注·论儒》，北京：中华书局，1992年，第149页）把孟子列为稷下先生之首，所以有学者怀疑孟子是稷下学宫的祭酒。不过，司马迁《史记·田敬仲完世家》中没有提到孟子："宣王喜文学游说之士，自如驺衍、淳于髡、田骈、接予、慎到、环渊之徒七十六人，皆赐列第，为上大夫，不治而议论。是以齐稷下学士复盛，且数百千人。"（《史记》卷四十六《田敬仲完世家》，北京：中华书局，1982年，第1895页）有人认为淳于髡是两者都提到的学者，认为淳于髡是稷下学宫的领袖。

② 孔子曰："君子有三畏：畏天命，畏大人，畏圣人之言。小人不知天命而不畏也，狎大人，侮圣人之言。"（《论语·季氏》）

被人指责是违背周礼。一次,孟子本来收拾妥当准备去"朝王",却因为齐宣王使人来请而拒绝前往——在他看来,他要去见王,那是他的自由和自主选择,但宣王来请,显然就是一种被动乃至屈从,他无法容忍。甚至他还可能觉得不能惯着宣王的毛病。在被齐国大夫景丑批评他不敬王以后,孟子不服,认为他这样无时不在教宣王仁义和规矩才是真正的敬王。辩不过孟子,景丑干脆搬出了周礼:

> 景子曰:"否;非此之谓也。礼曰:'父召,无诺;君命召,不俟驾。'固将朝也,闻王命而遂不果,宜与夫礼若不相似然。"(《孟子·公孙丑下》)

《礼记·曲礼》:"父召无诺,先生召无诺,唯而起。"又曰:"君命召,虽贱人,大夫士必自御之。"《四书集注》:"《礼》曰:'父命呼,唯而不诺。'又曰:'君命召,在官不俟屦,在外不俟车。'"更重要的是,《论语》里记载的孔子,就是"君命召,不俟驾行矣"(《论语·乡党》),而孟子的行为与孔子如此悬隔,遗憾于"予未得为孔子徒也,予私淑诸人也"(8.22),并且以"闲先圣(孔子)之道"(6.9)为人生使命的他,视《礼记》如何?视孔子如何?所以景丑这一问,非常有杀伤力。

那么,孟子是如何回答的呢?

> 曰:"天下有达尊三:爵一,齿一,德一。朝廷莫如爵,乡党莫如齿,辅世长民莫如德。恶得有其一以慢其二哉?故将大有为之君,必有所不召之臣;欲有谋焉,则就之。其尊德乐道,不如是,不足与有为也。故汤之于伊尹,学焉然后臣之,故不劳而王;桓公之于管仲,学焉然后臣之,故不劳而霸。今天下地丑德齐,莫能相

尚，无他，好臣其所教，而不好臣其所受教。汤之于伊尹，桓公之于管仲，则不敢召。管仲且犹不可召，而况不为管仲者乎？"（《孟子·公孙丑下》）

孟子的办法，是另立一套规矩：人之尊贵，不仅仅取决于社会地位、行政伦理或血缘伦理之上下，而是有三个考量：爵，齿，德；且三者分值一样。而地位上高低分别之"爵"，仅占其一罢了。而他自己，不仅因为年齿长于宣王而与宣王的爵高一分打个平手，更毫不犹豫毫无愧怍地自认为德性高于宣王而反败为胜："恶得有其一以慢其二哉？"

毫不客气地说自己在"辅世长民莫如德"的"德"上胜过一个大国的君王，孟子的傲慢自大可见一斑。

他还用鄙视的语气对齐国大夫评价齐国历史上的伟大人物管仲，表示自己对管仲的不屑。

即使是礼制上的"爵"，孟子也没有便宜宣王——他搞出一个"天爵"来，压倒了礼制上的"人爵"：

孟子曰："有天爵者，有人爵者。仁义忠信，乐善不倦，此天爵也；公卿大夫，此人爵也。古之人修其天爵，而人爵从之。今之人修其天爵，以要人爵。既得人爵，而弃其天爵，则惑之甚者也，终亦必亡而已矣。"（《孟子·告子上》）

夫仁，天之尊爵也，人之安宅也。（《孟子·公孙丑上》）

如果"人爵"就是"礼制"，那么，天爵呢？如果"人爵"就是人间的制度，那么，天爵呢？孟子非常自觉地在为人间树立一个绝对者。

这个绝对者，就是——"天"。而"天子"，不是今世的王侯，也不是来世的任何王侯，他只能是——孔子。孔子是天道的人间代言人，孔子才是"天之子"，而他孟轲，是孔子的护法，是孔子在当代的代言人。

所以，孔子至高无上。他，作为孔子的代言人，在当世，唯我独尊：

> 五百年必有王者兴，其间必有名世者。由周而来，七百有余岁矣。以其数，则过矣；以其时考之，则可矣。夫天未欲平治天下也，如欲平治天下，当今之世，舍我其谁也？（《孟子·公孙丑下》）

曾子说："士不可以不弘毅，任重而道远。仁以为己任，不亦重乎？死而后已，不亦远乎？"（《论语·泰伯》）孟子的"舍我其谁"，从曾子那里一脉相承。孟子有大人格、大精神、大境界，读《孟子》，就是读一个"大"字，胸襟大，眼界大，孟子是一身正气的"大丈夫"：

> 居天下之广居，立天下之正位，行天下之大道。得志，与民由之；不得志，独行其道！富贵不能淫，贫贱不能移，威武不能屈，此之谓大丈夫！（《孟子·滕文公下》）

总之，孟子的时代，是一个风起云涌的时代，也是一个杀伐斩决的时代，是一个腥风血雨的时代，也是一个百家争鸣的时代，是中国文化最具原创性的时代。这样的大时代涌现出很多大人物，这样的大人物，也需要这样的大时代的背景和土壤。孟子说孔子是"圣之时者也"（10.1），其实，与孔子一样，孟子也是应时而出并与时俱进的圣人。

孟子的"性善"论

"孟子道性善，言必称尧舜。"（5.1）程颐说："孟子有大功于世，以其言性善也。"[①]孟子对于中国学术、中国文化的最大贡献，就是其人性本善的主张。

人性问题之所以重要，是因为人类必须在对人性理解的基础上，建立起一套伦理学体系，在此伦理学基础上，人类才能建立起一套政治制度。所以，人性问题不是科学问题，而是道德问题和制度问题。可能正因为如此，黑格尔说："人们以为，当他们说人性是善的这句话时，他们就说出了一种很伟大的思想；但是他们忘记了，当人们说人本性是恶的这句话时，是说出了一种更伟大得多的思想。"[②]值得注意的是，这里黑格尔并没有说人性善或恶是一个"事实"，而是说它是一种"思想"。黑格尔可能是在暗示我们：说人性善也好，说人性恶也好，其实

[①] 朱熹：《四书章句集注·孟子序说》，北京：中华书局，2012年，第199页。

[②] 恩格斯《路德维希·费尔巴哈和德国古典哲学的终结》综引。《马克思恩格斯选集》第4卷，第233页。北京：人民出版社，1972年5月第1版。引后553页尾注212："恩格斯在这里概述了黑格尔主要发表在下述著作中的思想：《法哲学原理》第18、39节以及《宗教哲学讲演录》中第三部第二篇第三章……"参考：黑格尔著，范扬、张企泰译：《法哲学原理·导论》第18节，北京：商务印书馆，1961年，第28~29页：

"在冲动的评价方面，其辩证法表现如下：直接意志的各种规定，从它们是内在的从而是肯定的来说，是善的。所以说人性本善。但是由于这些规定是自然规定，一般地与自由和精神的概念相对立的，从而又是否定的，所以必须把它们根除。因此又说人性本恶。在这个观点上，决定采取上述任何一个主张，都是主观任性。
"补充（性恶说）人性本恶这一基督教的教义，比其他教义说人性本善要高明些，因此，应该依据这一教义的哲学上解释来把握它。人作为精神是一种自由的本质，他具有不受自然冲动所规定的地位。所以处于直接的无教养的状态中的人，是处于其所不应处的状态中，而且必须从这种状态解放出来。原罪说就具有这种意义，否则基督教就不成其为自由的宗教了。"

说的都不是一个事实,而是一种价值:对人性善恶的理解和信念能够给人类带来制度建设、道德建设的基础性前提。

在中国传统文化中,主流的人性观是认为"人之初,性本善",这种认知,就来自孟子。

在孟子之前,老子也好,孔子也好,他们对于人性似乎没有孟子那样有信心。后来法家认为人性本恶,其思想源头可能与老子有关。司马迁的《史记》,把韩非的传记放在老子的后面,写成《老子韩非列传》,可能是司马迁感觉到法家对人性问题的黑暗看法,和老子思想有一脉相承之处。看老子对人类文明史的消极评价,对仁义礼智的否定性看法,很难说老子对人性有道德意义上的乐观。孔子对人性,也悲观。比如孔子说"吾未见好德如好色者也"(《论语·子罕》),说"吾未见刚者"(《论语·公冶长》),说除了颜回,"未闻好学者也"(《论语·雍也》),可见孔子对人性,至少是不那么有信心的。

孔子有没有明确谈过人性问题?孔子的学生子贡抱怨:"夫子之文章,可得而闻也;夫子之言性与天道,不可得而闻也。"(《论语·公冶长》)。可见孔子是谈"性与天道"的,但非常谨慎,即使是子贡,也没有资格听,能听的可能只有颜回一人。可惜颜回在孔子去世之前就死了,所以孔子对于人性到底是什么观点,我们不得而知。但问题更可能在于,孔子知道人性问题不仅涉及客观事实,更涉及伦理问题;不仅涉及人类德性,还涉及人类制度,最终是一个价值问题。所以,作为一个对人的认知能力和实践能力的局限性非常明了的思想家,孔子深知"中人以下,不可以语上"(《论语·雍也》),所以他对人性问题讳莫如深。

但孔子还是给我们留下了至关重要的一句话:

子曰:"性相近也,习相远也。"(《论语·阳货》)

孔子没有明说人性是善还是恶，他只说人"性相近"，人性有相近的、相同的趋向。从哲学角度来说，相近即趋向相同，有相同的方向。"习相远"是对"性相近"的补充，为什么人性相同却有的人善、有的人恶？因为后天的习得。

孔子这句话实际上给未来有关人性问题的探讨预先画了一条底线，就是我们在讨论人性问题时必须坚持人性是相同的。

孟子时，关于人性问题的讨论热烈了起来，《孟子》里就记载了四种主要观点：

> 公都子曰："告子曰：'性无善无不善也。'或曰：'性可以为善，可以为不善。是故文武兴则民好善，幽厉兴则民好暴。'或曰：'有性善，有性不善。是故以尧为君而有象，以瞽瞍为父而有舜，以纣为兄之子且以为君，而有微子启、王子比干。'今曰'性善'，然则彼皆非与？"（《孟子·告子上》）

上述四种观点，如果加上稍晚的荀子的"人之性恶，其善者伪也"，则有五种观点：

第一，孟子讲"性善"；

第二，荀子讲"性恶"；

第三，有人（"或"）讲"性可以为善，可以为不善"；

第四，告子讲人性没有善恶，善恶由后天习得；

第五，还有人（"或"）认为：有的人人性善，有的人人性恶。

如果我们无法从事实的角度判断人性到底是善是恶，而只能从价值角度作评价，那么，哪一种观点会引发严重的伦理和道德后果？答案一定是第五种：认为有的人人性是善的，有的人人性是恶的。前四种观点，都坚持了孔子画定的底线——所有的人"性相近"。而这第五种，则认为人性有不同,从而从人性的角度预设了人生而不平等,为各类歧视、迫害、压迫和剥削提供了依据。

于此,再看孔子讲的那句"性相近,习相远",会觉得孔子非常了不起,他为后世人性论的讨论画出了一条底线。这条底线就是:有关人性的讨论,不可以得出人生而不平等的结论。这是一位伟大思想家的良知。

那么孟子如何论证人性本善,以及孟子为什么一定坚持说人性本善?

事实上,孟子并没有能够从科学和逻辑的角度证明人性本善是一种事实存在。孟子是一个充满激情、极富正义感的人,但正如我在本书相关"开讲"里提出的,他对于人性本善的论证属于不完全论证。比如他用比喻论证:

> 告子曰:"性犹湍水也,决诸东方则东流,决诸西方则西流。人性之无分于善不善也,犹水之无分于东西也。"
>
> 孟子曰:"水信无分于东西,无分于上下乎?人性之善也,犹水之就下也。人无有不善,水无有不下。今夫水,搏而跃之,可使过颡;激而行之,可使在山。是岂水之性哉?其势则然也。人之可使为不善,其性亦犹是也。"(《孟子·告子上》)

告子说,人性本无善恶,就像水不分东西,挖开东边就往东流,挖开西边就往西流,往东还是往西由外力决定。孟子怎么反驳的呢?他说,水确实不分东西,但水难道不分上下吗?到这里,孟子很厉害,他指出水往下流才是本质,往东往西只是现象。至此,孟子已经驳倒告子了。但孟子不想只是驳倒告子,他还要证明人性善。于是他顺手用告子的这个比喻来证明:"人无有不善,水无有不下。"但,在孟子的这个论证里，存在两个问题：第一，后来的地心引力学说证明其实水往下流也不是水的本性，仍然是外力影响。这一点我们可以原谅孟子，毕竟他生活在万有引力被科学证明之前。然而原谅孟子并不能说明孟子的证明有效，"水无有不下"与"人无有不善"，无论在事实层面还是逻辑层面，并无任何关系。第二，即使从比喻的角度说，"水无有不下"，其对应的逻辑只能说明人性有相同的趋向，而不能证明人性的确定方向。如果我们把孟子的"人无有不善，水无有不下"改动一个字，把孟子竭力证明的"善"改为他竭力反对的"恶"——变成"人无有不恶，水无有不下"——不也成立吗？甚至，根据孔子说的"君子上达，小人下达"（《论语·宪问》），子贡说的"君子恶居下流"（《论语·子张》），"无有不下"的水，与人性之恶，反倒有更多的可比性。

除了用比喻来论证，孟子还用类比论证：

> 至于味，天下期于易牙，是天下之口相似也。惟耳亦然。至于声，天下期于师旷，是天下之耳相似也。惟目亦然。至于子都，天下莫不知其姣也。不知子都之姣者，无目者也。故曰：口之于味也，有同耆焉；耳之于声也，有同听焉；目之于色也，有同美焉。至于心，独无所同然乎？心之所同然者何也？谓理也，义也。圣人先得我心之所同然耳。故理义之悦我心，犹刍豢之悦我口。（《孟子·告子上》）

人的眼睛都爱好美色，人的耳朵都喜欢美声，人的口舌都爱好美味，于是孟子反问：难道人心就没有共同的爱好吗？答案当然是有。那人心共同的爱好是什么呢？孟子直接给出答案，是"理也，义也"。这个证明显然也不能成立。眼睛、耳朵、口舌有共同的爱好，无法证明人心有共同爱好；即便认可人心有共同的爱好，又如何证明人心共同的爱好就是义和理？难道不可以是利吗？证明人心共同的爱好是利可能更容易。虽然我们相信人心有对正义的追求，但这种类比方法本身存在问题。相信和证明是两回事。

孟子还用经验证明：

> 今人乍见孺子将入于井，皆有怵惕恻隐之心，非所以内交于孺子之父母也，非所以要誉于乡党朋友也，非恶其声而然也。（《孟子·公孙丑上》）

在孟子对人性善的证明里，这个证明是最打动人心的，因为他付诸我们每个人内心的真实体验，这不仅是经验证明，而且属于"心证"。一个小孩下一秒就会掉到井里，我们的第一反应是什么？是紧张、是恐惧，是想着赶紧把孩子从井台上抱下来。孟子还为我们做了排除法：我们救孩子是因为想获得孩子父母的报酬吗？不是；是想得到别人的表扬？不是；是孩子的哭声使我们心烦？不是。孟子最后得出结论：是我们内心中那个最初的善。这确实是我们内心的真实体验，也说明我们内心真的有善。但是，问题在于：孟子最多以此证明了我们心中有善的一面，却不能证明我们心中没有恶的一面。孟子可以以这个例子来证明人心有一念之善的出现，我们也可以举另外一些例子来证明人心也会有一念之恶。经验论证、举例论证和心证都不是正当的证明方法，因为经验、举例和心证永远是有限证明。有限证明是证明 n，无限证明是证明 $n+1$。一个完全的论证必须是 $n+1$ 的无限证明。孟子证明了 n，没有证明 $n+1$。

综上，孟子的比喻论证、类比论证、举例和经验论证都不成立——孟子并没有能够有效地证明人性是善的。

但，一个问题是：孟子为什么会犯这些错误？他的错误里隐含的思路是什么？孟子为什么要一再证明和认定人性善？

其实，孟子的思路，不是科学家的思路，而是思想家、伦理学家的思路。他真正要表达的意思，是：认定人性本善，不是因为人性善是"真"的，而是因为这样的认定是"好"的；不是因为人性善是合乎"事实"的"知识"，而是因为人性善是支撑某种"价值"的"观念"。孟子说："言人之不善，当如后患何？"（8.9）孟子坚持人性善论，是要据此解决一个"后患"问题，一个重要的伦理学问题——"前道德问题"。

人性问题——当它成为问题，被摆到桌面，它就不是科学问题，不是知识问题，而是伦理学问题。人性如何，不是在说人之生理本质，而是在说人之伦理本质，所以，人的"性"的问题，不是关于科学和事实的问题，而是关于观念和价值的问题。孟子的意识里，人的"性"不是取决于人的生理学的"事实"，而是取决于人的伦理学的"观念"——观念才是人的本质，观念才是区分人类和禽兽的本质要素。明白这一点，我们就能明白孟子不是在坚持一种事实，而是在坚持一种价值——他对人性善的证明，不是为了证明"人性善"作为事实的存在，而是要说明"善"这个观念对于人之本质的重要和不可或缺。

我们稍微展开一点。

伦理学的核心问题其实不是"道德问题"，而是"前道德问题"。什么是"道德问题"？什么是"前道德问题"？

"道德问题"，简化成一句话，就是：人要讲道德。"前道德问题"，简化成一句话，就是：人为什么要讲道德。这个"为什么"的问题，就是"前道德问题"。"前道德问题"就是"为什么道德"的问题，就是给道德前置一个理由。

假如社会无法回答我们为什么要做好人的问题，假如国家制度的设立无法体现做好人的价值，总让好人吃亏，坏人占便宜，或者做好人需要付出牺牲，而做坏人未必要付出代价，结果便是人们选择不做好人而做坏人。所以，伦理学建设的关键问题，是回答人为什么要做好人的问题，因为，只有对这个问题作出肯定的、确定的回答，才能让人愿意去做一个好人，才能要求人的道德。

关汉卿《窦娥冤》的故事其实平常，此类冤假错案代代层出不穷，但它为什么有如此震撼人心的力量？因为它把主题提升到了对道德本质问题的反思："为善的受贫穷更命短，造恶的享富贵又寿延。"这个反思曾经出现在司马迁的《伯夷列传》里，但《窦娥冤》的强烈戏剧冲突和"完美受害者"的角色设定，使得这个主题更加触动人心。如果我们生在这样是非不分善恶不辨的世界，我们如何能够期望这个世界整体道德水准变好？所以，"道德问题"最终是"前道德问题"，道德出问题，一定是"前道德问题"出了问题。

但一个社会其实无法做到对每个人完全公正，无法做到对每个人的道德行为予以恰当的回报，窦娥可以选择做一个好人，但她无法做到让社会对她的好给予恰当的奖励：在道德行为的后面，我们其实无法实现给每个好人预设一个好的报答；在不道德行为的后面，我们也无法实现给每个坏人预设一个他要付出的代价。事实上，之所以有很多人选择做不道德的人、不道德的事，恰恰是因为他看到很多人这么做不但没有报应，甚至有报酬；相应的，做好人不但没有确定的好报，甚至是"好人没好报"。好人窦娥最后被冤杀了，假如窦娥能死而复生，试想，她还愿意继续像以前那样做一个好人吗？作为以前的道德行为主体，窦娥永远地死了，复活的窦娥不再是以前的窦娥：她还能不能坚持做好人，这将是一个大问题。

"前道德问题"的难解之处在于一个悖论：道德行为不能有利益的诉求，因为道德行为的题中应有之义就是出于非功利目的，并且如上文所说，道德行为发生之后，并无预置的报酬；但道德行为又不能没有利益的回报，因为如果没有利益的回报，绝大多数人可能不愿选择实行道德行为——理性人的基本行为模式就是利害的考量。

既不能有利益诉求，又不能没有利益回报，这就是道德问题的悖论。这是"前道德问题"的困境，也是伦理学的困境。

这个道德悖论不解决，人类就会停留在丛林时代，根本不可能建立自身的道德体系，不可能建立一个文明社会，更不可能有人类全体以及个体的自尊和体面。

但让我们欣慰的是，人类基本解决了这个问题。

人类是怎么解决这个问题的呢？回答这个问题，不仅仅是对历史的温习，还涉及我们对人类文化成果的评价。

人类解决这个问题，有两种基本路径。

其一，宗教的办法，把问题交给神。

子路曾经问孔子："君子亦有穷乎？"那深层的意思就是：好人难道没好报吗？当时孔子"在陈绝粮，从者病，莫能兴。子路愠见"（《论语·卫灵公》），考虑到孔子当时的困境，他需要安抚人心，稳定队伍，那么，孔子可以这么回答：好人当然有好报，但别着急，不是不报，时候未到。

照这个逻辑，假设最后子路一直到垂死，再问孔子这个问题，孔子必答曰：死后终有好报——这就是人类宗教的发生学之一。如是，则孔子便不是孔子，而是耶稣、释迦牟尼了。从现世报到来世报，这就是宗教对"前道德问题"的解决之法。所以，宗教是伦理学，宗教的价值是解决伦理问题。解决伦理问题的最简单、最直接的方法就是建立一个彼岸世界，在彼岸世界给好人、坏人作一个最后清算：好人上天堂，坏人下地狱——这就是宗教的伦理学意义。

在此岸世界之外建立一个彼岸世界，这是伟大的文化创造。为什么人类要创造彼岸世界？因为如果只有此岸世界而这个世界又不能够做到完全的公平公正，我们就会对人生产生怀疑，就会对做好人产生怀疑。彼岸世界的功能是什么？是对此岸世界的纠偏，是纠正此岸世界的偏差。

宗教当然有一套复杂的系统，但是，也必须有简单的终极解决之法。天堂、地狱之设，是宗教简洁的、终极性的解决方法。既然道德行为不能有利益的诉求，又不能没有利益的回报，那就把前者放在此岸，把后者放在彼岸，原本处于同时空的悖论被放到两个时空，问题由此解决：在此岸世界，好人未必有好报；但在彼岸世界，好人一定获得好报。

但孔子没有走上这条逻辑之路，他选择告诉子路真相，"君子固穷"——好人没有预设的好报，做好事也没有必然的报酬。但是，孔子这句话中隐含的一个坚定不移的意思是：即便如此，你仍然要做一个好人。而"好"和"好人"的逻辑前提就是没有必然的报酬。

这很武断，很强势，但必须如此。做好人的理由本来就是：我们必须做好人。无须讨论，尤其无须讨价还价。

孔子的这种回答，对于子路这样的贤达之人，当然没有问题。但要在全民建立一个道德信念，这样的基于自身修养自我要求的观念，显然缺少对多数人的激励。而道德行为非常依赖于道德激励，正如宗教给出天堂的激励一样。孔子建立的是一套世俗的价值系统，他所代表的儒家，不是教派，是学派，他不能虚构一个道德支付系统来支付道德酬劳。

显然，对于没有全民宗教信仰的中国人，我们为什么要做好人，孔子没能给出一个更好的理由。更好的理由的必要前提是：既能满足人的道德崇高，又能满足人的世俗计较。

当然，在孔子时代，道德要求主要是对贵族和国家管理者，所谓的天子诸侯大夫士阶层，所以，我们看到那个时代的道德恫吓和道德激励，主要是立足于修身齐家治国平天下。《中庸》引孔子的话说："故大德必得其位，必得其禄，必得其名，必得其寿。故天之生物，必因其材而笃焉。故栽者培之，倾者覆之。《诗》曰：'嘉乐君子，宪宪令德。宜民宜人，受禄于天。保佑命之，自天申之。'故大德者必受命。"孟子说："苟为善，后世子孙必有王者矣。君子创业垂统，为可继也。"（2.14）这里孔子说的，包括他引用《诗经》说的，孟子说的，就是道德激励。道德恐吓则是：失位、失国、失天下。

其实，《中庸》建立人类正当信念的方法，就是把正义的实现，放在时间之中。这时间一旦延续到一个人自然生命的终结之处，就必要接续以人的文化生命：

子曰："无忧者，其惟文王乎！以王季为父，以武王为子；父作之，子述之。

"武王缵大王、王季、文王之绪，壹戎衣而有天下。身不失天下之显名，尊为天子，富有四海之内，宗庙飨之，子孙保之。"

可见，儒家相信，在时间之流中，"大德者必受命"，是一个正当的命题。

按照这种逻辑，先秦儒家在"史官文化"的大背景下，有了一个解决"前道德问题"的办法：给好人一个承诺——不朽。《左传·襄公二十四年》："太上有立德，其次有立功，其次有立言，虽久不废，此之谓不朽。"直到今天，这种观念还在。一位伟人去世了，我们说他永垂不朽。一位普通人去世了，我们说会永远怀念他。

但问题在于：宗教说好人死后进入天堂，是"我"的主体仍然在那里，是"我"本身得到了做好人的回报，是"我"切身享受天堂的美好，"我"还在，"我"没死，"我"只是变换了一个时空活着。而"不朽"，则是别人纪念"我"，"我"没有了。晋朝张翰就说过："使我有身后名，不如即时一杯酒。"[1]李白、白居易都表达过类似的想法[2]。所以，"不朽"的观念，还不能根本解决道德悖论。

最终回答这个问题的，是孟子，是孟子给出了有别于宗教路径的、解决人类"前道德问题"的中国路径。

任何问题的终极性解决方法必须是简单而直接的。对于"前道德问题"的解决，宗教是这样，世俗的解决方案也必须是这样。孟子的解决方法也非常简单，简单到只有四个字——人性本善。如果人们问牧师，我为什么要做好人？牧师回答：好人上天堂；如果人们问孟子，我为什么要做好人？孟子的回答，是：因为你是人。

在孟子看来，做好人没有"人"以外的理由：人的本性是善，所以只要是人就只能做好人，不做好人就不是人。孟子告诉你：做一个好人是符合你的本性的，所以做好人就是做你自己，你只有做好人，你才能完成你自己，才能完善你自己，才能获得你自己——获得人之为人的本质。

在孟子的这个回答里，暗含着他潜在的一个反问：你是人吗？孟子把做人和做好人这两个问题，合二为一，变成了一个问题：是人就要做好人，就只能做好人，做好人才是做人，不做好人就不是人。今天，中国人骂人最厉害的一句就是"你不是人"。孟子骂"不是人"的人比这更难听，他直接骂作"禽兽"。

但是——当人性善成为我们"前道德问题"的答案的时候，问题又绕回来了：人性真的是善的吗？

这个问题似乎要从另一个角度来看。

---

[1] 余嘉锡《世说新语笺疏·任诞》："张季鹰纵任不拘，时人号为'江东步兵'。或谓之曰：'卿乃可纵适一时，独不为身后名邪？'答曰：'使我有身后名，不如即时一杯酒！'"（北京：中华书局，1983年，第739~740页）

[2] 李白《行路难》其其三："且乐生前一杯酒，何须身后千载名。"白居易《劝酒》："身后堆金拱北斗，不如生前一樽酒。"

孟子有两句名言：一是，"人皆可以为尧舜"（12.2），因为人性本善，且尧舜与我都是人，尧舜能做到的，所有人都可以做到。

一是，"人之所以异于禽兽者几希"（8.19），正是在这句话里，暗含着孟子对于人性善的全部证明。

第一，这句话里，孟子承认人性中有更多的动物性。这种承认，不仅是对人性基本事实的承认，而且由此避开了从这个方向而来的对人性善的指责——因为动物性的一面，不属于"人"性。人性的那一部分，在"几希"里。"人之所以异于禽兽者几希"，这个"几希"，不仅是在讲人禽之"所异"，更是在讲人禽之"所同"。既然所异"几希"，则所同必然更多。可见孟子并不否认人性中的复杂多样性，质言之，孟子并不否认人性中的"禽兽性"。那么，人性在哪里？人性在"几希"里。既然如此，讨论人性问题，当然需要屏蔽占比极高的动物性部分，而只能在"几希"的"人性"部分确定。"人性善"也只能立足于这"几希"的"所异"。

第二，当孟子对人的全部本性做这样描述的时候，他不但没有因为指出了人性中的动物性而贬低了人类，反而因为作出这样的分别从动物世界中区分出了人类，"人禽之别"就是立足于这样的区分。在"人禽之别"的话题中，他确立了人的本质：在人的本性中，与动物相同的、自然本性的那部分，虽然占比很高，却不是"属人"的，所以，不是人的本质。与动物不同的、那占比极低的"几希"部分，才是"属人"的，才是人的本质。这人与禽兽不同的部分，就是、才是人自有的人性。质言之，"善"才是属人的东西，才是人区别于其他物种的特殊性，而特殊性才是一物之本质特征。从这个意义上去理解孟子的"性善"，才更加准确：对于人来说，人性即是善，善才是人性。不善的部分，属于禽兽；善的部分，才属于人类，是人性独有——所以，人性善。

第三，至此，结论就非常简单：也许人的全部本性中，有着荀子等人所说的"恶"的东西（《荀子·性恶》中确实是把人的动物性、自然本性的部分作为确立"人性恶"的依据），但那一部分恰恰不是人的本质。人的本质在于其社会性、伦理属性。而社会性和伦理属性，相对于动物性、自然本性，当然是仁义礼智这样的观念性的东西。所以，孟子实际上作的，是循环论证：与禽兽相比，观念即人性，人性即观念。善的观念是人的本质，所以，人的本性是善。

孟子的潜台词是：如果我们否定人性本善，那么人与禽兽还有什么区别呢？如果我们人连这一点也丧失了，那么岂不是"人皆可以成禽兽"？成尧舜还是成禽兽，关键在于我们是否坚持人性中的善，是否相信人性中的善，是否发扬人性中的善，归结为一句话：是否获得和保持人的本质。

第四，在孟子的人性论逻辑里，我们还会发现，像荀子那样，在普遍而绝对占优的人性与禽兽相同的部分，去寻找和发现人类出于自然本性的表现并命名为"恶"，其实是科学性的工作，不仅因为缺少哲学意义而相对容易，而且无法定位人之为人。孟子这样在"几希"而极易流失的"属人"的部分论证"善"，才是真正的哲学性工作。孟子的工作，其实不是发现事实，而是创造价值：人性中那"几希"的善，并非一种事实的存在，而是一种"观念"的存在。

问题到这里，奇迹出现了：没有思想、观念、价值等精神与信仰，确实无法界分出人禽——这恰恰又是一种事实。人类相比于动物，不仅具有知识的世界，还具有精神与信仰的世界，这恰恰是事实。

这个事实的存在基础是：人类世界与动物世界有着重大的不同。动物世界只是"物理世界"，因此只有"物理事实"。而人的世界，除了与动物一起托身的"物理世界"之外，还有一个"伦理世界"，因此，也相应必有一个"伦理事实"或"人文事实"。

张载的名言"为天地立心"，说的就是赋予"物理世界"一个"伦理内核",从而使自然意义上的"天地"成为人类生存的道德世界。而"为生民立命"的意思,则是指因为有了伦理,人类的生命就不仅仅是生物学意义上的"生命",而是同时具有了"道德生命"的"性命"。孟子笔下的先王,尧、舜、禹、汤、文、武、周公和孔子,就是在呼唤、弘扬和建构人类的道德生命,人类的历史、文化,就是"人文世界"的建构过程和成果呈现。

所以,对于描述人类生活来说,除了作为科学对象的"物理事实",还必须有一个作为人文对象的"人文事实",且"人文事实"的形成和积淀,才是人类历史的本质真实和人类生命的本质真实。

从这个角度看,孟子对"人性善"的证明最终成为事实证明:人性善,不仅是一种观念,还是一种不折不扣的事实。且是从价值的角度不可以否认的事实。

孟子真的把因信成义的"心证",变成了毫无疑义的事实论证。

我们只要摆脱对"物理事实"科学和逻辑证明的迷信,引进"人文事实"的概念,我们就能承认:孟子对于"人性善"的证明,是一个完全论证。

这算不算哲学史上的奇迹?

我们常说人性是高贵的,人类是伟大的,人类是有尊严的,但是,人类的伟大和尊严并不是一个"物理事实",而是一个"人文事实"。"人文事实"是属于人类进化史的事实,是人类文明史的事实,是人类精神史的事实。一句话,是属于人类精神世界的事实,是人类自己对自己的认定和相信,无可否认。

所以,孟子对于人性善的终极证明,不是去证明"善"在物理事实上的"有没有",而是在反问我们在信仰世界里"信不信"。物理事实上的善"有没有"并不重要,重要的是我们在人类的精神世界里"信不信"人类为善。人性善否,不是一个事实问题;人性善否,是一个信念问题。假如我们有了这个信念,这个善就是实在的;假如我们没有这个信念,这个善就消失了。所以人性"善不善"不是一个问题,我们对于人性善"信不信",才是一个问题。

这是孟子对世界的巨大贡献。自孔子回答子路"君子固穷"开始,中西在伦理学就走上了两条不同的道路:西方人的道德建立在神性的基础上,是神性让人做好人;中国人的道德建立在人性的基础上,是人性让人做好人。

孟子的人性善论,为我们这个没有全民宗教信仰的民族确立了独特的道德基石。从人性出发,人类照样可以获得崇高,照样可以实现道德的自我完善。人性善论建立了人类自身的信心:即使没有彼岸世界和上帝,人类仍然可以过体面而有尊严的生活。

人禽之辨与义利之辨

性善之说,从逻辑上必然引出"人禽之辨",并且如上文所说,只有从"人禽之辨"里才能引导出"人性本善"。

在上文关于"物理世界"和"伦理世界"的辨析中,我们已然知道:人禽之辨的本质,在于人类有一个"道德生命",有一个"伦理世界"。

孔子说:"君子上达,小人下达。"(《论语·宪问》),孟子以人性本善为基础,进而将人分为生而为人的普通人;普通人可上可下,有两种取向:往上成为圣贤,往下沦为禽兽。于是,在孟子的伦理学中,人分为三个层次:

第一层,人人生下来本性都是善的。

第二层,孟子所谓"人皆可以为尧舜"(12.2)。人人生下来本性都是善的,但接下来就不同了——如孔子所说"性相近,习相远"——如果我们能保持内心的善,发扬光大内心的善,不使之流放丧失,并推己及人乃至于推恩世界，就能成圣成贤。

第三层，即"人之所以异于禽兽者几希"（8.19）。人和禽兽的差别就一丁点，如果这一丁点人性中的善丢了，还不能"求其放心"（11.11），自暴自弃，人就不再是人，成为禽兽一般被自然本性操控而无道德自觉的人。

必须指出的是，孟子"人禽之辨"的意义，不是要我们在实际生活中从具体人群中分辨出三种人。这样做，首先，无法确定三者的分野，尤其是难以区分普通人和另外两种人的界限；其次，还会导致伦理学意义上的歧视和迫害。

孟子"人禽之辨"的意义，在于让我们知道人生的两种可能，具体到每一个人，就是要我人意识到人生的两种不同境界和追求努力的方向，然后作出取舍和趋避。这种理论假设对于人的道德生活的重要性是不言而喻的，对于社会的道德建设的重要性，也是显而易见的。如果说，基督教道德理论是确立"人神之别"，使人靠近神，接受神的指引；中国传统的道德理论则是宣扬"人禽之别""人圣之别"，使人远离禽兽，接受圣贤的指引。中西伦理学的所同之处，都是使人获得人之本质，获得人之尊严，不同在于：在基督教文化中，人永远不可能成为神；但在中国文化中，人却可以成为圣贤，所谓"人皆可以为尧舜"——圣贤本来也是人之所为。

孟子借颜回之口，说："舜何人也，予何人也。有为者亦若是。"（5.1）所以，人性本善的信念，给了我们一个道德上的自信，甚至给了我们一个上进的理由，或者说，孟子否定了我们不上进的借口。人性既然本善，为什么人不可以做尧舜？如果你认为自己做不成尧舜，用孟子的话说，就叫"自暴自弃"（7.10），就是自甘堕落不愿意在道德上提升自己。

人禽之辨，是在哲学上确立了人的本质。

"义利之辨"是孟子在"人性善"逻辑下展开的又一伟大论题。

如果说"人禽之辨"是在哲学上明晰人类的本质；则"义利之辨"是在伦理学上界定人类的行为。"君子喻于义，小人喻于利"（《论语·里仁》），孔子由此确立了不同道德人格的不同行为方式，但正如"人禽之辨"不可以用于在实践中对人做人禽区分，而其意义在于警戒人类自身的境界一样，"义利之辨"也不宜过分解读为义利两分，更不可以此界分人群，且要求君子必为义而来，而指认小人必逐利而去。孟子的"义利之辨"，有两点值得我们注意：

第一，"义利"不仅是行为的动机和目标，更是行为的方式和手段。"舜明于庶物，察于人伦，由仁义行，非行仁义也。"（8.19）"由仁义行"比"行仁义"之所以更加重要，是由于人间行为，如从动机和目标上说，不仅可以有道德不道德之分（仁义不仁义之分），更有更加日常的"非道德"目标，笼统要求人们"行仁义"，不免于道德绑架而干扰正常生活。所以，要求人们在日常行为中，坚持手段和方式的正当，由仁义行，才具有更加宽泛和实际的实践性意义。

第二，正如孔子的"君子喻于义，小人喻于利"，不能简单理解为对君子的褒奖，更不能理解为对小人的贬低一样，孟子的"义利之辨"中，更加明确地肯定了小人之利的合理性。质言之，如果君子、小人在这里是指由身份和地位界定的不同社会阶层，则小人的利，恰恰是君子的义之所在；君子的义，正是维护小人的利；他人之利，正是我人义之所在；我人之义，也出于对他人利的尊重和维护。一人之义，其实就是顾及乃至维护他人之利，无有"利"的肯定和确定，则"义"无立足之地。孟子讲井田制，讲"制民之产"，讲"五十者可以衣帛，七十者可以食肉"，讲"黎民不饥不寒"（1.7），讲好货好色，哪一条不是在讲"利"？哪一条不是在讲尊重和满足人民的基本利益欲求？

第三，无论君子还是小人，维护自我天赋的私利，其实就是在维护社会的公义。公义者，天下人之私利也。《易传·乾文言》："义者，利之和也。"《墨子·经上》："义，利也。"孟子的"义"，乃是天下之大利，万民之私利。百姓的"利"，就是君主的"义"；小人"利"之所在，正是君子"义"之所在。一个值得注意的现象，我们看到，在《孟子》中，孟子比诸子中任何人都更在意自己个人的地位、尊严甚至待遇，在意别人对他的态度，给他的尊重，在涉及自己私利问题上十分敏感甚至寸土不让，这是因为孟子知道，维护自己以及他人的正当之"利"，就是在维护和弘扬天下之"义"；对他人之利的漠视、对自己之利的放弃，其实就是不义。合法化对他人之利的侵夺，会造成强权强盗世界；道德化对自我之利的放弃，会造成奴隶奴才世界。

"王道"与"仁政"

上引黑格尔用"伟大"和"更伟大"来评价"人性善"和"人性恶"，就是因为，人性善的观念可以解决道德问题；而人性恶的观念则框定了解决制度问题的方向。人类在万类之中最终为什么能够胜出？荀子说："人能群，彼不能群也。"[①] 人类能组织起一个强大的社会。人类社会最核心的两个要素就是道德和制度。伦理道德是人的行为规范，所谓父子之亲、兄弟之道、朋友之义等。制度建设则是人类的组织架构，核心是权力分配和资源分配。如果对中西文化作个比较，可以发现：中国用人性善解决道德问题；西方用宗教解决道德问题，而用人性恶解决制度问题。西方的三权分立就是在"人性恶"的逻辑上建立起来的。那么，在人性善的基础上，中国用什么解决权力制衡？这是儒家必然面临

---

① 王先谦著，沈啸寰、王星贤点校：《荀子集解·王制》，北京：中华书局，1988年，第164页。

的问题。儒家也有一些制度设计作弥补。比如史官制度、言官制度，以及在更加宏大的理念上，道统与政统的分设、皇帝与宰相的分权、皇帝与士人共治天下、政府与社会的边界等，这些都是对帝王权力进行监督与约束。但这些制度在秦制集权体制下最终能否见效，还要看帝王本人愿不愿意接受、多大程度上接受。这是中国古代制度的死结。

这是孟子的性善论没有也无法解决的。孟子其实更多的还是寄希望于权力的制衡——毕竟他向往的制度，是周制，建立在礼乐规范之下的分权体系。《孟子》里有一段孟子和齐宣王的对话：

> 齐宣王问曰："齐桓、晋文之事，可得闻乎？"孟子对曰："仲尼之徒无道桓、文之事者，是以后世无传焉，臣未之闻也。无以，则王乎？"曰："德何如，则可以王矣？"曰："保民而王，莫之能御也。"曰："若寡人者，可以保民乎哉？"曰："可。"曰："何由知吾可也？"……"故王之不王，不为也，非不能也。"（《孟子·梁惠王上》）

孟子认为，齐宣王不是不能实现王道，而是不愿实现王道。只要他愿意，王道就能实现。这就是孟子以性善论为前提的逻辑：从人性本善出发，进而让内心的善体现在国家的政策上，让好的道德变成好的制度，让好的愿望变成好的事实。

问题是，性善论可以作为伦理学的前提，只要我们相信自己的本性是善的，做一个好人确实是一个意愿问题；但是，政治制度的运作远比做人复杂得多。道德可以建立在信念的基础上，而制度必须建立在事实的基础上，建立在"人之不异于禽兽"的那些自然本性之上，建立在荀子论证人性所依据的人性中的那些本能需求之上，而不能建立在道德信念之上。这是儒家政治思想的一个缺陷，也是我们今天反思中国传统文化必须要认识到的。

孔孟推崇的王道、仁政,是政治的内涵或价值观,或者说是目标——所有的政治制度必须指向王道,指向仁政,制度设计的初衷以及最终的目标,也必须是通过制度来体现王道和实现仁政。儒家王道、仁政本身是道德性概念,是用道德方式对政治进行引领,或者是给政治一个道德的内涵和质地。但,王道也好,仁政也罢,都不是制度本身。孟子在制度方面的设计,是恢复周制。他谈教育,谈税制,谈井田制,都有复古的倾向——在维护周制中,体现出他的制度理念和理想,或者,他认为他的理想政治——王道,必须依赖周制的路径。他的理念,使他无法接受和想象秦制那样的集权体系。

上引孟子与齐宣王谈王道,孟子坚持认为齐宣王可以实行王道,但他对齐宣王是不是真那么有信心?未必有。在可以做到和切实做到之间,不仅存在着巨大的人性意愿的鸿沟,还有现实的制约。孟子对此并不天真(他只是不肯放弃)。事实上,我们看到,历史上的儒家对法家鼓吹的君主专制是非常警惕的——这恰恰说明了儒家在制度问题上的理性:他们不像法家那样对独裁者的德性和智力有信心。

周制是分权制度,立足于权利;秦制是集权制度,立足于权力。一字之差,天壤之别。周所谓的"亲亲"制,从政治学上看,就是分利制,划分不同人的社会身份和社会职责,并赋予相应的权利。这个权利确实由天子赋予,但一旦赋予,非特殊原因,天子亦不可剥夺。周分封诸侯从最初的七十一国[①],到最后上百个乃至上千个国

---

① 《荀子·儒效》中的名言:"(周公)兼制天下,立七十一国,姬姓独居五十三人,而天下不称偏焉。"

家①，这些诸侯国都高度自治，并且君位世袭，相当于一次分封即是永久授权。秦制不同，朝廷派官吏管理地方，生杀予夺，全在中央。官员不但不能世袭，且随时可以撤换。儒家其实非常明白，人性的善很容易丧失，需要周制那样的贵族内部民主制平衡、制约权力。《尚书·周书·洪范》：

> 汝则有大疑，谋及乃心，谋及卿士，谋及庶人，谋及卜筮。
> 汝则从，龟从，筮从，卿士从，庶民从，是之谓大同。身其康强，子孙其逢。
> 汝则从，龟从，筮从，卿士逆，庶民逆，吉。
> 卿士从，龟从，筮从，汝则逆，庶民逆，吉。
> 庶民从，龟从，筮从，汝则逆，卿士逆，吉。
> 汝则从，龟从，筮逆，卿士逆，庶民逆，作内吉，作外凶。
> 龟筮共违于人，用静吉，用作凶。

这显然是对"汝"（君王）个人德性和智力的不完全信任，他必须听从龟、筮、卿士、庶民诸方意见，甚至在所列决策的两项里，君王的意见完全在被否定之列。这就是周制。

---

① 周朝分封了多少个国家，很难说清楚。古籍中大约有如下几种说法：一、《荀子》：七十一。需要注意的是，荀子说的是周公时的情况，不代表整个周朝。二、《吕氏春秋》：四百多。《吕氏春秋·先识览·观世》："周之所封四百余，服国八百余，今无存者矣。"三、《史记》一：数百。《史记·汉兴以来诸侯王年表》："武王、成、康所封数百，而同姓五十五，地上不过百里，下三十里，以辅卫王室。"四、《史记》二：周初有一千多诸侯，但没有说有多少是周朝封的。《史记·陈杞世家》："周武王时，侯伯尚千余人。"五、《汉书》：在西周分封体系内的诸侯和附庸总共一千八百。《汉书·地理志》："周爵五等，而土三等：公、侯百里，伯七十里，子、男五十里。不满为附庸，盖千八百国。"周朝初期存在一千以上的部落，大概是不成问题的。至于周朝分封诸侯的数量，很不容易说清楚，毕竟有太多名不见经传的小国。

周制在分权，秦制在独断。独断的好处是效率（战国之世最重效率），而坏处是不能保证长期的理性；而分权的坏处当然是掣肘而损失效率，但好处是长期稳定的决策理性。

《国语·周语上》召公谏厉王曰：

> 故天子听政，使公卿至于列士献诗，瞽献曲，史献书，师箴，瞍赋，矇诵，百工谏，庶人传语，近臣尽规，亲戚补察，瞽史教诲，耆艾修之，而后王斟酌焉。是以事行而不悖。民之有口，犹土之有山川也，财用于是乎出；犹其原隰之有衍沃也，衣食于是乎生。口之宣言也，善败于是乎兴。行善而备败，其所以阜财用衣食者也。[1]

在召公对周厉王的这一大段规劝里，我们可以看到，天子听政，必须"使公卿至于列士献诗"。"献诗"不是称颂天子，而是"采诗夜诵"[2]，"观风俗，知得失"[3]，收集民间声音上达中央。"瞽""师""瞍""矇"等盲人乐师，他们"献曲""箴""赋""诵"，以使天子了解当今政治现状。"史献书"，史官记录当今政治得失。继而，有"百工谏"[4]，"庶人传语"，百姓声音一级一级向上反映。"近臣尽规"，近臣尽规劝之责。"亲戚补察"，贵族拾遗。"耆艾修之"，老人的意见也要整理出来交给君主。所有这些力量都在增加决策的理性，约束当权者的个人意志，"而后王斟酌焉"，如此，则国君的决策，国

---

[1] 徐元诰撰，王树民、沈长云点校：《国语集解》，北京：中华书局，2002年，第10~13页。
[2] 班固：《汉书》卷二十二《礼乐志》，北京：中华书局，1962年，第1045页。
[3] 班固：《汉书》卷三十《艺文志》，北京：中华书局，1962年，第1708页。
[4] "百工"有两种解释，一是各种各样的工匠；一是乐人。均见于徐元诰撰，王树民、沈长云点校：《国语集解》："百工，执技以事上者也……《左传》：'工诵，箴谏。'杜（预）注曰：'工，乐人也。'"（北京：中华书局，2002年，第11页）

家的政策才能不违背事理,"是以事行而不悖"。在这样的政治体制里,国君只是权力的象征,并没有唯我独尊的地位。

周制的这个传统,是孟子很多有关权力制约思想的来源:

> 齐宣王问卿。孟子曰:"王何卿之问也?"
> 王曰:"卿不同乎?"
> 曰:"不同。有贵戚之卿,有异姓之卿。"
> 王曰:"请问贵戚之卿。"
> 曰:"君有大过则谏。反覆之而不听,则易位。"
> 王勃然变乎色。
> 曰:"王勿异也。王问臣,臣不敢不以正对。"
> 王色定,然后请问异姓之卿。
> 曰:"君有过则谏,反覆之而不听,则去。"(《孟子·万章下》)

政府权力运作并非可由君主一人意志决定。"君有大过则谏,反覆之而不听,则易位",周厉王就是例证。"君有过则谏,反覆之而不听,则去",微子就是例证(只是微子属于孟子讲的贵戚之卿)。

法家讲人性本恶,偏偏不提防帝王的本性恶,偏偏放纵帝王的权力放纵帝王的恶,这是法家政治理论的非理性。儒家讲人性本善,偏偏看重统治集团的集体意志,偏偏要以集体意志约束个人,这是儒家政治理论的理性。

周制是权利本位,秦制是权力本位。周制以制度性权利抗拒权力,维护所有人相应的权利,这是儒家的政治理性。秦制以制度性权力剥夺所有人的权利,制造一个君主独裁独享的社会,使君主成为"天下之大害"(黄宗羲《原君》),这是法家理论的黑洞。

孟子的民贵君轻思想

"民为贵，社稷次之，君为轻。"（14.14）这是孟子思想的另一个重要贡献。

"民贵君轻"变成一个成语后，其实省略了其中特别重要的四个字"社稷次之"。这四个字，革命性更强，震撼性更大。社稷，即制度、政权。一姓社稷的安稳，不如人民的幸福重要；一国之君的位子最轻，在社稷之下，更在人民的幸福之下。换言之，为了人民的幸福，不仅可以换国君，还可以换政权换制度。朱元璋那样忌惮孟子，删节《孟子》，要把孟子从孔庙里赶出来，根本原因就在这里（参阅本书8.3"开讲"）。再看下面：

> 孟子告齐宣王曰："君之视臣如手足，则臣视君如腹心；君之视臣如犬马，则臣视君如国人；君之视臣如土芥，则臣视君如寇仇！"（《孟子·离娄下》）

一个"告"字，看出孟子的浩然正气！孟子这段话也是来自周制的政治理性。《尚书·周书·泰誓下》记周武王孟津会盟讨伐商纣王时说："抚我则后，虐我则仇。"安抚我，就是我们的君王；虐待我，就是我们的仇人。这是孟子思想的源头。

最早的"革命"，就是从周文王、周武王革商纣王的命开始的。《周易》"革卦"这么赞扬革命："革之时大矣哉。"革命是多么伟大啊，"汤武革命，顺乎天而应乎人"。[①]

[①] 王弼、韩康伯注，孔颖达疏：《周易正义》，阮元校刻：《十三经注疏》，北京：中华书局，1980年，第60页。

商人认为，天子之所以为天子，是因为上天选中他来统治天下[①]。有天命相授，商政权就兼有了合法性和神圣性，别人就不能起来造反。统治者讲他有天命，往往导致被统治者也认命。于是周武王要起来造反，必须先打破商纣王的"天命"论。这可以说是中国历史上最早的一次思想解放运动，于是，"德"字被周人挑拣了出来——商王有"天命"，但是"天"在给他"命"的时候，同时给了他约束，当他的"德"性耗尽，他的"天命"便会终止——有德者有其位，无德者丧其位——"天命"就已经转移到新的有"德"者身上。履行天命要通过人力来完成，所以有周武王替天行道，革了商朝的命。

我们讲孟子思想，如果只讲他的人性本善，进而推至王道、仁政，还不够。孟子知道，仅凭人性的善，不能保证国君是一个好国君，也不能保证政治的基本品质，"徒善不足以为政，徒法不能以自行"（7.1），所以他留了两手：第一手，就是上一节讲到的周制中的礼制——以制度性权利制约制度性权力；第二手，就是"革命"——这是孟子给出的对残暴政治进行政治解决的最后一招。当制度本身很难实现对权力的真正约束，体制注定最终走向崩溃；崩溃的最后象征性事件就是革命。暴政——革命，古代中国的改朝换代，在秦制之下便陷入了这样的循环。中国的农民起义，在世界历史上最多。从陈胜、吴广开始，西汉有赤眉、绿林，东汉有黄巾，隋朝有李密瓦岗军，唐朝有王仙芝、黄巢，宋朝有宋江、方腊，元朝有红巾军，明朝有张献忠、李自成，清朝有太平天国、捻军起义。几乎每个朝代都直接或者间接亡于农民起义。以至于毛泽东有这样的论断："在中国封建社会里，只有这种农民的阶级斗

[①] 关于天和商民族的关系，早期的学者，如郭沫若，多认为天神（"帝"）是商王的祖先。今人经过研究，多认为天神不是商王的祖先，但商王的祖先是其下属，可以对其产生影响，因此天神只保佑商。比如，王进锋《殷商史》："虽然帝不是商人的祖先神，但是祖先神能够影响帝。"（上海人民出版社，2015年，第141页）

争、农民的起义和农民的战争,才是历史发展的真正动力。"[1]集权的秦制使得体制本身不能解决自己的问题,那么最终的结局,一定是体制外的革命。这就是《孟子》告诉我们的中国历史的一个必然的逻辑。

> 齐宣王问曰:"汤放桀,武王伐纣,有诸?"孟子对曰:"于传有之。"曰:"臣弑其君,可乎?"曰:"贼仁者谓之贼,贼义者谓之残。残贼之人,谓之一夫。闻诛一夫纣矣,未闻弑君也。"(《孟子·梁惠王下》)

齐宣王问孟子:"臣弑其君,可乎?"这真是一个大难题。从政治理性的角度考虑,孟子不能说臣可以弑君,因为如果臣可以弑君,行政秩序就会被颠覆;但孟子又不能说臣不可以弑君,如果臣不可以弑君,暴虐的统治永远不会被推翻,这既违背人类良知,也不符合历史事实。解决这个悖论,需要政治智慧。恰恰孟子具备这样的大智慧,所以,这一绝大的工作,最终由他来完成。

孟子先从理论上对"君"进行定义,"君"必须先有"德",后有"位",两个条件缺一不可,且"德"逻辑在先,孟子将在位而失德的"君"定义为"一夫",独夫民贼,这样的"君",只是君位的霸占者,其实已经属于僭位者,于是,难题迎刃而解——"闻诛一夫纣矣,未闻弑君也"——这是孟子给革命理论的一个完美封顶。

儒家革命理念最早的建立者,其实不是孟子,而是孔子。我们看孔子最推崇哪些人,就能明白这一点。孔子心目中的圣人有七位:尧、舜、禹、汤、文、武、周公。这七人里,尧、舜、禹的权力来自禅让,从本质上说,禅让本身就是革命——因为他们不仅无法将权力世袭传

---

[1]《毛泽东选集》第2卷《中国革命和中国共产党》,北京:人民出版社,1991年,第625页。

子,按照孟子的说法,其实他们也没有权力将天下私托给任何人,他们的权力交接,其实是天意,他们只是履行天意:

> 万章曰:"尧以天下与舜,有诸?"
> 孟子曰:"否。天子不能以天下与人。"
> "然则舜有天下也,孰与之?"
> 曰:"天与之。"(《孟子·万章上》)

这是一种温情脉脉的革命,其要素和前提是双方的德性,其方式是和平交接的禅让。接下来,商汤的权力从推翻夏朝而来,周文王、周武王的权力从推翻商纣王而来,他们都是暴力革命者。孔子读《易》,对革卦给予高度评价,就是对社会变革和权力交替给予充分肯定。

如果说孔子是革命理论的发轫者,那么孟子是革命理论的完成者,到司马迁,则用孔孟的革命理论来评价历史人物。司马迁让陈胜如其自封的那样进入"世家"——这是秦制确立后的第一次下层人民起义——就是给予革命者的历史学肯定。"孔子成《春秋》而乱臣贼子惧"(6.9),孔子最早试图用历史来规范现实,对历史事件和人物的善善(褒奖善)、恶恶(憎恨恶),褒贬揄扬,其实是对现实社会、现实人物的评价、警告和指导。司马迁作《陈涉世家》,则是给像陈胜、吴广这样揭竿而起终止秦王暴政的革命者以最大的鼓励。司马迁知道,在秦制之下,未来不可能也不可以缺少这样的革命者,秦制的命运逻辑中,不可以没有陈胜、吴广这样的人物。这是价值判断,是史学家的良知,是司马迁的伟大所在。孔子发轫,孟子完成,司马迁将其变成历史评价的标准——这是中国革命理论建设的基本脉络。

以上我对《孟子》中涉及的人性问题、人禽之辨、义利之辨、王道仁政等大命题作了简单梳理。其实,《孟子》中隐含的命题还有很多,比如心性论、出处穷通论、人格论等,并且,随着学术的深入和历史的进展,我相信,《孟子》中一定还有更多隐含的命题会被发掘和展开,并为现实提供价值。

《孟子》是一部大书,包罗人生万象,涉及政治伦理,是那个时代的批判,也是未来时代的展望。它是一部人类理想之书、方向之书。

卷一
梁惠王上
（凡七章）

1.1

孟子见梁惠王①。王曰:"叟不远千里而来②,亦将有以利吾国乎?"

孟子对曰③:"王何必曰利?亦有仁义而已矣。王曰:'何以利吾国?'大夫曰:'何以利吾家?'士庶人曰:'何以利吾身?'上下交征利④,而国危矣。万乘之国⑤,弑其君者,必千乘之家;千乘之国,弑其君者,必百乘之家。万取千焉,千取百焉,不为不多矣。苟为后义而先利,不夺不餍⑥。未有仁而遗其亲者也,未有义而后其君者也。王亦曰仁义而已矣,何必曰利?"

今译——

孟子谒见梁惠王。梁惠王说:"老人家不远千里而来,大概是给我的国带来了有利的东西吧?"

孟子回答说:"王何必张口就说利?有仁义就好啦。王说:'怎么有利于我的国?'大夫说:'怎么有利于我的家?'士和普通百姓说:'怎么有利于我自身?'上下都争利,国家就危险了。万乘的大国,杀掉其国君的,一定是千乘的大夫;千乘的国家,杀掉国君的,一定是百乘的大夫。在万乘的大国里取得了一千乘,在千乘的国家里取得了一百乘,不能说不多了。但假如人人都先'利'后'义',那么不从君主那里全部抢夺过来就不会满足。从没有一个仁者忘掉他的父母,从没有一个义人把他的国君放到后面。所以王讲仁义就够了,何必讲利呢?"

注释——

① 梁惠王:即魏惠王。杨宽认为魏惠王九年(公元前 361 年)都城由安邑(今山西夏县)迁到大梁(今河南开封)。所以,魏国又被称为梁国,魏惠王又被称为梁惠王。

② 叟:老人家。孟子的生卒年月已不可详考。关于生年,有两个说法:公元前 372 年,公元前 385 年。孟子年龄小于梁惠王。梁惠王公元前 370 年继位,在位 51 年,依照第一个说法,梁惠王继位时,孟子才两岁,梁惠王去世时,孟子才 37 岁,所以梁惠王不可能称孟子为"叟"。依照第二个说法,梁惠王去世时,孟子 52 岁,古人五十为老,可以称叟。

③ 对曰:下级对上级、晚辈对长辈讲话,一般都加一个"对"字,以示尊重。

④ 交:杨伯峻理解为"互相"。交,亦可训为"俱""都",《尚书·禹贡》:"四海会同,六府孔修。庶土交正,厎慎财赋,咸则三壤,成赋中邦。"孔传:"交,俱也。"征:争。译文从后者。

⑤ 乘(shèng):古代一车四马为一乘。万乘:周代制度规定,天子地方千里,能出兵车万乘,因以"万乘"指天子、帝王。战国时,小的诸侯国称"千乘之国",大的称"万乘之国",盖此时诸侯通过兼并,其国土及人口规模不少已经超过西周初年的天子。

⑥ 餍(yàn):满足。

开讲——

"梁惠王"本不是题目,开篇名《梁惠王》,取的是本章开头的关键词,后面各章同此。

《史记·魏世家》对此段对话,有背景介绍:

惠王数被于军旅，卑礼厚币以招贤者。邹衍、淳于髡、孟轲皆至梁。梁惠王曰："寡人不佞，兵三折于外，太子虏，上将死，国以空虚，以羞先君宗庙社稷，寡人甚丑之，叟不远千里，辱幸至弊邑之廷，将何利吾国？"孟轲曰："君不可以言利若是。夫君欲利则大夫欲利，大夫欲利则庶人欲利，上下争利，国则危矣。为人君，仁义而已矣，何以利为！"

估计司马迁的这段记载，参考的就是《孟子》这一章。

梁惠王一开口就很急功近利："叟不远千里而来，亦将有以利吾国乎？"可见梁惠王的焦虑心态。梁惠王的焦虑，在1.5中有自述："晋国，天下莫强焉……及寡人之身，东败于齐，长子死焉；西丧地于秦七百里；南辱于楚。寡人耻之，愿比死者壹洒之，如之何则可？"经过魏文侯、魏武侯两代君主的努力，魏国成为战国初期最强大的国家。梁惠王继承了晋国的霸业传统和祖、父两代的魏国霸业，想要有一番大作为。但事与愿违，在与齐国的战争（桂陵之战、马陵之战）中，魏军主将庞涓自杀，太子被杀；在与秦国的战争中，魏国主帅公子卬被俘，被迫将河西之地割让给秦国，从此丧失了与秦国抗衡的主动权。梁惠王有耻辱感，老想着要强大起来，一雪战败之耻。与此同时，秦国重用商鞅，齐国重用孙膑、田忌，都成为强国，所以梁惠王看到孟子到来，渴望孟子"有以利吾国"，他期待孟子如商鞅、孙膑般能给他带来"富国强兵之术"。但司马迁《史记·孟子荀卿列传》说：

适梁，梁惠王不果所言，则见以为迂远而阔于事情。当是之时，秦用商君，富国强兵；楚、魏用吴起，战胜弱敌；齐威王、宣王用孙子、田忌之徒，而诸侯东面朝齐。天下方务于合从连衡，以攻伐为贤，而孟轲乃述唐、虞、三代之德，是以所如者不合。

显然，这第一次见面，双方都对对方感到失望。

梁惠王一开始就提出一个"利"字来，这是那时诸侯们的共同焦虑和诉求，这种焦虑和诉求养成了战国时代急功近利的浮躁心态。这是法家、纵横家、兵家等大行其道的时代原因，也是孟子不得已而奋起抗争的因由。

梁惠王急迫，孟子断然，一声"何必曰利"，揭开千古"义利之辨"的大命题。

"王曰：'何以利吾国？'大夫曰：'何以利吾家？'士庶人曰：'何以利吾身？'上下交征利而国危矣。"孟子这段话，和墨子说天下所有的祸害都来自不相爱很相似。《墨子·兼爱上》：

圣人以治天下为事者也，不可不察乱之所自起。当察乱何自起？起不相爱。臣子之不孝君父，所谓乱也。子自爱，不爱父，故亏父而自利；弟自爱，不爱兄，故亏兄而自利；臣自爱，不爱君，故亏君而自利，此所谓乱也。虽父之不慈子，兄之不慈弟，君之不慈臣，此亦天下之所谓乱也。父自爱也，不爱子，故亏子而自利；兄自爱也，不爱弟，故亏弟而自利；君自爱也，不爱臣，故亏臣而自利。是何也？皆起不相爱。虽至天下之为盗贼者亦然：盗爱其室，不爱其异室，故窃异室以利其室；贼爱其身，不爱人，故贼人以利其身。此何也？皆起不相爱。虽至大夫之相乱家，诸侯之相攻国者亦然：大夫各爱其家，不爱异家，故乱异家以利其家；诸侯各爱其国，不爱异国，故攻异国以利其国。天下之乱物，具此而已矣。

孟子和墨子对这个世界问题的认知，以及他们的论证方式都非常相似。墨子反抗孔子，孟子又反击墨子，但他们在如此关键的问题上看法却殊途同归——不，同途同归。

值得注意的是，"上下交征利，而国危矣"，孟子没说"家危矣"，也没说"身危矣"，而说"国危矣"。为什么？是因为孟子在跟国君说话，他要回应梁惠王的关切，梁惠王问的，就是"有以利吾国"。其实，"上下交征利"危及的，是所有人，是"国"，是"家"，是"身"，是"天下"。

高智商的个人，往往组成低智商的社会；理性的个人，往往组成非理性的团体。纯粹的理性如同没有刀柄的刀，伤害别人也伤及自己。过剩的智力如同不知收敛的小聪明，会损害淳朴的智慧。钻制度空子的人会得利，但也因此增加了制度制定和运行的成本，这成本最终也要钻空子的人分担；损人利己的人和行为增加了人与人之间交往和合作的损耗，这损耗损人利己的人也得分担。与此相反，相对单纯的人，偏偏能组成一个高效率的社会。所以，孟子的义利之辨，墨子的相爱不相爱之争，并非迂腐之论，而恰恰是站在天下的角度来计算社会的总成本及其溢出到每个利益主体的得失。佛教讲因缘，也是这个道理。孟子、墨子和商鞅、吴起、孙子、田忌之徒的区别在哪里？在于孟子、墨子是站在天下的立场算总账，然后再算分摊的损失；而商鞅、吴起、孙子、田忌之徒是站在某一国某一利益主体的角度，只看到一国一时一地的得失，他们以损害他人乃至全体的方式来获取一国的利——他们确实理性而功利，聪明而智力过剩，但他们带给这个世界的，是伤害。

孟子这里讲的，既是治国之道，也是伦理之道。"义利之辨"，是孟子思想的一大命题，也是中国文化的一大命题。天下有义利之辨，国家有义利之辨，个人也有义利之辨。董仲舒说："正其义（一作谊）不谋其利，明其道不计其功。"（《汉书·董仲舒传》）其中，两个关键词是"道义"和"功利"。中国文化将"道义"放前,将"功利"放后,这是我们的传统。这也是我们文化的高度。

成语——不远千里　上下交征　万乘之国
链接——1.2；1.3；1.5

1.2

孟子见梁惠王。王立于沼上①，顾鸿雁麋鹿，曰："贤者亦乐此乎？"

孟子对曰："贤者而后乐此，不贤者虽有此，不乐也②。《诗》云：'经始灵台③，经之营之，庶民攻之④，不日成之，经始勿亟，庶民子来⑤。王在灵囿，麀鹿攸伏⑥，麀鹿濯濯⑦，白鸟鹤鹤⑧，王在灵沼，於牣鱼跃⑨。'文王以民力为台为沼，而民欢乐之，谓其台曰灵台，谓其沼曰灵沼⑩，乐其有麋鹿鱼鳖。古之人与民偕乐，故能乐也。《汤誓》曰⑪：'时日害丧⑫，予及女偕亡⑬。'民欲与之偕亡，虽有台池鸟兽，岂能独乐哉！"

今译——

孟子谒见梁惠王。王立在水池边上，欣赏着四周围猎场里的鸿雁麋鹿，说："贤德的人也会喜欢这些吗？"

孟子回答说："贤者把这类乐放在诸事之后，不贤者即便拥有这些，也不会真获得快乐。《诗经》上说：'经始灵台，经之营之，庶民攻之，不日成之，经始勿亟，庶民子来。王在灵囿，麀鹿攸伏，麀鹿濯濯，白鸟鹤鹤，王在灵沼，於牣鱼跃。'（文王造灵台，规划又盘算，百姓来做工，很快就建完。王说不要急，百姓更卖力。文王到灵囿，麋鹿安详卧，麋鹿肥又美，白鸟羽毛洁。文王游灵沼，满池鱼欢跳）周文王使用民力造台建沼，而人民却因此喜欢，将文王的台叫灵台，将文王的沼叫灵沼，为里面有麋鹿鱼鳖而高兴。古人能够与民同乐，所以才快乐。《汤誓》说：'时日害丧，予及女偕亡。'（太阳啊你什么时候陨灭，我与你同归于尽）老百姓都想跟他同归于尽，就算他有台池鸟兽，又岂能独得快乐呢！"

注释——

① 沼：水池，积水的洼地。古代侯王常有一处专门的围猎场所，这个场所常常设在湿地附近，以其水草丰美而野生动物麋集也。

② 杨伯峻对此句的理解是"成为贤者之后才能乐此"，即只有贤者才能乐此，所以他将此句翻译成"只有有道德的人才能享受这一种快乐"。杨氏的依据来自《孟子注疏》赵岐注："惟有贤者然后乃得乐此耳。谓修尧舜之道，国家安宁，故得有此以为乐也。不贤之人，亡国破家，虽有此，亦为人所夺，故不得以为乐也。"疏："言唯有德之贤者为君，然后得乐于此；如君之不贤，虽有此鸿雁麋鹿之顾，亦不得其乐也。"我对"贤者而后乐此"的理解与此稍异，参见开讲。

③ 《诗》：《诗经·大雅·灵台》，记叙周文王营造灵台的事。经：规划。《毛诗正义》："经，度之也。"经始：开始规划。灵台：祭祀神灵的高台。《毛传》："神之精明者称灵，四方而高曰台。"灵台之故址在今陕西西安西北。孟子在此对"灵"作了"人"的解释：因为文王得人心，与民同乐，所以，老百姓称其台曰"灵台"，是"美好之台"的意思。

④ 攻：治，即建造。

⑤ 子来：像儿子给父母做事一样赶来。

⑥ 麀（yōu）：母鹿。攸：悠然安详。攸伏：安然卧伏。赵岐注："安其所而伏，不惊动也。"

⑦ 濯（zhuó）濯：丰肥而有光泽的样子。

⑧ 鹤鹤:羽毛洁白的样子。

⑨ 於(wū):句首的语气词。牣(rèn):满。

⑩ 灵:有美、善之义。

⑪ 《汤誓》:《尚书》中的一篇。商汤讨伐夏桀的誓词。

⑫ 时:是,这。朱熹《孟子集注》:"时,是也。"害(hé):何时。夏桀曾自比太阳,这句是当时百姓诅咒夏桀灭亡的话。

⑬ 女(rǔ):同"汝"。偕:一起,有的版本写作"皆",意思相同。

开讲——

梁惠王和孟子的这段对话,发生在梁惠王的田猎场中。

从梁惠王的发问"贤者亦乐此乎"可知,梁惠王此时是在寻欢作乐。"贤者而后乐此",孟子的回答很好。他不是说贤者乐,也不是说贤者不乐,而是说贤者分得清轻重缓急,先做更重要的事情,而后才能乐于此。人生需要分清轻重缓急,天天游山玩水,把国家搞破败了,最终会没福喜欢,没命享受。

下面孟子引《诗经》中周文王的游猎,既说明国君与百姓同乐交融,也说明国君平时做了更重要的事情——对人民好。人民因此希望这个国君好,希望他健康长寿,在位的时间更长一点,他们的幸福生活可以在贤君的统治之下再延长一点。文王就是"而后乐此"的典型:宵衣旰食,以为民先,然后才能获得人民的拥戴和祝福,才能真正享受这种快乐。《诗经》这个片段充满了快乐的气氛,真是"天高任鸟飞,海阔凭鱼跃",连大自然动物界都感受到了文王的恩德,这真是宇宙一体之其乐融融。

孟子举的相反的例子是《汤誓》里的夏桀。夏桀穷奢极欲,花天酒地,弄得民不聊生,天愁地惨,最后老百姓诅咒他早点死亡,甚至不惜与之同归于尽。至此,他还能快乐下去吗?

孟子这番话，其实是说明一个道理：任何真正的、可持续的幸福和快乐，都必须有道德的要素。有不道德的成功，没有不道德的幸福。连不道德的"快乐"，也都是瞬间的、短暂的，随时消失。

这一章，孟子提出了"与民偕乐"的主张，其意思不是简单地要国君把他享乐的东西拿出来和大家分享，而是在告诫国君：天下是天下人的天下，国也是国人的国，要建立分享机制，让天下庶民百姓都能分享国家发展的红利，分享财富积累的份额，更要保障基本的人权——"乐岁终身饱，凶年免于死亡"，以及受教育权、尊严权。

所以，这一章紧接上一章，讲的还是义利。有义才有利，无义何来利。"而后乐此"，那么，"前"是什么？前是义。有义而后乐此；无义，想乐也乐不成。对国君来说，义，其实就是全体百姓的利；全体百姓的利，就是国君的义。百姓有了利，国君才有义。先有义，而后国君才能安享自己的乐。

成语——与民偕乐

链接——1.1；1.3

1.3

梁惠王曰:"寡人之于国也,尽心焉耳矣。河内凶①,则移其民于河东,移其粟于河内。河东凶亦然。察邻国之政,无如寡人之用心者。邻国之民不加少,寡人之民不加多②,何也?"

孟子对曰:"王好战,请以战喻。填然鼓之③,兵刃既接,弃甲曳兵而走。或百步而后止,或五十步而后止。以五十步笑百步,则何如?"

曰:"不可,直不百步耳④,是亦走也。"

曰:"王如知此,则无望民之多于邻国也。

"不违农时,谷不可胜食也;数罟不入洿池⑤,鱼鳖不可胜食也;斧斤以时入山林⑥,材木不可胜用也。谷与鱼鳖不可胜食,材木不可胜用,是使民养生丧死无憾也。养生丧死无憾,王道之始也。

"五亩之宅,树之以桑,五十者可以衣帛矣。鸡豚狗彘之畜,无失其时,七十者可以食肉矣⑦。百亩之田⑧,勿夺其时,数口之家可以无饥矣。谨庠序之教⑨,申之以孝悌之义,颁白者不负戴于道路矣⑩。七十者衣帛食肉,黎民不饥不寒,然而不王者,未之有也。

"狗彘食人食而不知检⑪,涂有饿莩而不知发⑫。人死则曰:'非我也,岁也。'是何异于刺人而杀之,曰:'非我也,兵也。'王无罪岁,斯天下之民至焉。"

今译——

梁惠王说:"寡人对于国,真的很尽心了。河内有灾,就把河内的灾民移到河东,把河东的粮食移到河内。河东有灾也同样办理。看看邻国的政治,没有像我这么用心的。可是邻国的人民没减少,寡人的人民没增多,为什么呢?"

孟子回答:"王您好战,就请允许我用战争给您打个比方。咚咚擂起战鼓,兵器已然相接,丢盔卸甲而逃跑。有的跑了一百步停止,有的跑了五十步停止。跑了五十步的人去嘲笑跑了一百步的人,怎么样?"

(梁惠王)说:"不可以,只不过没跑一百步而已,但也是逃跑。"

(孟子)说:"您如果能知道这一点,就不要指望您的国家人口多于邻国。"

"不违农时,粮食吃不完;细网不下深水,鱼鳖吃不完;斧斤按季节进山,木材用不完。粮食与鱼鳖吃不完,木材用不完,这就能让人民养生送死没有缺乏了。让人民养生送死没有缺乏,就是王道之始了。

"五亩的田宅,种上桑树,五十岁的人可以穿丝帛了。鸡、猪、狗等家畜,不耽误它们繁育生长的时间,七十岁的老人就可以吃肉了。百亩耕地,不耽搁农时,数口之家就不会挨饿了。重视学校教育,用孝敬父母尊敬兄长的道理教育子弟,头发花白的人就不用再肩扛身背在路上辛苦劳作了。七十岁以上的人能穿帛吃肉,老百姓能不饥不寒,做到这样还不能称王于天下的,从没有过啊。

"狗猪吃人的粮食却不知道去制止,途中有饿死的人却不知道开仓放粮。人死了,却说:'不是我的责任啊,是今年收成不好。'这何异于用刀把人杀了,却说:'不是我杀的,是刀杀的。'王您不要怪罪自然灾害,天下的人民就都来了。"

注释——

① 凶：庄稼收成不好。河内：指当时魏国黄河以北的土地，今河南省济源、沁阳、博爱一带。河东：指当时魏国黄河以东的土地，今山西省运城一带。

② 加多：增多。加少：减少。

③ 填：模拟鼓的声音。

④ 直：只。

⑤ 数（cù）罟（gǔ）：网眼很细的渔网。数：密，细。罟：网。洿（wū）：大，深。

⑥ 斤：斧。时：时令，季节。《礼记·王制》："草木零落，然后入山林。"意指草木生长季节不可以砍伐。

⑦ 无失其时：赵岐："言孕字不失时也。"《礼记·王制》说："六十非肉不饱。"与《孟子》说的"七十"不同。这显然与当时肉类食品的严重匮乏有关，这种情形直到汉代才有所增加，彭卫：《汉代人的肉食》："（汉代）每人每年平均只有 0.02 斤肉……经济条件尚可的人家（以平均 5 口计）每人年平均食肉量可能有 2～5 市斤。"（《中国社会科学院历史研究所学刊》第七辑）。

⑧ 百亩之田：涉及孟子讲的古代井田制。一方土地九百亩，划一个"井"字，分成九份，每份一百亩。中间一份是公田，周边八份私田分给八户。八户人家春天先种公田，再种私田，秋收先收公田，再收私田。公田所收归国家所有，相当于缴农业税。私田所收归自己。井田制实际是保障人民拥有自己土地的制度。

⑨ 谨：重视。庠序：古代学校的名称。《礼记·学记》："古之教者，家有塾，党有庠，术有序，国有学。"孟子："夏曰校，殷曰序，周曰庠，学则三代共之，皆所以明人伦也。"(5.3)

⑩ 颁白者：头发花白的人。颁，同"斑"。负戴：背负头顶。

⑪ 检：制止，禁止。

⑫ 涂，通"途"。莩（piǎo）：同殍。饿死的人。发：发仓散粮，赈济。

开讲——

春秋战国时期,一个国家政治、经济状况好不好,人口多少是关键指数;对于国家的竞争实力来说,人口的多少就更重要了。这边国家搞不好,老百姓就直接跑到邻国去了。移民去哪里,代表人心所向,也代表国家实力的消长(参见1.7)。

这一章,梁惠王觉得委屈。他也是不容易,要把饥民和粮食从河内、河东调来调去,中间夹着韩国,不经过韩国领土,就要绕一大圈;经过韩国,涉及外交,实际操作比较麻烦,费了不少劲,也真是"尽心"了。所以梁惠王想不通,觉得自己救民于灾难很不错,为什么邻国人不跑到他的国家呢?

其实,救灾本是国家的义务,是国家的基本职能和责任,没什么好炫耀的,不救灾是国君及政府渎职犯罪。拿基本职责之内的事来炫耀自己的政绩和德性,不可能得到孟子的表扬,只能得到孟子"五十步笑百步"的嘲笑。在孟子的观念里,有没有"以民为本"的政治理念,才是重要的。后面孟子反复讲"不违农时""数罟不入洿池""斧斤以时入山林",强调大自然永远在生产,在实现财富的自然增殖。阻滞自然生产和自然增殖是人的问题,国君让人民该种地时去打仗,该收割时去修陵墓,这才是祸国殃民的根本原因。所以,在此,孟子不是要求统治者去做什么,而是让统治者不做什么。统治者只要做好分内之事(比如救灾),而不要任性妄为。战国之时,各国君主就是做得太多了。孟子说的"诸侯放恣"(6.9),就是说他们为所欲为。"不违农时""数罟不入洿池""斧斤以时入山林"完全可以用老子的"无为"政治来解释,两者内涵在本质上完全一致。

"养生丧死无憾,王道之始也。"王道之始,就是让人民有饭吃,让普通人吃饱穿暖,五十岁能穿上帛,七十岁能吃上肉。

那么,"王道之终"是什么?孔子讲"先富之后教之",先富,即王道之始；后教，即王道之终。孟子此处也落脚于教育。儒家历来特别重视教化。这种教化，不是使人驯化，而是人自身发展的必要条件，是人获得人之本质的必由之路。人类须有尊严，须有伦理，须有精神信仰，须能反思自己的生活并向往理想的生活，这些都依赖教化，依赖引领。

从某种意义上说，人的肉体生存能力是人生而"自有"，正如大自然有自然生发增殖的能力，野生动物有自己的生存能力。从本质上说，人的天赋能力（脑力和体能）也是自然的一部分，而人的精神尊严感却是人生"必有"，无此则人生与畜生无别。"自有"就是自然有，"必有"就是必须有。人为何除了"自有"的能力，还需要"必有"的能力？因为，无此"必有"的东西，则不能拥有人的本质。但这"必有"之人的本质，需要后天的教育与唤醒，此所谓圣人"为生民立命"之"命"。天赋予人自由自尊的权利，而人必须自己通过学习获得这种能力。国家则有义务帮助人们去获得这种能力，以这种能力来实现他们天赋的权利。所以，一个国家的基本道德本质、道德义务，就是保障国民有机会获得基本的人格教育，能理解人生的意义，知道人禽之辨。不履行这种道德义务，即不具备这种道德本质；无此道德本质，则国家就是一个不道德的存在。

"狗彘食人食而不知检，涂有饿莩而不知发"一段，就是讲这种国家的不道德。孟子讲得很严厉，在直接批评梁惠王。这里的狗猪，实指贪官污吏。孟子告诫国君，"王无罪岁，斯天下之民至焉"，国家出现饥荒，不要把责任推到自然灾害上。你想要人民归附吗？行，你先行仁义。

这一章，孟子还是在讲"义利"，先仁义而后得利，还是在讲"贤者而后乐此"。

成语——五十步笑百步　弃甲曳兵　养生丧死
链接——1.1；1.2；1.5；1.7

1.4

梁惠王曰:"寡人愿安承教①。"

孟子对曰:"杀人以梃与刃②,有以异乎?"

曰:"无以异也。"

"以刃与政,有以异乎?"

曰:"无以异也。"

曰:"庖有肥肉③,厩有肥马④,民有饥色,野有饿莩,此率兽而食人也⑤。兽相食,且人恶之。为民父母,行政,不免于率兽而食人,恶在其为民父母也?仲尼曰:'始作俑者⑥,其无后乎!'为其象人而用之也⑦。如之何其使斯民饥而死也?"

今译——

梁惠王说:"我想得到您的指教。"

孟子答:"用木棒杀人和用刀杀人,有区别吗?"

(梁惠王)说:"没有区别。"

"用刀杀人和用政治杀人,有区别吗?"

(梁惠王)说:"没有区别。"

(孟子)说:"你的厨房里有肥肉,马厩里有肥马,老百姓满脸都是饥色,野外到处都是饿死的人,你这就是带着野兽来吃人啊。野兽相食，人都会讨厌，更何况为民父母，施行政治、制定政策，却跟率兽食人差不多，你凭什么为民父母？孔子说：'第一个制作人俑用以殉葬的人，会断子绝孙吧！'这是因为他塑出一个人形的泥俑来殉葬。（人形泥俑都不可以用来殉葬）更何况你使老百姓饥饿至死？"

注释——

① 安：敬词，安心，乐意。承教：受教。表示接受的谦虚之辞。

② 梃（tǐng）：木棒。

③ 庖（páo）：厨房。

④ 厩（jiù）：马圈，马厩。

⑤ 率兽而食人：朱熹《四书章句集注》为"驱兽以食人。"其义尚不及原文，盖"率兽而食人"，有国君自身也是"兽"且是兽王之意，意思更加严峻。

⑥ 俑（yǒng）：古代殉葬用的木偶或陶人。

⑦ 象人：象同"像"，以人像为楷模。孔子认为这种观念本身即是恶。

开讲——

梁惠王很客气。孟子很不客气。

孟子不是来求一己之用，而是来代人民申斥——宜乎他与"所如者不合"。

愿、安、承教，梁惠王用的，都是非常谦恭的敬词。那时的汉语非常成熟了。比如，仅第二人称就有：汝、尔、君、卿、足下、大驾……我们今天只有"你"，最多有个"您"。周朝文明的核心是礼，礼的核心是"自卑而尊人"。文明的语言，一定有很多敬词、委婉之言。读《左传》行人辞令，即使针锋相对，说话也彬彬有礼。

而孟子却一点都不委婉。但他却会迂回——刀子在空中绕一圈，飞回来却正中要害。你看他的设问——设问就是自设一问，让人回答，而别人的回答正是他要的答案。孟子在这方面是高手,他有套路:每次设问,他都能指向唯一答案。不是唯一的答案,他怎么让答者跟着他的思路走呢?然后,他就用这个唯一答案做基础,往下展开论证。

跟孟子学设问,怎么问?第一,必须特别简单,使人可以随口答出,且不能有遁词。随口能答,就让别人不必过心,从而在不假思索中给出孟子要的答案,不设防也无法防。第二,必须只能有唯一的答案,才能保证话题不会逸出。孟子连问:"杀人以梃与刃,有以异乎?""以刃与政,有以异乎?"梁惠王都只能答:"无以异也。"逃不掉,没有第二种选择。上一章孟子问战场上,逃跑五十步和一百步有无区别?答案或许还可能有区别,但这个杀人以梃与刃,以刃与政,真是没有区别。为什么?因为都是杀人,人是一样死了,当然没有区别,这就一下子把梁惠王的本质给揭露出来了:人民死亡,不是由于"岁",而是由于"政"。

孔子和孟子的个性,有非常大的不同。孔子对国君很恭敬,即使与鲁哀公这样庸懦的国君相处,也给他留足面子。韩非子说鲁哀公是"下主",国君里层次最低的;孔子是"圣人",是人类中层次最高的(《五蠹》),还是鲁哀公的长辈,但孔子仍然给鲁哀公足够的尊敬。孔子当然也骂人,比如骂卫灵公好色,但他不直接骂,而是说"吾未见好德如好色者也",把所有人都骂了,好像在说卫灵公只是犯了所有男人都会犯的错误,这也是给卫灵公面子。但孟子与梁惠王面对面,非常严厉,"率兽而食人",骂得多狠。

孔子骂"始作俑者,其无后乎",其实也够厉害,只是这个被骂的对象不确定,所以没有面子问题。"无后"就是断子绝孙。为什么孔子这么骂,孟子的解释很好,说"为其象人而用之也",即使塑出人形代替活人殉葬,也还保留着人殉的观念,这个观念是邪恶的。恶,就是观念之恶,这种观念如果不从人的头脑中铲除,碰到倒行逆施之人,就会死灰复燃。商朝的殉葬制度，周朝基本废除，到秦穆公那里不就恢复了吗？到明朝，朱元璋也搞殉葬。朱元璋特别讨厌孟子，是因为他把《孟子》读懂了：他知道孟子是他这样的暴君的死对头。

成语——始作俑者　饿殍遍野　率兽食人
链接——1.3；1.5

1.5

梁惠王曰:"晋国①,天下莫强焉,叟之所知也。及寡人之身,东败于齐,长子死焉②;西丧地于秦七百里③;南辱于楚④。寡人耻之,愿比死者壹洒之⑤,如之何则可?"

孟子对曰:"地方百里而可以王⑥。王如施仁政于民,省刑罚,薄税敛,深耕易耨⑦,壮者以暇日修其孝悌忠信,入以事其父兄,出以事其长上,可使制梃以挞秦楚之坚甲利兵矣⑧。彼夺其民时,使不得耕耨以养其父母,父母冻饿,兄弟妻子离散。彼陷溺其民⑨,王往而征之,夫谁与王敌?故曰:'仁者无敌'。王请勿疑!"

今译——

梁惠王说:"晋国,是天下无比的强啊,这是老先生知道的。可是到了寡人我这里,在东边被齐国打败,我的大儿子也战死了;在西边被秦国抢占了七百里土地;在南边又被楚国羞辱。寡人以此为耻,想替战死的人一雪前耻,要怎么办才好?"

孟子回答:"方圆百里就可以施行王道了。王如果能施仁政于民,减轻刑罚,降低税收,深耕细作,及时除草,壮年人在农闲之时修习孝悌忠信之道,在家以孝悌侍奉父兄,出外以忠信侍奉尊长,这样,就可以让他们操起木棒抗击秦楚的坚甲利兵了。别的国家剥夺农时,使百姓不能耕作从而没有收入养活父母,父母又冻又饿,兄弟妻儿四处离散。他们陷人民于困顿,王派兵前往讨伐,谁会跟您作对?所以说:'仁者无敌'。请王不要再犹疑了!"

注释——

① 晋国:魏国来源于晋,是三晋之一。魏王自称晋,是因为,晋国是春秋时期的霸主,作为战国初期较为强大的国家,魏国自然希望以继承晋国正统自居。从地理上看,晋国最初的封地在曲沃、绛一带,这一带是晋国的核心区域。三家分晋以后,这一块地盘被魏国继承。所以,魏国自称晋国,也有暗示自己是正统之意。

② 东败于齐,长子死焉:即历史上著名的马陵之战。公元前341年,魏国攻打韩国,韩国向齐国求救。齐威王以田忌为主将、孙膑为军师,救援韩国,并在马陵大败魏军,杀死魏国主将庞涓,俘虏魏太子申。太子申的结局,此处说是死,但《史记·魏世家》仅记其被俘:"(魏惠王三十年)齐虏魏太子申,杀将军涓,军遂大破。"《战国策·魏策二》记太子申被杀:"齐、魏战于马陵,齐大胜魏,杀太子申,覆十万之军。"可是同一篇又记:"今战胜魏,覆十万之军,而禽太子申。"两种说法并存。但《史记》同篇记魏惠王三十一年,也就是马陵之战第二年,魏惠王"以公子赫为太子",此时公子申应该已死。

③ 西丧地于秦七百里:指秦公孙鞅率军打败魏国,魏国割让河西郡全部和上郡十五县予秦。几次著名的战役分别发生在梁惠王三十年(公元前340年)、后元五年(公元前330年)、后元六年(公元前329年)和后元七年(公元前328年)。

④ 南辱于楚:指梁惠王后元十二年(公元前323年)楚魏襄陵之战,魏军被楚将昭阳击败,被迫割让大片土地。

⑤ 比(bǐ):替。洒(xǐ):同"洗",雪耻。全句意为:为所有死者报仇雪恨。

⑥ 地方:土地方圆,土地面积。

⑦ 易耨(nòu):朱熹:"易,治也。耨,耘也。"则"易耨"为并列结构,而"深耕"为偏正结构,不符。薛仁荣《孟子音义考证》引《经义述闻》云:"易者,疾也,速

也。"《管子·度地》："大暑至，万物荣华，利以疾耨，杀草秽。"所以，"易耨"意为及时除草。耨，除草。

⑧ 制：一般理解为制造，杨伯峻《孟子译注》："当读如《诗·东山》'制彼裳衣'之'制'。制作、制造之意。"疑不确。《说文》段注："古多假折为制。……《鲁论》：'片言可以制狱。古作折狱。'《羽猎赋》：'不制中以泉台。制或为折。'"亦可解为"切割"，《淮南子·主术》："贤主之用人也，犹巧工之制木也。"如此，可以解释为"折木为兵"。另，制，有"控制""操控"义，则此处可以理解为操起木棒，译文从之。挞（tà）：用鞭棍等打人，引申为攻打。

⑨ 陷溺：陷，陷于坑。溺，溺于水。

开讲——

梁惠王立足国家，孟子放眼天下；梁惠王讲一国与多国争利，孟子讲天下大义。失地丢城，国之失也；仁义充塞，天下之失也。故孟子眼中，无国家利益，孟子也不帮列国争利益。孟子眼中，只有天下大利。天下大利，仁义也；仁义者，关怀百姓也。所以，孟子心中没有国君，他也不关心国君的痛痒，他只关心人民的疾苦。因此，梁惠王满腹苦恼，把真心和盘托出，说出多年失败之屈辱，太子死亡之痛苦，试图获得孟子的同情和帮助，甚至希望孟子指点一下，以报仇强敌。但孟子于此毫不在意，他反而劝梁惠王放下对外仇恨，努力经营域内仁政。盖国土之本质，在于牧民；国君之天职，在于爱民；政治之本质，在于惠民。西周分封诸侯，设立诸国，初心在于保一方人民，而不在于争四方土地也。

当然，身处战国，天下幅裂，孟子希望的，是某一国能成天下之胚胎，某一君能成王道之负载，"施仁政于民""修其孝悌忠信"，然后对不仁不义之国，往而征之，则非以一国战一国，乃是以天下征一国，何往而不胜！

孟子在此用的词是"征"。这不是随便用的词。"敌国不相征"（14.2），"征"是天子才有的政治权利。所以，孟子说到此处，哪是在讲梁惠王以一梁国争战秦楚，乃是指承载王道之天子可征伐无道。秦国、楚国，"彼夺其民时"，搞得民不聊生，人民深陷于暴君的统治中，你派兵救民于水火，"夫谁与王敌"！？人民会欢迎正义之师、仁义之师。孟子主张"民为贵，社稷次之，君为轻"，人民的利益最重要。立足于天下的孔孟儒家不承认一国之私利，更不承认一君之私欲，只维护天下之公义。而天下之公义，即人民之私利。

成语——妻离子散　仁者无敌　深耕易耨
链接——1.1；1.3；1.6；2.10；2.11

1.6

孟子见梁襄王①，出，语人曰②："望之不似人君，就之而不见所畏焉。卒然问曰③：'天下恶乎定？'吾对曰：'定于一。'④'孰能一之？'对曰：'不嗜杀人者能一之。''孰能与之？'⑤对曰：'天下莫不与也。王知夫苗乎？七八月之间旱，则苗槁矣。天油然作云，沛然下雨，则苗浡然兴之矣⑥。其如是，孰能御之？今夫天下之人牧⑦，未有不嗜杀人者也，如有不嗜杀人者，则天下之民皆引领而望之矣⑧。诚如是也，民归之，由水之就下⑨，沛然谁能御之？'"

今译——

孟子见梁襄王，出来后，告诉别人说："看他就不像一个人君，靠近也不见他有什么敬畏之心。突然又问了一句没头没脑的话：'天下怎么样才能安定下来？'我回答：'定于一。'（他又问：）'谁能使天下统一？'我回答：'不嗜好杀人的人能统一。'（他再问：）'谁能追随他？'我回答：'天下人没人不追随他。王知道禾苗吗？七八月之间如果大旱，禾苗就枯槁了。如果天上油油然飘来乌云，哗啦啦下起大雨，苗就又蓬蓬勃勃地活过来了。这样的时候，谁能阻挡苗的浡然兴起？现在天下那些牧民的诸侯，没有不嗜好杀人的。如果有一位君主不嗜好杀人，那么天下的人民都会伸长脖子望着他了。真能做到这点，人民归顺他，如同水向下流，那种沛然之势谁能挡得住？'"

注释——

① 梁襄王：名嗣，一名赫，魏惠王之子，战国时期魏国第四任国君。公元前318年至公元前296年在位。

② 语（yù）：告诉。

③ 卒（cù）：同"猝"，突然。朱熹："不似人君，不见所畏，言其无威仪也。卒然，急遽之貌。盖容貌辞气，乃德之符。其外如此，则其中之所存者可知。"

④ 恶（wū）：何。朱熹："王问列国分争，天下当何所定。孟子对以必合于一，然后定也。"

⑤ 与：拥戴，跟随、助力与归顺。

⑥ 沛然：雨很大的样子。浡然：迅速兴起的样子。

⑦ 人牧：牧民之人，指领导人。

⑧ 引领：伸长脖子。领：颈，脖子。

⑨ 由：同"犹"。

开讲——

　　魏文侯是魏国最明智的君主，是孔子学生子夏的学生。魏文侯后，儿子魏武侯继位。魏武侯后，儿子梁惠王继位。梁惠王的儿子就是梁襄王。孟子这次见梁襄王，可能是参加这位新王的即位大典。"望之不似人君"，口气显然是梁襄王为君后孟子第一次见。孟子真猛，一出来就跟人如此非议国君。子夏说："君子有三变：望之俨然，即之也温，听其言也厉。"（《论语·子张》）而梁襄王在孟子眼里呢——望之，不似人君；即之，态度轻佻；听其言，没头没脑。大概孟子很感慨，从魏文侯到魏武侯、到梁惠王、到梁襄王，一代不如一代。

客观地说，梁襄王虽然气质猥琐浮躁，但他问的问题，确是一个大问题，甚至是那个时代面临的大问题。或许他当太子的时候，对孟子的思想、言论和主张都有所耳闻而未必认可。所以，他问的问题，也是孟子平常讨论的问题；而他问问题的态度，却很轻佻乃至可能还有一点对孟子的嘲讽。所以，一方面孟子直接说他"望之不似人君"，一方面又严格按照话题逻辑，展开一场真正的政治对话。

"天下恶乎定？"放眼天下，并且期待其定，若如此，则梁襄王这个格局显然超越乃父。乃父只是要与列国寻衅，报仇雪耻。但这可能不是梁襄王的真想法，而是孟子的想法和一贯主张，梁襄王只是拿来作为话题罢了。他用近乎嘲弄的口气问孟子，其实是否定这个问题的。战国是"国家"的时代，帮"国家"出主意的，都很得志，"当是之时，秦用商君，富国强兵；楚、魏用吴起，战胜弱敌；齐威王、宣王用孙子、田忌之徒，而诸侯东面朝齐。天下方务于合从连衡，以攻伐为贤。"你看，都是立足国家利害的。"而孟轲乃述唐、虞、三代之德，是以所如者不合"（《史记·孟子荀卿列传》）。"唐、虞、三代"是天子之事，孟子是关怀天下之事的。但那时的诸侯，谁操心天下？他们只想着瓜分天下，乃至于吞并天下。所以"梁惠王不果所言，则见以为迂远而阔於事情"。梁惠王对孟子的看法，难保不会传达给儿子梁襄王，甚至都可能作为政治遗言，要求儿子不要相信孟子。所以这个不似人君之人才会以这样的口气来问孟子。而感觉到梁襄王轻佻的孟子，也才会在事后愤愤不平地向人转述这次对话。

所以，梁襄王的"天下恶乎定"之问，很可能不是一个提问，而是一个反问，是一个嘲问，他的意思很可能是：你孟轲天天讲平定天下，天下怎么个定法？这种口气，显示出梁襄王的自暴自弃，显示出他的堕落心态，一种类似于诸葛亮深怕刘禅会有的"妄自菲薄，引喻失义"（《前出师表》）的心态。当时的诸侯，一种如秦，"有席卷天下，包举宇内，囊括四海之意，并吞八荒之心"（贾谊《过秦论》）。一种如梁襄王，面对历史大势，一种"无可奈何花落去"的放弃之心。

但孟子还是坚持了这个话题的严肃性和崇高性。"定于一"之答，显示出孟子一以贯之的天下眼光。朱熹注解这一句，是"必合于一，然后定也"，但必须指出的是，这个"合于一"，既不是合于军事一统，也不是合于行政一律，而是合于文化一体。天下，在孟子的观念里，是伦理共同体、文化共同体的概念，是价值一统。这价值，就是孟子一直强调的仁义、忠信、孝悌等儒家价值观。

梁襄王的下一个问题，还是有点不三不四，"孰能一之"？这一问也是嘲讽的口气，意为：您说的这个一统天下的人在哪儿啊？有吗？确实，谁能统一天下？当时战国七雄中最有实力的两个诸侯国，一是楚国，一是秦国。所谓"纵则楚王，横则秦帝"，梁襄王的自暴自弃心态再一次呈现。

梁襄王轻佻，而孟子严肃——"不嗜杀人者能一之"。也许梁襄王认为"弃礼义而上首功之国也，权使其士，虏使其民"（《战国策·赵策三》记鲁仲连评价秦国语），并给魏国造成巨大创伤的秦国最有希望统一天下，但孟子却说出了和他的预期完全不同的观点。

孟子从国家道义的角度看问题。在孟子看来，道义是一个国家最大，也是最后的力量。有道义的国家才能最后拥有天下，没有道义的国家最终一定失败。后来的历史证明，七雄争霸，秦国确实胜出，但问题在于，和暴秦争霸的其他诸侯，在残暴嗜杀上，与暴秦不过是"五十步笑百步"，"今夫天下之人牧，未有不嗜杀人者也"，所以，暴秦胜出并不能证明仁义之不敌残暴，只能证明弱小的残暴干不过强横的残暴。而暴秦以嗜杀并吞天下之后（清朝历史学家梁玉绳计算，秦国有记载的斩首数量是166.8万人），仅仅十四年就灭亡了，"始皇帝死而地分"

(《史记·秦始皇本纪》)。如是而言,暴秦何曾"一"天下,又何能何德"一"天下?它只是"吞天下"最后"亡天下"而已。

成语——引领而望　油然作云
链接——1.5

1.7

齐宣王问曰[①]:"齐桓、晋文之事,可得闻乎?"

孟子对曰:"仲尼之徒无道桓、文之事者,是以后世无传焉,臣未之闻也。无以,则王乎[②]?"

曰:"德何如,则可以王矣?"

曰:"保民而王,莫之能御也。"

曰:"若寡人者,可以保民乎哉?"

曰:"可。"

曰:"何由知吾可也?"

曰:"臣闻之胡龁曰[③]:王坐于堂上,有牵牛而过堂下者。王见之,曰:'牛何之?'对曰:'将以衅钟[④]。'王曰:'舍之!吾不忍其觳觫[⑤],若无罪而就死地。'对曰:'然则废衅钟与?'曰:'何可废也,以羊易之。'不识有诸?"

曰:"有之。"

曰:"是心足以王矣。百姓皆以王为爱也[⑥],臣固知王之不忍也。"

王曰:"然。诚有百姓者。齐国虽褊小[⑦],吾何爱一牛?即不忍其觳觫,若无罪而就死地,故以羊易之也。"

曰:"王无异于百姓之以王为爱也[⑧]。以小易大,彼恶知之[⑨]?

王若隐其无罪而就死地⑩,则牛羊何择焉?"

王笑曰:"是诚何心哉?我非爱其财而易之以羊也。宜乎百姓之谓我爱也。"

曰:"无伤也,是乃仁术也,见牛未见羊也。君子之于禽兽也,见其生,不忍见其死;闻其声,不忍食其肉。是以君子远庖厨也⑪。"

王说,曰:"《诗》云:'他人有心,予忖度之⑫。'夫子之谓也。夫我乃行之,反而求之,不得吾心。夫子言之,于我心有戚戚焉⑬。此心之所以合于王者何也?"

曰:"有复于王者曰:'吾力足以举百钧⑭,而不足以举一羽;明足以察秋毫之末,而不见舆薪。⑮'则王许之乎?"

曰:"否。"

"今恩足以及禽兽,而功不至于百姓者,独何与?然则一羽之不举,为不用力焉;舆薪之不见,为不用明焉;百姓之不见保,为不用恩焉。故王之不王,不为也,非不能也。"

曰:"不为者与不能者之形何以异?"

曰:"挟太山以超北海,语人曰:'我不能。'是诚不能也。为长者折枝⑯,语人曰:'我不能。'是不为也,非不能也。故王之不王,非挟太山以超北海之类也;王之不王,是折枝之类也。"

"老吾老,以及人之老;幼吾幼,以及人之幼。天下可运于掌。《诗》云:'刑于寡妻,至于兄弟,以御于家邦。'⑰言举斯心加诸彼而已。故推恩足以保四海,不推恩无以保妻子。古之人所以大过人者,无他焉,善推其所为而已矣。今恩足以及禽兽,而功不至于百姓者,独何与?权,然后知轻重;度,然后知长短⑱。物皆然,心为甚。王请度之!抑王兴甲兵,危士臣,构怨于诸侯,然后快于心与?"

王曰:"否。吾何快于是?将以求吾所大欲也。"

曰:"王之所大欲,可得闻与?"

王笑而不言。

曰:"为肥甘不足于口与?轻暖不足于体与?抑为采色不足视于目与[19]?声音不足听于耳与?便嬖不足使令于前与[20]?王之诸臣皆足以供之,而王岂为是哉?"

曰:"否。吾不为是也。"

曰:"然则王之所大欲可知已。欲辟土地,朝秦楚,莅中国而抚四夷也[21]。以若所为,求若所欲,犹缘木而求鱼也。"

王曰:"若是其甚与?"

曰:"殆有甚焉。缘木求鱼,虽不得鱼,无后灾。以若所为,求若所欲,尽心力而为之,后必有灾。"

曰:"可得闻与?"

曰:"邹人与楚人战,则王以为孰胜?"

曰:"楚人胜。"

曰:"然则小固不可以敌大,寡固不可以敌众,弱固不可以敌强。海内之地,方千里者九,齐集有其一。以一服八,何以异于邹敌楚哉?盖亦反其本矣[22]。今王发政施仁,使天下仕者皆欲立于王之朝,耕者皆欲耕于王之野,商贾皆欲藏于王之市,行旅皆欲出于王之途,天下之欲疾其君者,皆欲赴诉于王。其若是,孰能御之?"

王曰:"吾惛[23],不能进于是矣。愿夫子辅吾志,明以教我。我虽不敏,请尝试之。"

曰:"无恒产而有恒心者,惟士为能。若民,则无恒产,因无恒心。苟无恒心,放辟邪侈[24],无不为已。及陷于罪,然后从而刑之,是罔民也[25]。焉有仁人在位,罔民而可为也?是故明君制民之产,必使仰足以事父母,俯足以畜妻子,乐岁终身饱,凶年免于死亡。然后驱而之善,故民之从之也轻。今也制民之产,仰不足以事父母,俯不足以畜妻子，乐岁终身苦，凶年不免于死亡。此惟救死而恐不赡㉖，奚暇治礼义哉？

"王欲行之，则盍反其本矣。五亩之宅，树之以桑，五十者可以衣帛矣。鸡豚狗彘之畜，无失其时，七十者可以食肉矣。百亩之田，勿夺其时，八口之家可以无饥矣。谨庠序之教，申之以孝悌之义，颁白者不负戴于道路矣。老者衣帛食肉，黎民不饥不寒，然而不王者，未之有也。"

今译——

齐宣王问："齐桓公、晋文公的事，您可以跟我谈谈吗？"

孟子回答："孔子的门徒没有谈齐桓公、晋文公的事，所以后世没有相关记载，因此我没有听说过。一定要谈，我们谈谈王道吧？"

（齐宣王）问："具有怎样的德行才可以实行王道呢？"

（孟子）说："保护人民而实行王道，没人能挡得住。"

（齐宣王）问："像我这样的人，可以保护人民吗？"

（孟子）说："可以。"

（齐宣王）问："您凭什么知道我可以呢？"

（孟子）说："我听胡龁说：王坐在朝堂之上，有一个人牵着一头牛从堂下经过。王看见了，问：'牛要牵到哪里去？'牵牛人回答：'准备杀它来衅钟。'王说：'放了它！我不忍心看牛吓得发抖，它没罪却要被杀死。'牵牛人问：'那么不衅钟了？'王说：'衅钟怎么能废呢，拿一头羊换它。'不知道有没有这回事？"

（齐宣王）回答："有的。"

（孟子）说："有此心就足以实行王道了。百姓都以为王很吝啬，我却知王是由于不忍之心。"

齐宣王说："是的。就有这样无知的百姓。虽然齐国很狭小，我何至于吝啬一头牛?就是不忍心看到牛吓得发抖,它无罪而被置之死地,所以才拿一只羊来替了它。"

(孟子)说:"王不要怪老百姓以为您吝啬啊。您确实拿一头小羊换了一头大牛,他们哪里知道您是出于何心?王如果因为哀怜一头牛无罪而被置之死地,那么牛和羊有什么区别呢?"

齐王笑着说:"这确实是出于什么念头啊?我确实不是因为吝啬钱财而拿羊来换牛。老百姓说我吝啬好像也有道理。"

(孟子)说:"没有关系啊,这是您内在仁德的一种体现呢,您看见了牛而没有见到羊啊。君子对于禽兽,见到它活着,就不忍心见它死;听见它在叫,就不忍心吃它的肉。所以君子远离庖厨啊。"

齐王很高兴,说:"《诗经》上说:'他人有心,予忖度之。'(别人有一种心情,我尽量去理解)说的就是夫子您啊!当时我这样做了,回头再追想为什么这样做,没办法解释自己当时的内心。夫子您这一番话,真的让我心有戚戚焉。这样的心为什么就能合乎王道呢?"

(孟子)说:"假如有人跟你说:'我的力量大到可以举起三千斤重的东西,但是举不起一根羽毛;我的眼睛明亮到可以明察秋毫之末,但是看不见一大车的柴草。'请问王您认可他吗?"

(齐宣王)说:"不认可。"

(孟子说:)"那您对动物都那么仁慈恩泽,对百姓却没有,这个谁能认可?一根羽毛举不起来,是不愿意做;一大车柴草看不见,是不愿意看;百姓不受保护,是您不愿意施行您的仁慈。所以王不实行王道,是不为,不是不能。"

(齐宣王)问:"不为和不能两者之间什么区别?"

(孟子)说:"胳膊下夹着泰山跨越北海,告诉别人说:'我不能。'这是真的不能。帮长者折一根树枝,告诉别人说:'我不能。'这是不为,不是不能。所以,王不实行王道,不是胳膊下夹着泰山跨越北海这一类；王不实行王道，是不为长者折树枝这一类。"

（孟子继续说：）"老吾老，以及人之老；幼吾幼，以及人之幼。如此则治理天下犹如运转在手掌之间。《诗经》上说：'刑于寡妻，至于兄弟，以御于家邦。'（我先为妻子做好榜样，然后到兄弟，再以此规范整个国家和社会的伦理）讲的就是将仁爱之心推及到他人身上。所以能推恩足以保四海；不能推恩就无法保住妻子儿女。古代圣贤之所以大超今人，没有什么诀窍，不过是善于推广自己的一念之善而已。现在您的爱心都推到禽兽身上了，却不见您为百姓做过什么，谁会认可您呢？称一称，然后才知道轻重；量一量，然后才知道长短。万物皆如是，人心更如此。请王想一想！假如您发动战争，让您的臣民置身危险，与四方诸侯结下仇恨，这样您才内心快乐吗？"

齐宣王说："不。我哪里能因此而快乐呢？是因为我有一个伟大的理想啊。"

（孟子）问："您的伟大理想是什么，可以说来听听吗？"

齐宣王笑而不言。

（孟子）说："是吃得还不够肥美吗？穿得还不够轻暖吗？还是色彩不够悦目？音乐不够悦耳？是宫里伺候的仆人还不够称心吗？王的诸臣能完全供给您这些，难道王会为了这些吗？"

（齐宣王）说："不。我不为这些。"

（孟子）说："那我知道王的伟大理想是什么了。想开疆拓土，让秦国、楚国的诸侯都来朝拜，统治中国安抚四夷。（可是）以您的办法，去追求您的理想，犹如爬上树去捉鱼。"

齐宣王问："有您说的这么严重吗？"

（孟子）说："比这个还严重呢。缘木求鱼，虽然捉不到鱼，但是没什么后患。用您的办法追求您的理想，尽心尽力去做，最后必有灾患。"

（齐宣王）说："我能听听其中缘由吗？"

（孟子）说："如果邹国和楚国开战，王觉得谁会赢？"

（齐宣王）说："楚国赢。"

（孟子）说："可见小国本来就敌不了大国，少数本来就敌不了多数，弱小本来就敌不了强大。四海之内，土地方圆一千里的有九个，齐国把所有的土地集中起来，只占其中之一，以一去进攻八，这跟邹与楚开战有什么区别呢？为什么不回到仁政的根本上去呢。如果王发布善令施行仁政，将使天下走仕途的人都想立足在王的朝廷，天下种田的人都想耕种于王的田野，天下经商之人都想藏身于王的市场，天下的旅人都游历于王的道路，天下那些痛恨本国君主的人，都向王来控诉。如能做到这样，谁能抵御您？"

齐宣王说："我头脑昏聩，觉得达不到这个层次。希望夫子能辅助我的志向，明白教导我。我虽然不聪敏，还是愿意努力尝试的。"

（孟子）说："没有固定的产业却能有恒定的善心，只有士才能做到。至于普通百姓，如果没有固定的产业，就不会有恒定的善心。如果没有恒定的善心，各种放纵古怪邪恶过分之事，都无所不为了。等他们犯了罪，再来惩罚他们，这是预设陷阱陷害人民啊。哪有仁人在位，却能做陷害百姓这种事的？所以明君制订百姓的产业政策时，一定要使其对上足以赡养父母，对下足以养活妻子儿女，丰收年景足以吃饱，遇到灾年也可以避免饿死。然后，再教化引导其向善，他们也就很轻松地跟随而来了。现在对百姓的政策，搞得他们上不足以赡养父母，下不足以养活妻子儿女，丰收年景一辈子都吃苦，遇到灾年不免饿死。这样百姓全力保全自己的生命恐怕都做不到，哪有时间去修习礼义呢？

"王如果真想行仁政，为什么不回到仁政的根本上去呢。五亩大的田宅，种上桑树，五十岁的人就有丝织品穿。家养的鸡、猪、狗等，不耽误它们繁育生长的时间，七十岁的老人就有肉吃。一百亩耕地，如果不耽搁农时，八口人的家庭就不会挨饿了。重视各级学校教育，反复申明孝敬父母尊敬兄长的道理，头发花白的人就不用再背负头顶沉重的东西一路辛苦劳作了。老人能穿丝吃肉，百姓不饥不寒，做到了这一步还不能称王于天下，从没有过啊。"

注释——

① 齐宣王：妫姓，田氏，名辟疆，齐威王之子，齐湣王之父，公元前319年—公元前301年在位。

② 无以：必不得已，"以"同"已"。王（wàng）：当作动词讲，实行王道。

③ 胡龁（hé）：齐国大臣。

④ 衅（xìn）钟：古代，新造的大钟使用前需要举行仪式，用动物的血涂在钟的表面缝隙处。

⑤ 觳（hú）觫（sù）：恐惧的样子。

⑥ 爱：吝啬。

⑦ 褊（biǎn）：狭小。

⑧ 无异：不要奇怪。

⑨ 彼恶知之：他们怎么能知道您的内心呢？恶（wū），何。

⑩ 隐：哀怜，同情。

⑪ 君子远庖厨：《礼记·玉藻》："君无故不杀牛，大夫无故不杀羊，士无故不杀犬、豕。君子远庖厨，凡有血气之类，弗身践也。"

⑫ 忖（cǔn）度（duó）：推测、猜测。此《诗》，指《诗经·小雅·巧言》。

⑬ 戚戚：心动的样子，有感动之义。

⑭ 钧（jūn）：一钧是三十斤。

⑮ 秋毫：鸟兽到了秋天换毛，新长出来的细毛。舆薪：成车的柴草。

⑯ 折枝：折树枝。一说，枝同"肢"，折枝即弯腰鞠躬。

⑰ 刑：模范，在此作动词：做模范，做榜样。寡妻：嫡妻。古代君主为表示谦虚，称

自己为寡人，称嫡妻为寡妻。至于：推及。御：规范，驾驭。《诗》，指《诗经·大雅·思齐》。

⑱ 权：秤砣，这里作动词，称一称。度（duó）：度量，量一量。

⑲ 采：同"彩"。

⑳ 便（pián）嬖（bì）：善于奉迎、得到统治者宠幸的宠臣。

㉑ 莅（lì）：临，统治。

㉒ 盖（hé）：同"盍"，何不。

㉓ 惛（hūn）：同"昏"。昏乱，糊涂。

㉔ 放辟邪侈：放，放荡，后面"侈"与之同义；辟同"僻"，与后"邪"近义。四字合称，指不守法度、离经叛道的种种行为。

㉕ 罔：同"网"，用作动词，陷害。

㉖ 赡（shàn）：足够。

开讲——

　　孟子与国君交谈，开始从梁国转入齐国。从编排上看，《梁惠王上》主要谈仁义的力量。

　　在孟子接触的诸侯中，最有学问、最有德行、心胸最宽广的一位，大概就是齐宣王了。明代李贽对齐宣王评价很高，屡称其为圣主。李贽《四书评》在此一章后评：

> 　　孟子经济，只是教养二大端。在当时可以行之者，独有齐、魏二大国。然魏王根气大是骄浮，故老孟每每拦截之。独于齐王反复接引，亦只为齐王老实耳。看他此处问答，何等老实。圣主，圣主！

　　孟子对齐宣王有很多尖锐批评。一个人，如果允许别人"端起碗吃他的肉，放下碗骂他的娘"，那这个人一定了不起。齐宣王的胸襟，后来君主很少能比得上。齐宣王悟性也很高，此处与孟子两人对话，非常精彩。

他第一句话问孟子"齐桓晋文之事，可得而闻乎"？其实是埋伏了陷阱。不问夏商周"三王"之事，偏问"齐桓晋文""五霸"之事，他是想借历史贩卖私货，行霸道。宣王忠厚老实，却不笨，有时也有可爱的小狡黠。

但孟子不上当。

孟子借口"仲尼之徒无道桓、文之事者，是以后世无传"，避而不谈。其实，孟子此处是"英雄欺世"，"仲尼之徒"哪里是"无道桓文之事"？《论语·宪问》里三处记孔子评价齐桓公和管仲，赞"齐桓公正而不谲"，正派而不诡诈；当子路、子贡都质疑管仲品行时，孔子为其辩护，说："桓公九合诸侯，不以兵车。管仲之力也！如其仁！如其仁！"又说管仲："岂若匹夫匹妇之为谅也，自经于沟渎而莫之知也？"所以，不是仲尼之徒不说桓文之事，是孟子坚决不说。其实也不是孟子不说，《告子下》中就说"五霸，桓公为盛"，对"葵丘之会"多有褒扬（12.7）。孟子只是此时不说，因为此时若说了，就上了齐宣王的当。在这样的场合，讲"王道"的孟子显然霸道得很——今天不谈历史，只谈信念。自己既是孔子门徒，便不谈霸道，要谈，只谈王道："无以，则王乎？"

齐宣王接下来问得好："德何如，则可以王矣？"孟子一转到王道，齐宣王马上点出一个"德"字，可见他很懂王道的核心在德。这说明齐宣王的层次，他是可以与孟子对话的一位国君，而不是卒然问"天下恶乎定"的梁襄王之流。李贽于此叹息："说王便想到德，是何等根基！"对话一定要在一个频道，还要在一个层次。谈话要对手匹敌、莫逆于心才顺畅，才好看。

当孟子答"保民而王，莫之能御也"后，齐宣王又挖了个陷阱：

"若寡人者，可以保民乎哉？"为什么说这里有个陷阱呢？因为齐宣王不想被孟子主导话题，也不相信孟子说的王道在当下的可行性，现在被孟子强拉来谈论王道，他想逃避。如何逃避呢？当孟子说"保民而王"的时候，他发现了一个机会：他问孟子自己是否具备这种德性。因为他知道孟子对他的德性和慧根评价不高，只要孟子对他的德性作出否定性评价，他瞬间就可以以自己力所不及、德非其人的借口，逃避孟子对他的期待。

但孟子岂能让他脱逃？以一个斩钉截铁毫不犹豫的"可"字，堵了齐宣王的后路。但注意，这个"可"，绝不是孟子为了围堵齐宣王而施的权宜之计，而是他的一贯主张：人性本善，既然人性本善，自然"人皆可以为尧舜"。所以，孟子此时对齐宣王断然下定门闸一般的一个"可"字，即"人皆可以为尧舜"的"可"。孟子的这一"可"字，又岂止断了齐宣王一个人的退路？他是断了全体人的退路：在道德上，所有人都没有推卸自我责任的理由。

正因为如此，接下来齐宣王的话才带着恼怒："何由知吾可也？"凭什么说我行？这是被人看穿、后路被堵之后的尴尬，失算之后的愤懑。看他这样的表现，宣王真是一个"可人"。孟子没有看错人。

怎么证明宣王"可"呢？孟子接下来用齐宣王以羊易牛的故事，证明了普遍的恻隐之心也存在于宣王身上，这就是"可"的人性论证据。并由此，孟子一步步把宣王逼到墙角："您的怜悯心都推广到禽兽的身上了，为什么不能用国家政策把恩德推及百姓呢？您不实行王道，不是不能做，而是不愿做。"

孟子跟人讲理，总是那么有气势，如江河滔滔而下，压着对手，树立自己绝对的优势、高度。在1.4中我讲过孟子设问的两个特点，第一问题简单，第二答案唯一。这一篇也一样："吾力足以举百钧，而不足以举一羽；明足以察秋毫之末，而不见舆薪"，"则王许之乎？"对此齐宣王不可能有其他答案，他只能走孟子指定的路。但孟子指定的路，是孟子挖好了陷坑的路。照这个"路"走下去，直至"吾惛，不能进于是矣。愿夫子辅吾志，明以教我"，宣王彻底投降，对孟子心悦诚服。

但孟子不仅以气势压倒对方，他也以激动人心的宏图激励对方。这也是孟子的常用手法："今王发政施仁，使天下仕者皆欲立于王之朝，耕者皆欲耕于王之野，商贾皆欲藏于王之市，行旅皆欲出于王之途，天下之欲疾其君者，皆欲赴愬于王。其若是，孰能御之？"这一段太有气势了，当然不仅仅有气势，还有对齐宣王的激励。这种激励，真是激动人心。齐宣王正是感动于孟子的激励，才说出"我虽不敏，请尝试之"这样真诚的话。

孟子在这里，给我们描述了战胜敌国的三种层次：最低级的，是战胜于战场；高一级的，战胜于外交；最高级的，战胜于朝廷。一个国家，政治、经济搞好了，天下人都向往迁移过来，赚钱要来，生活要来，旅游要来，甚至逃难也要来，偷渡也要来，讨公道也要来，这才是终极性胜利，"其若是，孰能御之？"

当然，孟子的"王道"里少不了"教育"。教育的目的就是使人获得自己的本质，从而使人成其为人。

必须指出的是，孟子在这次谈话里，其实是有一些逻辑瑕疵的。比如，"小固不可以敌大，寡固不可以敌众，弱固不可以敌强"，这确实是一个正确的前提，但马上推导出"海内之地，方千里者九，齐集有其一。以一服八，何以异于邹敌楚哉"，则有偷换概念之嫌。因为这个"八"，不是完整的"一"个八，而是"八"个分裂的"一"，齐国完全可以各个击破。秦国也是"拥雍州之地"（贾谊《过秦论》），九州占"一"，不是把另外八个干掉了吗？

但是，以秦国的统一，可以证明孟子说"以一服八"是错的。但最终，却也证明了孟子讲的，以诈力胜人，终究靠不住。秦国用武力统一了六国，看起来是对孟子所言的否定，但是，秦国统一后，没有一天安宁，对秦始皇的暗杀也一天都没有停止。仅仅十二年，陈胜、吴广就起义了。再三年，秦国灭亡。秦国从秦非子开始，到统一六国，用了七百多年，统一后只存在十四年。为什么？因为"后必有灾"。纯凭武力建立起来的国家，是虚假的强大，而虚假的强大，最终要灭亡。一个国家的真正强大，要靠仁义，靠其价值观获得他人的服膺和追随。

成语——君子远庖厨　心有戚戚　明察秋毫　权知轻重　度知长短
　　　　缘木求鱼　寡不敌众
链接——1.3；1.4；2.3；2.4；2.5；2.6

卷二
梁惠王下
（凡十六章）

2.1

庄暴见孟子①,曰:"暴见于王,王语暴以好乐②。暴未有以对也。"曰:"好乐何如?"

孟子曰:"王之好乐甚③,则齐国其庶几乎④!"

他日,见于王曰:"王尝语庄子以好乐⑤,有诸?"

王变乎色⑥,曰:"寡人非能好先王之乐也,直好世俗之乐耳⑦。"

曰:"王之好乐甚,则齐国其庶几乎!今之乐犹古之乐也⑧。"

曰:"可得闻与?"

曰:"独乐乐,与人乐乐,孰乐⑨?"

曰:"不若与人。"

曰:"与少乐乐,与众乐乐,孰乐?"

曰:"不若与众。"

"臣请为王言乐⑩。今王鼓乐于此,百姓闻王钟鼓之声,管籥之音⑪,举疾首蹙頞而相告曰⑫:'吾王之好鼓乐,夫何使我至于此极也?父子不相见,兄弟妻子离散。'今王田猎于此,百姓闻王车马之音,见羽旄之美⑬,举疾首蹙頞而相告曰:'吾王之好田猎,夫何使我至于此极也?父子不相见,兄弟妻子离散。'⑭此无他,不与民同乐也。

"今王鼓乐于此,百姓闻王钟鼓之声,管籥之音,举欣欣然有喜色而相告曰:'吾王庶几无疾病与,何以能鼓乐也?'今王田猎于此,百姓闻王车马之音,见羽旄之美,举欣欣然有喜色而相告曰:'吾王庶几无疾病与,何以能田猎也?'⑮此无他,与民同乐也。今王与百姓同乐,则王矣。"

今译——

　　庄暴来见孟子,说:"我去晋见王,王对我说他喜欢音乐。我不知道怎么回答。"又问:"王喜欢音乐怎么样?"

　　孟子说:"王特别喜欢音乐,那么齐国差不多可以治理好了吧!"

　　几天后,孟子见到齐王,说:"王曾经对庄暴说您喜欢音乐,有这回事吗?"

　　齐王脸色都变了,说:"寡人爱好的不是先王之乐,只是喜好世俗之乐呢。"

　　(孟子)说:"王特别喜欢音乐,那么齐国差不多可以治理好了吧!今天的音乐就如同古代的音乐。"

　　(齐王)说:"我能听听这其中的道理吗?"

　　(孟子)问:"独自作乐快乐,与人一起作乐快乐,哪一种更快乐?"

　　(齐王)说:"不如与人一起快乐。"

　　(孟子)问:"与少数几个人作乐快乐,与很多人一起作乐快乐,哪一种更快乐?"

　　(齐王)说:"不如与很多人一起作乐快乐。"

　　(孟子说:)"那您允许我来给您谈一谈快乐吧。假设今天您在这里鼓乐,百姓听到您的钟鼓之声,箫笛之音,都像头痛一样皱着眉头互相议论说:'我们的王那么喜欢鼓乐,为什么让我们过得这么惨呢?父子不能相见,兄弟妻子离散。'假设现在您在这里打猎,百姓听到您的车马辚辚，看到您装饰华美的旗帜，都像头痛一样皱着眉头互相议论说：'我们的王那么喜欢打猎，为什么让我们过得这么惨呢？父子不能相见，兄弟妻子离散。'这没有别的原因，因为您不能做到与民同乐啊。

"假设今天您在这里鼓乐，百姓听到您的钟鼓之声，箫笛之音，都高高兴兴面带喜色相互议论说：'我们的王一定身体很健康啊，不然他怎么能欣赏鼓乐呢？'假设现在您在这里打猎，百姓听到您的车马辚辚，看到您装饰华美的旗帜，都高高兴兴面带喜色相互议论说：'我们的王一定身体很健康啊，不然他怎么能追逐猎物呢？'这没有别的原因，因为您能够做到与民同乐啊。如果王能做到与民同乐，就是实行王道了。"

注释——

① 庄暴（pù）：齐宣王手下的一位大臣。

② 语（yù）：告诉。好（hào）乐（yuè）：喜欢音乐。

③ 王之好乐甚：即"王甚好乐"，王特别喜欢音乐。

④ 庶几：本义是"差不多"，此指差不多能治理好。赵岐："齐国其庶几治乎。"朱熹："言近于治。"

⑤ 庄子：即上文的庄暴。阎若璩指出，"庄子"有误，原文应为"庄暴"，原因是在国君面前，要直呼臣子的名字。这种说法可取。比如 2.16："乐正子入见，曰：'君奚为不见孟轲也？'"在国君面前，学生乐正子直呼老师的名字孟轲，并不避讳。阎若璩《四书释地又续》："庄暴，齐臣。君前臣名，礼也。庄子对孟子，犹三称名，而孟子于王前，不一斥其名，曰'庄子'，此为记者之误。"孙奭疏也注意到这一问题，为之强解，并不准确："孟子称庄子，不称曰暴者，是孟子尊王之臣，故不欲称其名也。"其实，还有一种可能，就是孟子在诸侯面前一贯傲慢，并不拘守周礼。

⑥ 齐宣王的变色，有两种解释：第一，对庄暴泄露自己的秘密，感到愤怒。赵岐："愠恚庄子道其好乐也。"孙奭疏："齐王自孟子问之后，变其常容而有愤怒之色，盖愤

庄暴言己之好乐于孟子也。"第二，齐宣王作为国君，境界不高，在孟子面前感到羞愧。朱熹："变色者，惭其好之不正也。"

⑦ 先王之乐、世俗之乐：先王之乐是礼乐之乐，是政治，是伦理，是周代礼乐文化的一部分。世俗之乐是娱乐，是艺术，是审美，是个人享乐的一部分，所以宣王羞愧。直，只。

⑧ 今之乐、古之乐：朱熹："今乐，世俗之乐。古乐，先王之乐。"孟子认为二者在社会功能上有一致性，关键在于是否与民同乐其"乐"。

⑨ 这句话有三种理解。第一，独乐（yuè）乐（lè），与人乐（yuè）乐（lè），孰乐（lè）：独自欣赏音乐而感到快乐，和人一起欣赏音乐而感到快乐，哪一种情况更快乐？第二，独乐（lè）乐（yuè），与人乐（lè）乐（yuè），孰乐（lè）：意思和第一种没有多大区别；第三，独乐（lè）乐（lè），与人乐（lè）乐（lè），孰乐（lè）：独自偷着乐的那种快乐，和人分享快乐的那种快乐，哪一种情况更快乐？今取第三种。理由是：孟子设问，一般都极简单而且只有一个必然答案，以便以此展开下面的讨论（参阅1.4和1.7孟子设问及相关开讲）。故此处若是第一种或第二种解释，都与欣赏音乐带来的快乐有关，但欣赏音乐时人多了好还是一个人好，每个人或许有不同的感受。比如《韩非子·内储说上》："齐宣王使人吹竽，必三百人，南郭处士请为王吹竽，宣王说之，廪食以数百人。宣王死，湣王立，好一一听之，处士逃。"则宣王之子齐湣王的爱好就与宣王不同，虽然这是对独奏和合奏的爱好不同，但也可以说明独听与众听也当有个体或情景不同的差异。万一齐宣王回答"独乐乐"或"与少乐乐"更快乐怎么办？孟子显然不能冒这个险。而第三种理解，则属一般人情，快乐之时，总需要有人一起烘托气氛与分享，何况宣王作为国君，也当表示自己有与民同乐的境界，故答案符合孟子预期的可能性会大很多。再说，即使孟子知道齐宣王喜欢与众人欣赏音乐，而有把握羁縻宣王，但孟子的这番道理也显然不是只要说服一个齐宣王，而天下纷纷然之君主，各有不同的欣赏音乐的爱好，读此段文字，就会对孟子的道理心存异议与不服。故译文从上述第三种理解。下文"与少乐乐，与众乐乐，孰乐"，五个"乐"字亦当都读作lè。

⑩ 臣请为王言乐：乐，当为快乐之乐。因为下文不仅有鼓乐之乐，还有田猎之乐，不当专指音乐或欣赏音乐。宋人陈善、清儒阎若璩都认为，除了"鼓乐（yuè）"之外，本章的"乐"都读（lè）。好乐（lè），就是喜欢享乐。陈善《扪虱新语》："庄暴一章，皆言悦乐之乐，而世读为礼乐之乐，误矣。惟鼓乐当为礼乐，其他独乐乐、与众乐乐，亦悦乐之乐也。不然，方言礼乐，又及田猎，无乃非类乎？"阎若璩《四书释地又续》："盖孟子告齐宣以先王无流连之乐，荒亡之行，一旦语及其心病，故不觉变色……今乐古乐之异……不可比而同，岂孟子之言，先顺其君以非道，而后转之于道邪？应不至此。"朱熹引范祖禹之言，以正与权来解释今乐古乐的问题："战国之时，民穷财尽，人君独以南面之乐自奉其身。孟子切于救民，故因齐王之好乐，开导其善心，深劝其与民同乐，而谓今乐犹古乐。其实今乐古乐，何可同也？但与民同乐之意，则无古今之异耳。若必欲以礼乐治天下，当如孔子之言，必用《韶》舞，必放郑声。盖孔子之言，为邦之正道；孟子之言，救时之急务，所以不同。"

⑪ 管籥（yuè）：古代的吹奏乐器。

⑫ 举：全。蹙（cù）：皱。頞（è）：鼻梁。

⑬ 羽旄（máo）：旗帜。

⑭ 赵岐："田猎无节，以非时取牲也。羽旄之美，但饰羽旄，使之美好也。发民驱兽，供给役使，不得休息，故民穷极而离散奔走也。"

⑮ 赵岐："王以农隙而田，不妨民时，有悯民之心。因田猎而加抚恤之，是以民悦之也。"

开讲——

庄暴听说齐王喜欢流行音乐，就像今天我们听国君说他喜欢去歌厅鬼混，吓得不敢表态；齐宣王一听庄暴把他喜欢流行音乐这事告诉孟子了，愤怒、紧张得脸色都变了。愤怒在于庄暴泄露了"国家机密"和他的"个人隐私"，赵岐注："愠恚庄子道其好乐也。"孙奭疏："齐王自孟子问之后，变其常容而有愤怒之色，盖愤庄暴言己之好乐于孟子也。"齐宣王作为国君，境界不高，在孟子面前感到羞愧。朱熹："变色者，惭其好之不正也。"齐王紧张在于，他不怕臣子庄暴，但他怕孟子。孟子太方正了，太正则割，他怕孟子用他的方正来"割"他。而孟子果然就来了。

那么，喜欢音乐，有什么见不得人的呢？

《战国策》卷二十二《魏策一》：

> 魏文侯与田子方饮酒而称乐。文侯曰："钟声不比乎，左高。"田子方笑。文侯曰："奚笑？"子方曰："臣闻之，君明则乐官，不明则乐音。今君审于声，臣恐君之聋于官也。"文侯曰："善，敬闻命。"

可见，那时候，欣赏艺术性音乐，被儒家认为是不符合国君身份的。在孔子的观念里，郑声与小人（佞人）是同等的政治危害："放郑声，远佞人。郑声淫，佞人殆。"（《论语·卫灵公》）沉湎于艺术，乃至于有艺术天赋的人搞不好政治，也是中国传统社会很普遍的观点，并且得到了很多验证：南唐的李煜，北宋的赵佶，还有大唐的李隆基——他不搞艺术时，是个好政治家，一旦爱上杨玉环和艺术，搞梨园歌舞培训班，就搞乱了大唐。

所以，田子方待魏文侯的苛刻，是有道理的。魏文侯也为他的爱好和艺术鉴赏的较高水准认了错。

再看下一条，也与魏文侯有关。《礼记·乐记·魏文侯》：

> 魏文侯问于子夏曰："吾端冕而听古乐，则唯恐卧；听郑卫之音，则不知倦。敢问：古乐之如彼何也？新乐之如此何也？"

看来魏文侯和后来的齐宣王有相同的爱好，就是喜欢世俗之乐，不喜欢先王之乐。注意，他这里讲的"古乐"，其实并非时间概念。因为，他拿来作为对比的，是"郑卫之音"。孔子之前已有"郑卫之音"，《诗经》里面就有郑卫之音，这岂不也是古之乐？所以，与之相对的"古乐"，当是雅颂之乐，相当于齐宣王讲的"先王之乐"，是作为政治的与礼相辅相成的"乐"，《韶》《武》之类的礼乐之乐，否则何必"端冕而听"？而"郑卫之音"是相对于京畿雅乐的地方特色音乐，是反映相对于集体生活的个人生活，是表达相对于理性的情感，是呈现相对于政治生活的艺术生活。一句话，它是私人化的、生活化的、情绪化的、审美化的，而不是国家意志和集体伦理的。

魏文侯在个人生活中，喜欢"郑卫之音"这样的音乐，本来很正常。艺术欣赏就该是欣赏艺术，而不是体验政治。先王的礼乐反映政治、文化和伦理，本来就与个人化、审美化的艺术音乐不一样。我们现在也不会在家或去音乐厅听国歌，那得是在肃穆的政治性场合，起立恭敬听唱，即魏文侯所谓的"端冕而听"。

魏文侯也很有意思，他和齐宣王一样坦承，并且他更实在，主动说出在他自己看来也不够境界的这种爱好，齐宣王则是生怕孟子知道。

我们看看子夏如何回答魏文侯：

> 子夏对曰："今夫古乐，进旅退旅，和正以广。弦匏笙簧，会守拊鼓，始奏以文，复乱以武，治乱以相，讯疾以雅。君子于是语，于是道古，修身及家，平均天下。此古乐之发也。
>
> "今夫新乐，进俯退俯，奸声以滥，溺而不止；及优侏儒，糅杂子女，不知父子。乐终不可以语，不可以道古。此新乐之发也。
>
> "今君之所问者乐也，所好者音也！夫乐者，与音相近而不同。"

子夏的回答，其实很准确地抓住了"古之乐"（即先王之乐）的政治伦理内涵和修身齐家治国平天下的功能。但它不是"艺术"，不是审美生活，不是人的日常情感生活。他也很准确地说出了"新乐"（即当时的"郑卫之音"）的个人化、情绪化、审美化特征和情绪宣泄功能，虽然他是从鄙视和否定的角度谈的。但子夏分清了两种音乐的不同本质及其不同功能，却没有理解音乐审美功能对于人的重要和必要。这是时代的局限：他那个时代以及他正统儒学的身份，都还不能允许审美性、情感性的艺术独立出来：

文侯曰："敢问何如？"

子夏对曰："夫古者，天地顺而四时当，民有德而五谷昌，疾疢不作而无妖祥，此之谓大当。然后圣人作为父子君臣，以为纪纲。纪纲既正，天下大定。天下大定，然后正六律，和五声，弦歌诗颂，此之谓德音；德音之谓乐。《诗》云：'莫其德音，其德克明。克明克类，克长克君，王此大邦；克顺克俾，俾于文王，其德靡悔。既受帝祉，施于孙子。'此之谓也。今君之所好者，其溺音乎？"

"德音"和"溺音"的区分，显示出子夏的眼光相当深刻而精准。"德音"者，作为国家伦理和政治之音乐也；"溺音"者，作为个人情感、情愫、审美之音乐也。质言之，"德音"的内涵和功能是善和引导人向善；"溺音"的内涵和功能是美和引领人审美。"德音"使人"和正以广"，"溺音"使人"溺而不止"。当然，善中自有那种平和公正之美，美中也自有一种净化升华之善。只是子夏充分肯定前者，而彻底否定后者。子夏说魏文侯喜欢的其实不是"乐"而是"音"，而且是"溺音"，那种使人沉溺而不能自振，败坏意志和德性的靡靡之音。他那个时代，还不能认识到后者的价值和文化功能，也不能在理论上给予后者以应有的地位。

古典政治学视个人情感为对人的理性的伤害，从而危害政治的崇高和公正。不仅中国如此，柏拉图也认为政治家的个人情感是一种危险，由此他对"诗人"提出控告，其中一个原因就是"诗滋养着应该由理智压制下去的人性中的卑劣部分，例如情感和欲念"。这与中国孔子对"郑卫之音"的控告，是完全一样的逻辑。其实，真正作为艺术的音乐恰恰是如"郑卫之音"这样立足于审美和个人情感的。作为礼乐一体化的"先王之乐"，如《诗经》中的三颂之乐，其实并非艺术，而是借助了艺术手段的政治，其内涵和功能都是政治。柏拉图把诗人逐出了理想国，而子夏把音乐逐出了人类精神殿堂。

在这样的时代背景和文化传统下，齐宣王羞于自己不好"先王之乐"而"直好世俗之乐"，面对孟子的提问，惶恐又恼怒，就可以理解了。

这一章，我们首先感受到的，就是齐宣王很怕孟子。怕孟子什么？怕孟子代表的那种文化。

通读《孟子》，可以看见齐宣王一直被孟子打压。在两人的对话中，他总处在弱势，被孟子弄得很惭愧，弄得张口结舌、哑口无言。但是最后，我们对齐宣王会心生敬意。执政者能够容忍别人当面指责，需要大胸襟，特别是他有条件、有能力杀人的时候，还显得这么谦卑，这已经可以说是伟大。一个君主手里有刀却不用刀，不用刀锋而用谈锋来解决问题，这是一种高贵。这也才是真自尊，建立在自知的基础上：知道自己权力的边界在哪里，也知道作为位高权重者真正的尊严在哪里。所以李贽才一再赞扬齐宣王是"圣主"(《四书评》)。

孟子在齐国，位居上大夫，别墅、俸禄都由齐宣王供给，出门几十个学生坐着马车前呼后拥。齐宣王给孟子提供了这一切，为什么还那么怕孟子？"王变乎色"，脸色都变了，又惧，又怕，又愧，又敬。孟子凭什么？表面看，这是齐宣王和孟子之间的个人关系；往深里看，涉及"势"与"道"的关系。

道，即世上的公平正义。这个世界总要有公道。公道总要有一个载体。比如有人遭受了不公平对待，就需要有说理的地方，有主持正义的地方。最初，这个裁决的地方在哪里？在尧、舜、禹、汤、文、武这样的王那里，由他们担当世界的道，这个时代，叫"王道"时代。

后来，周朝衰落，天下的不公不平，周王管不了了，那由谁来管呢？由诸侯之霸来管，比如齐桓公。王不在了，霸出来了。王、霸之争的"霸"，应该作多重理解，不能简单看成是恶的东西。3.3章："以力假仁者霸。"以武力来维持正义，维护基本社会秩序。这个时代，叫"霸道"时代。

到孔子时代，"霸道"也落没了，怎么办？孔子办私学培养士，"士志于道"。自孔子以后，就由孔孟这样的士人来担当道义了，这就是"士道"。

尧—舜—禹—汤—文—武—周公—孔子—孟子，这是在孔子、孟子、韩愈的描述中不断完善的中国道统谱系。

由"王道"到"霸道"到"士道"，这是中国道统传承的又一种描述逻辑和视角。

在前一种道统描述中，前面都是王，到孔子是士。韩愈讲道统，说孔子以后是谁？孟子。孟子也是士，他和孔子一样，有担当道义的自觉。韩愈讲，孟子以后没有了，言下之意，我韩愈来了。实际上，孔子之后，墨子、孟子、老子、庄子、荀子、司马迁，至于汉之党锢，明之东林……所有这些士人（法家除外，因为法家是权势的附庸，属于"势"而不属于"道"），都有担当道义的自觉。世俗社会最高权力的代表是国君，这是政统，也叫"势"；公平正义之"士道"的代表在孔孟,这是道统,也叫"道"。道与势是制约与被制约关系。中国古代的帝王有谦恭的地方,在于他们知道自己是权力的最高代表,但不是道义的最高代表。中国古代朝廷有三大祭,祭天地、祭祖先、祭孔。祭孔,即表示对道统的承认与尊敬。中国古代帝国权力高度集中,却为什么能维持这么久远的社会稳定?因为有"孔孟之道"与"势"的平衡系统。

和齐宣王对比,孟子的优势就是"道",这让齐宣王怕。齐宣王认识到自己道义上的欠缺,这是他的谦卑,也是他的明智,是他的德性。他的"变乎色",正是他可爱可敬的地方。面对孟子的疑问,他坦承:"寡人非能好先王之乐也,直好世俗之乐耳。"这句话,又看出他的忠厚老实。

如上所言,先王之乐即"礼乐",乐是礼的一部分,是政治。世俗之乐是审美、是娱乐。两者的区别类似于我们今天"国歌"和一般音乐作品的区别,功用和演奏场合都是不同的。

再如《诗经》中孔子演奏过的乐,那应该都雅化和政治化了,而其不同,主要是因为其功能不同。"先王之乐",是政治、是朝堂之乐,是国家意识形态之乐,本来就不是为了人的娱乐和审美活动创作的。齐宣王的尴尬在于:他作为国家的代表,他的政治身份及与此有关的政治生活,与他作为个人的审美生活,本来是两个不同的领域,本来是应该并行不悖,不应该互相否定的。但正如我前面说到的,在古典政治学里,这却是一个严肃的问题,中国的子夏和西方的柏拉图都不认为它们可以并存于一个政治家身上。于是,魏文侯和齐宣王之喜欢"今之乐"或"世俗之乐",就是道德缺陷了。魏文侯是自我惭愧自己的爱好与古人不同从而产生深深的自卑;而齐宣王则是把他喜欢世俗之乐看成是自己的难言之隐,因被孟子了解而感到无比的羞愧。他们没能分清两者,尤其没能分辨两者的不同从而认识到两者可以并存,这显示出文化不足者的认识欠缺,但也显示出他们的道德真诚。

齐宣王真是老实得不得了，说自己只喜欢艺术性的音乐，不喜欢先王之乐，一点不掩饰，有魏文侯的影子。这个人不简单。但孟子很大度，"今之乐，犹古之乐也"，喜欢音乐好啊，没关系。但是，音乐给王带来了快乐，那么广大人民是不是也快乐呢？

参考《孟子》中接下来的文字，齐宣王说自己"好勇""好货""好色"，而孟子一概予以宽宥与肯定，则"好乐"应该也属于此类个人化性情与私人生活领域，本无可厚非。可能是孟子平时太严正，再加上传统上对君王个人审美趣味的道德化、政治化强求，齐宣王一听孟子来问，不免紧张惶恐。而他说出"世俗之乐"和"先王之乐"后，孟子为了安抚他的紧张，随口说了一句"今之乐犹古之乐"。这是非常值得注意的一句话，但一直被人们忽略：为什么孟子没有接着齐宣王的定义，说"世俗之乐"与"先王之乐"，而是偷换了一个概念，用了"今之乐"与"古之乐"这样的说法？

显然孟子也觉得，古代除了"先王之乐"这样的朝堂之乐、政治伦理之乐，也当有那个时代的"世俗之乐"，也当有那个时代抒发个人情愫、触动个人感受的音乐。"郑卫之音"不也堂皇地出现在《诗经》里？孔子固然是"雅颂各得其所"的"先王之乐"的演奏家和推广者，但孔子不也欣赏当时普通人的日常吟唱而自己常常"和之"，他自己岂不也是每日弦歌以抒发自己的内心情怀？

与民同乐是儒家的一大理想。儒家讲社会和谐，讲政治和谐，其中一个标准就是与民同。孟子不反对国君快乐，不反对生活享受，无论是物质享受，还是艺术享受，都不否定，关键在与民同乐，不能一小撮人乐。

齐宣王面对孟子时的尴尬羞愧，实际上是他自己身份造成的：他是君王，代表政治，但他也是一个有自己情愫和审美个性的个人。面对孟子的猝然之问，他为自己的个人化趣味感到羞愧。上引的魏文侯其实也处在这两种身份的矛盾之中，但子夏和田子方显然不允许他体现出个人的趣味。正是这种政治伦理，造成了后来者包括齐宣王的纠结和愧疚。

田子方、子夏，还有陈善、阎若璩，甚至朱熹，其实他们都没有孟子通达。孟子对齐宣王的"好勇""好货""好色"都能理解为正常人性而加以宽容，同时将其引导为政治上的亲民便民和平实政治，怎么会计较什么"先王之乐"与"世俗之乐"？孟子不是不分辨"先王之乐"和"世俗之乐"，他只是不计较齐宣王到底是喜欢"先王之乐"还是"世俗之乐"。所以，他用"古之乐"与"今之乐"刻意避开了这个问题。

儒家的道并不深奥，非常平实。政治需要良知，政治需要常识。实际上政治就是一种常识：老百姓是否真正觉得他们拥有自己想要的那种生活？孟子讲，就看老百姓快乐不快乐。就这么简单。

成语——疾首蹙额　独乐乐不如众乐乐　与民同乐
链接——2.2；2.4；2.5

2.2

齐宣王问曰:"文王之囿方七十里①,有诸?"

孟子对曰:"于传有之②。"

曰:"若是其大乎?"

曰:"民犹以为小也。"

曰:"寡人之囿方四十里,民犹以为大,何也?"

曰:"文王之囿方七十里,刍荛者往焉③,雉兔者往焉④。与民同之,民以为小,不亦宜乎?臣始至于境,问国之大禁⑤,然后敢入。臣闻郊关之内有囿方四十里⑥,杀其麋鹿者如杀人之罪。则是方四十里为阱于国中⑦,民以为大,不亦宜乎?"

今译——

齐宣王问:"听说周文王的园囿方圆有七十里,有这回事吗?"

孟子回答:"史书上有这样的记载。"

(齐宣王)说:"有这么大啊?"

(孟子)说:"老百姓还觉得小呢。"

(齐宣王)说:"我的园囿只有方圆四十里,老百姓还怪我搞得太大了,这是为什么呢?"

(孟子)说:"周文王的园囿大到方圆七十里,但是割草砍柴的人进去了，打野鸡野兔的人进去了。与老百姓共有它，老百姓以为小，不也很正常吗？我到你们齐国来时，先问贵国有什么大禁忌，然后才敢进来。我听人说齐国的城郊有国君的园囿方圆四十里，杀了里面一只麋鹿等同杀人之罪。这样相当于在国土之中有一处方圆四十里的大陷阱。老百姓觉得它大，不也很正常吗？"

注释——

① 囿：朱熹："囿者，蕃育鸟兽之所。古者四时之田，皆于农隙以讲武事，然不欲驰骛于稼穑场圃之中，故度闲旷之地以为囿。"

② 传（zhuàn）：文字记载。朱熹："传，谓古书。"参考 6.3 注 ②。

③ 刍：草。荛：薪。刍荛者：割草砍柴的人。

④ 雉兔者：打野鸡野兔的人。

⑤ 问国之大禁：《礼记·曲礼上》："入竟（境）而问禁，入国而问俗，入门而问讳。"

⑥ 郊关：四郊之门，起拱卫防御作用。朱熹："国外百里为郊，郊外有关。"阎若璩《四书释地续》："杜子春曰：'五十里为近郊，百里为远郊。'《白虎通》：'近郊五十里，远郊百里。'则此处郊关之郊，自属远郊，苟近郊何能容四十里之囿？"

⑦ 阱：陷阱。朱熹："阱，坎地以陷兽者，言陷民于死也。"

开讲——

　　周文王时，七十里不能算大。那时地广人稀，人力开垦过的土地不多。齐宣王时，四十里不能算小。那时齐国都城在临淄，临淄城郊是开垦过的良田，齐宣王是把良田变成王家园林，损人利益。这是我们从经济学角度看。孟子不是，孟子是从政治伦理的角度指出二者的区别。周文王是"与民同之"，不是私家占有，是全民共享，人民当然没意见。而齐宣王呢，竟然规定误入者杀一只动物，与杀人者同罪。这哪里是私家园林，是陷人于死地的大陷阱。

私有制年代，私人花钱买园林，自然"风能进，雨能进，国王不能进"。但是，国君围栏造园无疑要强占土地。汉武帝要在长安城附近建造方圆五百多里的上林苑。一辈子没讲过几句正经话的东方朔，也起来反对，说汉武帝"绝陂池水泽之利，而取民膏腴之地，上乏国家之用，下夺农桑之业……损耗五谷……又坏人冢墓，发人室庐，令幼弱怀土而思，耆老泣涕而悲"，所以他说"上林虽小，臣尚以为大也"（《汉书》卷六五《东方朔传》）。这个"小"与"大"之说，就源自孟子此处所论。

链接——2.1；2.4；2.5

2.3

齐宣王问曰:"交邻国有道乎?"

孟子对曰:"有。惟仁者为能以大事小①,是故汤事葛②,文王事昆夷③。惟智者为能以小事大④,故太王事獯鬻⑤,勾践事吴⑥。以大事小者,乐天者也;以小事大者,畏天者也⑦。乐天者保天下,畏天者保其国⑧。《诗》云:'畏天之威,于时保之。'⑨"

王曰:"大哉言矣!寡人有疾,寡人好勇⑩。"

对曰:"王请无好小勇⑪。夫抚剑疾视曰:'彼恶敢当我哉!'此匹夫之勇,敌一人者也。王请大之!《诗》云⑫:'王赫斯怒⑬,爰整其旅⑭,以遏徂莒⑮,以笃周祜⑯,以对于天下⑰。'此文王之勇也。文王一怒而安天下之民。《书》曰⑱:'天降下民,作之君,作之师,惟曰其助上帝宠之。四方有罪无罪,惟我在⑲,天下曷敢有越厥志⑳?'一人衡行于天下㉑,武王耻之。此武王之勇也。而武王亦一怒而安天下之民。今王亦一怒而安天下之民,民惟恐王之不好勇也㉒。"

今译——

齐宣王问:"与邻国交往有什么原则吗?"

孟子回答说:"有。只有仁者才能做到以大事小,所以商汤去事奉葛,文王去事奉昆夷。只有智者才能做到以小事大,所以太王古公亶父去事奉獯鬻，越王勾践去事奉夫差。以大事小，是乐从天命；以小事大，是敬畏天命。乐天的人可以保有天下，畏天的人可以保有其国。《诗经》说：'畏天之危，于时保之。'（敬畏天之威严，因此而得天佑）"

齐宣王说："讲得太好啦！但是我有个毛病，我好勇。"

（孟子）说："请王不要喜欢小勇。手里按着剑，眼睛瞪得老大盯着别人说：'谁敢挡着我的路！'这是匹夫之勇，只能和一个人对决。请王使您的勇变大！《诗经》说：'王赫斯怒，爰整其旅，以遏徂莒，以笃周祜，以对于天下。'（周文王赫然发怒，整顿他的军队，去阻止密人侵犯阮、共的军队，以此深厚周的德性福祉，报答天下人的信任）这是周文王的勇。文王一怒而安定全天下的百姓。《尚书》说：'天降下民，作之君，作之师，惟曰其助上帝宠之。四方有罪无罪，惟我在，天下曷敢有越厥志？'（上天降下生民百姓，选好了国君，选好了导师，就是让国君和导师帮助上天来安宠人民。四方之人有罪没罪，由我来裁决。天下其他人怎么敢有越过自己本分的？）一人横行于天下，武王以此为耻。这是周武王之勇啊。武王也是一怒而安定全天下的百姓。今天如果王也能一怒而让天下百姓得到安定，那么老百姓唯恐王不好勇呢！"

注释——

① 以大事小：朱熹："仁人之心，宽洪恻怛，而无较计大小强弱之私。故小国虽或不恭，而吾所以字之之心自不能已。"

② 葛：商代的一个小部落。汤事葛的故事，参见本书6.5。

③ 文王事昆夷：昆夷也作混夷、串夷等，夷狄部落名。《诗经·大雅·绵》："混夷駾矣，维其喙矣。"古人对这句诗有两种解释。一种，郑玄笺云："混夷见文王之使者将士众，过己国，则惶怖惊走奔突，入此柞棫之中而逃，甚困剧也。"（柞、棫均为

树名）此为文王威震昆夷。另一种，《毛诗正义》引《帝王世纪》："文王受命四年，周正丙子，混夷伐周，一日三至周之东门。文王闭门修德而不与战。"此为文王事昆夷，所记之事与本文相同。

④ 以小事大：朱熹："智者明义理，识时势。故大国虽见侵陵，而吾所以事之之礼尤不敢废。"

⑤ 太王事獯（xūn）鬻（yù）：獯鬻在《诗经》里称狁（xiǎn）狁（yǔn），秦汉时期称匈奴，北方部落名。太王事獯鬻的故事，参见本书2.14和2.15。

⑥ 勾践：朱熹本作"句践"，从阮元本改。

⑦ 乐天、畏天：朱熹："天者，理而已矣。大之事小，小之事大，皆理之当然也。自然合理，故曰乐天。不敢违理，故曰畏天。"

⑧ 保天下、保其国：赵岐："圣人乐行天道，如天无不盖也，故保天下，汤、文是也。智者量时畏天，故保其国，大王、句践是也。"朱熹："包含遍覆，无不周遍，保天下之气象也。制节谨度，不敢纵逸，保一国之规模也。"

⑨ 《诗》：《诗·周颂·我将》。时：朱熹："时，是也。"诗意：敬畏天之威严，因此而得天佑。

⑩ 好勇：不能忍受他人的欺辱，所以不能侍奉大国，更不能侍奉小国。赵岐："王谓孟子之言大，不合于其意。答之云寡人有疾，在于好勇，不能行圣贤之所履也。"朱熹："言以好勇，故不能事大而恤小也。"

⑪ 朱熹："小勇，血气所为。大勇，义理所发。"

⑫ 《诗》：《诗经·大雅·皇矣》。

⑬ 赫：愤怒的样子。斯：有两种理解。第一种，其。马瑞辰《毛诗传笺通释》："斯乃语词，斯犹其也。"第二种，郑玄认为是尽，解释为"文王赫然与群臣尽怒"。按照第一种理解，愤怒的是周文王；按照第二种理解，愤怒的是周文王和群臣。这一章是写文王的，似乎应以第一种解释为准。译文从之。

⑭ 爰（yuán）：于是。

⑮ 以遏（è）徂（cú）莒（jǔ）：今本《诗经》作"以按徂旅"。遏（或按）：阻止。徂

莒（旅）：有三种解释。第一种，徂，往；莒（旅）：东方小国。赵岐持此说："以遏止往伐莒者。"第二种，徂：国名。莒（旅）：军队。阻止徂国侵略他人。郑玄："以却止徂国之民众。"第三种，徂：往。莒（旅）：军队。朱熹："徂旅，谓密人侵阮徂共之众也。"今按：《皇矣》原文为："密人不恭，敢距大邦，侵阮徂共。王赫斯怒，爰整其旅，以按徂旅。以笃于周祜，以对于天下。"密人不恭，敢于抗拒大国周，入侵阮国，接着又要去侵略共国。密国、阮国、共国均在今甘肃，距离莒国所在的山东甚远，似乎第三种解释是对的。译文从之。

⑯ 笃（dǔ）：笃实，加固。祜（hù）：福。

⑰ 对：报答。朱熹："对，答也，以答天下仰望之心也。"

⑱ 《书》：今本《尚书·泰誓》有此文。然而赵岐称："《书》，《尚书》逸篇也。"也就是说，赵岐所见的《尚书·泰誓》无此文。今本《尚书》是东晋梅赜所献，其中多有伪造之处，许多学者都认为这段话非《尚书·泰誓》原文。

⑲ 惟曰其助上帝宠之四方有罪无罪惟我在：有两种标点和理解，赵岐注对应的标点是："惟曰其助上帝宠之。四方有罪无罪，惟我在。"朱熹注对应的标点是："惟曰其助上帝，宠之四方。有罪无罪，惟我在。"朱熹注参考了今本《尚书·泰誓》："天佑下民，作之君，作之师。惟其克相上帝，宠绥四方。有罪无罪，予曷敢有越厥志？"前者更为自然通顺，本书从赵岐。"四方有罪无罪惟我在"有两种理解：第一种理解，四方的善恶都算我的，这就是《论语·尧曰》说的"百姓有过，在予一人"。赵岐持此说："四方善恶皆在己。"第二种理解，四方的罪只能由我一人来处理，不许别人用私刑。朱熹："有罪者我得而诛之，无罪者我得而安之。"清儒江声《尚书集注音疏》："四方有罪无罪，惟我君师司察焉。"焦循赞同此说，并举例《左传》襄公十四年："天生民而立之君，使司牧之，勿使失性。"因为此处讲"勇"，故译文从朱熹。

⑳ 厥：他的。朱熹："我既在此，则天下何敢有过越其心志而作乱者乎？"

㉑ 一人：一般有两种理解。第一种，泛指任何一人。赵岐、朱熹持此说。赵岐："衡，横也。武王耻天下一人有横行不顺天道者，故伐纣也。"朱熹："衡行，谓作

乱也。"第二种，特指商纣王。焦循：" 《曲礼》：'天子自称予一人'，故以一人指纣。"衡行：即横行。本句意为：商纣王一人横行天下，强奸天下民意，武王以不能制止为耻。与上引《诗经》文王以不能制止密人横行为耻相应。但还可以有第三种理解，这种理解更具有现代性：以自己横行天下独断专行为耻。详见开讲。

㉒ 孙奭："仁者必有勇，勇以讨乱而不为暴，则百姓安之。"朱熹："王若能如文武之为，则天下之民望其一怒以除暴乱，而拯己于水火之中，惟恐王之不好勇耳。此章言人君能惩小忿，则能恤小事大，以交邻国；能养大勇，则能除暴救民，以安天下。"

开讲——

以大事小是仁者；以小事大是智者。以大事小，需要的是人的德性；以小事大，需要的是人的智慧。当你大的时候，能安抚小的，这是德性；当你小的时候，能让大的不欺负你，能自保，靠智慧。一个是乐天者，一个是畏天者。人人都应该知天命。人不能太张狂，不能太自大，不能太自负、太自信。总有一种力量比我们更强大，心存敬畏，才能自保。

齐宣王所谓的"好勇"，是既不能事大，也不能事小。你对我好，咱们就好；你对我不好，咱们就玉石俱焚。对小国就更不用说了，我有能力就直接灭了你，土地是我的，人民是我的，子女玉帛全是我的。我的是我的，你的也是我的。这是既无德，也不智。齐宣王这时对孟子有点耍赖："我没有仁，也没有智，我只有勇，你说怎么办？你说我不行，我就不行。"孟子老师遇到了最难教的学生，他不想要，他不想学，他躺倒了，怎么办？

孟子还得教。"王请大之"，请王把你的那个勇大起来！不要总是匹夫之勇，还自我感觉良好。人一辈子不用学太多，就学两个，一个正气，一个大气，合起来就是"正大"。孟子这里讲的"大"，实际上就是"正"的意思，《周易正义》卷四《大壮》："大者正也。"真正的大，一定是正的。不正，大不起来；正后，一定要大，要宽容。甚至宽容到最后能藏污纳垢。所以，要先正后大，大中有正。这种大，才是真正的大。

是王，就要行王道。当时天下已经没有王了，谁能成王呢？就看你有没有大心胸、大视野了。大到什么程度？大到实行王道，大到超越一个国君的狭隘立场和眼界，有胸怀天下的境界。这时，你就不是一国之君，而是天下之王。先，诸侯是"侯"，"王"只能是周天子，后来战国争霸，从楚、魏开始，列国纷纷称王，乃至称帝，齐宣王的儿子齐湣王就和秦昭襄王并称为"东西二帝"。齐宣王叫王，实际上他只是诸侯。所以，孟子下引周文王、周武王事迹，其实是在问齐宣王："你真的有王的胸怀吗？你真的有王的格局吗？你真的有王的志向、王的德性吗？"既然称王，就要承担王的责任，"以对于天下"。"对"即报答，报答天下人对王的信任。

《吕氏春秋》卷一《孟春纪·贵公》记，楚王有一次打猎，丢了一把弓。手下说去找回来。楚王说："荆人遗之，荆人得之，又何索焉？"反正是楚国人的。孔子听了，说"去其荆而可矣"，去掉荆字就好了。不分国与国，天下一家，人失之，人得之。老子听了，说"去其人而可矣"，把人字也去掉吧！于是只剩：失之，得之。你看，楚王站楚国的立场；孔子站人类的立场；老子站万类的立场。所以，文王、武王"一怒而安天下之民"是大勇，为谁而勇？"天下"。墨子讲非攻，也是从天下的角度反对一国以自身的利益攻打他国。孔子、孟子张口闭口就是两个字："天下"。"一怒"的"怒"，不是怒的程度，而是怒的宽度，以天下为幅度。我们读孔子、读孟子，要特别注意这两个字——天下。这是孔子、孟子思考问题的出发点，"为天地立心，为生民立命，为往圣继绝学，为万世开太平"，不是安一国之民，不是安一族之民，而是安天下之民。

"一怒"的"一",则是指"怒"的密度。李贽《四书评》:"'一'字可味。见勇不可不好,亦不可久好也。说勇处,原是说仁智,所以为妙。"怒,不能没有,亦不可常有。不可没有,是不能没有勇;不可常有,是不可或缺仁与智。

"一人衡行于天下,武王耻之"句:"一人"在《尚书》里有特定的含义,"万方有罪,在予一人"(《汤诰》),"一人"往往指说话者自己。所以,这句话有两层意思:其一,以看到他人横行霸道为耻,作为以主持公道为责任的王,他要管,解民于倒悬。所以武王就不能容忍纣王一人横行而天下雌伏,就不能容忍纣王以一人意志强迫天下之人。其二,更可能的意思是,不允许自己假天下之名"一人衡行"。这样理解意义更深刻。权力者管住自己不横行霸道,这才是高德行。权力确实需要制度的约束,但是,约束以外,权力的自我谦卑,太重要了。权力的谦卑,也是权力的自信。只有自信,才能宽大。有没有宽大,才能看出权力是不是真自信。文王、武王做得好,在于不仅对人仁爱,更对自己严格要求,视不以道义安天下而以权力"一人衡行于天下"为耻辱。西周建立以后,"制礼作乐",以礼乐制度规范天下,而不是以天子权力控御天下,以至于"无君"胜"有君"——《论语·八佾》:"夷狄之有君,不如诸夏之亡也。"这是周朝的大功德。故将这一句"一人衡行于天下,武王耻之",理解为武王不允许自己一人横行天下,可能更符合史实,也更有现代意义。

齐宣王虽是一国诸侯,孟子最后还是对他提出了担当"安天下之民"的希望。我讲《水浒传》梁山上的三代领导人王伦、晁盖、宋江:王伦的梁山,犹如自留地;晁盖的梁山,犹如江湖公社;而宋江的梁山,犹如国家。没有小地方,只有小人物。人做大了,小地方便成大地方。孟子,邹国人,邹国面积相当于今天一个乡。如果孟子只为邹国着想,最后也就是个"乡长助理"。但孟子最后成为"亚圣",成为道统上的一环。为什么？胸怀天下而已。孟子在这里对齐宣王寄予很厚望，可能是孟子内心也觉得其人可教，是可造之人。"今王亦一怒而安天下之民，民惟恐王之不好勇也"，孟子能够用这样的目标去期待齐宣王，一定是对齐宣王有相当的肯定，也是给齐宣王的最高褒奖。孟子如此抬举，齐宣王却不识抬举。宣王虽是忠厚，到底缺些大气。

成语——匹夫之勇　横行天下

链接——1.7；2.14；2.15；6.5

2.4

齐宣王见孟子于雪宫①。王曰:"贤者亦有此乐乎?"

孟子对曰:"有。人不得②,则非其上矣。不得而非其上者,非也;为民上而不与民同乐者,亦非也。乐民之乐者,民亦乐其乐;忧民之忧者,民亦忧其忧。乐以天下,忧以天下③,然而不王者,未之有也。

"昔者齐景公问于晏子曰④:'吾欲观于转附、朝儛⑤,遵海而南⑥,放于琅邪⑦,吾何修而可以比于先王观也?'

"晏子对曰:'善哉问也!天子适诸侯曰巡狩。巡狩者,巡所守也。诸侯朝于天子曰述职。述职者,述所职也。无非事者:春省耕而补不足,秋省敛而助不给⑧。夏谚曰:"吾王不游,吾何以休;吾王不豫⑨,吾何以助。"一游一豫,为诸侯度。今也不然,师行而粮食,饥者弗食⑩,劳者弗息。睊睊胥谗⑪,民乃作慝⑫。方命虐民⑬,饮食若流。流连荒亡,为诸侯忧⑭。从流下而忘反,谓之流;从流上而忘反,谓之连;从兽无厌,谓之荒⑮;乐酒无厌,谓之亡。先王无流连之乐,荒亡之行。惟君所行也。'

"景公说⑯,大戒于国⑰,出舍于郊。于是始兴发⑱,补不足。召大师曰:'为我作君臣相说之乐!'盖《徵招》《角招》是也⑲。其诗曰:'畜君何尤⑳?'畜君者,好君也。"

今译——

齐宣王去雪宫里拜望孟子。齐宣王问:"贤者也会有这种住华屋的快乐吗?"

孟子答:"有啊。还有人得不到这种快乐,就会非议他的主上呢。不得就非议主上,这是不对的;作为人民的长上不能做到与民同乐,也是错的。快乐着人民的快乐的君主,人民也就乐着君主的乐;忧虑着人民的忧虑的君主,人民也忧着君主的忧。乐是因为天下,忧是因为天下,还不能实现王道,是从来没有过的事。

"以前齐景公问晏子道:'我想登临转附、朝儛两座山,然后沿海边往南走,一直走到琅琊,但是我要做到什么程度才能和古代先王们的巡游相提并论呢?'

"晏子回答说:'真是好问题啊!天子去诸侯那里叫巡狩。巡狩么,是天子巡视他拥有的天下。诸侯朝觐天子叫述职。述职么,是诸侯陈述自己的职守做到没有。(天子巡狩、诸侯述职)无非还是职事:春天考察耕种以补相应的不足,秋天巡视秋收以助相应的匮乏。夏朝谚语说:"我的王不巡游,我怎能得休息;我的王不快乐,我怎能得帮助。"王一游一乐,都是给诸侯立法度。今天不是这样了,队伍浩荡而出粮食就被吃光,饥饿的人没饭吃,劳累的人不得休息。人民侧目而视交相怨咒,开始作恶。违逆天命残害百姓,饮食如流水。流连荒亡,让那些附属番邦看你来就怕。顺流而下乐而忘返,叫流;顺河而上乐而忘返,叫连;追逐猎物贪得无厌,叫荒;酗酒无度,叫亡。先王没有这样的流连之乐,荒亡之行。就看你自己选择吧。'

"齐景公听了很高兴,于是在国都告命罪己,住到郊外自省。同时开仓散粮,救助贫困。召唤太师过来说:'给我谱一首君臣同乐的乐曲吧!'就是《徵招》《角招》这两首。乐歌里有一句:'把国君关进笼子有什么错呢?'约束国君,就是爱君。"

注释——

① 雪宫：离宫名。这句话有两种理解：第一种，见，召见，齐宣王在雪宫召见孟子。孙奭疏："宣王在雪宫之中，而见孟子来至也。"第二种，见，拜访，齐宣王请孟子住在雪宫，并亲自去拜望孟子。焦循、赵佑持此说。焦循："孟子见梁惠王，与齐宣王见孟子于雪宫，文顺逆不同。谓孟子在雪宫，宣王就见，义似为长。"从语法的角度来看，两种解释都可以成立。除了此处之外，《孟子》中的该句式均是第二种解释，拜访、拜见。第一种解释在其他典籍中有大量例证。比如《史记·廉颇蔺相如列传》："秦王坐章台见相如。"如果是第一种解释，那么这只是一句普通的话，与 1.2 梁惠王之问相同。如果是第二种解释，那么齐宣王对孟子表现出极大的礼遇，将别宫给孟子住，还问孟子："贤者亦有此乐乎？"您住得还好吗？孟子下文的"人不得，则非其上矣"，就有了互相开玩笑的味道了。如此，意味盎然。译文从之。

② 人不得：也可以把上一句"有"和此标为一句："有人不得"。

③ 这句话有三种理解。第一种，以天下之乐为己乐，以天下之忧为己忧。第二种，由于君主能够享受到别人所享受不到的快乐，所以应将自己的乐分享给天下，即：以自己的乐推及天下，以天下之忧为自己的忧。赵岐："古贤君乐则以己之乐与天下同之，忧则以天下之忧与己共之。"焦循："贤者亦有此乐，民未尝亦有此乐也。"前两种都是强调君主对忧乐的选择。第三种，乐，是因为天下；忧，是因为天下。乐与天下同，忧与天下同。朱熹："乐民之乐而民乐其乐，则乐以天下矣；忧民之忧而民忧其忧，则忧以天下矣。"多了君主与臣民的忧乐互动。译文从之。

④ 齐景公：名杵臼，姜齐第二十六任国君，公元前 547—前 490 年在位。齐景公在位期间，重用晏子，国力较为强大。晏子（？—公元前 500 年）：晏氏，名婴，字仲，谥"平"，故称"晏平仲"，春秋时期著名的政治家。辅政齐灵公、齐庄公、齐景公三朝，长达五十余年，有名的贤人贤臣。

⑤ 转附、朝儛（wǔ）：两座山名，有认为转附即烟台市芝罘山；朝儛即山东荣成市的召石山或成山头。

⑥ 遵：沿着。

⑦ 放（fǎng）：至，到。琅（láng）邪（yá）：地名，在今山东诸城。

⑧ 省（xǐng）：两处"省"都是巡视的意思。敛：收获。给（jǐ）：足。

⑨ 豫：有两种解释。第一种，赵岐："豫亦游也。"下文有"一游一豫"，显指不同状态，故不取。第二种，朱熹："豫，乐也。"指快乐。译文从之。

⑩ 饥者弗食（sì）：不给饥饿的人饭吃。食，给人饭吃。

⑪ 睊（juàn）睊胥（xū）谗：睊睊，侧目而视的样子。胥：互相。谗：诽谤。这句话有两种理解：第一种，统治者内斗。赵岐："在位在职者又睊睊侧目相视，更相谗恶，民由是化之而作其慝恶也。"第二种，人民对统治者侧目而视，乃至诽谤咒骂。译文从后者。

⑫ 慝（tè）：奸邪，邪恶。

⑬ 方命：逆命，不顺从天命，做一些悖逆、违背常理之事。

⑭ 这句话有两种理解。第一种，赵岐认为，诸侯流连荒亡，将受到霸主的责罚，所以诸侯应该感到担忧："王道亏，诸侯行霸，由当相匡正，故为诸侯忧也。"第二种，国君流连荒亡，成为附属番邦（诸侯）的忧愁。焦循："骄君之流连荒亡，即指行霸之君。而为诸侯忧之诸侯，则事霸国之诸侯，非行霸之诸侯。"按：当时大国，都有一些在邦域之内的附属部落，这些部落是古老原始部落的遗存，在西周分封之时、诸侯就国确立统治之时，一些土著部落以依附换得保存，而外来就国的诸侯亦以保存这些土著部落换得他们的归顺。亦有原先较小的封国，渐渐沦为周边大国的附庸，如鲁国之颛臾。他们在大国国君四处游历时，当有接待的义务。故，此处"诸侯"即指此类依附大国的古老遗存的小部落。译文从后者。

⑮ 从：追赶。从兽：追赶野兽，即打猎。

⑯ 说（yuè）：同悦。

⑰ 大戒：焦循："谓预备补助之事，即《晏子春秋》所谓'命吏计公掌之粟，藉长幼贫氓之数'是也。"今人多取。然赵岐："戒，备也。大修戒备于国。出舍于郊，示忧民困。始兴惠政，发仓廪以赈贫困不足者也。"朱熹："戒，告命也。出舍，自责以省民也。"焦循、赵岐、朱熹的解释都有文字学依据。盖"戒"有"准备""戒

备""告命"三义。然理解为齐景公在晏子谏戒之后,幡然醒悟,而作告命自省罪己,于义为优,译文从朱熹,取"戒书"(用来自我警戒的文字)义。

⑱ 兴发:朱熹:"发仓廪也。"开仓散粮,赈济贫民。

⑲《徵(zhǐ)招(sháo)》《角(jué)招(sháo)》:徵、角,古代宫、商、角、徵、羽五音之一。招,同韶。

⑳ 畜:朱熹认为是"畜止其君之欲",有批评、教训、管教之意。其义从管理限制家畜引申而来。

开讲——

　　此章仍然在讲王道,讲与民同乐,乐天下之乐,忧天下之忧,天下同乐同忧。

　　齐景公是孔子时代的人。晏子是齐景公的国相,年龄比孔子大。《论语》中对齐景公的记载有三处:《季氏》记他热衷养马,"有马千驷,死之日,民无德而称焉"。《微子》记他对孔子一会要"以季孟之间待之",想按季孙氏和孟孙氏之间差不多的待遇给孔子,一会又说"吾老矣,不能用也",孔子只好离开齐国。《颜渊》记齐景公有一次问孔子怎么治理国家,孔子说:"君君,臣臣,父父,子子。"他回答说:"善哉!信如君不君,臣不臣,父不父,子不子,虽有粟,吾得而食诸?"齐景公不像商纣王、夏桀王、秦始皇那样暴虐,暴虐得理性而有逻辑,像一台冷酷的暴力机器。齐景公是荒唐,不着调,心智有点不成熟,有点糊涂,有点憨傻,又不失厚道,有天真气。他很听晏子的话,一直在向君子学习,君子是什么又搞不清,学着学着就忘了,又胡来,有点痞气,还有点江湖豪气。本章最后讲到他听了晏子的教导,马上兴师动众,又是大戒于国,又是出舍于郊,又搞开仓散粮,又搞文艺创作。搞得既像幡然醒悟要做古代贤君,又像胡作非为的一场闹剧。这个人,是春秋时期第一好玩人。他身边有个晏子,真是绝配好搭档。晏子就像捧哏，他就像逗哏，看《晏子春秋》中他俩的故事，就像看相声。

"畜君何尤"，有不同理解。焦循《孟子正义》引述王念孙考证，解释"畜"通"嬌"，喜欢、喜好，又谓之好。畜君者，好君也，言臣悦君，"畜君何尤即好君何尤"（《广雅疏证》）。朱熹则解释为："畜止其君之欲"，把国君的欲望关起来，用今天的说法是把权力放进笼子里。好的政治就是这样：不把权力当"好东西"，只把权力当作"必要的坏东西"给予约束。

顺便说一下，齐景公与晏子的对话，另有一处记在《晏子春秋·内篇问下第四》：

> 景公出游，问于晏子曰："吾欲观于转附、朝舞，遵海而南，至于琅琊，寡人何修，则夫先王之游？"晏子再拜曰："善哉！君之问也。闻天子之诸侯为巡狩，诸侯之天子为述职。故春省耕而补不足者谓之游，秋省实而助不给者谓之豫。夏谚曰：'吾君不游，我曷以休？吾君不豫，我曷以助？一游一豫，为诸侯度。'今君之游不然，师行而粮食，贫苦不补，劳者不息。夫从南历时而不反谓之流，从下而不反谓之连，从兽而不归谓之荒，从乐而不归谓之亡。古者圣王无流连之游，荒亡之行。"公曰："善。"命吏计公掌之粟，藉长幼贫氓之数。吏所委发廪出粟，以予贫民者三千钟，公所身见癃老者七十人，振赡之，然后归也。

然而，这个故事，一说为齐桓公与管仲的对话，见于《管子·戒》：

> 桓公将东游，问于管仲曰："我游犹轴转斛，南至琅邪。司马曰：'亦先王之游已。'何谓也？"管仲对曰："先王之游也，春

出，原农事之不本者，谓之游。秋出，补人之不足者，谓之夕。夫师行而粮食其民者，谓之亡。从乐而不反者，谓之荒。先王有游夕之业于人，无亡荒之行于身。"桓公退再拜命曰："宝法也。"

成语——流连忘返　与民同乐
链接——2.1；2.2；2.5

2.5

齐宣王问曰:"人皆谓我毁明堂。毁诸?已乎?"①

孟子对曰:"夫明堂者,王者之堂也。王欲行王政,则勿毁之矣。"

王曰:"王政可得闻与?"

对曰:"昔者文王之治岐也,耕者九一②,仕者世禄,关市讥而不征③,泽梁无禁④,罪人不孥⑤。老而无妻曰鳏,老而无夫曰寡,老而无子曰独,幼而无父曰孤。此四者,天下之穷民而无告者⑥。文王发政施仁,必先斯四者。《诗》云⑦:'哿矣富人⑧,哀此茕独⑨。'"

王曰:"善哉言乎!"

曰:"王如善之,则何为不行?"

王曰:"寡人有疾,寡人好货。"

对曰:"昔者公刘好货⑩,《诗》云⑪:'乃积乃仓⑫,乃裹糇粮⑬,于橐于囊⑭。思戢用光⑮。弓矢斯张,干戈戚扬⑯,爰方启行⑰。'故居者有积仓,行者有裹囊也,然后可以爰方启行。王如好货,与百姓同之,于王何有?"

王曰:"寡人有疾,寡人好色。"

对曰:"昔者太王好色⑱,爱厥妃。《诗》云⑲:'古公亶父,来朝走马⑳,率西水浒,至于岐下㉑。爰及姜女㉒,聿来胥宇㉓。'当是时也,内无怨女,外无旷夫。王如好色,与百姓同之,于王何有?"

今译——

齐宣王问:"别人都劝我把明堂毁了。我是毁呢,还是放在那儿?"

孟子回答:"明堂,是王者之堂。王想行王政,就不要毁它。"

齐宣王问:"什么是王政,可以讲给我听吗?"

(孟子)答:"从前,周文王治理岐山,对种田的只收九分之一税,官员的禄位世代相承,对关卡和市场只检查管理不征税,不禁止沼泽河湖捕鱼,一人犯罪止于其身不搞连坐。人老无妻叫鳏,人老无夫叫寡,老而无子叫独,幼而无父叫孤。这四种人,是天下最可怜的哀哀无告的人。周文王实行仁政,一定先从这四种人开始。《诗经》说:'哿矣富人,哀此茕独。'(富人已经可以了,多悲怜关照那些鳏寡孤独吧)"

齐宣王说:"说得好啊!"

(孟子)说:"王既然说我讲得好,为什么不做?"

齐宣王说:"我有毛病,我贪财。"

(孟子)回答:"从前,周民族的祖先公刘也贪财,《诗经》说:'乃积乃仓,乃裹糇粮,于橐于囊。思戢用光。弓矢斯张,干戈戚扬,爰方启行。'(仓库到处堆积着粮食,干粮都包裹得好好的,装满了各种袋子。(公刘)想的是安居乐业光大部族。然后张弓拉箭,带着干戈戚扬各种武器,启程迁居豳这个地方)所以安居时粮仓满满的,上路时包裹鼓鼓的,这样才可以迁居向远方。王如果贪财,但让老百姓也能积累财富,那贪财对您实行王道又有什么妨碍呢?"

齐宣王说:"我有毛病,我好色。"

(孟子)回答:"从前太王也好色,很爱他的妃子。《诗经》说:'古公亶父,来朝走马,率西水浒,至于岐下。爰及姜女,聿来胥宇。'(古公亶父,清早骑马,沿着河西水边,径直走到岐山脚下。身后跟着姜氏女,来把新居考察)那个时候,既没有找不到丈夫的怨女,也没有娶不到媳妇的旷夫。王如果好色,但让老百姓也都能及时婚嫁,那好色对您实行王道又有什么妨碍呢?"

注释——

① 明堂:赵岐:"泰山下明堂,本周天子东巡狩朝诸侯之处也。"朱熹:"明堂,太山明堂。周天子东巡守朝诸侯之处,汉时遗址尚在。人欲毁之者,盖以天子不复巡守,诸侯又不当居之也。王问当毁之乎?且止乎?"

② 九一:古代井田制,将土地划成九块,如"井"字,中间一份公田,周边八份私田,种私田的人家也要种公田,私田收获归自己,公田收获交公,相当于缴农业税,所以称"九一"。参见1.3注⑧百亩之田。按:同样是井田制,此处说九一,5.3中又说"什一",即十分之一。两者如何统一,是一个问题,存疑。

③ 世禄:朱熹:"世禄者,先王之世,仕者之子孙皆教之,教之而成材则官之。如不足用,亦使之不失其禄。盖其先世尝有功德于民,故报之如此,忠厚之至也。"关市讥而不征:关:关卡。市:市场。讥:考察。征:征税。朱熹:"关,谓道路之关。市,谓都邑之市。讥,察也。征,税也。关市之吏,察异服异言之人,而不征商贾之税也。"

④ 梁:鱼梁,一种捕鱼的工具。无禁:朱熹:"与民同利,不设禁也。"

⑤ 孥(nú):妻子儿女。不孥:罪止于身,不及妻子儿女。

⑥ 穷:走投无路。无告:无人求告。

⑦ 《诗》:《诗经·小雅·正月》。

⑧ 哿(kě 或 gě):可。

⑨ 茕(qióng):独。赵岐:"诗人言居今之世,可矣富人,但怜悯此茕独羸弱者耳。"

⑩ 公刘:周民族的始祖,迁居于豳后,周由此逐渐兴盛。

⑪ 《诗》:《诗经·大雅·公刘》。

⑫ 积:赵岐认为是堆积、积存粮食的意思。朱熹认为是露积,即露天放粮食的地方。

⑬ 餱（hóu）粮：干粮。

⑭ 橐（tuó）、囊（náng）：都是盛放东西的袋子。《说文解字》："有底曰橐，无底曰囊。"

⑮ 戢（jí）：安集，和睦。用光：用，因而；光，光大国家。因而让国家更加繁荣昌盛。朱熹："戢，安集也。言思安集其民人，以光大其国家也。"

⑯ 干戈戚扬：干：盾牌，一说刺杀之器。戈：最常见击杀之兵器。戚：斧。扬：钺。

⑰ 爰（yuán）方启行：爰：于是。方：开始。启行：出发。此一段《诗经》的意思，赵岐："乃积谷于仓，乃裹盛干食之粮于橐囊也。思安民……又以武备之，曰方启行道路。孟子言公刘好货若此，王若则之，于王何有不可也。"

⑱ 太王：即下文的古公亶（dǎn）父（fǔ），周民族的祖先，周文王祖父，迁居于岐山，是周民族发展史上的重要人物。

⑲ 《诗》：《诗经·大雅·緜》。

⑳ 来朝：第二天早上。朱熹注此句："避狄人之难也。"

㉑ 率：沿着。浒：水边。岐下：岐山之下。

㉒ 爰：语气词。姜女：即太姜，太王之妃。

㉓ 聿（yù）来胥（xū）宇：聿，一说"一起"，一说无义，语助词。胥：查看。宇：住处。

开讲——

明堂是什么呢？是当初周天子巡狩时在齐国的住处。周天子永远都不会再来了，诸侯又不能住，只能空着，还要维修费，所以有人建议干脆拆了。

孟子的回答有点意思。从字面看，是说不要毁天子的明堂。这是孟子对天子的尊重。但有没有另一层意思在呢？您要是行王政，何必毁它，也许有一天您也配住呢。

孟子是对齐宣王寄予了一点安天下的希望的。所以齐宣王马上问：

078 | 孟子开讲

"王政可得闻与？"李贽《四书评》对此段文字有这样的评价："都是活法，圣人！圣人！此独以之待齐宣耳，若梁惠无有也，二王优劣见矣。"意思是，本来是一个封闭性的话题：拆还是不拆？但孟子把它展开了，说出一番大境界。但这种大境界，也只是对齐宣王说，不会对梁惠王说，为什么？二人境界不同。

"泽梁无禁"，指土地资源、水利资源归社会共有，不禁止百姓开发利用。周朝那时的社会结构、社会生活比较简单，所以资源共有容易做到。但这个道理放在今天也是一样的，百姓机会多了，创造多了，财富多了，社会才会有发展动力。把资源更多地开放给社会，开放给人民，资源才能得到更好的开发利用，才能产出更多的价值。政府越是垄断资源，包括有形无形的自由社会物质、精神的资源，资源的开发越是萎缩，产出越是减少。所以，政府一定要小，社会一定要大，让大家都能做事。

对鳏寡孤独，"文王发政施仁，必先斯四者"，政府给补贴，首先从这四种人开始，这是中国古代对弱势群体的慈善。一句"此四者，天下之穷民而无告者"，多少慈悲在！李贽于此夹评曰："真正天地父母之心。"

齐宣王说自己又好勇、又贪财、又好色，但并没有妨碍明代李贽称他为一代圣主，一再说他老实。这与李贽一贯肯定人之好货、好色本性的观点有关，但事实也确实如此。齐宣王就是坦然面对自己人性真实的一面。其实，从政治家角度说，好货、好色也属于个人的私德。社会需要适度地给予私人生活以自由与宽容。不宽容私德就谈不上自由，所以子夏说"小德出入可也"（《论语·子张》），是非常有见地的话。好货好色之人，不一定不是好政治家。看政治家，是看他的公德大德，执政是否公平、公正，决策方向是否符合浩浩汤汤的世界潮流，是否能倾听、理解人民的心声，满足人民的利益，私德不影响公德就可以了。相反，私德好的，未必是好政治家；有损私德的，未必不能引领世界。崇祯私德不错，但把国家搞灭了；丘吉尔私德不好，却把英国保住了。

政治不外乎基于基本人性，满足人民的基本需求。好货、好色，都是基本人性。孔子讲"大同世界"，看似宏大高远，其实也是从"货"与"色"着手，讲"矜、寡、孤、独、废疾者皆有所养"；讲"货"，是"货恶其弃于地也，不必藏于己"；讲"色"，是"男有分，女有归"（《礼记·礼运》），也是要外无旷夫，内无怨女，人人能享男婚女嫁、男欢女爱的幸福。这不就是好货、好色吗？汉文帝汉景帝，何等局促小气，但人民过上了好日子；汉武帝与人争胜，何等宏阔，但四十多年，搞得国穷民蹙，民不聊生。

还要补充一下，我前面说齐宣王是个"可人"，他没有那么大的理想去实行王道，但他不找高大上的理由，也不找客观原因，而是往自己头上扣屎盆子，还一盆一盆地扣。前文他说自己"好勇"（2.3），有匹夫之勇，一朝之忿，已经不堪；这次，接连往自己头上扣了两个更不堪的屎盆子，好货甚至好色。客观地说，为了拒绝孟子的"王道"，他没说"不喜欢""不认可"，只说自己"做不到"，说自己做不到，又只在自己的个性、天赋、德性上找原因，这是不是一个"可人"？

关于"王政"，孟子说了一大堆，除了"罪人不孥"之外，别的都跟财货有关：周文王时期耕者九一，收九分之一的税，战国时期收十分之二；周文王时期仕者世禄，齐宣王舍不得割地给人；周文王时期关市不收税，战国时期收大量的税；周文王泽梁无禁，战国时期将名山大川的收入归统治者所有，《史记·平准书》："山川园池市井租税之入，自天子以至于封君汤沐邑，皆各为私奉养焉。"帮助鳏寡孤独，也说的是钱。在这样的话题逻辑下，齐宣王找自己好货这个理由，他找对了。但被孟子堵住退路之后，他又找了一个理由"好色"，这个理由就牵强了。孟子说"昔者文王之治岐也"一大段话，跟色并没有关系。这说明,齐宣王被孟子赶鸭子上架,好货、好勇等理由都找光了,只能乱编自己"好色",很狼狈。朱熹说:"王又言此者,好色则心志蛊惑,用度奢侈,而不行王政也。"这是牵强作解了,一个国君,好色能好多少?能花多少钱?又不是后世皇帝,后宫三千,那是秦始皇秦二世开的坏头。先秦诸侯,作为贵族,婚姻后宫,还是讲点体面的,讲点身份的。鲁昭公娶于吴,还被人讥讽为不知礼(《论语·述而》)哪能像后世集权时代一个无耻的皇帝,可以无视一切规矩。

孟子和齐宣王谈王道、王政,齐宣王一直要放弃自己,孟子却坚决不放弃他。如同齐宣王把自己的衣服一件一件脱光要裸奔,打死不入孟子之彀中;而孟子,为了逼他入彀,又一件一件帮他穿起来,还好言相劝:咱不能这么自暴自弃自贱,咱还得有些体面,咱还得有些理想,万一实现了呢?

顺便说一下,注释①说到朱熹说明堂"汉时遗址尚在",出自《史记·封禅书》:"初,天子封泰山,泰山东北阯古时有明堂处,处险不敞。"这说明,齐宣王听了孟子的话,没有拆明堂,还有可能善加保管,所以二百年后尚存。

成语——鳏寡孤独　内无怨女,外无旷夫　旷夫怨女　罪人不孥
链接——2.1;2.2;2.4;2.6

2.6

孟子谓齐宣王曰："王之臣有托其妻子于其友，而之楚游者，比其反也[①]，则冻馁其妻子，则如之何？"

王曰："弃之。"

曰："士师不能治士[②]，则如之何？"

王曰："已之。"

曰："四境之内不治，则如之何？"

王顾左右而言他。

今译——

孟子跟齐宣王说："如果您手下有位大臣将妻子儿女托付一位朋友照顾，然后远游楚国，等他回来，却发现妻子儿女挨冻受饿，对这样的朋友怎么办？"

齐宣王说："断交。"

（孟子）又问："法官不能管理下级，怎么办？"

齐宣王说："撤职。"

（孟子）又问："那国家没治理好，怎么办？"

齐宣王东张西望岔开话题。

注释——

① 比（bǐ）：及，等到。
② 士师：古代的司法官，手下有乡士、遂士等。朱熹："士师，狱官也。其属有乡士遂士之官，士师皆当治之。"

开讲——

　　这次孟子主动找齐宣王说话，是事先设计好了的，要给齐宣王挖坑。看他设计的两个问题：对受人嘱托却背信弃义的朋友，怎么办？对管不好下级的官僚，怎么办？我前面说孟子设置问题抛出来让人回答，都一定不会有跑两岔去的风险，不会有第二个答案，因为他要以别人的回答作为下一步展开的前提，岂能掉以轻心？这样的问题应该符合两个条件：第一，知识上不能太难，有常识就能回答；第二，道德上不能复杂，有良知即可判断。你看孟子此时抛给齐宣王的两个问题，只要齐宣王有最基本的道德判断和是非观，一定没有别的答案。果然，齐宣王的答案只有一个，而且很简单：断交，撤职。齐宣王真是老实得可爱又可笑，他回答得特有正义感，特有道德感。但问题是，这么简单的问题，孟子拿来问他，一定是别有用心啊，齐宣王咋能如此掉以轻心呢？还是老实啊！

　　果然，孟子的第三个问题出来了：那国家没治好，怎么办？

　　读到这里，我们可以佩服孟子，但真的要同情齐宣王，他就是太吃老实的亏了。孟子确实厉害。有人说，孟子设问，最善于挖坑让人掉进去。但这次谈话，孟子自己根本就不挖坑了，这力气活他都省了，铁锹一扔，齐宣王自己就吭哧吭哧挖坑了，还挖了两个：是啊，朋友不够朋友，怎么办？断交；上级管理不好下级，怎么办？撤职；那国家管理不好怎么办？自然是换人、让位。但这个话能说吗？这个坑能跳吗？

　　齐宣王不敢跳，没法跳，只好"王顾左右而言他"。

这是最早的"请君入瓮"。

孟子小阴险，宣王很无辜。所以，读着读着，到最后我们会同情齐宣王。在孟子面前，他是智力上的弱者。但他有道德上的淳朴。你智商不大够用，还这么老实巴交，那你不就活该被孟子按在地上摩擦吗？

说到这里，我要严肃认真地强调：孟子这一段话，居心是正大光明，义理是堂堂正正，逼勒统治者的毫不手软，正是悲悯老百姓的天地仁心！

成语——顾左右而言他

链接——1.4；2.7；2.8

2.7

孟子见齐宣王,曰:"所谓故国者,非谓有乔木之谓也,有世臣之谓也①。王无亲臣矣②,昔者所进,今日不知其亡也③。"

王曰:"吾何以识其不才而舍之?"

曰:"国君进贤,如不得已④,将使卑逾尊,疏逾戚,可不慎与⑤?左右皆曰贤,未可也;诸大夫皆曰贤,未可也;国人皆曰贤,然后察之,见贤焉,然后用之。左右皆曰不可,勿听;诸大夫皆曰不可,勿听;国人皆曰不可,然后察之,见不可焉,然后去之。左右皆曰可杀,勿听;诸大夫皆曰可杀,勿听;国人皆曰可杀,然后察之,见可杀焉,然后杀之。故曰国人杀之也。如此,然后可以为民父母。"⑥

今译——

孟子见齐宣王,说:"所谓故国,不是说它有高大的树木,而是说它有世代与国同休戚的大臣。现在王没有休戚与共的亲臣啊,以前提拔的人,今天都不知道在哪里了。"

齐宣王说:"那我怎么预先看出他们没有才干而不任用他们呢?"

(孟子)说:"国君如果不得已,而在亲亲之外任贤,会让卑贱之人位于尊贵者之上,疏远之人位于亲戚之上,能不慎重吗?您身边的人都说某人贤，不能就认可；诸位大夫都说某人贤，不能就认可；国人都说某人贤，然后考察他，发现他真的贤，再任用他。您身边的人都说某人不行，不要听信；诸位大夫都说某人不行，不要听信；国人都说某人不行，然后去考察他，如果发现他真的不行，再罢免他。您身边的人都说某人可杀，不要听；诸位大夫都说某人可杀，不要听；国人都说某人可杀，然后考察他，如果发现他真的该杀，再杀他。所以说这是国人杀的。只有这样做，才可以做人民的父母官。"

注释——

① 故国：赵岐："人所谓是旧国也者，非但见其有高大树木也，当有累世修德之臣，常能辅其君以道，乃为旧国，可法则也。"世臣：朱熹："世臣，累世勋旧之臣，与国同休戚者也。"

② 亲臣：朱熹："亲臣，君所亲信之臣，与君同休戚者也。"

③ 这句话，古人有三种理解。第一，亡，诛杀，今日应当诛杀而不知。赵岐："言王取臣不详审，往日之所知，今日为恶当诛亡，王无以知也。"第二，倒装句，焦循："不知其今日之亡，经文倒言之也。"昔日用的时候，不知道今天会诛杀他们。第三，亡，逃亡。朱熹："昨日所进用之人，今日有亡去而不知者，则无亲臣矣。"其实，这三种注解，一种解释"亡"为诛杀，一种解释为逃亡。但揆诸情理，于义不通。哪能宣王昔日所进，宣王又一一诛杀，又或尽数逃亡。其实"亡"古通"无"，《诗·唐风·葛生》："予美亡此，谁与独处。"《论语·子张》："日知其所亡，月无忘其所能。"所以，此句意思是，这些现在都不在了。不在的原因可能多样，有诛杀的，有免职的，有逃亡的，或者还有自然死亡的。宣王下一句："吾何以识其不才而舍之？"可见免职、诛杀或逃亡者尽有。所以，直接翻译为"不在了"或"不知在哪里了"最好。

④ 国君进贤，如不得已：即国君如不得已而进贤。朱熹："盖尊尊亲亲，礼之常也。然或尊者亲者未必贤，则必进疏远之贤而用之。是使卑者逾尊，疏者逾戚，非礼之常，

故不可不谨也。"

⑤ 齐国田氏宗族强大，权贵一般都是田氏贵戚，如孟尝君等。直到秦末，反秦时，在齐地号令群雄的，还是田氏。所以熟悉齐国情况的娄敬才对刘邦说："夫诸侯初起时，非齐诸田，楚昭、屈、景莫与……臣愿陛下徙齐诸田，楚昭、屈、景、燕、赵、韩、魏后，及豪杰名家，且实关中。"（班固《汉书·郦陆朱刘叔孙传》）孟子的话，一方面反映了齐国往往重用田氏贵戚的事实；另一方面也反映了田氏宗族强盛，不重用田氏，重用外人，往往可能会出问题。所以，孟子不是反对重用外人（孟子自己也是外人），而是提醒宣王，重用外人，一定要谨慎，使贵戚无话可说，无事可闹。

⑥ 赵岐认为孟子的这段话是从《论语》而来。《论语·卫灵公》："子曰：'众恶之，必察焉；众好之，必察焉。'"

开讲——

"世臣"，并非我们今天说的"官二代、官三代"，利用父祖权力占据官位，官场家族化、权贵化，而是那个封侯时代，与国同呼吸共命运，将国家的未来放在心上、系于一身、损荣一体的贵族集团中忠心耿耿的成员。必须提醒的是，那时的"国"，和今天现代意义上的"国"完全不是一回事，现代意义上的国，是全民共同体，权力来自人民；而周朝的分封之"国"，是贵族家族共同体，权力来自天子，也就是封建大家长的分封。所以，这样的"世臣"，其实有其权力传承的合法性。朱熹说"世臣"是"累世勋旧之臣"，即累世不断为国家建功立业的功勋旧臣，他们"与国同休戚"，把国家的命运看成是自己的命运，关心的不只一代，不只一世，而是千秋万世。考虑国家长治久安者，才是世臣。也就是说，"世臣"必须符合两个条件：第一，是贵族家族成员，权力、地位都有来源的合法性；第二，以家族利益（也就是国家利益）为重，且久经考验。

"世臣"是"与国同休戚"；"亲臣"，朱熹解释为"与君同休戚者",只对国君负责,靠国君提拔,与国君同命运共呼吸。孟子说齐宣王不仅没有"世臣",甚至连"亲臣"都没有,这是对齐宣王当时的政治困境的判断和提醒:你自己提拔的人,都没靠得住。

在儒家的观点里,"任贤"与"亲亲",是相对的两个概念,是两种用人方式。"亲亲"的依据是血缘,"任贤"的依据是才能。西周最初分封诸侯七十一国,姬姓国就占了五十三个[《荀子·儒效》:"(周公)兼制天下,立七十一国,姬姓独居五十三人。"]他们都是文王、武王、周公的兄弟或后人。诸侯国也按这个"亲亲"原则分封大夫。钱穆先生对西周分封制(封建制度)评价很高,认为是"由当时形势之实际需要逐步逼拶而成,同时亦是周民族对于政治组织富于一种伟大气魄之表见"(《国史大纲》)。简单地说,周人以"亲亲"分封诸侯,得以开疆扩土;同时,也让家族能利益均沾。这是周朝讲"德行"的一个重要方面,也是自古以来就有的人之常情。"任贤",是对"亲亲"的补充。亲不够怎么办?亲不行怎么办?亲不亲怎么办?进贤。选拔一位官员,如果在"亲"里能找到胜任的,首选"亲"。其次才是贤,杀牛宰羊制衣也要找专业的"良宰""良工"来做(《墨子·尚贤下》)。

儒家讲"亲亲",既是政治,又是伦理,所以儒家既讲以德治国,又讲家国一体。从相亲相爱的角度讲,"亲亲"是伦理;从"兴灭国,继绝世,举逸民"的角度讲,"亲亲"是政治。儒家往往把政治和伦理放到一起,家国同构。用以处理国事是政治,用以处理家事是伦理,原则是一样的。孔子这么说,孟子也这么说。但墨子就反对"亲亲",他讲"任贤",认为国家的事务不应该交给亲人去做,而应该交给能干的人去做。墨子的观点也很重要,也很有建设性。这是两种用人的方法。不能直接套用今天我们常说的"任人唯贤"去否定。

"亲亲"在商周之际,是历史一大进步,因为这是用"家天下"取代部落联盟,天下一家的观念逐渐建立。今天,我们在国家政治上,当然不能搞"亲亲",这是现代国家性质和现代管理能力决定的。而且,现在也不需要用家族认同来构建国家认同,恰恰相反,国家的家族化会造成广大人民对国家的不认同。这都是时移世易,代不同法。不能用今天去否定过去,也不能用过去来套用今天。天不变,道亦不变者,价值追求也;时不同,法亦不同,实现路径也。

为什么在选拔或黜退官员时,"左右皆曰贤,未可也;诸大夫皆曰贤,未可也?"为什么国君"左右"、诸位大夫的话不可全信?因为"左右"、大夫是有自己的利益诉求的,也是最容易被奸佞之徒买通的,而且买通几个人就行了,成本很低。《资治通鉴·周纪一》就有一例,而且就发生在齐宣王父亲齐威王时期:

> 齐威王召即墨大夫,语之曰:"自子之居即墨也,毁言日至。然吾使人视即墨,田野辟,人民给,官无事,东方以宁;是子不事吾左右以求助也!"封之万家。召阿大夫,语之曰:"自子守阿,誉言日至。吾使人视阿,田野不辟,人民贫馁。昔日赵攻鄄,子不救;卫取薛陵,子不知;是子厚币事吾左右以求誉也!"是日,烹阿大夫及左右尝誉者。于是群臣耸惧,莫敢饰诈,务尽其情,齐国大治,强于天下。

为什么"国人皆曰贤""国人皆曰可杀"就要认真对待了?因为奸佞之徒不可能买通一国人,他的本来面目也不可能瞒过一国人。如此再考察,是真贤之才,就可以任用了;是可杀之人,就可以杀了。有时,有个性、有才干的人,往往也恃才傲物,与周围搞不好关系,甚至遭到平庸同事们的排挤。所以,统治者不能凭一己之好,独断专行。

为什么独裁专断一直是人类历史上的一个大问题呢?因为,其一,个人的德性是有限的。其二,个人的能力是有限的。专,指一个人;

独，也指一个人。一个人德性有局限、才能有局限、智慧有局限，却要专断家、国、天下诸事，一定会出问题。

最后一句"国人杀之"说得好。国君没有杀人的权力，他只是在行使国人赋予的权力，所以，他的杀伐恩赏应该体现的是国人的意志，而不是他个人的意志；他代表的也不是个人的利益，而是贵族集团的利益，而贵族集团又能涵容百姓的利益。"如此，然后可以为民父母"。

关于这一章，李贽有评论文字很好，附在下面：

> "曰贤"止曰"未可"，犹将信之也。"曰不可""曰可杀"，直曰"勿听"，决不信之矣。圣贤之心忠厚，逗漏于语言文字中亦复如此。若今之刻薄小人，"曰贤"直"勿听"，"曰不可""曰可杀"直"可之"矣。

李贽体会深细。

读孟子这句"所谓故国者，非谓有乔木之谓也，有世臣之谓也"，我觉得特别美好，有超越"县古槐根出，官清马骨高"（欧阳修《六一诗话》）之诗意。朱熹也说："此言乔木世臣，皆故国所宜有。"如果我们把"宜有"理解为"应该（必须）有"，那显然朱熹也感觉到了孟子这段话的诗意。

我心目中历史悠久文明昌盛的国家，其生态，应该是：城中有大楼，乡村有大树；朝堂有大贤，民间有大德；国家有良政，社会有善教——如此文明生态，方是我们安身立命之中华故国！

成语——为民父母
链接——2.6；2.8；2.9

2.8

齐宣王问曰:"汤放桀,武王伐纣①,有诸?"

孟子对曰:"于传有之。"

曰:"臣弑其君,可乎?"

曰:"贼仁者谓之贼,贼义者谓之残②。残贼之人,谓之一夫③。闻诛一夫纣矣,未闻弑君也。"

今译——

齐宣王问:"商汤流放夏桀,周武王讨伐商纣,有这回事吗?"

孟子答:"史书上有这样的记载。"

(齐宣王)问:"臣子弑其君,可以吗?"

(孟子)说:"残害仁的人叫作贼;伤害义的人叫作残。残贼之人,称之为一夫。我只听说周武王杀了一个独夫民贼,没听说周武王弑君。"

注释——

① 汤放桀:商汤流放了夏桀。汤:商朝的开国之君。放:流放。桀:夏朝最后一个君主。传说商汤灭夏后,把桀流放到南巢(在今安徽省巢湖市一带)。武王伐纣:武王起兵讨伐商纣。纣:商朝最后一个君主,昏乱残暴。周武王灭商,纣自焚而死。

② 贼：害。贼仁、贼义，即残害仁、伤害义。朱熹："害仁者，凶暴淫虐，灭绝天理，故谓之贼。害义者，颠倒错乱，伤败彝伦，故谓之残。"
③ 一夫：独夫。朱熹："言众叛亲离，不复以为君也。《书》曰：'独夫纣。'盖四海归之，则为天子；天下叛之，则为独夫。所以深警齐王，垂戒后世。王勉曰：'斯言也，惟在下者有汤武之仁，而在上者有桀纣之暴则可。不然，是未免于篡弑之罪也。'"朱熹所引王勉的话，可能是他自己的意思，不是孟子的意思。盖在上者有桀纣之暴，天下人人可以得而诛之，何必待汤武。后世如陈涉吴广，岂有汤武之仁。而孟子曰"君之视臣如土芥，则臣视君如寇仇"（8.3），既如寇仇，杀之可也，何必其臣必如汤武。王勉后世俗儒，言不及义，不足为训。

开讲——

孟子的话，有两段在中国文化史上特别重要。一段有关伦理学——"鱼与熊掌不可兼得"，论证"舍生取义"；一段有关政治学——齐宣王问"臣弑其君，可乎"，论证"汤武放伐"之合法性。

齐宣王挑起话头："汤放桀，武王伐纣，有诸？"齐宣王不可能不知其有，他只是想听孟子的解释，并且想听孟子说臣不可弑君，他是君嘛。孟子则郑重回答"于传有之"，历史记载，斑斑在案。

中国的史官文化很早就很发达。史与宗教，都源于原始的上帝、神灵崇拜。最初充当上帝或神灵与人之间沟通的人，叫"巫"。巫的功能，就是沟通天人之际，上面是天，下面是人，巫在中间作为中介。巫发展下去，往上走，变成教主，创立宗教；往下走，变成人，变成史官，撰写历史。所以，历史相当于中国人的宗教，也是给人建立一个彼岸世界，解决死后问题——如果生前做好人，西方宗教告诉你死后升天堂，中国史官告诉你死后永垂不朽、青史流芳；如果生前做坏人，西方宗教告诉你死后下地狱，中国史官告诉你死后留下骂名，遗臭万年。所以，在中国，历史有宗教的功能，讲究青史留名。孔子讲"君子疾没世而名不称焉"(《论语·卫灵公》),君子唯恐死后名声没有流传后世。所以,史官也好,宗教也好,其实在给人类道德的报酬:做好人,上天堂,是宗教的承诺;做好人,永垂不朽,是史官的承诺。甚至有人说:"六经皆史。"(章学诚《文史通义·易教上》)《诗经》《尚书》《周易》《仪礼》《乐经》《春秋》都是史。因此中国人特别重视史。史特别有尊严、有威严。

齐宣王接下来的问题很厉害:"臣弑其君,可乎?"让回答者立刻陷入两难境地:既不能说臣可以弑君,否则政治无秩序;又不能说臣不可以弑君,否则天道不复存。但孟子怎么回答呢?他首先将"君"定义为一种德行,而不是地位。具备相应的德性,才能成为"君"。一旦失去德行,德不配位,哪怕身处君位,也不是"君",只是篡位者。所以,定义一个人是不是君,不是看他在不在其位,而是看他有没有君德。这样,问题一下就解决了:

臣可不可以弑君?不可以。有德之君,怎么能弑?

臣可不可以弑"君"?可以!占据君位却暴虐无道、众叛亲离的人,如夏桀、商纣,已经不是君,而是"一夫",当然可以弑!

所以,问题不在臣,而在"君"。

"一夫",是被民人孤立之人。孟子的刀非常快,一刀下去,就将暴君和民人做了切割、了断。一旦切割,丢弃在一边的,就不再是"君"——君与民是关系性存在,没有这层关系,君自然不再是君,而是真正的孤家寡人独夫民贼。"闻诛一夫纣矣,未闻弑君也",孟子说,我没见过弑君,历史记载的,是推翻独夫民贼。

中国革命的传统,自周文王、周武王始。周文王写《周易》,"易"即变,即革命,《周易》就是"周的革命"。文王、武王要革商纣王的"命",必须给出变革"天命"的理由,于是他们造出了一个"德"字,有德才有位,缺德便不配在位。最终武王会盟各路诸侯(部落），伐纣灭商。后来周的革命理论由孔子和孟子给予确立。孔子"吾从周"（《论语·八佾》），高度肯定周灭商的革命行为。孟子则在这里给予革命更加明确、正当的法理论证。荀子虽然讨厌孟子，在人性善恶这样的伦理学问题上刻意与孟子对着干，但对于孟子政治学上的革命理论，他几乎全盘继承。《荀子·议兵》：

> 诛桀纣若诛独夫。故《泰誓》曰："独夫纣。"

《荀子·正论》：

> 诛暴国之君，若诛独夫。若是，则可谓能用天下矣。能用天下之谓王。汤武非取天下也，修其道，行其义，兴天下之同利，除天下之同害，而天下归之也。桀纣非去天下也，反禹汤之德，乱礼义之分，禽兽之行，积其凶，全其恶，而天下去之也。天下归之之谓王，天下去之之谓亡。故桀纣无天下，而汤武不弑君，由此效之也。汤武者，民之父母也；桀纣者，民之怨贼也。

孔孟荀以后，又有司马迁用这样的标准去评价历史人物，将起义的陈胜（涉）列入《史记》中的"世家"——"秦失其政，陈涉首难"（《项羽本纪》），"政"即孔子解释的"正"，正当。秦朝失去正当性，"贼仁"又"贼义"，于是有陈涉发难起义。从革命实践到革命理论，到用理论评价历史人物，中国的革命传统就这么完成了。

政治伦理的核心有两个：一是政权合法性；一是政权神圣性。首先是权力来源合法，其次是权力自身神圣。齐宣王其实是想让孟子帮他说说政权的神圣性，以巩固自己的地位。但如果只强调权力的神圣性，往往导致无法解释权力合法性。汉代黄生在汉景帝面前与辕固生讨论汤武革命，说国君就像帽子，大臣就像鞋子，"冠虽敝，必加于首；履虽新，必关于足。何者，上下之分也"（《史记》卷一二一《儒林列传》）。帽子再破也要戴在头上，鞋子再好也只能穿在脚上，为什么呢，君臣有上下。他在解释皇权统治的神圣性，但是他忘了一点：如果按照这个逻辑，刘邦就不能推翻秦朝，就不可能建立汉朝。所以，权力合法性和权力神圣性是一对矛盾，是逻辑上的二难，是政治的双刃剑。如果神圣性来自合法性，矛盾就解决了。孟子的回答，就是儒家的解决之道，这是孟子对中国历史的大贡献。通过设置前端条件"仁""义"来做调和——认可权力者的神圣性，但是，如果权力者是"残仁残义"之"残贼之人"，他就没有了合法性。这是给后世被压迫阶级以革命的权利。

成语——独夫民贼
链接——2.6；2.7；6.5；8.3；8.4

2.9

孟子见齐宣王，曰："为巨室，则必使工师求大木[1]。工师得大木，则王喜，以为能胜其任也。匠人斫而小之[2]，则王怒，以为不胜其任矣。夫人幼而学之，壮而欲行之，王曰：'姑舍女所学而从我[3]'，则何如？今有璞玉于此，虽万镒[4]，必使玉人雕琢之[5]。至于治国家，则曰'姑舍女所学而从我'，则何以异于教玉人之雕琢玉哉？"

今译——

孟子见齐宣王，说："造大房子，一定会让工师找大木头。工师找到大木头，王就很高兴，觉得他能胜任自己的工作。匠人又把大木头砍小了，王就很生气，认为他不能胜任自己的工作。如果有人从小学圣贤之道，等到成年准备推行圣贤之道时，您却说：'放弃你学的那些听我的'，会怎么样？现在这里有一块未经加工的玉石，即使价值连城，也一定要找玉器工匠来雕琢它。至于治理国家，您偏偏说'放弃你学的那些听我的'，这和您去指导玉器工匠雕琢玉石有什么区别呢？"

注释——

[1] 巨室：巨大的宫室。工师：官名，管理各种工匠。

② 匠人：工匠。
③ 女（rǔ）：同"汝"。
④ 镒（yì）：黄金的重量单位。现代学者通过测量出土的战国实物，一般认为：秦国的黄金单位用"斤"，很少用镒；楚国的一镒为十六两；三晋的一镒为二十两；齐国和卫国相当于二十四两。
⑤ 朱熹："不敢自治而付之能者，爱之甚也。治国家则殉私欲而不任贤，是爱国家不如爱玉也。"

开讲——

孟子前面说的"工师得大木""匠人斫而小之"，都只是一个引喻，目的是引出他后面真正要说的话："王曰：'姑舍女所学而从我'，则何如？"意思是，我自幼学孔子圣贤之道，将担大任、做大事，你现在让我听你的，怎么可能呢？治国之道，也当依古之圣王贤人，岂能听你的？

孔子之后，士志于道，士的使命在担当道义。换句话说，天下的道义不在朝廷，而在士人。古代偏僻乡下的小青年读《论语》，他会慷慨以天下为己任，自觉是要担当天下道义的。文天祥遗书："孔曰成仁，孟曰取义，惟其义尽，所以仁至，读圣贤书，所学何事？"就学个担当。士通过科举考试进入仕途做官，士于是成为士大夫。士大夫有两个功能，第一是士的功能；第二是大夫的功能。士的功能是文化，是担当道义；大夫的功能是行政，行使管理职责。一身而二任，两个担当。但两者往往并不统一，行政职守与内心的道义一旦起冲突，怎么办？在中国古代官场，虽然始终存在强大的皇权的压力，但也始终有一批士大夫选择站在道义的一边。孔子说："当仁，不让于师。"（《论语·卫灵公》）荀子说："传曰：从道不从君；从义不从父。"（《荀子·子道》）合起来，三句话：从道不从君；从义不从父；从仁不从师。这就是儒家传统，是我们文化的良知、骨气。如果君、父、师的行为合乎道，从君、父、师就是从道、从义、从仁；相反，君、父、师的行为不合乎道，应该不从君、父、师而从道、义、仁。"士"的心中总有一杆秤在。

孟子实际是在给齐宣王讲"道"高于"势"的关系，也是在给后代的士大夫立规矩。听从这个规矩，就成了汉朝的党锢、明朝的东林党；不听从这个规矩，就成了阿谀逢迎的贪官污吏。汉朝的党锢反抗桓灵二帝，明朝的东林党反对宦官专政，其底气就来自"幼而学之，壮而欲行"的"道"。宋朝亡国之际，连皇帝都投降了，但文天祥坚决不降，被关在臭气熏天的牢房里，说："彼气有七，吾气有一。"（《正气歌·序》），这一气，就是浩然正气，他坚持的也是孟子说的"幼而学之，壮而行之"的那个道，绝不因时势变化而改变。

"必使玉人雕琢之"，是在专业的人来做专业的事。现在我们常说"专业主义"，其最大优点，就是以专业屏蔽权力干预，让相关事务在专业、理性的道路上运行和操作。"至于治国家，则曰'舍汝所学而从我'，则何以异于教玉人之雕琢玉哉？"这个比喻有一点墨子的味道。《墨子·尚贤下》："今王公大人，有一牛羊之财，不能杀，必索良宰。有一衣裳之财不能制，必索良工，当王公大人之于此也，虽有骨肉之亲，无故富贵，面目美好者，实知其不能也，不使之也。是何故？恐其败财也。"所以，墨子反对"亲亲"，提倡"尚贤"，治理国家，要找专业的人来做。孟子言下之意，正如玉人有他的专业，我也有我的道。"专业主义"的正面价值，是其对抗权力干预，使事务按照事情本来的肯綮和是非曲直来运作。但"专业主义"也有一个最大问题，是以专业压制常识乃至良知，混淆是非。这是由于很多专业主义者不知"道"。专业的最高宪章不是专业运行规则、操作规范，而是"道"。如果墨子说良工良宰，是说专业；孟子说大木璞玉，是在说道。墨子说的贤人，是有德行有方法的；孟子说的贤人，是有德行有方向的。何为道？道之厚意，是人行走之路。因为其是物理世界中唯一自有方向的，所以被先秦各家拿来表达最高法则。什么是尧舜之道？尧舜是人伦世界代表人类方向的，所以尧舜被孔孟拿来作为最高伦理境界，作为人类理想。儒家的治国之道，就是"道义"，其宪章，就是"祖述尧舜，宪章文武"。读书人有此治国之道，你齐宣王就应该听我的，而不是我听你齐宣王的，我才是你的老师。所以，孟子讲了半天，最后归结为一句话"不是我要听你的，是你要听我的。"人也好，国家也好，不能屈从权势，而要追随道义。

成语——不胜其任
链接——7.7

2.10

齐人伐燕，胜之。宣王问曰："或谓寡人勿取，或谓寡人取之。以万乘之国伐万乘之国，五旬而举之①，人力不至于此。不取，必有天殃。取之，何如？"

孟子对曰："取之而燕民悦，则取之。古之人有行之者，武王是也。取之而燕民不悦，则勿取。古之人有行之者，文王是也。以万乘之国伐万乘之国，箪食壶浆以迎王师②，岂有他哉？避水火也。如水益深，如火益热，亦运而已矣③。"

今译——

齐国讨伐燕国，战胜了燕国。齐宣王问孟子说："有人叫我不要占有燕国，有人叫我占有燕国。以拥有万辆兵车的齐国去攻打同样拥有万辆兵车的燕国，五十天就攻克了，人力做不到这样。不去占有燕国，必遭天谴。那我就把燕国占有了，怎么样？"

孟子回答说："如果你占有它，燕国百姓喜欢，那就占领。古人有这么干的，周武王就是。如果占它，燕国百姓不高兴，那就不要占领。古人也有这么做的，周文王就是。以拥有万辆兵车的齐国去攻打同样拥有万辆兵车的燕国，燕国百姓箪食壶浆来欢迎您的军队，难道有别的原因吗？就是想摆脱以前水深火热的生活啊。如果您让他们的生活比水更深，比火更热，燕国人就会去转求下一个解放者了。"

注释——

① 万乘：赵岐："万乘，非诸侯之号，时（齐国）燕国皆侵地广大，僭号称王，故曰万乘。"（参阅 1.1 注 ⑤）五旬：一旬为十天，五旬即为五十天。

② 箪（dān）食壶浆：用筐装着饭，用壶装着汤。箪，盛饭的竹器。

③ 亦运而已矣：此句有不同的解释。赵岐《孟子注疏》说："如其所患益甚，则亦运行奔走而去矣。"朱熹说："言齐若更为暴虐，则民将转而望救于他人矣。"译文从朱熹。

开讲——

齐人伐燕事件发生在公元前 314 年。

《战国策·燕策一》记载孟子对此事的参与：

子之三年，燕国大乱，百姓恫怨，将军市被、太子平谋，将攻子之。储子谓齐宣王："因而仆之，破燕必矣。"王因令人谓太子平曰："寡人闻太子之义，将废私而立公，饬君臣之义，正父子之位。寡人之国小，不足先后。虽然，则唯太子所以令之。"太子因数党聚众，将军市被围公宫，攻子之，不克；将军市被及百姓乃反攻太子平。将军市被死已（以）殉，国构难数月，死者数万众，燕人恫怨，百姓离意。

孟轲谓齐宣王曰："今伐燕，此文、武之时，不可失也。"王因令章子将五都之兵，以因北地之众以伐燕。士卒不战，城门不闭，燕王哙死。齐大胜燕，子之亡。二年，燕人立公子平，是为燕昭王。

101 | 卷二 梁惠王下

按：此段文字淆乱，诸家解说纷纭，但燕乱而齐入之大节当属实。然孟子劝齐宣王伐燕，若无《孟子》所记甚明，则后世当以为真。可知历史事实，不能尽信史书所记，孟子所谓"尽信《书》，则不如无《书》"（14.3）。而《史记·燕召公世家》也如此记录，当属司马迁因《战国策·燕策》不详审而误。（参见 4.8 及其注释④）。

燕国、齐国当时都是"战国七雄"里的实力大国。齐国"伐燕"之后，是取还是不取？这涉及西周分封时的规矩。西周分封诸侯，周天子相当于一家之主，诸侯都是自家兄弟子侄，周天子有权自己或命令诸侯国发兵惩罚一个犯了错的诸侯国，但一个诸侯国奉旨伐罪另一个诸侯国，实施了惩罚以后，要退出来，不能吞并它。但后来，尤其到战国时期，这个规矩已经被破坏了，所以才有齐国攻打燕国后"勿取"和"取之"之争。齐宣王打败了燕国，舍不得"不取"。"不取，必有天殃"，这是他找的借口。齐宣王的话很有意思。开始说有人说取，有人说不取，这是客观描述，但后面说的全都是要取，取是天意，不取会遭殃，然后再问孟子取之何如？明显想要孟子一个肯定的答案，而且希望孟子帮他找冠冕堂皇的理由。

孟子怎么回答？"取之而燕民悦，则取之"，"取之而燕民不悦，则勿取"。他没有说一定不能取，他说，一切看老百姓的意愿。如果你取了，老百姓喜欢，那就取了吧；如果你取了，老百姓不高兴，那就不能取。孟子心中只有天下。普天之下，莫非王土，土地属于谁不重要，土地之上有无公平正义才重要，人民是否生活得有尊严才重要。为什么燕国人"箪食壶浆，以迎王师"？因为"避水火也"，他们生活在水深火热中，盼望解放。"民为贵，社稷次之，君为轻"（14.14），一个不公义、不正义、不道德，对人民残暴的国君、国家，怎么不可以"取之"？孔子就曾要求鲁哀公和"三桓"干涉齐国事务，陈成子杀了齐简公，孔子郑重其事，沐浴上朝，向鲁哀公报告："陈恒弑了他的君主，请出兵讨伐。"还到"三桓"那里去报告，请求出兵。孔子的这一看法，立足于西周的家长制政治构架。在这样的构架中，各国之间的相互干涉，在逻辑上非常正常，在事实上也一直存在。

孟子的个性比孔子更迫切，所以《孟子》中，反映他这种思想的地方更多。而取与不取，不再是听命周王，而是听从民意；不再是由于规矩礼制，而是由于天道伦理，这是孟子的革命性观点。孔子尚不能如此主张。但孟子的思想也不是凭空虚造，而是有历史文化资源：君权天授，而"天意"又由"民意"来呈现和检验（参见9.5），如此便合乎逻辑地引导出"取之而燕民悦，则取之……取之而燕民不悦，则勿取"的结论。

最后，孟子提出警告：你如果吞并了燕国，反而加深了老百姓的苦难，那时抛弃燕国的老百姓也会抛弃你。所以要注意，占领它，容易；统治它，不容易。孟子言下之意，是齐宣王的德性还不足以统治燕国。但齐宣王最终还是决定吞并燕国，陷入极端困窘的局面。参见2.11、4.8、4.9开讲。

成语——箪食壶浆　不避水火
链接——1.5；2.11；4.8；4.9；6.5

2.11

齐人伐燕，取之。诸侯将谋救燕。宣王曰："诸侯多谋伐寡人者，何以待之？"

孟子对曰："臣闻七十里为政于天下者，汤是也。未闻以千里畏人者也。《书》曰[①]：'汤一征，自葛始。'天下信之，东面而征，西夷怨；南面而征，北狄怨[②]，曰：'奚为后我？'民望之，若大旱之望云霓也。归市者不止，耕者不变，诛其君而吊其民，若时雨降，民大悦。《书》曰：'徯我后，后来其苏[③]。'

"今燕虐其民，王往而征之，民以为将拯己于水火之中也，箪食壶浆以迎王师。若杀其父兄，系累其子弟，毁其宗庙，迁其重器[④]，如之何其可也？天下固畏齐之强也，今又倍地而不行仁政[⑤]，是动天下之兵也。王速出令，反其旄倪[⑥]，止其重器，谋于燕众，置君而后去之，则犹可及止也[⑦]。"

今译——

齐人攻伐燕国，吞并了燕国。其他诸侯国要谋划救助燕国。齐宣王问孟子："诸侯中很多在谋划讨伐我，我该怎么应对？"

孟子回答说："我听说七十里领地而最终能取得天下的，就是商汤。没听说领地有千里之大还要怕别人的。《尚书》上说：'汤一征，自葛始。'（商汤的征伐，是从葛开始的）天下人都信服他，商汤军队东征，西边夷人埋怨；商汤军队南征，北边狄人埋怨，说：'为什么把我们放到后面？'人民盼望商汤的军队，如大旱之年盼望天上的雨云。（商汤军队进来后）市场商贸往来不断，农民照样务农，杀了那里的暴君而安抚那里的百姓，就像下了一场及时雨，百姓特别高兴。《尚书》说：'徯我后，后来其苏。'（等我们的王，王来了我们就可以活过来了）现在燕王暴虐他的百姓，您去征讨燕王，百姓以为您来救他们于水火之中，箪食壶浆迎接您的军队。假如您杀他们的父兄，捆绑他们的子弟，破坏他们的宗庙，把他们的国家礼器搬到齐国，这样做怎么可以呢？本来天下就忌惮齐国的强大，现在您的疆域增加了一倍却不行仁政，所以招致天下诸侯起兵攻伐。王赶紧发布命令，把抓的老人小孩再送回去，停止搬走燕国的礼器，跟燕国人商量，重新立一位国君然后撤军，这样还来得及制止诸侯兴兵讨伐齐国。"

注释——

① 《书》：本章的两处《书》，都是《尚书》逸篇之文。6.5 章此句作"汤始征，自葛载"。

② 焦循认为，这是周公之事，被孟子引用来解释商汤："僖公四年《公羊传》云：'古者周公东征则西国怨，西征则东国怨。'按《荀子·王制》云：'周公南征而北国怨，曰："何独不来也？"东征则西国怨，曰："何独后我也？"'《后汉书》班固奏记：'古者周公一举而三方怨，曰："奚为而后己？"'然则东西而征云云，乃本周公事，孟子引以释《书》耳。"（《孟子正文》卷五）

③ 徯（xī）我后：徯，等待。后，君主。后来其苏：苏，复生。朱熹："他国之民，皆以汤为我君，而待其来，使己得苏息也。"

④ 系累：捆绑。重器：青铜礼器，在一国有"明贵贱、辨等列"的作用。

⑤ 倍地：朱熹："并燕而增一倍之地也。"

⑥ 旄（mào）倪（ní）：老人和小孩。旄，同耄，老人。倪，小孩。朱熹："谓所虏略之老小也。"
⑦ 及止：朱熹："及其未发而止之也。"

开讲——

　　参看2.10可知，齐宣王最后还是决定"取"燕国。结果，其他诸侯国谋划联军救燕，齐宣王只好又来问孟子。

　　孟子告诉齐宣王，历史的经验证明：有德，七十里可以成大事；无道，一千里都心怀恐惧。唯有以仁义之师讨伐无道之君，才能得到百姓的信服和拥护，才是正义的战争。百姓不堪承受暴虐的统治，天天盼正义之师早一点进来干涉，解其于倒悬，"民望之，若大旱之望云霓也"。可是结果呢，齐国进来"杀其父兄，系累其子弟，毁其宗庙，迁其重器"，这就不仅激起燕人的反抗，还招致天下一致的抵制。战国时期，战争很残酷，一旦打下一国，往往杀掉老弱病残，只留下青壮年和妇女。青壮年可以补充兵员，妇女可以繁殖人口，以此削弱对方、壮大自己。捣毁作为他国祭祀、文化象征的宗庙，转移他国作为权位、财富象征的重器，这是要消灭对方的文化，绝人家的复国之望。这样的无道行为谁不怕呢？何况齐国的强大，本来就被别国忌惮，今天对燕国如此，人们认识到你的强大就是对别人的威胁，且又通过吞并燕国而使自己的领土加倍，变得更强大了，其他国家怎么能袖手旁观？不用说出于维护正义和"国际"秩序，就算出于对自身安全的考虑，出于恐惧，也会有所行动。

　　强大不是问题，强大而无道才让人害怕。国家日益强大，却不讲仁义、不讲道义、不讲规矩，只会招来他国干涉，"动天下之兵也"。所以，一个国家要想长治久安，一定是国家实力和国家道义齐头并进，经济发展、军事强大和政治文明同步推进。若一个国家实力不断增强，文明却不见进步,甚至变得傲慢自大,依恃强大凌虐他国,这样的国家,不仅会成为他国的祸害,对于本国百姓来说,也是一场巨大灾难。二战前的德国和日本,就是这样的例子。

孟子反复申明"汤以七十里,文王以百里"(3.3),还鼓励滕文公五十里也足够行王政(5.1),说明在孟子的政治逻辑和国家理念里,领土大小多少并不重要,领土之上的政治生态才重要。所以他不赞成国家开辟疆土,认为这种行为没有意义(12.8)。有意义的,是在有限的疆土之上实现王道,使疆土成为"乐土"(《诗经·魏风·硕鼠》)。这是非常伟大的思想。

思想确实可以超越时代而引领人类的方向。

链接——1.5；2.10；4.8；4.9；6.5

2.12

邹与鲁哄①。穆公问曰②:"吾有司死者三十三人,而民莫之死也。诛之③,则不可胜诛;不诛,则疾视其长上之死而不救。如之何则可也?"

孟子对曰:"凶年饥岁,君之民老弱转乎沟壑④,壮者散而之四方者,几千人矣⑤。而君之仓廪实,府库充⑥,有司莫以告,是上慢而残下也⑦。曾子曰:'戒之戒之!出乎尔者,反乎尔者也。'夫民今而后得反之也。君无尤焉⑧!君行仁政,斯民亲其上,死其长矣。"

今译——

邹国和鲁国发生冲突。邹穆公问孟子:"我的有关官员在冲突中死了三十三人,老百姓却没有死的。惩罚这些老百姓吧,人太多罚不胜罚;不惩罚吧,他们睁着眼看着自己的长官被打死不去救援。我该怎么办才好呢?"

孟子回答:"饥荒之年,您的百姓老弱抛尸在沟壑之间,壮年人四处逃荒,几乎上千人了。可是您的仓廪充实,府库满满,有关官员没向您报告,这是权力傲慢而残害人民啊。曾子说过:'小心小心!你怎么对待别人,别人就怎么返还给你。'今天老百姓终于得到对等还报的机会了。您不要怪罪他们!如果您推行仁政,老百姓就会亲近他们的上级，为他们的长官而死了。"

注释——

① 邹：鲁国的附属小国，又称邾国，孟子的父母之国，在今山东邹城市。哄（hòng）：赵岐："斗声也，犹构兵而斗也。"

② 穆公：邹国国君，在位时间大约为公元前382—前330年，是个贤明之君。

③ 诛：可以理解为"杀"，诛杀。也可以理解为惩罚，考虑到邹穆公比较仁慈，译为"惩罚"。

④ 转乎沟壑：死，亦可称填沟壑。朱熹："转，饥饿辗转而死也。"

⑤ 几：将近，几乎。

⑥ 仓廪、府库：藏谷曰仓，藏米曰廪；藏财曰府，藏车曰库。

⑦ 上慢而残下：孙奭疏："君之仓廪盈实，府库充塞，为君之有司者，皆莫以告白其上发仓廪以济其食之不给，开府库以佐其用之不足，如此则有司在民之上，而以骄慢残害其下也。"

按：焦循《孟子正义》引周广业《孟子出处时地考》云："穆公行仁政，见于贾谊《新书》。有云：'邹穆公有食凫雁者必以秕，毋得以粟，于是仓无秕而求易于民，二石粟得一石秕。吏以为费，请以粟食雁，公曰："粟，人之上食也，奈何以养鸟也。君者，民之父母，取仓中之粟，移之于民，此非吾子粟乎？粟在仓与在民，与我何择？"邹民闻之，皆知私积之与公家为一体也。'又《新序》称：'穆公食不重味，衣不杂采，自刻以广民，亲贤以定国，亲民如子。邹国之治，路不拾遗，臣下顺从。故以邹子之细，鲁卫不能轻，齐楚不能胁。穆公死，邹之百姓，若失慈父，行哭三日，四境之邻于邹者，士农向方而道哭。'据其言，与孟子所谓上慢而残下者迥异。岂壅于上闻，罪固专在有司，而孟子一言悟主，乃侧身修行，发政施仁，以致此与？"孙奭疏："孟子言夫民今所以不救长上之死者，以其在凶荒饥馑之岁，君之有司不以告白其君发仓廪，开府库，以救赈之，所以于今视其死而不救，以报之也。然非君之过也，是有司自取之尔。"孙奭言"非君之过也"，似亦认为"罪固专在有司"。

⑧ 尤：怪罪，责备。也可理解为担心。若理解为担心，则可看成是对邹穆公的安慰，结合下句，有"亡羊补牢未为晚也"的意思。

开讲——

"邹与鲁哄"，这个"哄"字很有意思，不是"战"，是"哄"，地方冲突、械斗。冲突也很有意思，地方官死了三十三人，老百姓一个没死。邹穆公生气也很有意思，他不恨鲁国，而恨老百姓。"疾视"就是睁大眼睛看，老百姓就这么袖手旁观，大眼瞪小眼看着那些当官的被鲁国人打死。邹穆公忍不下这口气，惩罚他们吧，又不知道罚谁，那么多人，怎么办？

孟子的回答，实际上就两个字：活该！

你怎么对别人，别人就怎么对你——你给别人吃的，别人就给你吃的；你给别人友爱，别人就给你友爱；你给别人仇恨，别人就给你仇恨；你以刀对人，别人就用刀对你，所以，老百姓饿死时，官员见死不救，现在官员被人打死，老百姓终于也可以见死不救，一报还一报，怪谁呢？

"有司莫以告"，孟子这么说，可能在给邹穆公留一点面子。焦循《孟子正义》引周广业《孟子出处时地考》认为，贾谊《新书》、刘向《新序》都说邹穆公是一位好国君，因而孟子对邹穆公说罪在"有司"，邹穆公也可能听了孟子的劝导，从此以后成了明君。参见注⑦。

7.11章，孟子说："道在迩而求诸远，事在易而求诸难。人人亲其亲，长其长，而天下平。"如何做到"人人亲其亲，长其长"？答案就在此章四个字："君行仁政"，确实"道在迩"——在君主自身；确实"事在易"——在推恩百姓。

成语——见死不救　出尔反尔
链接——1.3；2.13；7.11

2.13

滕文公问曰①:"滕,小国也,间于齐楚。事齐乎?事楚乎?"

孟子对曰:"是谋非吾所能及也。无已,则有一焉:凿斯池也,筑斯城也,与民守之,效死而民弗去②,则是可为也。"

今译——

滕文公问:"滕,小国啊,夹在齐国、楚国两个大国之间。侍奉齐国吗?侍奉楚国吗?"

孟子回答:"这个决策我无能帮您作出。如果一定要我说,有一个办法:深挖护城河,高筑护城墙,与您的人民一起守护祖先留下的这片土地,一直到死人民都不抛弃您,如此还是可以有所作为的。"

注释——

① 滕文公:战国时滕国国君。滕国(公元前1046—前296年),周朝分封的诸侯小国,在今山东省滕州市境内。

② 效:致。朱熹:"国君死社稷,故致死以守国。至于民亦为之死守而不去,则非有以深得其心者不能也。此章言有国者当守义而爱民,不可侥幸而苟免。"

开讲——

战国时期的小国，被夹在两个大国之间，生存真难，左右不是。孟子说他也没办法。世界上无可奈何的事情太多。圣贤有无可奈何之时，上帝也有他干不了的事。上帝什么事干不了？上帝不能造出一个他搬不动的东西。连上帝都有无可奈何之事，何况是人呢？

但是，孟子告诉滕文公一个原则：与百姓共同守护。而要百姓不抛弃你，只有去爱护他们。这就回到上一章的"君行仁政，斯民亲其上，死其长矣"，这个时候能做的，只能是行仁政爱民。身处战乱，这就是大事。如果爱民了，行仁政了，最终还是亡国，那也是无可奈何的事情。世间本就有很多的无可奈何，本来就有很多的不可为。仁者为仁，只是安仁。若仁不可利，不足以此保国，则也只能安仁。仁者只做好事，好事一般都是难事，好事还不一定是成功之事。智者利仁，但即使是智者，在很多时候也会措手不及。所以，我们唯一能做的，是把可以做的事情做好。面对不可为，我们安之若命，便是我们的道行。庄子说："知其不可奈何而安之若命。"（《庄子·人间世》）滕文公眼下能做的，不是爱国，因为国的命运已经不在你手上。但是，百姓的命运此时此刻在你手里。所以，智者为国，仁者爱人。爱护百姓，就是仁者。求仁得仁，便是解决之道。

李贽《四书评》此章后评："事齐、事楚，只为得自家利害而已。说到'效死而民弗去'，方知为百姓耳。孟子非真欲其不事齐楚也，只借此提醒其一念为民之心云。下二篇俱此意。"

滕国是小国，滕文公从做世子的时候，就对孟子产生依赖感，做了国君，更是眼巴巴地盼着孟子帮他安定滕国（参见5.1，5.2，5.3），但孟子心思不可能在一个小国的安危上，这不是他学术关怀的终极目标。他之所以留在滕国，只是因为滕国古老有古风，还保存着"世卿世禄"制度，让他怀念、重温、研究那种贵族共同体政体的温馨（《滕文公上》)。所以，对滕文公的急切可怜之问，孟子几乎狠着心回答："是谋非吾所能及也。"说白了，就是我从来不去谋划这个，我又岂能帮你谋划这个？用他自己常说的话，非不能也，是不为也。当然，滕国的这个情况特殊了些，即使帮他谋，估计也无力回天。事实上，这也正是问题之所在：有些问题是真问题，有些问题是假问题。有些问题对有些人是真问题，对另外一些人又是假问题。如何避免一个具体国家的兴亡，对该国的国君和统治集团来说，是个真问题；但对于思考政治伦理问题的思想家来说，就是一个假问题：任何国家都不可避免最后终结，永恒存续的是天下，是人民以及人民的德性。所以，真正的问题不是让某个国家不终结，而是这个国家在存续期间有无伦理，有无德性，是否成为天下和人类历史的光彩篇章。站在天下的角度看政治实体，每一个政治实体、政治集团是否存续、能否存续不是一个真问题，它以何种面貌、何种本质存续，它存续具有何种价值、呈现何种价值才是真问题。一国之统治者若能站到这个高度，也就是"王"了；若能以此考虑施政方针与政策，也就是行"王道"了。滕文公拿滕国事齐事楚这样的问题求教孟子，如果不是病急乱投医，就是他不了解孟子，把他看成一般的谋士了。而他自己，显然也缺少这样哲学的透彻和境界的高迈。有时候，伟大的政治家是悲剧性的，而悲剧性恰恰可以成就他：他用他不可避免的亡国，来成就天下的意义。杀身成仁，是一个人的最高境界；亡国成仁，是一个国及其国君的最高境界。

成语——效死弗去

链接——2.12；2.14；2.15；5.1；5.2；5.3

2.14

滕文公问曰:"齐人将筑薛①,吾甚恐,如之何则可?"

孟子对曰:"昔者大王居邠②,狄人侵之,去之岐山之下居焉③。非择而取之,不得已也。苟为善,后世子孙必有王者矣。君子创业垂统,为可继也④。若夫成功,则天也。君如彼何哉⑤?强为善而已矣。"

今译——

滕文公问:"齐国在薛地修筑城墙,我很害怕,我该怎么办才行啊?"

孟子回答:"从前,太王古公亶父的部落居住在邠这个地方,狄人来侵扰,他便离开那里迁往岐山脚下居住。这不是他主动选择定居岐山脚下,而是不得已啊。如果推行仁政,后世子孙一定会有称王天下的。君子创下一份基业传至后世,就是要让后代能够不断传承啊。如果成功了,那是天意啊。国君您对那个强大的齐国能做什么呢?多做善事多行仁政就可以了。"

注释——

① 薛:地名,在今山东省滕州市,距离滕国很近,原是薛国所在,战国初为齐所灭,成

为齐国权臣田婴、田文（孟尝君）封地。齐人筑薛，显然对滕构成巨大威胁。据《史记·孟尝君列传》司马贞注，齐国筑薛的时间是梁惠王后元十三年（公元前322年）十月。

② 邠：即豳，地名，在今陕西省咸阳市旬邑县。原有邠和豳两种写法。唐开元十三年（725年），由于"豳州"和"幽州"容易写混，统一写为邠。

③ 岐山：山名，在今陕西省宝鸡市岐山县。

④ 创业垂统，为可继也：朱熹："君子造基业于前，而垂统绪于后，但能不失其正，令后世可继续而行耳。"

⑤ 彼：指齐国。如彼何，即对它能怎么样。朱熹："君之力既无如之何，则但强于为善，使其可继而俟命于天耳。"

开讲——

心惊胆战的滕文公来问孟子："齐人将筑薛，吾甚恐，如之何则可？"孟子有什么办法呢，只能告诉他，从前，太王古公亶父也被狄人打得只能从邠迁到岐山之下。但是他积德，后世子孙最后成王。很多事业确实要经过几代人的努力才能实现，人无法逆历史潮流而动。实现不了怎么办？认了。能做的是创业垂统，将精神传承下去。古公亶父如此，周文王也如此，最后灭商是在周武王手里完成的。

智慧的人，要善于区分真问题和假问题。何为假问题？无须面对的问题和无能解决的问题。纠结无能解决的问题，不但不能解决问题，徒增烦恼或滕文公式的恐惧，还分散了我们的注意力，使我们忘记了必须面对、能够解决的真问题。此刻，滕文公面对的，就是这种境况：齐人筑薛，你无力阻止；而善待子民，正是当下所当为所能为。朱熹说得好："人君但当竭力于其所当为，不可徼幸于其所难必。"

《孟子》中，滕文公是一个自始至终让人同情不忍抛弃的形象。在巨大的历史必然性面前，如果不能有悲剧感并获得认知升华，体认到自己的悲剧角色并把悲剧转化为成就境界的机会，一个人就永远这样生活在恐惧绝望之中，可怜兮兮哀感伤怀。古希腊悲剧的基本特征就是主人公体认到自己不可摆脱的命运之后，如何让悲剧命运成就悲壮人格。写到这里，我甚至不忍心想象当孟子决然离开滕国时，滕文公这个年轻人的悲怆和绝望。面对着滕文公"甚恐"的哀告求助，孟子的回答里，有两个关键词值得注意：一是"不得已也"，时势总有不得已之时，不用说小小的滕文公，就是太王古公亶父这样高明大德之人，也有守不住领土的时候。这是孟子在讲人力不可及之处。其实，我上面讲真问题假问题，之所以说国家的存续是个假问题，是因为凡是国家，总有终止之时，大限到来，无力回天。中国历史上，两宋是当时世界上最文明最发达的国家，奈何遇到大金大元，恰逢它们武力鼎盛横扫世界，这就是人力不及处。今人总说宋朝懦弱，其实，宋朝又何曾多弱，只不过正好碰上强敌如日中天而已。面对蒙古族铁蹄，欧亚大陆上谁又是可以抗衡的力量。两宋的真问题，是活出自己的文明昌盛，并以自己的文明努力对抗北方的野蛮，知其不可而为之。这不是国与国之间的争斗，而是文明与野蛮的争斗。所以，孟子这段话的第二个关键词，就是"为善"，国家亡也不亡，委之于天，我之"为善"，乃我力所可及。人在无可奈何之时，安之若命，就是"强为善而已矣"！

任何一个政治实体及政治集团，如能虑而及此，岂特是大善，不也是大智！

成语——创业垂统
链接——2.12；2.13；2.15；5.1；5.2；5.3

2.15

滕文公问曰:"滕,小国也,竭力以事大国,则不得免焉,如之何则可?"

孟子对曰:"昔者大王居邠,狄人侵之,事之以皮币①,不得免焉;事之以犬马,不得免焉;事之以珠玉,不得免焉。乃属其耆老而告之曰②:'狄人之所欲者,吾土地也。吾闻之也:君子不以其所以养人者害人③。二三子何患乎无君?我将去之。'去邠,逾梁山④,邑于岐山之下居焉⑤。邠人曰:'仁人也,不可失也。'从之者如归市。或曰:'世守也,非身之所能为也,效死勿去。⑥'君请择于斯二者。"

今译——

滕文公问:"滕,小国啊,竭力侍奉大国,还是不得免于灭亡之忧,我该怎么办才好啊?"

孟子回答:"从前太王古公亶父和他的部落居住在邠这个地方,狄人来侵扰,太王送上毛皮丝绸,不行;送上犬马,也不行;又送上珍珠宝玉,还不行。太王召集部落里有威望的老人告诉他们说:'狄人想要的,是我们的土地啊。我听说有这么一句话:君子不会用养人的东西去害人。您几位哪里用得着担心没有首领呢?我准备离开这里。'于是离开邠，翻过梁山，在岐山脚下建立城邑住了下来。邠人都说：'太王是有仁德的人啊，我们不能失去他。'跟随他迁徙的人像赶集一样。有人说：'世世代代守护的祖地，不是我能够决定放弃的，战死也不能离开。'请您在这两者之间作出选择吧。"

注释——

① 皮币：毛皮和缯帛。古代用作聘享的贵重礼物。朱熹："皮，谓虎、豹、麋、鹿之皮也。币，帛也。"

② 属（zhǔ）：聚集。耆（qí）老：老人，特指有威望的老人。《礼记·曲礼上》："六十曰耆。"

③ 不以其所以养人者害人：土地本来是养育人民的，现在为了守护土地而让人民战死，这就叫作因为土地反而害了人民。朱熹："土地本生物以养人，今争地而杀人，是以其所以养人者害人也。"

④ 梁山：地名，在今陕西省咸阳市乾县。

⑤ 邑：动词，筑邑。

⑥ 焦循《孟子正义》："《礼记·曲礼下》曰：'国君死社稷。'《公羊传》曰：'国灭君死之，正也。'则诸侯为人侵伐，当以死守之。"

开讲——

战国时代，国家越小，越有恐惧。人也是这样。人越穷往往越功利，为其有生存压力也。齐宣王好歹还谈谈历史，问一问"齐桓晋文之事"，有时还问一问"贤者亦乐此乎"，谈谈哲学。滕文公问来问去，就是："我是小国啊，夹在大国之间。我是跟齐国搞好关系，还是跟楚国搞好关系？""齐国要筑薛了，我很担心，怎么办啊？""我竭力讨好大国，还是不得幸免，我怎么办啊？"生存空间越局促，思想眼界越狭隘；生计越急迫，关注越功利；当下的困境越多，未来的规划越少。

人，有时候是因为自己小，而把局面做小了；但有时候是因为身处的局面太小了，人就不得不小了。这真是悲剧，满世界都是这样的悲剧，滕文公就是这样的例子。其实滕文公本来是想照着孟子的指导做大事业的，他本来也算是有格局的人，一见孟子，一听孟子，就念念不忘，还严格按照孟子的指导严守三年之丧，以致"吊者大悦"（5.2）。但是，他是一个悲剧性人物，他背负着"世守"的产业，如同背负一个包袱。放弃吧，对不起自己的责任；灭国了，对不起自己的祖宗；不放弃不抛弃吧，却又毫无胜算。他是一个很可怜的人。

古公亶父不一样。他把去留权交给百姓：可以跟我走；可以不跟我走，你留在自己的土地上，只不过换了个君主嘛。太王有德，更有自信，因为他知道，百姓会跟他这个有德的酋长走。这是孟子告诉滕文公的一种办法，你是仁君，百姓自然愿意跟你；你不是，那你活该，不要让百姓为你殉葬。孟子告诉滕文公的另一种办法，是"世守"，宁愿战死，也不丢祖先留下的这片土地。

一种选择，是放弃土地，自己走。不用原本养育百姓的土地来害百姓。这是仁。

一种选择，是坚守祖先基业决不放弃，宁愿战死，与国共存亡。这是义。

仁义之间，你选择吧！

很多时候，上天给我们的选项里，还真是只有或仁或义这两项，这是天命，也是正命。历史至此，人生至此，不是悲伤，而是悲壮。

孟子说"君请择于斯二者"，你自己选。什么叫你自己选？就是我不操心。孟子认为这块土地及土地上的百姓，是不是滕国人，要不要滕文公这样的君，不重要，重要的是他们有他们的日子。他们愿意不愿意把他们的命运和滕文公绑在一起，由他们决定，也由滕文公决定：你行仁政吗？

孟子，在他的意识里，国家不是他关心的对象，他也不会帮任何一个国君出谋划策，去解决一个国家的内政外交问题，他是"王者师"，不是"君之臣"。他只关心天下，而他的天下，不是一个物理空间，而是一个伦理共同体。这个天下，存在于人心之中，所以他关心"人"，人即天下，天下即人。他从来不操心齐国、梁国、宋国、滕国的命运，他甚至从来没有操心过自己出身所自的邹的命运，他只操心这几个国家国君的德性和人民的生存状态。

成语——效死勿去
链接——2.13；2.14；5.1；5.2；5.3

2.16

鲁平公将出①,嬖人臧仓者请曰②:"他日君出,则必命有司所之。今乘舆已驾矣③,有司未知所之,敢请。"

公曰:"将见孟子。"

曰:"何哉!君所为轻身以先于匹夫者,以为贤乎?礼义由贤者出,而孟子之后丧逾前丧④。君无见焉!"

公曰:"诺。"

乐正子入见⑤,曰:"君奚为不见孟轲也?"

曰:"或告寡人曰:'孟子之后丧逾前丧。'是以不往见也。"

曰:"何哉?君所谓逾者,前以士,后以大夫;前以三鼎,而后以五鼎与⑥?"

曰:"否。谓棺椁衣衾之美也⑦。"

曰:"非所谓逾也,贫富不同也。"

乐正子见孟子曰:"克告于君,君为来见也。嬖人有臧仓者沮君⑧,君是以不果来也。"

曰:"行,或使之;止,或尼之⑨。行止,非人所能也。吾之不遇鲁侯,天也。臧仓氏之子焉能使予不遇哉?"

今译——

鲁平公准备外出,他宠信的一个叫臧仓的小臣问:"以前您出门,一定告诉有关人员您要去的地方。今天车子已经驾好了,有关人员还不知道您要去哪里,所以我来问问。"

鲁平公说:"我准备去见孟子。"

(臧仓)说:"为什么呢!您作出这种降低自己高贵的身份去见一介匹夫的行为,是觉得他是一个贤德之人吗?礼义本来就是从贤者那里来的,可是孟子葬母亲的礼仪规格超过了他此前葬父亲的礼仪规格。您别去见他了!"

鲁平公说:"好吧。"

乐正子入见鲁平公,问:"您为什么没去见孟轲呢?"

(鲁平公)说:"有人告诉我说:'孟子葬母亲的规格超过了他此前葬父亲的规格。'所以我不去见他了。"

(乐正子)问:"您指什么?您说的超过,是指孟子以前是以士的身份来葬父亲,后来以大夫的身份来葬母亲;还是指孟子以前用三鼎来祭父亲,现在以五鼎来祭母亲?"

(鲁平公)说:"不是。我指的是他葬母所用的棺椁衣衾很华美。"

(乐正子)说:"这不是什么超过啊,这是前后贫富不同啊。"

乐正子来见孟子,说:"我跟国君说好了,国君本来要来见您的。是一个叫臧仓的小人阻止了国君,所以国君最后没有来。"

(孟子)说:"一件事情能成,一定有原因使它能成;一件事情成不了,一定有原因在阻止它。能成不能成,有时不是人力所能左右的。我与鲁侯之间没有遇见,是天命。哪是臧家那小子能使我遇不见呢?"

注释——

① 鲁平公:《史记》记载名叔,《汉书·律历志》记载名旅,鲁国第三十三任国君,公元

前 322—前 303 年在位（鲁平公即位时间，《史记·鲁世家》说是公元前 322 年，《史记·六国年表》说是公元前 314 年，钱穆先生认为应以前者为准）。

② 嬖（bì）人：被宠信的小臣。孟子用如此不雅之词来描述臧仓，有鄙视之意。

③ 乘（shèng）舆（yú）：君主之车。驾，驾马。

④ 后丧：孟子的母亲后于父亲去世，所以称母丧为后丧。前丧：孟子的父亲先于母亲去世，所以称父丧为前丧。

⑤ 乐正子：孟子的弟子，姓乐正，名克，当时是鲁平公的臣子。

⑥ 三鼎：士祭礼。五鼎：大夫祭礼。按，学者多据此认为，孟子三岁丧父之说不可信。"前以士"，说明孟子父亲死的时候，他是士。《中庸》："斯礼也，达乎诸侯大夫，及士庶人。父为大夫，子为士，葬以大夫，祭以士。父为士，子为大夫，葬以士，祭以大夫。"孟子父亲死时，用三鼎祭祀，也再次说明这一点，孟子当已成年，非三岁丧父。而且，如果孟子真的三岁丧父，父亲的丧葬事宜与孟子无关，臧仓又怎么能以此来攻击孟子？

⑦ 棺椁（guǒ）衣衾（qīn）：都是埋葬死者所用的葬具。内棺曰棺，外棺曰椁。衣，敛衣。衾，敛衣外的单被。

⑧ 沮（jǔ）：阻止。

⑨ 尼（nì）：阻止。赵岐："孟子之意，以为鲁侯欲行，天使之矣，及其欲止，天令嬖人止之耳。行止天意，非人所能为也。如使吾见鲁侯，冀得行道，天欲使济斯民也，故曰吾之不遭遇鲁侯，乃天所为也。臧氏小子，何能使我不遇哉。"

开讲——

赵岐："平公敬孟子有德，不敢请召，将往就见之。"但最后却被一个小人阻止了。

最后一段孟子的话："行，或使之；止，或尼之。行止，非人所能也。吾之不遇鲁侯，天也。臧仓氏之子焉能使予不遇哉？"让人很容易联想起孔子的一段话——《论语·宪问》："公伯寮愬子路于季孙。子服景伯以告，曰：'夫子固有惑志于公伯寮，吾力犹能肆诸市朝。'

子曰：'道之将行也与，命也；道之将废也与，命也。公伯寮其如命何！'"孔子的学生公伯寮，人称"圣门蟊螣"，他在鲁国执政大臣季桓子面前说他的同学子路的坏话，导致子路丢官，破坏了孔子与学生联手在鲁国进行的一场"堕三都"的政治改革。鲁国大夫子服景伯跟孔子说："我可以帮你把他杀了。"孔子说："我的道能够推行，那是天命；我的道不能推行，也是天命。公伯寮能够改变我的天命吗？"

古人特别看重君臣遇合。因为在君主制时代，"得君行道"是最便利也是效益最高的自我实现以及实现政治理想的方式。所以才有历代不得志的士人感叹不遇，董仲舒有《士不遇赋》，司马迁有《悲士不遇赋》，陶渊明有《感士不遇赋》，陈子昂有《感遇诗》。

孔孟儒家给自己的定位，从来是自我期许最高境界。孔子说："君子能修其道，纲而纪之，统而理之，而不能为容。"（《史记·孔子世家》）孟子说："君子引而不发，跃如也。中道而立，能者从之。"（13.41）他们都绝不降低自己的境界以求与庸主的"遇"。所以，孟子不是对臧仓宽大，而是出于对鲁平公的不屑：就因为身边嬖幸小臣一句不疼不痒的谗言，就不惜爽约放弃见面，这样的庸主，不见也罢。

孔子讲知命之人是"不怨天，不尤人"（《论语·宪问》），天命给予的，怎么能怪罪到人呢？所以，孔子说："不怨天，不尤人。"孟子在这里对臧仓的态度，与孔子对公伯寮的态度，完全一样，说话的口气都一样。一件事情能成，一定有原因使它能成；一件事情成不了，一定有原因使它成不了。能成不能成，绝不是一两个人可以改变的。即使是这一两个人改变了，也说明是上天在借这一两个人来实现它的天意而已。一根绳子要断，不能怪罪那个断的地方——因为，它总得在一个地方断。

链接——4.7；5.2；13.39

卷三
公孙丑上
（凡九章）

3.1

公孙丑问曰①:"夫子当路于齐②,管仲、晏子之功③,可复许乎?"

孟子曰:"子诚齐人也,知管仲、晏子而已矣。或问乎曾西曰④:'吾子与子路孰贤⑤?'曾西蹴然曰⑥:'吾先子之所畏也⑦。'曰:'然则吾子与管仲孰贤?'曾西艴然不悦⑧,曰:'尔何曾比予于管仲⑨?管仲得君,如彼其专也;行乎国政,如彼其久也;功烈,如彼其卑也。尔何曾比予于是?⑩'"曰⑪:"管仲,曾西之所不为也,而子为我愿之乎⑫?"

曰:"管仲以其君霸,晏子以其君显⑬。管仲、晏子犹不足为与?"

曰:"以齐王,由反手也⑭。"

曰:"若是,则弟子之惑滋甚。且以文王之德,百年而后崩⑮,犹未洽于天下⑯。武王、周公继之⑰,然后大行。今言王若易然,则文王不足法与?"

曰:"文王何可当也⑱。由汤至于武丁⑲,贤圣之君六七作,天下归殷久矣,久则难变也。武丁朝诸侯有天下,犹运之掌也。纣之去武丁未久也⑳,其故家遗俗,流风善政㉑,犹有存者。又有微子、微仲、王子比干、箕子、胶鬲㉒,皆贤人也,相与辅相之,故久而后失之也。尺地莫非其有也，一民莫非其臣也，然而文王犹方百里起，是以难也。

"齐人有言曰：'虽有智慧，不如乘势；虽有镃基[23]，不如待时。'今时则易然也。夏后、殷、周之盛[24]，地未有过千里者也，而齐有其地矣。鸡鸣狗吠相闻，而达乎四境，而齐有其民矣。地不改辟矣[25]，民不改聚矣，行仁政而王，莫之能御也。且王者之不作，未有疏于此时者也；民之憔悴于虐政，未有甚于此时者也。饥者易为食，渴者易为饮。孔子曰：'德之流行，速于置邮而传命[26]。'当今之时，万乘之国行仁政，民之悦之，犹解倒悬也。故事半古之人[27]，功必倍之，惟此时为然。"

今译——

公孙丑问孟子："老师您如果在齐国主政，管仲、晏子那样的成功，可以重现吗？

孟子说："你还真是个齐国人，只知道管仲、晏子而已。有人问曾西说：'先生您跟子路谁更贤德？'曾西端容严肃地说：'这是我祖上所敬畏的人呢。'那人又问：'那么先生您跟管仲比谁更贤能？'曾西怒容不高兴，说：'你怎么竟然拿我跟管仲相比？管仲得国君信任，是那样的专任；经营国家的政务，是那样的长久；功业，是那样的卑微。你怎么拿我跟他相比？'"（孟子继续）说："管仲，是曾西所不愿意跟他比的人，你认为我会愿意吗？"

（公孙丑）又问："管仲利用他的国君做成霸业，晏子利用他的国君闻名天下。管仲、晏子还不足以效仿吗？"

（孟子）说："以齐国当时的实力推行王道，如同反转手掌一般容易。"

（公孙丑）问："这么讲，学生我更加糊涂了。以周文王这么好的德行，将近一百岁才驾崩，还没能统一天下。周武王、周公继承他的事业，然后他的事业才大行天下。现在你说实行王道那么容易，难道周文王也不足于效法吗？"

（孟子）说："文王怎么好拿来比较呢？从商汤一直到武丁，贤明的君主就有六七个，天下人心归顺殷商这么久，久则难变啊。武丁让天下诸侯向他朝拜而拥有天下，就像反转手掌一样容易啊。商纣王离武丁时间也不算久远，那些贵族大家遗留的习俗、社会的民风民俗和好的政策，还有留存。又有微子、微仲、王子比干、箕子、胶鬲，这些都是贤人，一起辅佐商纣王，所以纣王很久之后才失去天下。没有一寸土地不是纣王所有，没有一个百姓不是纣王的臣民，而文王那时只有百里之地，所以很难做。

"齐国人有句话：'虽有智慧，不如乘势；虽有锄头，不如待时。'现在这时机就容易实现王道。夏朝、商朝和周朝最鼎盛的时候，土地也没有超过千里，而今天的齐国已经拥有这样广袤的领土了。鸡鸣狗吠声声相闻，一直通达四境，齐国拥有足够的人口了。土地无须再扩张，人口无须再增加，推行仁政以实行王道，没人能对抗得了啊。况且有德行之王不出现，没有像现在这样长久的了；人民受残暴政治的虐待，没有比现在更严重的了。饥饿的人容易满足其吃，口渴的人容易满足其喝。孔子说：'德行的流传，比快马传令的快报更快。'当今之时，万乘之国推行仁政，人民欢迎渴望，犹如倒悬着被解救下来一样。所以事功到古人的一半，成功一定是古人的一倍，只有此时是这样好的时机。"

注释——

① 公孙丑：齐国人，孟子学生。
② 当路：执政。这是一种假设。
③ 管仲：姬姓，管氏，名夷吾，字仲，一名管敬仲。春秋初期著名的政治家，帮助齐桓

公成为春秋五霸中第一个且名副其实的霸主。从政时间为公元前685—前645年，维护了40年的天下秩序，所以曾西说管仲"行乎国政，如彼其久也"。晏子：见2.4注④。

④ 曾西：一说是曾参（曾子）之孙。一说是曾参之子。曾参和父亲曾晳，同为孔子弟子。

⑤ 子路：即仲由，与上述曾晳、曾参，同为孔子弟子。

⑥ 蹵（cù）然：不安的样子。

⑦ 先子：去世的父亲，也泛指去世的祖先。前者的用法最为常见。

⑧ 艴（fú，又音bó）然：恼怒、生气的样子。

⑨ 曾（zēng）：竟然。

⑩ 此句与"尔何曾比予于管仲"反复，是一种修辞手法，表示强调。赵岐："重言何曾比我，耻见比之甚也。"

⑪ 王引之《经传释词》解释此处为何重起一个"曰"字："此述古语既毕，而更及今事也。《吕氏春秋·骄恣》李悝述楚庄王之言毕，则云'曰此霸王之所忧也，而君独伐之'。文义与此同。"

⑫ 为：王念孙："犹谓也。言子谓我愿之也。"孟子此句有俯视曾西之意。赵岐："孟子心狭曾西。"

⑬ 管仲以其君霸，晏子以其君显：这两句，赵岐认为"管仲辅桓公以霸道，晏子相景公以显名"，疑不确，公孙丑作为孟子学生，不可能把管仲以霸道相桓公作为值得夸耀和学习的事来和老师说。近来一般译本都理解为管仲、晏子帮助其君主成霸主、显功名。但这都是以君为主，以臣为辅。若自孟子立场来看，更多是自我实现，所以，理解为"管仲利用其君而成就霸业，晏子利用其君成就令名"，似乎更好，语法上也更顺达。

⑭ 王（wàng）：王天下，以王道一统天下。由：通"犹"。

⑮ 文王：周文王，姓姬，名昌，为武王伐纣灭商建立周朝奠定基础。相传周文王活了九十七岁。

⑯ 洽：洽同，协和统一。周文王末年，"三分天下有其二，以服事殷"（《论语·泰伯》），并未取代商朝。

⑰ 武王：周武王，姓姬，名发，周文王之子、继位者，西周开国之君。周公：姓姬，名旦，周文王之子，周武王的弟弟，西周开国元勋，辅佐武王伐纣灭商。武王去世后，曾摄政七年，制订西周典章、礼乐制度。

⑱ 文王何可当也：有两种理解：第一，文王面临的困难是一般人比不了的；第二，文王之德是一般人比不了的。两者都通。

⑲ 由汤至于武丁：指从商朝第一代国君成汤开始，到武丁，包括中间的太甲、大戊、祖乙、盘庚等六位有圣贤之名的君主。

⑳ 纣之去武丁未久：纣，指商纣王帝辛，商朝末代君主。周武王率诸侯联军击败商军后，帝辛身死，商朝灭亡。从商王武丁，到商纣王，前后经历九世：祖庚、祖甲、廪辛、庚丁、武乙、太丁、帝乙，中间约一百四十多年时间。

㉑ 焦循："故家，勋旧世家，谓臣也。遗俗，敦庞善俗，谓民也。流风之播，恩泽之政，谓君上也。"可见，武丁留下的好的影响是全方位的。

㉒ 微子：名启，纣王之兄。纣王无道，微子屡谏不听，遂隐居荒野。微仲：名衍，《吕氏春秋·当务》《史记·宋微子世家》认为是微子之弟，班固、郑玄认为是微子之子。王子比干：纣王的叔父，屡次进谏纣王，被纣王剖心。箕子：纣王的叔父，多次劝说纣王。为求自保，遂披发装疯，被降为奴隶。胶鬲（gé）：商纣王之臣。

㉓ 镃基（zī jī）：也写为兹其、镃锜等，锄头。农具。

㉔ 后：君主。夏后氏，夏朝君主的氏称，夏朝王族以国为氏，为夏后氏，简称夏。"后"字在夏代与"君""王"同义。"夏后氏"即"夏王"之义。

㉕ 改：待。不改，即无须等待。孙奭疏："土地亦以足矣，故不待更广辟其土地矣；民人亦以足矣，又不待聚集其民人矣。"

㉖ 置邮：置和邮是驿站传输的两种方式，用马车传递叫置，步行传递叫邮。《吕氏春秋·离俗览·上德》记载了孔子此言的背景："三苗不服，禹请攻之，舜曰：'以德可也。'行德三年，而三苗服。孔子闻之，曰：'通乎德之情，则孟门、太行不为险

矣。故曰德之速，疾乎以邮传命。'"

㉗ 故：所以。事：事情。

开讲——

春秋之齐，最强盛的时代，在齐桓公、齐景公时期。齐桓公，春秋五霸之首，在位四十多年。齐景公与孔子同时代，在位五十多年，比齐桓公还要长。齐桓公以管仲为相，齐景公以晏婴为相。从孟子与公孙丑的对话，能看出孟子看不上管仲和晏子。

有意思的是，对管仲，孔子的评价却很高，"微管仲，吾其被发左衽矣"（《论语·宪问》），没有管仲，我们还是野蛮人呢。在孔子眼里，管仲是仁德之人，"如其仁，如其仁"（《论语·宪问》）。孔子对最喜欢的学生颜回，也只说他是"其心三月不违仁"（《论语·雍也》），可见孔子对管仲评价之高。孔子对齐桓公的评价也好，说他"正而不谲"（《论语·宪问》），是正派真诚，实心实意为兄弟的带头大哥。对晏子，孔子说："晏平仲善与人交，久而敬之。"（《论语·公冶长》）晏子很善于和人打交道，交往越久越令人敬重。

孟子对管仲的态度有些暧昧。他说到"葵丘之会"时，是很肯定的（12.7），对"霸道"，也相当肯定，说"以力假仁者霸，霸必有大国"（3.3），这个"霸"，是有一个"仁"字藏在里面的。但孟子却常常用不屑的口气谈管仲，比如这一章，他借曾西的口说，管仲得齐桓公多年信任、多年专有一国之权，不过只做得这么一点点事——对此，孔子也这么认为，不过孔子的心情是惋惜，孟子的态度是鄙视——孔子慈悲，孟子正义。

在2.16的开讲里，我说到古人特别看重君臣遇合。像管仲得遇齐桓公这样，"得君，如彼其专也；行乎国政，如彼其久也"，几乎是千年一遇。但管仲四十年之功却"如彼其卑也"。孔子称赞管仲"如其仁",另一方面他也说"管仲之器小哉"(《论语·八佾》)。孔孟认为管仲境界小、格局小,是因为管仲只是让齐桓公变成"霸",而不是"王"。以齐国在诸侯国中的实力论,有行王道的资本和机会,但却无行王道的愿望和境界,所以孔子惋惜,孟子生气。王、霸之争,王是最高境界,霸则次一等。如果说孔子对管仲心有遗憾,那么孟子更苛刻,他有点瞧不起管仲。

"其故家遗俗、流风善政,犹有存者"一句,与孔子说的"夷狄之有君,不如诸夏之无也"(《论语·八佾》),都是在讲,好的国君不如好的政体,好的政体不如好的风俗。国君会替换,政权会更迭,政体会变化,但只要风俗人心不坏到哪里去,天下就不会坏到哪里去。古代皇权不下乡,至县而止,权力在上面胡作非为,却没有完全祸害到下层风俗,为社会保留了朴素民风和良知种子。中国历史上多少改朝换代,只要民间风俗规矩在,人心中的良善在,是非在,社会重建就不难。

"又有微子、微仲、王子比干、箕子、胶鬲,皆贤人也,相与辅相之",讲的是善人政治。只要善人在朝廷,老百姓就抱有希望,有希望就不会彻底绝望。一旦被老百姓寄予厚望的善人从国家的行政体系被清除出去,便是朝廷自绝于人民的时候。在商纣王时代,要等到"微子去之,箕子为之奴,比干谏而死"(《论语·微子》)的时候,商纣王的末日才到,周武王的时代才来。东汉也要到桓帝、灵帝用两次"党锢之祸"把清流人士逐出朝廷,禁锢不用,东汉才能灭亡。在商朝,纣王干错事,微子这些人给予纠正;纣王昏聩,这些人给予指点;纣王走错路,这些人给予引导。他们组成一个团队,一起弥补甚至屏蔽了纣王对国家的伤害。所以,纣王坏,但气数未尽,周文王的对手不是一个人,而是一个团队,甚至不是一个团队,而是一个系统、一个体系,"是以难也"。文王仁智,为什么不能马上取代纣王?因为"虽有智慧,不如乘势;虽有镃基,不如待时"。

物理学上讲"势能"。山脚下一块巨石，无力补天，百无一用，且牛羊践踏；而鸡卵一样的小石头，如果从山顶上直飞下来，可以破屋杀牛，这就是势能。势能势能，借势才有能。乘势就是利用这个势能。南朝诗人鲍照，听说瓜步山特别高峻，兴冲冲跑去一看，不过一座小土丘。只因山在水边，显得高峻。于是鲍照写《瓜步山楬文》，说："才之多少不如势之多少远矣。"靠才能，不如靠你所处的位置，这个位置就是势。晋朝左思《咏史》，有一首道："郁郁涧底松，离离山上苗。以彼径寸茎，荫此百尺条。世胄蹑高位，英俊沉下僚。地势使之然，由来非一朝。"从来如此。

庄子也反复讲"时""势"。庄子曾说，在尧舜的时代，天下没有什么失败的人；在夏桀、商纣的时代，天下没有什么成功的人。难道是尧舜时代的人都能干，商纣时代的人都是笨蛋吗？不是。是"时势适然"（《庄子·秋水》）。"时""势"相加，叫作"命"。时者，势也，命也。一个人一定自有其命，命来了应该做什么，命不来应该做什么，明白了，就叫知命。周文王做不成，为什么？也是命。命定要到周武王才做成。历史上很多人物都如此。曹操说："若天命在吾，吾为周文王矣。"（《三国志·魏书》卷一）曹操是知命的，是懂时势的。所以，人要懂得"待时"，磨好了锄头，也要等到冬天过去。

孟子讲，五百年必有王者出。他觉得，看当今之世形势，王者该出来了。所以他说："夫天未欲平治天下也，如欲平治天下，当今之世，舍我其谁也。"（4.13）孟子认为，他已经身在可以成就王业的时代了，"行仁政而王，莫之能御也"。这时以齐国的实力，去实行王道、实行仁政，谁能抵抗呢？因为时、势都有了。当初齐桓公时，管仲没有做。现在，如果我来做，我要实行的是王道，怎么会把管仲、晏子当成目标呢？

孟子为什么说这是最好的时机？他急啊！他才对自己时代的"时

势"和他自己的"使命"下这样的判断。但是,别的对了,对自己的"命",他判断错了。最后齐国没有用他,君臣不遇,他失望地离开了齐国。

儒家是一个有情怀的学派,是一个有理想的学派。儒家是要给人类一个信仰。儒家一讲就是"天下",抱有强烈的"为天地立心、为生民立命、为往圣继绝学、为万世开天平"的理想。走向王道,还是走向霸道?背后其实是人类应该生活在什么样的社会的问题,是国家方向感、人类方向感的问题。孟子讲的,是人类的理想。

没有理想,何来方向;没有方向,人类往哪里走?

战国时代,是诸侯的时代。诸侯代表战国的现实,凭借的是时与势。时,是他们的时;势,也是他们的势。

但战国时代,也是诸子的时代。诸子代表战国的未来。诸子的作用,是给这个时代指出方向。从指出方向的角度说,这也是恰当其时的"时"和"势"。坏人作恶的"时"和"势",就是我们出来谴责乃至制止他们作恶的"时"与"势"。天下无方的时候,就是为天下立方的时候;天下失序的时候,就是建立秩序的时候。这就是孟子说的:"以其时考之,则可矣。"(4.13)

成语——流风遗俗　乘时乘势　鸡鸣狗吠　解民倒悬　事半功倍
　　　　运之掌上　易如反掌
链接——2.16,3.2;3.3;4.13

3.2

公孙丑问曰:"夫子加齐之卿相,得行道焉,虽由此霸王不异矣。如此则动心否乎?"

孟子曰:"否。我四十不动心①。"

曰:"若是,则夫子过孟贲远矣②。"

曰:"是不难,告子先我不动心③。"

曰:"不动心有道乎?"

曰:"有。北宫黝之养勇也,不肤挠,不目逃④。思以一豪挫于人,若挞之于市朝⑤;不受于褐宽博⑥,亦不受于万乘之君;视刺万乘之君,若刺褐夫;无严诸侯⑦。恶声至,必反之。孟施舍之所养勇也⑧,曰:'视不胜犹胜也。量敌而后进,虑胜而后会,是畏三军者也。舍岂能为必胜哉?能无惧而已矣。'孟施舍似曾子,北宫黝似子夏⑨。夫二子之勇,未知其孰贤,然而孟施舍守约也⑩。昔者曾子谓子襄曰⑪:'子好勇乎?吾尝闻大勇于夫子矣:自反而不缩⑫,虽褐宽博,吾不惴焉⑬?自反而缩,虽千万人,吾往矣。'孟施舍之守气,又不如曾子之守约也。"

曰:"敢问夫子之不动心与告子之不动心,可得闻与?"

"告子曰:'不得于言,勿求于心;不得于心,勿求于气。'不得于心,勿求于气,可;不得于言,勿求于心,不可。夫志,气之帅也；气，体之充也。夫志至焉，气次焉。故曰：'持其志，无暴其气。'"⑭

"既曰'志至焉，气次焉'，又曰'持其志，无暴其气'者，何也？"

曰："志壹则动气，气壹则动志也。今夫蹶者、趋者，是气也，而反动其心。"

"敢问夫子恶乎长？"

曰："我知言，我善养吾浩然之气。"

"敢问何谓浩然之气？"

曰："难言也。其为气也，至大至刚，以直养而无害，则塞于天地之间。其为气也，配义与道。无是，馁也。是集义所生者，非义袭而取之也⑮。行有不慊于心，则馁矣⑯。我故曰：告子未尝知义，以其外之也。必有事焉而勿正⑰，心勿忘，勿助长也。无若宋人然：宋人有闵其苗之不长而揠之者⑱，芒芒然归⑲，谓其人曰⑳：'今日病矣㉑！予助苗长矣！'其子趋而往视之，苗则槁矣。天下之不助苗长者寡矣。以为无益而舍之者，不耘苗者也；助之长者，揠苗者也，非徒无益，而又害之。"

"何谓知言？"

曰："诐辞知其所蔽，淫辞知其所陷，邪辞知其所离，遁辞知其所穷㉒。生于其心，害于其政；发于其政，害于其事。㉓圣人复起，必从吾言矣。"

"宰我、子贡善为说辞，冉牛、闵子、颜渊善言德行㉔。孔子兼之，曰：'我于辞命，则不能也。'然则夫子既圣矣乎？"

曰："恶！是何言也？昔者子贡问于孔子曰：'夫子圣矣乎？'孔子曰：'圣则吾不能，我学不厌而教不倦也。'子贡曰：'学不厌，智也；教不倦，仁也。仁且智，夫子既圣矣。'夫圣，孔子不居，是何言也？"

"昔者窃闻之：子夏、子游、子张皆有圣人之一体，冉牛、闵子、颜渊则具体而微㉕。敢问所安？"

曰："姑舍是。"

曰："伯夷、伊尹何如㉖？"

曰："不同道。非其君不事，非其民不使；治则进，乱则退，伯夷也。何事非君，何使非民；治亦进，乱亦进，伊尹也。可以仕则仕，可以止则止，可以久则久，可以速则速，孔子也㉗。皆古圣人也，吾未能有行焉。乃所愿，则学孔子也。"

"伯夷、伊尹于孔子，若是班乎㉘？"

曰："否！自有生民以来，未有孔子也。"

曰："然则有同与？"

曰："有。得百里之地而君之，皆能以朝诸侯，有天下；行一不义，杀一不辜，而得天下，皆不为也。是则同。"

曰："敢问其所以异？"

曰："宰我、子贡、有若㉙，智足以知圣人，污不至阿其所好㉚。宰我曰：'以予观于夫子，贤于尧、舜远矣㉛。'子贡曰：'见其礼而知其政，闻其乐而知其德㉜，由百世之后，等百世之王㉝，莫之能违也。自生民以来，未有夫子也。'有若曰：'岂惟民哉？麒麟之于走兽，凤凰之于飞鸟，泰山之于丘垤，河海之于行潦㉞，类也；圣人之于民，亦类也。出于其类，拔乎其萃㉟，自生民以来，未有盛于孔子也。'"

今译——

公孙丑问："老师您如果在齐国获得卿相之位，能推行您的主张，即使由此实现了霸业王道也不足为奇。如若这样您是否会内心惊动呢?"

孟子说:"不。我四十岁的时候就已经不动心了。"

(公孙丑)说:"这样的话,老师您就超过孟贲很多了。"

(孟子)说:"这个不难,告子比我先不动心。"

(公孙丑)问:"做到不动心有什么方法吗?"

(孟子)说:"有。北宫黝培养勇气,是刀剑刺向身体,皮肤都不紧一下,刺向眼睛,眼睛都不眨一下。想到自己有一丝一毫受挫于人,就仿佛被人在市场上当众鞭打;绝不接受穿粗布的普通百姓的侮辱,也绝不接受来自万乘之君的侮辱;将刺杀万乘之君,看得像刺杀普通人一样;没有他害怕的诸侯。恶言来了,必骂回去。孟施舍培养勇气,说:'视不可战胜如同可以战胜。据量了敌军强弱才去进攻,考虑到能打赢才上前交锋,这是畏惧三军的人。我孟施舍哪里能每次必胜呢?只是能做到无畏而已。'孟施舍像曾子,北宫黝像子夏。这两位先生之勇,我不知道谁更高一点,然而孟施舍抓住了勇的要点吧。以前曾子对子襄说:'您好勇吗?我曾经听夫子说大勇:自我反思我不直,即使面对普通百姓,我能不害怕吗?自我反思其直在我,纵然对面千军万马,我也要勇往直前。'孟施舍把牢内心无所畏惧的勇气,又不如曾子把牢正义之本。"

(公孙丑)问:"敢问老师您的不动心与告子的不动心,我能听听吗?"

(孟子说:)"告子说过:'如果一个人没有获得确定的思想信念,就无法在诸多诱惑和变化面前保持不动之心;若不能获得不动之心,也就不要指望能有恒定的意气和行为。'没有不动之心,不要指望有恒定的行为和意气,可以这样讲;没有坚定的思想信念,就不要指望不动心,不可以这样讲。心志,是统领气的;气,充盈于四体。心志到什么境界,气就随着到什么境界。所以说:'持守好心志,不要放纵暴乱意气。'"

（公孙丑问：）"既说'心志到什么境界，气就随着到什么境界'，又说'要抱持好心志，不要放纵暴乱意气'，是什么道理呢？"

（孟子）说："心志专一坚定则带动气，气专注安恬也能影响心志。今天那些摔跟头趋附的，就是意气不安，反过来扰乱了心。"

（公孙丑问：）"敢问老师，您擅长哪一面呢？"

（孟子）说："我能分辨人的言辞，我善养自己内心的浩然之气。"

（公孙丑问：）"那敢问老师，什么是浩然之气？"

（孟子）说："很难表达啊。它作为气，至大至刚，以正直涵养而不损害，就能充满于天地之间。它作为气，配合正义与天道。没有这些，这个气就馁泄了。这是靠对道义的坚持一点点积累而涵养出来的，不是偶然做一件正义之事就能取得的。行为中只要做了一点不合乎良心的事，这浩然之气就泄了。所以我说：告子未必懂得义之所在，是由于他以为义在人心之外。坚持涵养必定有福但不要期待强求，不要忘记初心，也不要人为助成。不要像宋人那样：宋国有个人焦虑禾苗不长就将它们都拔高了，疲倦地回到家，对家人说：'今天累了！我帮禾苗生长了！'他儿子跑到地里一看，苗都枯萎了。天下不这么揠苗助长的人少啊。以为无用而放弃的，是不给苗除草的人；人为助长的，是拔苗的人，拔苗不但无益，反而会害了它。"

（公孙丑问：）"什么是知言？"

（孟子）说："偏激之辞我能分辨它遮蔽的地方，过分之辞我能分辨它失实的地方，不正之辞我能分辨它何处背离事理，闪烁之辞我能分辨它在逃避什么。诐、淫、邪、遁生于心中，就会危害政治；体现于政治，就会危害国家事务。若孔子再世，一定会赞成我这番话。"

（公孙丑说：）"宰我、子贡擅长言辞，冉牛、闵子、颜渊擅言德行。孔子兼有他们的优点，但他还说：'我这人在言辞上，不行啊。'

那老师您已经是圣人了吧?"

（孟子）说:"嘿！你这叫什么话？从前子贡问孔子:'老师您成圣人了吧？'孔子说:'圣人我没能做到,我做到的是学而不厌,诲人不倦。'子贡说:'学而不厌,就是智；诲人不倦,就是仁。既仁且智,老师您已经是圣人了。'圣人的称号,孔子都不敢自居,你刚才说的什么话？"

（公孙丑说:）"我曾经听人私下说,子夏、子游、子张都有了圣人的某一面,冉牛、闵子、颜渊则具备了圣体但不够大。敢问您到哪一步了？"

（孟子）说:"姑且不谈这个。"

（公孙丑）问:"伯夷、伊尹如何？"

（孟子）回答:"两人不同道。不认同的国君不侍奉,不是治下的百姓不驱使；天下清明就出来,天下混乱则退隐,这就是伯夷。什么样的国君不能侍奉,什么样的百姓不可以驱使；天下清明出来,天下混乱也出来,这就是伊尹。可以仕则仕,可以止则止,可以慢则慢,可以速则速,这是孔子。他们都是古代的圣人,可惜我没能做到。若问我的愿望,我要学习孔子。"

（公孙丑追问:）"伯夷、伊尹与孔子,是同等的圣人吧？"

（孟子）说:"不！自有人类以来,没人能超越孔子。"

（公孙丑）问:"那么他们有共同的地方吗？"

（孟子）回答:"有。如果给他们百里之地去做君主,都能让诸侯向他们朝拜,拥有天下；做一件不义之事,杀一个无辜之人,就可以得天下,他们都不会去做。这是他们的相同之处。"

（公孙丑）问:"那么他们的不同在哪里呢？"

（孟子）说:"宰我、子贡、有若,他们的智慧足以了解圣人,即使他们有缺点也不至于阿谀他们的老师。宰我说:'依我看老师,胜过尧舜贤德太多了。'子贡说：'见到他的礼就能知道他的政治，听到他的乐就能了解他的德行。在百世之后，判断历朝历代君王的好与坏，没有谁能背离他的标准。自有人类以来，就没有老师这样的人。'有若说：'岂止人类呢？麒麟之于走兽，凤凰之于飞鸟，泰山之于土丘，河海之于水洼，与此相类；圣人之于普通人，也是此类。出乎其类，拔乎其萃，自有人类以来，没有人比孔子伟大。'"

注释——

① 不动心：不是今日"不为所动"之义，而是指不惶恐畏难，心无疑虑之义。朱熹："任大责重如此，亦有所恐惧疑惑而动其心乎？"赵岐："丑问孟子，如使夫子得居齐卿相之位，行其道德，虽用此臣位，辅君行之，亦不异于古霸王之君矣。如是，宁动心畏难、自恐不能行否耶？丑以此为大道不易，人当畏惧之，不敢欲行也。"《孟子》12.15："所以动心忍性，曾益其所不能。"朱熹注："动心忍性，谓竦动其心，坚忍其性也。"赵岐注："动惊其心，坚忍其性。"

② 孟贲：古代勇士。有说是卫国人，有说是齐国人。战国著作《尸子》称："孟贲水行不避蛟龙，陆行不避兕虎。"

③ 告子：名不害。有说告子受教于墨子。《孟子·告子》有四则记告、孟之辩，可参见本书11.1、11.2、11.3、11.4。朱熹："孟贲血气之勇，丑盖借之以赞孟子不动心之难。孟子言告子未为知道，乃能先我不动心，则此亦未足为难也。"有说告子是孟子学生，东汉赵岐《孟子注疏下》："兼治儒墨之道者，尝学于孟子。"《墨子·公孟篇》记墨子评价："告子言谈甚辩。"杨伯峻《孟子译注》录梁启超《孟子年代考》云："案《孟子》本文，无以证明告子为孟子弟子，恐直是孟子前辈耳。墨子卒下距孟子生不过十余年，告子弱冠得见墨子之晚年；告子老宿，得见孟子之中年。"

④ 北宫黝（yǒu）：古代勇士，齐国人，生平不详。挠（náo）：同"挠"，朱熹《四书章句集注》作"挠"。不肤挠，不目逃：赵岐："人刺其肌肤，不为挠却，刺其目，目不转睛逃避之矣。"朱熹："肤挠，肌肤被刺而挠屈也。目逃，目被刺而转睛逃

避也。"

⑤ 挫：赵岐解为"拔"，朱熹解为"辱"。市朝：市是民间贸易的场所，朝是政府办事的地方，市朝泛指人口聚集的公共场所。顾炎武《日知录》："若挞之于市朝，即《书》所言'若挞于市'。古者朝无挞人之事，市则有之……言市之行列有如朝位，故曰市朝。"阎若璩："或曰：市朝乃连类而及之文，若躬稼本稷，而亦称禹。"也就是说，市朝为偏正短语，只有"市"的意思。其实，市朝一词，不同场合有不同偏指，偏指"市"，谓市集、市场；偏指"朝"，谓朝廷、官府。

⑥ 褐（hè）宽博：宽大的粗布衣服。与下文的"褐夫"，均指贫贱之人。朱熹："褐，毛布。宽博，宽大之衣，贱者之服也。"

⑦ 严：畏惧。朱熹："言无可畏惮之诸侯也。"

⑧ 孟施舍：人名，古代勇士，已无可考。赵岐认为，姓孟，名舍，施字无实质含义。阎若璩认为复姓孟施，名舍。翟灏认为，姓孟，名施舍。

⑨ 曾子：曾参，孔子学生，后世尊为儒家"宗圣"，孔庙"四配"之一。子夏：卜商，孔子学生，孔门十哲之一，以"文学"著称。赵岐："孟子以为曾子长于孝。孝，百行之本。子夏知道虽众，不如曾子孝之大也。"焦循解释赵岐的话："北宫黝事事皆求胜人，故似子夏知道之众。孟施舍不问能必胜与否，但专守己之不惧，故似曾子得道之大。"朱熹："子夏笃信圣人，曾子反求诸己。故二子之与曾子、子夏，虽非等伦，然论其气象，则各有所似。"

⑩ 约：要点。朱熹："言论二子之勇，则未知谁胜；论其所守，则舍比于黝，为得其要也。"

⑪ 子襄：曾子弟子。

⑫ 缩：直。朱熹注引《礼记·檀弓》曰："古者冠缩缝，今也衡缝。"又曰："棺束缩二衡三。"缩缝与衡缝相对，指直缝。

⑬ 惴：恐惧。对方是褐宽博，这里为什么要说不惴（不恐惧）？有两种理解。第一，赵岐认为，是使动用法，使……恐惧，"不当轻惊惧之也"。焦循进一步说："褐夫易于惊惧；不惴，是不惊惧之也。"第二，不惴就是惴。阎若璩《四书释地三续》：

"不，岂不也。"王引之《经传释词》："不，语词。不惴，惴也。言虽被褐之夫，吾惧之。"译文从之。

⑭ 这一大段历来不好理解，此处在下面的"开讲"中专门疏解。

⑮ 朱熹："集义，犹言积善，盖欲事事皆合于义也。"义袭：朱熹："袭，掩取也，如齐侯袭莒之袭。言气虽可以配乎道义，而其养之之始，乃由事皆合义，自反常直，是以无所愧怍，而此气自然发生于中。非由只行一事偶合于义，便可掩袭于外而得之也。"

⑯ 慊（qiè）：满足，符合。馁（něi）：气馁，泄气。朱熹："言所行一有不合于义，而自反不直，则不足于心而其体有所不充矣。"

⑰ 事：据翟灏注，赵岐见到的版本写为"畐"，所以赵岐用"福"来解释。"必有事焉"即养浩然之气必会有福。赵岐："人行仁义之事，必有福在其中。"而勿正：正，有两种解释。朱熹解释为预期，即不要怀着某种预期、某种目的来养浩然之气："正，预期也。《春秋传》曰'战不正胜'是也。……此言养气者，必以集义为事，而勿预期其效。"

⑱ 闵：同悯，怜悯。揠（yà）：拔。

⑲ 芒芒：赵岐解释为疲倦的样子。朱熹解释为无知的样子。译文从赵岐。

⑳ 其人：家人。赵岐："其人，家人也。"

㉑ 病：疲倦。

㉒ 诐（bì）：偏颇。淫：赵岐注为淫美。朱熹注为放荡。杨伯峻认为应为过分，可从。朱熹："诐，偏陂也。淫，放荡也。邪，邪僻也。遁，逃避也。四者相因，言之病也。蔽，遮隔也。陷，沈溺也。离，叛去也。穷，困屈也。四者亦相因，则心之失也。"《鹖冠子·能天》："诐辞者革物者也，圣人知其所离；淫辞者因物者也，圣人知其所合；诈辞者沮物者也，圣人知其所饰；遁辞者请物者也，圣人知其所极；正辞者惠物者也，圣人知其所立。"四辞与《孟子》基本相同，但字义却与《孟子》有所不同。诐辞，在《孟子》中的意思是偏颇之词，在《鹖冠子》中的意思是不正之词。淫辞，在《孟子》中的意思是过分之词，在《鹖冠子》中的意思是阿谀逢迎之词。诈

辞用于掩饰。遁辞，与《孟子》相同。

㉓ 这几句的意思，赵岐譬之曰："生于其心，譬若人君有好残贼严酷心，必妨害仁政不得行之也。发于其政者，若出令欲以非时田猎、筑作宫室，必妨害民之农事，使百姓有饥寒之患也。"

㉔ 宰我：孔子弟子宰予，字子我。子贡：孔子弟子端木赐，字子贡。冉牛：孔子弟子冉耕，字伯牛。闵子：孔子弟子闵损，字子骞。颜渊：孔子弟子颜回，字子渊。《论语·先进》："德行：颜渊，闵子骞，冉伯牛，仲弓。言语：宰我，子贡。"

㉕ 子游：孔子弟子言偃，字子游。子张：孔子弟子颛孙师，字子张。一体，具体。赵岐："一体者，得一肢也。具体者，四肢皆具。微，小也，比圣人之体微小耳。体以喻德也。"

㉖ 伯夷：商末孤竹国国君之子，与其弟叔齐曾谏阻周武王伐纣，后义不食周粟，饿死于首阳山。伊尹：商朝开国元勋，商汤之相。参见 10.1。

㉗ 参见 10.1："孔子之去齐，接淅而行；去鲁，曰：'迟迟吾行也。'去父母国之道也。可以速而速，可以久而久，可以处而处，可以仕而仕，孔子也。"

㉘ 班：等同。赵岐、朱熹俱释为"齐等之貌"。

㉙ 有若：孔子弟子，字子有。

㉚ 污不至阿其所好：有多种理解。

第一种，赵岐、朱熹认为：污，下。这句话的意思是，三人虽然有缺点，但是不至于阿谀逢迎自己的老师。赵岐还特地指出，三人的缺点就是把孔子和尧舜分出高下：孔子是从尧舜以来的道统中的一员，道统无高下之别，"先圣后圣，其揆一也"（8.1），因此孔子和尧舜一致，并无高下之别。但赵岐此说显然有问题，因为下面孟子自己就说："自有生民以来，未有孔子也。"

第二种，焦循认为：污，夸、夸大。三人的话可能有所夸大，即夸大自己老师的地位。

第三种，苏洵《三子知圣人污论》认为，"污"字应属于上一句，即三人知道圣人的缺点，并能根据该缺点给圣人排序。

㉚ 我认为，污的意思是下，应该以赵岐、朱熹为准，但整句的意思不是三人有缺点。孟子对孔门弟子很尊敬，不会直接批评他们境界不够。这里的下应该是指下限、底线。学生将老师和他人进行对比，会不会不公正客观？孟子指出：三人都有下限，有底线，做不出来阿其所好的事情，所以他们的评论是准确可信的。

㉛ 尧：传说中的中国古代帝王，号陶唐氏，史称唐尧。他死后通过禅让制度由舜继位。舜：传说中的中国古代帝王，号有虞氏，史称虞舜。舜传位夏禹。

㉜ 这句话有两种解释。第一，"其"指孔子，见到孔子的礼，听到孔子的乐，就知道孔子的政治和德行。赵岐："见其制作之礼，知其政之可以致太平也。听闻其《雅》《颂》之乐，而知其德之可与文、武同也。"第二，"其"是泛指所有的统治者。朱熹："言大凡见人之礼，则可以知其政；闻人之乐，则可以知其德。"两种解释均能解释通。译文从赵岐。

㉝ 由百世之后，等百世之王：由：从。等：判断等级。朱熹："言大凡见人之礼，则可以知其政；闻人之乐，则可以知其德。是以我从百世之后，差等百世之王，无有能遁其情者，而见其皆莫若夫子之盛也。"

㉞ 垤（dié）：小土堆。潦（lǎo）：雨后积水。行潦：沟中的流水。

㉟ 出于其类，拔乎其萃：朱熹："出，高出也。拔，特起也。萃，聚也。"从同类中高出，从群体中特起。

开讲——

"不动心"，即知天命。孟子"四十不动心"就是孔子的"四十不惑"，都是在说：我方向明确了，意志坚定了，行事在我，成败在天。成与不成，听之天命。

知天命不是消极，不是彷徨，是更坚定。人生有很多选择，如果是你的责任，就无须也无权计较是否成功，担当起来即是。天命安排我做某事业，不成功也要做，然后接受不成功的事业；或者，天命安排我终生碌碌而不成功，那也坦然接受，就这么忙忙碌碌而无怨无恨地做，最后接受不成功的自己。

既如此,还有什么动心不动心?还有什么畏惧疑虑?一心去做,不成功,便成仁。我们常说"一心一意","一心"就是"不动心",就是"恒心";"一意"就是"勿正",不以意念强求结果,不揠苗助长。尽人力,听天命,必有事(福)(参见注⑰)。

北宫黝之勇,孟施舍之勇,曾子所说孔子之勇,是三层不同的境界。

第一层,北宫黝的勇敢,是不分对象。绝不接受一切人对他的侵犯,无论是谁,不论身份,不论场合,不论轻重,睚眦必报。这种勇,值得肯定的地方在于,维护自我的尊严,绝不蝇营狗苟。特别值得肯定的地方是,不畏惧权势——"视刺万乘之君,若刺褐夫;无严诸侯"。

第二层,孟施舍的勇敢,比北宫黝更进一步:他已经不是不分对象,而是不论胜败。无惧任何外在的对手,他只克服自己内心的恐惧。孟子认为,这种勇能"守约",抓住了勇敢的更要紧的东西:勇就是做自己想做的事,不在乎失败,不计较得失,更不患得患失。这种勇,值得肯定的地方在于,已经达到了"不动心"的境界:不动心就是不计较利害胜败,只听从内心。

更高一层,是曾子转述孔子所说的勇敢——大勇,勇于义。体现勇敢,既不是不分对象也不是不分胜败——这两种都有意气用事的成分,不免于"有勇而无义"。这种勇敢是"义以为上"(《论语·阳货》),依道义所在。这是孔子超越孟施舍之处。最高境界的勇敢,是自己的内心坚守正道,绝不因为外力强迫和威胁而放弃。孟子讲"富贵不能淫,贫贱不能移,威武不能屈"(6.2),就是这种勇的体现。守住的不是一己一时意气,一己得失荣辱,而是天下之是非公道。儒家反对守一己一时意气,子曰:"一朝之忿,忘其身以及其亲,非惑与?"(《论语·颜渊》）一时冲动，不顾危险跟人拼命，祸及父母，难道不是迷惑吗？子路问："君子尚勇乎？"子曰："君子义以为上。君子有勇而无义为乱；小人有勇而无义为盗。"（《论语·阳货》）君子之勇，一定来自内心的正义，见义方勇为。勇的核心，就是义。正义不在我，即使面对普通百姓，我也"勇于不敢"（《道德经》第七十三章）；正义在我，对面千军万马，我也要勇往直前。北宫黝、孟施舍式的勇敢，都是匹夫之勇；孔子之大勇，是胸有正义，其无所畏惧是因为自己站在正义这一边，即使失败，也是天命；既是天命，我有何可避躲，又有何可畏惧。这种勇敢，是无须同盟的勇敢，无须追随者的勇敢。如孟子说"居天下之广居，立天下之正位，行天下之大道；得志，与民由之；不得志，独行其道"（6.2），是一人独居天下之广居，一人独立天下之正位，一人独行天下之大道，此刻，我唯一的同盟就是正义。正义在胸，"虽千万人，吾往矣"！往何处去？就义。就义者，趋就于义也。

原文"告子曰不得于言"至"无暴其气"一段，历来不好理解。这里专门一句句作疏解。

告子说"不得于言，勿求于心；不得于心，勿求于气"——对此解释，众说纷纭。然自古至今诸多注家，都不能豁然贯通。其实，关键是诸家都只看到一个"心"字，然后推及"言"和"气"，都做概念化解释了。其实，这个"心"，是"不动心"三个字的简称。这么理解，不仅可以接通上面公孙丑之问，还能豁然贯通这四句话：此"言"，乃指思想主张乃至精神信仰；此"气"，乃指一种精神气质、感情意气乃至由此生发的行为。如此，则这四句话的意思是：如果一个人没有获得确定的思想信念，就无法在诸多诱惑和变化面前保持不动之心；若不能获得不动之心，也就不要指望能有恒定的气质和行为。故，此"不动心"，也就是"恒心"，"无恒产而有恒心者，惟士为能"（1.7）者，士"得于言",也就是有精神信仰和内在主张,故能"不动心"而有"恒心"。

孟子说"不得于心,勿求于气,可"——无恒定之心,自然无恒定的行为取向和情感意气。心是因,气是果,无因自无果,逻辑顺达。所以,说"不得于心,勿求于气",无恒定的心志,勿求其有相应的气质,可。

孟子说"不得于言,勿求于心,不可"——无思想上信仰的人,那就让他有信仰。所以,不得于言,就要"申之以孝悌之义"(1.7),使之"得于言",然后自然即有"不动心"或曰"恒心"。岂能说对无主张的人就不要求其"不动心"?"申之以孝悌之义",就是求其"不动心"啊。

孟子这里的"可"和"不可",贯通于"人皆可以为尧舜"(12.2)之"可",贯通于"'若寡人者,可以保民乎哉?'曰:'可。'"(1.7)之"可",是孟子的一贯主张:"恻隐之心,仁之端也;羞恶之心,义之端也;辞让之心,礼之端也;是非之心,智之端也。人之有是四端也,犹其有四体也。"(3.6)"有",即是"可"。所以,岂能说没有受过教育、没有一定主张之人即无"四端"呢?

孟子说"夫志,气之帅也;气,体之充也"——此"志",即"心",转称"志"不称"心",是为了强调心之功能。一般讲"心",更多讲心之本体。"心之官则思"(11.15),心是体,思是用。"帅",是功能,所以此处以"志"代"心",强调其对人的整体气质的决定性影响。赵岐:"气,所以充满形体,为喜怒也。"。

"夫志至焉,气次焉"——此句的解释,赵岐和朱熹相同,都解"至"为"极致",如"至善"之至,则"次",为"次一等"之意。赵岐:"志为至要之本,气为其次焉。"朱熹:"志固为至极,而气即次之。"然,前文说"志,气之帅",则似乎解释"至"为"到达",

"次"为"随后",更好,与下文公孙丑接着的问题"既曰'志至焉,气次焉',又曰'持其志无暴其气'者,何也",也更为逻辑顺畅:既然气是随着志而自然而然的,则"持其志"即可以控其气,何必再要"无暴其气"的功夫?

"持其志,无暴其气"——持,持守,亦不动恒定之意。暴,赵岐:"乱也。言志所向,气随之当正。持其志,无乱其气,妄以喜怒加人也。"

孟子说:"我善养吾浩然之气。"浩然之气就是心中正气。文天祥《正气歌》所谓:"天地有正气,其名曰浩然。"天地之间有正气,既是一种物理事实,更是人类一种信念。天地之间没有正气,花怎么开?草怎么绿?万物怎么生长?四时如何运转?人类没有对于正与善的信念,所有的邪恶都有了横行的理由。"其为气也,至大至刚",拥有这种至大至刚气质的人,就是孟子讲的"大丈夫",富贵不能淫,贫贱不能移,威武不能屈。这是先秦儒家的人格精神。

用什么养浩然之气?"以直养",而非以利养。直,是非。判断一件事情要以是非为标准,而不是以利害为标准。始终以是非为标准,正气就会养出来;习惯以利害为标准,邪气就会养出来。中国传统文化讲君子、小人,实际在伦理学上,君子就是以是非判断、取舍的人;小人就是以利害判断、取舍而不计是非的人。"其为气也,配义与道",浩然之气不外乎两个:一个是义,人间正义;一个是道,天道、自然法。儒家的"道"和道家的"道",内涵不一样。道家的"道",内涵更宽,既包含自然规律,又包含人间伦理;而儒家的"道",更多讲人间伦理,可以理解为公平、正义,可以理解为人的内心良知。

人的正义之心、良知的养成,要靠人一点一点地积累,勿以善小而不为,勿以恶小而为之,做到最后,习惯成自然,便如荀子所说"积善成德，而神明自得，圣心备焉"（《荀子·劝学》）。而能"行一不义，杀一不辜，而得天下，皆不为"者，就是有"圣心"的圣人，代表了人类最高的良知。

本章还有一个重要的议题，就是"知言"。战国是众声喧哗的时代，是百家争鸣的时代。言是什么？言不是知识，不是信仰，言是个人意见。个人意见能够发出来，冲破王官之学六经藩篱而成百家之言，是那个时代的大进步。但既是"个人意见"，就不免带有个人的局限，《庄子·天下》："天下大乱，贤圣不明，道德不一。天下多得一察焉以自好。譬如耳目鼻口，皆有所明，不能相通。犹百家众技也，皆有所长，时有所用。虽然，不该不遍，一曲之士也。"这些"一曲之士"，获得了精神上的解放之后，"人人自谓握灵蛇之珠，家家自谓抱荆山之玉"（曹植《与杨德祖书》），自得自信地去"判天地之美，析万物之理，察古人之全"。《天下》篇就是一篇"知言"之文。一方面，任一时代，都需要"个人意见"，"个人意见"是权利，也是责任和义务，它们的总和，就是人类智慧的总和。但另一方面，则又需要人们能够在这众声喧哗中，有所判析省察。只有在对个人意见的判析省察中，我们才能真正拥有个人意见。孟子讲的"四言"及其"四蔽"，给我们鉴别"个人意见"提供了范例：分辨偏激之辞、过分之辞、不正之辞、闪烁之辞，防止其危害政治，危害国家事务。

本章还有一个重要内容就是对孔子的高度评价。孟子在此，明确宣示自己的学术选择和信仰皈依："乃所愿，则学孔子也。"

成语——万乘之君　浩然之气　至大至刚　揠苗助长　具体而微
　　　　阿其所好　出类拔萃
链接——3.1；3.3；3.6；10.1；12.15；14.12

3.3

孟子曰:"以力假仁者霸,霸必有大国;以德行仁者王,王不待大。汤以七十里,文王以百里。以力服人者,非心服也,力不赡也^①;以德服人者,中心悦而诚服也,如七十子之服孔子也^②。《诗》云:'自西自东,自南自北,无思不服。'^③此之谓也。"

今译——

孟子说:"用武力假借仁义的国家可称霸,称霸必须有大国实力;以德政实行仁义的国家可称王,称王不必依赖国力强大。商汤以七十里称王,文王以百里称王。依仗强力让人服从的,不是真心悦服,是实力不足以抗衡;用德性让人服从,才是发自内心的喜悦和钦服,就像孔子那七十多个弟子信服孔子一样。《诗经》说:'自西自东,自南自北,无思不服。'(自西自东,自南自北,无不对周王朝心悦诚服)说的就是这个意思。"

注释——

① 赡(shàn):足。
② 《史记·孔子世家》:"孔子以诗书礼乐教,弟子盖三千焉,身通六艺者七十有二人。"《史记·仲尼弟子列传》:"孔子曰:'受业身通者七十有七人'",皆异能之

士也。"
③ 指《诗·大雅·文王有声》。

开讲——

这里"以力假仁"的"假",是借用、凭借、借助之意。"以力假仁"与"以德行仁"对应,前者以力行仁,后者以德行仁。以力,亦可行仁义之事;而以德行仁义之事,则必出其心。以力假仁,相当于"智者利仁";以德行仁,则是"仁者安仁"(《论语·里仁》),这是二者的区别。3.1章中,孟子不屑做管仲,说其"功烈,如彼其卑也",并非否定管仲,而是在说管仲本来有机会做到"王道",结果只做到"霸道"。孟子将霸道与王道作比较,不是完全否定霸道,而是强调,王道才是最高境界。打个比方,孔子说:"听讼,吾犹人也。必也使无讼乎。"(《论语·颜渊》)孔子也不是在否定司法,而是说,他的最高追求是让天下不再有争讼。

现实社会总有"王"有"霸"。切近地讲,一个社会不能只有学校,还要有监狱;不能只有老师,还要有警察。学校相当于王道,监狱相当于霸道。有强制性,就叫作"力"。王道,由王来行道,建立在道德基础上;霸道,由霸主来行道,建立在实力基础上,无论如何,还是在行道。人间最怕是无道。

"霸必有大国",不是指结果,而是指搞霸道不依赖强大的实力不行。管仲能帮助齐桓公称霸,是因为齐国国力强大。宋襄公也想称霸,其行仁的情怀和真诚甚至还超过齐桓公,但他就做不到,因为宋国没有大国实力做支撑。"有"不是结果,是前提,是行霸的依赖。

霸道到法家那里,成为暴力崇拜、实力崇拜。孟子这里讲"七十子之服孔子",是在说德行有力量,可以感召人。但韩非却做了另一个注解,《韩非子·五蠹》:

> 民者固服于势，寡能怀于义。仲尼，天下圣人也，修行明道以游海内，海内说其仁、美其义而为服役者七十人。盖贵仁者寡，能义者难也。故以天下之大，而为服役者七十人，而仁义者一人。鲁哀公，下主也，南面君国，境内之民莫敢不臣。民者固服于势，势诚易以服人，故仲尼反为臣而哀公顾为君。仲尼非怀其义，服其势也。故以义则仲尼不服于哀公，乘势则哀公臣仲尼。

他说，人很容易服从权势，很少能心怀道义。孔子，天下之圣人也，以天下之大，跟随他的不过七十来人而已；鲁哀公只是一个下等国君，但鲁国谁敢不向他臣服呢？连孔子不也是他的臣下吗？因为鲁哀公有权势。你看，韩非用"七十"这个数字，证明了德行没有力量，至少没有足够的力量。这是儒家和法家的区别。

也许从事实的角度讲，韩非并没有什么错；但是，从价值的角度讲，韩非如此轻贱人，轻贱人的人格和尊严，把人类看作是奴隶之类，把一国看作是奴隶之邦，这样的理论，不可能给人类带来自由和幸福。

所以，孔孟坚持的王道，不仅是最高境界，也是人类的信念。维特根斯坦说，世界不是事物的总和，是事实的总和。(《逻辑哲学论》1.1）我要加一句：世界还是事实和人类观念（包括意见和信仰）的总和。一个没有个人意见和群体信仰的人类，是不可想象的。王道是什么？王道是群体信仰和个人意见的最大公约数；王道是立足于个体的全体利益，是立足于个体权利的王的权力。

成语——以力服人　以德服人　心悦诚服
链接——3.1

3.4

孟子曰："仁则荣，不仁则辱。今恶辱而居不仁，是犹恶湿而居下也。如恶之，莫如贵德而尊士，贤者在位，能者在职。国家闲暇，及是时明其政刑，虽大国，必畏之矣。《诗》云①：'迨天之未阴雨②，彻彼桑土，绸缪牖户③。今此下民，或敢侮予。'孔子曰：'为此诗者，其知道乎！能治其国家，谁敢侮之？'

"今国家闲暇，及是时般乐怠敖④，是自求祸也。祸福无不自己求之者。《诗》云：'永言配命，自求多福⑤。'《太甲》曰⑥：'天作孽，犹可违⑦。自作孽，不可活。'此之谓也。"

今译——

孟子说："仁德就会荣耀，不仁就有耻辱。假设厌恶耻辱却自居不仁，就相当于厌恶潮湿却居处洼地。如果真的厌恶耻辱，不如尊崇德行推重贤士，让贤者在位，能者在职。国家安定无事，就抓住这个时机修明政治刑罚，即使大国，也一定敬畏你啊。《诗经》说：'迨天之未阴雨，彻彼桑土，绸缪牖户。今此下民，或敢侮予。'（趁天还没阴雨，撕下桑根老皮，缠固窗子门户。这样树下之人，谁能把我欺辱）孔子说：'做这首诗的人，是懂得道的人啊！能治理好国家，谁敢来轻侮你？'

"现在国家安定无事，就趁机及时行乐懈怠傲慢，这是自己在求祸啊。祸福无一不是从自己这里求得的。《诗经》说：'永言配命，自求多福。'（永远想着合乎天命，就是在自求多福）《太甲》说：'天作孽，犹可违。自作孽，不可活。'说的就是这个道理啊。"

注释——

① 此指《诗经·豳风·鸱鸮》。

② 迨（dài）：趁着。

③ 彻彼桑土，绸缪牖（yǒu）户：彻，取。彻有拆开、拆毁义，此处可理解为撕下。土（dù）：通"杜"，根。朱熹："彻，取也。桑土，桑根之皮也。"绸缪：缠绕。朱熹："缠绵补葺也。"

④ 般（pán）：快乐，游乐。怠：懒惰。敖：通"遨"，遨游。

⑤ 《诗》：指《诗经·大雅·文王》。朱熹："永，长也。言，犹念也。配，合也。命，天命也。此言福之自己求者。"

⑥ 此指《尚书·商书·太甲》。

⑦ 孽：灾祸。违，逃避。

开讲——

对儒家，人们有一个误解，以为儒家不讲法治，只讲道德，只讲德政、德治，以致德治变成人治，人治把中国搞坏了，所以，今天要弃儒崇法，因为法家才讲法制。这是对儒家和法家的颠倒性误解。法家的法制，到底概念是什么先不论，首先，儒家从来没有反对国家的法治。这一章里，孟子明确说"明其政刑"——政，仁政；刑，法治。孔子本人还做过大司寇呢，怎么会反对法治呢？李贽《四书评》于此章后，评曰："孔夫子曰：'道之以政，齐之以刑，民免而无耻。'孟子乃欲'及是时明其政刑'，谁说孟子愿学孔子也？"好像是孔子反对法治，孟子肯定政刑，孔孟并不一致。其实，孔子的话显然不能理解为一概反对政刑，而孟子的明政刑也不能理解为治国主要乃至单一依靠政刑。《孔子家语》有《五刑解》，其中的观点，正好是孔孟的重合点，兹不赘言。

上一章"开讲"最后，我讲到"王道是立足于个体的全体利益，是立足于个体权利的王的权力"，其实，儒家的政治立足于"权利"，维护礼，就是维护礼所承诺的每个人的权利。立足于权利的政治，最终必然走向法治，礼与法是完全相同的逻辑，都是对合法利益的保障。

成语——恶湿居下　未雨绸缪　祸福由己　自求多福　自作孽，不可活
链接——3.5

3.5

孟子曰:"尊贤使能,俊杰在位,则天下之士皆悦,而愿立于其朝矣;市,廛而不征①,法而不廛,则天下之商皆悦,而愿藏于其市矣;关,讥而不征②,则天下之旅皆悦,而愿出于其路矣;耕者,助而不税③,则天下之农皆悦,而愿耕于其野矣;廛④,无夫里之布⑤,则天下之民皆悦,而愿为之氓矣⑥。信能行此五者,则邻国之民仰之若父母矣。率其子弟,攻其父母,自有生民以来,未有能济者也。如此,则无敌于天下。无敌于天下者,天吏也⑦。然而不王者,未之有也。"

今译——

孟子说:"敬重贤人重用能人,俊杰在位,则天下的士人就都欢欣喜悦,愿意到您的朝廷做官了;市场,只收店铺税不收货物税,货物滞销官方就兜底,则天下的商人就都欢欣喜悦,愿意来您的市场做生意了;关卡,只稽查不收费,则天下的旅人就都欢欣喜悦,愿意到您的国家走动了;种田人,只出力助耕公田而不交私田税,则天下的农人就都欢欣喜悦,愿意耕种于您的田野了;平民所居之处,没有劳役税和额外的地税,则天下的百姓就都欢欣喜悦,愿意跑来做您国家的小民了。真能做到这五件事,那么邻国的百姓仰望您就像仰望自己的父母了。领着人家子弟，攻打他们父母，自有人类以来，没有能得逞的。如做到这样，便无敌于天下了。无敌于天下的人，就是奉行天命的天吏啊。如果这样还不能称王，那从来不曾有过。"

注释——

① 廛（chán）：朱熹："廛，市宅也。"市集商人储藏、堆积货物的栈房。又指店铺。《礼记·王制》："古者，公田藉而不税；市，廛而不税；关，讥而不征。""市，廛而不税"的意思是，对市场的库房、店铺，因为出售时加了税，就不再对货物收税了。

② 关：关卡。讥：稽查，查看。征：征税。

③ 助：殷商时代的赋税制度。"夏后氏五十而贡，殷人七十而助。"（5.3）助而不税：指农户助力公家稼穑公田而无须交税的古代制度。朱熹："但使出力以助耕公田，而不税其私田也。"

④ 廛：此处指宅舍。

⑤ 夫里之布：夫布、里布的合称。夫，成年男子；布，古代钱币。夫布，指不服劳役的人按规定要交纳钱财代替。里布，对有宅但不种桑麻的人按规定要另外交税。有说战国中后期，"夫布"演变为附加人口税，不问是否服役，一律按人口缴税；"里布"演变为附加地皮税，不论宅地是否种桑麻，皆按住宅面积缴税。朱熹："《周礼》：'宅不毛者有里布，民无职事者，出夫家之征。'郑氏谓：'宅不种桑麻者，罚之使出一里二十五家之布；民无常业者，罚之使出一夫百亩之税，一家力役之征也。'今战国时，一切取之。市宅之民，已赋其廛，又令出此夫里之布，非先王之法也。"

⑥ 氓：古代多读作（méng）。也可按现在读作（máng）。流动人口。朱骏声《说文通训定声》："自彼来此之民曰氓。"

⑦ 天吏：赵岐："天吏者，天使也。"天之所使者。朱熹："吕氏曰：'奉行天命，谓之天吏。废兴存亡，惟天所命，不敢不从，若汤武是也。'"

开讲——

上一章孟子讲"贤者在位,能者在职",这一章孟子继续谈"尊贤使能"。贤者能者要尊,才能使,不是什么人都能拿来使唤使唤。齐宣王可以使唤他手下人,但不能使唤孟子。孟子是贤,贤者在位,昭示的是德性,是道德境界的范式,不是谁的办事员。当初魏文侯手下有两样人,一样是子夏、段干木、田子方之类,是贤者,贤者是摆在那里给全体人做示范;一样是李悝、吴起、西门豹之类,是能者,能者是干事的。贤者是君子,能者相当于器。当然君子亦有器用,而能者亦可以是君子。

"藏于其市",藏,即藏富。藏富有三种:第一种,藏富于国,政府有钱,强力掌控国家,国富民穷。第二种,藏富于民,百姓有钱。儒家讲藏富于民,如孔子学生有子说:"百姓足,君孰与不足?百姓不足,君孰与足?"(《论语·颜渊》)第三种,最好的做法,藏富于制度。这个是现代才有的制度,如今天的公共医疗制度、社会保险制度、养老金制度等。如果没有这些,老百姓看起来存了很多钱,一场大病就没了,或者直接贬值变废纸。所以现代社会讲藏富于制度,就是建立社会保障。

孟子所说"此五者",不仅是讲国家制度,更是在讲国家与国家之间的竞争。国家之间的竞争,一种是在军事上取胜;高一等的,是在外交上取胜;比外交取胜更高一等的,是在政治上取胜——《战国策·齐策一》所讲的"战胜于朝廷",就是政治及其制度的对决,政策优劣的对决。好政策好制度,使天下之民皆"愿为之氓"。政策与制度好与坏、胜与败,看来的人多还是走的人多。《孟子》这一段,从士、农、商、旅,到天下之民,写出了百川归海之势,1.7 中已经有了类似的鼓动人心的描述。这是民本思想在社会面的最终体现。

天吏、天爵,与人吏、人爵相对。人爵,公、侯、伯、子、男;天爵，仁、义、礼、智、信。天爵最高，人爵次之，为一个国家、一个政权做官做事，是人吏，获得的，是人爵；在人间履行天之道义，便是天吏，获得的，便是天爵。尧、舜、禹、汤、文、武、周公，奉行天命，吊民伐罪，是天吏。其"王"号，非人封，非自封，乃天封，是天爵。孔子为圣，孟子为亚圣，古来圣贤，传承道统，祖述尧舜，宪章文武，是天吏。其圣贤之号，非由朝廷封，而由天下口碑封，亦是天爵。

成语——尊贤使能　讥而不征　无敌天下
链接——1.7；3.4

3.6

孟子曰:"人皆有不忍人之心。先王有不忍人之心,斯有不忍人之政矣。以不忍人之心,行不忍人之政,治天下可运之掌上。所以谓人皆有不忍人之心者,今人乍见孺子将入于井,皆有怵惕恻隐之心①,非所以内交于孺子之父母也②,非所以要誉于乡党朋友也③,非恶其声而然也④。

"由是观之,无恻隐之心,非人也;无羞恶之心,非人也;无辞让之心,非人也;无是非之心,非人也。恻隐之心,仁之端也;羞恶之心,义之端也;辞让之心,礼之端也;是非之心,智之端也。人之有是四端也,犹其有四体也。有是四端而自谓不能者,自贼者也;谓其君不能者,贼其君者也。凡有四端于我者,知皆扩而充之矣,若火之始然⑤,泉之始达。苟能充之,足以保四海;苟不充之,不足以事父母。"

今译——

孟子说:"人都有不忍他人遭受痛苦的心。古代圣王葆有这样的不忍他人遭受痛苦之心,才有不忍民人遭受痛苦的政治。用不忍他人遭受痛苦的心,推行不忍民人遭受痛苦的政治,治理天下就可以易如反掌。之所以说人人都有不忍他人遭受痛苦的心,比如有人猛然看见一个小孩要掉到井里去了,是人都会紧张恐惧继而心生不忍(马上去救),这不是因为想得到孩子父母的谢礼,不是因为要获得乡亲朋友的赞誉,也不是被那孩子的哭喊弄得内心不安才去救他。

"从这个角度看,无恻隐之心,非人也;无羞恶之心,非人也;无辞让之心,非人也;无是非之心,非人也。恻隐之心,是仁的开端;羞恶之心,是义的开端;辞让之心,是礼的开端;是非之心,是智的开端。人之有此四端,犹如人的身体有四肢一样。有这四端却说自己做不到,是自轻自贱的人;说他的国君做不到,是轻贱他的国君。所有有这四端的我们每一个人,都晓得由此扩充这四心,像星火燎原,像泉水开始奔涌。如果能这样充盈起来,就足以保有天下;如果不能发扬光大,就连父母都侍奉不好。"

注释——

① 怵惕(chù tì)恻隐:恐惧警觉。刚看到小孩要掉到井里去,先是产生代入感,以为自己要掉进去,所以会怵惕。反应过来不是自己,紧接着又会有恻隐心,同情他。

② 内交:内,通"纳"。内交,一般理解为"结交",然于事理不通,为什么一定要结交孩子父母?如果孩子父母是平庸不贤之人而不愿结交,抑或一人无结交他人意愿,则孩子就不救了吗?何况,在此刻当下的假设里,并未设定救人者认识这个孩子,自然也无从知道他的父母是否值得结交。故,内交当为纳交,当理解为被救孩子父母的"谢礼"。"子路拯溺者,其人拜之以牛,子路受之。孔子曰:'鲁人必拯溺者矣。'"(《吕氏春秋卷十六·先识览第四·察微》)由此可知古有救人受礼之俗。

③ 要(yāo):求。

④ 恶(wù)其声:赵岐:"非恶有不仁之声名。"朱熹:"声,名也。"疑不确。杨伯峻翻译此句曰:"也不是厌恶那小孩的哭声才如此的。"把"其声"理解为孺子的哭声,于情理更近,从之。然"厌恶小孩的哭声",缺少情理上的转折,应该理解为:孩子的哭声使人不安,迫使人作出施救的行为。

⑤ 然：同"燃"。

开讲——

"四心"是孟子思想的核心之一。孟子的人性善论，就立足于此。

"人皆有不忍人之心"一句，可以说是孟子伦理思想的基础。孟子思想基础中最重要的两点：一是人性善论；一是王道论。

人类社会最基本的两个问题：第一，道德问题；第二，制度问题。前者是道德管理，后者是制度管理。人性善，可以理解为孟子的人类道德基础论；王道，是孟子的人类制度基础论。后者建立在前者基础上。道德和制度，是人类生存的两大基本命题。

中国伦理中的道德根基，就是人性本善。荀子讲"人性恶"。程颐说荀子"只一句'性恶'，大本已失"（《二程遗书》卷一九《伊川先生语五》)，所以荀子在中国儒家、在中国传统文化里，地位不是很高。人性到底如何，是荀子所说人之性恶，还是孟子所说人性本善，这关系到一个大的判断。这个判断，不是谁对谁错，谁符合事实的问题，而是价值问题，是伦理指向问题。孟子为什么要说人性善？说人性善的目的是什么？孟子是要以人性善给人类道德建立基础。所以，孟子起首一句"人皆有不忍人之心"，就是一个全称肯定判断。一般来说，作全称肯定判断是一件必须非常谨慎的事，因为容易出破绽，但是孟子在这里寸步不让。"皆有"，所有人都有。这是孟子下的大判断，只有这样的判断，他才能得出人性善的结论，并且也才能让建立在人性善基础上的道德人人适应而可行。鲁迅说："道德这事，必须普遍，人人应做，人人能行，又与自他两利，才有存在的价值。"（鲁迅《坟·我之节烈观》）所以，人性善必须得人人皆是。

什么是"不忍人之心"？有个词叫"不忍"，还有个词叫"残忍"。残忍残忍，既残且忍。忍，就是忍得住；不忍，就是忍不住。古语常说某人是"忍人",这不是一个好词,是说他心理坚忍,可以忍得住最不堪的场景,是说他对他人的痛苦没有知觉。而不忍,是对别人下不了手,狠不起心。"不忍人之心",是我们对他人有同情心、怜悯心,对他人的不幸,能感同身受,能在他人的不幸中感知到真切的痛苦。这种发自内心的善,孟子用了一个词,叫作"心",不忍人之心。在孟子看来,这个"不忍人"是天赋的,不是后天赋予这个"心"一个"不忍人"的观念,而是此"心"生就的"不忍人"。质言之,孟子的意思,是要我们相信,他说的人性善,不是他的个人意见,而是事实。所以,"人皆有不忍人之心"应该是我们必备的知识。

孟子说"皆有",生而为人,人人皆有。不学而能,是良能;不学而知,是良知(13.15)。在这样的基础上,孟子继续推论:"先王有不忍人之心,斯有不忍人之政矣。"由伦理层面进入了政治层面,政治建立在伦理道德之上。"不忍人之心"是伦理范畴,是善,是德;"不忍人之政"是政治范畴,是仁政,是王道。仁政,王道,是中国儒家政治两个最核心的关键词。

西方社会制度,建立在人性恶、人有原罪的基础上,而中国传统社会的王道政治,建立在人性善的基础上。但问题在于,无论东西方,都面临一个"前道德问题"——人为什么要做好人?在信奉基督教的人那里,他的回答很简单:因为上帝要我做好人。在中国,这个问题怎么回答?

司马迁在《史记·伯夷列传》里面讨论过这个问题:为什么要做一个好人?他列了别人说的两个理由,自己又都推翻了:理由一,"天道无亲,常与善人"。但是,伯夷、叔齐是好人,饿死了;颜回是好人,早夭了,而盗跖那种坏人,"日杀不辜,肝人之肉",竟然寿终正寝了。哪里有什么"常与善人"?理由二,"君子疾没世而名不称焉","烈士徇名"。做好人,有好名声,可以流传后世。但是,颜回是因为有孔子才能留名，一个普通人做了一辈子好人，到头来身名俱灭，哪里会留下什么名声？否定了这两条后，司马迁给出的答案是："各从其志""从吾所好"，做好人是来自我内心的喜好，我的内心告诉我只能做一个好人。显然，司马迁没能回答"前道德问题"，他只是解决了自身的疑惑。

首先，做好人不一定有好报，甚至做好人往往没好报；其次，做好人求好报是悖论，当做好人是为了求好报时，道德行为就不再纯粹，就变成了利益行为。那么，在一个没有全民宗教信仰的国家里面，最终是孟子用"人性善"解决了这个"前道德问题"——人为什么要做好人？因为：人皆有不忍人之心，人皆有四心：恻隐之心，羞恶之心，辞让之心，是非之心。此四心犹如人的四肢，人人生而有之，无此四心，便不是人。所以，中国人对"人为什么要做好人"的回答是：是人就只能做好人，因为人的本质（本性）就是善。人，必须是善性的；不是善性的，就不是人。

孟子判断"人皆有不忍人之心"的依据，是"乍见孺子将入于井"，我们瞬间的第一反应。孟子告诉我们所有人此时的心理体验，这是具有普遍的经验意义的。在孟子对人性善的种种证明里面，这一个证明是最有说服力、最能打动人的。这个"乍见"很重要。明朝李贽讲的童心，是"绝假纯真，最初一念之本心也"（《焚书·童心说》）。"最初一念"，即第一反应。第一反应也即老子所谓"赤子之心"。《论语》里，季文子"三思而后行"，孔子嘲讽他"再，斯可矣"，说最多想两遍就行了。（《论语·公冶长》）孔子为什么反对想那么多？因为人人都有庄子说的那种"成心"（《庄子·齐物论》），现在叫"成见"。"乍见"唤醒的是"最初一念"，是"赤子之心"，是"成见"尚未反应过来那一瞬间，一旦"成见"反应过来，人心本质的善就被各种观念和当下利害遮蔽了。所以这样的第一反应，从自我的角度，不是最有利的反应，却是最真诚的反应。此时与外物应对的，不是一切成见和自私自利考量的"成心"，而是淳朴的初心，或者叫本性。孟子以此来说明当人没有成见，没有成心，白璧无瑕唯有赤子之心的时候，人的心中是有善的，是人心中自有的善，不是观念，不是思想。

所以，孟子继续推导："由是观之，无恻隐之心，非人也；无羞恶之心，非人也；无辞让之心，非人也；无是非之心，非人也。"程颐曾经说自己读孟子这句话，感觉到孟子"满腔子是恻隐之心"。今天我们再读孟子这段话，他此时此刻所表现出来的情怀，的确令人感动。也许，孟子没有从事实的角度给出"人性善"的证明（其实直到今天我们也不能证明），我们也可以从逻辑学的角度来批评他的证明有许多破绽。但是，孟子对人性善，有一个终极论证，这个终极论证就是：反躬自问，反省自己的内心里面有没有善。所以，这个关乎人类道德基础的大命题，彼时落在了孟子一人身上，他的自省结论将决定这个命题的成立与否。庆幸的是，孟子内心是有善的，他的一生，他一生的所作所为、所诉所求，都是为了这个世界更美好，他满腔都是对全世界的恻隐之心。孟子正是基于对自己内心之善的信念，而建立了人类本善的信念。

我们今天的学者与古代学者、古代圣贤相比，有很大的不同。圣贤如孔子，如释迦牟尼，如耶稣，都如孟子般，满腔都是对全世界、全人类的"不忍之心"，而我们今天在对他们进行批评的时候，习惯用一种冷静甚至冷酷的、所谓科学的历史批判主义的方法，以为只要有一种科学的方法，就可以超越前人，找出前人的很多问题、很多毛病。我2002年在《随笔》上发表过一篇文章《孟子的逻辑》，用现代逻辑学的方法、用历史批判主义的方法，指出孟子的诸多逻辑漏洞。当时的我以为，自己掌握了一种利器，觉得自己比他高明。但后来我才明白：你可能比他聪明，但不比他高明；你可能有科学，但他有信仰。圣贤心中饱含救世的良知和热情,他们要解决世界的问题,而不是呈现自我的聪明。机智的文章,只是才子文章;拯救世道人心的文章,才是圣贤的文章,是所谓大文章,而不是"童子雕虫篆刻"(扬雄《法言·吾子》)。

人性本善吗?其实,无关科学,有关信念。这世界,很多东西,可以信,也可以不信,但还有一种境界,是"何必不信"。孔子对鬼神,是信还是不信?都不是,是"何必不信"。司马迁写孔子,写到孔子博闻广识,能回答各种神奇问题。司马迁是信还是不信?都不是。司马迁也是"何必不信"。樊迟问知,子曰:"务民之义,敬鬼神而远之,可谓知矣。"(《论语·雍也》)何为"敬鬼神而远之"?就是何必不信。信或不信,是知识;何必不信,是智慧。

人性本善,何必不信?我信了,你也信了,大家都信,人人都善了,世界也好了。我不信,你也不信,大家都不信,人人都恶了,世界也不好了。伦理学问题与科学问题,有时不是同一个解决路径。所谓信仰,我的解释是——对不确定的东西的确定的信。对此科学主义者会质疑:"既然是不确定的东西,为什么要信?"那么不妨反问:"如果是确定的东西,哪来信与不信?"地球自转并且绕着太阳公转,这是科学确定的事实,是认知,不是信或不信的问题。你信,它是;你不信,它也是。如果你不信,是你没有认知到,是知或不知,而不是信或不信。信,不是事实认知,而是一种主观信念。观念的力量也会变成现实的力量。孟子讲人性本善,就是一种信念。"无恻隐之心,非人也;无羞恶之心,非人也;无辞让之心,非人也;无是非之心,非人也",没有信仰,就不是人。

恻隐之心,是仁;羞恶之心,是义;辞让之心,是礼;是非之心,是智。仁、义、礼、智,这些都是观念性概念,而非事实认知上的技术、知识性概念。仁、义、礼、智,只关乎对人类价值的信仰。知识基于事实,价值基于信念。恻隐之心、羞恶之心、辞让之心、是非之心,并不是指人拥有一个物质上的、事实上的心,而是指人有没有这样的信念。荀子说人"二足而无毛"(《荀子·非相》),这是从生物学角度、从事实角度来定义人,否则,便是"非人";孟子说人皆有"四心",这是从人之所以区别于动物的价值观、良知、良能和对善的信仰来定义人,否则,便是"非人"。真正支撑人类世界的,不是事实,而是观念。人若无观念,这世界就不是人的世界,而是动物世界了。

但是,孟子为什么说"仁之端""义之端""礼之端""智之端"?为什么不直接说恻隐之心就是仁,羞恶之心就是义,辞让之心就是礼,是非之心就是智?"端",开端,开始萌芽。孟子为什么要这么留有余地?

第一,给自己留有余地。如果人一生下来都有恻隐之心,而恻隐之心就是仁,那么这个世界上为什么有很多恶人?因为,人性善的萌芽,需要善加培养,让它生长、茂盛、开花、结果,才能成为真正的仁、义、礼、智。如果不善加培养,就可能消失。如果上天直接把人生成好人,那就不叫好人,是人而已。天然的好,不是价值,只是事实;非经自己选择的"好",不是好,正如被逼做好事,不能证明你是好人。所以——

第二,给道德留下实现的空间。"端",看似有消极一面,其实蕴含着积极的一面:让每个人都有机会选择做一个好人。这非常重要。道德的行为,一定是道德主体的自我选择。上天只是给人一种可能性,给人一个选择的机会,而现实性要靠人自己去实现,祂给人类主观能动性,祂给人类个体的意志,让我们自己立志去做一个好人。只有当个人自主选择做一个好人,他才是真正的好人。选择得好,才是好;选择做好人才是好人。一个没有人身、财产自由的奴隶,他不停劳动、不停奉献,我们能说奴隶道德高尚吗?不能,因为这不是他的自主选择,他无法选择。所以道德的前提,一定是:人的自我选择。孟子此处加了一个

168 | 孟子开讲

"端"字，加得非常严谨。"端"是什么？端就是我们选择的前提，也是我的选择的机会，还是我的选择的能力。为什么禽兽不能为善？因为它们没有这个"端"，没有选择的前提、机会和能力。这个选择的能力，是天赋的。人性本善的意思，就是人性天然具有选择善的能力。从这个角度讲，善，是一种能力，善是选择善的能力，正如爱是一种能力，爱是选择爱的能力。人类天然有这个能力——这就是人禽之辨。

也正由于这一点，孟子非常强调人后天的努力和学习。李贽说："此等文字，真如慈父母之为子，大有功于世教"，并叹息："孟子，大圣人也！"

孟子和荀子，都特别强调学习。荀子有篇文章就叫《劝学》。孟子讲人性善，荀子讲人性恶，在他们看来，学习的功能不一样。孟子认为学习的功能，是保持和培养善的本性，是养成；荀子认为学习的功能，是改变和变化恶的本来，是化性起伪。归结一句话：孟子的学习是养性；荀子的学习是改性，或者用荀子自己的话来讲，是化性。学习的能力，就是善的能力，就是爱的能力。学习不仅是我们个人一般认为的获取知识的能力，不，它本质上是一种道德能力。

成语——恻隐之心，人皆有之　羞恶之心　辞让之心　是非之心
链接——3.2；8.12；8.19；8.28；11.6；13.15

3.7

孟子曰："矢人岂不仁于函人哉①？矢人唯恐不伤人，函人唯恐伤人。巫匠亦然②。故术不可不慎也。孔子曰：'里仁为美。择不处仁，焉得智③？'夫仁，天之尊爵也，人之安宅也。莫之御而不仁④，是不智也。不仁、不智、无礼、无义，人役也⑤。人役而耻为役⑥，由弓人而耻为弓⑦，矢人而耻为矢也。如耻之，莫如为仁。仁者如射，射者正己而后发；发而不中，不怨胜己者，反求诸己而已矣⑧。"

今译——

孟子说："造弓箭的人难道比造铠甲的人不仁慈吗？造弓箭的人唯恐不能伤人，造铠甲的人唯恐伤了人。治病的巫师与做棺材的木匠也如此。所以技能职业的选择不能不慎重啊。孔子说：'与仁为邻是件美事。选择居所而不去和仁德的人住在一起，哪里算得上是明智呢？'仁啊，是上天最尊贵的爵位，是人最安详的居所。无所强迫的情况下还做不仁之事，是没有智慧的。不仁、不智、无礼、无义，是不觉悟的人偶啊。人偶而耻于被人役使，犹如造弓的人耻于造弓，造箭的人耻于造箭。如果真感到羞耻，不如修习仁德。修习仁德就像射箭，射箭的人要先摆正自己的姿势再发出箭；发出箭却没有射中，不能怨恨胜出自己的人，反过来反省自己罢了。"

注释——

① 矢人：造箭矢的工匠。函人：造铠甲的工匠。
② 巫匠：治病的巫医和制作棺椁的木匠。巫可以用巫术救人，"巫欲祝活人"（赵岐语），而且早期巫医不分，巫也有医生的职能（惠士奇《礼说》）。朱熹："巫者为人祈祝，利人之生。匠者作为棺椁，利人之死。"
③ 此句出自《论语·里仁》。里仁：所居之里多仁者。或作动词：择仁（者）为邻。
④ 御：阻止。
⑤ 人役：赵岐："为人所役者。"疑不确，当为"人中之役"，是人类中没有人之道德自觉、没有自由意志者，终身役役，浑浑噩噩，不能觉悟人之本质，不能反省自己生活者。《庄子·齐物论》："终身役役而不见其成功。"人役，相当于人偶。
⑥ 人役而耻为役：后一个"役"，役使。不觉悟者，如孔子所云之"不可使知之"者，则只能使"由之"。马王堆帛书《五行》："耳目鼻口手足六者，心之役也。"
⑦ 由：通"犹"。弓人：造弓的人。
⑧ 《礼记·射义》对"射"的道德意义的说明，与《孟子》这里基本相同："射者，仁之道也。射求正诸己，己正然后发，发而不中，则不怨胜己者，反求诸己而已矣。孔子曰：'君子无所争，必也射乎！揖让而升，下而饮，其争也君子。'"

开讲——

　　孟子在这里讲本心、初心。有时候，对自身利益的诉求会遮蔽、扭曲我们道德的本心、初心。造弓箭的人比造铠甲的人不仁慈吗？造弓箭的唯恐弓箭不能伤人，造铠甲的唯恐铠甲不能保护人而为弓箭所伤；巫师为人祈福祛灾，棺材铺子盼望天天死人，是他们本心如此吗？不是。是各自利益所驱使。但孟子这里并不是在讲职业选择问题，而是让我们求其本心求其"放心"。不能因为他们当下的表现，就说他们本无善心。善心本有，只不过被利益遮蔽、扭曲了。所以，孟子说来说去，最后还是在说，人性本善，我们不要被表象蒙住，不要因为双眼看到世界上有很多恶人，就认为人性不善。这是其一。

其二，孟子讲"仁"才是"人之安宅"，最宜居之处。"仁，人之安宅；义，人之正路也"（7.10），这是孟子对"仁"最好的解释。"安宅"者，安详之宅也。是什么安详？是我们的生命安详，更是我们的性命安详。性命者，天性天命也。人要一辈子不倒霉，不犯大错，不能光靠小心，还要靠大义。整天小心翼翼干坏事，力求万无一失，却总有倒霉的时候。小心谨慎可能会避开一些麻烦，但不能避开所有的麻烦。保证一个人一辈子不倒霉，最安全的，是行大义。所以不仁就是不智，孟子这话讲得好。智，即是非之心，能够判断是非首先要有仁，不仁就不能判断是非。"不仁、不智、无礼、无义"，就是人无"四心"——无恻隐之心、无羞恶之心、无辞让之心、无是非之心。为什么天赋"四端"，却无"四心"？就是天赋予的能力没有使用，如同天赋四颗种子，却没有播种灌溉，束之高阁，使其自在的生命力沉睡。沉睡即不觉悟。人无"四心"，便不是觉悟之人，因为四心是人之本质，没有四心，人就没有获得人之本质。没有人之本质的人，只能是徒有人形，所以是"人役"，是人偶。要获得人之本质，就需要自家的觉悟，要破除遮蔽良知的愚昧（不智），回到本心，像射箭一样，"反求诸己""正己而后发"。

孟子在本章中涉及一个概念，"人役"。这个词好。我们不要将其单一理解为为人役使的下层奴仆，不要单一理解为人的身体自由为人所役，人身自由被人控制，而要更宽阔地理解为人的精神也会被人控制，乃至被自己的欲望和意气控制。所以我翻译为"人偶"。自由人的身体也会被人控制。卢梭说"人生而自由，却无往不在枷锁之中"（《社会契约论》）。身体被人奴役的奴隶，也会拥有觉醒的自由意志，比如古希腊的斯巴达克斯；而奴隶主，以及很多身居高位者，可能毫无独立自主的人格。所以，孟子讲的"人役"，不是指社会地位，而是指精神状态。"人役"就是一个人还没有获得人的自由意志。没有自由意志的人，不仅仅是人役，首先他就是自己的"役"，是心为形役。既是人偶，自然就要为人所役，不为人所役，犹弓人而耻为弓，矢人而耻为矢，反倒是问题了。人偶是没有自己的"心神"，也就是没有"四心"。子张和樊迟都问过孔子何以"辨惑"，这个"惑"，有两层意思：自己迷惑；他人诱惑。还有两个方向：不明白事实；不知道是非。我们为什么要读书？就是建立自己的主体意识，提升自己的认知能力，自己不迷惑，有心神；不受人惑，有主见。在今天这个多媒体时代，我们太容易矮人看戏，随人笑骂；又如聋子看戏，看人喝彩。我们要让自己有高度，自己看到；要让自己耳聪目明，自己听到；更要让自己心智健全，自己下判断。不如此，随人起哄，就是人偶。很多人一辈子都是这样的人偶，却自我感觉活得兴高采烈甚至义愤填膺、激情满怀，可怜。《朱子语类》卷二十七："正如矮人看戏一般，见前面人笑，他也笑，他虽眼不曾见，想必是好笑，便随他笑。"身体的矮，是值得同情的，是天灾；精神的矮，往往是德性不够，自暴自弃，不值得同情。因为，造成这种状况的，不是天灾，而是人祸、自祸。

成语——反求诸己
链接——3.6；3.8；7.10

3.8

孟子曰:"子路,人告之以有过,则喜。禹,闻善言,则拜①。大舜有大焉②,善与人同③,舍己从人,乐取于人以为善。自耕、稼、陶、渔以至为帝,无非取于人者④。取诸人以为善,是与人为善者也。故君子莫大乎与人为善。"

今译——

孟子说:"子路,别人告诉他有过错,就很高兴。禹,听别人讲话有教益,就马上拜谢。大舜又比他们气象大,他与天下共有善,舍弃自身不足从他人那里学习,把汲取他人优点当作善。从耕种、收获、制陶、打渔到做天子,无非是取他人之长。通过学习他人的善来完善自己,就是在帮助他人推行善。因此对于君子而言没有比帮助他人推行善更重要的了。"

注释——

① 朱熹:"《书》曰:'禹拜昌言。'盖不待有过,而能屈己以受天下之善也。"
② 有:又。赵岐:"能舍己从人,故为大也。"
③ 善与人同:有两种理解,第一,与人共有善德善行。朱熹:"公天下之善而不为私也。己未善,则无所系吝而舍以从人;人有善,则不待勉强而取之于己,此善与人同

之目也。"第二，善于与他人取得一致。译文从前者。

④ 赵岐："舜从耕于历山及其陶渔，皆取人之善谋而从之，故曰莫大乎与人为善。"

开讲——

　　子路闻过则喜，大禹拜谢他人的教益，都是虚心受教，都是为了提升、完善自己。大舜之"大"，境界更高，高在"善与人同"，把世界及世界上的所有人，都看作善之取之不尽用之不竭的资源库，自己向所有人学习，然后倡导所有人向所有人学习，所有人向所有人汲取善，然后一起提升，发扬光大，创造整个世界的同善同德。"善与人同"的"善"，也可以作动词用，修缮的"缮"，善者，缮也。"与人同"，即与人一起修补、修复、整修、翻新。而其过程，需要不断"舍己"——改正自己的不善。

　　从他人那里学到了很多善，又将很多善加以推广，这就叫作"与人为善"。我有一个善心，我有一个善举，只是我一个人做。如果被你发现了，你也做，等于一起推广了这个善。"与人为善"，就是用自己的方式推广他人的善。注意，这里更多是在讲"与人同"，将你看到的他人的善心拿来，加以推广；将你看到的他人的善举拿来，加以推广；将你看到的他人的善行拿来，加以推广。如此，善就加倍了。十个人做，十倍；一百个人做，百倍。人人都从他人那里接过善心善举加以推广，这个世界会越来越美好。所以，对于君子来说，没有比助人以善更重要的了。

成语——闻过则喜　与人为善
链接——3.6；3.7

3.9

孟子曰："伯夷①，非其君不事，非其友不友。不立于恶人之朝，不与恶人言。立于恶人之朝，与恶人言，如以朝衣朝冠坐于涂炭。推恶恶之心②，思与乡人立③，其冠不正，望望然去之，若将浼焉④。是故诸侯虽有善其辞命而至者，不受也。不受也者，是亦不屑就已。

"柳下惠不羞污君，不卑小官；进不隐贤，必以其道⑤；遗佚而不怨，厄穷而不悯⑥。故曰：'尔为尔，我为我，虽袒裼裸裎于我侧⑦，尔焉能浼我哉？'故由由然与之偕而不自失焉⑧，援而止之而止。援而止之而止者，是亦不屑去已。"

孟子曰："伯夷隘，柳下惠不恭。隘与不恭，君子不由也。"

今译——

孟子说："伯夷，不是他理想的国君绝不侍奉，不是他理想的朋友绝不交往。不站在恶人当道的朝堂上，不与恶人说话。站在恶人当道的朝堂，与恶人搭话，就感觉如同穿着上朝时的礼服礼帽却坐在污泥炭灰里。推想他这种厌恶恶人的内心，跟乡人站在一起，人家帽子戴歪了，也会决然离开，好像自己会被弄脏似的。所以诸侯即使用好言好语来召他做官，他也不接受。不接受，也就是不屑于和他们靠近。

"柳下惠不以侍奉坏君主为羞耻,不以官职小为卑下;做官就展现才能,一定尽责尽职;丢官了也不怨恨,穷困了也不郁闷。因此他说:'你是你,我是我,即使你赤身裸体在我旁边,你又怎能弄脏我呢?'所以淡定从容地跟人在一起而不失去自我,要他留下他就留下。要他留下他就留下,这也是不屑于走开。"

孟子说:"伯夷太狭隘,柳下惠太玩世不恭。太狭隘与太随便,君子都不取。"

注释——

① 伯夷:商末孤竹国君之子。周代商而立,义不食周粟,饿死于首阳山。
② 推:推广,延伸。恶恶:第一个"恶",读作(wù),厌恶,讨厌。第二个"恶",读作(è),恶劣,坏。
③ 思:焦循认为"思"是语气词,没有实际含义。可从。
④ 望望然:赵岐注释为惭愧的样子。朱熹注为坚决离去的样子,"去而不顾之貌"。译文从朱熹。浼(měi):污染,亵渎。
⑤ 柳下惠:鲁国大夫展禽。封邑柳下,后人尊称"柳下惠"。进不隐贤,必以其道:赵岐:"进不隐己之贤才,必欲行其道也。"
⑥ 赵岐:"悯,懑也。"朱熹:"遗佚,放弃也。阨,困也。悯,忧也。"
⑦ 袒裼(tǎn xī):露出胳膊。裸裎(chéng):露出身体。
⑧ 由由然:自在的样子。

开讲——

《论语·微子》有记:"逸民:伯夷、叔齐、虞仲、夷逸、朱张、柳下惠、少连。"对此,孔子赞伯夷、叔齐是"不降其志,不辱其身";谓柳下惠、少连是"降志辱身矣,言中伦,行中虑",降低志向辱没身份了,但言辞合乎伦理,行为深思熟虑。但最后,孔子说:"我则异于是，无可无不可。"我跟他们都不一样，我没那么多条条框框，无可无不可。可见，孔子对伯夷、叔齐的评价很高，但还是有所保留，认为他们不能应对世界的诸多变化。

这里，孟子的观点与孔子近似。孟子说伯夷原则性很强，以至于"隘"，狭隘、苛刻。一个原则性强、不知变通的人，往往会变得狭隘和苛刻。一个人一旦对人不宽容，对自己也不会宽松，自己也就不自由了。一个人要求世界太干净，自己也就困顿于洁癖了。有洁癖的人很难与环境宽松相处，就是这个原因。伯夷，是过分严格；相反，柳下惠，是过于随便。过分严格与过于随便，都不是中庸之道。中庸之道是既不刻意远离，也不必要打成一片。这是非常好的与比自己低的人的相处方式，也是一个人面对不完美世界时应该有的一种态度和能力。界限划得特别清，斩然分之，如伯夷、叔齐，结果是不仅不能从正面影响他人，不能"与人为善"，反而被他人搞坏心境，受了他人的负面影响，他人也会对其产生强烈的对立情绪。而没有界限，打成一片，如柳下惠，结果则是显示不出原则、态度，对他人也没有引领，不能"善与人同"。所以孟子认为这两者都没有达到最高境界。

伯夷的态度，到最后一定走向如庄子这样的人，走向道家。儒家不这么想问题。孔子、孟子打交道的人都是好人吗？他们打交道的坏人多的是。用庄子的话说，是"医门多疾"（《庄子·人间世》）。为什么与坏人打交道？因为通过我，可以改变他、影响他。道家不跟坏人玩，自己跑山里去了。伯夷、叔齐就是隐逸之祖。儒家觉得，不好玩也得玩，统治者掌管天下，好人不跟他们在一起，他们找坏人站一起，天下不是更糟糕吗？儒家就像医生，一般人可以不管病人的事，乃至掩鼻远离，但医生不能不管病人，要靠近病人，挽救病人。儒家入世，使命在拯救世道；道家逍遥，远离尘世、洁净自我。儒家和道家的区别就在这里。

柳下惠"进不隐贤，必以其道"，可以从孔子的"不在其位，不谋其政"(《论语·泰伯》)来加深理解。这句话反过来就是"在其位,必谋其政"。孔子还说过,好的大臣是"事君以忠"(《论语·八佾》),忠于自己的职守,这就是柳下惠的"进不隐贤"。隐贤,不是埋没别人的贤能,而是既然已"进",那么就不要埋没自己的才能,不要偷懒,而要尽力。尽力就是尽能力,且足够努力。"必以其道",一定要忠于职守。这里的"道",是职业之道,是职业伦理,尽职尽责之道。

"遗佚而不怨,厄穷而不悯"一句,可以联系孔子评价颜回的"用之则行,舍之则藏"(《论语·述而》)来理解。

成语——望望然去之　避之若浼
链接——10.1；12.6；14.15

卷四
公孙丑下
（凡十四章）

4.1

孟子曰:"天时不如地利,地利不如人和。三里之城,七里之郭①,环而攻之而不胜。夫环而攻之,必有得天时者矣,然而不胜者,是天时不如地利也。城非不高也,池非不深也②,兵革非不坚利也③,米粟非不多也,委而去之,是地利不如人和也。

"故曰:域民不以封疆之界④,固国不以山溪之险,威天下不以兵革之利⑤。得道者多助,失道者寡助。寡助之至,亲戚畔之;多助之至⑥,天下顺之。以天下之所顺,攻亲戚之所畔,故君子有不战,战必胜矣。"

今译——

孟子说:"天时不如地利,地利不如人和。一个内城墙三里,外城墙七里的城池,四面围攻却攻不破。能四面围攻它,必定是得了天时,但还是不能取胜,这就是天时不如地利。城墙不是不高,城池不是不深,武器甲胄不是不锐利坚固,粮食不是不多,但最终还是丢下城池走了,这就是地利不如人和。

"所以说:圈住人民不靠封国的边境;固守国家不靠山川的险阻;威慑天下不靠武器的锐利、甲胄的坚固。拥有道义就会多得人助,失去道义就会少有人帮。少有人帮到最后,连亲戚也背叛他;多得人助到最后，全天下都追随他。以天下人都追随的力量，去攻打那众叛亲离的，如此，君子要么不战，若战必胜。"

注释——

① 城：内城。郭：外城，也指外城墙。当时的城市多为内城外郭，少数为西城东郭（如齐国首都临淄城）。
② 池：护城河。
③ 兵：武器，对应"利"。革：用皮革做成的甲胄，对应"坚"。
④ 域民：赵岐注"居民也"，"域"相当于"圈"，使民安居，止于本国，不移民到他国。
⑤ 赵岐："不以封疆之界禁之，使民怀德也。不依险阻之固，恃仁惠也。不为兵革之威，仗道德也。"
⑥ 据孙奭《孟子音义》，"寡助之至""多助之至"的两个"至"字，有的版本作"主"，君主，也可以讲得通。畔：通叛。

开讲——

　　认知世界需要知识，需要逻辑，但对世界整体的把握，对世道人心的理解，需要一种特殊的能力：洞察力。洞察力是人类认知能力的最高段位，是无须直接经验，甚至无须形式逻辑过程就能直接、瞬间洞悉真相的能力。只有不多的人才具有这种能力。洞察力来自人的思想高度，他站在那里，往下俯瞰，了然于胸，一眼洞穿。"天时不如地利，地利不如人和"，就是人的洞察力的结果，它其实不大好论证，就是一个大判断、一种直觉。

　　翟灏《四书考异》提出一个重要观点，"天时不如地利，地利不如人和"可能并非孟子原创。理由是跟孟子同时代的《尉缭子》中有类似的句子。《尉缭子·战威》：

> 天时不如地利，地利不如人和。圣人所贵，人事而已。

又《尉缭子·武议》：

> 夫将者，上不制于天，下不制于地，中不制于人……天时不如地利，地利不如人和。古之圣人，谨人事而已。

甚至很不喜欢孟子的荀子，也有类似的话。《荀子·王霸》：

> 上不失天时，下不失地利，中得人和，而百事不废。

又《荀子·议兵》：

> 临武君对曰："上得天时，下得地利，观敌之变动，后之发，先之至，此用兵之要术也。"

可见这很可能是那时人们的共识。但孟子在这里试图证明它，这是很吃力不讨好的。从逻辑学的角度讲，孟子的证明甚至是失败的。"天时不如地利，地利不如人和"的层层论证，缺少基本的逻辑关联。"然而不胜者"，可能有多种原因，不一定就是没有地利；反过来，有地利没有天时，也不行，所以我们也可以说"地利不如天时"。而孟子偏要论证"地利不如人和"，是一厢情愿地先假定他要贬低的"不重要"的条件（地利）都具备，然后再证明因他要推崇的"重要条件"（人和）缺乏而失败，从而证明自己的观点。这种做法，是实足的蛮不讲理。"万事俱备，只欠东风"，难道能证明"万事不如东风"吗？其实，一物之实现,必要条件可能只有一个,而充分条件往往有多个,缺一不可。"多个"充分条件中的任一个,都不能说比其他条件更重要。

当然我们可以为孟子辩护,孟子并非在说天时不重要。天时,借用今天的语言,就是势,形势。有句话说:"形势比人强。"做任何事情都要顺势、趁势、借势,乃至于造势。个人的发展,国家的发展都如此。世界大势,浩浩汤汤,顺之者昌,逆之者亡,谁能说天时不重要?

孟子在这里是强调,有了天时,是不是就可以把事情做成?不可以,还需要地利,还需要人和,但人和最重要。三者的关系,不是后者否定前者。"万事俱备,只欠东风",一定是"万事俱备"在前,而不是"万事"不如"东风",有了"东风"就可以"万事"不必。李贽对此看得明白:"曰'不如',特较其缓急耳。若谓'天时''地利'可尽捐而不为,又为儒者之言矣。"(《四书评》)所以,三者的关系,不是后面对前面条件的否认,而是相加。只是"天时""地利",不是人主观努力就能实现的,但"人和"可以由人来决定,所以人的因素更重要。它强调的不是事实,而是人的努力。

赵岐指出,《左传》闵公二年记载的卫国被狄人所灭之事,是很好的有关"人和"的重要性的例证:

> 狄人伐卫。卫懿公好鹤,鹤有乘轩者。将战,国人受甲者皆曰:"使鹤,鹤实有禄位,余焉能战!"……及狄人战于荥泽,卫师败绩,遂灭卫。

"域民不以封疆之界,固国不以山溪之险,威天下不以兵革之利",孟子这三句话讲得特别现代。两千多年前,孟子就告诉我们,人民的幸福,国家的强大,不是看疆域大小、地理形势、武力强弱,而要看自身文明的吸引力,靠公正与道义所在。得道者,必能引领天下;失道者，必成孤家寡人。这三句，可以和 1.7 联系起来读。

有人喜欢说："这个世界上哪有什么道义？就凭实力！""国家与国家之间哪有什么永恒的友谊，只有永恒的利益！"这是非常野蛮、邪恶的观念。其中的潜台词是什么呢？是在说：不道义也可以强大；进一步就是，只有不道义，才能强大。强大了，就不要道义。人一旦有这样的观念，即使在个人生活、私人交往中也很糟糕，假如你信这个，别人凭什么跟你做朋友呢？你还有可信之处吗？最后，当强者的车轮隆隆地开来，你会发现压在下面的，就是你自己。在这个世界上，其实每个人都是弱者。鼓吹强者哲学，崇尚强人政治，崇拜政治强人，其实，骨子里面已然是奴隶，因为他已经有了奴隶思维。自由人的思维里，他只有强弱的事实，没有强弱的观念；他只有自强的观念，没有崇拜强者的观念；他也不要别人都服从他，他只是自信。

最后一句"寡助之至，亲戚畔之；多助之至，天下顺之"，简直就是对周商革命的真实写照。《论语·微子》："微子去之，箕子为之奴，比干谏而死。孔子曰：'殷有三仁焉。'"商纣王失道寡助，到最后，他的叔叔、兄弟都背叛了他，不正是"寡助之至，亲戚畔之"！周武王呢，得道多助，最后"多助之至，天下顺之"，在孟津大会八百诸侯，誓师："抚我则后，虐我则仇！"（《尚书·周书·泰誓下》），对我好的，就是我的王；虐待我的，就是我的仇。这话说得多有志气。最后牧野一战，商纣王自己的军队也倒戈了，真正的"寡助之至"。倒戈这个词，就是从那里过来的。

补充：不仅"天时不如地利，地利不如人和"可能是那个时候的共识，孟子这里说的"三里之城，七里之郭，环而攻之而不胜。夫环而攻之，必有得天时者矣，然而不胜者，是天时不如地利也。城非不高也，池非不深也，兵革非不坚利也，米粟非不多也，委而去之，是地利不如人和也"这一段论证，《尉缭子》中也有类似的段落：

刑以伐之，德以守之，非所谓天官时日阴阳向背也（按：此即天时）。黄帝者，人事而已矣。何者？今有城，东西攻不能取，南北攻不能取，四方岂无顺时乘之者耶？然不能取者，城高池深，兵器备具，财谷多积，豪士一谋者也。若城下池浅守弱，则取之矣。由是观之，天官时日不若人事也。

录此备案。

成语——天时不如地利，地利不如人和　得道多助，失道寡助
　　　　高城深池
链接——1.7

4.2

孟子将朝王①,王使人来曰:"寡人如就见者也②,有寒疾,不可以风。朝将视朝,不识可使寡人得见乎③?"

对曰:"不幸而有疾,不能造朝。"

明日,出吊于东郭氏④。公孙丑曰:"昔者辞以病,今日吊,或者不可乎?"

曰:"昔者疾,今日愈,如之何不吊?"

王使人问疾,医来。孟仲子对曰⑤:"昔者有王命,有采薪之忧⑥,不能造朝。今病小愈,趋造于朝,我不识能至否乎?"

使数人要于路⑦,曰:"请必无归,而造于朝!"

不得已而之景丑氏宿焉⑧。景子曰:"内则父子,外则君臣,人之大伦也。父子主恩,君臣主敬。丑见王之敬子也,未见所以敬王也。"

曰:"恶!是何言也!齐人无以仁义与王言者,岂以仁义为不美也?其心曰'是何足与言仁义也'云尔,则不敬莫大乎是。我非尧舜之道,不敢以陈于王前,故齐人莫如我敬王也。"

景子曰:"否,非此之谓也。礼曰:'父召,无诺;君命召,不俟驾。'⑨固将朝也,闻王命而遂不果,宜与夫礼若不相似然。"

曰:"岂谓是与?曾子曰:'晋楚之富,不可及也。彼以其富,我以吾仁；彼以其爵，我以吾义。吾何慊乎哉⑩？'夫岂不义而曾子言之？是或一道也⑪。天下有达尊三：爵一，齿一⑫，德一。朝廷莫如爵，乡党莫如齿⑬，辅世长民莫如德。恶得有其一以慢其二哉？故将大有为之君，必有所不召之臣，欲有谋焉，则就之。其尊德乐道，不如是，不足以有为也。故汤之于伊尹，学焉而后臣之，故不劳而王；桓公之于管仲，学焉而后臣之，故不劳而霸。今天下地丑德齐⑭，莫能相尚⑮，无他，好臣其所教，而不好臣其所受教。汤之于伊尹，桓公之于管仲，则不敢召。管仲且犹不可召，而况不为管仲者乎？"

今译——

孟子准备早朝去见齐宣王，齐宣王派使者来说："我本来要去见您的，受了寒生病了，不能吹风。今天早晨我正好要上朝，不知道可不可以让我见到您呢？"

（孟子）回答说："很不幸我也病了，不能去朝堂。"

第二天，孟子要去东郭氏家吊丧。公孙丑说："昨天您托辞说自己病了，今天去吊丧，不大合适吧？"

（孟子）说："昨天生病，今天痊愈，为什么不可以去吊丧？"

齐宣王派人来探病，医生也派来了。孟仲子出来说："昨天承蒙遣使宣召，不巧他有小恙，不能上朝。今天他好了一些，赶紧上朝去了，我不知道他是不是已经到了？"

孟仲子赶紧派数人在路上拦住孟子，说："请您千万别回家，赶紧去上朝！"

孟子不得已去了景丑氏家住。景子说："在家父子，在外君臣，是做人要遵守的最大伦理。父子之间讲究恩，君臣之间讲究敬。我景丑看到王敬您，不见您敬王啊。"

（孟子）说："嘿！这叫什么话！你们这些齐国人都不跟王谈论仁义之道，难道是觉得仁义不美好吗？不过是在心里说'他哪里值得谈论仁义之道呢'之类，对王最大的不敬莫过于此吧。不是尧舜之道我不敢在王面前陈述，所以你们齐国人没人比我更敬王呢。"

景子说："不，我不是说这个。礼法上说：'父亲召唤，儿子不待答应就赶紧来；国君召唤，臣子不等车驾备好就赶紧来。'您本来就要去早朝的，听齐王一宣召就不去了，这恐怕不符合礼吧。"

（孟子）说："礼难道是你说的这样吗？曾子说：'晋楚国君的富裕，没人能比。但他有他的富裕，我有我的仁德；他有他的尊爵，我有我的正义。我何必有缺憾？'难道这话没道理曾子会说吗？今天这事应该和曾子说的是一个道理吧。天下公认的尊贵标准有三种：一是爵位，一是年纪，一是德性。在朝廷主要看爵位，在乡里主要看年纪，匡扶世道、领导人民主要看德性。怎么能占有其一就慢待占有其二的呢？所以将要有大作为的君主，必定有他不能召之即来的大臣，有事要商量，就自己去讨教。他崇尚德性、乐好道义，若不能这样，就不值得和他一起做事。因此商汤对于伊尹，先向他学习然后以他为臣，所以不用辛劳就成就王业；桓公对于管仲，先向他学习然后以他为臣，所以不用辛劳就成就霸业。如今天下各国领土差不多，德性差不离，彼此谁也不能超过谁，没别的缘故，就因为他们都只喜欢用听话的人做臣，不喜欢用那些能教导自己的人做臣。商汤对于伊尹，桓公对于管仲，都是不敢随便召的。管仲尚且不能召之即来，更何况我这样还不屑于做管仲的人呢？"

注释——

① 王：这里指齐宣王。朝，读 cháo，上朝，朝见。
② 如：王引之《经传释词》："与将同义。"就：靠近。就见：来见，到孟子那里，拜访孟子。

③ 朝将视朝：第一个"朝"，有 zhāo 和 cháo 两种理解。其一，赵岐："傥可来朝，欲力疾临视朝，因得见孟子也。"倘若孟子来朝，齐宣王也将视朝，两个朝都读作 cháo。其二，朱熹："章内朝并音潮，惟朝将之朝如字。"齐宣王早晨将视朝，不知能否见到孟子，含蓄地想让孟子参加早朝。"朝将"之朝，读作（zhāo）。两种解释均可，"朝（cháo）会"也都在"朝（zhāo）"——早晨。译文从朱熹。这一段曲折，盖因孟子在齐，为卿不为官，来去绰绰有余地。赵岐："孟子虽仕齐，处师宾之位，以道见敬，或称以病，未尝趋朝而拜也。"

④ 东郭氏：齐国大夫。

⑤ 孟仲子：赵岐注："孟仲子，孟子之从昆弟，学于孟子者也。"

⑥ 采薪之忧：《礼记·曲礼下》："君使士射，不能，则辞以疾，言曰：'某有负薪之忧。'"社交场合礼貌、委婉地表示身体有病，但又不严重，只是无力去打柴、背柴。薪：柴火。

⑦ 要：守住，拦着。

⑧ 景丑氏：齐国大夫家。朱熹："景丑所言，敬之小者也；孟子所言，敬之大者也。"
不得已：贾公彦《仪礼注疏》、焦循《孟子正义》都说，"不得已"即孟子不得已而上朝。这种解释恐怕不准确。赵岐："孟子迫于仲子之言，不得已，而心不欲至朝，因之其所知齐大夫景丑之家而宿焉。"赵岐的意思是，孟子迫于孟仲子之言，不能回家，又不想去上朝，就只能在吊丧结束后，去了景丑家，并没有被迫上朝的意思。其实，孟子并不在意孟仲子的意见，不然他就不出来吊唁了。之所以不得已而宿景丑氏，估计是齐宣王派来的医生在孟子家等他，孟子不想见。

⑨ 礼：《礼记·曲礼上》："父召无诺，先生召无诺，唯而起。"《礼记·玉藻》："父命呼，唯而不诺，手执业则投之，食在口则吐之，走而不趋。""凡君召，以三节：二节以走，一节以趋。在官不俟屦，在外不俟车。"《论语·乡党》言孔子亦"君命召，不俟驾行矣"。

⑩ 慊（qiàn）：不足，缺少。注音据《新华字典》。《辞源》《汉语大字典》《王力古汉语字典》均注音为（qiǎn）。

⑪ 是或一道也：两种理解：其一，我们讨论的事或许与曾子所说是同一个道理吧。译文从之。其二，朱熹："孟子言我之意，非如景子之所言者。因引曾子之言，而云夫此岂是不义，而曾子肯以为言，是或别有一种道理也。"

⑫ 达尊：天下所共认的尊贵。齿：年龄。

⑬ 乡党：乡里。

⑭ 丑：相同，同类。

⑮ 尚：超过。相尚：彼此超过而成王成霸。

开讲——

孟子在齐国的身份是"客卿"。卿，西周至战国时期王室与诸侯国的一种爵位，公以下、大夫以上为卿，诸侯国初分上大夫、下大夫两等，后分上、中、下三等。与国君有血缘关系的贵族，比如齐宣王的叔叔、伯伯列卿位的，叫贵戚之卿；像孟子这样从别的诸侯国来齐国，列卿位的，叫客卿。《史记·田敬仲完世家》载："宣王喜文学游说之士，自如驺衍、淳于髡、田骈、接予、慎到、环渊之徒七十六人，皆赐列第，为上大夫，不治而议论。是以齐稷下学士复盛，且数百千人。"客卿，以客礼待之之卿。既然是客卿，以客礼相待，就不能召之即来，何况孟子还以老师自居。所以，于齐王，他是宾亦是师，处师宾之位，以道见敬，岂能如趋附奔走之臣？这是这段文字的背景。

孟子脾气也大。你有病不能来？我也有病不能去。本来要去，现在偏不去了。有人说孟子这是摆臭架子。我倒觉得，有些时候，某些架子必须摆，比如在"势"面前，"道"就该有架子。我自己去没问题，是我的自由，"我无官守，我无言责也，则吾进退岂不绰绰然有余裕哉"（4.5），但你来请我去，我就不能去了，何哉？我去了，会让你觉得你有资格召见我。孟子第二天还故意出门去齐国大夫家吊丧，好让齐宣王知道。

《论语·阳货》："孺悲欲见孔子，孔子辞以疾。将命者出户，取瑟而歌，使之闻之。"孺悲前来向孔子请教，孔子托辞说自己病了。等传话的人刚转身出去，孔子就取来琴瑟唱起歌，故意让孺悲听见。对此孟子解释："教亦多术矣，予不屑之教诲也者，是亦教诲之而已矣。"（12.16）教诲人的方法有很多，我不屑于教诲你，也就是在教诲你，如此而已。孔子不教孺悲，孟子不见齐宣王，办法如出一辙，都是在用独特的办法给两人警示。

但孔孟两人气质不同。理学家程颐说孔子"温润含蓄"，而孟子"有些英气"，又说"英气甚害事"（朱熹《四书章句集注·孟子序说》）。从人格修养的最高境界来说，确实应该温润如孔子，"大道容众，大德容下"，（向宗鲁《说苑校证》卷一《君道》），但孟子有英气，才有浩然正气，才英气勃发。孟子讲做"大丈夫"，对孔子谨守的周礼不一定放在眼里，同时，他一辈子最服膺的又是孔子，"予未得为孔子徒也，予私淑诸人也"（8.22），恨自己不得"亲炙"于孔子。

孔子谦恭，在君主面前讲究礼节，特别拘谨，以至于"人以为谄也"（《论语·八佾》）；孟子傲慢，不把诸侯王放在眼里，总是咄咄逼人。孔孟谁对谁错？答案是：他们都对——孔子在做自己；孟子在代表道义。孟子确实在对齐宣王摆架子，但为什么一定要摆这架子？因为齐宣王代表的是"势"——权势，孟子代表的是"道"——道义。道与势之间，谁高谁低，关系到一个政治良知问题。所以孟子摆的不是他个人的架子，而是道义的架子；争的不是自己的地位，而是道义的地位。孟子要让齐宣王明白："道"一定胜于"势"，"道"一定在"势"之上，"道"感召"势"，而不是"势"凌驾"道"。

这与春秋战国"百家争鸣"的时代土壤有关。道胜于势，道在势之上，不仅孟子有这样的意识，比孟子早的魏文侯也有这样的意识。孟子生活在梁惠王时代。梁惠王是魏文侯的孙子。段干木是孔子学生子夏的学生。魏文侯一定要见段干木；段干木下定决心不见魏文侯。魏文侯都到段干木家门口了,段干木还翻墙跑了。以后,魏文侯驾车每次路过段干木家,都在车上向段干木的房子行礼。驾车人不解,魏文侯说:"干木先乎德,寡人先乎势;干木富乎义,寡人富乎财。势不若德贵,财不若义高。"(《史记·魏世家》张守义注)后来孟子的学生公孙丑问孟子:"不见诸侯何义?"不见诸侯怎么解释?孟子回答:"古者不为臣不见。"(6.7)古人不做臣就不见诸侯。魏文侯这段话,可以与孟子转述曾子的话两相对照——曾子曰:"晋楚之富,不可及也。彼以其富,我以吾仁;彼以其爵,我以吾义。吾何慊乎哉?"国君之富贵、之权势,无人可比,但你有你的富,我有我的仁;你有你的爵,我有我的义,我何有不足,我何能自卑呢?

所以这种思想不是孟子的发明,孟子是继承。现在我们说百家争鸣,说儒家在先秦时期只是百家之一,这话固然不错。但是,一定要分清,孔子不是百家之一,而是百家之源。比如孔子学生子夏在西河做教授,教了很多学生,段干木只是其中之一,子夏的学生里也有人走向了法家。

法家认为,君权至上,君不但掌握世俗的权力,也掌握道义。李斯从荀子学帝王术,向秦始皇提出两个建议,一是建郡县制,一是废除私学制度,以吏为师。如此,皇帝不仅代表最高的权势,也代表真理;皇帝不仅行使世俗的权力,也行使对真理的解释权,这样就没有任何东西可以约束皇权。因为皇帝的行为再也没有其他的判断标准,他自己就是判断标准。历史如果发展到这一步,即如《道德经》所说"忠信之薄而乱之首",人间地狱。

"故将大有为之君,必有所不召之臣。"这是孟子对齐宣王的期待。齐宣王也是一个值得孟子期待的能有大作为的国君。齐国的稷下学宫,是中国最早的"社科院"和政府智库,天下学术百家争鸣的中心。稷下学宫在齐国被秦国消灭后消失,大约存在了一百五十年,在齐宣王时最盛大,稷下师生多达上千人,稷下先生七十六人,"皆赐列第,为上大夫。不治而议论"(《史记·田齐世家》),"不任职而论国事"(《盐铁论·论儒》)。

理想的君臣关系是:君,一定有"不召之臣",想与他商量什么事,就自己走近他,"欲有谋焉,则就之"。

"不召之臣"才是大臣,是有德性的、有自我尊严的臣,不是国君召之即来挥之即去的臣。召之即来、来之能战、战之能胜者,是"器",是"能臣"乃至"具臣"。而"大臣",一定与国君有所谈有所不谈。谈什么?"我非尧舜之道,不敢以陈于王前",要谈,就谈仁义、道义;而投其所好,津津乐道"非尧舜之道",则"不敬莫大乎是",是对一个国君的最大的不敬。

有一次晏婴和齐景公在一起。天冷,齐景公让晏婴给他拿热饭拿衣服,晏婴一下就翻脸了,说:"我不是你的厨子、不是帮你管衣服的人。"齐景公问:"那你对于我,是什么人呢?"晏婴说,是"社稷之臣",从此,"君不以礼不见晏子"(向宗鲁《说苑校证》卷二《臣术》)。晏子不仅仅是在争自己的体面,他更是在争齐国和齐景公的体面。国君怎样才是体面的?和大臣在一起才是体面的,跟仆役在一起就是不体面的。《史记·孔子世家》:"(卫)灵公与夫人同车,宦者雍渠参乘,出,使孔子为次乘,招摇市过之。孔子曰:'吾未见好德如好色者也。'于是丑之,去卫。"孔子觉得谁丢人?他觉得卫灵公丢人,卫灵公不体面。所以,明智的国君,一定会尊重乃至珍惜维护大臣的尊严,因为国家大事必须跟大臣讨论。大臣是有身份的,大臣是有地位的,大臣是有尊严的,大臣是有体面的。一个国家有国格,不是国君霸凌天下,而是臣子有人格,人民有人格。当一个国君把所有人都变成了奴隶、奴才,国家也便没有了国格,没有了体面,没有了尊严,国家便成了奴隶之国、奴才之邦。朱元璋在朝廷把朝臣们脱光打屁股,就是想打掉所有大臣的体面与尊严。最终,他自己也不过就是一个"奴隶总管"（鲁迅语）。奴隶总管有什么体面？所以鲁迅鄙夷明朝的皇帝不过是"无赖儿郎"（《致曹聚仁》）。

所以，孟子在这里坚持争的，不是自己的体面，而是争齐宣王的体面，争齐国的体面，争道义在权势之上的体面。有道义的国家才是体面的。孟子是在维护政治生态的平衡。明代思想家李贽说齐宣王是一代圣主。他是从哪里得出这个结论的？就是从《孟子》中。是谁给齐宣王争了这么高的一个评价？是孟子。

孟子认为，为什么如今诸侯里没有出类拔萃的王者？是因为国君们"好臣其所教，而不好臣其所受教"，都喜欢听话的臣子，害怕听有德的大臣们教训。所以，孟子说，有出息的国君和有前途的国家，一定要有"不召之臣"，对这样的臣子，一定要"学焉而后臣之"。法家正相反。韩非就认为，臣子不能比君主更有智慧，君主应该严防这样的臣子对自己绝对权力的觊觎与篡夺。为什么儒家和法家在这个问题上的观点如此大相径庭？因为儒家是要保护人民，而法家是要保护君主。

孟子在这里是自负的、自大的，也很有趣。"天下有达尊三：爵一，齿一，德一"，孟子自认为，论级别，齐宣王比他高，但论年龄、论德性，自己比齐宣王高，所以，二比一，赢的是自己。爵位、年龄可以量化，德性不能，所以，孟子还真有点托大。一般人谁好意思说自己德性比别人高？连孔子都谦虚，别人说他是圣人，他还说不敢，但孟子敢说，我就是德性比你高，连管仲都不受齐桓公的召，更何况我这种远远高于管仲、根本不屑于管仲的人，怎么能受你齐王的召？这是孟子的自负，是孟子的傲慢，是孟子的有趣，也是孟子的可爱可敬处。

成语——采薪之忧　大有作为　不召之臣　尊德乐道　地丑德齐
　　　　辅世长民
链接——1.7；12.16

4.3

陈臻问曰①："前日于齐，王馈兼金一百而不受②；于宋，馈七十镒而受③；于薛④，馈五十镒而受。前日之不受是，则今日之受非也；今日之受是，则前日之不受非也。夫子必居一于此矣。"

孟子曰："皆是也。当在宋也，予将有远行。行者必以赆⑤，辞曰：'馈赆。'予何为不受？当在薛也，予有戒心。辞曰：'闻戒，故为兵馈之。'⑥予何为不受？若于齐，则未有处也。无处而馈之，是货之也⑦。焉有君子而可以货取乎？"

今译——

陈臻问："您前些天在齐国，齐王送您一百镒上等好金您不收。在宋国，宋王送您七十镒您收下了；在薛地，薛王送您五十镒您收下了。如果前些天不收是对的，那现在收下就错了；如果现在收下是对的，那之前不收就错了。老师您在两者之间一定只有一个是对的。"

孟子说："都对啊。在宋国时，我要出远门。对出门的人肯定要送些盘缠，宋君辞别说：'送您些盘缠吧。'我为什么不收下呢？在薛地时，我遇到一些危险要提防。薛君辞别说：'听说您在提防危险，送您点买兵器的钱吧。'我为什么不收下呢？至于在齐国，国君送这么一笔钱不知有什么理由。没有理由还送钱给我，等于用金钱收买我。哪有君子是可以收买的呢？"

注释

① 陈臻：孟子学生。

② 兼金：兼，加倍，指上等成色的金。当时的金，不是黄金，是黄铜。

③ 镒（yì）：参见 2.9 注 ④。

④ 薛：孟尝君田文的封地。江永《群经补义》认为，馈赠孟子的是孟尝君田文。

⑤ 赆（jìn）：临别时馈赠的财物。朱熹："赆，送行者之礼也。"

⑥ 赵岐："时有恶人欲害孟子，孟子戒备。薛君曰闻有戒，此金可鬻以作兵备，故馈之。"朱熹同。

⑦ 赵岐："于义未有处也。"焦循《孟子正义》也赞同这种解释。杨伯峻："是没有理由接受礼物的意思。"《孟子正义》将"货之"理解为"以货财取我"，杨伯峻的理解相同，解释为"贿赂之意"。

开讲

孟子的这个弟子陈臻，是个死脑筋，考虑问题，非此即彼，非黑即白，而不知不同情境下人们会有不同的选择。面对孟子前后的不同选择，有疑问可以，但陈臻不是有疑问，他是有结论："前日之不受是，则今日之受非也；今日之受是，则前日之不受非也。夫子必居一于此矣。"这就是死心眼了。作为教育家，孟子显然不及孔子成功。孔子门下人才济济，而孟子门下人丁零落。其原因，除了孟子本人性情峻急而学生遭受压抑，还在于孟子真没碰到几个好学生。公孙丑、陈臻都有点死心眼的毛病。

其实，不同情境下的不同选择，不但不是前后不一，恰恰是只有这样才能一以贯之那共同的原则。这就是《道德经》二十二章之"枉则直"所说的道理。

钱财只有在有"用处"的时候，才是有用处的。汉语里说某一物"有用处"，就是此物有所用之处。"没用处"的钱不但无用，反而有害，所以孟子不收，不是拒收钱财，而是拒收有可能的负担甚至后患。看孟子对他人馈遗的取舍不同，我们看到应该如何取财。人们常说的"君子爱财取之有道"，这个道，是道义，也是考量有无正当的用处。

可以对照看的是《论语·雍也》：

子华使于齐，冉子为其母请粟。子曰："与之釜。"请益。曰："与之庾。"冉子与之粟五秉。子曰："赤之适齐也，乘肥马，衣轻裘。吾闻之也：君子周急不继富。"

原思为之宰，与之粟九百，辞。子曰："毋！以与尔邻里乡党乎！"

上引可参阅拙著《论语导读》（修订增补版）之 6.5 章导读。

孟子是"受"的前后不同，孔子是"授"的前后不同。授受之间，圣人给我们作了很好的示范。

链接——6.1

4.4

孟子之平陆[①]，谓其大夫曰[②]："子之持戟之士，一日而三失伍[③]，则去之否乎[④]？"

曰："不待三。"

"然则子之失伍也亦多矣。凶年饥岁，子之民，老羸转于沟壑，壮者散而之四方者，几千人矣[⑤]。"

曰："此非距心之所得为也[⑥]。"

曰："今有受人之牛羊而为之牧之者，则必为之求牧与刍矣。求牧与刍而不得，则反诸其人乎？抑亦立而视其死与？"

曰："此则距心之罪也。"

他日，见于王曰："王之为都者，臣知五人焉。知其罪者，惟孔距心。"为王诵之。

王曰："此则寡人之罪也。"

今译——

孟子到了平陆，跟平陆大夫（孔距心）说："您手下手持武器的士兵，一天三次离队逃跑，您会开了他吗？"

（孔距心）说："不用等三次。"

（孟子说：）"可是您失职也很多呢。灾荒之年，您的百姓，老弱病残被抛尸荒野，年轻力壮的四散逃亡，都快上千人了。"

（孔距心）说："这不是我能避免的。"

（孟子）说："假设一个人受人之托替人家放牧一群牛羊，那肯定要为这群牛羊找到牧场和草料。找不到牧场和草料，是把牛羊还给人家呢？还是站着眼睁睁看它们饿死？"

（孔距心）说："这是我的罪过了。"

过了几天，孟子见齐宣王，说："王您那些治理地方的官员，我了解了五个人。明白自己有罪过的，只有孔距心。"孟子将事情给齐宣王复述了一遍。

齐宣王说："这是我的罪过啊。"

注释——

① 之：去，到。平陆：齐国边境小城，阎若璩《四书释地》认为，在今山东省济宁市汶上县。

② 大夫：战国时的邑宰也称大夫。

③ 戟（jǐ）：古代一种有戈有矛的长兵器。伍：行伍。五人为伍。

④ 去之：历代有不同解释。有解释为"杀之"的，如赵岐："去之，杀之也。戎昭果毅。"朱熹："去之，杀之也。"有人解释为"罢之"，开除，如杨伯峻《孟子译注》引郝敬云："去之，罢之也。"焦循从"杀"，并重新解释"失伍"，认为"此失伍是不听政令，故当杀戮之"。阎若璩则重新解释"持戟之士"和"伍"，认为持戟之士"盖为大夫守卫者，非指战士，伍亦非行间"。译文从"罢之"。

⑤ 几：接近、将近、几乎、差不多。

⑥ 赵岐："此乃齐王之大政，不肯赈穷，非我所得专为也。"朱熹："言此乃王之失政使然，非我所得专为也。"疑不确，邑大夫何敢如此推责抱怨于王。从下文"受人之牛羊而为之牧之"之比喻，也可见孟子主要是批评孔距心没有尽到代人牧羊之责，岂有羊之主人自己漠视羊饿死之事。故此处孔距心的意思应该是推责于"凶年饥岁"。

开讲——

孟子批评人时，擅长给人挖坑，而且他自己不挖——"子之持戟之士，一日而三失伍，则去之否乎"，把锹递给了孔距心。然后，"不待三"，孔距心自己把坑挖了。到"此则距心之罪也"，孔距心硬着头皮跳进自己挖的坑，把自己埋了。

孟子回来，和齐宣王复述这个故事，这时已经不要挖坑，孔距心的坑正好能埋两个人，孟子让孔距心挖坑，本能就是要埋齐宣王。齐宣王知道今天无处可逃，也没有二话，"此则寡人之罪也"，直接跳了，一点都不要孟子费事。齐宣王就这么老实。

孟子经常这样和齐宣王聊天，不，玩挖坑游戏。（参见 2.6 开讲）孟子既以好辩著称，他在辩论上就必有自己的特色。平心而论，孟子辩论的最大特色，不在于学理上穷究不已、卓识不凡、新见迭出、引人入胜，而在于他论题之外的功夫：揣摩对方心理，窥测对方思路，巧设陷阱，多布机关，引人入彀，而后一剑封喉——等对方明白上了圈套，却已没了"喉"——最后一句总是他说的，所以，他就是胜利者。另外，孟子还是一个极端自信而又热情洋溢的人，他有充沛的道德上的自负，以及由此而来的目空一切的勇气。他总是认为真理永远在他这一边。所以，他与别人辩论时虽然设了不少圈套，但却并不显得机心阴暗，相反，倒显得他机智能干。从这方面看，他是一个极天真的人。而我们欣赏他的文章，也不仅为他的道理所折服，还被他的聪明机智所吸引。

因为齐宣王老实，所以孟子就跟他玩游戏。梁惠王不老实，还愚蠢，孟子不和他玩游戏，直接捶。用大锤捶，捶那个蠢货。后来孟子把这把大锤，用到了梁襄王那里，更下死手捶。当然孟子不是一味心狠手辣，孟子也有心慈手软的时候。滕文公可怜兮兮眼巴巴求救，孟子不忍心挖坑，不狠心下锤，倒像个慈父，谆谆教导加接引，希望他走正道——滕国也只有一条正道可走了，它连走邪路的能力都没有了。（参

见 1.4、1.6；2.13、2.14、2.15 开讲）

有一个小问题：为什么孔距心挖的坑也适合齐宣王？

答案：因为逻辑相通。

孟子逻辑学成绩不是很好，但他又确实特别善于用同一个逻辑绳索，捆绑同一类憨大。

孔距心没有尽到王交给他的责任；齐宣王没有尽到天交给他的责任。

孔距心没有尽到王交给他的责任，应该把大夫职位还给王。

齐宣王没有尽到天交给他的责任，应该把国王职位还给天。

我讲《水浒传》，认为金圣叹的七十回本，里面有《孟子》的影子，气质太像了。一开始就觉得气质像，找不到证据，一直到第五十八回，鲁智深怒骂华州贺太守那一节，终于找到了证据。《水浒》的一百回本、一百二十回本，这一段文字都和七十回本不一样。七十回本是经过金圣叹润色的。这一段改变特别大：贺太守抢走了画匠王义的女儿玉娇枝。王义王义，名字里就暗含了王道正义之意。史进杀贺太守不成，被活捉。鲁智深为救史进，再杀贺太守，又不成，也被活捉。公堂之上，本是阶下囚的鲁智深，把自己变成对贺太守的审判者，要求贺太守："你只把史进兄弟还了洒家；玉娇枝也还了洒家，等洒家自带去交还王义；你却连夜也把华州太守交还朝廷！量你这等贼头鼠眼，专一欢喜妇人，也做不得民之父母！""若依得此三事，便是佛眼相看。"你看，鲁智深要他把华州太守的职务交还朝廷，不就是这里孟子说的："求牧与刍而不得，则反诸其人乎？抑亦立而视其死与？"《水浒传》这一段，有很深厚的儒家文化背景。一个地方官，如果不能治理好一方，为人民谋幸福，他就不能尸位素餐，就不配拥有这个职位。

在孟子看来，人间的爵位，也是上天决定的，是随着天爵的。不行王道公义者，就要把位子交出来。即便天子，也如此。商纣王无德，天下就是有德的周文王的。有德者有天下，有德者有其位。你齐宣王也如此。

所以，齐宣王不用孟子再挖坑就已经明白了：孔距心挖的坑够大，有他躺的地方。他也很知趣，直接自己跳进去，不用孟子费劲——王曰："此则寡人之罪也。"平陆百姓受苦，不，齐国百姓受苦，是我的罪过啊。《尚书》上说："四方有罪，在予一人。"这是尧传舜，舜传禹，禹传商汤的统治者心诀。像齐宣王这样知道自己罪过的君主，便是好君主。李贽在"王曰：此则寡人之罪也"后，夹批两字："圣王"。在这段文字最后，总评七个字："毕竟是圣主贤臣。"我不喜欢用"贤臣"来界定孟子。孟子哪是什么臣？他连做齐宣王的老师，都有点不乐意——学生根性差，老师不想教。

链接——1.4；1.6；2.6；2.13；2.14；2.15；4.5

4.5

孟子谓蚳蛙曰[①]："子之辞灵丘而请士师[②]，似也，为其可以言也。今既数月矣，未可以言与？"

蚳蛙谏于王而不用，致为臣而去[③]。

齐人曰："所以为蚳蛙，则善矣；所以自为，则吾不知也。"

公都子以告[④]。

曰："吾闻之也，有官守者，不得其职则去；有言责者，不得其言则去。我无官守，我无言责也，则吾进退，岂不绰绰然有余裕哉？"

今译——

孟子对蚳蛙说："您辞去灵丘长官职务而去做一名士师，也对，为了可以对齐王有所建言嘛。现在已经过去几个月了，没有什么可以跟他讲吗？"

于是蚳蛙去齐王那儿上谏，却不被采纳，他辞职离开了。

齐国人说："孟先生为蚳蛙讲的道理，的确好啊；孟先生自己怎么做的，我们不知道哦。"

公都子把听到的议论告诉了孟子。

（孟子）说："我听说，有职守的官员，无法履行职守就该辞职；有规谏之责的言官，谏言不被采纳就该离开。我呢，既没有职守，也没有言责，那我是进是退，岂不是绰然有余天地宽吗？"

注释——

① 蚳（chí）蛙：齐国大夫。

② 灵丘：齐国边境小城，具体地点不可考，大致在今山东省境内。士师：执法的官员。朱熹："士师近王，得以谏刑罚之不中者。"赵岐："孟子见蚳蛙辞外邑大夫，请为士师，知其欲近王，以谏正刑罚之不中者。数月而不言，故曰未可以言欤？以感责之也。"

③ 致：送出、交出。古代官员退休称"致仕"。这里是蚳蛙三次向齐王劝谏，不被采纳而辞职。《礼记·曲礼下》："为人臣之礼：不显谏。三谏而不听，则逃之。"赵岐："三谏不用，致仕而去。"

④ 公都子：孟子学生。

开讲——

　　古代帝王身边总有言官，身边近臣也有进谏之责。"有言责者，不得其言则去"，所谓言责，就是朝廷政策如果有错误，言官和身边的大臣够得上说话的，有责任指出来。指责错了呢？有豁免权。知无不言，言无不尽。

　　古代帝王身边有言官，还有史官，"左史记言，右史记事"，每天帝王说过什么，干了什么，都被记录在案，对帝王起到监督作用。言官有多种，比如有一种叫"拾遗"。顾名思义，拾遗，就是直接指出朝廷政策上的疏漏和失误。唐代白居易做过左拾遗，他在接受任命时上表感谢，其中说到自己的职责："臣谨按《六典》：左右拾遗，掌供奉讽谏，凡发令举事，有不便于时、不合于道者，小则上封，大则庭净。""朝廷得失无不察，天下利病无不言，此国朝置拾遗之本意也。"(《初授拾遗献书》)这个制度非常好。

孟子呢,连言官也不做。不受体制约束,保持自己的超然,这样才能自居侯王之上,而不是侯王的属官。《礼记·学记》:"大德不官,大道不器。"孟子大圣,岂能为官;孟子君子,岂能为器。

成语——绰然有余(绰绰有余)
链接——4.4

4.6

孟子为卿于齐，出吊于滕①。王使盖大夫王欢为辅行②。王欢朝暮见，反齐滕之路③，未尝与之言行事也。

公孙丑曰："齐卿之位④，不为小矣；齐滕之路，不为近矣。反之而未尝与言行事，何也？"

曰："夫既或治之⑤，予何言哉？"

今译——

孟子做齐国客卿，代表齐国去滕国吊丧。齐宣王派盖这个地方的长官王欢做副使。王欢早晚都来请见，但在往返齐国滕国的途中，孟子从不与他谈论出使之事。

公孙丑问："齐国客卿之位，不算小啊；齐国滕国之间的路途，不算近啊。从去到回您都不曾与王欢谈论一句出使之事，为什么呢？"

（孟子）说："相关规定和规矩都在那里，我还要说什么？"

注释——

① 季本《孟子事迹图谱》："其（孟子）与王欢使滕，为文公之丧也。非大国之君，无使贵卿及介往吊之礼。此固重文公之贤，而隆其数，亦孟子欲亲往吊，以尽存没始终之大礼。"他认为孟子参加的是滕文公的丧事。焦循认为，滕文公父亲滕定公去世的

时候，孟子在邹，还没有在齐国当卿。钱穆《孟子在齐威王时先已游齐考》《先秦诸子系年》）亦认为是吊滕文公之丧。其实，5.2已有记，滕定公去世，滕文公两次派自己的老师然友远程之邹问丧祭之礼，已经证明滕定公去世时，孟子在邹，何论作为齐卿赴滕。

② 盖（gě）：齐国邑名，治所在今山东省淄博市沂源县。王欢：原文为"王驩"。《第一批异体字整理表》将"驩"定为"欢"的异体字。

③ 反：同"返"，往而还。

④ 齐卿之位：有说是指王欢的地位，意为王欢有地位，孟子何故轻之？然上文只说孟子为卿，而王欢以"盖大夫"称之。故此卿，当指孟子。公孙丑意为如此之地位，也当满意而顺心，更当珍惜，何苦得罪齐王宠信之人？

⑤ 这句话有两种理解，主要是"或"指的是谁。赵岐认为是王欢，朱熹认为是"有司"。这两种解释的含义不同。

如果是王欢，那么就是赵岐讲的，王欢"专知自善，不知谘于人也"，意思是王欢作为副手，不向孟子请示，独断专行，骄横跋扈。赵岐："孟子曰：夫人既自谓有治行事，我将复何言哉。言其专知自善，不知谘于人也。盖言道不合者，故不相与言，所以是而言之也已。"

如果是有司，意思大概是出使的相关规定都很齐备，有关部门按照规章制度去做就行了，没有突发事件，就不需要谈。实际上是不给"朝暮见"的王欢套近乎的机会。朱熹："夫既或治之，言有司已治之矣。孟子之待小人，不恶而严如此。"

焦循赞同赵岐的解释，说："（王）欢原为副使，而自专行事。孟子若与之言，谦卑则转似为（王）欢所帅，高亢则又似忌其揽权而争之，故为往反千里，一概以默而不言处之。"

赵岐的理解和朱熹的理解哪个更合理，还涉及对上面一句"王欢朝暮见"的理解。这一句是指孟子和王欢既然同行，自然朝暮相见；还是指王欢主动套近乎，朝暮拜见？从语法上讲，"朝暮见"前既然加了主语"王欢"，则王欢主动请见的可能性比较大，而且作为副使，朝暮见主使以协调行动和口径，也合乎逻辑。齐王尊重孟子，王欢若是小人，其理性也不会让他自己给孟子留下坏印象，恰恰相反，可能倒要去拍孟子马屁。如此，又怎么会独断专行呢？但孟子可能不喜欢王欢的一贯为人，不欲在此期间使他有套近乎的机会，所以，译文从朱熹。

开讲——

"夫既或治之，予何言哉"，礼制规矩都在，我还要说什么？这句话有点意思。一是，孟子坚持讲规矩。滕定公死的时候，孟子就要滕文公一定按礼制办（参见5.2），现在滕文公死了，作为齐国的吊唁大使，他岂能不按相应的吊唁之礼来？一是，孟子对王欢不满意，不愿意和他说话。这事很明显，明显到公孙丑都感觉到了尴尬。为什么不满意？朱熹此条下注："王欢，王嬖臣也。"王欢是齐宣王宠幸的近臣。后面朱熹对"夫既或治之"解释道："言有司已治之矣。"有关部门已经替他们规定好了出使事务及相关礼节，孟子也无可如何。朱熹继而评价孟子："孟子之待小人，不恶而严如此。"孟子对待王欢这样的小人，不故意交恶但是门禁很严，也就是敬而远之。8.27章也有一则记载，齐国大夫公行子的儿子死了，齐王派去吊丧的，也是王欢。王欢一进门，谁都上来跟他打招呼，唯独孟子不理他。王欢很不高兴："诸君子皆与欢言，孟子独不与欢言，是简欢也。"简，简慢。看来，孟子真的不止一次故意不搭理王欢。

可见，第一，孟子有原则，不好惹；第二，孟子有脾气，很倔强；第三，孟子很傲慢，不好接近。

链接——7.24；7.25；8.27

4.7

　　孟子自齐葬于鲁，反于齐，止于嬴①。充虞请曰②："前日不知虞之不肖③，使虞敦匠事。严，虞不敢请④。今愿窃有请也：木若以美然⑤。"

　　曰："古者棺椁无度⑥，中古棺七寸，椁称之⑦。自天子达于庶人，非直为观美也⑧，然后尽于人心。不得⑨，不可以为悦；无财，不可以为悦。得之为有财⑩，古之人皆用之，吾何为独不然？且比化者无使土亲肤⑪，于人心独无恔乎⑫？吾闻之，君子不以天下俭其亲⑬。"

今译——
　　孟子从齐国回到鲁国安葬母亲，返回齐国，在嬴这个地方停留。学生充虞前来请教说："之前承蒙老师信任我，派我监理木匠的事。事情急迫，我不敢问什么。今天我想私下跟您请教：棺木似乎太好了一点。"

　　（孟子）说："上古时棺椁的厚薄没有一定之规，中古时规定内棺厚七寸，外椁的厚度跟内棺相配。自天子一直到老百姓，想要棺椁厚一点并非只为看上去美观，这样做是尽做儿子的孝心。受礼制约束不能做这么厚，不会称心；家里没钱不能做这么厚，不会称心。规定允许家里也有钱，古代人都这么做，为什么独独我不可以呢？更何况不让逝者的肌肤直接贴着土，对于做儿子的来说不也无所憾恨吗？我听说，君子不会因为天下而薄待自己的父母亲。"

注释——

① 嬴：邑名，在今山东省济南市莱芜区。

② 充虞：孟子的学生。

③ 不肖：不成材，不正派。第一人称使用时一般表示自谦。

④ 敦：治理。严：急，时间紧迫。使虞敦匠事严虞不敢请：有两种标点，一种是"使虞敦匠。事严，虞不敢请"，另一种是"使虞敦匠事。严，虞不敢请"。两种标点的意思并无区别。

⑤ 朱熹："以，已通。以美，太美也。"赵岐："木若以泰美然也。"

⑥ 棺椁：古代棺材分两层，内棺外椁。棺者，关也，关闭起来。椁者，裹也，裹住遗体。

⑦ 中古：赵岐注："中古谓周公制礼以来。"朱熹亦云："中古，周公制礼时也。"据此，"古者"指周公之前。棺七寸：除了《孟子》之外，现存的古籍中找不到"棺七寸"的其他证据。称：与棺相称。

⑧ 非直为观美：朱熹："欲其坚厚久远，非特为人观视之美而已。"

⑨ 得：礼制所允可。朱熹："不得，谓法制所不当得。"

⑩ 得之为有财：朱熹："言得之而又为有财也。或曰：'为当作而。'"为：王引之《经传释词》："犹与也……言得之与有财也。"

⑪ 比：朱熹："比，犹为也。"使。亦可解为"庇"，庇护。化者：逝去的人。

⑫ 恔（xiào）：畅快，快慰。

⑬ 此句"闻之"后，李贽《四书评》有"也"字，杨伯峻本也有"也"字，然赵岐本、朱熹本无。有无此"也"，涉及断句。若有"也"字，则"君子"当在下句首；若无"也"字，则"君子"可在下句首，也可在"闻之"后。不以天下俭其亲：赵岐："不以天下人所得用之物俭约于其亲，言事亲竭其力者也。"朱熹："是为天下爱

惜此物，而薄于吾亲也。"其实不必如此计较文字，孟子的意思不过是，天下固大，父母固微，而于孝子，则父母有大于天下者也。

开讲——

"不以天下俭其亲"，天下很大，各种各样的问题很多，天下不时治乱交替，又时时移风易俗。天下熙熙，天下攘攘，天下大道理很多，天下小事件无数，天下对君子的要求也很高，君子对天下的承担也很多，但，都不能成为君子薄待父母双亲的理由，特别是在为父母送终的事上。因为这是人伦根本，是血缘亲情，又仅此一次，不可重来。曾子说："慎终追远，民德归厚矣。"天下大事，最终还是落实到父母子女之事。父母子女之事，是天伦。何为天伦？是自然之伦，也是天下之大伦。天下之大伦，不是君君臣臣，而是父父子子；不是忠君爱国，而是男欢女爱！故《诗》始《关雎》，颂君子之求淑女；《易》基乾坤，以男女奠基人伦；《书》美釐降，《春秋》讥不亲迎。夫妇之际，人道之大伦也：

> 有夫妇，然后有父子。有父子，然后有君臣。有君臣，然后有上下。有上下，然后礼仪有所错。夫妇之道，不可以不久也！（《序卦》）

墨家提倡薄葬（参见5.5开讲），战国时已经有人提倡裸葬。汉朝初年黄老之学盛行，也有很多人提倡亲土而葬，不置棺材，直接把人的遗体埋在土里。这么做，是因为他们认为大家都去大办葬礼，耗费了大量民财，甚至影响到活人的生活，不利于天下人休养生息。道理对不对？对，但不能为了移风易俗就去草率地对待父母的丧葬，这样做儿女的心里过不去，"不以天下俭其亲"，儒家特别看重这一点。

鲁迅被认为是新文化运动的旗手，他对礼教的批判是最尖锐、严厉的。他的继祖母（蒋氏）去世了，正在杭州教书的鲁迅赶回老家主持蒋氏的葬仪。家里人要按照老规矩来举行葬礼，但是又特别担心学新学的鲁迅回来反对，就商量好要怎么轮番上阵做工作。结果鲁迅回去，家里人说怎么办，鲁迅就怎么办，完全照规矩做，让他磕头他就磕头，让他哭他就哭，让他摔老盆他就摔老盆。这也是鲁迅的"不以天下俭其亲"。

这一章还有一个小问题，那就是开头一句："孟子自齐葬于鲁，反于齐。"母亲去世，孟子应该守三年之丧，可是按照这里的文字来看，孟子似乎是葬完就直接回齐国了，没有守三年之丧。对此，历代学者有如下几种解释：

赵岐只说是丧母："孟子仕于齐，丧母，而归葬于鲁也。"但赵岐没有说明为什么孟子没有守三年之丧。他可能没有意识到这个问题。

顾炎武意识到了，于是，在《日知录》里，他认为是改葬，不是丧母："孟子自齐葬于鲁，言葬而不言丧，此改葬也。礼改葬缌，事毕而除，故反于齐，止于嬴，而充虞乃得承间而问。若曰奔丧而还，营葬方毕，即出赴齐卿之位，而门人未得发言，可谓'三月无君，则皇皇如'也。而身且不行三年之丧，何以教滕世子哉！"

阎若璩、周广业等人则认为孟子守三年之丧，"反于齐"是"葬于鲁"三年后之事。

刘沅分析了顾炎武、阎若璩的说法，然后有自己的解释，也可通："孟子为齐客卿，家贫，因奉母居齐。母丧，归葬于鲁。复归，终丧于齐。"意思是孟母生前既在齐，则孟子当在齐守丧。

毛奇龄《经问》的说法通达，但似不能服人："孔子要绖而赴季氏之飨，孟子甫葬即来齐，圣贤行事，有不可以凭臆断者。"

相关材料缺乏，顾炎武、阎若璩、周广业、刘沅的说法都有道理，又都无确凿证据，我们不必臆断，亦不必质疑。孟子在齐国，盯着他质疑他的人不少（参见4.5），而孟子自齐归鲁葬母返齐，并未受到质疑，可见此事无有可质疑者。至于为何无可质疑，两千年前之情境，今日自无可猜测。我们只是相信孟子此举无不合礼之处即是。

链接——2.16；4.5；5.2；8.13；13.39

4.8

沈同以其私问曰①："燕可伐与？"

孟子曰："可。子哙不得与人燕，子之不得受燕于子哙②。有仕于此③，而子悦之，不告于王，而私与之吾子之禄爵；夫士也，亦无王命，而私受之于子，则可乎？何以异于是？"

齐人伐燕。

或问曰："劝齐伐燕，有诸④？"

曰："未也。沈同问'燕可伐与'，吾应之曰'可'。彼然而伐之也。彼如曰：'孰可以伐之？'则将应之曰：'为天吏，则可以伐之。'今有杀人者，或问之曰：'人可杀与？'则将应之曰：'可。'彼如曰：'孰可以杀之？'则将应之曰：'为士师，则可以杀之。'今以燕伐燕⑤，何为劝之哉？"

今译——

沈同以私人身份问孟子："燕国可以讨伐吗？"

孟子回答："可以。子哙没有权力把燕国送给别人，子之也不能从子哙那里接受燕国。比如有人到这里做官，您很喜欢他，不报告国君，就私下把爵位俸禄让给了他；这个人呢，也没有国君的任命，就从您那里私下接受了爵位俸禄，这样可以吗？现在燕国发生的事跟这有什么区别呢？"

齐国讨伐了燕国。

有人问（孟子）："听说您劝齐国讨伐燕国，有这回事吗？"

（孟子）说："没有。沈同问'燕国可以讨伐吗'，我说'可'。然后齐王就真发兵去讨伐了。他如果问：'谁可以去讨伐燕国？'我就会回答：'只有替天行道的王者，才可以讨伐燕国。'比如这里有一个杀人的人，有人问：'这个人可以杀吗？'我会回答：'可以杀。'他如果再问：'谁可以杀他？'我就会回答：'作为司法官，就可以杀他。'现在用燕之无道去讨伐无道之燕，我怎么可能鼓励他？"

注释——

① 沈同：齐国大臣。以其私问：以私人身份问，非受齐王之命。
② 子哙（kuài）：燕王姬哙。子之：燕王姬哙的国相。公元前315年（齐宣王五年），燕王姬哙禅位于子之，自己则北面称臣，引发燕国内乱，"因构难数月，死者数万，众人恫恐，百姓离志"（《史记·燕召公世家》），齐国趁机发兵攻燕。燕国士卒不战，城门不闭，让齐军很快攻占燕都。姬哙和子之被杀。齐军"毁其宗庙，迁其重器"，中山国也乘机攻占燕国城池数十座，燕几乎亡国。齐军的暴行最终激起燕国人的反抗，齐国被迫撤军。
③ 仕：有两种理解，一种认为，"仕"同"士"，或是"士"的误字，原因是下文提到该人，称为"夫士也"。一种认为，"仕"无误。朱熹："仕，为官也。"译文从朱熹。
④ 劝齐伐燕，有诸：此疑问，不仅当时人有，后来司马迁的记载对此亦有误解。《史记·燕召公世家》记："孟轲谓齐王曰：'今伐燕，此文武之时，不可失也。'王因令章子将五都之兵，以因北地之众以伐燕。"朱熹："《史记》亦谓孟子劝齐伐燕，盖传闻此说之误。杨氏曰：'燕固可伐矣，故孟子曰可。使齐王能诛其君，吊其民，何不可之有？乃杀其父兄，虏其子弟，而后燕人畔之。乃以是归咎孟子之言，则误矣。'"

⑤ 以燕伐燕：齐国用燕国一样的无道去讨伐燕国的无道，即以暴制暴之意。朱熹："言齐无道，与燕无异，如以燕伐燕也。"

开讲——

燕王姬哙禅让国君之位给子之，从他的角度，他可能以为是无私的，是一种伟大的文化传统的再现，但却直接导致了燕国极大的政治混乱。权力是天下公器，不是燕王的私人物品，不能想给谁就给谁，所以这是非正义的。沈同私下问孟子："燕可伐与？"孟子自然回答："可。"显然，沈同后来把这次私人谈话泄露出去了，以致齐国讨伐了燕国，很多人误以为是孟子劝齐王讨燕，《战国策》及后来的司马迁都这么记载（参见注释 ④ 及 2.10 开讲）。

子哙让位于子之，其中一个说法，是子哙有理想主义情怀，要学习尧舜禅让。（《战国策·燕策一》）那么，为什么儒家对尧舜禅让加以歌颂，而子哙子之禅让，孟子就说"不得"呢？这涉及三个问题。

第一，尧是天子。尧之天子之位，在体制上讲，是自有的，所以，他可以处置。而子哙是国君，国君之位不是自有的，而是来自周天子的分封，所以，他无权也无资格把天子给他的燕国送给子之，子之也没有资格和权力接受燕国。燕国的处置权，在周天子那里。这一层意思，孟子在本章说明白了。

第二，其实，尧的天子之位，说是其自有，当然可以说他是凭借自己的德行而获得，但从"君权天授"的角度讲，他的天子之位，也是天赋的，所以，他也没有权力和资格，把天下给到他随心所欲要给的人，这背后，还是天之意志。这一点，《孟子·万章上》说得明明白白：

> 万章曰："尧以天下与舜，有诸？"
> 孟子曰："否；天子不能以天下与人。"

"然则舜有天下也，孰与之？"

曰："天与之。"

连天子都不能以天下与人，何况国君呢。

第三，话说到这里，就产生第三个问题：既然国君或天子，已经从天子或上天那里得到了国或天下，他们就应该能够处置国或天下。如同我获得别人的赠与，既获之后，自然就获得了所有权和处置权，为什么不可以私相授受？

这就涉及政治伦理。其原因在于，国土之上，除了物产财富，还有人民。国家或天下永远都不会是某个君主的私有财产。如果我们认可国家或天下可以私相授受，就意味着人民如同物产一样，可以成为他人的私产，可以像奴隶一样由主人买卖或转赠。

因此，发生在燕国的子哙、子之以燕国私相授受的事件，是严重亵渎人类尊严的事件。所以，燕可伐与？曰：可！

此章开头一句"沈同以其私问曰"，可谓春秋笔法。"以其私"三个字非常重要，如果是在齐王的御前，公开讨论"燕可伐与"，孟子回答"可"，那就代表孟子同意齐王讨伐燕国；但沈同既以私人身份问，孟子自然也以私人身份答燕国最近发生的让国之事合不合乎公义、应不应该受惩罚，而不是在公开场合讨论齐国的决策。反之，如公开讨论齐国的决策，则必涉及"孰可以伐之"以及以何种方式伐之，既伐之后如何善后等问题。孟子对此的回答，也必是反对齐国伐燕的——"今以燕伐燕，何为劝之哉"，齐国用燕国同样的无道去讨伐无道的燕国，我怎么可能鼓励他？这实际上也是在敲打齐宣王：您相对于燕国君臣，并无道德优势。

链接——2.10；2.11；4.9

4.9

燕人畔。王曰:"吾甚惭于孟子①。"

陈贾曰②:"王无患焉。王自以为与周公孰仁且智③?"

王曰:"恶!是何言也?"

曰:"周公使管叔监殷,管叔以殷畔④。知而使之,是不仁也;不知而使之,是不智也。仁、智,周公未之尽也,而况于王乎?贾请见而解之。"

见孟子,问曰:"周公何人也?"

曰:"古圣人也。"

曰:"使管叔监殷,管叔以殷畔也,有诸?"

曰:"然。"

曰:"周公知其将畔而使之与?"

曰:"不知也。"

"然则圣人且有过与?"

曰:"周公,弟也;管叔,兄也。周公之过,不亦宜乎?且古之君子,过则改之;今之君子,过则顺之。古之君子,其过也,如日月之食,民皆见之;及其更也,民皆仰之。⑤今之君子,岂徒顺之,又从为之辞。"

今译——

燕国人反叛了。齐王说:"我太愧对孟子了啊。"

陈贾说:"王不要内疚。王您觉得您和周公谁仁德且智慧?"

齐王说:"吓!这叫什么话?"

(陈贾)说:"周公派管叔监管殷商旧地,管叔却在殷地拥兵发动叛乱。周公知道管叔会叛乱还派他去(陷他于反叛被杀之境),这是不仁;不知道管叔会叛乱而派他去,这是不智。仁和智,周公也没能全占呢,何况王您呢?我陈贾请求去见孟子为您解释一下。"

(陈贾)来见孟子,问道:"周公是什么样的人呢?"

(孟子)说:"古代的圣人啊。"

(陈贾)问:"周公派管叔监管殷商旧地,管叔却在殷地拥兵发动叛乱,有这事吗?"

(孟子)答:"有。"

(陈贾)问:"周公知道管叔会叛乱还派他去殷地的吗?"

(孟子)答:"周公不知道。"

(陈贾问:)"那么圣人也有过错吗?"

(孟子)说:"周公,是弟弟;管叔,是兄长啊。周公犯这样的错误,不是很正常吗?况且古代的君子,犯了错就改正;现在的人,犯了错就将错就错。古代的君子,他们的过错,如日食月食,人人都能看见;待到复明的时候,人人都在仰望。现在的人,不仅将错就错,还接着找借口说辞。"

注释——

① 畔:同"叛"。这句话的背景是:借燕王哙让国发生内乱,齐国出兵攻下燕国,燕人先迎后叛,诸侯联手救燕,陷入困境的齐宣王问孟子,齐国应该怎么办。孟子谴责齐国在燕国的暴行,"若杀其父兄,系累其子弟,毁其宗庙,迁其重器,如之何其可也?"指

出只有一条路，就是齐宣王下令把抓走的燕国老幼再送回去，把搬走的燕国重器再运回去，与燕人商量，重立一位国君然后撤军——"王速出令，反其旄倪，止其重器，谋于燕众，置君而后去之，则犹可及止也"。齐宣王不听，齐军因此大败。参见 2.10；2.11。

② 陈贾：齐国大夫。贾可念作 jiǎ。

③ 周公：姬姓，名旦。周文王第四子，周武王之弟。因采邑在周，人称周公。《尚书大传》表其功勋："一年救乱，二年克殷，三年践奄，四年建侯卫，五年营成周，六年制作礼乐，七年致政成王。"

④ 管叔：姬姓，名鲜，周文王第三子，周武王之弟。因受封管国，人称管叔或管叔鲜。周武王灭商建周后，仍然将殷商遗民封给了商纣王之子武庚，同时派管叔与蔡叔度、霍叔处监管，一同治理殷商旧地。武王死，其子诵即位，是为成王。成王年幼，周公摄政，管叔与武庚发动叛乱。周公平叛，杀管叔，管国灭亡。

⑤ 这几句是孟子引用子贡的话。《论语·子张》："子贡曰：'君子之过也，如日月之食焉：过也，人皆见之；更也，人皆仰之。'"

开讲——

此章可视为前章的后续。在上一章，沈同私下问："燕可伐与？"孟子很干脆地回答："可。"问题的关键在于"孰可以伐之"，即讨伐别国的合法性问题。孟子不认为任何国家都有讨伐他国的权力，唯有"为天吏，则可以伐之"，只有替天行道的王者才可以"伐""取"无道者。燕可伐、可取吗？"取之而燕民悦，则取之""取之而燕民不悦，则勿取"（2.10），一切视人民的意愿而定。这是孟子倡导的中国古代干涉主义原则。为什么开始时燕人"箪食壶浆以迎王师"？因为"王往而征之，民以为将拯己于水火之中也"，民以为齐国的讨伐能救自己于水深火热中；为什么后来燕人又"畔之"？因为齐军在燕国"杀其父兄，系累其子弟，毁其宗庙，迁其重器"（2.11），不仅不行仁政，反而比燕国更无道、更残暴。这种以暴制暴，是非正义的，也是必将失败的。

"吾甚惭于孟子",这表明齐宣王"知耻",知道自己做了错事,心里有愧,不好意思再见孟子。"恶!是何言也?"这表明齐宣王自知,觉得陈贾拿他跟周公比仁德、智慧,实在太过分了。他对周公是敬畏的。中国古代政治家,知道敬畏周公,知道敬畏周文王、周武王,知道敬畏尧、舜、禹、汤,他就坏不到哪里去。什么样的人特别坏?认为老子天下第一的人,比如秦赵政、明重八。

陈贾是自负的。齐宣王这么惭愧,作为大臣,"贾请见而解之",我去给你找孟子解释吧。他的动机甚至不是为了齐王解困,而是觉得自己有了一种见解,所以他信心满满,要去孟子那里显摆,或者还能给孟子挖一个坑也未可知。我们可以想见他来见孟子时那种内心的小得意小嘚瑟。

他见到孟子第一句话就问"周公何人也",最终将话头引到"然则圣人且有过与",原来圣人也会犯错吗?这倒真是一个好问题。

现在轮到孟子来回答了。

孟子如何解释?孟子说,周公面对的是兄弟管叔、蔡叔和霍叔,犯这样的错误,不是很正常吗?因为,一个人,怎么能无端猜忌怀疑自己的家人?对于家人,即使已经有了怀疑,对方已经有了不良企图的蛛丝马迹,在没有公开爆发和最终证实之前,也不当有所猜忌,更不能预先采取攻击性措施。

人不可以无端猜疑别人,更何况自己的亲人,这是原则,是比明察秋毫更大的智慧。孔子说:"不逆诈,不亿不信。"(《论语·宪问》)不预先把别人的行为当作欺诈来推测,不凭空猜测别人有不良的意图。我在《论语导读》(修订增补版)里,对此特别阐释,认为人们常说的"害人之心不可有,防人之心不可无",后半句里的"无"字应该改为"有"——防人之心不可有。因为"防人之心"比"害人之心"危害更大。害人之心,总是在某个特定的时刻起心,去害某个特定的人,一个人不可能在所有的时刻去害所有的人,他也没那个能力,因而它的危害是有限的。而防人之心，是在所有的时间里防所有的人，于是人与人之间基本的信任没有了，你防我，我防你，导致一切人防一切人，一切人反对一切人，最终导致一切人对一切人的战争。

所以，周公是选择相信他的兄长，还是选择不相信？答案一定是相信。这是智慧，无关智谋。所谓智慧，有时就是在现实面前选择吃亏，选择接受可能的不良结局而做此刻当下该做的事。为什么这是智慧呢？因为在做这样一个可能导致不良结局的事情时，他已经获得了更多的东西。管叔最后叛乱了，但周公作为政治家，他维护了一个国家更基础的价值：亲人之间的信任，人与人之间的信任。这是国家政治应该有的一种价值，是社会不可缺少的风气，是家族维系和传承必不可少的信念。这是政治伦理，这是社会伦理，这是家族伦理。这与法家为了根除可能的篡位者，防范天下所有人，乃至于杀尽兄弟姐妹这些最有可能的潜在对手（如秦二世所做的），形成了鲜明的对比。周公所做，即使后来付出代价，而他已然收获的，具有无限的价值，那就是人性的仁慈和社会的温暖，是家族成员之间的相互信任，是天伦之情。而秦二世所做的，即使后来确实没有了篡位者，但在杀戮亲族之时，他也已然造就了自我的罪孽和人间地狱。

陈贾所言，是小人的聪明；周公所做，是君子的智慧。

对话到这时，显然孟子已经明白陈贾在帮齐宣王文过饰非。"今之君子，岂徒顺之，又从为之辞"，这句话，孟子既是讲给陈贾听的，也是讲给齐宣王听的：现在的在位者，不仅将错就错，还来找借口说辞！

我相信，来时暗自小得意的陈贾，此刻内心一定在崩塌。

李贽在章后，评了八个字：

"陈贾小人，岂不愧死！"（《四书评》）

成语——过则改之
链接——2.10；2.11；4.8

4.10

孟子致为臣而归。王就见孟子[1],曰:"前日愿见而不可得,得侍同朝,甚喜。今又弃寡人而归,不识可以继此而得见乎?"

对曰:"不敢请耳,固所愿也。"

他日,王谓时子曰[2]:"我欲中国而授孟子室[3],养弟子以万钟[4],使诸大夫国人皆有所矜式[5]。子盍为我言之?"

时子因陈子而以告孟子[6],陈子以时子之言告孟子。孟子曰:"然。夫时子恶知其不可也?如使予欲富,辞十万而受万[7],是为欲富乎?季孙曰:'异哉子叔疑[8]!使己为政,不用,则亦已矣,又使其子弟为卿。人亦孰不欲富贵?而独于富贵之中有私龙断焉[9]。'古之为市也,以其所有易其所无者,有司者治之耳。有贱丈夫焉,必求龙断而登之,以左右望而罔市利[10]。人皆以为贱,故从而征之。征商,自此贱丈夫始矣。"

今译——

孟子辞客卿之位准备回乡。齐宣王前往孟宅见孟子,说:"过去我想见您而不能,后来能与您同朝共事,很高兴。现在您又弃我而回乡了,不知道以后还能不能延续此处缘分见到您呢?"

(孟子)回答:"岂敢追求,但愿吧。"

225　卷四　公孙丑下

过了几天，齐宣王对时子说："我想在国都临淄城的市中心送孟子一套别墅，用万钟粟米供养他的弟子，让各个大夫和国人有一个做人的榜样。你能不能替我去说一下？"

时子托陈子把这话告诉孟子，陈子就把时子转告的话转告了孟子。孟子说："这样啊。时子哪里知道这是不可能的呢？如果我想致富，我推辞十万的俸禄又接受一万的粟米，这是想致富吗？季孙说：'子叔疑这个人古怪啊！自己运作要做官，国君不用他，也就算了，又让自己的子弟去做卿大夫。做人谁不想富贵呢？但只有他想一人垄断富贵之事。'古代市场买卖，是拿自己有的换取自己没有的，相关部门在中间管理。有个卑贱的男人，一定要找一个高丘爬上去，左看看右望望要把市场利润一网打尽。人们都觉得他太卑鄙了，所以就向他征税。向商人征税，就从这个卑贱的人开始了。"

注释——

① 就：凑近，靠近，指齐宣王到孟子处相见。

② 时子：齐国大臣。

③ 中国：即"国中"，国都之中。

④ 钟：容量单位。《左传·昭公三年》："齐旧四量：豆、区、釜、钟……釜十则钟。"一钟为六十四斗。这里的万钟，意指足够养活孟子弟子，不应该是指具体数目。

⑤ 矜：敬重。式：法度，规矩，效法，示范。矜式：敬法其道。

⑥ 陈子：陈臻，孟子弟子。

⑦ 辞十万而受万：赵岐注："时子以我为欲富，故以禄诱我，我往者飨十万钟之禄，以大道不行，故去耳。今更当受万钟，是为欲富乎？"疏："如使我欲富其禄，我以辞去十万之禄而受其万，是以为我欲其富乎？"朱熹："设使我欲富，则我前日为卿，尝辞十万之禄，今乃受此万钟之馈。是我虽欲富，亦不为此也。"赵岐、朱熹都解孟子之俸禄为年十万钟。然此数字巨大，已超出情理。十万钟是六百四十万斗，齐国耕

地多少？亩产多少？六百四十万斗如何运送至孟子家？孟子家又何能有如此巨大仓储，且如何防潮防虫防盗？此类疑惑，普遍存在于当时人俸禄的历史记载中，如孔子也自言在鲁的俸禄为"六万"。这类问题，不仅涉及古今及不同区域的度量衡换算，更涉及综合性的情理考量。或者只是表明官秩爵位，或者只是绑定粟米等值的其他供给的总和。此处只能存疑。

⑧ 这里的季孙和子叔疑，何人，均已不可考。而赵岐认为是孟子的两个学生。人不可考，所述之事亦不可确认，只能以字面意思翻译。

⑨ 龙断：龙，同"垄""陇"。岗垄之断而高者，为垄断，原为名词，后借作动词"垄断"。

⑩ 罔：同"网"，网罗。

开讲——

　　孟子决定离开齐国回家乡。明人谭贞默《孟子编年略》："孟子四十以前，讲学设教；六十以后，归老著书。其传食诸侯当在四十以外。"这二十年间，孟子游历诸侯，历经邹国、宋国（宋王偃）、滕国（滕文公）、魏国（梁惠王、梁襄王）、齐国（齐威王、齐宣王）。有说孟子到过齐国一次，有说到过两次。不论一次还是两次，孟子在齐国待的时间最长，影响最大，与齐宣王交往、对话最多，《孟子》中明确记载两人的对话就多达十四处。经历了齐国讨伐燕国事件之后，估计孟子对齐宣王已经非常失望，故决定告老还乡。此时孟子当已年过六十。

　　这应该是孟子与齐宣王的最后一次对话。齐宣王专程去孟宅看望，对孟子讲了一番话，前日如何——"愿见而不可得"，昨日如何——"得侍同朝，甚喜"，今又如何——"弃寡人而归"，未来如何——"可以继此而得见乎"。曲曲折折，流露出齐宣王对孟子的留恋、惋惜、挽留之情。但是，孟子只淡淡一句："不敢请耳，固所愿也。"对齐宣王关上了谈话的大门。

过了几天,齐宣王心里还是放不下,提出了一个挽留孟子的方案:给他在国都中心区提供一套住房,给孟子做一个道场,让他老人家在此著述和讲学,并且来跟孟子读书的人,也能获得政府资助——养弟子以万钟。这可能是模仿当年鲁国安顿孔子的做法,再加上稷下学宫的模式。稷下学宫是公学,百家争鸣;孟子学宫是私学,一家传道。而且,齐宣王也是真懂得孟子的价值,懂得孟子学问的价值——"使诸大夫国人皆有所矜式"。

这真是一个不错的安排。一方面我们看出齐宣王此人待孟子的真诚;一方面对于孟子来说,也有很好的晚年生活:他需要基本的生活保障,然后安心著述和传道。

齐宣王估计感觉到了上次他登门时孟子的冷淡,他不好意思再找上门去,就让大臣时子替他跑一趟。有意思的是,时子自己也不去,而是转告给孟子的学生陈臻,由陈臻把齐宣王的话转告给孟子。这个弯子为什么绕这么大?颇让人猜测。顾炎武《日知录》解释说:"此不须重见而意已明。"见不见都一样,孟子与齐宣王已言尽。孟子对此的反应,也只是一个"然"字,然后说:"夫时子恶知其不可也?"朱熹解释是"孟子既以道不行而去,则其义不可以复留;而时子不知,则又有难显言者",所以孟子对陈臻说了后面那一大段话。陈臻会把孟子的话转述给时子、时子再转述给齐宣王的。

这么一个真诚为孟子考虑、对齐国也有百利而无一害的想法,为什么孟子坚决拒绝了?我以为,这和孟子此时的心情有关。孟子最大的意愿没有实现,现在齐宣王给了他一个次优选择,偏偏他是一个特别有脾气(或者说有"英气")的人,此刻自然拒绝。而且,也许正因为齐宣王老实,此刻又特真诚,提这个建议的时候,实话实说没有转圜,可能让孟子觉得受人恩惠,伤了自尊。李贽说"不合言万钟",算是李老子法眼尖利。朱熹亦引程子曰："齐王所以处孟子者，未为不可，孟子亦非不肯为国人矜式者。但齐王实非欲尊孟子，乃欲以利诱之，故孟子拒而不受。"我倒要帮齐王说句公道话：齐王其实哪里是以利诱孟子，他何尝不知道"辞十万而受万"为不可能？他就是想留住孟子，但把话说坏了。

这可能还不是最重要的。李贽又说："更不合言使'大夫国人皆有所矜式'。"你齐宣王为什么不说让自己有所矜式？我孟轲在齐，何曾有多少教训给诸大夫和国人，不都是教训你齐王的？

"孟子久于齐而道不行，故去也。"（朱熹此章注）

"道不行，故去"，先秦时的诸子，如孔子、孟子、墨子，都是这样。

孔子五十五岁辞官离开鲁国，游历诸侯十四年，辗转于卫、曹、宋、郑、陈、蔡、楚等七国，"道不行"，六十八岁回到家乡。《吕氏春秋·高义》记孔子见齐景公，"景公致廪丘以为养"，齐景公要送廪丘作为他的食邑，孔子不受，"入谓弟子曰：'吾闻君子当功以受禄。今说景公，景公未之行，而赐之廪丘，其不知丘亦甚矣。'令弟子趣驾，辞而行"。（《说苑·立节》亦有相同记载，文字稍异）

墨子学生公尚过有一次从越国回来，跟墨子说："我跟越王谈好了，他请您去越国，要封吴地五百里给您。"墨子说："子观越王之志何若？意越王将听吾言，用我道，则翟将往。量腹而食，度身而衣，自比于群臣，奚能以封为哉？"你觉得越王能用我的道吗？用我的道，我就去，有碗饭吃有身衣穿，何必用封地换？"抑越不听吾言，不用吾道，而吾往焉，则是我以义粜也。钧之粜，亦于中国耳，何必于越哉？"（《墨子閒诂》卷十三《鲁问》）不用我的道，我跑去，是让我卖义求禄。要卖，我在中原也能卖，何必去越国？

孟子在这章提到一个词"贱丈夫"。孟子还讲过一个词"大丈夫"。贱丈夫者,"私龙断焉",一天到晚只求富贵。大丈夫者,"居天下之广居,立天下之正位,行天下之大道。得志与民由之,不得志独行其道。富贵不能淫,贫贱不能移,威武不能屈"(6.2)。

链接——4.9;4.11;4.12;4.13;4.14

4.11

孟子去齐,宿于昼[1]。有欲为王留行者,坐而言。不应,隐几而卧[2]。客不悦,曰:"弟子齐宿而后敢言[3],夫子卧而不听,请勿复敢见矣。"

曰:"坐!我明语子[4]。昔者鲁缪公无人乎子思之侧[5],则不能安子思;泄柳、申详无人乎缪公之侧[6],则不能安其身。子为长者虑,而不及子思。子绝长者乎?长者绝子乎?"

今译——

孟子离开齐国回乡,途中夜宿于昼。有一个想为齐王留下孟子的人,坐在那里不停地说。孟子不理会,靠着案几睡倒了。来人很不高兴,说:"学生我前一晚斋戒沐浴过才敢来跟您说话,先生您躺在那儿打盹不听,今后再也不敢来见您了。"

(孟子)说:"坐好!我明白地告诉你。从前鲁缪公要是不安排人在子思身边照顾,就不能让子思安心留下;泄柳、申详要是没有人在鲁缪公身边维护自己,就不能安身朝堂。你替我这个老头子想过吗,齐国待我不及鲁国待子思。到底是你自绝于我,还是我自绝于你?"

注释——

① 昼：齐国地名，据赵岐注，在齐都临淄西南，孟子自齐返邹必经之地。

② 隐（yìn）：倚，靠。

③ 齐（zhāi）：斋戒，洁净身心以示虔诚。

④ 语（yù）：动词，跟……说。

⑤ 鲁缪公：即鲁穆公，名显，鲁国第二十九任君主，公元前410—前377年在位。子思：孔子之孙，名伋。赵岐："往者鲁缪公尊礼子思，子思以道不行则欲去。缪公常使贤人往留之，说以方且听子为政，然则子思复留。"朱熹："缪公尊礼子思，常使人候伺道达诚意于其侧，乃能安而留之也。"

⑥ 泄柳：鲁国人。申详：孔子的学生子张之子。赵岐："泄柳、申详亦贤者也，缪公尊之不如子思，二子常有贤者在缪公之侧劝以复之，其身乃安矣。"朱熹："缪公尊之不如子思，然二子义不苟容，非有贤者在其君之左右维持调护之，则亦不能安其身矣。"

开讲——

"孟子去齐"，孟子真的离开了。当有人隔了好几层传话给孟子，说："别走！给你做个书院，经费由政府出。"孟子也就非走不可了。

半道上出现的这个"有欲为王留行者"，很有趣。他是不是齐王派来的，或者跟齐王报告过，还是自作主张，跑来要为齐王留住孟子，都不得其详。这个无名氏，估计是个热心人、好心人，也是个用心人：为了见孟子，前一晚还专门郑重地斋戒沐浴；见到孟子后，就坐在那里自顾自一直说。这挺可笑，更可爱。他凭什么留下孟子呢？孟子可能留下吗？不可能。孟子也不掩饰自己的不耐烦，"不应，隐几而卧"，自顾自打瞌睡。

于是这个人生气了。

春秋战国时代，人都很单纯、很热血、很天真，真的是我们民族最有血性的时代，也是最有艺术创造力、想象力，最天真活泼的时代。读《史记》，读诸子，我们会不由自主地感慨，那时的人真有性情，活得真舒张。《世说新语》里的魏晋风度，是被压抑以后扭曲的心理变态，嵇康、阮籍、刘伶这些人，好像个性特别伸张，其实恰恰特别压抑。春秋战国的人，是真不压抑。孔子温润，舒舒展展；孟子刚正，开开朗朗。这个无名氏，一派天真，一腔热情跑来："孟先生别走！孟先生别走！我可尊敬您了，我把自己洗得干干净净才敢来跟你说话的，您为什么不理我？"

古人不像我们今天有条件天天洗澡，他们十天半月都洗不了一次澡。《论语·先进》："莫春者，春服既成，冠者五六人，童子六七人，浴乎沂，风乎舞雩，咏而归。"孔门弟子一个冬天不洗澡，春天暖和了，就去沂河洗个澡。杜甫《丽人行》："三月三日天气新，长安水边多丽人。"春天时，连贵族妇女都跑到河里去洗澡。这个无名氏何等恭敬、庄重，提前一天斋戒沐浴，然后才来见孟子。

于是有了孟子这段话："昔者鲁缪公无人乎子思之侧，则不能安子思；泄柳、申详无人乎缪公之侧，则不能安其身。"仔细揣摩孟子这里的意思，有两层：一方面，批评齐宣王对自己，不如鲁穆公对子思，诚意不够。你齐宣王能不能像鲁穆公对子思一样对我？另一方面，也在暗示，你齐宣王身边，是不是有一些不时在说我坏话的人呢？以孟子的个性，他得罪人是毫无疑问的。那齐宣王身边有没有帮孟子维护的人呢？

这段话透露出，孟子离开齐国，心中有一种隐痛，有一些隐衷，有些话是他无法明说的，"子为长者虑"，你为我这个老头子想一想了吗？所以，来客喋喋不休，孟子能怎么回答？

这一章，孟子没谈政治，没谈哲学，没谈道德，也不涉及他的什么观点。孟子就是在表达自己心中的郁闷。由此，可以研究孟子的生平，孟子的心理，孟子的性格。

说到此处，距离昼这个伤感的夜晚大约一百八十年前，也有一个伤感的夜晚，那个地方叫屯，主角是孔子，孟子一生最拳拳服膺之人。他们注定是一样的悲凉：

> 桓子卒受齐女乐，三日不听政；郊，又不致膰俎于大夫。孔子遂行，宿乎屯。而师己送，曰："夫子则非罪。"孔子曰："吾歌可夫？"歌曰："彼妇之口，可以出走；彼妇之谒，可以死败。盖优哉游哉，维以卒岁！"（《史记·孔子世家》）

孟子此刻，一定是与孔子同样的心情。

孔子其实舍不得离开鲁国，"迟迟吾行也"（14.17），至国境，还要在屯再住一晚。而孟子又何尝舍得离开齐国？离开齐国，标志着他的理想已经与这个时代彻底决绝，所以也是"三宿而后出昼"（4.12）。这是际遇天命上孔孟之相同处。然而孔子歌讴抒怀，主文而谲谏；孟子隐几责人，敷陈而直言，斯则二圣之不同气质也。

师己回去后，季桓子问他，孔子说了什么话，师己如实相告。桓子叹息："夫子罪我以群婢故也夫！"那么，齐宣王在听到孟子的这番话以后，又会是什么样的感受呢？

我其实听到了齐宣王的叹息。

链接——4.9；4.10；4.12；4.13；4.14

4.12

孟子去齐。尹士语人曰[1]:"不识王之不可以为汤武,则是不明也;识其不可,然且至,则是干泽也[2]。千里而见王,不遇故去,三宿而后出昼,是何濡滞也[3]?士则兹不悦。"

高子以告[4]。

曰:"夫尹士恶知予哉?千里而见王,是予所欲也;不遇故去,岂予所欲哉?予不得已也。予三宿而出昼,于予心犹以为速,王庶几改之。王如改诸,则必反予。夫出昼,而王不予追也,予然后浩然有归志。予虽然,岂舍王哉?王由足用为善[5]。王如用予,则岂徒齐民安?天下之民举安。王庶几改之,予日望之!予岂若是小丈夫然哉?谏于其君而不受,则怒,悻悻然见于其面[6],去则穷日之力而后宿哉?"

尹士闻之,曰:"士诚小人也。"

今译——

孟子离开了齐国。尹士对人说:"不知道我们的王不可能做商汤、周武王,则是他糊涂;知道我们的王不可能做商汤、周武王,还要到齐国来,则是求富贵。千里迢迢与我们的王相见,因为不得志又离开,在昼这个地方住了三个晚上才出境,怎么这么拖延呢?我对此很不

235 | 卷四 公孙丑下

高兴。"

高子把这话告诉了孟子。

(孟子)说:"那尹士哪里了解我呢?千里迢迢来与齐王相见,是我愿意来的;不得用而离开,难道是我愿意走吗?我是不得已啊。我住了三个晚上才离开昼,在我心里还觉得走得太快了,齐王没准改变了呢。齐王如果改变了,一定会请我返回。我离开昼,而齐王并没有追我,我才心里叹息着下了回乡的决心。即使我这样走了,哪里就能舍弃齐王呢?齐王还是有禀赋做点事的。齐王如果能用我,岂止是齐国百姓能得到安顿?天下的百姓都能得到安顿。齐王什么时候能改变,我日日盼望着!我哪里是小丈夫那样的人呢?国君没有采纳他的谏言,就怒气冲冲,脸上露出不悦,离开时不走到太阳落山绝不停下来休息?"

尹士听闻,说:"我真是小人了啊。"

注释——

① 尹士:齐国人。
② 干:求的意思。泽:禄,俸禄。
③ 濡(rú)滞:久滞,拖延,滞留。
④ 高子:齐国人,孟子的学生。
⑤ 由:同"犹"。朱熹:"杨氏曰:'齐王天资朴实,如好勇、好货、好色、好世俗之乐,皆以直告而不隐于孟子,故足以为善。若乃其心不然,而谬为大言以欺人,是人终不可与入尧舜之道矣,何善之能为?'"
⑥ 见:同"现"。

开讲——

"孟子去齐"是件大事,齐国人都在议论。比如这位尹士,说话很诛心:你孟子要么是脑子糊涂,要么就为贪图富贵,现在走了,走就走吧，还走得这么慢。我看不惯你孟子啊！

尹士这么揣测孟子的动机，并且由此来判断孟子的行为。孟子听说了，第一句话就说："夫尹士恶知予哉？"那尹士哪里了解我呢？

后面"千里而见王，是予所欲也。不遇故去，岂予所欲哉"一句，我觉得孟子在这里，至少在字面上，还没有说明白他的意思。其实，知道齐王不可能是商汤、周武王再世，知道齐王没有他们的志向，没有他们的气量，就可以不做努力了吗？孔子不也是"知其不可而为之"吗？

大家可能以为孔子、孟子对环境的要求太理想化。实际上，孔子并没有要求一个理想的环境，他只是坚持一个理想的标准。孔子在周游列国的过程中，如果有机会，他愿意去做官做事。他早年在鲁昭公手下做官，后来在鲁定公手下也做过官，那些环境并不理想，但他做了。孔子并不反对面对现实，参与政治。孔子的很多弟子也做官，包括子路、冉求、樊迟、宰予，他们面对的环境都那么完美吗？他们服务的对象都是道德高尚者吗？并不是。

孟子也一样，他试图做事的国家，梁国、齐国、滕国、宋国等，那些个王或公，哪里是理想的人选呢？孟子只是想让他们变得理想。他不愿意轻易放弃他们。

这就是孔孟儒家对世界的态度，三个字：不死心。

不死心，是放不下。不死心，不是不了解现实。就像谈恋爱，谈到最后，明明知道谈不下去了，但就是不死心。儒家就是如此与这个世界恋爱的，一定爱到最后，一定爱到不放手，爱到不死心——你虐我千万遍，我待你如初恋。儒家就是这么入世。儒家可敬、伟大的地方也在这里，不管这个世界如何让我失望，我永远对这个世界抱有希望，不抛弃，不放弃。所以，孟子千里而来，是愿意来努力，努力到最后一刻才能离去，才没有遗憾。如果还没努力，就作"做不了"的判断，那对这个世界太决绝了。人不能太"果"，果后面加一个字叫"果断"。"果"

才能断，断是由于"果"。"果"是什么？"果"是忍啊。孟子讲人要有"不忍"之心，何为不忍之心？就是舍不得、放不下的不死之心，而果断，也意味着冷酷。实际上，如果一个人心里有太多慈悲，是没法果断的。《论语·宪问》："子击磬于卫，有荷蒉而过孔氏之门者，曰：'有心哉，击磬乎！'既而曰：'鄙哉，硁硁乎，莫己知也，斯己而已矣。深则厉，浅则揭。'子曰：'果哉！末之难矣。'"孔子说，"那位挑着草筐路过的人，真是一位决然忘怀世事的人啊！我要像他那样很困难啊！"果断之人有聪明的一面，也有冷酷的一面。我们可以说果断之人的判断正确，但不能因此说放不下的人便是错误。放不下，不是因为他不聪明，是他爱得更深。"予三宿而出昼，于予心犹以为速"，所以孟子此时，心中有一种悲壮，有一种让人难以为怀的慈悲，你觉得我走得慢，但在我心里，我已经走得很快了。在这里，孟子根本不是在讲一个人的判断，也不是在讲一个人的决断，而是在讲一个人内心的不舍、不忍——"王庶几改之"，也许齐王会改变呢？也许这三天我没走，他还在改变呢？不把人看死，这不是孟子的慈悲吗？不把世道看死，这不是孟子的慈悲吗？我们动不动就对人决绝，是果断，也是不珍惜；我们动不动把世道看死了，是放下，也是不爱恋。所以孟子"三宿而出昼"，不是舍不得富贵，而是给世道一点时间，给齐宣王一点时间，期望他还能有所改变。

但孟子期望的改变没有到来，于是"浩然有归志"。这个"浩然"有一种苍茫之感。这不是浩然之气的浩然，而是"问苍茫大地，谁主沉浮"（毛泽东《沁园春·长沙》）；是"念天地之悠悠，独怆然而涕下"（陈子昂《登幽州台》）。即便如此，"岂舍王哉？"孟子还是没有放下。"王由足用为善"，他还是可以做好事的啊！"王如用予，则岂徒齐民安？天下之民举安"——孟子真舍不得丢下这样一种伟大的理想啊，丢不下这世间的芸芸众生啊。这是什么精神？这就是博爱，就是慈悲。

所以，不是孟子不知道王道不可行，是他要放下的东西太大、太重了。

"王庶几改之，予日望之！"——这真是一句世上最美情话啊！这是孟子写给这个世界的最后情书。没有爱，怎么能成为圣人呢？世上圣贤，都是用一生来爱这个世界的，他们和世界之间有一场无怨、无悔、无止境、永不放手的恋爱。所以此章，我们可以看作是孟子决绝之际，对这个世界的一次真情再告白。李贽评此段孟子言论："此处字字真情，不作诳语。"（《四书评》）

《孟子·公孙丑上》中一段话，可以看作此处孟子"三宿而出昼"的另一个注脚：

> 可以仕则仕，可以止则止，可以久则久，可以速则速，孔子也。皆古圣人也，吾未能有行焉。乃所愿，则学孔子也。

孟子所指"久"与"速"事，是"孔子之去齐，接淅而行；去鲁，曰：'迟迟吾行也。'去父母国之道也"，孟子希望自己也能如孔子般，"可以速而速，可以久而久，可以处而处，可以仕而仕"（10.1）。

本章，孟子又提出一个词"小丈夫"。之前孟子讲过"贱丈夫"孔子也讲过"匹夫匹妇"。见识短，心智浅，心胸狭隘，受点委屈，就怒形于色，是为"小丈夫"。之前孟子亦讲过"大丈夫"，大丈夫者，人性厚，能承受，有弹性，即便不合则去，但绝不失态，从容不迫，不怨天，不尤人，是君子的气度。所以尹士最后反省自己说：是我小人度君子之腹了！

成语——穷日之力
链接——3.2；4.9；4.10；4.11；4.13；4.14；10.1

4.13

孟子去齐。充虞路问曰①:"夫子若有不豫色然②。前日虞闻诸夫子,曰:'君子不怨天,不尤人。'③"

曰:"彼一时,此一时也。五百年必有王者兴,其间必有名世者④。由周而来,七百有余岁矣。以其数,则过矣;以其时考之,则可矣。夫天未欲平治天下也,如欲平治天下,当今之世,舍我其谁也?吾何为不豫哉?"

今译——

孟子离开了齐国。充虞路上问孟子:"老师您好像有点不高兴的样子。之前我听过老师教导,说:'君子不怨天,不尤人。'"

(孟子)说:"彼一时,此一时啊。每过五百年必定会出一位圣王,其间也必定有传名于世的人出现。从周朝建立到今天,七百多年了。论年数,已经过了;论时势相应,现在应该出来了。可能上天还不想平治天下吧,如果想平治天下,当今世界,除了我还有谁呢?我为什么不高兴呢?"

注释——

① 路问:于途中问也。

② 豫：悦，快乐。
③ 君子不怨天，不尤人：《论语·宪问》："子曰：'莫我知也夫！'子贡曰：'何为其莫知子也？'子曰：'不怨天，不尤人，下学而上达，知我者其天乎！'"
④ 名世：朱熹："自尧舜至汤，自汤至文武，皆五百余年而圣人出。名世，谓其人德业闻望，可名于一世者，为之辅佐。若皋陶、稷、契、伊尹、莱朱、太公望、散宜生之属。"

开讲——

又一个"孟子去齐"。

我说孟子缺少好学生，这里充虞用"君子不怨天，不尤人"来问孟子为什么面带不豫之色，是又一例。不怨天、不尤人，是人整体上的、稳定的一种心智，不代表人时时处处不能生气、不能对他人有意见、有抱怨。人情绪的表现和人稳定的心智，是不同层面上的状态，二者并不矛盾。所以，孟子说"彼一时，此一时也"，这是不同层面的问题啊。不论什么时候，不论碰到什么人、什么事都"不怨"，那岂不是孔子说的"乡愿"？这不但不是境界，反而是无是非，更是无性情，是生命力萎靡。圣贤的心胸，绝不拘泥于一端。"不怨天，不尤人"与"怨天尤人"，不能陷入非此即彼、对与错二元对立的误区。

比如做学问，有人喜欢孔子，就绝不喜欢鲁迅，因为鲁迅骂孔子了；有人喜欢鲁迅，就绝不喜欢孔子，因为鲁迅骂孔子了。我特别喜欢孔子，同时我也特别喜欢鲁迅。但若有人问我：鲁迅骂孔子了，你怎么说？我不知道怎么说，我只觉得很正常，不觉得鲁迅骂孔子是不对的，也不觉得鲁迅骂孔子是对的，在我心中，没有芥蒂，没有隔阂，反正两个我都喜欢。人世间没有不通的东西，读懂了，读通了，自然就通达了。

"彼一时，此一时也"一句，根本不是孟子对充虞之问的解释。

孔子说过："中人以上，可以语上也；中人以下，不可以语上也。"（《论语·雍也》）孟子不解释，是因为充虞悟性不够，是因为"彼"与"此"是不同的逻辑层面，不是时间的差距，是逻辑的差距。充虞问孟子答，根本不在一个逻辑层面上。首先，孟子确实不高兴了。其次，充虞问孟子为什么不高兴，孟子却答：我为什么不高兴？我没有不高兴。为什么答的和问的有这个差距？因为学生问得太傻，老师没法回答。学生不理解老师的忧伤，老师的忧伤来自他内心的慈悲，而不是对某个具体人具体事的怨恨；老师的忧伤来自对天命的感知，而不是来自对天命的怨恨。这一层意思，明白的人自然明白，不明白的人，何能使之明白？说到此处，倒真是圣贤的悲伤。不胜人间苍茫的悲伤，然后浩然有归志。可是归到哪里？当然是归邹，但哪里又是归邹。于孟子而言，故乡哪里是邹呢？邹不是故乡，哪里是故乡？不是归邹，又归往何处？充虞路问，于路而问归宿，岂不知世间所有途路，都无止泊；人生所有跋涉，都无安顿。这道理，充虞何能理解感悟，人世间又有多少人不是充虞？

但是，孟子借充虞之问，说出了天地之间第一等豪杰语："当今之世，舍我其谁也？"豪杰不是天生的，豪杰是做出来的，是把那一种豪杰之气直养而无害养出来的。你担当什么，你就是什么。"吾何为不豫哉？"我有什么不高兴的呢？我已经是天下第一流人物了。

孟子不是冥想的哲学家。孟子是充满济世情怀的行动者。

孟子是怀着这样一种坚定的自信退出政治舞台的。如果我的时代尚未到来，那只能"浩然有归志"。虽然是归，也不是萧条的归，落魄的归，潦倒的归，零落的归，而是浩然的归。何为浩然的归？那是天地之间风云变色的归，是一声叹息可让江山震颤的归，是"风萧萧兮易水寒，壮士一去兮不复还"的归，是让死灰复燃、生死肉骨的归！

这样的归，岂不就是来？如若归来，人类终将回归到仁政、王道上来！

成语——不豫之色　此一时彼一时　舍我其谁
链接——4.9；4.10；4.11；4.12；4.14

4.14

孟子去齐，居休①。公孙丑问曰："仕而不受禄，古之道乎？"

曰："非也。于崇②，吾得见王，退而有去志，不欲变，故不受也。继而有师命③，不可以请。久于齐，非我志也。"

今译——

孟子离开齐国，住在休这个地方。公孙丑问："做官但不接受俸禄，是古代的规矩吗？"

（孟子）说："不是。我在崇这个地方，见到齐王，回来就有离开的想法，也不想改变，所以没有在齐国接受俸禄。后来齐国发生战事，又不好在这时请求离开。长久待在齐国，本不是我所愿。"

注释——

① 休：地名。阎若璩《四书释地》："故城在今滕县北十五里，距孟子家约百里。"

② 崇：地名。今不可考。

③ 师命：师旅之命，指有战事。

开讲——

最后一则"孟子去齐"。

"仕而不受禄,古之道乎?"看公孙丑这话问的,仕怎么就不受禄了?有学生如此,真替孟子着急。公孙丑的"丑"字,是天干地支中的那个"丑",不是繁体字"醜",丑陋之丑,但他问的这个问题,还真有点"醜"。朱熹引孔氏语:"仕而受禄,礼也;不受齐禄,义也。义之所在,礼有时而变,公孙丑欲以一端裁之,不亦误乎?"

实际上,孟子在齐国不算仕,"无官守,无言责"(4.5)。他享受的,也不是官禄,而是客卿的待遇。"久于齐,非我志也",他没有长久待在齐国享受待遇的想法。是留,还是走,取决于"义之所在"。

链接——4.9;4.10;4.11;4.12;4.13

卷五
滕文公上
（凡五章）

5.1

滕文公为世子①，将之楚，过宋而见孟子。孟子道性善，言必称尧舜。世子自楚反，复见孟子。

孟子曰："世子疑吾言乎？夫道一而已矣②。成覸谓齐景公曰③：'彼，丈夫也；我，丈夫也，吾何畏彼哉④？'颜渊曰：'舜何人也，予何人也。有为者亦若是⑤。'公明仪曰：'文王我师也，周公岂欺我哉⑥！'今滕，绝长补短，将五十里也⑦，犹可以为善国。《书》曰⑧：'若药不瞑眩⑨，厥疾不瘳⑩。'"

今译——

滕文公做世子时，要出使楚国，经过宋国见到孟子。孟子给滕文公讲人性本善，开口说话必是尧舜。世子从楚国返回，再次来见孟子。

孟子说："世子疑惑我的话吗？道，万法归一而已。成覸对齐景公说：'他，是男儿；我，也是男儿，我为什么要畏惧他呢？'颜渊说：'舜是什么样的人，我就是什么样的人。有所作为的人也都是他那样的人。'公明仪说：'若我也以文王为师，周公何能就压我一头呢！'今天的滕国，假如把国土截长补短，面积也接近方圆五十里，还是能成为一个善国。《尚书》说：若药不瞑眩，厥疾不瘳（如果药吃下去身体没有明显反应，那病怎么会被治愈）。"

注释——

① 滕文公：滕国国君。据赵岐注释，滕国是周文王之后，滕文公应为滕元公，因为"行文德"，被称为"文公"。滕国在今山东省滕州市西南。世子：天子、诸侯正妻所生的嫡长子，有时也称太子。

② 夫道一而已矣：赵岐注释为行善，朱熹注释为性善，两者可以合看。赵岐："天下之道一而已矣，惟有行善耳。"朱熹："时人不知性之本善，而以圣贤为不可企及；故世子于孟子之言不能无疑，而复来求见，盖恐别有卑近易行之说也。孟子知之，故但告之如此，以明古今圣愚本同一性，前言已尽，无复有他说也。"

③ 成覸（jiàn）：也写作成荆、成庆等，先秦时期有名的勇士。

④ 彼：赵岐注为"尊贵者"，朱熹注为"圣贤也"。考虑到成覸为勇士，而且赵岐注与3.2"无严诸侯"相合，赵岐注更为可取。但其实，这个"彼"也可以理解为碰到的任何一个比我们强大的人。

⑤ 有为者亦若是：这句话有两种理解。赵岐认为是孟子说的，用来勉励滕文公："言欲所有为，当若颜渊庶几、成覸不畏，乃能有所成耳。又以是勉世子也。"朱熹认为是颜渊说的："有为者亦若是，言人能有为，则皆如舜也。"焦循认为，根据《盐铁论·执务》的引文："颜渊曰：'舜独何人也，回何人也？'"应以赵岐为准。但从行文讲，上引成覸的话、下引公明仪的话，都是完整的，孟子未加评论，此引颜回的话，也当如是。焦循所说《盐铁论》所引，未必是完整的话，不足为据。而从语气上讲，颜回讲完"舜何人也，予何人也"，也当有一句束说明的话。

⑥ 公明仪：鲁国贤人。文王我师也：朱熹注："文王我师也，盖周公之言。公明仪亦以文王为必可师，故诵周公之言，而叹其不我欺也。"但作为儿子，周公何能说出"文王我师"的话？此当作公明仪的话，这样，语气和志气也才能和上面颜回的相应。周公岂欺我哉：欺，不作欺骗之欺，而作欺压之欺，有"周公岂能胜我一筹压我一头"之意。"文王我师也，周公岂欺我哉"全句是虚拟语气。

⑦ 将五十里：接近方圆五十里。"方五十里"大约与今天北京海淀区的面积相近。滕虽为小国，但与文王最初的"方百里"相差有限，因此，孟子引用公明仪的话，使之师

文王。

⑧ 《书》：赵岐注为《尚书》逸篇。朱熹注"《商书·说命》篇"，是。亦见于《国语·楚语·白公子张讽灵王宜纳谏》。

⑨ 瞑眩（miàn xuàn）：因吃药或敷药产生头晕目眩的感觉。瞑字的读音有两种说法，朱熹《四书章句集注》、焦循《孟子正义》、《王力古汉语字典》《辞源》认为读 miàn，《汉语大字典》《故训汇纂》认为读 mián。根据反切法应该读 miàn。

⑩ 瘳（chōu）：病愈。

开讲——

　　战国两百多年的历史记录是混乱的。尽管有个《战国策》，但是《战国策》没有纪事的编年。所以，战国的历史在今天来说还是一笔糊涂账。司马迁在写《史记》时，就对战国的史实感到难以处理。《史记》卷一五《六国年表》记："秦既得意，烧天下《诗》《书》，诸侯史记尤甚，为其有所刺讥也。《诗》《书》所以复见者，多藏人家，而史记独藏周室，以故灭。惜哉，惜哉！独有《秦记》，又不载日月，其文略不具。"六国的史书都烧了，秦国不文，《秦记》不记时间，内容很粗略，所以司马迁写《史记》时，觉得很为难，资料来源也只能"因《秦记》"。杨宽先生有《战国史料编年辑证》，这是后来的学者经过不断考证做的编年工作。战国时期最初的原始资料极少。两百多年里，战国到底有多少国家，前期有多少，后期有多少，它们又是怎么逐步消亡的，都是一笔糊涂账。比如关于滕国的记载，在有关战国的史料里，是极其匮乏的。《战国策》只有"灭滕伐薛"（卷三二《宋卫·宋康王之时有雀》）四个字的记载。滕文公、滕定公的相关事迹，也是得益于《孟子》的记载。

　　宋国地处中原，先后都商丘（今河南商丘）、彭城（今江苏徐州）。南来北往的人都要经过宋国。《史记·越王勾践世家》说范蠡

"止于陶,以为此天下之中,交易有无之路通,为生可以致富矣。于是自谓陶朱公"。"陶"(定陶,今山东菏泽),当时就是宋国的地盘。春秋战国的寓言故事里,经常出现宋国人,如削足适履的、揠苗助长的、守株待兔的人都是宋国人。为什么?一是去的人多,宋国的故事传得广;二是编讲故事要选大家都知道的地方,才能引人兴趣。

滕国世子"过宋而见孟子",透露出一个消息:孟子此时正在宋国。当时,宋国国君是宋王偃。宋王偃在位四十多年,起初特别志于王道,所以孟子去了宋国。理想主义者往往到最后可能会变成残暴之人。后来的宋王偃变得非常残暴,"剖伛之背,锲朝涉之胫,而国人大骇"(《战国策·宋卫》),剔除驼背人的腰骨,锯断早上过河人的腿,宋国人非常恐惧,"齐闻而伐之,民散,城不守",宋国最后亡国。

孟子"言必称尧舜"——"言必",说明他与滕文公在宋国不止一次接触。滕文公是一个特别有忧患意识的人。滕国地处大国的夹缝中,虎豹环伺,朝不虑夕,能不能让祖宗留下来的基业存续下来?谁能救他呢?他找到孟子,因为孟子反战。

孟子跟他谈什么?"孟子道性善,言必称尧舜。"《孟子》第一篇《梁惠王上》,梁惠王也是开头便问孟子:"不远千里而来,亦将有以利吾国乎?"孟子回答:"何必曰利?亦有仁义而已矣。"梁惠王问"利",孟子答"仁义",不在一个频道。这里,我们可以想象滕文公念念在兹的问题是什么,但同样,"孟子道性善,言必称尧舜"。其实,孟子也没有救滕国的办法。这是滕国的命。注定保不住领土了怎么办?能留给后世的,还有一个:德性。

性善和尧舜,和普通人是什么关系?性善,是每个人本性中具足的。人人本性善,但只有尧舜将之发扬光大,成为了尧舜。这两者之间的逻辑关系,孟子用"人皆可以为尧舜"(12.2)做了连接。人人性本善,尧舜能做到的,其他人都有可能做到。做不到,是不愿做,或者努力不够。孟子能够跟滕文公说的，也不过如此：当那一点国土不保了怎么办？保住自己内心的善。永不放弃内心那一份善，是一种信念。人人坚守这一点，世界最终就被我们守住了；人人放弃这一点，世界最终也将放弃我们。道家有个词叫"陆沉"，大陆沉没，每个人如一座岛屿，这座岛屿沉没，那座岛屿也沉没，最后汪洋一片。你坚持，我也坚持，大家坚持，最后连成一片大陆。所以，"孟子道性善，言必称尧舜"，这十个字内涵十分丰富。

为什么孟子特别讲性善、讲仁义？因为战国是一个没有道义的时代，时代主题是兼并，是战争。"国"这个字，最初非常有道德内涵，周武王周公分封诸国，是要他们拱卫天子而牧养人民，"国"是人民的庇护，是天下的支撑。中国人对国家有感情，也与这个原始的文化基因有关。但是，到战国就不一样了。"国"的前面加了一个"战"字。国家的功能不再是庇护人民，而是吞噬人民的血肉来滋养国家自身的强大；也不再是天下的支撑，而是反噬天下以壮大自己。这时出现了纵横家，出现了法家，都是对这种现象推波助澜。尤其是法家，不择手段地达到国家富国强兵的目标，实现效率最大化。一个讲究手段的人，与一个不择手段的人在一起，谁会胜利？不择手段的人。所以孟子有强烈的使命感，不让这个世界沉没。这是孟子的苦心。

孟子如此苦心教导滕世子，效果怎么样？后面没有记载滕世子当时的反应。滕文公和孟子都是有忧患意识的，但忧患的点不一样。滕文公忧患自己的方五十里的小国，孟子忧患天下；滕文公要方法，孟子讲信仰，讲人性本善。但是，对滕文公的忧患来说，圣贤是不可及的，是远水不解近渴，所以他又"复见孟子"，而孟子觉得，前言已尽，夫复何言？"夫道一而已矣。"

后来很多人批评儒家，说孔子周游诸侯列国，一无所用。包括司马迁也说，孟子"见以为迂远而阔于事情"，被人认为很迂腐，不实用,"当是之时,秦用商君,富国强兵;楚、魏用吴起,战胜弱敌;齐威王、宣王用孙子、田忌之徒,而诸侯东面朝齐","而孟轲乃述唐、虞、三代之德,是以所如者不合"(《史记·孟子荀卿列传》)。

"不合"在哪里?在孔孟不能作为工具之用。锤子能钉钉子,起子能拧螺丝。工具有很多种,但是所有的工具,背后都有一个原理在决定其功能。"夫道一而已矣"——道,是原理,原理是一,由原理而制工具,工具是万;道,是哲学,哲学是一,科学是万;道,是方向,方向是一,方法是万。孔孟就是那个"道一",而不是工具。对滕文公的处境,我们充满同情和理解,但是要认识到:孟子才是更高的境界,拥有更大的智慧。

后面,孟子借成覸、颜回、公明仪之言鼓励滕文公存好心、做好人,以圣贤为师,笃信力行。既然古今圣愚本同性善,则圣愚之别全在一己能否"有为",滕国虽小,"犹可以为善国"。这是孟子给滕文公的建议,也是滕文公唯一能自己决定的。孟子拈出"善国"这两个字,算是给滕文公的最好建议。滕,不可能做大国,不可能做强国,不可能成战国;但滕可以选择做"善国",这是滕国的"命"。"命"有自命和天命,亦可以说是德命和道命。德命(自命),是指自家的本质和主体性,是指知道自己的自性,"不怨天不尤人",循道养德;道命(天命),则是知道自己的天命所在,天职所在,"上学而下达",以德行道。孔子说"与命与仁",这个命就指一个人的天命或道命。

既然滕为小国,不可以做战国,但滕完全可以做善国,这是滕的道命或天命。天使滕为小国,就是让滕做善国。小,是滕国的自命或德命;善,是滕国的天命或道命。孟子教滕文公做善国,不是"无可奈何而安之若命",退而求其次;恰恰相反,是转而追求更伟大的目标和理想。强国大国其实都不过是一国,而善国才是天下之胚胎,其本质就是天下。强国大国都只存在于有限的时间,而善国存在于无限的时间,因为善国不是存在于土地之上，而是存在于人心之中。强大总会衰落，伟大才会永留。善国不在规模之大，而在本质之大。何为本质之大？《中庸》：

> 今夫天，斯昭昭之多，及其无穷也，日月星辰系焉，万物覆焉。今夫地，一撮土之多，及其广厚，载华岳而不重，振河海而不泄，万物载焉。今夫山，一卷石之多，及其广大，草本生之，禽兽居之，宝藏兴焉。今夫水，一勺之多，及其不测，鼋鼍鲛龙鱼鳖生焉，货财殖焉。

这样的本质之大，就是"纯亦不已"——不已，就是没有边界。一点纯粹，而成无穷；一念善意，而成天下！这就是本质之大。方圆五十里的滕国，能不能自我安置这样本质之大？

这样的方略，也只有孟子才能给得到，就看滕文公有无悟性和境界了。

成语——取长补短

链　接——1.1；2.13；2.14；2.15；5.2；5.3；11.2；11.3；11.4；11.6

5.2

滕定公薨①。世子谓然友曰②:"昔者孟子尝与我言于宋,于心终不忘。今也不幸至于大故③,吾欲使子问于孟子,然后行事。"

然友之邹问于孟子。孟子曰:"不亦善乎!亲丧固所自尽也④。曾子曰:'生,事之以礼;死,葬之以礼,祭之以礼,可谓孝矣。'⑤诸侯之礼,吾未之学也。虽然,吾尝闻之矣。三年之丧,齐疏之服,饘粥之食⑥,自天子达于庶人,三代共之。⑦"

然友反命,定为三年之丧。父兄百官皆不欲,曰:"吾宗国鲁先君莫之行⑧,吾先君亦莫之行也,至于子之身而反之,不可。且《志》曰:'丧祭从先祖。'"

曰:"吾有所受之也⑨。"

谓然友曰:"吾他日未尝学问,好驰马试剑。今也父兄百官不我足也⑩,恐其不能尽于大事⑪,子为我问孟子。"

然友复之邹问孟子。

孟子曰:"然,不可以他求者也。孔子曰:'君薨,听于冢宰⑫。歠粥⑬,面深墨,即位而哭,百官有司莫敢不哀,先之也。'上有好者,下必有甚焉者矣。'君子之德,风也;小人之德,草也。草尚之风,必偃⑭。'是在世子。"

然友反命。世子曰:"然。是诚在我。"

五月居庐，未有命戒⑮。百官族人可，谓曰知⑯。及至葬，四方来观之，颜色之戚，哭泣之哀，吊者大悦。

今译——

滕定公去世，世子对然友说："以前孟子在宋国跟我有过交谈，我在心里一直没有忘记。现在很不幸我父亲去世了，我想派你去问问孟先生，再来办丧礼。"

然友赶去邹国向孟子请教。孟子说："真好啊！父母去世本就是儿女自发尽情表达感情的时候。曾子说过：'父母健在，按照礼来侍奉他们；父母去世，按照礼来安葬他们，祭祀他们，这才是孝。'诸侯的葬礼规制，我不曾有研究。即使如此，我也曾听闻过。守丧三年，穿粗布丧服，吃稠粥这样简单的食物，自天子以至于庶人，夏商周三代都如此。"

然友回国向滕世子复命，定为三年之丧。滕国王室和百官都不情愿，说："我们的宗国鲁国的历代国君就没有这么做，我们的历代国君也没有这么做，到了您这儿反过来要这么做，不可以。况且《志》上说过：'服丧和祭祀要遵从祖宗的规矩。'"

（世子）说："我这样做是有所领受的。"

（世子）对然友说："我以前不大读书学习，喜欢跑马比剑。现在王室和百官都不赞成我，恐怕他们不能尽心尽力陪我完成三年之丧这件大事，你再去帮我问问孟子。"

然友再次去邹国请教孟子。

孟子说："嗯，这种事情是不能从他人那里得到答案的。孔子说：'国君去世，国家政务听命于执政大臣。（太子）喝稀粥，面色深黑，临孝子之位哭泣，大小官吏们没有谁敢不哀伤，太子哀伤在先了。'上位者爱好什么，下面一定有比他做得更过分的。'统治者的德性，像风一样；被统治者的德性，像草一样。风向哪边吹，草向哪边倒。'这事关键看世子。"

然友返回复命。世子说："是的。这确实决定于我。"

五个月停灵期间世子都住在倚庐，没有发过一次政令。百官与族人都认可了世子的做法，说他是明智的。等到举行安葬仪式时，四面八方的人都来观礼，世子容颜哀戚，哭声哀恸，来吊唁的人对他心悦诚服。

注释——

① 滕定公：滕文公的父亲。薨（hōng）：诸侯之死称薨。
② 世子：即继位后的滕文公。然友：世子之傅。《礼记》记载，世子有太傅、少傅。先秦时期的"傅"，是教导帝王、诸侯之子的老师。
③ 大故：这里指父亲去世。
④ 自尽：尽，"尽其极也"。自尽：自发、尽行表露内心真情。《论语·子张》："曾子曰：'吾闻诸夫子：人未有自致者也，必也亲丧乎！'"朱熹注："致，尽其极也。盖人之真情所不能自已者。"自尽即自致。
⑤ 《论语·为政》："孟懿子问孝。子曰：'无违。'樊迟御，子告之曰：'孟孙问孝于我，我对曰"无违。"'樊迟曰：'何谓也？'子曰：'生，事之以礼；死，葬之以礼，祭之以礼。'"孟子此处说是曾子的话，有可能是孟子记错了，也有可能是曾子复述过孔子的话。翟灏《四书考异》指出，曾子也有类似的话，见于《大戴礼记·曾子本孝》："故孝之于亲也，生则义以辅之，死者哀以莅焉，祭祀则莅之以敬；如此，而成于孝子也。"
⑥ 齐（zī）疏之服：齐，衣服缝边；疏，粗。即《论语·子罕》所说的"齐（zī）衰（cuī）"，古代用粗麻布做的丧服。饘（zhān）粥之食：饘，厚粥。朱熹："丧礼：三日始食粥。既葬，乃疏食。此古今贵贱通行之礼。"
⑦ 据焦循《孟子正义》："齐疏之服，饘粥之食，自天子达于庶人。"也来自曾子，见于《礼记·檀弓上》曾子和鲁穆公的谈话："穆公之母卒，使人问于曾子曰：'如之

何？'对曰：'申也闻诸申之父曰：哭泣之哀、齐斩之情、饘粥之食，自天子达。布幕，卫也，缫幕，鲁也。'"

⑧ 吾宗国鲁：滕国和鲁国都是周文王之后，鲁国是周公之后，滕国是叔绣之后。周公年长于叔绣，故滕国视鲁国为宗国。赵岐注："滕、鲁同姓，俱出文王。鲁，周公之后；滕，叔绣之后。敬圣人，故宗鲁者也。"又，孙奭疏："滕与鲁同姓，俱出鲁周公之后，故云吾宗国鲁先君。"

⑨ 吾有所受之也：赵岐："丧祭之事，各从其先祖之法。言我转有所受之，不可于己身独改更也。一说'吾有所受之'，世子言我受之于孟子也。"赵岐提出两种理解：一、这句话是父兄百官说的，用于解释上一句"丧祭从先祖"；二、这是滕文公说的，意思是滕文公无言以对，只能说自己是从孟子那里听来的，需要派人询问孟子的回复，与下文的"谓然友曰"相呼应。赵岐认为两种说法都可以，朱熹采取第一种说法。此处取第二种说法。

⑩ 不我足：赵岐："父兄百官见我他日所行，谓我志行不足，似恐我不能尽大事之礼，故止我也。"朱熹："谓不以我满足其意也。"其实，不我足，即不足我，不满足我，不顺应我，不赞成我。

⑪ 恐其不能尽于大事：赵岐将"其"注释为"我"，这种注释有点别扭。正如焦循所言："若世子自恐，不当用'其'字，直云'恐不能尽于大事'可矣。"焦循猜测，这句话是滕文公引用父兄百官之言。父兄百官见滕文公要行三年之丧，担忧他处理不好滕定公的丧事。其实，此句意思本来不难理解，"其"理解为"父兄百官"就非常顺畅：父兄百官不我足，故我担心他们不能尽心尽力帮我做成大丧之事。如此理解，上顺下达。与孟子后面所引"上有所好，下必有甚焉者矣"的意思豁然贯通。

⑫ 冢（zhǒng）宰：太宰，百官之首，相当于后世的宰相。《礼记·檀弓》注："冢宰，天官卿，贰王事者。三年之丧，使之听朝。"另，《论语·宪问》亦载，子张曰："《书》云'高宗谅阴，三年不言'，何谓也？"子曰："何必高宗？古之人皆然。君薨，百官总己以听于冢宰三年。"

⑬ 歠（chuò）：饮。

⑭ 尚：同"上"。偃（yǎn）：倒下。出自《论语·颜渊》："季康子问政于孔子曰：'如杀无道以就有道，何如？'孔子对曰：'子为政，焉用杀？子欲善而民善矣。君子之德风，小人之德草，草上之风必偃。'"

⑮ 五月：诸侯去世五个月以后，才埋葬。《左传》隐公元年："天子七月而葬，同轨毕至；诸侯五月，同盟至；大夫三月，同位至；士逾月，外姻至。"庐：倚庐，指古代为父母守丧时，所居住的简陋的草房，只是用两根木头斜倚在东墙之下，无梁无柱，不用泥涂抹缝隙，故曰倚庐。未有命戒：赵岐："居丧不言也。"朱熹："未有命令教戒也。"

⑯ 百官族人可，谓曰知：这句话有四种不同的标点和解释。一、赵岐的解释："异姓同姓之臣可谓曰：'知世子之能行礼也。'"这里的"知"是（百官族人）知道世子能行礼的意思。二、孙奭的解释："百官族人皆以为知礼，能行三年之丧，乃曰：'可谓曰知。'"这里的"知"是（世子）知礼的意思。朱熹沿用了孙奭的解释。三、焦循的解释："百官族人自谓其知，始时皆不欲其行三年之丧，以为不可；至是首肯而谓之曰：吾今乃知。知，犹觉也，亦解也。"百官族人可以说是知道（为什么要实行三年之丧）了。前三种解释的标点都是"百官族人可谓曰知"。四、标点为："百官族人可，谓曰知。""知"同"智"，意思是：百官族人认可世子的做法，都称他是明智的。此处采用第四种解释。

开讲——

显然，在宋国与孟子的见面，孟子"道性善，言必称尧舜"的谈话，让滕世子难以忘怀。滕定公去世了，即将继位的世子，首先面临的便是如何办好丧事。于是他让自己的老师然友专程去邹国请教孟子。孟子非常高兴。一来，世子又来请教他了；二来，当时诸侯早已不再举行古丧礼了，唯独世子有心来请教他这个问题，孟子情不自禁赞叹一声："不亦善乎！"

孔子坚持三年之丧，当时持反对意见的人就不少。孔子学生宰我曾经提出疑问，说"君子三年不为礼，礼必坏；三年不为乐，乐必崩。旧谷既没，新谷既升，钻燧改火"，这个规矩要改改才是——"期可已矣"。孔子很生气，骂宰我"不仁"，说这是子女对父母的情感问题："子生三年，然后免于父母之怀，夫三年之丧，天下之通丧也。予也有三年之爱于其父母乎？"（《论语·阳货》）但现实情况是，春秋时代，大多数人都不能实行三年之丧了。一百多年过去了，到孟子时，"鲁先君莫之行"，连周公之后的鲁国也不实行很久了，以至于滕国人以为不行三年之丧才是祖宗规矩。墨子，也对三年之丧深恶痛绝，大加挞伐。

那么孟子为什么还坚持让滕世子再行三年之丧呢？朱熹转林氏曰："孟子之时，丧礼既坏，然三年之丧，恻隐之心，痛疾之意，出于人心之所固有者，初未尝亡也。惟其溺于流俗之弊，是以丧其良心而不自知耳。文公见孟子而闻性善尧舜之说，则固有以启发其良心矣，是以至此而哀痛之诚心发焉。"也就是说，滕世子既然主动派自己的老师来问孟子如何为父亲举丧，说明他已然有了这样的"诚心"，正如他对然友说："昔者孟子尝与我言于宋，于心终不忘。"终不忘者，一直萦绕在心也。滕国的丧事既有滕国的习惯，又派人专程问孟子，不仅在表达对孟子的信任，更重要的是他想移风易俗，回归传统，并用这样的方法，开启文公新政。可见，滕文公虽然说自己年轻时"好驰马试剑"，其实他并非纨绔，而是一个非常有责任感和担当、有强烈忧患意识的年轻人。但他想照着孟子说的古代丧礼服丧，却遭到了父兄百官的强烈反对。反对的理由是违背祖宗之制。这大帽子可以压死人，而且是滕国权贵联手对付他，他一时犹豫了。作为新国君，如果在父亲丧葬这样重大的事情上处理不好，不仅当下没有威信，以后难以实现自己的政治主张，甚至被贵族们废掉也不是没有可能——毕竟他做世子时给人的印象，是不谙世事的纨绔。这时，孟子表现出"自反而缩，虽千万人吾往矣"的道德勇气，鼓励滕文公"不可以他求"，要坚持自己的内心。接下来的五个月，从小祥到大祥到停柩结束的大葬，他坚持下来，渐渐获得认可，滕国贵族、百姓终于在这个年轻人身上看到了他们以前没有发现的毅力、坚定和理想主义精神，而这，正是弱小的朝不虑夕的滕国最需要。滕文公成功了，孟子也成功了，于是就有了下文5.3。

按："自天子达于庶人，三代共之"——这里有两个疑问。第一，三年之丧是否得到真正实行，学术界说法不一；第二，即使有"三年之丧"之礼制，"三年"守丧也应该只对贵族作要求，何至"达于庶人"？周礼的很多规定是针对天子、诸侯、大夫到士的要求，所谓"礼不下庶人"，如果普通百姓要服三年丧，怎么种田做工？生活来源怎么办？谁交税？《礼记·曲礼》："礼不下庶人，刑不上大夫。"郑玄注："礼不下庶人，为其遽于事，且不能备物。"孔颖达正义："礼不下庶人者，谓庶人贫，无物为礼，又分地是务，不服燕饮，故此礼不下与庶人行也。"况且，父亲三年之丧，母亲三年之丧，还有祖父祖母、伯伯叔叔，何止三年？孟子这里明确说"达于庶人"，庶人即下层百姓，难解。存疑。

成语——上有所好，下必甚焉　驰马试剑

链接——2.13；2.14；2.15；2.16；4.7；5.1；5.3；13.39

5.3

滕文公问为国。孟子曰:"民事不可缓也。《诗》云:'昼尔于茅,宵尔索绹;亟其乘屋,其始播百谷①。'民之为道也,有恒产者有恒心,无恒产者无恒心。苟无恒心,放辟邪侈,无不为已。及陷乎罪,然后从而刑之,是罔民也。焉有仁人在位,罔民而可为也?是故贤君必恭俭礼下,取于民有制。阳虎曰:'为富不仁矣,为仁不富矣②。'

"夏后氏五十而贡,殷人七十而助,周人百亩而彻,其实皆什一也。彻者,彻也;助者,藉也③。龙子曰④:'治地莫善于助,莫不善于贡。'贡者,校数岁之中以为常⑤。乐岁粒米狼戾,多取之而不为虐,则寡取之;凶年粪其田而不足,则必取盈焉⑥。为民父母,使民盻盻然⑦,将终岁勤动,不得以养其父母,又称贷而益之⑧,使老稚转乎沟壑,恶在其为民父母也?夫世禄,滕固行之矣⑨。《诗》云:'雨我公田,遂及我私。'惟助为有公田。由此观之,虽周亦助也⑩。

"设为庠序学校以教之。庠者,养也;校者,教也;序者,射也。夏曰校,殷曰序,周曰庠,学则三代共之,皆所以明人伦也⑪。人伦明于上,小民亲于下。有王者起,必来取法,是为王者师也。《诗》云:'周虽旧邦,其命惟新。'⑫文王之谓也。子力行之,亦以新子之国!"

使毕战问井地。孟子曰:"子之君将行仁政,选择而使子,子必勉之! 夫仁政,必自经界始。经界不正,井地不钧,谷禄不平,是故暴君污吏必慢其经界⑬。经界既正,分田制禄可坐而定也。夫滕,壤地褊小,将为君子焉,将为野人焉⑭。无君子莫治野人,无野人莫养君子。请野九一而助,国中什一使自赋。卿以下必有圭田⑮,圭田五十亩,余夫二十五亩⑯。死徙无出乡,乡田同井,出入相友,守望相助⑰,疾病相扶持,则百姓亲睦。方里而井,井九百亩,其中为公田,八家皆私百亩,同养公田。公事毕,然后敢治私事。所以别野人也⑱。此其大略也。若夫润泽之,则在君与子矣。"

今译——

滕文公问治理国家。孟子说:"民事不能拖延啊。《诗经》说:'昼尔于茅,宵尔索绹;亟其乘屋,其始播百谷。'(白天割茅草,晚上搓绳索;急急修房屋,准备播百谷)百姓的特点是,有恒产者有恒心,无恒产者无恒心。倘若无恒心,就会肆意作恶,什么事情都能做得出来。等他们掉入犯罪的泥坑,再用刑律去惩罚他们,这是网罗人民啊。哪有仁人在位,能做网罗人民的事呢? 所以贤明的君主一定恭敬检点、有礼谦卑,对人民征税有制度依据。阳虎说:'追求富贵哪有仁德可讲,追求仁德哪有富贵可求。'

"夏代实行每户五十亩的贡税法,商朝实行每户七十亩的助税法,周朝实行每户百亩的彻税法,其实税率都是十分抽一。彻呢,是通行的意思;助呢,是借力的意思。龙子说:'地税管理最好的是助法,最不好的是贡法。'贡法,是考察几年收成的平均数订出一个固定不变的税率。丰年粮食多得撒一地,税多收点也不算暴虐,却并不多收;凶年多多施肥而粮食还是不够吃,却必须收足数量。为民父母,却让人民对你怒目而视,他们一年到头勤苦不休,也养不活自己的父母,还要借贷来补足税收不足的部分，使得老人小孩饿毙于山沟荒野，这样怎么能叫为民父母？贵族世代有俸禄，滕国本来就在实行了。《诗经》说：'雨我公田，遂及我私。'（雨落到公田，然后落到私田）只有助法才有公田之说。由此看来，周朝也是实行助税法的。

"设立庠、序、学、校来教育人民。庠，就是养；校，就是教；序，就是射。乡学夏代称校，商朝称序，周朝称庠，大学则夏商周三代都称学，这些场所都是为了让人明白人伦之礼。上层社会恪守人伦之道，下层民众彼此亲近互助。如果有圣王兴起，一定会来效仿，如此便能做圣王的老师了。《诗经》说：'周虽旧邦，其命惟新。'（周民族虽古老，使命却不断更新）这说的是周文王。您努力去做，也以此来焕新您的国家！"

（滕文公）派毕战来请教井田制。孟子说："您的君主要推行仁政了，选了您来主持，您一定要尽力啊！推行仁政，一定要从划分田界开始。田界划分得不准确，井田大小就不均匀，俸禄分配也会不公平合理，所以暴君和污吏一定会混淆田界（达到强占的目的）。划分田界准确了，分配田地制订俸禄就能轻松搞定了。滕国，国土面积再狭小，也有君子贵族，也有野人农夫。没有君子贵族怎么管理野人农夫呢，没有野人农夫怎么养活君子贵族呢。建议在农村实行九分抽一的助税法，在城里自行交纳十分抽一的税。公卿、大夫、士一定要有专供祭祀用的圭田，圭田每家五十亩，外加未成年的二十五亩。死葬和迁徙都不离开本乡本土，共耕井田的各家，进进出出、相互友爱，防盗防寇、相互帮助，生病了相互扶持，那么百姓之间就会和睦相处如同亲人。每方圆一里画井字，每一井田为九百亩，中间一百亩是公田，旁边八家都有私田一百亩，这八家共同耕种那份公田。公田里的事做完了，然后才敢干私田里的活。这就是分别君子野人收入的方法。我只说了一个大概。至于怎么做细致做到位，要看国君和您的了。"

注释——

① 语出《诗经·豳风·七月》。于：去。朱熹："往取也。"索绹（táo）：搓绳。亟：急。乘：朱熹："乘，升也。"谓登屋修缮。其始播百谷：郑玄认为，"其"应作"祈"："祈来年百谷于公社。"从与上文连接的角度看，此处当指即将要来的事，不是当下的事，故当作语气词，无意义。朱熹概述这段引诗的目的："故引《诗》言治屋之急如此者，盖以来春将复始播百谷，而不暇为此也。"

② 阳虎：阳货。鲁国卿大夫季氏的家臣，与孔子多有冲撞。朱熹："虎之言此，恐为仁之害于富也；孟子引之，恐为富之害于仁也。君子小人，每相反而已矣。"

③ 彻者，彻也：第一个"彻"是名词，是周代的土地税收制度的名称。第二个"彻"有多种解释。赵岐："彻犹取人彻取物也。"即抽取。朱熹："耕则通力而作，收则计亩而分，故谓之彻……彻，通也，均也。"杨伯峻取郑玄："彻，通也，为天下之通法也。"杨伯峻的解释较为通达，今从之。助者，藉也：赵岐："犹人相借力助之也。"助：一种税收制度。朱熹："借其力以助耕公田，而不复税其私田。"藉（jí）：借力，助力。指借用民力来耕种公田。

④ 龙子：古代贤人，生平事迹不详。

⑤ 挍（jiào）：同"校"，考量，考察。常：常数，定数。

⑥ 狼戾（lì）：散乱，一片狼藉，因丰产而不加珍惜之意。粪：朱熹解为"壅也"，指多多施肥。盈：足额。

⑦ 盻盻（xì xì）然：赵岐注为勤苦不休息的样子。朱熹注为仇视、怒视的样子。今从朱熹。

⑧ 称贷而益之：朱熹："称，举也。贷，借也。取物于人，而出息以偿之也。益之，以足取盈之数也。"谓举债以补足税收。

⑨ 世禄：贵族世代享有爵禄的制度。朱熹："孟子尝言文王治岐，耕者九一，仕者世禄，二者王政之本也。今世禄滕已行之，惟助法未行，故取于民者无制耳。盖世禄者，授之土田，使之食其公田之入，实与助法相为表里，所以使君子野人各有定业，而上下相安者也，故下文遂言助法。"

265　卷五　滕文公上

⑩ 语出《诗经·小雅·大田》。雨（yù）：动词，下雨。虽周亦助：即使是周，也实行助法。

⑪ 庠者，养也……皆所以明人伦也：朱熹："庠以养老为义，校以教民为义，序以习射为义，皆乡学也。学，国学也。共之，无异名也。"古代学校兼有敬老养老功能。

⑫ 语出《诗经·大雅·文王》。

⑬ 毕战：滕国之臣。井地：即井田制。经界：土地的分界。经：量度、划分。钧，同均，均等。谷禄：古人俸禄用谷子支付，故称。慢：同漫，破坏。

⑭ 为：有。君子：上层社会的人，统治者。野人：与"国人"相对，国人住在城中，是贵族及其后裔，其来源是分封之时随封君而来的殖民者；野人，即当地土著民，住野外，主要从事农业。朱熹："言滕地虽小，然其间亦必有为君子而仕者，亦必有为野人而耕者，是以分田制禄之法，不可偏废也。"

⑮ 圭（guī）：本义为古代的玉制礼器。圭田，专供祭祀用的田地。孔颖达《礼记正义》云："圭，洁白也。"焦循："士以洁白而升，则与以圭田，使供祭祀；若以不洁白而黜，则收其田里，故士无田则不祭。有田以表其洁，无田以罚其不洁也。"《礼记·王制》："夫圭田无征。"圭田不征税。朱熹："此世禄常制之外，又有圭田，所以厚君子也。"

⑯ 余夫：指大家族中未成年而未分户之男子。朱熹："程子曰：'一夫上父母，下妻子，以五口八口为率，受田百亩。如有弟，是余夫也。年十六，别受田二十五亩，俟其壮而有室，然后更受百亩之田。'愚按：此百亩常制之外，又有余夫之田，以厚野人也。"

⑰ 守望：朱熹："守望，防寇盗也。"

⑱ 所以别野人也：朱熹："公田以为君子之禄，而私田野人之所受。先公后私，所以别君子野人之分也。"

开讲——

　　世子即位，是为滕文公。朱熹《四书集注》此章："文公以礼聘孟子,故孟子至滕,而文公问之。"滕文公即位,马上礼聘孟子来滕国,要孟子指导他如何治国。所以,这一章,是两个人关于国家大政方针的谈话。

有意思的是,滕文公问的是"为国",孟子所答,却在"民事"。对比秦孝公即位,商鞅自卫国入秦,提出富国强兵弱民之法,可知儒家与法家在政治伦理上的区别。儒家政治伦理的立足点,是人民幸福,把人民放在第一位,孟子所谓:"民为贵,社稷次之,君为轻。"(14.14)而法家政治伦理的立足点,是国家强大。秦王朝的强大就是集中甚至是榨干了社会的所有资源后达成的,没有人民幸福,更没有个体自由。人民幸福、个人自由、国家强大都应该是国家的发展目标,但是,国家的强大不能以损害人民幸福、个体自由为代价。所以,滕文公问"国",孟子不讲国,讲"民"。从国到民,这么一转,儒家的政治伦理就显示出来了,我们也因此知道,孟子在想什么,孟子在教国君什么——"民事不可缓也",治国就是让老百姓把日子过好。国家强大不是目标,强大国家实际上仍然是手段,其目的是为了保护人民的幸福。人民幸福才是国家发展的核心。如果国家强大的目的不是保护人民的幸福,而是自我扩张,那么这种强大就是没有价值的。如果国家的强大只是保护君主的利益,保护统治集团的利益,这种强大便是祸害,尤其在战国时代。所以,本章的大节,在开头两个字:国,民。滕文公问"为国",孟子答"民事",不谈强国谈民生,转移主题。

"有恒产者有恒心,无恒产者无恒心"一句,在1.7章就出现过。可以与孔子说的"君子喻于义,小人喻于利"互看。这里,君子、小人,分别指上层精英与下层百姓,意思是:和君子讲道义;同小人讲利益。君子应该关心道义,小人应该关心利益。质言之,人民关心利益就是在关心道义,因为人民的利益就是国家的道义。作为国家的政治伦理,应该要求君子担当道义,而让小人获得利益。如果上层社会蝇营狗苟、争权夺利,怎么能要求下层百姓讲情怀、讲奉献?从儒家的角度来看,什么是道义?给百姓以利,是道义;让百姓能分享国家的成功,分享国家的财富,是道义;为民谋利,是国家的最高道义。义即合理、合法、公平地分配利。利、义并不是对立的概念。保护人民道德的最好的方法,不是给他们开道德讲堂,而是给他们体面的生活。

讲治国,道家的核心词是人;法家的核心词是国;儒家的核心词是民。人要自由,国要强大,民要幸福,三家立足点不同。民是政治概念,其对应的,是国家和政府;人是自然的概念,其对应的,是天地和万物。

孟子为什么讲"贡"税不好?因为它取每年的平均数而定,不能根据年成调整。"助"为什么好?第一,对老百姓比较公平;第二,对每一年也是公平的。为什么孟子反复讲井田制?因为井田制是把土地画成像一个"井"字,中间一份是公田,四周八份,分给八户人家作为私田。八户人家先把公田种好,再种私田。"雨我公田,遂及我私",公田、私田雨露均沾。公田收入交给国家,私田收入归自己。遇到收成不好,公田收入多少就是多少,官府想加也没法加。如此,既能让国家经济在丰年和凶岁之间保持平衡,同时,井田制又有清晰的、可见的、法律认可的公私界限。如何约束公权力不越界?"必自经界始"——孟子说,从划清界限开始。所以,孟子讲井田制,是在讲土地制度、税收制度,更是在讲国家的政治伦理,讲如何约束公权力越界侵犯人民利益。

"人伦明于上,小民亲于下",这句话有意思了。两个方面:第一,小民不受教育,如果小民受教育了,也就"明人伦"了。这不是孟子歧视小民,而是条件不允许。即使今天,高等教育也不可能普及大众全体,这不是道德问题,是社会经济发展不足以支持的问题。从孔子私学算起,两千五百多年来,人类教育在绝大多数时间里,实际上始终是精英教育。第二，对接受了教育的人，有更高的道德要求。即，道德应该对谁要求？对上层精英，而不是对下层百姓。这是孔孟一贯的观点。

成语——为富不仁　守望相助　粒米狼戾

链接——1.7；2.13；2.14；2.15；5.1；5.2

5.4

有为神农之言者许行①,自楚之滕,踵门而告文公曰②:"远方之人闻君行仁政,愿受一廛而为氓③。"

文公与之处④。其徒数十人,皆衣褐,捆屦⑤、织席以为食。

陈良之徒陈相与其弟辛,负耒耜而自宋之滕⑥,曰:"闻君行圣人之政,是亦圣人也,愿为圣人氓。"

陈相见许行而大悦,尽弃其学而学焉。陈相见孟子,道许行之言曰:"滕君则诚贤君也。虽然,未闻道也。贤者与民并耕而食,饔飧而治⑦。今也滕有仓廪府库,则是厉民而以自养也⑧,恶得贤?"

孟子曰:"许子必种粟而后食乎?"

曰:"然。"

"许子必织布然后衣乎?"

曰:"否。许子衣褐。"

"许子冠乎?"

曰:"冠。"

曰:"奚冠?"

曰:"冠素。"

曰:"自织之与?"

曰:"否,以粟易之。"

曰:"许子奚为不自织?"

曰:"害于耕。"

曰:"许子以釜甑爨⁹,以铁耕乎?"

曰:"然。"

"自为之与?"

曰:"否,以粟易之。"

"以粟易械器者,不为厉陶冶⑩。陶冶亦以其械器易粟者,岂为厉农夫哉?且许子何不为陶冶舍,皆取诸其宫中而用之⑪?何为纷纷然与百工交易?何许子之不惮烦?"

曰:"百工之事固不可耕且为也。"

"然则治天下独可耕且为与?有大人之事,有小人之事。且一人之身,而百工之所为备,如必自为而后用之,是率天下而路也⑫。故曰或劳心,或劳力;劳心者治人,劳力者治于人;治于人者食人,治人者食于人⑬,天下之通义也。

"当尧之时,天下犹未平。洪水横流,泛滥于天下,草木畅茂,禽兽繁殖,五谷不登,禽兽逼人,兽蹄鸟迹之道交于中国。尧独忧之,举舜而敷治焉⑭。舜使益掌火⑮,益烈山泽而焚之,禽兽逃匿。禹疏九河⑯,瀹济、漯⑰,而注诸海;决汝、汉,排淮、泗,而注之江。然后中国可得而食也。当是时也,禹八年于外,三过其门而不入,虽欲耕,得乎?后稷教民稼穑⑱,树艺五谷。五谷熟而民人育。人之有道也,饱食、暖衣、逸居而无教,则近于禽兽。圣人有忧之⑲,使契为司徒⑳,教以人伦:父子有亲,君臣有义,夫妇有别,长幼有叙㉑,朋友有信。放勋曰:'劳之来之,匡之直之,辅之翼之,使自得之,又从而振德之㉒。'圣人之忧民如此,而暇耕乎?

"尧以不得舜为己忧,舜以不得禹、皋陶为己忧㉓。夫以百亩之不易为己忧者㉔,农夫也。分人以财谓之惠,教人以善谓之忠,为天下得人者谓之仁。是故以天下与人易，为天下得人难。孔子曰：
'大哉，尧之为君！惟天为大，惟尧则之。荡荡乎，民无能名焉。君
哉，舜也！巍巍乎，有天下而不与焉。'尧舜之治天下，岂无所用
其心哉？亦不用于耕耳㉕。

"吾闻用夏变夷者，未闻变于夷者也。陈良，楚产也，悦周公、
仲尼之道，北学于中国。北方之学者，未能或之先也。彼所谓豪杰之
士也。子之兄弟事之数十年，师死而遂倍之㉖。昔者孔子没，三年之
外，门人治任将归㉗，入揖于子贡，相向而哭，皆失声，然后归。子
贡反，筑室于场㉘，独居三年，然后归。他日，子夏、子张、子游以
有若似圣人，欲以所事孔子事之，强曾子㉙。曾子曰：'不可。江、
汉以濯之，秋阳以暴之，皜皜乎不可尚已㉚。'今也南蛮鴃舌之人㉛，
非先王之道，子倍子之师而学之，亦异于曾子矣。吾闻出于幽谷迁
于乔木者，未闻下乔木而入于幽谷者。《鲁颂》曰：'戎狄是膺，荆
舒是惩。'㉜周公方且膺之，子是之学，亦为不善变矣。"

"从许子之道，则市贾不贰㉝，国中无伪。虽使五尺之童适市㉞，
莫之或欺。布帛长短同，则贾相若；麻缕丝絮轻重同，则贾相若；
五谷多寡同，则贾相若；屦大小同，则贾相若。"

曰："夫物之不齐，物之情也。或相倍蓰㉟，或相什百，或相
千万。子比而同之，是乱天下也。巨屦小屦同贾㊱，人岂为之哉？从
许子之道，相率而为伪者也，恶能治国家？"

今译——

有一位践行神农学说的人叫许行，从楚国来到滕国，到滕文公门下
告诉文公："远方之人听闻国君您推行仁政，希望能接受您给予的一块
落脚之地做您的百姓。"

滕文公给了他一个住处。许行的弟子几十人，都穿粗麻衣，靠编织

草鞋、草席为生。

陈良的弟子陈相和他的弟弟陈辛，扛着农具从宋国来到滕国，说："听说国君您推行仁政，您也是圣人啊，我愿意做圣人的百姓。"

陈相见到许行非常高兴，彻底抛弃了之前所学跟许行学习。陈相见到孟子，转述许行的话说："滕文公确实是位贤明的君主。即便如此，他还没听闻到大道。贤明的人应该和农夫一起耕种才有饭吃，早晚自己做饭并且治理国家。现在滕国有储备粮食财物的仓库，这是剥削别人来奉养自己，怎么能称得上贤呢？"

孟子问："许先生一定自己种庄稼才吃饭吗？"

（陈相）答："对。"

（孟子问：）"许先生一定自己织布才穿衣吗？"

（陈相）答："没有。许先生只穿粗麻衣。"

"许先生戴帽子吗？"

答："戴帽子。"

问："戴什么帽子呢？"

答："戴没有染色的丝绸帽子。"

问："他自己织的吗？"

答："不是，是用粮食换来的。"

问："许先生为什么不自己织呢？"

答："耽误干庄稼活。"

问："许先生用釜、甑做饭，用铁锄耕田吗？"

答："是的。"

"是他自己造的吗？"

答："不是，是用粮食换来的。"

（孟子说：）"用粮食交换农具炊器，不是剥削陶工铁匠。陶工铁匠也用农具炊器交换粮食，难道是剥削农夫吗？况且许先生为什么自己不建造烧陶炼铁的场所,样样都造好放在房子里等用的时候拿出来用?为什么要那样麻烦地去跟那么多工匠做交易?为什么许先生这么不怕麻烦?"

(陈相)说:"百工之事自然不可能一边种田一边去做。"

(孟子说:)"那么难道治理天下就可以一边种田一边来做吗?做官有做官的职守,百姓有百姓的劳作。并且一个人的生活所需,是由各类工匠的制作为他备齐的,如果每一样都必须自己做才能用,那便是让天下人奔跑于去不同工作场所的路上了。所以说有的人是脑力劳动,有的人是体力劳动;脑力劳动者治理人,体力劳动者被人治理;被治理的人为他人生产粮食,治理的人靠他人的生产吃饭,这是通行天下的原则啊。

"尧的时候,天下不太平。洪水肆虐,四处泛滥,草木旺盛,禽兽繁殖,粮食没有收成,禽兽危害人类,野兽的脚印、飞鸟的痕迹交织于中国。尧独坐忧虑,推举舜开展治理。舜派益掌管火,益用烈火焚烧山野沼泽,禽兽逃匿而去。大禹疏通九河,治理济水、漯水,使之注入大海;疏浚汝水、汉水,排泄淮水、泗水,使之流入长江。由此中国才得以耕田有饭吃。那个时候,禹八年在外治水,三次经过自己家门都没空进去,即使他想自己耕田,可能吗?后稷教部落的人种庄稼,栽培五谷。五谷成熟养育人民。人之所以为人有其道,吃饱了、穿暖了、住安逸了却没有教化,那与野兽有多大区别。圣人又很忧虑,派契做司徒官,教导人懂得人伦的道理:父子有骨肉之亲,君臣有礼法道义,夫妇有内外之别,长幼有尊卑之序,朋友有诚信之德。放勋说:'劳动他们招徕他们,匡正他们扶直他们,帮助他们提携他们,让他们自得其本来善性,又赈济他们施惠他们。'圣人为人民如此操心操劳,有空自己去耕田吗?

(孟子又说:)"尧以不能得到舜这样的人为忧虑,舜以不能得到禹、皋陶这样的人而忧虑。那以百亩之田种不好为忧虑的，是农夫。把财物分享给人叫作惠，以善来教导人叫作忠，为天下找到治世之人的叫作仁。因此，把天下交给别人容易，为天下谋得人才很难。孔子说：'伟大呀！尧做君主的风采！只有天为大，只有尧法天。他的恩德多么广大啊，人民不知该用怎样的言辞称赞他。舜是这样的君主啊！他的德性多么崇高啊，坐拥天下而不占享天下之利。'尧舜治理天下，难道不竭尽心力吗？只是没有自己去耕田罢了。

（孟子又说：）"我只听说用华夏先进文明来改变周边落后地区的，没听说用落后去改变先进的。陈良，本是楚国土著，爱好周公、孔子的学说，北上求学于华夏中原。北方的读书人，还不一定超过他。他才真是豪杰之士啊。你陈相陈辛兄弟二人跟随他几十年，老师一死就背叛了他。昔日孔子去世，三年守丧期结束，门徒们整理行装准备回家，都进去与子贡作揖告别，相对哭泣，都泣不成声，然后才离开。子贡又返回去，在墓地旁盖了一间草棚，又独自居丧三年，这才离开。后来有一天，子夏、子张、子游觉得有若有点像圣人，想像侍奉孔子那样侍奉他，劝曾子同意。曾子说：'不可以。江、汉之水冲荡，夏日之阳曝晒，光辉洁白无与伦比。'现在有个南蛮子说话像伯劳鸟叫一样，非议先王之道，你们背叛你们的老师跟他学，这做法与曾子太不同了。我只听说鸟飞出暗谷迁往高树的，没听说飞下高树投往暗谷的。《鲁颂》说：'戎狄是膺，荆舒是惩。'（攻击戎狄，惩罚荆舒）周公尚且要攻击的，你还跟他学，这也是不学好了。"

（陈相说：）"如果采用许先生的学说，市场就不二价了，国家就没有造假的了。即使打发小孩子去买东西，也没人能骗得了他。布匹丝绸长短一样，价钱就一样；麻线丝絮轻重一样，价钱就一样；五谷多少一样，价钱就一样；鞋子大小一样，价钱就一样。"

（孟子）说："万物不同，是万物的本来面貌。有的相差一倍五倍，有的相差十倍百倍，有的相差千倍万倍。你放在一起让它们一样，这是搞乱天下。质量好的鞋和质量坏的鞋一个价钱，谁会去做质量好的鞋呢？照许先生的学说去做，大家互相都去作伪了，怎么能治理国家？"

注释——

① 神农：上古传说中的人物。班固《汉书·艺文志》："六国时，诸子疾时怠于农业，道耕农事，托之神农。"许行：农家学说的代表人物之一，生平事迹不详。下文的陈良、陈相、陈辛等生平事迹均不详。

② 踵（zhǒng）：到。朱熹："踵门，足至门也。"上门。

③ 廛（chán）：古代城市一户人家所居之房地。氓（méng）：外来移民。

④ 处（chù）：住处，地方。

⑤ 捆：敲打使之坚韧。屦（jù）：用麻、葛等做成的鞋。

⑥ 耒（lěi）：犁。耜（sì）：耒的下端用来翻土的部分，代指农具。

⑦ 饔（yōng）：早饭。飧（sūn）：晚饭。饔飧：用作动词，做饭。饔飧而治：朱熹："言当自炊爨以为食，而兼治民事也。"

⑧ 厉：害。朱熹："许行此言，盖欲阴坏孟子分别君子野人之法。"

⑨ 釜甑（fǔ zèng）：古代用来煮蒸食物的炊具。爨（cuàn）：烧火做饭。

⑩ 陶冶：制造陶器的人（陶工）和冶炼的人（铁匠）。

⑪ 宫：屋。先秦时期，"宫"只是房屋的普通称谓。从秦汉开始，只有帝王所居才能称为宫。另，上句末字"舍"，一般置于此句之首，但不好解释，朱熹以为可以置于上句之末："或读属上句。舍，谓作陶冶之处也。"从之。

⑫ 路：朱熹："路，谓奔走道路，无时休息也。"

⑬ 食（sì）人：拿东西给人吃，供养。食于人：被别人供食。

⑭ 敷：赵岐注为"治也"，杨伯峻注为"遍"。当是开展、开始、着手之意。

⑮ 益：即伯益，曾辅佐禹治水，亦善用火。禹死后，禅让给益，益让给禹的儿子启。事见9.6。

⑯ 九河：黄河的九条支流，名为：徒骇、太史、马颊、覆釜、胡苏、简、絜、鈎盘、鬲津。

⑰ 瀹（yuè）：疏通。济（jǐ）、漯（tà）：济水和漯水，均流经山东汇黄河入海。

⑱ 后稷（jì）：姬姓，名弃。传说是周族始祖，被尊为农神。

⑲ 有：据王引之《经传释词》，通"又"。

⑳ 契：子姓，名契。传说是商族始祖，被尊为火神。

㉑ 叙：有的版本作"序"。"序"是正字。

㉒ 放（fǎng）勋：尧的号。曰：有的版本作"日"，每天的意思。劳（lào）之来（lài）之：劳：《论语·宪问》："子曰：'爱之，能勿劳乎？忠焉，能勿诲乎？'"来：招徕。振德：振，赈；德，恩惠。赵岐："振其羸穷，加德惠也。"这一段话的意思，朱熹注曰："尧言，劳者劳之，来者来之，邪者正之，枉者直之，辅以立之，翼以行之，使自得其性矣，又从而提撕警觉以加惠焉，不使其放逸怠惰而或失之。盖命契之辞也。"

㉓ 皋陶（gāo yáo）：上古时期的司法官，与尧、舜、禹并称"上古四圣"。

㉔ 易：治理。

㉕ 亦：只是。

㉖ 倍：通"背"，背离，背叛。

㉗ 任：行李。

㉘ 赵岐："场，孔子冢上祭祀坛场也。"

㉙ 《史记·仲尼弟子列传》："孔子既没，弟子思慕，有若状似孔子，弟子相与共立为师，师之如夫子时也。"

㉚ 秋：周历以夏历十一月为一月，十二月为二月，正月为三月……则周历的秋天七月至九月等于夏历的五月至七月，为夏季或初秋，正是最热的季节。阳：段玉裁《说文解字注》认为，应作"旸"，意思是"日中时"，即中午，最热的时刻。暴（pù）：同曝。皜（hào）：通皓，洁白。不可尚：不可加。朱熹："尚，加也。言夫子道德明著，光辉洁白，非有若所能彷佛也。"

㉛ 鴃（jué）：鸟名，伯劳鸟。鴃舌，伯劳鸟的叫声。赵岐："应阴而杀物者也。"曹植《恶鸟论》："伯劳以五月而鸣，应阴气之动。阳为生仁养，阴为杀残贼。伯劳盖贼害之鸟也。"古人认为，五月本为万物生长的季节，应助阳气，伯劳鸟的啼鸣却是在助阴气，害生杀物，因而是恶鸟。

㉜ 语出《诗·鲁颂·閟宫》。戎狄：北狄和西戎的合称。荆舒：楚国和舒国。膺（yīng）：讨伐、打击。

㉝ 贾：通"价"。本章后文的"贾"均通"价"。

㉞ 五尺：合今1.155米。

㉟ 倍：一倍。蓰（xǐ）：五倍。

㊱ 前文说"屦大小同，则贾相若"，屦大小相同则价格相同，大小不同则价格不同。故"巨屦小屦同贾"，显然不是指屦大小不同而价格相同。赵岐："巨，粗屦也，小，细屦也。"即大小相同、材质不同的屦同价。

开讲——

东周时期诸子思想可分为"九流十家"。班固《汉书·艺文志·诸子略序》："诸子十家，其可观者，九家而已。"九家即儒家、道家、阴阳家、法家、名家、墨家、纵横家、杂家、农家。这里说的许行就是农家。

楚国人陈良"悦周公、仲尼之道，北学于中国"，是一位儒者。他的弟子陈相，在老师去世后，和弟弟陈辛一起，从宋国背着农具到了滕国。"负耒耜"三个字透露了一个信息：陈相虽是儒者，但一家人都在务农。所以，他也就很容易被农家吸引，转投许行门下。

农家在当时比较有影响。农家讲以农为本。周朝以农业立国，这也是中国的历史传统。但是如果推至极致，如许行、陈相所说，任何人都必须亲自种地养活自己，只有如此才合乎道德，则其逻辑本身就已经很荒谬了，不值得一驳。孟子与之辩论，赢得有点胜之不武。

我在《价值的边界》一文（收录于《孔子如来》，中国青年出版社，2021年）中提出，任何价值都有其边界，不能无限延伸。一旦某种价值没有边界，成为绝对价值，就会碾压其他价值。种田有价值吗？有。农家的主张有价值吗？有。但是不能变成绝对价值。把种田看成最高价值，人人要种田，就是对其他价值的碾压。

"劳心者治人，劳力者治于人"，是孟子的一句名言。《论语》记载，子路有一次跟孔子在途中走散了，问一位老人，老人就说孔子是"四体不勤，五谷不分"。后世很多人骂孔子、骂知识分子，也是用这句"四体不勤，五谷不分"。这是非常简陋的观点。劳动的形式有多种，如孟子说，尧有尧的事情，舜有舜的事情，农夫有农夫的事情，各行各业都有各自的事情，都有人在操心在行动，国家就发展了。陈景润研究哥德巴赫猜想也是劳动。这是社会分工的需要。

最后孟子讲夏夷之变，既不能将其理解为民族歧视，也不能从字面上理解为用此文明去取代彼文明。在当时，中原华夏文明是先进的，与周边一些地域、部落民族相比，甚至是两种不同的社会形态。孔子的时代，孟子的时代，西北是广袤的游牧区，南方是不毛之地。不毛即不苗，荆棘丛生，不能农耕。孟子是在说：要用先进文明改变落后文明。

夏夷之变，是文化人类学的一个重要观念。不同地区的文明，不同国家的文明，有没有不同？有没有高低之别？对此有两种不同的观念。一种认为，文明的价值有差别，文明需要不断进步；一种认为，文明只有形态的不同，没有价值的差别。孟子的立场在前者还在后者？看他引用《诗经》上这句话"戎狄是膺，荆舒是惩"，大概是认可前者，希望用先进文明去改变落后文明。

成语——洪水横流　五谷不登　三过家门而不入　饱食暖衣　长幼有序
　　　　用夏变夷　用夷变夏　豪杰之士　市贾不二　五尺之童
链接——5.5；6.4；8.1；13.32

5.5

墨者夷之因徐辟而求见孟子①。孟子曰:"吾固愿见,今吾尚病,病愈,我且往见,夷子不来②!"

他日,又求见孟子。孟子曰:"吾今则可以见矣。不直则道不见③,我且直之。吾闻夷子墨者。墨之治丧也,以薄为其道也④。夷子思以易天下⑤,岂以为非是而不贵也。然而夷子葬其亲厚,则是以所贱事亲也。"

徐子以告夷子。夷子曰:"儒者之道,古之人'若保赤子',此言何谓也?之则以为爱无差等,施由亲始⑥。"

徐子以告孟子。孟子曰:"夫夷子信以为人之亲其兄之子,为若亲其邻之赤子乎?彼有取尔也。赤子匍匐将入井,非赤子之罪也。且天之生物也,使之一本,而夷子二本故也⑦。盖上世尝有不葬其亲者,其亲死,则举而委之于壑。他日过之,狐狸食之,蝇蚋姑嘬之⑧。其颡有泚⑨,睨而不视。夫泚也,非为人泚⑩,中心达于面目。盖归反蘽梩而掩之⑪。掩之诚是也,则孝子仁人之掩其亲,亦必有道矣。"

徐子以告夷子。夷子怃然为间⑫,曰:"命之矣⑬。"

今译——

墨者夷之托徐辟来求见孟子。孟子说:"我本来也是愿意见的,只是我还在病中,等病好了,我去见他,夷先生不要来!"

改日,夷之又托徐辟求见孟子。孟子说:"我现在可以见他了。不直说道理辨不明,那我就直说吧。我听说夷先生是个墨者。墨家办丧事,以薄葬为原则。夷先生希望以这种主张移风易俗,难道不是觉得不薄葬就不足以尊贵?但是夷先生却厚葬了自己的父母,这是以自己轻贱的方式对待父母了。"

徐辟把孟子的话告诉夷之。夷之说:"儒家学说认为,古代君主'爱护人民就像爱护自己的孩子',这话在讲什么呢?我以为是在讲人与人的爱没有等差,只是做起来要从对待父母开始。"

徐辟转告了孟子。孟子说:"难道夷子就真以为一个人爱自己哥哥家的孩子,跟他爱邻居家的孩子是一样的吗?他确实也有个依据。小孩子爬着快要掉进井里了,不是小孩子的过错(所以不论亲疏远近的孩子我们都会去救)。况且天生万物,本只有一个来源(父母),夷先生却在说两个来源(自己的父母、他人的父母)。大约早古时有人不埋葬他的父母,父母死了,就把他们抬着上山扔在了山沟里。之后有一天路过,看见狐狸在啃咬遗体,苍蝇蚊子在吸食遗体。他额头上一下子冒出汗来,背过身去不忍直视。那汗水,不是因为被别人发现而流下的,而是心中愧疚直达颜面。他返回家中找来筐和锹掩埋了父母遗体。掩埋父母遗体确实是对的吧,那么孝子仁人掩埋他们的父母遗体,也一定有其方式。"

徐辟把孟子的话告诉夷之。夷之惆怅茫然地停了一会,才说:"受教了。"

注释——

① 徐辟：孟子弟子。

② 夷子不来：朱熹认为是孟子的话，赵岐认为不是，而是描述事实。两种理解均可，今从朱熹。

③ 直：赵岐注为直言、直攻。见（xiàn）：通"现"。

④ 《墨子·节葬下》："古圣王制为葬埋之法，曰：'棺三寸足以朽体，衣衾三领足以覆恶。以及其葬也，下毋及泉，上毋通臭，垄若参耕之亩，则止矣。'死则既以葬矣，生者必无久哭，而疾而从事，人为其所能，以交相利也。此圣王之法也。"《庄子·天下》："今墨子独生不歌，死不服，桐棺三寸而无椁，以为法式。"

⑤ 易天下：朱熹："易天下，谓移易天下之风俗也。"

⑥ 若保赤子：语出《尚书·康诰》："若保赤子，惟民其康乂。"朱熹此下的注揭示了夷子的心理逻辑："此儒者之言也。夷子引之，盖欲援儒而入于墨，以拒孟子之非己。又曰：'爱无差等，施由亲始。'则推墨而附于儒，以释己所以厚葬其亲之意，皆所谓遁辞也。"

⑦ 一本：指人出生之所自的父母。二本：指视自己父母如他人，则不异于所出非一也。赵岐："天生万物，各由一本而出。今夷子以他人之亲与己亲等，是为二本，故欲同其爱也。"朱熹："人物之生，必各本于父母而无二，乃自然之理，若天使之然也。故其爱由此立，而推以及人，自有差等。今如夷子之言，则是视其父母本无异于路人，但其施之之序，姑自此始耳。非二本而何哉？"

⑧ 蝇蚋（ruì）姑嘬（chuài）之：蚋，蚊类昆虫。姑，咀嚼。嘬，咬，叮。

⑨ 其颡（sǎng）有泚（cǐ）：颡，额头。泚，冒汗。

⑩ 非为人泚：赵岐："非为他人而惭也，自出其心。"朱熹："非为人泚，言非为他人见之而然也。所谓一本者，于此见之，尤为亲切。盖惟至亲故如此，在他人，则虽有不忍之心，而其哀痛迫切，不至若此之甚矣。"

⑪ 虆（léi）梩（lí）：虆，盛土筐。梩，锹。

⑫ 间（jiān）：一会儿。

⑬ 命之矣：犹言受教了。

开讲——

这次是孟子与墨家信徒辩论。夷之第一次求见，孟子称病，可能有托病看他有没有诚意的意思。夷之再次求见，孟子直言相告，不过还是通过徐辟传话。

墨子出身穷苦。他批评儒家厚葬，说儒家治丧，是把活人家里的东西全搬到墓里去了。当时生产力水平低下，穷人家几代人积累一点家产非常不容易。所以墨家主张薄葬在当时民间很有影响力。但最后走向极端，认为越薄葬越好，甚至提出"亲土"而葬，让遗体直接接触土地，裸葬。这是儒家非常反对的，因为这样会让人觉得人生荒寒，世态炎凉，从而怀疑人生的伦理价值。孔子家的狗死了，他叮嘱子贡一定要找席子包裹起来，千万不要把它的头直接埋在土里。庄子批判墨子不爱人亦不爱己："今墨子独生不歌，死不服，桐棺三寸而无椁，以为法式。以此教人，恐不爱人；以此自行，固不爱己……其生也勤，其死也薄，其道大觳。使人忧，使人悲，其行难为也。恐其不可以为圣人之道，反天下之心……"（《庄子·天下》）孟子两次不见夷之，可见他也很烦这种人——陈义很高，不通人情。

儒家讲亲亲，爱人由近及远，距离有远近亲疏，爱是有差别的爱；墨子讲兼爱，天下所有人不论远近亲疏贵贱，一律平等相爱。落实到具体层面，墨家是要人做到爱自己的父母与爱别人的父母一样。而儒家要人首先爱自己的父母，进而推己及人，"老吾老，以及人之老，幼吾幼，以及人之幼"（1.7）。每个人都从自己身边爱起，天下人才能得到爱。我爱我身边的人，你爱你身边的人，每个人都有身边的人，所以每个人都有爱别人的机会，也都可以得到别人的爱。各人爱各人的父母，天下的父母也就都能获得爱了。不仅如此，这种亲属之爱，还能使人珍惜和依赖天伦之温暖，从而获得一个伦理共同体。这种共同体，可以使人摆脱原子化的孤独状态，不仅可以对抗内心的孤独、生存的压力，甚至可以对抗国家强权。所以，以家族为基础的伦理共同体，是一个人的精神的港湾。这是儒家的逻辑。墨家觉得自家境界比儒家高，高在平等地爱一切人。其实，正如孟子所说："墨氏兼爱，是无父也。无父无君，是禽兽也。"（6.9）其逻辑是：你的心中有没有父亲？有对于父亲的特殊的感情吗？如果把父亲看作和天下所有的老人一样，那等于你心中没有父亲，等于取消了父亲的存在，或者说，视其父为路人。平等的应该是民众的政治权利。而爱人、被爱，并非能平等。夷之本人厚葬自己父母的举动，已经在反其墨道而行之了，已经证明了墨子兼爱思想的局限。所以朱熹说："夷子学于墨氏而不从其教，其心必有所不安者，故孟子因以诘之。"

夷子试图弥合儒墨，他说儒家讲"若保赤子"，就是在表达儒家也讲兼爱天下人。朱熹说他这样做，是想"援儒而入于墨"，是想说儒家其实也是墨家；夷子又说"爱无差等，施由亲始"，这又是想"推墨而附于儒"，相当于向儒家投诚，表示墨家也可以让一步：就让兼爱之爱，从身边人开始实施吧。

但孟子显然不能让他这样和稀泥。在儒家看来，"爱有差等"，是原则性主张，不仅是实施过程，而是实施目标。如上所言，只有有差等的爱，才是发自内心的。建立在自然感情之上的，真诚的、无须外在强加的爱，且只有这种爱被人维护，才能维护由此逻辑而展开的以亲情为基础的对天下之人的爱——对天下人的爱，在儒家看来，是一种"不忍人"之心，是由自己对亲人的爱推广出去的，是对他人爱他人之亲人的理解。"老吾老，以及人之老；幼吾幼，以及人之幼"（1.7），讲的就是这种理解、同情。同情者，同此之情也。

质言之，墨家认为，爱源于"兼爱"而施及亲近；儒家认为，爱源于"亲亲"而推恩疏远。孟子认为,亲情之爱可以证明和信赖,兼爱之爱难以培养而不可为据。这就是为什么后面孟子要讲"一本",讲安葬父母的原由。"一本"之感情,乃有天定,自然而然;父母遗体暴于荒野,才会使人"其颡有泚""中心达于面目"。如果是陌生人的遗体或他人父母的遗体,虽然也难以接受,但不会有如此既悲痛又愧疚的心态。何哉?父母是自己之本也,且长期一起生活在家庭中,生活在家庭经济共同体和伦理共同体中,培育出了自然的感情。为何陌生人的遗体就不会让自己"其颡有泚"?非自家之本也。其实,即使对陌生人的遗体被抛弃在心中激起的同情、悲悯甚至对抛弃遗体者的愤怒,也是因为这种情感是由己及人的——正因为我们有对自己亲人的爱,才会对被抛弃的陌生遗体心生悲悯,才会对这样无爱的行为感到愤怒。

没有对自己父母的爱,便无法推及对他人父母的爱;没有对自己幼子的爱,便无法推及对他人幼子的爱。

所以,人有一本,而无二本也。这是自然而然的情感,无须灌输任何观念。

墨家讲薄葬,是在讲道理:人死后,没有了知觉,为什么不能"亲土"而葬?为什么要耗费活人的财物?把财物留给活人不好吗?儒家讲厚葬,不讲道理讲情感,只问:你内心的情感能接受吗?这是儒家和墨家的区别。墨家在算经济账。有时,人穷,真没办法顾及其他。儒家讲回到人心,回到人性。而人,如若只讲道理,只讲理性,只算经济账,是很可怕的。所以,"孝子仁人之掩其亲,亦必有道",此道,即人性,即人情。

链接——1.7

卷六
滕文公下
（凡十章）

6.1

陈代曰①："不见诸侯，宜若小然。今一见之，大则以王，小则以霸。且《志》曰：'枉尺而直寻②。'宜若可为也。"

孟子曰："昔齐景公田，招虞人以旌③，不至，将杀之。志士不忘在沟壑，勇士不忘丧其元④。孔子奚取焉？取非其招不往也。如不待其招而往⑤，何哉？且夫枉尺而直寻者，以利言也。如以利，则枉寻直尺而利，亦可为与？

"昔者赵简子使王良与嬖奚乘⑥，终日而不获一禽。嬖奚反命曰：'天下之贱工也。'或以告王良。良曰：'请复之。'强而后可，一朝而获十禽。嬖奚反命曰：'天下之良工也。'简子曰：'我使掌与女乘⑦。'谓王良。良不可，曰：'吾为之范我驰驱⑧，终日不获一；为之诡遇⑨，一朝而获十。《诗》云："不失其驰，舍矢如破⑩。"我不贯与小人乘⑪，请辞。'御者且羞与射者比⑫，比而得禽兽，虽若丘陵，弗为也。如枉道而从彼，何也？且子过矣，枉己者，未有能直人者也。"

今译——

陈代说："不去见诸侯，好像有点小气。如果去见一见，往大里说能成就王业，往小里说也能成就霸业。《志》上也说：'屈一尺伸八尺。'好像值得去做哦。"

孟子说:"过去齐景公打猎,用旌旗召唤虞人,虞人不来,齐景公要杀掉他。有志之士不怕弃尸山沟,勇敢之士不怕丢掉脑袋。孔子看重他哪一点呢?看重他不是正当的召唤坚决不去的精神。如果不等国君召唤自己就跑去,那成什么了?况且屈一伸八,是在计较获利。如果计较获利,那么屈八伸一能获利,也可以做吗?

"昔日赵简子派王良给宠幸的小臣奚驾车打猎,一整天也没打到一只鸟兽。宠臣奚回来报告赵简子说:'王良是天底下最差的驾车人。'有人把这话告诉了王良。王良说:'请再来一次。'奚勉强同意,结果一早上就打到了十只鸟兽。宠臣奚回来报告赵简子说:'王良是天底下最好的驾车人。'赵简子说:'我让他专门去给你驾车。'便跟王良说。王良不肯,说:'我为他按规范驾车奔驰,一整天打不到一只鸟兽;我不按规范驾车他不正而射,一早上射中十只。《诗经》中说:"不失其驰,舍矢如破。"(驾车的人按规范驱车奔驰,射箭的人箭一放出就能破空而中)我不屑于给小人驾车,请求辞去。'驾车的王良尚且羞于奉迎射箭的奚,用奉迎来获取禽兽,纵使猎物堆积如山,也不屑于做。如果我们违背真理而去屈从他们,为了什么呢?况且你错了,如果自己不正直,从来就不能使他人变得正直。"

注释——

① 陈代:孟子弟子。
② 枉尺而直寻:枉:弯曲;直:伸直;寻:古代长度单位,八尺为一寻。朱熹说此言意为:"所屈者小,所伸者大也。"受小小委屈,得大大收获。
③ 虞人:掌管苑囿的官吏。负责猎场管理维护,国君来打猎时做好准备和服务。旌:带羽毛的旗子。按照礼的规定,国君招大夫以旌;招士以弓;招虞人以冠。齐景公以旌招虞人,故虞人"不至"。

④ 志士不忘在沟壑，勇士不忘丧其元：赵岐："志士，守义者也。君子固穷，故常念死无棺椁，没沟壑而不恨也。勇士，义勇者也。元，首也。以义则丧首不顾也。"此二句亦可理解为孔子对虞人的赞扬。

⑤ 如不待其招而往：意为虞人"非其招"尚且不往，我何能"不待其招"即往。

⑥ 赵简子：名赵鞅，晋国大夫。王良：为赵简子驾御车马之人，是古代有名的善御者。嬖（bì）奚：嬖：宠幸。奚：人名。乘（chéng）：驾驭。

⑦ 女（rǔ）：同"汝"。这是赵简子对嬖奚说的话。掌：主，专门。意为让王良专门做你的御者。

⑧ 范：法度，规范，此当动词讲。当时的贵族射猎，作为战争的演练，贯穿着战争的礼节，有一套行为规范。

⑨ 诡遇：据王念孙《广雅疏证》，射猎有三种方式：猎物迎面而来，射之，称为题禽，又称面伤；猎物与车垂直，横着弓箭射之，称为诡遇，又称垷遇、剪毛、践毛等。这两种都是非礼之射。只有车在猎物之后，顺着车前进的方向射击，才是合乎礼节之射。这背后反映了当时的战争礼节："用兵之法亦如之，降者不杀，奔者不御，加以仁恩养威之道。"焦循认为，王良这里只是举其一，实际上也包括题禽。

⑩ 语见《诗经·小雅·车攻》。王引之《经传释词》："如，犹而也……如破，而破也。"赵岐："言御者不失其驰驱之法，则射者必中之。顺毛而入，顺毛而出，一发贯臧（脏，五脏六腑），应矢而死者如破矣，此君子之射也。"

⑪ 贯：赵岐："贯，习也，我不习与小人乘。"朱熹："贯，习也。"据此，贯通"惯"，习惯。

⑫ 比：屈从、奉迎，阿其所好。参见《论语·为政》："君子周而不比，小人比而不周。"

开讲——

孟子的学生陈代，给老师提意见：您这么傲慢，不主动见诸侯，是不是不够大气？这样怎么能成就大业呢？

孟子确实有点傲慢，和孔子不一样。孔子是"君命召，不俟驾"（《论语·乡党》）。孔子的身份意识很强：如果我做官了，是上下级关系；如果我没做官，你是诸侯，我是士，爵位、身份有差等，遵照礼节来，该怎么做，就怎么做，哪怕是个下等国君，也按照礼节对待。有人会觉得孔子这么做有点谄媚，孔子也曾经自我辩解过："事君尽礼，人以为谄也。"（《论语·八佾》）这句话里有一点委屈：我只不过在遵循礼节而已。

孟子在齐国，拿客卿的俸禄和待遇，齐宣王想见他，他直接怼回去，称病不见。孟子的态度是，你要见我，到我这里来，我要见你，我随时可以去，但"不可召"（参见4.2开讲）。因为我不是你的臣下，我是王者师。是孔子对，还是孟子对？一般人以为，如果孔子对，那孟子一定错；如果孟子对，那孔子一定错。其实不然。孔子是在做自己。作为士，哪怕是圣人（孔子生前并不承认自己是圣人），在国君面前应该遵循怎样的礼，就遵循怎样的礼。而孟子，是将自己放在道义与权势的关系中，国君代表权势，我代表道义，我与国君的关系，是道与势的关系，我必须为道义争得在权势之上的位置。因为道义如果屈服于权势，那么世界就没有公平正义了。所以，孔、孟的做法都没有错。

而且，孟子同样在讲"礼"，讲坚持"礼"的原则。按礼的规定，招大夫以旌旗，招士以弓，招虞人以冠。齐景公打猎，用旌旗而非皮冠招虞人，违背了礼的规定，虞人便"非其招不往"。这便是孔子说的"君使臣以礼，臣事君以忠"（《论语·八佾》），国君按照礼节使唤臣子，臣子以忠于职守奉事国君。这个"忠"，不是忠于君主，而是忠于职守，忠于这个职守应该遵循的礼节。孔子赞赏这个"虞人"，孟子更升华为"志士不忘在沟壑，勇士不忘丧其元"。

孟子这里借"赵简子使王良与嬖奚乘"的故事，借王良的口说："我不贯与小人乘，请辞。"这就是儒家的态度：特别讲究手段的合法性、道德性。决定一件事情性质的,是手段,而不是目标。不能因为目标是好的,就可以不择手段。因为,从人们使用不道德手段的这一刻开始,整个目标就已经产生了背离。不能为了目标,而不择手段——正如驾车的王良与射箭的奚,要么,王良规范驾车,奚射不到一只鸟兽;要么王良不规范驾车,去迎合不讲规矩的奚,则射到一堆鸟兽。换句话说,王良,是做奚嘴里的"良工"还是"贱工"?"我不贯与小人乘,请辞。"王良的选择,就是孟子的选择。

战国时代,不择手段实现目标的人开始大行其道,这是中国道德的第一次大崩溃。《战国策》里这样的"谋略"很多。《孙子兵法》也大讲"诡道"。这都是战国风气。后来三十六计、《鬼谷子》等层出不穷地涌现,全在讲谋略与手段。在技术操作层面,它们有合理的一面。但是,问题在于:我们对手段本身有没有约束的东西?

本章孟子就是在谈手段与目标之间的选择。《滕文公下》的很多篇,也都在谈手段的规范性、合法性和道德性。

成语——枉尺直寻　志士不忘在沟壑,勇士不忘丧其元　舍矢如破
　　　　枉己正人

链接——4.2;6.1;6.3;6.7;8.8

6.2

景春曰[①]:"公孙衍、张仪岂不诚大丈夫哉[②]?一怒而诸侯惧,安居而天下熄。"

孟子曰:"是焉得为大丈夫乎?子未学礼乎?丈夫之冠也,父命之[③];女子之嫁也,母命之,往送之门[④],戒之曰:'往之女家[⑤],必敬必戒,无违夫子!'以顺为正者,妾妇之道也。居天下之广居,立天下之正位,行天下之大道[⑥]。得志,与民由之;不得志,独行其道!富贵不能淫,贫贱不能移,威武不能屈,此之谓大丈夫!"

今译——

景春说:"公孙衍、张仪难道不是真正的大丈夫吗?发起怒来诸侯们都害怕,安静下来天下战火都熄灭。"

孟子说:"这也能称得上是大丈夫吗?你没学过礼吧?男子成年举行加冠礼的时候,父亲给予教导;女子出嫁的时候,母亲给予教导,送行到门口,告诫她说:'到了你家,一定要恭敬一定要谨慎,不要违背你的丈夫!'以顺从为标准的,是妾妇之道。居住在普天之下最宽广的住宅(仁),站立在普天之下最正中的位置(礼),行走在普天之下最光明的大道(义)。得志之时,引导民众一起前行;不得志之时,独自行走正道!富贵不能淫,贫贱不能移,威武不能屈,这才是大丈夫!"

注释——

① 景春：人名。赵岐注："孟子时人，为纵横之术者。"
② 公孙衍、张仪：均魏国人，两人同时。公孙衍主张"合纵"，六国联盟抗秦；张仪主张"连横"，远交近攻瓦解六国联盟。《韩非子》说："纵者，合众弱以攻一强也；而衡（横）者，事一强以攻众弱也。"公孙衍、张仪是战国纵横家的代表。
③ 赵岐注："男子之道当以义匡君……男子之冠，则命曰就尔成德。"
④ 往送之门：因有一"往"字，今人有理解为"送到夫家门口"。考《仪礼·士昏礼》："父西面戒之，必有正焉……母戒诸西阶上，不降。"父母都对女儿"命之"，而且"不降"，不下台阶，故"往送之门"，不是送到男方家门，而是送到自家门口。孙奭："以女子之临嫁，母则送之于门。"是。下文母戒有言"往之女家"，则诫之之时，尚未"往"也。
⑤ 女（rǔ）：同"汝"。注意与上一句中"女子"音、义的区别。汝家，即夫家，古时女子以嫁为归。
⑥ 居天下之广居，立天下之正位，行天下之大道：赵岐："广居，谓天下也。正位，谓男子纯乾正阳之位也。大道，仁义之道也。"于义无据。朱熹："广居，仁也。正位，礼也。大道，义也。"是。

开讲——

当时战国七雄，三甲鼎立，南方楚国，西方秦国，东方齐国。谁最有可能统一中国？一是秦，一是楚。战国纵横家的策略有一纵一横：合纵者，南北纵向，南方楚国联合北方国家包括齐国，共同灭秦；连横者，东西横向，西方秦国联合东方齐国及随机诸国，远交近攻，各个击破。合纵成功，楚国统一中国；连横成功，秦国统一中国。无论纵、横，齐国是关键。秦国用张仪，远交齐国，近攻周边国家，一步步灭掉诸国，最后打到齐国边界。齐王建见大势已去，决定投降。搞合纵的苏秦，好歹是帮诸侯御秦自保，与诸侯所说，还有一些道理；而张仪则为了帮秦国害诸侯，与诸侯设圈套，全是诡诈，几乎是极品人渣，屈原就败在他的手里。但在当时，就是这种人特别吃香，所以当景春说，难道这样的人不是真正的大丈夫吗？孟子表示对他们极其鄙视，说他们不过是以顺为正的"妾妇"。没有正义、没有理想、没有情怀，只有政策和策略、只想着富贵的人，一旦成功，必将是文明的崩溃。他们的个人成功，便是人类的失败。

战国时期，统治者想要的是富国强兵；老百姓想要的是片刻喘息。满足前者诉求的是法家；满足后者诉求的是儒家。两家代表不同的利益诉求。读《孟子》，一定要将这样的战国时代风气放到一起考量。那是整个中国传统道德的大崩溃，传统礼仪、传统文化的大挫折。看到这一点，就会理解孟子内心的煎熬，就会明白孟子的性情为什么这么激烈。面对历史的黑暗与现实苦难的叠加，有良知的人往往心理会扭曲。中国历史上，那些有良知的人，往往也是性情偏执乃至心理扭曲的。因为，他们的良心没有麻木，就只能一直清醒地承受苦痛。近代鲁迅如此，古代孟子、庄子如此。庄子骂人比孟子有过之而无不及。孟子骂人，是光明磊落地站在台上骂；庄子骂人，是一个人躲在乡下咬牙切齿地骂。庄子骂人比孟子阴毒多了。因为那个时代的主题是杀人，"争城以战，杀人盈城；争地以战，杀人盈野"，他们杀人不眨眼，我们还不能骂？

"居天下之广居，立天下之正位，行天下之大道"，这三个排比句，展现的浩然之气如大江滚滚东来，一气灌注，汹涌而下。紧接着，大江截流一般的两个短句——"得志，与民由之；不得志，独行其道"，于此语言势能再增之后，又是三个排比句，如截流泄洪——"富贵不能淫，贫贱不能移，威武不能屈"，摧枯拉朽，荡碍涤阻，磅礴万里。最后一句收束——"此之谓大丈夫"，既斩钉截铁，似戛然而止，又浩浩汤汤，遥遥不尽。这真是天下最好的文章。大义有了，气势有了；内在情怀的浩然之气与语言的张力开合，真是若合符节。如果要从古今中外的文字中，穷尽人类经典，选出最好的十万字，一定有《孟子》此段与"鱼我所欲也，熊掌亦我所欲也"一段（11.10）。"鱼我所欲也"一段不假借上帝，不需要彼岸，孟子立足此岸就证明了人必须做正义之人的道理；而这一段则写出了觉悟之人的自尊与崇高，写出了人类获得人之本质之后的伟岸与庄严！这种人格的力量，就是神圣的力量！

中国古代讲家居风水，今天也盛行。"广居"，是仁；"正位"，是礼；"大道"，是义。安居于仁，立身以礼，行动有义——"居天下之广居，立天下之正位，行天下之大道"，这是最好的风水学纲要。

"得志，与民由之"，好大的气象！这是中国的"出埃及记"。"不得志，独行其道"，何等的人格！独行其道，就是一意孤行。这是一种孤绝境界。这种境界，既是伦理之美，也是审美之美。一群人走道，无关乎美。一个人，在荒原上，在沧海中；在暗夜里，在孤月下；在风暴中，在晴空下；在大雪飘飘中，在淫雨霏霏里，只要是一个人，"千山鸟飞绝，万径人踪灭"，不管怎么走，都美，美得让人骨折神惊。富贵不淫，贫贱不移，威武不屈，"此之谓大丈夫"。大丈夫是有独立人格的；大丈夫是有独立精神的；大丈夫是能独立判断的；大丈夫是敢于坚持自己的独立判断的，不惜独持偏见，又何惧一意孤行？孟子讲"大丈夫"，孔子讲"君子不器"，都是在讲独立人格、独立精神。儒家从来都是讲人的主体性与独立人格。

成语——必敬必戒　妾妇之道　天下广居　独行其道　富贵不能淫
　　　　贫贱不能移　威武不能屈

链接——6.1

6.3

周霄问曰①:"古之君子仕乎?"

孟子曰:"仕。传曰:'孔子三月无君,则皇皇如也,出疆必载质②。'公明仪曰:'古之人三月无君,则吊③。'"

"三月无君则吊,不以急乎?"

曰:"士之失位也,犹诸侯之失国家也。《礼》曰:'诸侯耕助,以供粢盛;夫人蚕缫,以为衣服④。牺牲不成⑤,粢盛不洁,衣服不备,不敢以祭。惟士无田,则亦不祭。'牲杀⑥、器皿、衣服不备,不敢以祭,则不敢以宴⑦,亦不足吊乎?"

"出疆必载质,何也?"

曰:"士之仕也,犹农夫之耕也,农夫岂为出疆舍其耒耜哉?"

曰:"晋国亦仕国也,未尝闻仕如此其急。仕如此其急也,君子之难仕⑧,何也?"

曰:"丈夫生而愿为之有室,女子生而愿为之有家。父母之心,人皆有之。不待父母之命、媒妁之言,钻穴隙相窥,逾墙相从,则父母国人皆贱之。古之人未尝不欲仕也,又恶不由其道。不由其道而往者,与钻穴隙之类也⑨。"

今译——

周霄问孟子说:"古代的君子做官吗?"

孟子说:"做官。古书上说:'孔子如果三个月不得侍奉国君,就会惶惶不安,出国也一定带着见国君的见面礼。'公明仪说:'古代的人如果三个月没有做官,就会心生悲哀。'"

"三个月没有官做就心生悲哀,不是太急了点吗?"

(孟子)说:"士失去他们的官位,犹如诸侯失去他们的国与家啊。《礼》说:'诸侯参加耕种,用来供给祭祀的谷物;诸侯夫人养蚕缫丝,用来提供祭祀的礼服。上供的牛羊不肥壮,谷物不干净,礼服不齐全,不敢用来祭祀。士如果没有自己的专供祭祀的田地,那也不能祭祀。'牺牲、器皿、礼服都不齐备,不敢祭祀祖先,(不敢祭祀祖先)就不敢宴会族人,这难道还不值得悲伤吗?"

"那出国一定要带上见国君的见面礼,是为什么呢?"

(孟子)说:"士去做官,就像农夫去种田,农夫难道会为出国丢掉他的农具吗?"

(周霄)说:"晋国也是一个士人可以去做官的国家,但没听说做官这么着急的。做官像您说的那么急迫,可是君子又很难做官,这是为什么呢?"

(孟子)说:"男子一生下来父母就希望帮他娶一个好妻室,女子一生下来父母就希望帮她找一个好婆家。父母此心,人人都有。但是不等父母开口、媒人介绍,就钻洞扒缝偷看,翻墙私会,则父母国人都会鄙视他们。古代的人不是不想做官,但又讨厌不走正道。用不走正道的方式去找官,和钻洞扒缝翻墙之类的行为是一样的。"

注释——

① 周霄:魏国人。《战国策》作周宵、周肖。据《战国策·魏策二·田需周霄相善》,

梁襄王二年（公元前317年），周霄为魏国重臣，则他在梁惠王时期应已从政，所以能与在魏国的孟子有交集。因三家（赵、魏、韩）分晋，周霄与孟子谈话时，也以晋人自称。

② 传曰：古书上说。《荀子·修身》："传曰：'君子役物，小人役于物。'"杨倞注："凡曰传曰，皆旧所传闻之言也。"传曰，可以译为"古书上说"。先秦典籍、《史记》《汉书》多有"传曰"用例，大致"传"的意思有以下三种：一、指包括《论语》《礼记》之类儒家经典上的话，所以，有些可以找到出处，有些则不能找到出处，但大致都是指古代传下来的话，如杨倞所言；二、经传之"传"，与"经"相对，是对"经"的解释；三、与"今文"相对的"古文"经籍。此处指第一义。
皇皇：通"惶惶"，惶恐不安。质：同"贽（zhì）"，以手执贝，贽礼，意为见面礼。当时的士一般用雉（一种珍禽）做贽礼。赵岐："三月，一时也。物变而不佐君化，故皇皇如有所求而不得尔。"

③ 吊：一般解为"慰问"。疑不妥，盖"吊"有悲伤、自慰义，《诗·桧风·匪风》："中心吊兮。"故此"吊"在此可以理解为"惶惶如也"。

④ 诸侯耕助，以供粢盛：助，即藉田。古代天子有藉田千亩，诸侯百亩。每年开春，天子、诸侯均躬耕于田，"天子三推，三公五推，卿、诸侯、大夫九推（推，谓推耒耜入土）"（《吕氏春秋·孟春记》），以身示范，表示重视农业。因为仪式后，耕种还得借助农夫之力完成，故称"藉田"。藉田所产，用来供应终年不断的祭祀。《礼记·王制》："大夫士宗庙之祭，有田则祭，无田则荐。"（荐，无田禄者因季节而奉荐时鲜）《礼记·曲礼》："无田禄者不设祭器。"天子有天下，诸侯有国，大夫有家，都有规定的藉田，但士不做官，就没有田可供祭祀。不能祭祀，是很严重的事，内对不起祖宗，外被人轻视。故孟子这里说"士之失位也，犹诸侯之失国家。"粢盛（zī chéng）：粢，黍稷，谷物。盛，把谷物盛放在器皿。《礼记·祭统》："诸侯耕于东郊，亦以共齐盛；夫人蚕于北郊，以共冕服。"夫人蚕缫，以为衣服：赵岐："夫人亲执蚕缫之事，以率女功。"缫（sāo）：把蚕茧浸在开水中，抽出蚕丝。

⑤ 成：成年的牲口，肥壮。

⑥ 牲杀：赵岐："牲必特杀，故曰杀。"
⑦ 宴：宴会，亦可理解为快乐、安恬。疑此句前，"不敢以祭"后，当重复一句"不敢以祭"，译文以括号补足。
⑧ 君子：指有德性的士，此指孟子。
⑨ 与钻穴隙之类："之"字多余。李贽："之字不妥。"是。

开讲——

在周朝分封制序列中，最高为天子，拥有"天下"。此后诸侯拥有"国"、大夫拥有"家"，合起来即"天下国家"。三者均有实体的领土、封邑。大夫之后是士，属于贵族的最后一等。士无封邑，但可以仕，取得官位，获得俸禄。所以孟子说，士失位，犹如大夫失家、诸侯失国、天子失天下，失去身份、地位、社会角色认同。士之仕，亦如农夫之耕，是其生活来源。更重要的是，那时的贵族还有一个今天人们感受不深的压力：祭祀祖先。而祭祀祖先须有"圭田"（参见5.3注⑮），圭田则须做官才能获得——"圭田"不是商品，不可以获之于市场，只能获之于官场。正如那时代的车和今天的车不一样：那时的车，不是商品，而是政治附属品，是身份地位的象征和标配。圭田也是如此。只有圭田所产，才可以祭祀，正如本章所云的"牲杀"，只有专门为祭祀宰杀的牲口才可用于祭祀。如此，则无圭田，即不能祭祀；不能祭祀，如何面对列祖列宗？如何面对社会的评价？弄不好，几乎导致"社会性死亡"。理解了这些，我们就能知道，那时候，士之仕，和我们今天热衷夤缘攀升，还真不是一个概念。

而对于孔孟这样的"志于道"的士，其压力不仅仅来自礼制，还来自自己赋予自己的担当："君子之仕也，行其义也。"所以，"不仕无义"。在他们看来，君子之仕，致君尧舜，乃是"人之大伦"（《论语·微子》）。赵岐："言君子务仕，思播其道，达义行仁。"做官，在他们那里，有着"达义行仁"的意义。

但是周霄的疑惑还未解除，既然这么着急做官，可是君子又不容易做官，这是为什么呢？孟子的回答很有意思，也很简单：明媒正娶与钻穴逾隙，你选择哪一种呢？"古之人未尝不欲仕也，又恶不由其道"，古人当然想做官，但是讨厌不按规矩去做官。要不要做官，是一方面；怎么去做官，是另一方面。用不合规矩的手段去要官做，和钻洞扒缝翻墙之类的行为又有什么区别呢？孟子在这里讨论的，依然是实现目的的手段——手段的正当性。

这就关联到6.1的内容了：孟子为何"不见诸侯"。

6.1之孟子"不见诸侯"，和此处之"出疆必载质"，两者的平衡，需要智慧，更需要德性。

成语——父母之命，媒妁之言　钻穴逾隙（钻穴逾墙　逾墙窥隙）
链接——6.1；6.4；6.7；8.8

6.4

彭更问曰①："后车数十乘，从者数百人，以传食于诸侯②，不以泰乎③？"

孟子曰："非其道，则一箪食不可受于人；如其道，则舜受尧之天下，不以为泰。子以为泰乎？"

曰："否。士无事而食，不可也。"

曰："子不通功易事④，以羡补不足⑤，则农有余粟，女有余布；子如通之，则梓匠轮舆皆得食于子⑥。于此有人焉，入则孝，出则悌，守先王之道，以待后之学者，而不得食于子。子何尊梓匠轮舆而轻为仁义者哉？"

曰："梓匠轮舆，其志将以求食也；君子之为道也，其志亦将以求食与？"

曰："子何以其志为哉？其有功于子，可食而食之矣。且子食志乎？食功乎？"⑦

曰："食志。"

曰："有人于此，毁瓦画墁⑧，其志将以求食也，则子食之乎？"

曰："否。"

曰："然则子非食志也，食功也。"

今译——

彭更问孟子:"您后面跟着数十辆马车,跟随您的有数百人,从这家诸侯吃到那家诸侯,不觉得太过分吗?"

孟子说:"如果不合乎道义,那么一小篮饭也不能接受别人的;如果合乎道义,那么舜接受尧的天下,也算不得过分。您觉得过分吗?"

(彭更)说:"(舜)不过分。但士无所事事白吃饭,不可以吧。"

(孟子)说:"您不互通有无,以有余补不足,那么农夫有剩余的粮食,妇女有剩余的布匹;您如果互通有无,那么木工、车匠都能跟您吃上饭。现在有这么一个人,在家孝顺父母,出外尊敬兄长,恪守先王的道,把学问一代代传承下去,却在您这里没饭吃。为什么您重视木工、车匠却要轻视推行仁义的人呢?"

(彭更)说:"木工、车匠干活,他们的动机就是求食;君子行仁义之道,难道他们的动机也是求食吗?"

(孟子)说:"您为什么要用动机来作决定呢?他有功于您,应该给他饭吃就给他饭吃。您是看动机给饭呢?还是看功劳给饭呢?"

(彭更)说:"看动机给饭。"

(孟子)说:"现在有这么一个人,砸坏屋瓦乱抹白墙,他的想法就是以此求食,那您给他饭吃吗?"

(彭更)说:"不给。"

(孟子)说:"那么您并非是看他的动机给饭吃,还是看他的功劳给饭吃的。"

注释——

① 彭更:赵岐、朱熹都说是孟子学生。但从提问语气来看,似乎更应该是对孟子的行为和主张都有不同意见的其他学派之人。

② 传(zhuàn):驿站。焦循:"传食谓舍止诸侯之客馆而受其饮食也。"辗转各国客

馆，轮流食宿的意思。

③ 以：认为，觉得。泰：侈，过分，骄泰奢侈。不以泰，即下文"不以为泰"的意思。
④ 功：通"工"。通功易事：以工换工，以物换物，互通有无。
⑤ 羡：多余，剩余。
⑥ 梓：梓人，专门制造木器的木匠。匠：匠人，专门营造宫室的木匠。轮：轮人，专门制造车轮的木匠。舆：舆人，专门制造车厢的木匠。梓匠轮舆：可统指木工、车匠。
⑦ 此句的四个"食"字，都读作sì，用作动词，自己吃念shí，给别人吃念sì。朱熹："孟子言自我而言，固不求食；自彼而言，凡有功者则当食之。"
⑧ 墁（màn）：墙壁上的涂饰，指新粉刷的墙。

开讲——

　　此章与上一章"古之君子仕"可参看。上章孟子讲君子"未尝不欲仕"，只是"恶不由其道"，这里孟子讲"非其道，则一箪食不可受于人；如其道，则舜受尧之天下，不以为泰"，都是同样的道理。如果不合乎道义，一箪食也不能接受别人的；如果合乎道义，为什么不可以接受？"守先王之道，以待后之学者"的"尚志"之士，也要吃饭呀！但是，孟子以舜从尧那里接受天下论证，犯了一个逻辑错误：吃饭是吃到自己肚子里，舜从尧那里接受天下，却并非把天下变成自己的私产，而是接过了管理天下的责任。

　　但彭更确实是错的。士，真如彭更说的那样"无事而食"吗？王子垫曾经问孟子："士何事？"孟子说："尚志。"王子垫再问："何谓尚志？"孟子说："仁义而已矣。"（13.33）士在这个世界上的职责，就是推行仁义。士不是专业技术人才，不是通过技能为社会服务的，其责任是宣扬价值、道义，所谓"君子不器"（《论语·为政》）。朱熹注："器者，各适其用而不能相通。成德之士，体无不具，故用无不周，非特为一才一艺而已。"梓人、匠人、轮人、舆人，梓匠轮舆，便是"各适其用"，便是"特为一才一艺"。但这次，孟子没有从这个角度谈，他问彭更："子何以其志为哉？"为什么要用动机来下判断呢？

有价值的事，让做的人有收获，才有更多的人去做，才能将事做成、做大，才能将整个社会推向前进。像彭更一样去揣测别人什么动机，尤其从道德的角度来揣测别人的动机，不仅对人不公平，也会使有意义的事没人做。你到饭店吃饭，先问老板，你开饭店的动机是什么？是挣钱？然后你继续想，我凭啥帮你挣钱？我就不吃，饿死都不吃。这样还有人开饭店吗？你管人家老板开饭店的动机干什么？他就是想挣钱，怎么了？你只需问自己：我要不要吃饭？饭钱花得值不值？就这么简单。

从道德的角度来判断人做事的动机，没有意义。没有人有义务去做道德的事。做好人是义务；做好事不是义务。一辈子要做好人，是义务；一辈子要做好事，不是任何人的义务。人没有权力去绑架他人去做好事，更没有权力要求别人不计报酬地做好事。好人有好报，就包括我们主动给好人以报酬。

但我们还是要承认，这个彭更还真是一个很好的"捧哏"，他捧出了一个很好的命题："君子之为道也，其志亦将以求食与？"这个命题，就能接上上一章的话题：为什么君子要求仕，甚至"三月无君，则皇皇如也"（6.3）。但为什么孔子孟子这样的君子，求仕又那么难呢？因为他们有一个更大的原则——"君子之仕也行其义也。"（《论语·微子》）行义才是他们的动机，是他们的初心，凡与此初心相违背的，都不可接受。孔子说："君子谋道不谋食。耕也，馁在其中矣；学也，禄在其中矣。君子忧道不忧贫。"（《论语·卫灵公》）君子求志不求食，社会食功不食志。如此，则求志尚志、居仁由义的人越来越多。好的社会，总得让好人不困顿有饭吃啊！

成语——通功易事　梓匠轮舆　毁瓦画墁
链接——5.4；6.1；6.3

6.5

万章问曰①:"宋,小国也,今将行王政,齐楚恶而伐之,则如之何?"

孟子曰:"汤居亳,与葛为邻②。葛伯放而不祀。汤使人问之,曰:'何为不祀?'曰:'无以供牺牲也。'汤使遗之牛羊。葛伯食之,又不以祀。汤又使人问之曰:'何为不祀?'曰:'无以供粢盛也。'汤使亳众往为之耕,老弱馈食。葛伯率其民,要其有酒食黍稻者夺之,不授者杀之。有童子以黍肉饷,杀而夺之。《书》曰:'葛伯仇饷③。'此之谓也。为其杀是童子而征之,四海之内皆曰:'非富天下也,为匹夫匹妇复仇也。'汤始征,自葛载④,十一征而无敌于天下。东面而征,西夷怨;南面而征,北狄怨,曰:'奚为后我?'民之望之,若大旱之望雨也。归市者弗止,芸者不变⑤。诛其君,吊其民,如时雨降。民大悦。《书》曰:'徯我后,后来其无罚!'⑥

"'有攸不惟臣⑦,东征,绥厥士女,篚厥玄黄⑧,绍我周王见休⑨,惟臣附于大邑周。'其君子实玄黄于篚,以迎其君子;其小人箪食壶浆,以迎其小人。救民于水火之中,取其残而已矣⑩。《太誓》曰⑪:'我武惟扬,侵于之疆,则取于残,杀伐用张,于汤有光。⑫'不行王政云尔。苟行王政,四海之内皆举首而望之,欲以为君。齐楚虽大,何畏焉?"

今译——

万章问:"宋国,是个小国,现在要实行王政,齐国和楚国仇视它要攻打它,对此怎么办呢?"

孟子说:"商汤住在亳地,与葛国为邻。葛伯放纵不祭祀鬼神。商汤派人去问他,说:'为什么不祭祀?'葛伯说:'没有可以供奉的牲畜。'商汤派人给他送去牛羊。葛伯吃掉了牛羊,还是没有祭祀。商汤又派人问他说:'为什么不祭祀?'葛伯说:'没有可以供奉的谷物。'商汤派亳地的人民去帮他耕种,让年老体弱的给种田的人送吃的。葛伯却率领他的手下,在路上拦截抢夺送酒肉饭菜的人,不给就杀人。有个小孩去给田里劳动的人送饭和肉,(葛伯)杀了他抢走了饭和肉。《尚书》说:'葛伯仇饷。'(葛伯仇视送饭的人)说的就是这件事。(商汤)因为葛伯杀害了这个小孩而去讨伐他,天下的人都说:'(商汤)不是为了贪图天下的财富,是为老百姓复仇啊。'商汤的讨伐,从葛国开始,出征十一次而无敌于天下。他向东面出征,西边的夷族就抱怨;他向南面出征,北边的狄族也抱怨,都说:'为什么把我们放在后面呢?'人民盼望商汤,犹如大旱之时盼望下雨。(商汤讨伐到哪里)赶集的人往返不断,锄地的人照样下地。杀掉那里的君主,安慰那里的人民,如同天降及时雨。人民非常欢喜。《尚书》中说:'徯我后,后来其无罚!'(等待我的王,王来我便不受欺压了)

"'有攸不惟臣,东征,绥厥士女,篚厥玄黄,绍我周王见休,惟臣附于大邑周。'(那些不愿臣服的国,周武王便东征,安抚那里的男男女女,他们用筐装着黑色、黄色的绢帛,把侍奉周王看作是美好的事情,都想着臣服依附于大邦周)他们的贵族用筐子装着黑色黄色的绢帛,以迎接周国的贵族;他们的平民百姓端着饭菜酒浆,以迎接周国的士兵。(周武王不过是)拯救百姓于水深火热之中,除掉那些残暴的君主而已。《泰誓》上说:'我武惟扬,侵于之疆,则取于残,杀伐用张,于汤有光。'(我武王威名远扬,攻进邢国的疆土,杀掉邢国的暴君,大张杀伐,比那商汤更有光芒)不实行仁义政治就罢了。假如实行仁义之政,天下的人都会举头仰望他,想让他做自己的国君。齐国、楚国虽然强大,有什么可怕的呢?"

注释——

① 万章:孟子学生。

② 亳(bó):亳是先秦时期常见的地名。据王国维《观堂集林》卷十二《说亳》研究,有八九处不同地点都命名为亳。商有三亳:北亳一说在今山东省菏泽市曹县,一说在今河南省商丘市梁园区(两地接壤)。南亳在今河南省商丘市睢阳区。西亳在今河南省洛阳市偃师区。王国维认为,商汤定都于北亳。葛:古国名,在今河南省宁陵县北。

③ 载于《尚书·商书·仲虺之诰》。饷(xiǎng):送饭。仇饷:仇视送饭的人。

④ 汤始征,自葛载:《毛诗传》:"载,始也。"此六字可能是已亡佚的《尚书·汤征》的佚文。孔安国《书序》:"汤征诸侯,葛伯不祀,汤始征之,作《汤征》。"《孟子·梁惠王下》(2.11)中亦有:"《书》曰:'汤一征,自葛始。'"

⑤ 芸:耘。

⑥ 徯(xǐ):等待。后:王也。徯我后:等待我的王。罚:当作欺压讲。

⑦ 有攸不惟臣:有攸有两种解释。杨伯峻认为,有,词缀字;攸,古国名。赵岐、朱熹、焦循、王夫之、刘沅都认为是"有所",从文义言,不为臣者当不止攸国,武王也不仅仅针对攸国,故译文从赵岐、朱熹等。惟:同"为"。臣:臣服。

⑧ 绥厥士女:绥:安抚。厥:那里。士女:男女。篚(fěi)厥玄黄:篚,盛东西的竹器,这里用作动词。厥:助词,之。玄黄:黑色、黄色的丝织品。

⑨ 绍我周王见休:绍:朱熹:"继也,犹言事也,言其士女以篚盛玄黄之币,迎武王而事之也。"休:朱熹:"美也。言武王能顺天休命,而事之者皆见休也。"按:这段引文,乃孟子约举《尚书·周书·武成》中武王的话。

⑩ 残:残民者,谓暴君也。

⑪ 《太誓》：赵岐注："古《尚书》百二十篇之时《泰誓》也……今之《尚书·泰誓》篇，后得以充学，故不与古《太誓》同。诸传记引《泰誓》皆古《泰誓》也。"汉初伏生所传《尚书》为二十八篇，无《泰誓》。汉武帝时期，民间发现《泰誓》，并入《尚书》，为二十九篇。但该文内容颇多争议，主要问题是内容浅显易懂，不像《尚书》其他篇章佶屈聱牙，而且内容与先秦诸子所引多有不合。东汉马融《尚书序》："《泰誓》后得，按其文似若浅露……吾见书传多矣，所引《太誓》而不在《太誓》者甚多。"赵岐也强调，先秦诸子所引用的《太誓》均为已失传的古《太誓》。

⑫ 于：西周时的邘（yú）国，在今河南沁阳县西北。"则取于残"的"于"字，同此。"我武惟扬，侵于之疆，则取于残，杀伐用张，于汤有光"数句，赵岐："取于残贼者，以张杀伐之功也。"刘沅："言武王扬威以侵不惟臣者之疆。非利其土地，则取残民之人，因是而有杀伐。较于汤之伐纣，尤有光也。"

开讲——

宋国，周的诸侯国之一，子姓，国都商丘，是周朝建立后给商朝遗民的封地。

孟子之时，宋国国君是宋王偃，也称宋康王、宋献王，子姓，戴氏，名偃。公元前328—前286年在位，是宋国的亡国之君，统治宋国四十三年。宋国虽小，但野心不小，攻齐、楚、魏，灭滕。最后齐灭宋，宋王偃出亡，死在魏国的温邑（今河南温县）。

万章此处说宋"将行王政"，但史上宋王偃却有"桀宋"之名，对外侵略，对内残酷镇压、血腥屠杀。《吕氏春秋·审应览·淫辞》：

> 宋王谓其相唐鞅曰："寡人所杀戮者众矣，而群臣愈不畏，其故何也？"唐鞅对曰："王之所罪，尽不善者也。罪不善，善者故为不畏。王欲群臣之畏也，不若无辨其善与不善而时罪之，若此则群臣畏矣。"居无几何，宋君杀唐鞅。

对宋王偃来说，杀人已经变成他的嗜好。一天不杀，情绪不振，他问国相唐鞅，为什么我杀了这么多人，他们还不害怕我呢？唐鞅说：因为你杀人，每次都要编一个罪名，所以他们以为只要不犯事，就不会被杀。如果你以后不管有罪无罪，杀人不找任何理由，他们就怕你了。眼睛瞄一瞄，碰上谁就杀谁。唐鞅这个主意出得好，宋王偃也有幽默感，他听了唐鞅的建议，先拿唐鞅开刀。

因为权力没有任何约束，专制独裁的国君往往特别有想象力，特别狂妄。宋王偃最后杀人不过瘾了，变态到要杀天。《史记·宋微子世家》：

> 君偃十一年，自立为王。东败齐，取五城；南败楚，取地三百里；西败魏军，乃与齐、魏为敌国。盛血以韦囊，县而射之，命曰"射天"。淫于酒妇人。群臣谏者辄射之。于是诸侯皆曰"桀宋"。"宋其复为纣所为，不可不诛。"告齐伐宋。王偃立四十七年，齐湣王与魏、楚伐宋，杀王偃，遂灭宋而三分其地。

究竟历史中的宋王偃如万章所说，是"行王政"引起齐、楚"恶而伐之"，还是如司马迁所说，是诸侯眼中的"桀宋"，恐"宋其复为纣所为，不可不诛"？是万章、孟子获得信息滞后，还是他由早年的理想主义者变成了残暴之君？或者是孟子他们都被迷惑了？全祖望认为，可能是宋王偃前后有变化："（孟子）所以游宋，则亦有故，盖康王初年，亦尝讲行仁义之政，其臣如盈之，如不胜，议行什一，议去关市之征，进居州以辅王，斯孟子所以往而受又十镒之馈也。"（全祖望《经史问答》卷七《大学中庸孟子问目答卢镐》）所言甚是。宋王偃开始是理想主义者，当然，这个理想混杂着所谓的仁政王道和称霸天下的梦想；但是，当手段不受约束的时候，手段的无所不为，最后一定会扭曲目标,所以,他一旦大权独揽,就演变为独裁暴君。历史上理想主义者变为暴君的事情举不胜举,已经成为规律,因为一旦统治者有了"伟大梦想",他就不仅"以梦为马",他一定要驱民为马,残民以逞其梦。法国大革命的领袖人物,被称为"不可腐蚀者""穷人和被压迫者的辩护人、保皇党和腐败政客的敌人、法兰西共和国的守护者"的罗伯斯庇尔是一例。焦循怀疑《战国策》《史记》的记载,来自当时齐、楚诸国对宋王偃的诬陷之言"《史记》称宋王为桀纣,与万章'行王政'之言迥别,或出于齐楚恶之后,史非其实欤?"(《孟子正义》)但宋王偃之残暴,似乎没有疑问。其实最有力的证据,来自宋国人庄子。《庄子·列御寇》:

> 人有见宋王者,锡车十乘,以其十乘骄稚庄子。庄子曰:"河上有家贫恃纬萧(编织苇席)而食者,其子没于渊,得千金之珠。其父谓其子曰:'取石来锻之!夫千金之珠,必在九重之渊而骊龙颔下(下巴)。子能得珠者,必遭其睡也。使骊龙而寤,子尚奚微之有哉?(你还能剩下一星半点吗)'今宋国之深,非直九重之渊也;宋王之猛,非直骊龙也。子能得车者,必遭其睡也。使宋王而寤,子为齑粉夫!"

当然你可以说这是寓言。但寓言在具体的虚构故事的背后,往往是基本背景的真实。寓言正是用背景的真实来衬托虚构故事的真实的。另外,庄子对于那个时代的深深恐惧,对于死亡的迫切感受,远远超过同时代的孟子等人。这样的感受,应该和他所处的宋国有莫大的关系。

葛伯不祭祀先祖鬼神,与商汤何干?因为这个世界上如果有人不遵守共同的基本价值观且不受制约和制止,就会危及文化共同体的生存。人类是一个伦理共同体,这个共同体有其基本规范,以供共同遵守。一旦这个共同规范被破坏，人类伦理共同体就被破坏，每个人赖以生存的基本社会环境就会坍塌，价值观崩溃，秩序荡然，安全感丧失，人人自危。最早的儒家只讲公平正义，不讲族群私利，不是狭隘的民族主义者，因为他们认为族群利益必依赖于天下的秩序，依赖于每个族群共同尊重遵守的价值观。共同体的概念，不是取决于血统，而是取决于文化认同。韩愈《原道》："孔子之作《春秋》也，诸侯用夷礼则夷之，进于中国则中国之。"这个"进于中国"的前面，主语应该是"夷狄"，不然何必曰"进于"。故雍正《大义觉迷录》："韩愈有言：'中国而夷狄也，则夷狄之；夷狄而中国也，则中国之。'"雍正的目的当然是为了说明自己入主中原的合法性，但他的话也确实符合儒家的基本观点，并且在语法上也不算篡改韩愈的原话。

"东面而征，西夷怨；南面而征，北狄怨"一段内容，在前面2.11中也出现过。2.10中，孟子讲的也是人心向背，"取之而燕民悦，则取之""取之而燕民不悦，则勿取"，可对读。

这里"救民于水火之中，取其残而已矣"，对"残"是什么，孟子也有专门说明。齐宣王问孟子："臣弑其君，可乎？"孟子说："贼仁者谓之贼，贼义者谓之残。残贼之人，谓之一夫。闻诛一夫纣矣，未闻弑君也。"（2.8）伤害仁义的人就是残。干掉残暴的君主，给老百姓好日子过，就是仁义。从商汤到周武王，中华民族历来不会作壁上观。中国人有正义感。

成语——吊民伐罪
链接——2.8；2.10；2.11；6.6；8.4

6.6

孟子谓戴不胜曰[①]:"子欲子之王之善与?我明告子。有楚大夫于此,欲其子之齐语也,则使齐人傅诸[②]?使楚人傅诸?"

曰:"使齐人傅之。"

曰:"一齐人傅之,众楚人咻之[③],虽日挞而求其齐也,不可得矣;引而置之庄岳之间数年[④],虽日挞而求其楚,亦不可得矣。

"子谓薛居州[⑤],善士也,使之居于王所。在于王所者,长幼卑尊皆薛居州也,王谁与为不善?在王所者,长幼卑尊皆非薛居州也,王谁与为善?一薛居州,独如宋王何?"

今译——

孟子对戴不胜说:"您希望您的宋王向善吗?我明白地告诉您。假如这里有一位楚国大夫,想让他的儿子学会齐国话,那是让齐国人来教呢?还是让楚国人来教呢?"

(戴不胜)说:"让齐国人来教。"

(孟子)说:"一个齐国人教他,一帮楚国人喋喋不休,即使天天打他让他说齐国话,他也不可能说得好;把他放到齐国的庄间岳里住上几年,即使打他让他再说楚国话,他也说不好了。

"您说薛居州,是个好人啊,让他居住在王宫里。在王宫里居住的人，长幼卑尊都像薛居州，那宋王偃跟谁一起做坏事呢？在王宫里居住的，不论长幼尊卑都不是薛居州，那宋王能跟谁一起做好事呢？一个薛居州，独力能把宋王偃怎么样？"

注释——

① 戴不胜：宋国大夫，宋王偃之臣。
② 傅：教师，教导。
③ 咻（xiū）：吵，喧闹。
④ 庄岳：庄，街名；岳，里名。庄岳都在齐国首都临淄城内。
⑤ 薛居州：宋臣。

开讲——

戴不胜在宋王偃那里做臣，很想让宋王偃学好。宋国也有一些有理想的人，比如戴不胜，比如薛居州。但孟子对宋王偃不抱信心。他在说"近朱者赤，近墨者黑"，也在说"小人众而君子独，无以成正君之功"（朱熹此章注）。这个故事也说明了，曾经有过理想的宋王偃，最终蜕变为历史上有名的暴君，也让曾经对他抱有希望的孟子，满怀失望地离开。我们来看一个故事，《郁离子·瞽聩·宋王偃》：

宋王偃恶楚威王，好言楚之非，旦日视朝必诋楚以为笑，且曰："楚之不能若是，甚矣，吾其得楚乎！"群臣和之，如出一口。于是行旅之自楚适宋者，必构楚短以为容。国人大夫传以达于朝，狃而扬，遂以楚为果不如宋，而先为其言者亦惑焉。于是谋伐楚，大夫华犨谏曰："宋之非楚敌之旧矣，犹犩牛之于豻鼠也。使诚如王言，楚之力犹足以十宋，宋一楚十，十胜不足以直一败，其可以国试乎？"弗听。遂起兵，败楚师于颍上，王益逞，华犨复谏曰："臣闻小之胜大也，幸其不吾虞也。幸不可常，胜不可恃，兵不可玩，敌不可侮，侮小人且不可，况大国乎？今楚惧矣，而王益盈。大惧小盈，祸其至矣！"王怒，华犨出奔齐。明年宋复伐楚，楚人伐败之，遂灭宋。

简单翻译一下：不知宋王偃为何憎恶楚威王，好说楚国的种种不是，每天早朝在朝堂上一定要诋毁楚国以作为大家的欢乐，并且说："楚国无能到这种程度，真是无能极了，我岂不是要得到楚国了吗！"群臣随声附和他，像是出自同一口中。到最后，连到宋国旅行的楚国人，也一定要编造一套诋毁楚国的坏话，才能在宋国容身、赚钱。国人大夫再把这些楚国人编造的话传播到朝廷，人云亦云地传扬开了，这样大家都认为楚国果真不如宋国，就连最先说那话的人也感到困惑了。于是宋国真的开始谋划攻打楚国，大夫华犨进谏说："宋国很早以前就不敌楚国了，两国的差别就像犪牛和鼩鼠一样悬殊。倘使果真像大王说的那样，楚国的力量还足以能抵得上十个宋国，宋国和楚国的力量之比是一比十，楚国有十个宋国的力量，宋国十胜不足以抵消一败，怎么能拿国家命运来试验啊？"宋王不听劝告。于是起兵，在颍水打败了楚国军队，宋王更加逞能了。华犨又进谏说："我听说弱小的战胜强大的，要庆幸它没有防备我们啊。凭侥幸不可常胜，胜了也不可自恃，用兵不可当儿戏。敌人不可欺侮，欺侮小人尚且不可，更何况是欺辱大国呢？如今楚国害怕了，而大王你却更加自满了。大国害怕，小国自满，灾祸将要到来了！"宋王怒，华犨逃奔齐国。第二年宋国又进攻楚国，楚国打败了宋国，接着灭掉了宋国。

《郁离子》是刘基的寓言集。这故事也是刘基编的，但真是深刻啊。

成语——一傅众咻　长幼尊卑
链接——6.5

6.7

公孙丑问曰:"不见诸侯,何义?"

孟子曰:"古者不为臣不见①。段干木逾垣而辟之,泄柳闭门而不纳②,是皆已甚。迫③,斯可以见矣。阳货欲见孔子而恶无礼,大夫有赐于士,不得受于其家,则往拜其门。阳货瞰孔子之亡也,而馈孔子蒸豚。孔子亦瞰其亡也,而往拜之。当是时,阳货先,岂得不见④?曾子曰:'胁肩谄笑,病于夏畦⑤。'子路曰:'未同而言,观其色赧赧然,非由之所知也⑥。'由是观之,则君子之所养,可知已矣。"

今译——

公孙丑问孟子:"您不去拜见诸侯,是什么道理?"

孟子说:"古时候不愿为臣即不去拜见君主。段干木翻墙躲避魏文侯,泄柳关门不接待鲁穆公,这么做都太过分了。遇到这种已经到了门口的求见,还是可以见见的。阳货想让孔子来见他又怕没有能见的礼节,(想到有)大夫赠送礼物给士(的礼节规定),士如果没能在家当面接受并致谢,就必须专门前往大夫门下拜谢。(于是)阳货暗中探听到孔子出门了,就给孔子家送去蒸熟的小猪。孔子也暗中探听到阳货不在家,才前往他家拜谢。当时,如果阳货上门在先,孔子哪能不见?曾子说：'耸起肩膀对别人讨好地笑，比在夏天的菜地里干活还难受。'子路说：'志趣不合还要说话，看他的脸色羞愧的样子，不是我能理解的。'由此看来，君子应该具有什么素养，可以知道了。"

注释——

① 古者不为臣不见：见：是拜见，谒见，有干谒之义。与正常相见、接见不是一个意思。赵岐强调，只是不见不义之君："古者不为臣，不肯见不义而富且贵者也。"我觉得，这个问题可以这样理解。第一，可以不见，非必不可见。第二，不为臣，是指主观不愿为其臣，而不是客观未为其臣；未为其臣而不见，逻辑上不通。比如，下文段干木不见魏文侯、泄柳之不见鲁穆公，不是循例循礼不见君，而是主观判断之后，不愿出仕或不屑为其臣而不见。

② 段干木逾垣而辟之：段干木，孔子学生子夏的学生。辟，同"避"。皇甫谧《高士传》卷中《段干木》："魏文侯欲见，就造其门，段干木逾墙而避文侯。文侯以客礼待之，出，过其庐而轼。其仆问曰：'干木布衣也，居轼其庐，不已甚乎？'文侯曰：'段干木，贤者也。不移势利，怀君子之道，隐处穷巷，声驰千里。吾敢不轼乎？干木先乎德，寡人先乎势。干木富乎义，寡人富乎财。势不若德贵，财不若义高。'又请为相，不肯。后卑己固请见，与语，文侯立倦不敢息。夫文侯名过齐桓公者，盖能尊段干木，敬卜子夏，友田子方故也。"《吕氏春秋·期贤》亦有类似记载："魏文侯过段干木之闾而轼之，其仆曰：'君胡为轼？'曰：'此非段干木之闾欤？段干木盖贤者也，吾安敢不轼？且吾闻段干木未尝肯以己易寡人也，吾安敢骄之？段干木光乎德，寡人光乎地；段干木富乎义，寡人富乎财。'"后有成语干木富义。泄柳：鲁国穆公时的一位贤人。朱熹："文侯、缪公欲见此二人，而二人不肯见之，盖未为臣也。"

③ 迫：迫近，已经到了门口的意思。朱熹："迫，谓求见之切也。"似不确。应是距离的迫近，而非心情的迫切。已甚：谓过分不给面子，有"伯夷隘"（参见3.9）之意。

④ 阳货：名虎，字货，鲁国人。春秋时期与孔子同时代的一位鲁国权臣。《论语·阳

货》载:"阳货欲见孔子,孔子不见,归孔子豚。孔子时其亡也而往拜之,遇诸涂。谓孔子曰:'来,予与尔言。'曰:'怀其宝而迷其邦,可谓仁乎?'曰:'不可。''好从事而亟失时,可谓知乎?'曰:'不可!''日月逝矣,岁不我与!'孔子曰:'诺,吾将仕矣。'"瞰(kàn):窥视。亡:外出,出门。

⑤ 胁肩谄笑,病于夏畦:朱熹:"胁肩,竦体。谄笑,强笑。皆小人侧媚之态也。病,劳也。夏畦,夏月治畦之人也。言为此者,其劳过于夏畦之人也。"

⑥ 未同而言:朱熹:"与人未合而强与之言也。"

开讲——

之前6.1开头,孟子学生陈代问:"不见诸侯,宜若小然。"您不主动去见诸侯,好像有点小气了。本章他的学生公孙丑又问:"不见诸侯,何义?"您不去拜见诸侯,是什么道理?

孟子举了两个例子,说明"古者不为臣不见":一是段干木避魏文侯;一是泄柳避鲁穆公。同时,孟子认为他们"是皆已甚",做得有些过分,遇到这种情况,其实倒不妨一见。段干木、泄柳这两人,用孔子的话来说,是狂狷之人。14.37章:"孔子不得中道而与之,必也狂狷乎!狂者进取,狷者有所不为也。孔子岂不欲中道哉,不可必得,故思其次也。"如果找不到中庸之人同行,那就找狂狷之人。狂者进取,狷者有所不为,都是有个性、有人格之人,但是——不够中庸。我在注释里说,面对已经到了门口的国君,一个翻墙而走,一个赶来抵门,都很过分,如果不是故意以此奇崛行为邀名,也是如孟子所说的"隘"。礼者,卑己尊人,如此峻拒诚心来访的客人,总有傲慢之嫌。朱熹说:"此章言圣人礼义之中正,过之者伤于迫切而不洪,不及者沦于污贱而可耻。"中庸才是最高境界。所以,孟子赞赏孔子:"可以速而速,可以久而久,可以处而处,可以仕而仕。"(10.1)在孔子那里,礼不可缺,即使对权臣阳货,在原则和权变之间,也有一个变通。孔子的变通是"亦瞰其亡也,而往拜之"。所以孟子认为,如果阳货有诚意直接上门,孔子怎么能不见呢?

那么,孟子见还是不见?他其实已经讲得很清楚:第一,已然决意不做某诸侯的臣子,既然看不上他,觉得他不可教化,自然不会主动去求见。第二,从正常往来的角度,比如他在齐、在梁,与齐宣王与梁惠王,他不是他们的臣,而是他们必须"学焉,然后臣之"(4.2)的人,他不能被他们召见,但他们来见他,还是要见。第三,他也不会像段干木、泄柳般死板、过分,诸侯来见他,给予足够的礼遇,他会考虑见。第四,他还要看三观是否相同。三观不同,那也不去。让他"胁肩谄笑""未同而言",那绝对办不到!

成语——闭门不纳　干木逾垣　泄柳闭门　胁肩谄笑
链接——4.2;6.1;10.1;14.37

6.8

戴盈之曰①:"什一②,去关市之征,今兹未能。请轻之,以待来年,然后已,何如?"

孟子曰:"今有人日攘其邻之鸡者③,或告之曰:'是非君子之道。'曰:'请损之,月攘一鸡,以待来年,然后已。'如知其非义,斯速已矣,何待来年?"

今译——

戴盈之说:"抽十分之一的税,废除对关卡市场征税,现在做不到。能不能先减轻一点,等来年再做,然后完成它,怎么样?"

孟子说:"现在有一个每天偷邻居鸡的人,有人告诉他说:'这不是君子的行为。'他说:'请允许我减少一些,一个月只偷一只,等来年再改,然后就不偷了。'如果知道那样做是错的,就要赶快停止,为什么要等来年呢?"

注释——

① 戴盈之:宋国大夫。
② 什一:古代地税制度,十分抽一,称"什一"。《管子·治国》:"关市之租,府库之征,粟什一。"《穀梁传·哀公十二年》:"古者公田什一。用田赋,非正也。"范宁

注:"私得其什而官税其一,故曰什一。"5.3 章中也提到:"夏后氏五十而贡,殷人七十而助,周人百亩而彻,其实皆什一也。"

③ 攘(rǎng):盗窃。"人"字多余。

开讲——

之前,滕文公问怎么治理国家,孟子说"民事不可缓也",老百姓过日子的事要放在第一位,一刻也不能缓,办法就是恢复古制"什一"税,减轻人民的负担(参见 5.3 开讲)。孟子的经济主张,是"耕者助而不税",赞成恢复井田制;是"市廛而不征,法而不廛",贸易不税上加税;是"关讥而不征",边境不设卡收税;是"廛无夫里之布",不拉人服劳役又征人头税(参见 3.5 开讲)。

战国时,诸侯国战争频繁,军费开支猛增。取消商品交易税,不论从诸侯的主观愿望上,还是客观形势上,的确也很难,所以宋国大夫戴盈之说:"可以取消商品税,回到过去十抽一的'什一'税,但能不能先一步步来?今年减一点,明年减一点,渐渐全部达标,怎么样?"

孟子这里没有向戴盈之追问减税时间表,而是讲了一个偷鸡的故事。这个故事一讲,孟子暴露了逻辑上的漏洞。读《孟子》,我们会发现他经常犯一些逻辑错误。征税与偷鸡,不是同一个问题。偷鸡偷一只也不可以,是定性问题不是定量问题;税则必须征,只是量的多少而已,所以,不是定性问题而是定量问题。征税是国家的经济行为,偷鸡是个人的道德行为,两者之间不能对等而论。当然有人会说,超过了正当税额的"税",就相当于对纳税人偷窃,与偷鸡还是可以比较的。这当然不错,但这"正当税额",也还是要论证的,既不能孟子说了算,也不能古代的就是铁律。所以,还是一个"量"的问题。朱熹说:"知义理之不可而不能速改,与月攘一鸡何以异哉?"但,这两者之间还是有些"异"的。一个人偷鸡,从一天偷一只变成一月偷一只,最后不偷了，确实可笑，确实是"义理之不可"，是义理之必须一朝而断，且事理之可以一朝而断的事。而政府征税太高，民生艰困，义理虽不可，而事理不可以一朝而断，今年征税百分之二十，明年减少到百分之十五，最后是百分之十，事理既不能速改，则逐年降低以至于政策调整到位，不仅可以，而且可能是必须。

所以我前面说，偷鸡是定性问题，征税是定量问题。定性问题不容模糊，而定量问题可以计较。戴盈之既然已经认识到税太重（定性问题已落实），希望逐渐地一步步来减税，事理上是可以且必须的：如果税率一步达标改成百分之十，那之前国家做过预算怎么办呢？整个庞大的政府机构运作起来后，要改变节奏，需要逐渐适应，机器猛然骤停或将导致全盘崩溃。

不仅定性、定量不可以混淆，用来解决道德问题的方法也不能用来解决经济问题。

从孟子的角度说，给宋国人一定时间，也能拉拢人与你相向而行，逐步实现自己的目标。如此逼着对方一步到位，既然今年不可行，则明年也就没有了意愿。

所以这里我不赞成孟子。

孟子经常用比喻来论证，而比喻不可以用来论证：因为，本体和喻体，并非本质相同也。

但如果单独来看"月攘一鸡"的故事，却是非常好的故事，非常呈现人性的故事。

成语——月攘一鸡

链接——3.5；5.3；6.5

6.9

公都子曰:"外人皆称夫子好辩,敢问何也?"

孟子曰:"予岂好辩哉?予不得已也!天下之生久矣①,一治一乱。当尧之时,水逆行,泛滥于中国。蛇龙居之,民无所定。下者为巢,上者为营窟。《书》曰:'洚水警余。'②洚水者,洪水也。使禹治之。禹掘地而注之海,驱蛇龙而放之菹③。水由地中行,江、淮、河、汉是也。险阻既远,鸟兽之害人者消,然后人得平土而居之。

"尧、舜既没,圣人之道衰,暴君代作。坏宫室以为污池,民无所安息;弃田以为园囿,使民不得衣食。邪说暴行又作,园囿、污池、沛泽多而禽兽至。及纣之身,天下又大乱。周公相武王诛纣,伐奄,三年讨其君④,驱飞廉于海隅而戮之,灭国者五十⑤。驱虎、豹、犀、象而远之,天下大悦。《书》曰:'丕显哉,文王谟!丕承哉,武王烈⑥!佑启我后人,咸以正无缺⑦。'

"世衰道微,邪说暴行有作⑧,臣弑其君者有之,子弑其父者有之。孔子惧,作《春秋》。《春秋》,天子之事也。是故孔子曰:'知我者,其惟《春秋》乎!罪我者,其惟《春秋》乎!'

"圣王不作,诸侯放恣,处士横议⑨,杨朱、墨翟之言盈天下⑩。天下之言不归杨,则归墨。杨氏为我,是无君也;墨氏兼爱,是无父也。无父无君，是禽兽也。公明仪曰：'庖有肥肉，厩有肥马，民有饥色，野有饿莩，此率兽而食人也。'杨、墨之道不息，孔子之道不著，是邪说诬民，充塞仁义也。仁义充塞，则率兽食人，人将相食。吾为此惧，闲先圣之道⑪，距杨⑫、墨，放淫辞，邪说者不得作。作于其心，害于其事；作于其事，害于其政⑬。圣人复起，不易吾言矣。

"昔者，禹抑洪水而天下平，周公兼夷狄，驱猛兽而百姓宁，孔子成《春秋》而乱臣贼子惧。《诗》云：'戎狄是膺，荆舒是惩，则莫我敢承⑭。'无父无君，是周公所膺也。我亦欲正人心，息邪说，距诐行，放淫辞，以承三圣者。岂好辩哉？予不得已也。能言距杨、墨者，圣人之徒也。"

今译——

公都子说："外人都说老师您好辩论，我斗胆问一下这是为什么呢？"

孟子说："我岂是好辩呢？我没法不辩啊！天下苍生岁月久远，总是一治一乱。尧的时候，洪水横流，泛滥于中原各地。蟒蛇恶龙聚居，人民无处安身。低处的人在树上筑巢为家，高处的人开凿洞穴为室。《尚书》中说：'洚水警余。'（洚水在警告我们）洚水，就是洪水。（舜）派大禹治水。大禹掘地成河引洪水注入大海，驱赶蟒蛇恶龙放它们去沼泽。水都顺着河道流淌，这就是长江、淮河、黄河、汉水了。险阻排除了，危害人类的禽兽也消除了，然后人类才能在平地上居住生活。

"尧、舜死后，圣人之道衰落，残暴的君主代代兴起。（他们）摧毁房屋修池塘，使人民流离失所；（他们）荒废农田围造猎场，使人民得不到衣食。邪说暴行又兴起，猎场、池塘、沼泽地多了禽兽也随之而来。到商纣王时，天下又大乱了。周公辅佐周武王讨伐商纣王，讨伐奄国，三年后诛杀纣王，把飞廉驱逐到海边然后杀了他，灭掉的国家有五十个。又把虎、豹、犀牛、大象驱赶远了，天下百姓非常高兴。《尚书》中说：'丕显哉，文王谟！丕承哉，武王烈！佑启我后人，咸以正无缺。'（多么伟大呀！文王的谋略！多么承前启后呀！武王的功业！保佑、启迪我们后来之人，都循正道而行不留缺憾）

"（然后）世道再次衰落，邪说暴行又兴起，臣下谋杀君主的事出现了，儿子谋杀父亲的事出现了。孔子忧惧，编写了《春秋》。《春秋》褒贬诸侯大夫是天子的职权。所以孔子说：'理解我的，大概就在这部《春秋》吧！归罪于我的，也大概就在这部《春秋》吧！'

"圣王不出现，诸侯为所欲为，在野之士放纵议论，杨朱、墨翟的言论遍布天下。天下言论不归杨朱，就归墨翟。杨朱主张'为我'，这是目无君主；墨翟主张'兼爱'，这是目无父母。无父无君，这就是禽兽啊。公明仪说：'厨房里有肥肉，马厩里有肥马，人民却面带饥饿之色，野外有饿死的人，这就是带领野兽来吃人。'杨朱、墨翟的学说不灭掉，孔子的学说不能弘扬，歪理邪说就会蒙蔽人民，阻塞仁义。仁义被阻塞，就会率兽食人，人将相食。我为此既忧且惧，于是起来捍卫先圣的思想，抵制杨朱、墨翟，驱除惑乱人心的言辞，使歪理邪说不能兴起。（邪说）从心里产生，就会危害修身之事；危害修身之事，就会危害国家政治。即使圣人再现，也不会否认我的这些话吧。

"过去，大禹治水使天下太平，周公兼并夷狄部落，驱除猛兽使百姓安居，孔子编定《春秋》使那些乱臣贼子有所惧怕。《诗经》中说：'戎狄是膺，荆舒是惩，则莫我敢承。'（打击戎、狄，惩罚楚、舒，那还有谁敢抵挡我们）无父无君，正是周公要打击的。我也要端正人心，消除邪说，抵制偏激，驱除惑乱人心的言辞，以继承大禹、周公和孔子三位先圣的事业。我岂是好与人辩论？我是不得已啊。能用言论抵制杨朱、墨翟，便是圣人的门徒。"

注释——

① 天下之生：赵岐："天下之生，生民以来也。"朱熹："生，谓生民也。"

② 洚（jiàng）水：洪水。"洚水警余"不见于今本《尚书》，当是《尚书》逸文。朱熹："警，戒也。"

③ 菹（zū）：水草丛生的沼泽地。

④ 相（xiàng）：动词，辅助。奄：东方大国，助纣为虐的主要力量。三年讨其君：君，赵岐注为商纣王，孔广森《经学卮言》注为奄君。都可通，译文从赵岐。

⑤ 飞廉：商纣王的重臣，传说脚力非凡，善于行走。灭国者五十：五十国皆为追随商纣王的附属部落。

⑥ 丕：大。显：明。谟：谋略。承：继承。烈：功业。

⑦ 赵岐："佑开后人，谓成康皆行正道无亏缺也。"

⑧ 有（yòu）：同"又"。

⑨ 处士：不官之士。横（hèng）议：妄议，言而不循王道。

⑩ 杨朱、墨翟：均为先秦诸子之一派代表人物。杨朱讲"贵己""重生"，为道家代表人物。墨翟讲"兼爱""非攻"，为墨家创始人。

⑪ 闲：门中有木，本义为栅栏，引申为抵挡、捍卫。

⑫ 距：同拒，抗拒。下文"距诐行"之距与之同。

⑬ 作于其心，害于其事；作于其事，害于其政：此句主语为"邪说"。邪说兴作于心，则害于敦仁由义之事。敦仁由义之事息，则仁政不行。

⑭ 戎狄：西戎和北狄。荆舒：楚国和舒国（见 5.4 注 ㉜）。承：抵御。朱熹《诗集传》："承，御也。"一说通"乘"，欺凌、凌迫之义。

开讲——

中国文化有"道统"之说。道统，即儒家学说中"王道"承续的统系，也可以说是中国文化中华价值观的传承。更重要的是，它是相对于"政统"的意识形态系统，是古代中国政治的根本大法，类似今日宪法的意义。事实上，今日"宪法"的"宪"，就是"祖述尧舜，宪章文武"的"宪"，宪章即宪法。

韩愈对"道统"曾经有过经典的描述："尧以是传之舜，舜以是传之禹，禹以是传之汤，汤以是传之文、武、周公，文、武、周公传之孔子，孔子传之孟轲，轲之死，不得其传焉。"（韩愈《原道》）尧、舜、禹、汤、文、武、周公、孔子、孟子，共九人。韩愈说，孟子死后"不得其传"，所以后人责任重大，须有豪杰之士出来承绪道统，话中有自许的意思。

本章孟子所谈，也是关于"道统"的兴衰传承，以及时代赋予自己的使命所在。他说"天下之生久矣"，无非一治一乱交替。自尧舜以来，已历三治、三乱：

尧、舜、禹，治。然后乱，"圣人之道衰，暴君代作"，直至商纣王。

周公、文武，治。然后乱，"世衰道微，邪说暴行有作，臣弑其君者有之，子弑其父者有之"。

孔子出，作《春秋》，"乱臣贼子惧"，治。然后乱，"圣王不作，诸侯放恣，处士横议，杨朱、墨翟之言盈天下"。

三治三乱讲到这里，不仅孔子进入了道统，孟子也跃跃欲试了。予岂好辩哉？予不得已也！为什么呢？因为轮到"予"了！所以，到本章最后一节讲三圣：禹，周公，孔子，孟子就不客气了："我亦欲正人心，息邪说，距诐行，放淫辞，以承三圣者。"堂而皇之地陈力就列了。"由孔子而来至于今，百有余岁，去圣人之世若此其未远也，近圣人之居若此其甚也，然而无有乎尔，则亦无有乎尔。"（14.38）我不要天下人信我，我只要自信！

尧、舜、禹、汤、文、武、周公、孔子，八个人里，除了汤，孟子都谈到了。这里没有谈汤，可能是因为之前他已经与学生万章谈过"汤

327 | 卷六 滕文公下

居亳"（6.5）。汤在孟子心目中，同样有崇高的地位，是在这个道统的链条上的。

本章在中国文化史上，具有非常特别的意义，是比较早的有意识地、系统地谈文化传承。虽然只是一段对话，但讲得非常清晰，这说明孟子平时已经把这个问题想透了。

这个文化传承，也叫"王道"。尧、舜、禹、汤、文、武，都是"王"，周公是摄政王，行使王的权力。孔子不是上述意义上的"王"，却是"素王"，他编定《春秋》，也是"《春秋》继《诗》"，是"天子之事"。

初始，是尧、舜、禹、汤、文、武、周公这样的"王"担当人间最高的道义。王，是这个世界一切善恶美丑的最高裁判；裁判的标准，便是道，合起来，即"王道"。其时，"王道"，便是人间正道，在某种程度上，是"体用不二"的。"王"是"体"，也是"用"，即用王的身份对这个世界进行判断、裁决。这是"政教合一"的时代。

在这样的王道与孔子之间，还有一个"霸道"。"王"不见了，本该由"王"来担当的人间道义，只好由"霸"来做了。虽然"霸"不是"王"，但还是"政"，还是世俗权力，所以，还是"政教合一"。孟子虽然几次表示对齐桓公和管仲的不屑，但其实，他还是认可他们的担当的，这可以从他对"葵丘之会"的肯定看出来。（参见12.7开讲）

到孔子出现，"体"发生了转移，开始由孔子这样的"士"来担当人间最高的道义，这就是"士道"。由于"士"没有世俗权力，所以就出现了一个伟大的变化：从"政教合一"变为"政教分离"。

由"王道"到"霸道"，由"霸道"到"士道"，中国文化的传承载体或本体，发生过这样三个变化。但"霸道"只能算是"王道"的变态，是往"士道"的过渡。最大的革命性变化是实现"政教分离"——"道统"正式脱离"政统"而"自成一统"，并且高悬政统之上而成为万世大法、当世宪法。这是中国古代政治最伟大的变化，虽然这个变化到汉朝才被统治者以祭孔的方式予以落实，但事实上的发生，确实是在孔子这里。孟子非常深刻地看到了这一点，他理解了孔子的意义，他定位了孔子的位置，他确定了孔子万世之师的崇高，所以，他才能作出"《春秋》，天子之事也"这样伟大的判断。

第一个以"士"的身份担当道义的是孔子，"孔子惧，作《春秋》。《春秋》，天子之事也"。孟子为什么专门说明"《春秋》，天子之事也"？因为孟子已经意识到，孔子之前，道义担当者都是王，而孔子不是王，但他做的，却是王的事。孔子作《春秋》，是用《春秋》体现道义功能，用《春秋》来承载王道、寄寓王法。孔子无天子之"体"，而有天子之"用"。尧、舜、禹、汤、文、武、周公，甚至霸主齐桓公，是体用不二；孔子以后，体用分离。从此，道的前面，不再加"王"，恰恰相反，成了"孔子之道""圣人之道"或"孔孟之道"。

其实，孔子是明确自己的位置和意义的，当他说"士志于道"时，他已经不说"士志于王道"了。从此，将由"士"承担"王"道。体用分离，即道统（道）与政统（势）的分离——政统（人间政权）依然由天子、诸侯担当，但王不再是人间最高道义的代表。人间最高道义的代表（道统），转移到孔孟这样的士那里。道统与政统的分离，就是政教分离，意味着真理的解释权与国家管理权分开了，这是中国古代政治成熟的必要条件，也是必要的过程。

《中庸》说："非天子，不议礼，不制度，不考文。"但孔子其实是用《春秋》来议礼、制度和考文的。"是故孔子曰：'知我者，其惟《春秋》乎！罪我者，其惟《春秋》乎！'"这是孔子的自谦。巨大历史转变时期，匹夫而为天下法，孔子也是清晰地知道自己的所作所为的。

孔子的出现，孔子的私学对新兴"士"的培养，孔子赋予士"志于道"的使命，影响十分深远，具有非凡的文化史意义。可以说，早在两千五百年前,东方最重要的、影响力最大的、人口最多的华夏民族,就走向了文明政治,实现了古代的政治文明。

王道政治从某种意义上讲,也是神权政治。王与道的分离,意味着古代神权政治转向了世俗政治。西方历史上,教皇权力与国王权力的分离亦如此。这个分离,对防止权力的绝对化非常重要。美国学者亨廷顿说,今天世界发生的很多冲突是不同文明之间的冲突。我认为,不是文明的形态问题,而是文明的时代问题,是有没有走出神权政治的问题。所以孔子特别伟大。中国的历代帝王知道,作为政权的最高代表,在国都、在皇宫;而道义和真理的最高代表,则在曲阜、在孔庙。为了表示对道义和真理的敬重,哪怕做在表面上,帝王们也要去曲阜孔庙对孔子祭拜行礼。古代帝王下诏书,颁布政令,令行禁止,但学子读的、科举考的,都是孔孟之学。这是政统对道统应有的谦卑、退让与回避。

孟子本人,是与前述七位圣王和孔子对标对表的。他也真如韩愈说的那样,成了这个道统之链上的第九位圣人。孟子以后,"不得其传焉",这是韩愈的结论。孟子死后,道当然也是在传承的,但是没有再出现一位如此般的圣人。人类进入世俗时代,不再可能出现如此具有神圣感召力的人物了。孟子之后,汉代有董仲舒、司马迁,唐代有韩愈,宋代有朱熹、二程、张载,但能把他们封圣吗?做不到。时代过去了,人们更多具有理性精神、历史批判精神,很难在心目中将一个人神圣化。孟子是最后一位,并且作为孔子的助教出现——在孔庙里,就是配享的位置。

道统"去中心化"后,承担道统的,就不再有哪个代表性人物,也不需要一个代表性人物。天下学子,天下读圣贤书的读书人,都是道统的传人,都应该是道统的传人。

"圣王不作,诸侯放恣,处士横议",这三句,是孟子对战国时代的经典概括。王没有了,在天下为非作歹的是诸侯,诸侯争霸,争权、争土地、争子女玉帛。那是一个残忍的时代，一个混乱的时代，一个民不聊生的时代，但也是"处士横议"的时代，思想自由、言论自由的时代。在儒家看来，一个对世界有责任感的人，不能退到世界的角落，而是要走进世界的中心，参与一切争论，表达自己的观点，将自己的思想成果贡献出来。在世界的角落里冷静观察的道家，似乎显得更智慧、更透彻。但儒家真的不透彻吗？不是。儒家是一副热心肠，儒家没有办法放下，所以他们永远要为这个世界的公道而战。这就是孔孟的精神。

"处士横议"，议什么？议世界的善恶，议天下的正邪。所以诸侯在争霸，处士在争议，在争仁义礼智、兼爱非攻、法术势、死生成毁，儒墨道法，全数上场。这个时代，有两个主角，一个是诸侯；一个是诸子。诸侯打仗，是争霸；诸子讨论，是争鸣。

"圣王不作，诸侯放恣，处士横议"三句话里，只有两个主角，还有一个呢？"圣王不作"，退出了。而正是因为"圣王不作"，所以才有"诸侯放恣"；而正是因为王官之学衰退，才有"处士横议"，诸子之学蓬勃。只有王退出了，士才能出来；只有王不担当道义了，士才能担当道义；只有体用分开了，行政的权力和解释真理的权力才能分开。用《庄子·天下》有点悲观的说法，即是这个时代，是"道术"让位于"方术"的时代，是"不幸不见天地之纯、古人之大体，道术将为天下裂"的时代。孟子这三句，讲的既是战国时期的政治形势，也是战国时期的学术状况。这三句话太经典了。经典是一个时代智慧的最高代表，它能用最简洁的语言，将一个时代的本质呈现出来。

"圣王不作"，圣王不出来，谁出来？我出来——这一切都是给孟子出场作准备的。

需要指出的是，本章中，孟子直接给杨朱、墨翟的学说定性为邪说，明显有独裁的味道。孟子不大能容纳他人的言论，这一点与孔子相比有差距。孔子宽容，孟子严苛。孟子说"天下之言不归杨，则归墨",就说得言过其实。战国时,儒家与道家、墨家、法家,都是显学。"杨氏为我,是无君也;墨氏兼爱,是无父也。无父无君,是禽兽也",这一段直接骂人为禽兽,将学理之争直接变成了伦理之争。孟子辩论的风度确实不太好,一辩就骂人。杨朱主张"贵己""重生""人人不损一毫""拔一毛而利天下不为也",岂止无君,也无民,无国家,无集体。但不能将其简单地视作自私。道家一直强调个人的自由。杨朱是在为个性与个人的权益,做最后的争取。为什么"拔一毛而利天下不为也"?这里面有一个逻辑问题。拔"一毛"的逻辑,和牺牲全部的政治、伦理逻辑,是一样的。从"一毛"逐渐推及全部身心,逻辑上毫无阻滞。所以,个人的"一毛"和天下的利害,首先是定性问题,而不是定量问题。"拔一毛而利天下不为也",看上去极端自私,实际上是定量问题掩盖了定性问题。问题的关键不在于一毛两毛的量,而在于即便"一毛",也是我个人的权利,愿意不愿意让渡这个权利,应由我的个人意志决定,而不能用道德或者法律规定我。可以说,在这一点上,杨朱是在维护个人的自我权利。对此,孟子没能很好地理解。

"墨氏兼爱,是无父也",的确,对待他人的父亲和对待自己的父亲一样,不就是心中没有给予自己父母特殊的位置吗?因为在他心中,自己的父母和他人的父母没有区别,这就等于心中没有自己的父母。没问题,这是学理之争。但再到下面,孟子骂人"无父无君,是禽兽也",就有点问题。君、父,确实是伦理学的重要命题。人有五伦,夫妻、父子、兄弟、君臣、朋友,没有这五伦,就没有伦理学。人之所以为人,是因为是人夫,是人妻,是人父,是人子,是人君,是人臣,是人兄、人弟、人友。马克思说得好,"人的本质是一切社会关系的总和",人只有在关系里面,才能确定其本质。没有人与人的关系,便没法描述一个人。所以,伦理学在某种程度上,也是关系学;在关系中确定自己的位置,便是伦理学。一个人的心智成熟就是在关系中给自己定位。一个人若从关系中脱离出来，自然就没有伦理了，没有伦理了就叫禽兽。"仁义充塞，则率兽食人，人将相食"，人与人之间关系的概念没有了，人与人之间正常关系的相处不存在了，则人与人之间应有的礼仪、文明也将不复存在。这是孟子讲对了的地方。但是，直接骂人是禽兽，又给人感觉不是在作学理论证，而是在进行道德指责。所以，孟子这句话，有错，又有一点对；有对，又有一点错。

我们中国人常讲，天塌下来有大个子顶着。这样想的，一定是小人。孟子会怎么说？他一定有两句话，先是天塌下来有大个子顶着。然后，是下面一句：谁是大个子？我是大个子！当今之世，舍我其谁？谁能够挽狂澜于既倒？我！这就是孟子超越我们的地方，这就是我们站在他的面前，不得不自卑的地方。孟子给我们灌注了一股浩然之气，我们读《孟子》，也要读出一种精神来。

"正人心，息邪说，距诐行，放淫辞，以承三圣"，这三圣，第一圣大禹，第二圣周公，第三圣孔子，三个代表，八位圣人。孟子这段话讲得太有志气了，他已经当仁不让了：下面是谁？是我，我就是那第九位！

"岂好辩哉？予不得已也"，哪里是我好辩呢，是轮到我上场了啊！

成语——一治一乱　世衰道微　处士横议　无父无君　率兽食人
链接——5.4；6.5；8.21；12.7；14.38

6.10

匡章曰①:"陈仲子岂不诚廉士哉?居於陵②,三日不食,耳无闻,目无见也。井上有李,螬食实者过半矣③。匍匐往,将食之④,三咽,然后耳有闻,目有见。"

孟子曰:"于齐国之士,吾必以仲子为巨擘焉⑤。虽然,仲子恶能廉?充仲子之操,则蚓而后可者也⑥。夫蚓,上食槁壤,下饮黄泉。仲子所居之室,伯夷之所筑与?抑亦盗跖之所筑与⑦?所食之粟,伯夷之所树与?抑亦盗跖之所树与?是未可知也。"

曰:"是何伤哉?彼身织屦,妻辟纑⑧,以易之也。"

曰:"仲子,齐之世家也。兄戴,盖禄万钟⑨。以兄之禄为不义之禄而不食也,以兄之室为不义之室而不居也,辟兄离母⑩,处于於陵。他日归,则有馈其兄生鹅者,己频顣曰⑪:'恶用是鶃鶃者为哉⑫?'他日,其母杀是鹅也,与之食之。其兄自外至,曰:'是鶃鶃之肉也。'出而哇之。以母则不食,以妻则食之;以兄之室则弗居,以於陵则居之,是尚为能充其类也乎⑬?若仲子者,蚓而后充其操者也。"

今译——

匡章说:"陈仲子难道不确实是廉洁之士吗?他住在於陵,(由于不食不义之禄）三天没有吃饭，饿得耳朵听不到了，眼睛看不见了。井上有一个李子，已经被虫子吃掉超过一大半了。他匍匐着爬过去，拿起来吃，咽了三口，耳朵才听得见，眼睛才看得见。"

孟子说："在齐国的士里面，我一定认可仲子是大拇指。虽然这样，陈仲子哪里能算得上廉洁？将陈仲子的行为逻辑推广下去，那就只有变成蚯蚓才能实现那种廉洁。蚯蚓往上吃干土，往下喝地下的泉水（倒是没有吃任何不义之禄）。陈仲子住的屋子，是伯夷那样的廉洁之士建造的呢？还是盗跖那样的不义之人建造的？陈仲子吃的粮食，是伯夷那样的廉洁之士种植的呢？还是盗跖那样的不义之人种植的？这些都不可知吧。"

（匡章）说："那有什么关系？那些是他自己编草鞋，他妻子亲手治麻，拿去换来的。"

（孟子）说："陈仲子出身于齐国的世家大族。他的哥哥叫陈戴，在盖这个地方的俸禄收入有一万钟。陈仲子认为哥哥的俸禄是不义之禄而拒绝食用，认为哥哥的房子是不义之室而拒绝居住。躲避哥哥离开母亲，住到於陵。有一天他回到家里，看到有人给他哥哥送的活鹅，皱着眉头说：'要这些鲵鲵叫的东西干什么？'后来，他母亲把这个鹅杀掉了，拿肉给他吃。他哥哥从外面进来了，说：'这是鲵鲵叫的那个东西的肉。'陈仲子跑出去呕吐出来。母亲做的食物就不吃，妻子做的（未知来源的）食物就吃；哥哥的房子就不住，於陵的（未知建造者品行的）房子就住，这种行为是他的逻辑能推出来的吗？像陈仲子这样的人，只有变成蚯蚓才能推广他的操守啊。"

注释——

① 匡章：齐国将领，曾率军攻占燕国，即 2.10、2.11 章中说的"齐人伐燕"。
② 陈仲子：齐国隐士，又称於陵仲子。於（wū）陵：地名，在今山东省邹平市。

③ 蠐（cáo）：蛴螬，俗称地蚕，是金龟子的幼虫。

④ 将：持，取。

⑤ 擘（bò）：旧读 bì，大拇指。朱熹："言齐人中有仲子，如众小指中有大指也。"

⑥ 充：满足，充满。则蚓而后可者也：朱熹："言仲子未得为廉也，必若满其所守之志，则惟丘蚓之无求于世，然后可以为廉耳。"

⑦ 盗跖（dào zhí）：春秋时啸聚数千人的大盗。跖是名，展氏。先秦古籍中也称"桀跖"。《庄子·杂篇·盗跖》说跖为鲁国大夫展禽（柳下惠）之弟。

⑧ 辟（bì）：把麻搓成线。纑（lú）：练麻，把麻煮熟，从而使麻光滑洁白。

⑨ 盖（gě）：地名，在今山东省沂水县。钟：齐国容量单位，一钟为六石四斗，等于今天的 128 升。

⑩ 辟：同"避"。

⑪ 频蹙（pín cù）：紧皱眉头的样子。

⑫ 鶃鶃（yì yì）：亦作"鶃鶃"。鹅叫声。

⑬ 是尚为能充其类也乎：朱熹："岂为能充满其操守之类者乎？"意为依他的逻辑推展开去，则妻之食亦不可食，而於陵之室亦不可居也。

开讲——

这一章孟子和他的弟子匡章讨论了一个人，不，其实是讨论了一个伦理学问题。陈仲子是很了不起的人，所以孟子称他为齐国士人中的"巨擘"。但这个人的行为做派又不能加以推广，所以孟子对他的评价也就仅限于"巨擘"。巨擘这个词，在孟子这里，是有限肯定的意思。赵岐说："巨擘，大指也。比于齐国之士，吾必以仲子为指中大者耳，非大器也。"什么意思呢？伸出手来，五个手指中最大的，当然很了不起。但问题是，他也仅限于在手指中是最大的，而万物之大者如恒河沙数，指中最大，还真算不上大。

陈仲子这样的人，在先秦很多，孔子就说过一些，《论语·微子》：

> 逸民：伯夷，叔齐，虞仲，夷逸，朱张，柳下惠，少连。
> 子曰："不降其志，不辱其身，伯夷、叔齐与！"
> 谓柳下惠、少连："降志辱身矣，言中伦，行中虑，其斯而已矣。"
> 谓虞仲、夷逸："隐居放言，身中清，废中权。"
> "我则异于是，无可无不可。"

这里面的伯夷、叔齐，是陈仲子的前辈。这类人有道德洁癖，对自己、对他人、对环境，都很苛刻。伯夷、叔齐最后饿死了，陈仲子也差点饿死。

孟子在这一章里否定陈仲子，主要是觉得他的行为和他的道德标准违背人类的基本情感，违背人类生活的基本情形。所以孟子说"充仲子之操，则蚓而后可者也"。只有摆脱人类生活，才有可能实现陈仲子所倡导的那种绝对化的、纯粹的、不仰仗他人的生活。在一种长链条的道德审查中，没有一个人的生活所赖，是可以绝对纯洁的。陈仲子本人能经得起这种长链条的道德审查吗？你如何确定你所居住的於陵之居是纯洁的人用纯洁的材料和纯洁的方式和手段筑成？你如何确定你妻子所做的食品，其来源经得起长链条的道德审核？只有短链条的生活，才能保证其道德的纯粹性，比如蚯蚓。而人类的生活，已然是长链条的生活，不可能做到。

再，就人类的情感来说，更不可以作长链条的道德审查：如果我们的哥哥有不当行为，我们就要远离他吗？如果我们的母亲和有道德缺陷的哥哥生活在一起，我们连母亲也要离开吗？

所以，孟子最后说，人类只有像蚯蚓那样生活，才能合乎仲子的道德逻辑。

孟子对仲子这种行为的否定，其实来自儒家对道德起源的理解：儒家认为道德不外乎人类的基本情感,它建立在人类的生产方式、生活方式的基础上,它甚至来自人类的最自然的自我繁衍:生殖和血缘,以及由夫妻父子兄弟组成的家庭中自然形成的人类情感。

如果某一种道德观念背离这些乃至于可能破坏人类基本情感,孔子孟子就会非常敏感并且奋起抨击。孔子对宰予否定三年之丧的态度激烈,其实不是因为宰予反对或要讨论"三年之丧",而是宰予话赶话说出了在父母丧期中锦衣玉食而"心安"这样的话,孔子认为这是对人类基本情感的亵渎。

陈仲子的这种道德观以及他的身体力行,也呈现出另外一种危险,那就是,人类必须重新审视自己的生产方式和生活方式。然而长链条地对人类的生产生活方式进行道德审查和道德改造,其结果,不是改变、改善人类的生产生活方式使之变得更加道德化,而是使人类不再拥有人类的生产生活方式,从而使人类丧失自我的本质,不成其为人类!

所以,任何试图改变人类道德状况的社会实践和社会运动,都将面临灾难性的后果。当然,孤独个体的个人行为,是个人的自由。所以,孟子批评和戒备的,是陈仲子这种行为和逻辑的社会化、政治化、普泛化。事实上,孟子也是在这个层面上,来讨论陈仲子的个人品性和行为逻辑的。

其实,孤独个人的个人行为,不仅是个人自由,甚至是一种崇高。晚年的俄国作家列夫·尼古拉耶维奇·托尔斯泰,以决绝的方式追求"道德自我完善"以至离家出走死在车站,可以算得上是近代俄国的陈仲子。再看古代陈仲子的同类,《论语·阳货》:

> 子曰:"古者民有三疾,今也或是之亡也。古之狂也肆,今之狂也荡;古之矜也廉,今之矜也忿戾;古之愚也直,今之愚也诈而已矣。"

矜也廉，算是古之人的毛病，但这毛病，其实也有精神的高度。从中庸的高度，孔孟可以俯视他们；但从世俗精致利己的角度，我们只能仰视他们，并且需要仰视他们。他们毕竟是有坚定的是非观念的，并且身体力行。他们的判断或许有偏差，但是，他们的精神，其坚韧不拔，其以身行之，其自我牺牲，其实是有一种宗教式的崇高的。他们的言行举止，其所坚持和奉行，也许不可以成为我们对道德行为的判断依据，但他们在践行自己认可的价值观时所体现出来的决绝的态度，却是这个世界不可或缺的精神力量。有这样力量的民族，才能攀登绝顶；有这样力量的人类，才能获得人类的尊严。

陈仲子，伯夷，叔齐，托尔斯泰，终究算得上人中"巨擘"。

孔子、孟子，在他们的高度上，可以批评这些"巨擘"；而我们，在我们的高度上，必须，且只能仰望这些"巨擘"。

链接——13.34

鲍鹏山

著

孟子开讲

孟子卷第七
离娄章句上
凡二十八章

离娄上
（凡二十八章）

孟子卷第十一
告子章句上
凡二十章

告子上
（凡二十章）

中国青年出版社

卷七
离娄上
（凡二十八章）

7.1

孟子曰:"离娄之明,公输子之巧①,不以规矩,不能成方员②;师旷之聪,不以六律,不能正五音③;尧舜之道,不以仁政,不能平治天下。今有仁心仁闻而民不被其泽,不可法于后世者,不行先王之道也。故曰:徒善不足以为政,徒法不能以自行④。《诗》云:'不愆不忘,率由旧章。'⑤遵先王之法而过者,未之有也。

"圣人既竭目力焉,继之以规矩准绳,以为方员平直,不可胜用也;既竭耳力焉,继之以六律正五音,不可胜用也;既竭心思焉,继之以不忍人之政,而仁覆天下矣。

"故曰:为高必因丘陵,为下必因川泽。为政不因先王之道,可谓智乎?是以惟仁者宜在高位。不仁而在高位,是播其恶于众也。上无道揆也⑥,下无法守也,朝不信道,工不信度,君子犯义,小人犯刑,国之所存者幸也。故曰:城郭不完,兵甲不多,非国之灾也;田野不辟,货财不聚,非国之害也。上无礼,下无学,贼民兴,丧无日矣。

"《诗》曰:'天之方蹶,无然泄泄⑦。'泄泄犹沓沓也⑧。事君无义,进退无礼,言则非先王之道者,犹沓沓也。故曰:责难于君谓之恭⑨,陈善闭邪谓之敬,吾君不能谓之贼。"

今译——

孟子说:"离娄的视力够明察,公输班的手艺够机巧,不用圆规和曲尺,画不出方和圆;师旷的听觉那么灵敏,不用六律,不能校正五音;尧舜之道,如果不通过仁爱政策去实施,也不能治理好天下。现在有仁爱的心肠有仁爱的名声却不能惠及人民的君主,不能让后代效法的原因,是他们没有遵行先王之道。所以说:仅有善德不足以治理好国家,仅有政法国家也不能自我运行。《诗经》中说:'不愆不忘,率由旧章。'(不可犯错不可忘记,遵循先祖旧典章)遵行先王法则去做而犯错的人,不曾有过。

"圣人先竭尽视力,再利用圆规、曲尺、水平仪、绳墨,用来做方的、圆的、平的、直的东西,物品就多到用不过来;(圣人)竭尽听力,再加上用六律来矫正五音,音乐也就无穷无尽;(圣人)竭尽心思,加上实施不忍伤害人民的政策,那么仁爱就遍施天下了。

"所以说:筑高台一定凭借高丘山冈,掘深池一定就近河流沼泽。治理国家不遵行先王之道,能说是明智吗?因此只有有仁德的人才应该处于高位。不仁德的人处于高位,是把他的恶行加之于大众。在上者没有道理,在下者就没有法度,朝廷不相信道义,工匠不相信尺度,君子触犯公义,小人触犯刑法,国家还能存在那真是侥幸啊。所以说:城墙不坚固,武器装备不多,不是国家的灾难;田野没有开荒,货财没有积聚,不是国家的损失。但上位者不守礼法,下位者不受教育,做贼的就起来了,亡国的日子也不远了。

"《诗经》中说:'天之方蹶,无然泄泄。'(上天正在降临灾祸,不要多嘴多舌)多嘴多舌就是言不及义。事奉君主不讲义,进退举止不合礼,开口便诋毁先王之道,也是言不及义。所以说:以高标准要求国君便是恭;陈说善道杜绝邪说便是敬;(国君有善性,却)说我的君主不能做到便是贼。"

343 卷七 离娄上

注释——

① 离娄：相传是黄帝时视力特别好的一个人，能从百步之外望见秋毫之末。赵岐："黄帝亡其玄珠，使离朱索之，离朱即离娄也。能视于百步之外，见秋毫之末。"公输子：即公输班，鲁国人，又称鲁班。古代最著名的能工巧匠。

② 员：通"圆"。下文"方员平直"的员，同此。

③ 师旷：晋平公的乐官之长。古代著名音乐家。六律：律，用来定音的竹管。古人用长短不一的竹管，定出十二个高低不同的标准音，分别是黄钟、太簇、姑洗、蕤宾、夷则、无射六阳律，大吕、夹钟、仲吕、林钟、南吕、应钟六阴吕。五音：古代五声音阶，宫、商、角、徵（zhǐ）、羽。

④ 徒善不足以为政，徒法不能以自行：赵岐："但有善心而不行之，不足以为政。但有善法度而不施之，法度亦不能独自行也。"朱熹："有其心，无其政，是谓徒善；有其政，无其心，是为徒法。"赵岐和朱熹的解释不同。主要有两个区别：第一，赵岐认为，"政"和"法"不一样，前者是政治，后者是"法度"（法律制度）。朱熹认为一样，所以将"徒法"解释为"有其政"。第二，赵岐认为，"善"和"法"都是善的，本身没问题，问题在于不被实行。朱熹认为，"善"和"法"自身都有缺陷，需要配套使用，缺一不可。我对此的理解见本章"开讲"。

我认为，善，对应于上文的离娄之明，公输子之巧和师旷之聪；法，对应上文的规矩方圆和六律；又分别对应下文之"圣人目力""耳力""心思"和"规矩准绳""六律"和"仁人之政"。落实到国家治理层面，则"善"指"德礼"等道德修养，以及圣王的善心、愿望和个人能力；法，指"刑政"等国家制度。《论语·为政》："子曰：'道之以政，齐之以刑，民免而无耻。道之以德，齐之以礼，有耻且格。'"孟子在大乱之世，与孔子所云略有不同。而孔子所云，也没有否定政刑的意思，恰恰是"徒道之以政，齐之以刑，民免而无耻。故尚须道之以德，齐之以礼，方能有耻且格。"孟子的意思，是对孔子思想的补充说明。

善、法，只是国家治理的两个方面：道德与法治，君主的自我修身与国家制度。其实孟子在本章里着重强调的则是"先王之道"或"先王之法"，这才是治理国家的最终

"规矩方圆"。从这三个要素考虑，则这两句的意思，第一层，"徒善无法不足""徒法无善不足"，需要法与善的相辅相成；第二层，"徒善与法相辅相成"也不足，还得"行先王之道"。"先王之道""先王之法"才是修齐治平的根本大道。如此，这才是对这两句的完整理解。

⑤ 不愆（qiān）不忘，率由旧章：语出《诗经·大雅·假乐》。愆：过失，偏离。忘：遗忘。率：遵循。由：沿袭。

⑥ 上无道揆（kuí）：揆，本是动词，测量方位。后即成为名词：尺度，准则。"先圣后圣，其揆一也。"（8.1）道揆，即以道揆，以道来把握方向。

⑦ 天之方蹶（jué），无然泄泄：语出《诗经·大雅·板》。蹶：跌倒。泄（yì）泄：通"呭呭"，多言多语。朱熹："言天欲颠覆周室，群臣无得泄泄然，不急救正之。"

⑧ 沓沓：啰啰嗦嗦，言不及义。

⑨ 责难（nán）于君：此处的"责难（nán）"和我们常见的"责难（nàn）"（指责、非难）不同。朱熹释为"难事"。《辞源》："责难（nán）：以难事勉人。"

开讲——

本章出现一次"尧舜之道"，三次"先王之道"，还有一次"先王之法"。它们是什么关系？尧舜之道，是最高原则，是价值观；先王之道、先王之法，是实现尧舜之道这个原则的法则。"尧舜之道，不以仁政，不能平治天下"，先王之道、先王之法，就是这里的"仁政"。仁政是实现尧舜之道的路径。

质言之，尧舜之道是"原则"，先王之道、先王之法是"法则"。

原则是则之原来，法则是则之方法。

原则是"源"，法则是"溯源"。

从逻辑上说，本文讲治国平天下，有四个层面：

第一层，个人之聪明巧智，如离娄之明、公输子之巧、师旷之聪，比喻统治者个人政治才干。

第二层，规矩、方圆、六律，比喻礼法刑政等一般国家制度。

第三层，仁政，即先王之道、先王之法。

第四层，也是最高一层的价值观层面：尧舜之道。

以下简述之。

孟子说"不以规矩，不能成方员"，纵然离娄、公输班天赋绝伦，如果不凭借规矩，也不能有所成就。规矩不是对天赋的约束，规矩是对天赋的引领。规矩是科学。现代工业的基础是规矩，现代农业的基础也是规矩。庄子讲过一个故事，轮扁擅做车轮，但其奥妙之处却是："得之于手而应于心，口不能言。"(《庄子·天道》)一个天才不受约束，可以充分发挥天赋，但充分发挥的天赋其实是充分体现规矩，而不是背离规矩。质言之，天赋就是无限逼近规矩的能力。而且仅凭个人天赋与经验，不寻找其中基本规律，整个社会的科技、工艺水平很难得到提高。很多中国古代技艺、科技发明的失传，都与轮扁的"口不能言"有关。当然，孟子这里谈的，不是技艺，不是科学，而是政治。

孟子前面讲"离娄之明，公输子之巧"，讲"师旷之聪"，都是引喻，为了引出后面的"尧舜之道"，引出他的结论——推行"尧舜之道"需要有方法，有路径。我们说路径依赖导致最初的目标最后被路径决定了，但也可以说，任何一个目标，都需要有相应的实现的方法。自古以来，有谁敢否定尧舜之道？就连秦始皇都没有公开否定尧舜之道。但是，当权者有谁实现了尧舜之道？仅凭能力不行，暴君往往不缺个人能力；仅有价值观也不行，须有实现价值观的路径，找到实施仁政的方法。在1.7章中，孟子通过齐宣王不忍心看到一头牛被宰杀论证齐宣王有仁心，但孟子要求他，将内心的仁体现在政策上。实行仁政的办法，就是"制民之产"，让人民有"恒产""恒心"（参见1.7开讲）。人民有私有财产，才能实现经济自由；有经济自由，才能保证人格独立；有人格独立，才能拥有思想独立与自我尊严，才会真正获得幸福，国家才会真正强大。私有财产是国民尊严的前提，也是一切道德的基础。人类对他人私有物（不仅指物质财富，还包括人精神层面的意志自由和尊严等）的尊重，是道德的起源，也是道德的本质。人与人之间的关系即道德，没有对他人私有财产的维护，没有尊重他人利益的观念，便无所谓道德。原始社会没有今天的道德概念，人类今日之道德观念，都是在私有制以后才出现的。所以，"尧舜之道"是价值论，仁政是方法论。"尧舜之道"是仁爱，仁政是实现仁爱之路径。判断一个国君是否真爱百姓，不要看他嘴上讲不讲仁爱，而要看他实际行不行仁政，也就是看他行不行"先王之道"。

注意分辨"尧舜之道"和"先王之道"的不同。"道"，在古汉语里有两层意思，一指人类最高的、普遍的价值观，我们称之为 A；一指路径、方法，我们称之为 B。尧舜是先王，先王行列中当然有尧舜，这是"尧舜之道"和"先王之道"的一致处。但"尧舜之道"，指的是先王尧舜代表的价值观，是 A；"先王之道"，指的是先王落实、实现这种价值观的方法，是 B。统治者徒有"尧舜之道"（仁心仁闻）而无"先王之道"，徒有目标和理想 A，没有实现目标和理想的路径和方法 B，则"民不被其泽"，这叫"徒善不足以为政"。孟子的表述是："尧舜之道，不以仁政，不能平治天下。"同样，"徒法不能以自行"，徒有方法，没有价值观引领，没有方向，也不能起行。

所以孟子在告诉我们，第一，国家要有目标，有价值观；第二，要有实现价值观的方法。两者缺一不可。用现在的表述，一个是方向问题，一个是方法问题。作为执政者，有正确的方向，但没有方法，无法到达目标；没有正确的方向，不知道将国家引领去哪里，就会南辕北辙，走上邪路。

"率由旧章"，注意这里的旧章，不是老方法、老路径。常有人根据字面的意思认为，中国人的保守是因为总强调遵先王之道、守祖宗之法。其实，中国文化并非如此。商汤《盘铭》："苟日新，日日新，又日新。"(《大学》)《诗经·大雅·文王》："周虽旧邦，其命维新。"中华民族是一个不断创新的民族。"率由旧章"，不是方法不变，而是法则不变。

这里的"章""法"，不是做具体事的方法或做事的具体方法，而是法则。何为"法则"？法的原则，法的初衷和目标，法之取则。所以法则就是有则之法，有限定、有原则、有目标的法。汉语的"方法"，指有方向的法，不是无有约束、肆无忌惮、不择手段的法，也指正当的法，方有方正的意思。"章法"，也是指有章之法，不是无章之法。

有则之法，有方之法，有章之法，就叫"王法"。"王法"就是"王道"，先王之道。所以，"先王之道"的道，是实现"尧舜之道"的法，是"尧舜之道"的实现路径，是有目标、有方向、有宪章的法。

在孔孟看来，"先王之法"无非两点：第一，让人民富裕起来，有坚实的物质基础，这是物质文明；第二，让人民受教育，有判断力，有道德观，获得主体性，这是精神文明。这两点，即孔子所谓"富之""教之"，《论语·子路》：

> 子适卫，冉有仆。子曰："庶矣哉！"冉有曰："既庶矣，又何加焉？"曰："富之。"曰："既富矣，又何加焉？"曰："教之。"

孔子的"富之""教之"，是原则。到孟子得到更进一步的落实，是"制民之产"（1.7）和"谨庠序之教"（1.3）。"制民之产"之法是为了实现"富民"的原则；"谨庠序之教"之法是为了实现"教民"的原则；所以，"制民之产"和"谨庠序之教"就叫法则——有则之法，也就是孟子心心念念的"先王之道"，是仁政。

自尧舜禹以来的"先王之道"本身实现得如何，未必确如孔孟所言那样美善。其实孔孟是在托古先王，言说这样的价值观。古代的"圣"字，上面有一个"耳"字，所谓圣人，即耳聪目明之人。圣人可以用尽心力、用尽天赋，但圣人不可能代代迭出。因此，小到技艺的传承，大到国家的长治久安，不能靠生物遗传，要靠"规矩方圆"，遵循先王的价值观法则前行，才能代代"不可胜用"。

"惟仁者宜在高位。不仁而在高位，是播其恶于众也。"孟子这个思想与柏拉图讲的"哲学王"有相似之处。柏拉图认为，最有智慧、最有德性之人才能做王。孔孟讲的圣王，尧、舜、禹也好，商汤、周文王、周武王、周公也好，都是最有智慧、最有德性之人。这种人做王，才能将仁心散播于天下。柏拉图时代与孔孟时代，距离今天虽然已经很遥远，但是原则没错——执政者一定要有德性，要有好的执政理念。如果是夏桀王、商纣王、周厉王、周幽王那样"不仁而在高位"，便是"播其恶于众"。"播其恶于众"至少有两层含义：其一，统治者没有德性，不讲道义，以恶行祸害人民；其二，统治者不能以道义把握国家的方向，判断公共事务，播散其丑恶价值观影响人民，使人民也变得同样丑恶。

"道揆"——以道来揆，以道（价值观）来判断国家的方向。心中有道，哪个方向符合道，就往哪个方向走。价值观不同，方向不同。儒家的治国方向，是人民幸福；道家的治国方向，是个人自由；法家的治国方向，是国家强大，这就是不同的价值观决定的。如果三者能并行不悖，何等之好。幸福当然需要自由作为前提，这是儒道之"同归而殊途"；国家强大也能予人民以公权保护，这是法家与儒道之"一致而百虑"，但若国家强大以剥夺人民为前提，乃至为目标，如商鞅所谓"胜民"，则这种法家式的国家，其实是人民的祸害，这种国家的强大，就是强大的祸害。

"法守"——以法来守。守的是法，不是权力，法不让做的不做，法无禁止则一切可为。上面一定要有"道揆",下面一定要有"法守",国家有方向,有秩序,有规矩,人民自然不会蛮不讲理。如果"上无道揆,下无法守",国家就陷入了危险之中。

孟子最后这几句,"责难于君谓之恭,陈善闭邪谓之敬,吾君不能谓之贼",则表达了他的一贯立场,也是孔子以来儒家的一贯风骨。子路问,如何事奉国君?孔子说:"勿欺也,而犯之。"(《论语·宪问》)犯言直谏国君的错误,不要给他面子,给他面子就是欺骗他。鲁穆公问子思,什么是忠?子思说:"恒称其君之恶者,可谓忠臣矣。"(《郭店楚墓竹简》)天天批评国君过错的,才是忠臣。到这里,孟子继续讲:"责难于君谓之恭。""难",名词,指艰难的事;"责",动词,要求。"责难"就是要求国君做艰难之事,艰难之事就是行"尧舜之道",守"先王之法"。"责难"就是用最高标准最高难度来要求国君,不论是功业还是道德。这个最高标准是什么?是尧舜之道,是先王之道,是仁政。汉语里还有一个词跟"责难"接近:责备。备,完美。责备国君,就是要求国君做到完美全备。责难、责备,不是仅仅指出国君的错误,而是要对国君做最高难度的要求。做不到,就下来,让有能力的人上。孟子也是这么跟齐宣王谈的:"君有大过则谏,反覆之而不听,则易位。"(10.9)"谏"就是"责难""责备"。大臣们如果都这样来要求国君,国君一定会竭尽全力做成最好的国君。这难道不是对一位国君最大的恭吗?"陈善闭邪谓之敬",对国君指出应该做什么不该做什么,这难道不是对国君最大的敬吗?"吾君不能",有两种理解,一种是指某些人的口实:仁政王道,我们的国君做不到呀,所以,不对他做高标准的要求了,咱一起得过且过,笑骂由他,好官我自为之了。如此,这个"贼"是骂这类鸡贼的臣子的。本章译文就根据这种理解翻译。但,可能还有一种理解,那就是,当臣子"责难于君"并"陈善闭邪"时,如果国君做不到?那好,孟子说,这种国君,叫"贼"。贼者,贼仁也。

残贼之人，谓之一夫，诛之可也！

成语——不以规矩，不成方圆　五音六律　平治天下　仁心仁闻
　　　　　率由旧章　规矩准绳　道揆法守　陈善闭邪

链接——1.7；7.2；7.3；7.5；10.9

7.2

孟子曰:"规矩,方员之至也[①];圣人,人伦之至也。欲为君,尽君道;欲为臣,尽臣道。二者皆法尧舜而已矣。不以舜之所以事尧事君,不敬其君者也;不以尧之所以治民治民,贼其民者也。孔子曰:'道二,仁与不仁而已矣。'暴其民甚,则身弑国亡;不甚,则身危国削。名之曰'幽''厉'[②],虽孝子慈孙,百世不能改也。《诗》云:'殷鉴不远,在夏后之世。'[③]此之谓也。"

今译——

孟子说:"圆规与曲尺,是圆与方的极致。圣人,是人伦的极致。想做国君,就要尽为君之道;想做臣,就要尽为臣之道。这两者都是以尧舜作为法则。不用舜事奉尧的方式事奉国君,是对自己的国君的不敬;不用尧统治人民的方式统治人民,是对自己的人民的残害。孔子说:'治国之道无非两种,仁与不仁而已。'残暴自己的人民太甚,那就人亡国破;轻的,也是人危国衰。被谥号'幽''厉',即使自己的孝子贤孙,千秋万代也没法帮你改回来。《诗经》说:'殷鉴不远,在夏后之世。'(殷商的借鉴并不远,就是夏朝)说的就是这个意思。"

注释——

① 至：极，最，引申为标准，最高境界。同《大学》"至善"之"至"。方员：方圆。
② 幽、厉：幽、厉皆为恶谥。《逸周书·校补注译》释幽："早孤有位曰幽；壅遏不通曰幽；动祭乱常曰幽。"释厉："致戮无辜曰厉。"人们熟悉的有周幽王、周厉王。
③ 殷鉴不远，在夏后之世：语出《诗经·大雅·荡》。

开讲——

　　圆规画的，才是圆；曲尺量的，才是方。这就是标准，是方圆的极致，手绘的方和圆不可能达到这样的极致。做人也有标准，最高标准是圣人。国君和臣的标准是什么？孟子的回答是：尽君道的才是君，不尽君道的就不是君；尽臣道的才是臣，不尽臣道的就不是臣，哪怕他们已经坐在那个位子上。判断那人是不是国君，不是根据位子，而是根据道义、根据德性，看他的道、德是否符合做国君的道、德。符合的，就是君；不符合的，就不是君。暴虐如夏桀、商纣，早已不是国君，而是独夫民贼，天下人都可以杀之。

　　"欲为君，尽君道；欲为臣，尽臣道"，是温和地正面提要求。"二者皆法尧舜而已矣"，尧是天子，舜做过臣也做过君，他们的所作所为就是标准。为君"不以尧之所以治民治民"，就是"贼其民者"，轻者"身危国削"，重者"身弑国亡"，重蹈夏桀、商纣被诛杀、被革命的覆辙，百世不得翻身——这，就是独夫民贼的下场。

　　道，只有两种选择，仁或者不仁，没有第三种。不是仁，就是不仁。既然身为国君，每时每刻，举手投足，都应该立足于仁——这是孟子在堵住后世所有国君为恶的方便之门，这是孟子在责难国君。名声一旦坏了，就是坏了，孝子贤孙一百代都改不了，这就是历史的公正所在。

353　卷七　离娄上

"殷鉴不远",夏朝是怎么灭亡的,是商人的镜子;商朝是怎么灭亡的,是周人的镜子;秦朝是怎么灭亡的,是历朝的镜子。

成语——孝子慈孙　殷鉴不远
链接——2.8；7.1；7.3；7.4；7.5

7.3

孟子曰:"三代之得天下也以仁,其失天下也以不仁。国之所以废兴存亡者亦然。天子不仁,不保四海;诸侯不仁,不保社稷;卿大夫不仁,不保宗庙;士庶人不仁,不保四体。今恶死亡而乐不仁,是由恶醉而强酒①。"

今译——

孟子说:"夏商周三代之所以得天下是由于仁,失去天下是由于不仁。邦国的兴衰存亡也是这样。天子不仁,无法保全他的天下;诸侯不仁,无法保全他的国家;卿大夫不仁,无法保全他的祖宗家庙;士人和普通百姓不仁,无法保全身体。现在有些人害怕死亡却喜欢不仁,这就好比害怕醉倒却强行喝酒。"

注释——

① 由:通"犹"。强:有勉强、强行之义。以其必醉也。

开讲——

汉代贾谊《过秦论》说秦朝:"一夫作难而七庙隳,身死人手,为天下笑者,何也?仁义不施而攻守之势异也。"六国都不是秦国的对手,秦国曾经何其强大,后来一统天下,掌握所有的资源,但"氓隶之人""迁徙之徒"陈胜振臂一呼,斩木为兵,揭竿为旗,"天下云集而响应,赢粮而景从",秦朝就亡了。为什么?因为"仁义不施",天下苦秦久矣。

贾谊的话说在秦亡之后,算是历史经验的总结。而孟子的话说在秦亡之前,算是对未来的警告。当然孟子也是在总结历史:夏如何灭的?商又是如何亡的?其实都一样:"得天下也以仁,其失天下也以不仁。"梁惠王问孟子"何以利吾国",国之大利,非仁而何?

孔子说:"人之生也直,罔之生也幸而免。"(《论语·雍也》)孟子说,天子不仁,天下不保;诸侯不仁,国家不保;卿大夫不仁,家庙不保;士,乃至庶民百姓不仁,自身不保。孔子的直,孟子的仁,是人生的万全之策。直者必有仁,不仁如何直?仁者自然直,不直如何仁?天下、国、家、位、身——上至天子,下至庶民百姓,都必须修身为仁,立身于直,否则,或者丧失天下,或者丧失社稷,或者丧失宗庙,或者丧失自身。所以,《大学》中说:"自天子以至于庶人,壹是皆以修身为本。"

成语——兴废存亡　恶醉强酒
链接——7.2;7.4;7.5;14.3

7.4

孟子曰:"爱人不亲,反其仁;治人不治,反其智;礼人不答,反其敬。行有不得者,皆反求诸己,其身正而天下归之。《诗》云:'永言配命,自求多福。'①"

今译——
孟子说:"爱别人却不能得到别人的亲近,就要反过来想想自己是不是仁德不够;治理百姓却治理不好,就要反过来想想自己是不是智慧不够;以礼待人却得不到人家的回应,就要反过来想想自己是不是恭敬不够。行动了却没有得到该有的回应,都需要反过来在自己身上找找原因,自身端正了天下的人才会归顺。《诗经》说:'永言配命,自求多福。'(行为一直合乎天命,就是在自求多福)"

注释——
① 出自《诗经·大雅·文王》。

开讲——
这一章,还是在讲修身。
如果你爱别人,但他就是对你不亲近,不要抱怨,想一想,是不是自己的问题。如果你管理企业,企业没管好,不要抱怨,想一想,是不是自己的问题。如果你对别人很礼貌,但他就是对你没有回应,不要抱怨,想一想,是不是自己的问题?

反躬自问,反诸自身,这是儒家一再讲的。

所有的行为都会有一个预期的结果,这"预期的结果",就是我们做事的动机或目标。但最后没见到这个预期如期,没见到目标达成,这就是"行有不得"。人生常有"行有不得",人生哪能保证"行即有得"?解决的办法,都是"皆反求诸己",至少是先"反求诸己"。孔子说:"君子求诸己,小人求诸人。"(《论语·卫灵公》)也是同样的意思。有人把这句话理解为求人不如求己,这不对,而应是回过头来找自己的不足。自己的行为,决定自己的祸福,是祸是福,都是自求的。

注意,"反求诸己",提升自己,使自己更仁、更智、更有礼,然后再去求得爱人而得亲、治人而得治、礼人而得敬,这当然好。但最高境界,其实是不再注目于对方,而是注目于自己:在反思中,自己更仁、更智、更礼。我人已经实现了目的,已经获得了期待中的东西,又何必外求,又有何外求?质言之,他人对我的反馈,不是目的,而是检验:在他人的反馈中,验证自己的德性在何种境界。所以,"反求诸己"的意思,不仅是回头"求自己的不足",然后改进,然后获得他人的认可;更是"求自己的长进"。既然已经长进了,目的便已然实现——毕竟,我们所有的"学而时习之",都是为了自己的长进,而不是为了获得他人的认可。孔子怎么说来着?"古之学者为己,今之学者为人"(《论语·宪问》)。

当然,如果"反求诸己"最后发现,还真不是自家的问题,而是对方的问题,怎么办?不办。既然是对方的问题,我又何必要办?对方就是个妄人,对妄人,离开就是。这就是8.28章谈的问题了。

成语——反求诸己　自求多福
链接——3.4;7.2;7.3;7.5;7.6;8.28

7.5

孟子曰:"人有恒言,皆曰'天下国家'。天下之本在国,国之本在家,家之本在身。"

今译——

孟子说:"人们常说一句话,都说'天下国家'。天下的根本在国,国的根本在家,家的根本在自身。"

开讲——

本,根本。天下之本在国,国之本在家,家之本在身,是谓修身、齐家、治国、平天下。它既是一个人的德性从自身到天下的逐层推广的次序,也是对人类社会组织结构的说明——先有个人,再有家;先有家,再有国;先有国,再有天下。所以,本在哪里?本在自身,自身是家、国、天下的基础,天下、国、家的存在与发展,最终目标也是人的幸福。只有尊重个体的人,爱护个体的人,维护个体的人的利益,使个体的人得以自由全面的发展,国家才能走在以人民的福祉为目标的正确的道路上。

孟子这里讲的"身",不是身体,是个人,是一个人能否获得自己的本质,能否葆有自己的本质。人的本质是什么?是人的德性,是人的道德自觉，是人的自由意志。如果人作为一个人的本质失去了，则家国也好，天下也罢，又有什么人类意义上的价值？！政治伦理的根本，在对个体的"民"的保护。个体的"民"，就是"人"，这是孟子"保民而王"的理论基础，也是儒家与道家政治伦理的铆合之处：个体的人。

《大学》："身修而后家齐，家齐而后国治，国治而后天下平。自天子以至于庶人，壹是皆以修身为本。"仔细揣摩这段话会发现，它从"身修"开始，又到"修身"结束。修身仅仅是手段，目标是平天下吗？不，最后我们才发现，其实齐家治国平天下，才是手段，"身"才是根本。"壹是皆以修身为本"，家国天下，都不过是修身的道场，我们通过齐家治国平天下来修炼自身而已。

身，是伦理学的目标。而个人，个体之身，是政治学的目标！

经典，不仅是时代的高度，也是历史的高度。站在历史高度上的人，也站在每个时代的高度上。时代在变，人类的基本法则不变。

链接——7.1；7.2；7.3；7.4；7.6

7.6

孟子曰:"为政不难,不得罪于巨室[1]。巨室之所慕,一国慕之;一国之所慕,天下慕之。故沛然德教,溢乎四海。"

今译——

孟子说:"治理国家不难,不要怪罪于贵族世家。贵族世家所仰慕的,一国人都跟着仰慕;一国人所仰慕的,天下人也都仰慕。如此,君王充沛的德教,就能洋溢于天下了。"

注释——

[1] 不得罪于:一般认为,这句话的意思是国君不要得罪巨室。得罪,义与现代汉语及口语"得罪"义同。赵岐:"言不难者,但不使巨室罪之,则善也。"朱熹:"得罪,谓身不正而取怨怒也。麦丘邑人祝齐桓公曰:'愿主君无得罪于群臣百姓。'意盖如此。"王夫之《四书训义》、刘沅《孟子恒解》、杨伯峻《孟子译注》同。窃以为还可以理解为"归罪""怪罪","不得罪于巨室"。要破开来读,"不得",不可以,"罪于巨室",归罪、怪罪于巨室。孟子这里仍然在讲"反诸自身"的问题(参见7.4)。其实朱熹所引麦丘邑人对齐桓公说的话,也可以这样理解。

开讲——

　　注意，这里"不得罪于巨室"的主语，是在上位的统治者，比如天子，比如诸侯，不是普通老百姓。孔子讲的"为政以德"，主语也是天子、诸侯。"为"就是做，"为政"即从政。孔孟时代，不是所有人都能参政、从政的，只有了解了这一背景前提，才能理解这句"不得罪于巨室"。国家治理不好，天子、诸侯不要怪罪贵族世家，要怪罪就怪罪自己。

　　"不得罪于巨室"，要破开来读。"不得"，不可以；"罪于巨室"，归罪、怪罪于巨室。孟子这里仍然在讲"爱人不亲，反其仁；治人不治，反其智；礼人不答，反其敬。行有不得者，皆反求诸己"（7.4）的问题。这一章的立意是，搞好国家，关键看大臣巨室是否亲附，如果他们不亲附，离心离德，乃至于"亲戚畔之"（4.1），那要找自己的问题。而一旦君王能用自己的"沛然德教"使巨室亲附向慕，一国人也就都仰慕你，民心所向，则天下都仰慕你了。所以，一个诸侯国怎么变成天下呢？统治者首先要具备德性，不要怪罪他人。

　　这实际就是"修身齐家治国平天下"的又一种表达。

　　很多学者认为孟子这句话是在维护贵族世家利益。其实不然。孟子是在说：作为一国之君，坐在那个位子上，就有责任把国家搞好，不能把责任推给贵族阶层。国君"其身正而天下归之"（7.4）。

　　孟子这里显然有所指。盖战国之世，国君和世家大族的矛盾越来越尖锐，国君杀灭世家，世家贵族反噬国君的事，时有发生。朱熹引林氏曰：

　　　　战国之世，诸侯失德，巨室擅权，为患甚矣！然或者不修其本，而遽欲胜之，则未必能胜而适以取祸。故孟子推本而言，惟务修德以服其心。彼既悦服，则吾之德教无所留碍，可以及乎天下矣。

刘沅《孟子恒解》此章下：

> 当时诸侯信策士，而猜忌大臣。孟子言德教之施，必由巨室。欲其正身率下，毋自翦羽翼也。

刘沅又在附解中说国君"自翦其本根，徒欲用疏远之士……而巨室不服，彼此猜嫌，徒授反间以隙"。战国之世，巨室与"疏远之士"的矛盾，是一个普遍现象。

《韩非子》里，也多次说到"法术之士，与当途之臣，不相容也"，甚至将"法术之士"和"当途之臣"放在"势不两立"的位置上。(《人主》)

在对待贵族世家上，儒家、法家立场不同。儒家历来主张给贵族以身份特权、相应的政治地位和经济待遇；法家则主张取消贵族特权，唯君独尊独享、独裁。很多人从绝对道德的平权角度，否定贵族，似乎法家搞改革取消贵族特权是进步。其实，贵族是对君权有巨大约束力的政治力量，消灭了贵族，国君就会一人独大，为所欲为。孟子曾经跟齐宣王谈过"贵戚之卿"的政治功能，孟子说："君有大过则谏，反覆之而不听，则易位。"(10.9)如果国君犯有大错，他们会劝诫、批评，如果反复劝诫、批评，国君不听、不改，怎么办？撤换国君。这就是贵族在国家政治上的功能，对君权形成必不可少的制约和平衡。而权力必须互相制衡。秦国消灭了所有的贵族，必然导致国家走向专权、专制。

"为政不难，不得罪于巨室"，孟子是从政治功能的角度来讲贵族世家的必要性和重要性，讲天子、诸侯不能开罪于贵族，不能打压贵族，而要"反求诸己，其身正而天下归之"，学会检讨自身过失。贵族可以"责难于君"，但是，国君不可以反过来"罪于巨室"。

链接——7.1；7.2；7.3；7.4；7.5；10.9

7.7

孟子曰："天下有道，小德役大德，小贤役大贤；天下无道，小役大，弱役强。斯二者，天也。顺天者存，逆天者亡①。齐景公曰：'既不能令，又不受命，是绝物也。'涕出而女于吴②。今也小国师大国而耻受命焉，是犹弟子而耻受命于先师也。如耻之，莫若师文王。师文王，大国五年，小国七年，必为政于天下矣。《诗》云：'商之孙子，其丽不亿③。上帝既命，侯于周服④。侯服于周，天命靡常。殷士肤敏⑤，祼将于京⑥。'孔子曰：'仁不可为众也。夫国君好仁，天下无敌。'今也欲无敌于天下而不以仁，是犹执热而不以濯也⑦。《诗》云：'谁能执热，逝不以濯⑧？'"

今译——

孟子说："天下有道时，小德之人被大德之人驱使，小贤之人被大贤之人驱使；天下无道时，小的被大的驱使，弱的被强的驱使。这两者，都是天意的表现。顺天者存，逆天者亡。齐景公说：'既不能命令于它，又不愿听命于它，是自绝于外物。'于是流着眼泪把女儿嫁到吴国。现在呢，小国以大国为师却以接受其命令为耻，这就像做学生的以接受老师的命令为耻。如果真以为耻，那就不如以周文王为师。向周文王学习，大国用五年，小国用七年，就一定能施政于天下了。《诗经》

说：'商之孙子，其丽不亿。上帝既命，侯于周服。侯服于周，天命靡常。殷士肤敏，祼将于京。'（商的子孙，其数何止十万。上帝既然将天命授予文王，他们就都臣服于周。他们都臣服于周，天命无常啊。殷商的旧臣漂亮又敏捷，在周的国都为周行灌礼助祭）孔子说：'仁的力量不是靠人多。如果一国之君好仁，那天下没有谁是他的对手。'现在想无敌于天下却不以仁治理国家，就如同拿滚烫的东西却不肯先放进水里降降温一样。《诗经》说：'谁能执热，逝不以濯？'（谁拿滚烫的东西，不先去水里降温）"

注释——

① 役：被……驱使。这一段，朱熹注曰："有道之世，人皆修德，而位必称其德之大小；天下无道，人不修德，则但以力相役而已。"赵岐："有道之世，小德、小贤乐为大德、大贤役，服于贤德也。无道之时，小国、弱国畏惧而役于大国、强国也，此二者天时所遭也，当顺从之，不当逆也。"

② 涕出而女于吴：女，读（nù），动词，嫁女。吴王阖庐谋伐齐，齐景公不得已，以女妻之。朱熹："吴，蛮夷之国也。景公羞与为昏而畏其强，故涕泣而以女与之。"《说苑·权谋》记其事曰："齐景公以其子妻阖庐，送诸郊。泣曰：'余死不汝见矣。'高梦子曰：'齐负海而县山，纵不能全收天下，谁干我君？爱则勿行！'公曰：'余有齐国之固，不能以令诸侯，又不能听，是生乱也。寡人闻之，不能令则莫若从，且夫吴若蜂虿然，不弃毒于人则不静，余恐弃毒于我也。'遂遣之。"

③ 其丽不亿：丽，数目。亿，战国之前的亿，指十万。其丽不亿，意为不止十万。

④ 侯于周服：侯：语气词。周服：臣服于周。

⑤ 肤：美，漂亮。

⑥ 祼（guàn）：即灌礼，宗庙祭祀的一种形式，斟酒浇地以求神降临。将：助。京：西周都城镐京。祼将于京，即在周的镐京为周行灌礼助祭。语出《诗经·大雅·文王》。

⑦ 濯（zhuó）：洗。

⑧ 逝：语气词。语出《诗经·大雅·桑柔》。

开讲——

天下有道，以德、以能服天下；天下无道，以力、以势服天下。两者都是"天意"，这个"天"，是自然的意思，是自然如此，不以人之意志为转移的意思。

这种意义上的"天"，有两种：

第一，有德性在。朱熹："有道之世，人皆修德，而位必称其德之大小。"讲的就是有德性的天道。有德者有位，好人得势。

第二，有趋势在。有德性在固然好，但正如朱熹所云："天下无道，人不修德，则但以力相役而已。"此时怎么办？天下大势，浩浩汤汤，有时必须服"势"。孟子举齐景公为例："既不能令，又不受命，是绝物也。"既不能命令于他，又不愿受命于他，还能怎么办呢？难道要把事做绝，自绝于人类、孤立于世界吗？"绝物"，与外界隔绝，闭关锁国。齐景公觉得屈辱吗？没办法，要学会服从势。所以孟子讲，小国师大国很正常。因为小，所以要师，否则依托什么保存自己，以小博大？要么服从于德，要么服从于势。

但孟子讲了半天，若到此结束，不过是要人自暴自弃，愿赌服输。这哪里像是圣贤之言？

齐景公哪里是他看得上的？齐景公嫁女这样的事，哪里是孟子推荐给我们的榜样？服从强权，忍垢含耻，哪里是我们该领受的命，又哪里是孟子指给我们的路？孟子是要以此激起人之羞耻心和耻辱感而已！知耻而后勇。齐景公服吗？既已服，何必出涕？不服，怎么办？"莫若师文王！"

想要改变处境，就必须向文王学习。

孟子虽然不觉得齐景公是值得学习的榜样，却也并未指责齐景公。服从于德，这是国家道义所在；服从于势，这是国家理性所在。一国之君，其治国理性，必立足国家利益，保护国民利益。这样的国家理性，虽然是出于利害考虑，但其实还是体现了国君的德性。前面我说过，国民的利益，就是道义。

所以，孟子有限肯定齐景公这样的对于"势"的屈从，其实是肯定一国之君对于国家利益的理性考量。在这考量里，有着国君的责任担当与自我牺牲。

质言之，国君的德性，其最高体现，是让国家有道义；次之的，是让国家有理性。无道义亦无理性的国君，是"绝物"也。这种国君，最好是绝种。

周文王初时被称为"西伯"，周只是商朝西边的一个部落。刚立国时，周的疆域方圆不过百里，是以周的"小"事商的"大"，这是同心理性，孟子所谓"智"。到三分天下有其二的时候，周依然在服从商的领导，这是周的德性，孟子所谓"仁"。孟子说，如果以文王为师，如"大国五年，小国七年，必为政于天下矣"。因为"巨室之所慕，一国慕之；一国之所慕，天下慕之"（7.6），最后人口众多的商族不得不服周。这就是孔子说的"仁不可为众也"。仁，不是靠人口众多就可以，不是靠势力强就可以。商的势力很强，人口很多，但是最后被周所灭，不得不服从于周，那就服从于仁德。

所以，第一，最高境界是服从于德；第二，如果德不够，那就服从于大势；第三，如果不甘心服从于势，那就回过头来，让自己有德，让别人服你。这是又一种"身后有余忘缩手，眼前无路想回头"（《红楼梦》第二回智通寺对联）。

换言之，对于国家而言，别人有德，你得服；别人有势，你也得服。

别人有德你不服，是你不仁；别人有势你也不服，是你不智。自己无德也无势，却既不修德，也不强势，所有通向世界的道路都被自己杜绝，那就是——"绝物"。

注意，这是讲国家。如果是个人，别人无德而有势，当然可以不服。不服里面有着真正的勇敢："自反而缩，虽千万人吾往矣！"（3.2）

国家为什么可以服甚至必须服？前面我已经作了说明：在国家的利害里，已然包含了道义。

成语——顺天者存（昌），逆天者亡
链接——7.1；7.2；7.3；7.4；7.5；7.6

7.8

孟子曰:"不仁者可与言哉?安其危而利其菑,乐其所以亡者①。不仁而可与言,则何亡国败家之有?有孺子歌曰:'沧浪之水清兮②,可以濯我缨③;沧浪之水浊兮,可以濯我足。'孔子曰:'小子听之!清斯濯缨,浊斯濯足矣。自取之也。'夫人必自侮,然后人侮之;家必自毁,而后人毁之;国必自伐,而后人伐之。《太甲》曰:'天作孽,犹可违;自作孽,不可活。'此之谓也。"

今译——

孟子说:"对不仁的人能跟他废话吗?他们安逸于危险的生活方式,在隐含灾难的事务中逐利,把招致灭亡的行为当作乐趣。如果不仁的人还能与他讨论,那哪里还能发生亡国败家的事呢?有个孩子唱道:'沧浪浪的水清啊,可以洗我的冠缨;沧浪浪的水浊啊,可以洗我的脏脚。'孔子说:'小子们听着!水清呢洗冠带,水浑呢洗脏脚,别人如何对待你都是自取的啊。'人必先自侮,然后才会遭受他人的侮辱;家必先自毁,然后才会遭受他人的毁坏;国家必先自伐,然后才遭受他国的讨伐。《太甲》上说:'天作孽,犹可违;自作孽,不可活。'说的就是这个道理啊。"

注释——

① 菑（zāi）：同"灾"。安其危而利其菑，乐其所以亡者：根据对"其"字的理解不同，有两种不同的解释。其一，赵岐、朱熹、焦循等传统解释都认为，"其"指不仁者，因此解释是：不仁者以自身的危为安，以自身的灾为利，以能让自身灭亡的东西为乐。其二，杨伯峻先生将前两个"其"理解为他人，将第三个"其"理解为不仁者，翻译为："他们眼见别人的危险，无动于衷；利用别人的灾难来取利；把荒淫暴虐这些足以导致亡国败家的事情当作快乐来追求。"杨伯峻先生的解释有问题。首先，三个"其"字却有两种含义，这本身就有问题。其次，本章一直强调"自取之""自作孽"，那么这里显然应该是指不仁者"自取之""自作孽"，不涉及伤害和利用他人。因此，还是应该采取传统解释。赵岐："以其所以为危者反以为安，必以恶见亡而乐行其恶。"朱熹："安其危利其菑者，不知其为危灾而反以为安利也。所以亡者，谓荒淫暴虐，所以致亡之道也。不仁之人，私欲固蔽，失其本心，故其颠倒错乱至于如此，所以不可告以忠言，而卒至于败亡也。"

② 沧浪：朱熹、焦循都认为是水名。朱熹："沧浪，水名。"焦循指出《尚书·禹贡》中就出现了沧浪之水。但这首诗在屈原《楚辞·渔父》中也有记载，说是渔父之歌。或许这是一首在楚地流传很久、妇孺皆能唱的民歌，孔子过楚而闻之于孺子，屈原在楚则闻之于渔父，各有所记。如此，则楚本多水，何必是某一具体河流。再说，水清水浊，当属于不同河流，方可有下文孔子"自取之"之叹息。

③ 缨：系冠的带子。

开讲——

"不仁者可与言哉？"这是孟子的反问。反问有两个功能：第一，提醒；第二，强调。孟子喜欢用反问。孟子有一点抢时代话筒的感觉。因为话筒不在儒家手里了，在墨子手里，在杨朱手里，所以他要为儒家抢话筒。百家争鸣，各家都在抢着说话，生怕自己的声音被淹没。所以与孔子的平和温煦不同，孟子很激烈，嗓门很大，又很傲慢，骂人还算给面子，有些人他根本不理睬。为什么不理睬？"不仁者可与言哉？"

这里的不仁者，你可以理解为一般人。但考虑到上一章，最好理解为君王。孟子是针对君王说的。不仁的君王，因其不仁，所以不在乎国家安危，只在乎自己的权力安危。他既藐视国家道义，也没有国家理性，只在乎自己权欲满足，"安其危而利其菑"，让国家处于危险之中；"乐其所以亡者"，我死后，哪管洪水滔天。

"沧浪之水清兮，可以濯我缨；沧浪之水浊兮，可以濯我足。"这首诗很美，中国文学史课必讲。孟子这里说是"孺子"之歌。沧浪，不必是一条河流的名字，可以是指水涤荡起伏、不断变幻的形、色。郭沫若这样翻译："沧浪江水浊又浊，好洗我的泥脚。"(《郭沫若全集》第五卷）孟子借孔子言进一步说："清斯濯缨，浊斯濯足矣，自取之也。"清浊，是自家德性；缨足，是他人对待。福由自取，祸由自取；敬由自取，贱由自取。谁叫你自己浑浊呢，怨不得别人把臭脚伸进来，咎由自取。后来荀子讲"强自取柱，柔自取束"(《荀子·劝学》)，因为坚硬，所以顶梁立柱；因为柔软，所以束丝缚带。庄子说："山木，自寇也；膏火，自煎也。桂可食，故伐之；漆可用，故割之。"(《庄子·人间世》) 世界万物，自己是什么东西，才被人用成什么东西。本体是什么，决定功能是什么。人亦如此。自己不体面，别人怎么会给你体面？"天作孽，犹可违。自作孽，不可活"。

成语——国必自伐，而后人伐之　亡国败家　濯足濯缨
链接——3.4

7.9

孟子曰："桀、纣之失天下也，失其民也；失其民者，失其心也。得天下有道：得其民，斯得天下矣。得其民有道：得其心，斯得民矣；得其心有道：所欲与之聚之，所恶勿施尔也。民之归仁也，犹水之就下、兽之走圹也①。故为渊驱鱼者，獭也②；为丛驱爵者③，鹯也④；为汤、武驱民者，桀与纣也。今天下之君有好仁者，则诸侯皆为之驱矣。虽欲无王，不可得已。今之欲王者，犹七年之病求三年之艾也⑤。苟为不畜，终身不得。苟不志于仁，终身忧辱，以陷于死亡。《诗》云：'其何能淑，载胥及溺⑥。'此之谓也。"

今译——

孟子说："夏桀、商纣王之所以失去天下，是因为失去人民；之所以失去人民，是因为失去民心。得天下有逻辑：得人民，就得天下了。得人民有逻辑：得民心，就得人民了。得民心有逻辑：人民想要的给他们积聚起来，人民厌恶的不要强加在他们身上。人民归依仁政，犹如水向下流、兽奔旷野。所以，替深池把鱼赶来的，是水獭；为丛林把鸟雀赶来的，是鹞鹰；为商汤、周武王把人民赶来的，是夏桀和商纣王啊。如今天下之君王有好仁德的，那么诸侯们都会替他把人民赶来。即使他不想称王天下，也不能停下来了。现在想称王天下的人，就如同生了七年的病要去找三年的陈艾来治。假如平时不积蓄，终身都得不到。假如不立志于行仁政，便会终身忧患不断受折辱，以至于走向死亡。《诗经》中说：'其何能淑，载胥及溺。'（这怎么能好呢，不过是一起陷入灭顶之灾罢了）说的就是这个道理。"

注释——

① 圹（kuàng）：通"旷"，旷野。
② 獭（tǎ）：水獭，生活在水中，捕鱼为食。
③ 爵：通"雀"。
④ 鹯（zhān）：一种鹞类猛禽，捕鸟为食。
⑤ 三年之艾：中医用艾蒿叶制成艾绒，用来灸病。陈年艾疗效好。
⑥ 其何能淑，载胥及溺：语出《诗经·大雅·桑柔》。淑：好，善。载：语气词。胥：都，皆。及：与，和。

开讲——

　　天下是空间概念吗？不。在中国文化语境中，天下，至少含三层意义。

　　第一层，指昊天之下的所有土地。山川河流，原隰衍沃，飞禽走兽，花草树木，这是自然意义上的天下，与动物共有。

　　第二层，指江山社稷。有制度，有组织，有人民，有子女玉帛，有利益分配，有奖惩赏罚、伦理等级。这是政治意义上的天下。相比于第一层之自然意义上的天下，这第二层是人类意义上的天下。

　　第三层，指圣贤为天地立心，为生民立命之后，有心的天下，有道的天下，有观念有是非的天下。比如有礼义廉耻，有忠孝节义，有人的觉醒，有人的自尊。人不仅有动物意义上的生命，还有人格意义上的"性命"。此之谓文化意义上的天下。相比于第二层人类意义上的天下，这第三层是人性意义上的天下。顾炎武所谓"亡天下"，就是指这一层意义上的天下。

第一层是物理或地理的世界。第二层是法理或伦理的天下，人类有了组织管理，有了国家社群，有了分工合作，有了等级制约，有了劳心者劳力者。第三层是天理或心理的世界，人类有了道德观念，有了精神信仰，有了是非善恶，有了自由意志，一句话，人类获得了人的本质。

所以，即使占据物理意义上的江山并建立社稷，假如统治者失了仁德，就失了民心；失了民心，就失了人民，失了天下——失了人民，天下就不再是完全意义上的天下。天下，是天下人的天下，唯有得人心者得天下。得天下的意思，不是取得天下、占有天下、主宰天下。得天下的意思，是获得天下人心的接纳，成为人类文明共同体中的一员。

从古至今，无论孔子还是孟子，从来没有说过天下是哪个皇帝的。他们始终在说，民即天下，天下即民。民心在，天下在；民心不在，天下不在。得天下的唯一途径，就是得民，得民心。如何得民心？孟子说"所欲与之聚之，所恶勿施尔也"，老百姓想要的，"与之"，并且，不是今天给一点，明天给一点，与人有"出纳之吝"（《论语·尧曰》），甚至有一天不给了，而是"聚之"，大大方方地给——本来天下就是大家的天下；老百姓厌恶的，则不要强加在他们身上。

鲁哀公问孔子，古代圣王舜戴什么帽子？哀公三问，孔子三不答，觉得哀公之问问得实在太无聊。身为诸侯，问什么问题不无聊呢？问如何治理天下。如何治理天下？孔子说，在"其政好生而恶杀焉"（《荀子·哀公》）。"好生"，有两层意思：一是让老百姓好好生产；二是统治者要有生生之德。上天有好生之德，君主也要有好生之德，待天下所有的人，如待赤子，希望他们都能够幼有所长，老有所养，壮有所用，温饱之外能接受教育。"恶杀"，即不要杀戮，不要伤害。《孔子家语·贤君》：

> 哀公问政于孔子。孔子对曰："政之急者，莫大乎使民富且寿也。"公曰："为之奈何？"孔子曰："省力役，薄赋敛，则民富矣；敦礼教，远罪疾，则民寿矣。"公曰："寡人欲行夫子之言，恐吾国贫矣。"孔子曰："《诗》云：'恺悌君子，民之父母。'未有子富而父母贫者也。"

汉代晁错有四句话，《汉书》卷四九《袁盎晁错传》：

> 人情莫不欲寿，三王生之而不伤；人情莫不欲富，三王厚之而不困；人情莫不欲安，三王扶之而不危；人情莫不欲逸，三王节其力而不尽。

人人都想长寿，好的政治不伤害他们的生命；人人都想富裕，好的政治让他们积累财富；人人都想安居乐业，好的政治扶持他们，让他们不陷入危境；人人都想安逸，好的政治有节制地使用民力。尧、舜、禹就是三位这样的王。

道家也有"所恶勿施"的主张。《庄子·杂篇·徐无鬼》写"黄帝将见大隗乎具茨之山"，途遇牧马童子，借童子之口，说："夫为天下者，亦奚以异乎牧马者哉！亦去其害马者而已矣！"治理天下，跟我放马有什么区别呢？就是不去做危害马的事情罢了，就这么简单。

这样的价值观不高深，无非是：让人民能按照自己的愿望去生活，他们追求自由，给他们自由；他们追求财富，给他们财富；他们追求尊严和体面，给他们尊严和体面。但为什么放眼看去很难做到？因为统治者要的东西太多。老子说，为什么老百姓难治？"上食税之多"（《道德经》第七十五章）。上位者想为所欲为，因此不会给老百姓自由；上位者想占尽天下财富，因此不会给老百姓财富。什么才是真正的万众一心？是全天下的人，都有追求个人物质丰富、精神自由、尊严和幸福之心，是上下一心，朝"所欲与之聚之，所恶勿施尔"的方向走。如此，"民之归仁也，犹水之就下，兽之走圹也"。这里的"仁"，是指仁人，仁德之君；也是指仁国，仁德之国。照孟子看来，判断一个国家好不好，就看大家是不是都奔那个地方去。如果天下的读书人都想到你的国家来研究学问，天下的商人都想到你的国家来做生意，天下的游客都想到你的国家来旅游，天下的农民都想到你的国家来种田，天下受到不公正对待的人都想到你的国家来寻找公道，"其若是，孰能御之"（1.7），"如此，则无敌于天下"（3.5）。这就是夏桀、商纣的人民最后都归附商汤、周武王的原因，换句话说，是夏桀、商纣把人民驱赶到商汤、周武王那里的。

仁在哪里，天下就在哪里；仁在哪里，人就在哪里。

"今天下之君有好仁者，则诸侯皆为之驱矣。"孟子继续其一贯的对当时诸侯的严厉评价：

> 且王者之不作，未有疏于此时者也；民之憔悴于虐政，未有甚于此时者也。（《孟子·公孙丑上》）
>
> 今夫天下之人牧，未有不嗜杀人者也。（《孟子·梁惠王上》）
>
> 五霸者，三王之罪人也；今之诸侯，五霸之罪人也；今之大夫，今之诸侯之罪人也。（《孟子·告子下》）。

孟子为什么一定要讲"仁政""王道"？盖当时天下，全是豺狼虎豹也！李贽在本章后，批曰："说当时诸侯都是桀纣，都是痼疾，孟老直恁狠也。只为此无知小民耳。看他是何等心肠。"

何等心肠？菩萨心肠！

成语——为渊驱鱼　为丛驱雀　三年之艾

链接——1.6；1.7；3.1；3.5；12.7

7.10

孟子曰:"自暴者,不可与有言也①;自弃者,不可与有为也②。言非礼义,谓之自暴也;吾身不能居仁由义,谓之自弃也。仁,人之安宅也;义,人之正路也。旷安宅而弗居,舍正路而不由,哀哉!"

今译——

孟子说:"残害自己的人,不可以和他谈论什么;放弃自己的人,不可能同他有所作为。开口不合乎礼义,这就叫残害自己;自认为做不到居仁由义,这就叫放弃自己。仁,是人安居的住宅;义,是人行动的正确之路。空着安居的住宅不住,舍弃正确的道路不走,可悲啊!"

注释——

① 暴:损害,残害。朱熹:"暴,犹害也。"刘沅:"暴,害也,毁礼义而自害其身。"
② 弃:刘沅:"弃,绝也。灭绝天礼,自外于圣贤。"

开讲——

孟子讲得好。朱熹的注也好:

> 自害其身者，不知礼义之为美而非毁之，虽与之言，必不见信也。自弃其身者，犹知仁义之为美，但溺于怠惰，自谓必不能行，与之有为必不能勉也。

并引程子曰：

> 人苟以善自治，则无不可移者，虽昏愚之至，皆可渐磨而进也。惟自暴者拒之以不信，自弃者绝之以不为，虽圣人与居，不能化而入也。此所谓下愚之不移也。

自暴自弃的人，能跟他谈什么、做什么呢？

自暴者，说起话来，"言非礼义"，怎能与之言？孟子批评齐人"无以仁义与王言者"（4.2），是暴其王，是"谓其君不能"的"贼其君"（3.6），而"有是四端而自谓不能者，自贼者也"（3.6），自谓不能者，又如何与之言？

自弃者，做起事来，不求上进、自甘下流、自我放弃。这样的人，心中没有仁，行事不讲义，这种人，如何与之有为？

孔子说："群居终日，言不及义，好行小慧，难矣哉！"（《论语·卫灵公》）一堆人聚在一处，说的话从不涉及义理，还好卖弄小聪明，与这种人打交道真难啊！难矣哉，就是难以与之言，难以与之有为。自暴自弃者，亦即孔子说的"唯上知与下愚不移"的"下愚不移"（《论语·阳货》）。不是不能移，是其不肯移啊。

"仁，人之安宅也；义，人之正路也。"这是孟子的名言。相关的表述在《孟子》中不少：

夫仁，天之尊爵也，人之安宅也。（3.7）

夫义，路也；礼，门也。惟君子能由是路，出入是门也。（10.7）

仁，人心也；义，人路也。（11.11）

居恶在？仁是也。路恶在？义是也。居仁由义，大人之事备矣。（13.33）

况居天下之广居者乎？（13.36）

心中装着仁，做事走正道。有个词叫"宅心仁厚"，就是从《孟子》这里引申来的。把心放在仁中，心就是仁心了，心就安详了。孟子讲大丈夫精神："居天下之广居，立天下之正位，行天下之大道。"居住在普天之下最宽广的住宅中，站立在普天之下最正中的位置，行走在普天之下最光明的大道（参见6.2开讲）。三句话，就是三个字：仁、礼、义。

义，即适宜的宜。所谓"见得思义"，即见利思义，见到财利就想着义，想着是否该得。"见得思义"在《论语》中出现过两次。一次是孔子说："君子有九思：视思明，听思聪，色思温，貌思恭，言思忠，事思敬，疑思问，忿思难，见得思义。"（《论语·季氏》）一次是孔子弟子子张说："士见危致命，见得思义，祭思敬，丧思哀，其可已矣。"（《论语·子张》）

孟子哀天下之人："旷安宅而弗居，舍正路而不由，哀哉！"偏偏有人放着安宅不住，放着大道不走，悲哀呀！

成语——自暴自弃　居仁由义

链接——3.6；3.7；4.2；6.2；7.11；7.12；10.7；11.11；13.33；
　　　　13.36

7.11

孟子曰:"道在迩而求诸远①,事在易而求诸难。人人亲其亲,长其长,而天下平。"

今译——
孟子说:"道在近处却去远处求,事本容易却往难处求。只要人人都亲爱自己的父母,尊敬自己的长辈,天下就治理好了。"

注释——
① 迩(ěr):近。

开讲——
孟子表述的政治观,其实不难理解:让人民幸福,给人民安稳、财富。不是很简单的道理,不高深,也不复杂,"君行仁政,斯民亲其上,死其长矣"(2.12)。道在迩,不要求诸远;事在易,不要求诸难,踏踏实实从这里开始,就行了。

将孟子的"人人亲其亲,长其长,而天下平",和墨子作个比较,就知道什么叫"迩",什么叫"远"。

墨子讲兼爱,兼爱即博爱,泛爱天下一切人。但儒家的爱和墨家的爱不一样。儒家的爱，是从爱身边人开始，就是"亲亲"，自己的父母和别人的父母，你当然是更爱自己的父母。这个"亲"，不要简单地只将其理解为自己的至亲，也可以延伸到自己的亲属、自己身边所有亲近的人。跟自己亲近的人亲近，是人之常情。儒家讲的爱，就是这种爱——有差别的爱，有差等的爱：先爱近在身边的人，然后，由"亲亲而仁民，仁民而爱物"（13.45）。这就是由近及远。这种爱的产生，自然而然，无须加意培养；这种爱的呈现，也便捷随机，无须刻意实施。墨家则讲无差别的爱——不论亲疏贵贱远近，一律平等相爱。这种爱的产生，来自观念，观念植入，需要加意灌输；这种爱的呈现，也有违人之常情，不免矫情。

墨子讲"兼爱"，骂儒家的爱是自私，人怎么能只爱自己的父母兄弟呢？人应该爱天下人的父母兄弟。墨家确实占据了道德的绝对高度，但"道在迩而求诸远"。因为一个人在生活中怎么做才能这样无差等地去爱天下人的父母兄弟呢？比如放假了，不去看望自己的父母，那要去探望天下谁的父母，才能做到无差等的爱呢？所以，墨家的爱，看起来高，无法实行；儒家的爱，看起来低，但人人可行，无须刻意，随心随性就能呈现。我看望我的父母，你看望你的父母，天下的父母就都有人看望了，人人都能生活在爱之中。这里不是说墨家讲"兼爱"不好，墨子的出发点非常好，但问题就在于能不能用最低的成本实行。所以孟子说，不要搞那么复杂，每个人就从身边的人开始，由近及远，由亲到疏，"老吾老以及人之老，幼吾幼以及人之幼"（1.7），自然就做到了兼爱天下。

成语——舍近求远　舍易求难
链接——1.7；2.12；7.10；7.12；13.45

7.12

孟子曰:"居下位而不获于上,民不可得而治也[①]。获于上有道:不信于友,弗获于上矣;信于友有道:事亲弗悦,弗信于友矣;悦亲有道:反身不诚,不悦于亲矣;诚身有道:不明乎善,不诚其身矣。是故诚者,天之道也;思诚者,人之道也。至诚而不动者,未之有也;不诚,未有能动者也。"

今译——

孟子说:"身居下位却不能获得在上位者的信任,就得不到官位来治理百姓。获得上级的信任有一定的方法:得不到朋友的信任,就不能获得上级的信任了;获得朋友的信任有一定的方法:事奉双亲不能使他们高兴,就不能被朋友信任了;使双亲高兴也有一定的方法:反省自己不能诚心诚意,就不能使双亲高兴了;使自己身诚也有一定的方法:不能明白什么是善,也就不能让自己做到诚心诚意了。因此'诚',是上天的法则;努力追求'诚',是做人的法则。追求诚的至高境界而不能感天动地的,从来没有过;没有诚在,就没有什么能撼动人了。"

注释——

① 郑玄:"不得于君,则不得居位治民。"得不到君主的信任,就没有当官治理百姓的机会。

开讲——

"居下位而不获于上,民不可得而治也",居于下位,如果做下级都没有做好,又怎么让百姓做好?这里有三层关系:上级;自己;百姓。上无诚信,则下无信任。由此类推,获得上级的信任,先获得朋友的信任;获得朋友的信任,先事奉好自己的双亲;事奉好双亲,先反省自己是不是身诚、心诚;最后,归于"明乎善"。"明乎善"其实就是两个字——良知,问问自己,心中有没有良知?心中是不是只有利害判断、没有是非善恶判断?心中有没有明朝李贽说的"绝假纯真,最初一念之本心"(《童心说》)?

孟子坚信,人的内心,一定有一个内核——"善"。这个"善",需要时时"明"。保持人内心中的这一点"性善",是人类之所以能生存下去、人类之所以高贵的唯一原因。《大学》的"明明德",就是这里的"明乎善"。"明德"就是"善"的星星之火,"明乎善""明明德",就是要点燃它。

什么是"天之道"?即天赋予人的良知。天有诚,人就要追求诚,叫"人之道"。《中庸》上也有这样的话:"诚者,天之道也。诚之者,人之道也。"朱熹说:"此章述《中庸》孔子之言,见思诚为修身之本,而明善又为思诚之本。乃子思所闻于曾子,而孟子所受乎子思者。"《中庸》章句如下:

> 在下位,不获乎上,民不可得而治矣。故君子不可以不修身。思修身,不可以不事亲;思事亲,不可以不知人;思知人,不可以不知天。(2.8.1)

> 在下位不获乎上,民不可得而治矣。获乎上有道:不信乎朋友,不获乎上矣;信乎朋友有道:不顺乎亲,不信乎朋友矣;顺

乎亲有道：反诸身不诚，不顺乎亲矣；诚身有道：不明乎善，不诚乎身矣。诚者，天之道也；诚之者，人之道也。诚者，不勉而中，不思而得，从容中道，圣人也。诚之者，择善而固执之者也。（2.8.4。以上章节划分依据拙著《大学中庸导读》，中国青年出版社，2022年）

天地最伟大之处，是一"诚"字。北宋大儒张载说"为天地立心"，其实天地哪有心？天地的心就是"诚"。人的使命就是追求这个"诚"，知道分辨善恶、是非、美丑，知道"致良知"。

链接——7.10；7.11；11.2；11.3；11.4；11.5；11.6

7.13

孟子曰:"伯夷辟纣①,居北海之滨,闻文王作,兴曰②:'盍归乎来③!吾闻西伯善养老者④。'太公辟纣⑤,居东海之滨,闻文王作,兴曰:'盍归乎来!吾闻西伯善养老者。'二老者,天下之大老也⑥,而归之,是天下之父归之也。天下之父归之,其子焉往?诸侯有行文王之政者,七年之内,必为政于天下矣。"

今译——

孟子说:"伯夷避开商纣王,住在北海边,听说周文王兴起,喟然兴叹:'何不去归附呢!我听说西伯善养老人。'姜太公避开商纣王,住在东海边,听说周文王兴起,喟然兴叹:'何不去归附呢!我听说西伯善养老人。'这两位老人,是天下父老的代表,他们归附周文王,就等于天下的父老都归附周文王。天下的父老归附了周文王,他们的儿子还会往哪里去呢?现在的诸侯如果有能实行文王政治的,七年之内,一定能行王政于天下。"

注释——

① 辟(bì):同避,躲避。
② 闻文王作,兴曰:有两种标点方法:一、赵岐、焦循《孟子正义》为"闻文王作兴,

曰"；二、朱熹《四书章句集注》为"闻文王作，兴曰"。但双方对作、兴的解释并无二致：赵岐："闻文王起兴王道。"则兴即起，与作同。朱熹："作、兴，皆起也。"此处标点依朱熹。然，考虑到下文"盍归乎来"之喟然感叹语气，及伯夷、太公兴奋之状，理解上则有"兴观群怨"之"兴"及《诗经》中"起兴"之"兴"，慨然作歌的意思。算是上述两种之外的第三种。

③ 盍：表示反问或疑问，何不。来：语气助词，无义。
④ 西伯：《史记·殷本纪》载，商纣王曾任命周文王为西伯，西方诸侯之长。
⑤ 太公：姜尚，字子牙，号太公望，辅助文王、武王灭商建周的功臣。
⑥ 二老、大老：朱熹："二老，伯夷、太公也。大老，言非常人之老者。"

开讲——

　　商纣王残暴，伯夷、姜尚"辟纣"，"闻文王作"，他们唱道："盍归乎来！吾闻西伯善养老者。"《诗经》里有赋、比、兴，这里的"兴曰"，也有咏歌的味道。"二老者"，是说这两人名望大，岁数大，地位尊，是天下做父亲的人的代表，是天下风向标式的人物。他们归附周，天下人就都来归附了。古代社会，家族一代代安居一地，祖、父在哪儿，家就在哪儿，儿子随父亲走。今天是父亲随儿子走，儿子事业在哪儿，家就在哪儿。古人是抓住老人，就抓住天下的人心了。今天是抓住年轻人，就抓住天下的人心了。

链接——7.7；7.9；13.22；13.23

7.14

孟子曰："求也为季氏宰①，无能改于其德，而赋粟倍他日。孔子曰：'求非我徒也，小子鸣鼓而攻之可也。'②由此观之，君不行仁政而富之，皆弃于孔子者也，况于为之强战？争地以战，杀人盈野；争城以战，杀人盈城。此所谓率土地而食人肉，罪不容于死。故善战者服上刑，连诸侯者次之，辟草莱、任土地者次之③。"

今译——

孟子说："冉求做季氏家族的总管，不能改变季氏的德行，反而使税收比之前增加了一倍。孔子说：'冉求不再是我的学生了，小子们可以擂起鼓去攻击他。'由此看来，君主不实行仁政还去帮他聚敛财富，都是被孔子唾弃的人，何况是为这样的君主打仗的人呢？为了争夺土地而发动战争，杀死的人布满旷野；为了争夺城池而发动战争，杀死的人填满城池。这就是所说的率领土地来吃人肉，这种人处死刑都不足以抵偿他们的罪恶。所以，善战之人应受最高的惩罚，连结诸侯拉帮结派的人次之，开垦樵牧之地、竭尽地产之利的人次之。"

注释——

① 求：冉求，孔子学生。季氏：指季康子季孙肥，鲁国卿大夫，执政大臣。宰：家宰，

季氏家的总管。

② 语出《论语·先进》，原文为："季氏富于周公，而求也为之聚敛而附益之。子曰：'非吾徒也，小子鸣鼓而攻之可也。'"

③ 连诸侯者：指为秦国搞"连横"外交的张仪之类人。在梁惠王、梁襄王时期，张仪代表秦国利益游说魏国，并做过魏国国相。孟子对此人应该十分了解和厌恶。赵岐："孟子言天道重生，战者杀人，故使善战者服上刑。上刑，重刑也。连诸侯，合从者也，罪次善战者。辟草莱，任土地，不务仁德而富国者，罪次合从连横之人也。"不知为什么赵岐解释"连诸侯"只是"合从者"。朱熹："连结诸侯，如苏秦、张仪之类。"将合纵连横都算在内。而我以为，从上句讲发动战争为国拓疆，到下句"辟草莱、任土地"，这三句应该主要指秦国。刘沅："连诸侯，使争战。"辟草莱、任土地：刘沅："辟与任，以广战资也。草莱，为民樵牧之所。而皆辟使归上，则地尽民贫矣。任土地，竭地利以肥国，而不留余利以归民。"《商君书》有《算地》："凡世主之患，用兵者不量力，治草莱者不度地。"还有《垦令》，专讲开垦土地，故孟子此处所批，当着重在秦，在张仪、商鞅等人。

开讲——

孔门弟子冉求，是一位财政专家。他在鲁国执政大臣季氏家做管家，地位很高，充分发挥了他的财政管理专长，帮助季氏"赋粟倍他日"，税收远超往年。但孔子很愤怒，要其他学生鸣鼓而攻，开除冉求，清理门户。在孔子看来，提高税收，憔悴民生，是残民以逞，"君不行仁政而富之，皆弃于孔子者也"。

"况于为之强战？"冉求帮国君聚敛财富都错了，更何况那些鼓动、挑起、帮助国君发动战争的人呢？孟子话锋一转，不点名骂秦国和商鞅，以及纵横家的合纵连横。春秋时期的战争，主要是诸侯争夺盟主地位，不以杀人为目标，比较和缓，规模也小，甚至还有宋襄公那种"君子不困人于阨，不鼓不成列"（《史记》宋楚泓之战）的贵族遗风，士兵在前线，以割掉耳朵计杀人数。与之不同，战国时期的战争，以杀人为目的，"争地以战，杀人盈野；争城以战，杀人盈城"。商鞅规定，杀人计数不要耳朵要人头，以人头堆成"京观"以威慑对方，"秦人捐甲徒裼以趋敌，左挈人头，右挟生虏"（《史记·张仪列传》）。商鞅对杀人的奖赏是"能得爵首一者，赏爵一级，益田一顷，益宅九亩，一除庶子一人，乃得人兵官之吏"（《商君书·境内》）。《韩非子·定法》则记："商君之法曰：'斩一首者爵一级，欲为官者为五十石之官；斩二首者爵二级，欲为官者为百石之官。'官爵之迁与斩首之功相称也。"中国历史上最早以人的首级做绩效考核的，就是商鞅。长平之战，秦军阬杀四十多万赵军俘虏。这个阬杀，不是挖坑坑杀，而是堆山以作"京观"。想想四十万颗人头堆成的"京观"，对于商鞅、白起这样的人，是何等壮观；但对于有人性的人来说，是何等悲观！何等恐怖！这就是孟子愤怒，要他们服上刑的原因！孟子一直愤怒，是因为孟子满怀慈悲！

商鞅于公元前 356 年在秦国变法，那时孟子大约三十岁（按公元前 385 年孟子出生计算）。公元前 338 年商鞅被车裂时，孟子大约四十七岁。苏秦、张仪合纵连横乌烟瘴气之时，孟子都在盛年。孟子公元前 289 年去世，张仪公元前 309 年去世，去世前在魏国梁襄王手下做国相。孟子一生中要面对很多这种人，他的脾气怎么能好呢？所以孟子脾气坏。庄子脾气不坏吗？庄子脾气更坏。庄子（约公元前 369 年出生）与孟子同时代人，在孟子去世后三年（公元前 286 年）去世。孟子是热讽，庄子是冷嘲；孟子毒舌，庄子更毒舌。这两人个性好像都不合乎一般人理解的"中庸之道"。但是，对残酷的残酷和绝不妥协，就是中庸——中庸的本质，是"时中"，在不同时间、情境下，有不同的"中"。对不公不义、残忍无道心平气和，恰恰不是中庸！

文章是越有激情越好看，孟子、庄子的文章都好看。平和中正是圣贤文章的气象，比如《论语》。孟子、庄子的文章，不是平和中正，而是激情澎湃，有时激烈而偏激。平缓流淌的河水不能发电，只有拦起大坝蓄积大水才能发电。大坝犹如那创伤，大坝越高，势能越强。曹丕说"文以气为主"（《典论·论文》），孟子的文章气势磅礴，这种磅礴气势，就来自孟子强大的心理能量。这能量，恰恰是那黑暗的时代与他内在的良知互相激荡而形成。

对热衷战争的人，孟子恨得咬牙切齿，说他们"罪不容于死"，说他们应该"服上刑"。"争地以战，杀人盈野；争城以战，杀人盈城"，老百姓为谁打仗为谁去死呢？不就是秦孝公这样的诸侯吗？不就是商鞅这样的野心家吗？那些万人坑中的骷髅，他们的敌人是谁？是砍杀他们的对方士兵吗？不是。是对方君主吗？也不是。君主与君主才是敌人。那么，他们的敌人是谁呢？是驱使他们打仗的君主。还有比这更荒谬的现实吗？

有个很有意思的谜团：商鞅、孟子、庄子三人，几乎同时代，但是，这三人从来没有相互提到过。为什么？这个谜至今还没解开。但孟子这里不指名骂的就是商鞅。

——《商君书·垦令》讲"辟草莱、任土地"，开垦荒地，用尽地力。在这里，"辟草莱、任土地者"被孟子列入第三宗罪。

商鞅逼迫人民只干两件事：平时生产，战时打仗，即《商君书》主张的"农战"。商鞅讲"利出一孔"（《管子》也有这个说法），"民之所欲万，而利之所出一"（《说民》），控制所有的社会资源甚至自然资源收归国家，而这些也是孟子一直反对的。

成语——鸣鼓而攻　杀人盈野　罪不容诛
链接——12.9；14.2；14.4

7.15

孟子曰:"存乎人者①,莫良于眸子。眸子不能掩其恶。胸中正,则眸子瞭焉②,胸中不正,则眸子眊焉③。听其言也,观其眸子,人焉廋哉④!"

今译——

孟子说:"观察一个人,再没有比观察他的眼睛更好的了。眼睛无法掩盖一个人的丑恶。心胸中正,则眼睛明亮。心术不正,则眼睛浑浊。听他说话,看他的眼睛,这人的善恶哪里能隐藏得住呢!"

注释——

① 存:察。《尔雅·释诂》:"存,在也,察也。"
② 瞭(liǎo):眼睛明亮、明澈。
③ 眊(mào):眼睛昏浊,迷乱失神。
④ 廋(sōu):隐藏。

开讲——

这一章很有意思,孟子讲对人的观察,要看眼睛。看一个人本性的东西,没有比观察一个人眼睛更好的方法了。"瞭",目字旁,明亮的、明澈的。明瞭一切就是透彻。君子坦荡荡，心正，眼睛是明亮的。心不正，奸诈藏不住，眼神便浑浊、迷乱，下意识不敢正面看人。当然也有心不正却能正对人的眼睛说假话，那是大奸之人。

孔子也讲过怎么观察一个人："视其所以，观其所由，察其所安，人焉廋哉！人焉廋哉！"（《论语·为政》）看他为什么要干一件事，看他用什么方式干一件事，看他安于一种什么样的生活。通过人的动机、途径、生活方式去观察，一个人的善恶美丑是藏不住的。这里，孟子又加了一条——看人眼睛。

李贽此章下批语："好相法。百不失一。"

链接——7.16；7.22；7.23

7.16

孟子曰:"恭者不侮人,俭者不夺人①。侮夺人之君,惟恐不顺焉,恶得为恭俭?恭俭岂可以声音笑貌为哉?"

今译——

孟子说:"恭敬的人不会轻慢他人,自我约束的人不会强人所难。轻慢、强迫他人的国君,唯恐他们不顺服自己,怎么能做到恭敬与自我约束?恭敬与自我约束可以仅凭声音和笑貌表现吗?"

注释——

① 俭:克制,自制。

开讲——

有时,判断人的教养很简单:说出来的话不伤触人,做出来的事不冒犯人,让人感觉舒服。"俭者不夺人"的"俭",不是仅指生活节俭,而是凡事有度,有分寸感。"夺",强迫他人改变。许慎《说文解字》的解释是一只手抓住一只展开翅膀的大鸟,大鸟已经被抓却又展翅飞走,引申为改变。今天的文字学家根据金文以来的字形演变,否定了这种说法,认为其本义是夺取:一只手从别人身上(用"衣"来表示)

把鸟夺走。"夺走"也引申为"改变"。《论语·子罕》中"三军可夺帅也,匹夫不可夺志也"中的"夺",也是改换之意:三军可以改换主帅,匹夫不可改变其志向。

说完"恭者不侮人,俭者不夺人"这个道理后,孟子话锋一转,再次将矛头直指当时诸侯:"侮夺人之君,惟恐不顺焉,恶得为恭俭?"如果一个国君欺辱、强迫百姓,他想要的,就是百姓对他的顺从。但问题是,在强迫别人顺从他的意志的时候,他怎么会是一个恭敬、懂得分寸的人呢?

这章可以和上一章并看。

成语——声音笑貌
链接——7.15;7.22;7.23

7.17

淳于髡曰[①]:"男女授受不亲,礼与?"

孟子曰:"礼也。"

曰:"嫂溺,则援之以手乎?"

曰:"嫂溺不援,是豺狼也。男女授受不亲,礼也;嫂溺,援之以手者,权也。"

曰:"今天下溺矣,夫子之不援,何也?"

曰:"天下溺,援之以道;嫂溺,援之以手。子欲手援天下乎?"

今译——

淳于髡问:"男女授受不亲,是礼的规定吗?"

孟子说:"是礼的规定。"

(淳于髡)问:"嫂嫂掉进水里,那么用手去拉她吗?"

(孟子)说:"嫂嫂掉进水里不施以援手,那是豺狼。男女之间不亲手递接东西,是礼的规定;嫂嫂掉进水里,用手去拉她,是礼的变通。"

(淳于髡)问:"现在天下掉进水里了,先生您不权变一下施以援手,为什么呢?"

（孟子）说："天下掉进水里，用道去援救；嫂嫂掉进水里，用手去援救。您难道想要我用手去援救天下吗？"

注释——

① 淳于髡（kūn）：姓淳于，名髡，齐国辩士。

开讲——

齐国辩士淳于髡，用今天的话形容，叫"杠精"，在12.6章中，他也跟孟子杠过。现在这个"杠精"抬的杠是：男女授受不亲，是你们儒家的礼吗？假如嫂嫂掉进水里，小叔子拉不拉？拉，手碰手，违礼；不拉，眼看嫂嫂淹死。你们儒家怎么办？

淳于髡哪里是这么简陋的人呢？他只是找碴。

孟子的回答很简单，不拉不是人，是豺狼。孟子说，男女授受不亲，是日常状态下礼的规定，或礼所规定的日常状态下人的行为规范；嫂溺，援之以手，是紧急情况下的权变，与日常状态下的规定不冲突。

淳于髡并非不明白这个道理。淳于髡是高级"杠精"，他是有水平的，他要不断找碴。碴在这里：

"今天下溺矣，夫子之不援，何也？"

淳于髡之"夫子之不援"，实际上是"夫子之不权"，或"夫子之不权以援"的意思。淳于髡岂是指责孟子不援天下，他是指责孟子不权变其道，降低境界以救天下。

孔子的学生也问过同样的问题。孔子被困于陈蔡之间，子贡问："夫子之道至大也，故天下莫能容夫子。夫子盖少贬焉？"老师，您的道太高高在上了，天下容不下，您是不是可以降低一点呢？孔子回答："良农能稼而不能为穑，良工能巧而不能为顺。君子能修其道，纲而纪之，统而理之，而不能为容。今尔不修尔道而求为容。赐，而志不远矣！"(《史记·孔子世家》)一个好农夫能保证耕种却不能保证有好收成，一个好工匠能追求手艺精湛却不能保证有好卖点。君子能努力修道建立纲纪却不能保证为天下人所容。现在你不求自己修道而去求为天下人所喜爱，端木赐啊，可见你的志向不远大啊！

孟子的学生公孙丑，也这样问过老师："道则高亦，美矣，宜若登天然，似不可及也，何不使彼为可几及而日孳孳也？"（13.41）您的道高而美，像登天一样遥不可及，为什么不降低一点让人能一天天慢慢攀登提升呢？孟子说，大匠不为拙劣的小工改变规矩方圆，羿不为笨拙射手改变拉弓的标准。我站在道中，有能力的跟我来。（参见13.41开讲）

道，是圆规，是直尺，是衡量世间一切人事的标准。天下人事千变万化，在具体执行的过程中，可能因个人能力、水准、境界、理解的不同，而结果有高低，但规矩方圆不能为之改变、降低。正如孔子所说："道二，仁与不仁而已矣。"（7.2）道，只有仁与不仁，哪怕降低一点点，就已经是不仁了。

孟子好辩，经常给人"挖坑"，挖了很多"坑"。这次是淳于髡先给孟子"挖坑"，但孟子又跳出来了。孟子每次都能跳出来吗？不一定，没跳出来的，《孟子》里不写。每次辩论，孟子都能赢？也不一定。孟子的时代，正处在人类文明的"轴心时代"，孟子生逢其时，高人辈出，百家争鸣，激辩不断，无论谁，都需要时刻保持饱满的精神状态投入辩论，才能应对挑战。每天，孟子都被激发着；每天，他都可能碰到淳于髡这样的"杠精"来杠一杠。所以，《孟子》是谁写的？不是孟子一个人写的，是包括淳于髡在内的很多"杠精"跟他一起完成的。就这一章来说，没有淳于髡的"杠"，就看不到孟子这样的回答。

"今天下溺矣，夫子之不援，何也？"对淳于髡找的这个碴，孟子的回答是："天下溺，援之以道。嫂溺，援之以手。"救天下的那一只手叫作"道"。天下之所以"溺"，是因为天下无道，所以，也只有

"道"才能救"无道"的天下。援嫂以手,与援天下以道,这才是一个逻辑层面的。如果孟子放弃了救天下的这个"道",就相当于抽回了救嫂子的那只"手"。而道之不能权变与降低,也是一个逻辑问题:道可以降低境界吗?圆规直尺可以降低其标准吗?天下不存在在理论上有误差的圆规和直尺,天下也不存在降格以求的道。降格以求的道,在逻辑上不成立。正如画不圆的圆规,在逻辑上不成立一样。所以,要求道降格,就是取消道。取消了道,就是抽回了援救天下的"手"。

如此,按照淳于髡的逻辑,不但不是孟子"不援"天下,恰恰是他淳于髡在"天下溺"时袖手旁观,甚至通过让孟子这样"道援天下"的人放弃道,让天下更加无道,更加无望于拯救。

淳于髡之问,在偷换逻辑,而孟子瞬间看出了他的逻辑陷阱。

"子欲手援天下乎?"孟子最后用冷嘲热讽予以反击:难道能用手去救天下吗?

朱熹说:"此章言直己守道,所以济时;枉道殉人,徒为失己。"确实如此。很多时候,当不能以道救天下时,为天下守住道,也是一种救援。

成语——男女授受不亲　援之以手
链接——7.18;7.19;7.26;7.28;9.2;12.6;13.14

7.18

公孙丑曰:"君子之不教子,何也?"

孟子曰:"势不行也。教者必以正;以正不行,继之以怒;继之以怒,则反夷矣①。'夫子教我以正,夫子未出于正也。'则是父子相夷也。父子相夷,则恶矣。古者易子而教之,父子之间不责善②。责善则离,离则不祥莫大焉。"

今译——

公孙丑问:"君子不教自己的孩子,为什么呢?"

孟子说:"因为情势行不通啊。教孩子一定是要他走正道;教他走正道他不走,跟着就会发怒;一发怒,反过来就伤感情了。'您用正道教我,您的举动却不合乎正道啊。'这就是父子之间相互伤害了。父子相互伤害,那就很糟了。古代的人易子而教,父子之间不会以善来相互责问。以善来相互责问就会让父子疏远,父子疏远,没什么比这更不祥的事了。"

注释——

① 夷:伤害。朱熹解释此下几句曰:"夷,伤也。教子者,本为爱其子也,继之以怒,则反伤其子矣。父既伤其子,子之心又责其父曰:'夫子教我以正道,而夫子之身未

必自行正道。'则是子又伤其父也。"

② 责善：劝勉从善，以善来相互责求。

开讲——

　　君子未必不教子，这一章不能死板地理解。孔子教儿子孔鲤："学《诗》乎？""学《礼》乎？"(《论语·季氏》)孔子周游列国，儿子没有跟随，回到家孔子才问"学《诗》乎""学《礼》乎"，这一问，透露出孔子做父亲的不称职：连儿子学没学《诗》、学没学《礼》都不知道。但这有两种可能：其一，以前真没教；其二，以后开始教了。所以"君子之不教子"是一种现象，不是一定之规。如果视作规矩，那么还有"子不教，父之过"呢。

　　孟子强调的是父子感情的维护。"夷"字结构，有"大"有"弓"，意为伤害、削平。父子之间最怕伤感情。如果因为"责善"产生父子间的隔膜，就是最大的不善。这实际上是一个基本道理：我们不能用比所获更大的成本来追求所获。而父子相亲，是人间最大的价值，不能拿这个价值去交换任何东西，或者说，用这个价值去交换任何东西都得不偿失。孔子之"父为子隐，子为父隐"也是这种价值计算的结果。

　　"父子不责善"——对"责善"，孟子这样定位："责善，朋友之道也；父子责善，贼恩之大者。"(8.30)但也不能理解为父亲不能对儿子做善的引导和要求，儿子不能对父亲的过失有所"争诤"。《孝经·谏诤》中孔子讲，父有争子，君有争臣，都是好事，都能免于君父之不义。所以，孟子这里"不责善"指的是，当情形不可收拾时，在责善和维护亲情之间，选择维护亲情。孔子说："事父母几谏，见志不从，又敬不违，劳而不怨。"(《论语·里仁》)讲的就是两难选择之时，"责善"让位于"孝亲"。因为父子之亲，不可中断。为什么朋友之间可以"责善"？无他，朋友可以不做，可以断交。不善的朋友，本来也不该结交。

所以，责善，有一个后果，就是拗断。

父子不可拗断，所以，父子不责善。或，在责善就会拗断父子亲情的时候，父子在面临拗断危险的时候，不责善。

朋友可以拗断，甚至在朋友不仁不义之时必须拗断，所以，责善，朋友之道也。

成语——易子而教

链接——7.17；7.19；7.26；7.28；8.13；8.30；9.1；9.2

7.19

孟子曰:"事,孰为大?事亲为大;守,孰为大?守身为大。不失其身而能事其亲者,吾闻之矣;失其身而能事其亲者,吾未之闻也。孰不为事?事亲,事之本也;孰不为守?守身,守之本也[1]。曾子养曾晳[2],必有酒肉。将彻[3],必请所与。问有余,必曰:'有。'曾晳死,曾元养曾子,必有酒肉。将彻,不请所与。问有余,曰:'亡矣。'将以复进也。此所谓养口体者也。若曾子,则可谓养志也。事亲若曾子者,可也。"

今译——

孟子说:"天下事,什么最大?事奉双亲最大;一辈子的守护,什么最大?守住自身最大。不丧失自身德性而能事奉好双亲的,我听说过;丧失自己德性而能事奉好双亲的,我没听说过。(人生在世)哪一样不是做事呢?事奉双亲,才是做事的根本;(人生在世)哪一样不是守护呢?守护自己的德性,是守护的根本。曾子奉养父亲曾晳,一定有酒有肉。到撤掉食物时,一定请示剩下的给谁吃。曾晳问还有没有多余的,一定说:'有。'曾晳去世,曾元奉养曾子,一定有酒有肉。到撤掉食物时,不再向父亲请示剩下的给谁吃。曾子问还有没有多余的,说:'没有了。'准备留着下次再吃。这就叫奉养双亲的口腹。像曾子那样，就可以叫奉养双亲的心志了。事奉双亲能像曾子那样，就好了。"

注释——

① 焦循认为，孟子的这一段话本于孔子。《礼记·哀公问》记孔子之言："君子无不敬也，敬身为大。身也者，亲之枝也，敢不敬与？不能敬其身，是伤其亲；伤其亲，是伤其本；伤其本，枝从而亡。"
② 曾子：曾参，字子舆。曾皙：曾参之父，名点，字皙。曾皙、曾参父子均为孔子弟子。下文曾元：曾参之子。据说曾子有三子：曾元、曾申、曾华。《礼记·檀弓上》："曾子寝疾，病……曾元、曾申坐于足，童子隅坐而执烛。"《说苑·敬慎》："曾子有疾，曾元抱首，曾华抱足。"
③ 彻：撤。

开讲——

"失其身而能事其亲者，吾未之闻也"——有人问：坐牢的贪官污吏是"失其身"，他们中间不也有很多人对父母很孝顺，"能事其亲"？其实，这不是真正的"事其亲"，因为他自身的行为给双亲带来了无限的痛苦和耻辱。古人讲光宗耀祖，以自己行迹给双亲、祖宗增光，才是大孝，所谓"大孝显亲"。《孝经》："立身行道，扬名于后世，以显父母，孝之终也。"犯罪失身之人，是"遗亲于丑"，是辱亲，是大不孝。《水浒传》中史进、杨志，不到走投无路不愿上梁山，因为"祖上都是清白之人"，落草为寇，就是"玷污父母遗体"，连子孙未来的路都被堵住了。做人清清白白，就是孝顺。

"事奉"即"侍奉"。"侍奉"也可以换一个词：服务。从前燕京大学的校训是"因真理，得自由，以服务"，读书求真理，获得自由身，就是为了服务社会。孟子说，"孰不为事"？人生在世，不都是"服务"两个字吗？服务他人，服务社会。仔细想想，人生一辈子，哪一件事不是服务他人，服务社会，并且在服务他人中成就自己？"不失其身"地为人民服务的人，是自尊的，是自信的，是自立的。而对社会、对他人的服务，从什么地方开始呢？从"事亲"，为双亲服务开始。同样，人生总有"守"，但什么是本质的守？守身。

在《孟子·梁惠王上》中，齐宣王问孟子"齐桓晋文之事"，最后孟子说，推行王道，人民就能过上"五十者可以衣帛""七十者可以食肉"（1.7）的生活了，可见曾子奉养父亲曾晳，能做到每天"必有酒肉"是非常不容易的。中国黄河流域的文明是在艰难困苦中孕育的。英国历史学家汤因比在《历史研究》中说："如果我们再研究一下黄河下游的古代中国文明的起源，我们发现，人类在这里所要应付的自然环境的挑战，要比两河流域和尼罗河的挑战严重得多。人们把它变成古代中国文明摇篮地方的这一片原野，除了有沼泽、丛林和洪水的灾难之外，还有更大得多的气候上的灾难，它不断地在夏天的酷热和冬季的严寒之间变换。"在1.3注⑦里，我引用过彭卫《汉代人的肉食》，提到在汉代，每人每年平均只有0.02斤肉，经济条件尚可的人家，每人每年平均肉食量也只有2～5市斤。回到那个历史场景，再设身处地来看"曾子养曾晳，必有酒肉"，是何等不容易！但这还不是最重要的，重要的在下面，"将彻，必请所与"，酒肉不能给太少，最好要剩一点，以便撤下来时，可以问剩下来的打算送给谁吃，使父亲能够有机会行使自己的意愿。如果父亲问："家里还有吗？"一定说："有。"这不仅在满足老人的身体需求，也在满足老人的精神需求，满足老人表达关爱家族其他成员的愿望。这就是父亲的"志"。"养志"就是保护老人的主体性，使他也能行使自己的自由意志。

孔子说："今之孝者，是谓能养。至于犬马，皆能有养。不敬，何以别乎？"（《论语·为政》）曾元奉养父亲，只是"养口体"，而曾子奉养父亲，才是"养志"，才是"事亲"的榜样。

成语——事亲为大

链接——7.17；7.18；7.26；7.28；8.30；9.1；9.2

7.20

孟子曰:"人不足与适也①,政不足与间也②。唯大人为能格君心之非③。君仁,莫不仁;君义,莫不义;君正,莫不正。一正君而国定矣。"

今译——

孟子说:"君主用的人不必要一一批评,他的那些政策也不可能一一商榷。只有大人才能纠正君主内心的非善。君主仁,没有人不仁;君主义,没有人不义;君主正,没有人不正。一旦端正了君主国家也安定了。"

注释——

① 适(zhé):繁体字作"適",通"谪",指责。此句意思,赵岐:"时皆小人居位,不足过责也。"朱熹:"言人君用人之非,不足过谪。"赵岐以为是批评在位之小人;朱熹以为不必对国君用人之不当过分批评。译文从朱熹。

② 间(jiàn):非议。焦循《孟子正义》、李贽《四书评》、王夫之《四书训义》诸本此句无"与"字,作"政不足间也"按,王夫之本注释部分基本照抄朱熹。《十三经注疏》本作"政不足与间也"。朱熹《孟子集注》亦作"政不足间也",然注曰:"愚谓间字上亦当有与字。"是。本书从之。

③ 格：匡正，纠正。

开讲——

用人也好，施政也罢，一个不正心诚意的国君，一定有太多的错误，一个个去指点，烦不胜烦。关键不是他哪件事做歪了，而是他的心歪了。如果他的心摆正了，其他都会随之而正。孟子在齐国，三次见齐宣王，都对具体问题避而不谈，并明告他的弟子，这样做的目的是："我先攻其邪心。"（《荀子·大略》）一个国家，如果各项政策都出问题，那一定是执政方向、执政理念出问题了。这时，如果从一件件事情上纠错，越改问题会越多，叠床架屋，最后积重难返，想拆都拆不掉。所以孟子说解决问题的根本，是从君主的认识上改变；从价值观上改变；从执政理念上改变；从顶层设计上改变；从执政路径上改变，不要专注于批评下位者"不仁""不义""不正"，不要聚焦于某些具体政策是非，要从用人施政的本心去改正，这叫正本清源。那些不正的"人"和不正的"政"，都有其根源，这个源，就是君主的"心"。君主的心"非"了，一切就都乱了；君主的心"仁""义""正"了，方向自然随之调整过来，在下位者自然也风吹草偃，相率从善。"一正君而国定矣"，"一"才是要抓住的问题的关键、核心。这个"一"，我翻译为"一旦"，其实没有很好地表达那个抓住关键、一揽子解决的意思。

最后附录朱熹《孟子集注》引述的程子的话：

> 程子曰："天下之治乱，系乎人君之仁与不仁耳。心之非，即害于政，不待乎发之于外也。昔者孟子三见齐王而不言事，门人疑之。孟子曰：'我先攻其邪心，心既正，而后天下之事可从而理也。'夫政事之失，用人之非，知者能更之，直者能谏之。然非心存焉，则事事而更之，后复有其事，将不胜其更矣；人人而去

之，后复用其人，将不胜其去矣。是以辅相之职，必在乎格君心之非，然后无所不正；而欲格君心之非者，非有大人之德，则亦莫之能也。"

成语——格心之非

链接——8.4；8.5；8.6

7.21

孟子曰:"有不虞之誉[①],有求全之毁。"

今译——

　　孟子说:"有料想不到的赞美,有吹毛求疵的诋毁。"

注释——

① 虞:预料。

开讲——

　　孟子讲得真好啊!有生活阅历的人,在这里一定是"于我心有戚戚焉"(1.7)。平平常常做事,竟然有料不到的赞美;用尽全力做事,谁料有求全责备的诋毁。人生在世,这两样东西可能随时出现,我们必须随时准备接受。

　　孔子孟子这样的人为什么是圣贤?因为他们能洞悉人类生活真相。我们只能活一辈子,他们能活多少辈子?德国哲学家雅斯贝尔斯说:"人类一直靠轴心时代所产生的思考和创造的一切而生存,每一次新的飞跃都会回顾这一时期,并被它重燃火焰"。(《历史的起源与目标》)我们为什么要读经典?是要用圣贤的智慧,弥补自己一生的有限获得。

孔老孟庄，人间森罗万象，他们看在眼里；人间滚滚红尘，他们看在眼里。我们批判经验主义，认为凭有限的个人经验作判断是危险的。是的，确实如此。但是，全人类的经验呢？全人类的经验凝聚起来就是智慧，经典就是这些智慧的集中体现。

"有不虞之誉，有求全之毁。"这两句话，不是孟子的"意见"，而是他说出的一个"事实"。那他的"意见"是什么？就在这两句话之后，他没说的地方。

是什么？是：人生在世，无论毁誉，这就是命，是所有有担当的人的命。

成语——不虞之誉　求全之毁
链接——2.16

7.22

孟子曰:"人之易其言也^①,无责耳矣。"

今译——
　　孟子说:"人之所以轻易其言,是因为他无须担责。"

注释——
① 易:轻易,轻率。

开讲——
　　什么样的人轻易说话呢?无须负责也根本不准备兑现诺言的人。有责任感的人讲话一定是小心的,承诺一定是慎重的。轻诺必寡信。
　　"人之易其言也,无责耳矣。"这句话不要简单理解成:人之所以说话随便,是因为他不需要负责任。应该这样理解:那些说话随便的人,是因为他在说的时候就没有想到要负责、要兑现。
　　担不担责,主要不是客观情势,而是主观情愿。不是要不要,而是想不想。

链接——7.15;7.16

7.23

孟子曰:"人之患在好为人师。"

今译——

孟子说:"人的毛病在于喜欢做别人的老师。"

开讲——

这句话也不能做极端理解。孟子自己就"好为人师",到处和不同观点的人辩论,试图把他们教育好,要把他们拉回孔子的正路上来;又好为"王者师",到处教训诸侯,要把他们拉到王道的正路上来。孟子还说:"君子有三乐",三乐之一,便是"得天下英才而教育之"(13.20)。他哪里是好为人师,他简直是以此为乐。

也许,这句话是孟子哪一天突然心有所感,自言自语自嘲了一下。

朱熹是这么理解的,他引述一个叫王勉的话,说:"学问有余,人资于己,不得已而应之可也。若好为人师,则自足而不复有进矣,此人之大患也。"

这话我不喜欢。这是后儒的话。这是所谓"心性学"糜烂之后那些"学者"的话。这类话,若有意思,其实没意思。

孔孟之儒不是这样。孔子创办私学,哪里是学问之余,人资于己的

"不得已而应之"？他有一种理想在。他的杏坛弦歌，那是一种人类大境界。这种境界，后儒够不着，也理解不了。

岂止孔子？佛祖传法哪里是"人资于己，不得已而应之"？他是主动渡人劫波。

"若好为人师，则自足而不复有进矣"，这话也太随便，不闻"教学相长"？不闻"学然后知不足，教然后知困"（《礼记·学记》）？

世间哪有闭门一人而能有所成就的？世间圣贤哪一个不是在事上练出来的？弘道传法，岂不是最大的事？

"于此有人焉，入则孝，出则悌，守先王之道，以待后之学者"（6.4），哪里会"不复有进"？哪里是"人之大患"？恰恰是人之大德！

王勉大概没有读懂孟子的话。孟子不是在批评"为人师"，而是在调侃"好为人师"。

王勉，宋人。朱熹在《四书集注》中征引前人，若直呼其名，则往往因为此人名声不彰，故必须全名以称以免读者不解。我曾在2.8注③中说到此人，称之为"俗儒"。再看此处他的见解，王勉亦中人之才耳。

什么叫好为人师呢？

> 子贡方人。子曰："赐也贤乎哉？夫我则不暇。"（《论语·宪问》）

子贡的方人，才是好为人师吧。孔子说的"夫我则不暇"，就是孟子要说的意思：把找别人不足的时间留出来，求自己的进步。

人最好是多关心自己的道德状况，不要老是盯着别人。孔子说："君子求诸己，小人求诸人。"（《论语·卫灵公》）

子贡方人，孔子批评了。但孔子批评子贡，是不是方人呢？

我认为,《论语》中这一章,十六个字,讲两个意思:好为人师和为人师:子贡好为人师;孔子为人师。

好为人师不好。为人师,还是好。孔孟这样的为人师,更是不可或缺的好。

这世间,哪里能没有人师呢?孔子还是至圣先师呢!

成语——好为人师

链接——6.4;7.15;7.16;7.22;13.20

7.24

乐正子从于子敖之齐[1]。乐正子见孟子。孟子曰:"子亦来见我乎?"

曰:"先生何为出此言也?"

曰:"子来几日矣?"

曰:"昔者[2]。"

曰:"昔者,则我出此言也,不亦宜乎?"

曰:"舍馆未定。"

曰:"子闻之也,舍馆定,然后求见长者乎?"

曰:"克有罪。"

今译——

乐正子跟着子敖到了齐国。乐正子去见孟子。孟子说:"你也来见我啊?"

(乐正子)说:"先生为什么说这样的话呢?"

(孟子)说:"你来几天了?"

(乐正子)说:"前天来的。"

(孟子)说:"前天来的,那我说这话,不也很正常吗?"

(乐正子)说:"因为我住处还没找好。"

（孟子）说："你听说过，要先找好住处，然后才来求见长辈的道理吗？"

（乐正子）说："我错了。"

注释——

① 子敖：即4.6章中的王欢。
② 昔者：赵岐认为"昔者，往也，谓数日之间也"，即几天前。焦循《孟子正义》同赵岐的解释。朱熹《四书章句集注》："昔者，前日也。"此处采朱熹说。

开讲——

乐正子，名乐正克，孟子学生。子敖，是王欢的字。孟子讨厌王欢。王欢是齐宣王的宠臣。齐宣王曾经派孟子为正使、王欢为副使，出使滕国吊滕文公丧。途中两人朝夕见面，孟子不与他说一句话。（参见4.6）两人又在齐国大夫公行子儿子的丧礼上遇见，孟子也是"独不与欢言"。（参见8.27）

这一次，是孟子的学生乐正子跟着王欢到了齐国。王欢本来就是齐国人，可能是去鲁国出使回来。乐正子长期在鲁国当官，曾向鲁平公举荐孟子（2.16），"鲁欲使乐正子为政"（12.13），可见乐正子当的官还很大。此次可能王欢出使鲁国，然后乐正子和他一起回齐。乐正子来见孟子，孟子很不高兴："子亦来见我乎？"您也来见我啊？话很难听，意思是：您还知道来见我？作为老师，对学生称"子"，显得疏远，也有讥刺在里面。

老师很不满，学生很惶恐："先生何为出此言也？"

"子来几日矣？"实际上，孟子知道学生哪天来的。他的意思是：你跟着王欢来，我就很生气了；来了，还不第一时间拜访我，我更生气了。师道尊严，学生来了，你先见了各种乱七八糟的人，最后来见老师，怎么可以！

乐正子赶紧解释："舍馆未定。"可以理解。

但是孟子就是不放过他：你听说哪一条规定，要等安排好住处，才来求见老师呢？

孟子这个理由不充分。但乐正子到了齐国，两天后才来见老师，也确实过分。这里面有一个心理期待问题，他到了齐国，他应该能想到老师等着他来见，而他却两天没露面。

更何况，孟子好面子。齐国人都知道乐正子是孟子学生，又都知道孟子在齐国很有面子。现在，学生却晾了他的面子，难保没有人在背后窃窃私语。

还有，孟子不喜欢王欢，在公开场合给王欢难堪，不跟他说话，这是齐国上层社交界人尽皆知的事。现在孟子的学生与他打成一片，言笑晏晏，这不是给老师"上眼药水"吗？

很多时候，别人生气不生气，与道理无关，与内心中的期待有关，与某种情境有关。

理解、体谅并满足人的内心期待，理解不同情境而作出相应对待，是成熟的标志。

显然，乐正子这一点人情世故还差点火候。

这一章没有别的意思，就是四个字，却是大学问：人情世故。

孟子继续跟乐正子说的一句话，在下一章。

链接——4.6；7.25；8.27

7.25

孟子谓乐正子曰:"子之从于子敖来,徒铺啜也①。我不意子学古之道而以铺啜也。"

今译——

孟子对乐正克说:"你跟随着子敖来齐国,不就是混个吃喝嘛。我没想到你学习古代圣王之道是用来混吃喝的。"

注释——

① 铺啜(bū chuò):吃喝。

开讲——

这句话太严厉了,相信乐正克听了,顿时无立锥之地。

如果这是事实,那就可以理解孟子为什么如此生气。

但很可能不是事实。乐正克在鲁国官职不小,他可以运作让鲁平公见孟子,鲁平公甚至还"欲使乐正子为政"(见上章开讲)。再说,他好歹也是学古之道的,是孟子的学生,不会如此不堪。

所以,我还是觉得,孟子生气了,气了两天了,不惜用最狠的话来出气。

链接——4.6;7.24;8.27

7.26

孟子曰:"不孝有三,无后为大。舜不告而娶,为无后也①,君子以为犹告也。"

今译——

孟子说:"有三种做法是对双亲的不孝,其中没有子嗣是最大的不孝。舜没有禀告父母就娶妻,原因是怕没有子嗣,君子认为这就等于禀告了一样。"

注释——

① 为(wèi):和前一个"为(wéi)"字不同,这里读四声,表示原因。

开讲——

孟子说的"不孝有三",是哪三种?有不同的说法。赵岐:"于礼,有不孝者三事,谓阿意曲从,陷亲不义,一不孝也。家穷亲老,不为禄仕,二不孝也。不娶无子,绝先祖祀,三不孝也。三者之中,无后为大。"朱熹章句亦引赵岐此注。

第一种,"阿意曲从,陷亲不义",就是不敢制止父母的不当行为,使父母做出不当之事而有损名誉。这是不该屈从的时候屈从了。

第二种,"家贫亲老,不为禄仕",家里贫穷,父母老了,也不肯出去做点事拿点俸禄来奉养父母。这是该屈从的时候没有屈从。

第三种,"不娶无子,绝先祖祀",不娶妻不生子,因此绝了对祖先的祭祀。

"三不孝"中,孟子认为,最大的不孝是第三种。

舜娶了尧的两个女儿。舜为什么"不告而娶"呢?(参见9.2开讲)照儒家看来,娶妻必须依礼而行,父母之命,媒妁之言,明媒正娶。可是舜的父亲瞽瞍和舜同父异母的兄弟象,屡次想杀掉舜。在这样的情况下,如果舜按礼禀告父母,一定娶妻不成;娶妻不成,则无子嗣,会绝了对祖先的祭祀,是最大的不孝。两难之中,两害相权取其轻,舜因此"不告而娶"。禀告父母是"礼";不禀告父母是"权"。"告"的目的在娶,"告"了就不得娶,"不告"才得娶,所以真正的"告",恰恰是不告,"君子以为犹告"。朱熹说:"盖权而得中,则不离于正矣。"

舜的"不告",是瞽瞍造成的,不是舜。所以舜仍然被儒家视为大孝的典范。孟子在这里,还是在讲儒家的"礼"与"权"(参见7.17开讲)。朱熹又引范氏曰:"天下之道,有正有权。正者万世之常,权者一时之用。常道人皆可守,权非体道者不能用也。盖权出于不得已者也,若父非瞽瞍,子非大舜,而欲不告而娶,则天下之罪人也。"

权,是有条件的,只有在不得已的情况下,才可以动用"权"的"权利"。

成语——无后为大
链接——7.17;7.18;7.19;7.28;8.30;9.1;9.2

7.27

孟子曰:"仁之实,事亲是也;义之实,从兄是也;智之实,知斯二者弗去是也;礼之实,节文斯二者是也;乐之实,乐斯二者,乐则生矣①;生则恶可已也,恶可已,则不知足之蹈之、手之舞之。②"

今译——

孟子说:"仁的实质,是事奉父母;义的实质,是遵从兄长;智的实质,在明白这两者的道理而不背离;礼的实质,是调节、修饰这两者;乐的实质,是以这两者为乐,快乐就是这么生发出来的;快乐一旦生发出来哪里能停得下来,停不下来,会不知不觉手舞足蹈起来。"

注释——

① 第一个"乐"字,读作yuè,礼乐。后面两个"乐",读作lè,快乐。
② 恶:同"乌",哪里。赵岐:"乐此事亲从兄,出于中心,则乐生其中矣。乐生之至,安可已也,岂能自觉足蹈节、手舞曲哉!"朱熹:"谓和顺从容,无所勉强,事亲从兄之意油然自生,如草木之有生意也。既有生意,则其畅茂条达,自有不可遏者,所谓恶可已也。其又盛,则至于手舞足蹈而不自知矣。"

开讲——

　　爱，从爱父母开始，引申到爱天下人；义，从敬兄长开始，引申到敬天下人。仁也好，义也罢，源头在血缘、家庭，首先存在于父母子女兄弟之间。能判断出仁从"事亲"中来、义从"从兄"中来的，才是智者。今天人们以为智是智商、是聪明，但智商、聪明只是判断事实和逻辑的能力而已，属于知识领域。古人讲的"智"，是判断价值、判断是非、判断善恶、判断美丑。智不是对事实的判断，不是科学的概念，不是物理学的概念，而是伦理学的概念。孟子在这里讲得很明白：智是"知斯二者弗去是也"，智是能判断仁、判断义，坚守不去。素质教育，应该培育人的心智成熟，让人具备对是非的判断、对善恶的判断、对美丑的判断，让人在未来的人生里，能够独立面对不断出现的各种问题，决定自己的立场，作出自己的选择，而不是掌握知识的多少，不是棋琴书画技能的堆积。孟子说："是非之心，智之端也。"（3.6）人生在世，最大的智慧，就是价值判断能力。

　　"乐之实，乐斯二者"，为有仁有义而感到快乐。"乐则生矣，生则恶可已也"，音乐的本质就是对仁义感到快乐，这种快乐在心中产生以后，就不能停止，不能停止就不知不觉手舞足蹈。

　　这最后几句，因为"恶"也可以注音为è，所以还可以有另外一种理解：有了乐（yuè），人就快乐（lè）了，就没有厌恶（wù）了；有了乐（yuè），世界上的恶（è）就没有了。

　　先王之乐虽然是一种政治、一种伦理，但当你从中感受到快乐时，仍然会被感动得"不知足之蹈之手之舞之"，就像很多人到天安门广场看升旗仪式，国歌奏起时，被感动得热泪盈眶一样。《荀子·乐论》："乐者，圣王之所乐也，而可以善民心，其感人深，其移风易俗。"

成语——手舞足蹈
链接——3.6；7.11；7.12；7.19

7.28

孟子曰:"天下大悦而将归己,视天下悦而归己犹草芥也,惟舜为然。不得乎亲,不可以为人;不顺乎亲,不可以为子。舜尽事亲之道而瞽瞍厎豫①,瞽瞍厎豫而天下化,瞽瞍厎豫而天下之为父子者定,此之谓大孝。"

今译——

孟子说:"天下人都很欢喜地要来归附自己,把天下人心悦诚服地来归附看作小草一样微不足道,只有舜是这样的。不能得到父母的欢喜,不可以成人;不能顺从父母的心意,不可以做人子。舜竭尽心力侍奉最后使瞽瞍高兴了,瞽瞍高兴了天下人心就感化了,瞽瞍高兴了天下父子应有的关系就奠定了,这就叫大孝。"

注释——

① 瞽瞍(gǔ sǒu):眼盲,无目,这里指舜的父亲。瞍,也是对长者的称呼。厎豫:厎,古音读 zhǐ,今音读 dǐ,意为"致"。豫:快乐。

开讲——

尧让位于舜之前,将两个女儿嫁给了舜,舜已经是法定接班人,百姓也都爱戴他。舜得到了天子之位，得到了天下人的心，但是他不快乐，因为还没有得到父母的认可，没有得到父母的心。舜是到什么时候，他的父母、兄弟才认可他的？在他当了天子后。

瞽、瞍，都指眼盲。瞽瞍，在此被当作了舜的父亲的称呼。这瞽瞍不光眼盲，更是心盲，不辨善恶，屡次要将舜置于死地。这样的父亲是很难事奉的，但舜做到了，让父亲最终认可了自己，让他变得快乐了。

孟子确定的"大孝"标准，是成为天下人的典范，并且影响天下的风气。孟子一再讲"事，孰为大？事亲为大"（7.19），"仁之实，事亲是也"（7.27）。人生一世，总在为人服务，服务国家也好，服务社会也好，服务他人也好，最根本、最基础、最关键的是服务父母。舜要做天子了，要服务天下了，自己的父子关系没搞好，不行。孟子在用舜的故事说明：天下归心了，父母没归心；父母没归心，何以天下归心？舜最大的快乐，不是得了民心，而是得了父母之心；舜最大的成功，不是做了天子，而是做了孝子。

成语——视如草芥
链接——7.17；7.18；7.19；7.26；7.27；8.30；9.1；9.2；9.4

卷八
离娄下
（凡三十三章）

8.1

孟子曰："舜生于诸冯，迁于负夏，卒于鸣条①，东夷之人也。文王生于岐周，卒于毕郢②，西夷之人也。地之相去也，千有余里；世之相后也，千有余岁。得志行乎中国，若合符节③。先圣后圣，其揆一也④。"

今译——

孟子说："舜出生在诸冯，迁居到负夏，死在鸣条，是东夷人。周文王出生在岐山，死在毕郢，是西夷人。两地相距，千里之远；世代相隔，千年有余。他们得其志，推行仁政于中原，就像符节那般契合。前圣后圣，他们的原则是一样的。"

注释——

① 诸冯、负夏、鸣条：皆为古地名。舜是传说中的人物，这些地名也无法确考。诸冯的"冯"，有人说应读作 píng，繁体字憑（凭）的上面就是冯。其实，古字读音不能太泥古，那样可能每个字都不是今天的读音。如果这个字本身不发生歧义，就可以照今天的普通话读。诸冯是古地名，冯读作 féng 也可以。地名变化很正常，不少地名后来也简化了，比如陕西的盩厔县，已改为"周至县"。

② 岐周：周是周代的国名，岐即今陕西岐山。毕郢（yǐng）：古地名，在今陕西咸

阳东。
③ 符节：符、节，古代信印之物，一般用竹、角、玉、铜等制成，形状不一，有对称的两半，刻上文字，双方各执其一，相合无差即可作为凭证。
④ 揆（kuí）：标准，准则。朱熹释其为动词："揆，度也。其揆一者，言度之而其道无不同也。"两者意思并无差异。

开讲——

舜，"东夷之人"；文王，"西夷之人"。一位在东，一位在西，还都是"夷"人。东西，是空间概念；是夷而非华夏，是血统概念。虽地域相距千里之远，岁月相隔千岁有余，一旦得行其志，他们在中原推行道义，却是"若合符节"，契合得天衣无缝。为什么？因为"先圣后圣，其揆一也"，无论先圣还是后圣，无论是古代的圣人，还是今天的有志之士，准则如一。一是什么？

其一，是价值观如一，即人类普遍遵守的、放之四海而皆准的基本价值标准。比如，全世界的人，不论哪个国家、民族，都讲爱，讲诚信，讲正义，讲善良。《周易·象传》："观乎人文，以化成天下。"子曰："居处恭，执事敬，与人忠。虽之夷狄，不可弃也。"（《论语·子路》）子曰："言忠信，行笃敬，虽蛮貊之邦，行矣。"（《论语·卫灵公》）又《周易·系辞下》："天下同归而殊途，一致而百虑。"全人类遵守基本价值标准，是全人类和平相处的基本前提。

其二，文化认同如一。舜和文王的出生地，分别是东夷、西夷，而非华夏文化的核心中原地区。自孔子以来，中国古代儒家的一个重要观念，是以文化而不是以血统来确认种族。孔子认为，生在诸夷，只要认同华夏文化，就是华夏族；生在华夏地区，不认同华夏文化，就不是华夏族。以文化而非血统认同种族，是中国的传统。这影响到后来的历史，产生了一个特别的现象：秦汉魏晋南北朝隋唐宋元明清，即使有外族以民族侵略的形式进入中原，建立自己的朝代，但在进入以后，认同了华夏文化，人们也会将其视作华夏正统文化的一部分。蒙古族贵族、满族贵族建立的元朝和清朝跟汉朝、宋朝一样，我们觉得是他们华夏正统，原因就在于他们认同了华夏文化。这一点，他们自己也明白。"大成至圣文宣王"，历史上对孔子最高的封谥，就出自元朝。简言之：你认同孔子，我就认同你；你不认同孔子，我就不认同你。

其三，向先进文化学习。当时的华夏民族拥有比较先进的文化，是边远地区比较落后的民族学习的榜样。这一点，孟子在本篇中没有明确说，但我们可以联系孟子的另外一段话来看"用夏变夷者，未闻变于夷者也"（5.4），以先进文化同化落后文化，而不是让落后文化来同化先进文化。

成语——若合符节
链接——5.4

8.2

子产听郑国之政①，以其乘舆济人于溱、洧②。孟子曰："惠而不知为政。岁十一月，徒杠成；十二月，舆梁成③，民未病涉也。君子平其政，行辟人可也④，焉得人人而济之？故为政者，每人而悦之，日亦不足矣。"

今译——
　　子产总理郑国的政务，用自己所乘的车子在溱水、洧水上帮人渡河。孟子说："子产懂得施惠于人而不懂得国家治理。如果十一月修建一座人走的桥；十二月修建一座车走的桥，老百姓就不会苦于蹚水过河了。君子把国家治理好，出行让行人回避也不是问题，哪里能一个一个帮人渡河呢？所以治理国家的人，如果一个一个去讨人的欢心，时间也不够用啊。"

注释——
① 子产：姬姓，公孙氏，名侨，字子产，郑国大夫。
② 乘（shèng）舆（yú）：特指天子和诸侯所乘坐的马车，这里泛指马车。溱（zhēn）、洧（wěi）：郑国境内的两条河流名。
③ 徒杠（gāng）：徒，步行；杠，小桥。舆梁：舆，车辆；梁，桥。这里的十一月、

十二月，是周历。周历十一月相当于夏历九月，十二月相当于夏历十月。夏历即今天中国人仍在使用的农历，相对于现在世界通行的"阳历"（即公历），民间也称其为"阴历"，反映自然节律变化的二十四节气就在此基础上建立。孟子为什么强调十一月、十二月？朱熹注曰："夏令曰：'十月成梁。'盖农功已毕，可用民力，又时将寒沍，水有桥梁，则民不患于徒涉，亦王政之一事也。"

④ 辟（bì）：通"避"，回避。当时贵族出行，前有执鞭者开道。

开讲——

　　子产，曾任郑国的相。孔子很赞赏子产，两人的私交也好。《论语·公冶长》："子谓子产：'有君子之道四焉：其行己也恭，其事上也敬，其养民也惠，其使民也义。'"《论语·宪问》："或问子产，子曰：'惠人也。'"这可能是孟子说子产"惠"的来源。子产比孔子年长，与孔子是忘年交，亦师亦友。《左传·昭公二十年》记："子产卒，仲尼闻之出涕，曰：'古之遗爱也。'"

　　孟子出生时，孔子已经去世94年，子产去世137年（以孟子出生于前385年计）。孟子评价子产相对客观。子产是好人，拿自己做大夫才能坐的车在溱水、洧水帮老百姓渡河，成就了一段千古爱民佳话，可谓"惠"。但是孟子说子产"惠而不知为政"，不是一个好政治家，不懂一个政治家应该做什么。做一个好人与做一个好政治家，不是一回事。好政治家一定是好人（不是那种私德意义上的好），但好人不一定能成为好政治家。政治家仅仅满足于做一个好人是不够格的。孟子说，子产为什么不让人修人行桥、车行桥呢？政府管理，应该用政策引导人民做好基础建设，而不是拿自己的车帮人民一个一个渡河。

　　注意，孟子在这里说的"行辟人可也"，不是在倡导官员出行就让人民回避，这种语气恰恰显示出孟子厌恶官员出行让人民回避。他只是用这么一个极端的情形说明：一个好的政治家应该是什么样的——他必须致力于用政策解决问题，而不是用自己的个人道德和个人力量；他必须知道国家资源比个人资源海量得多，能做的事也多得多，且国家资源其伦理属性就是为全社会提供公共设施和服务，比如修筑桥梁。把国家资源闲置或用于其他不当用途，然后不得已动用个人资源来行施小惠，这不是一个合格政治家的行为——这是孟子对子产的评价。朱熹引用诸葛亮的话，说："'治世以大德，不以小惠'，得孟子之意矣。"

私恩是小惠，而不是治世大德。

有一个问题需要注意，"行辟人可也"的前提是：先"平其政"，先让人民能安全走路畅通无阻，然后即使让人民给你让路也不过分——注意，这是一个两害相权的选择：与其让人民无路可走，不如让人民在有路可走的情况下，偶然给你避避道。所以，不能理解为孟子支持人民给统治者避道。

孟子时代，牛人很多，他们往往要地位高的人给自己让道。举一个例子：

> 子击出，遭田子方于道，下车伏谒。子方不为礼。子击怒，谓子方曰："富贵者骄人乎？贫贱者骄人乎？"子方曰："亦贫贱者骄人耳！富贵者安敢骄人！国君而骄人，则失其国；大夫而骄人则失其家。失其国者未闻有以国待之者也，失其家者未闻有以家待之者也。夫士贫贱，言不用，行不合，则纳履而去耳，安往而不得贫贱哉！"子击乃谢之。（司马光《资治通鉴·周纪》）

子击是魏国太子，后来的魏武侯。他在路上遇见士人田子方，估计觉得这是自己父亲尊敬的人，赶紧下车行礼拜见。田子方昂然而过，不还礼。子击很生气，拦住田子方，说："是富贵的人能对人自高自大呢，还是贫贱的人能对人自高自大呢？"田子方说："当然是贫贱的人能对人自高自大喽，富贵的人怎么敢对人自高自大呢！国君如果对人自高自大，就要失去国家；大夫如果对人自高自大，就将失去封地。失去他的国家的人，没有听说有人用国君的规格对待他的；失去他的封地的人，也没有听说有人用大夫的规格对待他的。贫贱的游士，言语不中听，行为不合礼，就穿上鞋子离去罢了，到哪里去不能成为贫贱的人呢！"子击于是向田子方道歉。

这是司马光《资治通鉴·周纪》上的记载。这个故事应该来源于《史记》。但司马温公温厚，估计有些话他作了修改，使得不那么难听。司马迁《史记·魏世家》这段文字最后，不是"纳履"，而是"脱屣"：

> 贫贱者，行不合，言不用，则去之楚、越，若脱屣然，奈何其同之哉！

纳履的意思是自己穿上鞋子跑路，脱屣的意思是把魏国比喻成破鞋子扔掉。前者最多有些一丝不挂的潇洒，后者还有嗤之以鼻的挑衅。司马光记这场冲突的结果是"子击乃谢之"，好像彼此一团和气，很和谐；司马迁记载的结果是"子击不怿而去"，两者不欢而散，很不和谐。史界两司马，差别有点大。这样挑衅的不三不四的口气，司马迁欣赏，司马文正公可能觉得不雅正不雅驯了。改后雅正雅驯倒是雅正雅驯了，但那种痛快劲儿没有了。

孟子，是痛快人。他的文章，也是痛快文章。太史公显然更有孟子的浩荡，而文正公差那么一点气质。不信？看下章。

链接——1.3；8.3

8.3

孟子告齐宣王曰:"君之视臣如手足,则臣视君如腹心;君之视臣如犬马,则臣视君如国人;君之视臣如土芥,则臣视君如寇仇!"

王曰:"礼,为旧君有服。何如斯可为服矣?"①

曰:"谏行言听,膏泽下于民②;有故而去,则使人导之出疆,又先于其所往③;去三年不反④,然后收其田里。此之谓三有礼焉。如此,则为之服矣。今也为臣,谏则不行,言则不听,膏泽不下于民;有故而去,则君搏执之,又极之于其所往⑤;去之日,遂收其田里。此之谓寇仇。寇仇何服之有?!"

今译——

孟子告诫齐宣王说:"君主把臣子看成自己的手足,臣子就把君主看成自己的腹心;君主把臣子看成犬马,臣子就把君主看成路人;君主把臣子看成泥土草芥,臣子就把君主看成仇敌!"

齐宣王说:"礼制规定,臣子对之前的君主可以服丧。那什么样的情况下可以为他服丧呢?"

(孟子)说:"君主对臣子的规劝能施行、建议能听取,恩惠像春雨一样下施于人民;臣子因为某种原因离开,君主会派人引导他出境,又先去臣子要去的地方做安排;臣子离开三年不再回来,才收回他的土地

435 | 卷八 离娄下

房屋。这就叫作'三有礼'。这样，臣子就会为之前的君主服丧了。如今做臣子的，规劝不被接受，建议不被听取，恩惠没有滋润到人民；因为某种原因要离开，君主就把他捆绑起来，又让他在他去的地方陷入困境；离开那天，就没收了他的土地房屋。这就叫作'寇仇'。君主都成他的仇敌了，死了还给他服什么丧？！"

注释——

① "为旧君有服"句：先秦时，为臣可以朝秦暮楚，对臣而言，前面侍奉的那个国君就叫"旧君"。"服"，服丧。根据齐宣王的问法，"何如斯可为服矣"，可见周礼上是规定可以服丧，也可以不服丧，是有条件服丧。所以，齐宣王才会问："怎么样的情况下可以为他服丧呢？"焦循《孟子正义》的考证如此说："有致仕之旧君，有去国之旧君。致仕则君恩本未绝，故不特为君服，且为君之母妻服。若已去国则不服，惟妻子仍居本国者服。"或可印证。

② 膏：脂油。泽：滋润。膏泽，比喻给予恩惠。

③ 先：《礼记·檀弓》："昔者夫子失鲁司寇，将之荆，盖先之以子夏，又申之以冉有，以斯知不欲速贫也。"此处"先"，也是预先安排之义。

④ 反：通"返"。

⑤ 极：穷。此处为使动用法，使……困穷。

开讲——

注意"孟子告齐宣王曰"中的"告"字。《论语》里，孔子和国君交谈，比如与鲁哀公、鲁定公、卫灵公，一般都用"对"。"对"是有所问有所答，是下对上有礼节的谦恭之词。到《孟子》，就不客气了，动不动用"告"，告诫，劝告，警告，用老师对学生的严厉的口吻。将《论语》和《孟子》对读，能读出孔子和孟子的个性不一样。

"君之视臣如手足，则臣视君如腹心；君之视臣如犬马，则臣视君如国人；君之视臣如土芥，则臣视君如寇仇。"这段话，是中国人最有志气的一段话。

孔孟从来没有提倡过所谓的君臣之忠。"忠"字在《论语》里出现过十六次，主要涉及两个含义：一是指对朋友或人际交往之间的诚信和尽责；一是指在政府机关任职时的忠于职守。让人错觉有"忠君"嫌疑的，比如"定公问"——"君使臣，臣事君，如之何？"孔子对曰："君使臣以礼，臣事君以忠。"（《论语·八佾》）其实，这里指向的仍然是忠于职守。古代汉语的状语是放在后面的，"君使臣以礼，臣事君以忠"，实际是"君以礼使臣，臣以忠事君"，"以礼使臣"在前，君以礼的方式来使唤臣；"以忠事君"在后，臣以忠于职守的方式侍奉国君。孔子说的"君君臣臣，父父子子"（《论语·颜渊》）八个字，也是前因后果关系——君、父做好在前，臣、子做好在后，翻译过来，是："君首先做得像君的样子，然后才有资格要求臣做得像臣的样子；父亲首先做得像父亲的样子，然后才有资格要求儿子做得像儿子的样子。"

忠，也包括臣直面揭露君主的错误。试举几例：

"子路问事君，子曰：'勿欺也，而犯之。'"（《论语·宪问》）

"子曰：'……所谓大臣者，以道事君，不可则止。'"（《论语·先进》）

鲁穆公问子思："何如而可谓忠臣？"子思："恒称其君恶者，可谓忠臣矣。"（《郭店楚墓竹简》）。

孟子："有官守者，不得其职则去；有言责者，不得其言则去。"（4.5）

绝对效忠君主这样一种观念，来自法家，是孔孟儒家所反对的。

如果，君待臣"如手足"，臣则视君"如腹心"，一体相待，恩义之至。

如果，君待臣"如犬马"，当作劳动力，臣则视君"如国人"，视如路人，无恩无义。合得来就干，合不来就"朝秦暮楚"。"国"这么多，天下尚未一统，此君还不是唯一的"雇主"，可以"跳槽"。

如果，君待臣"如土芥"，肆意踩践，臣则视君"如寇仇"；既视作寇仇，则杀之无所不用其极。

儒家柔弱吗？不。中国古代正当防卫的权利很充分，复仇意识强烈。孔孟都鼓吹、支持复仇。子夏问孔子，如果与人有杀父之仇怎么办？孔子说："弗与共天下也；遇诸市朝，不反兵而斗"。(《礼记·檀弓上》)与他不共戴天，一旦街头遇见，不等回家拿兵器就上去搏斗。伍子胥为报楚国国君楚平王杀父伍奢、杀兄伍尚之仇，去吴国借军队，打回自己的国家，把楚国灭了。即使楚平王死了也不放过，掘坟劈棺，鞭尸三百。跟伍子胥一起掘墓鞭尸的还有伯嚭。伯嚭的祖父，也是楚平王杀的。司马迁在《史记》中评价两人是"烈丈夫"：

> 太史公曰：怨毒之于人甚矣哉！王者尚不能行之于臣下，况同列乎！向令伍子胥从奢俱死，何异蝼蚁。弃小义，雪大耻，名垂于后世，悲夫！方子胥窘于江上，道乞食，志岂尝须臾忘郢邪？故隐忍就功名，非烈丈夫孰能致此哉？(《史记·伍子胥列传》)

读春秋战国史，时时会感受到民族的血性。有血性的民族才有力量。

明朝皇帝朱元璋最恨孔孟儒家。洪武二年，他下令除曲阜祭孔外，全国其他地方一律停止祭孔。(《明史》卷一三九《钱唐传》)这是朱元璋对孔孟做的第一件事。

第二件事，在孔庙中，孔子身边有配享四人，亚圣孟子、复圣颜回、宗圣曾子、述圣子思。朱元璋要将孟子赶出配享，但他遇到来自读书人的强大阻力。浙江象山的钱唐，让家人抬着棺材，进殿阻止朱元璋。钱唐说了这么一句话:"为孟子死,死而无憾。"朱元璋真就让卫士放箭。钱唐中箭,浑身是血,还在往前爬行,最终逼朱元璋收回了成命。(《明朝小史》卷二《洪武纪》)第二年,冷静下来的朱元璋,下了一道谕旨,说:"孟子辨异端,辟邪说,发明孔子之道,配享如故。"算是极不情愿地把孟子的牌位又请了回去。(《明史·礼志四》)引起朱元璋要将孟子赶出孔庙配享的原因,就是他读到了这段"孟子告齐宣王"。

朱元璋做的第三件事:删节《孟子》。至洪武二十七年,命令翰林学士刘三吾对《孟子》进行删节。八十二岁的翰林学士刘三吾删掉八十五条让朱元璋感到刺眼的内容,保留一百七十余条,成《孟子节文》一书。朱元璋立即下了一道诏书,规定"自今八十五条之内,课试不以命题,科举不以取士,一以圣贤中正之学(指《孟子节文》这部书)为本"(刘三吾《〈孟子节文〉题辞》)。有人统计共删掉八十九条。朱高正指出:《孟子》全文总字数35512字,(我们统计《孟子》全文总字数是35384字,参阅本书附录2)被删掉的字数达16659字;由于在《滕文公下》第一章中,《孟子节文》多加了一个"兽"字,因此,《孟子节文》只剩18054字,《孟子》被刘三吾删除的字数占总字数的百分之四十六点九一。

其实,"孟子告齐宣王"的,周武王早就说过。周武王灭商前,诸侯会盟,大会誓词被记在《尚书》中,其中有一句话:"抚我则后,虐我则仇。"(《周书·泰誓》)抚慰、爱护我们的就尊为王;虐待、残害我们的就视之为仇。孟子说话的依据也来自这里。

"礼,为旧君有服",涉及对周礼的认识。礼和权力相比,哪个更接近于法制?礼。因为礼的逻辑和法制的逻辑是一样的,都是讲规矩,都是对个体合法合礼权利的保护。礼制规定诸侯、大夫、士以至庶人,各有什么权利,各有什么责任,天子不能随便剥夺。就像今天法律赋予人的权利同样不能随便剥夺。所以,从礼到法,逻辑相通。礼、法都是对人权利的保障。

礼讲等级吗?讲等级。但是,等级是人类社会保证正常运作的客观规律和组织形式,不是哪个人规定一下就有了等级。现代社会,放眼全世界,哪里没有等级?公司董事长、总经理与普通员工,没有上下的责任、权利的区别吗?等级不同于制度。等级是客观存在,制度是对客观存在的等级的权利作相应的规定、约束和平衡。关键在于:不能剥夺任何人应该享有的基本权利,哪怕他在最底层。所以儒家礼制也好,现代法制也好,都是保护人的权利;从这一点上讲,法家讲权力和现代的法制,是尖锐对立的。法律的对象是罪犯或者犯罪,但法律的对手,既不是罪犯,也不是犯罪,法律的对手,是权力。罪犯只是在犯罪,法律规定只要他犯了某种罪,就应该按某种条律惩罚他。我们常说某人某事"犯法"了,其实这是一种似是而非的说法。犯罪不是犯法。罪犯在大街上杀人,是犯罪,但他没有改变法律。犯法是什么?是改变了法律,让杀人偿命变成了杀人不偿命,甚至受奖赏,这才叫犯法。所以,罪犯是犯罪,不是犯法;不受约束的权力对法律的破坏才是犯法。罪犯和犯罪是违背法律所禁止的事,但不是对法律本身的冒犯。对法律本身的冒犯,才是犯法。法家试图用君权来代替礼制、用权力来解决一切问题,此法家之"法",恰是"犯法",与现代法制思想恰恰背道而驰。

孔子讲"仁",侧重讲人的德性、政治的德性。人的德性,是爱人;政治的德性,是仁政,也是爱人。"百姓足,君孰与不足?"(《论语·颜渊》)老百姓富足了,国君会不富足吗?"君子喻于义,小人喻于利。"(《论语·里仁》)贵族要多奉献,普通百姓要多讲自己的利益。普通人维护自己的利益,就是在维护社会公义——公义无非就是对每个人的基本权益的保障。

孟子讲"义",侧重讲社会公平正义。孟子生逢强权时代,他"告齐宣王"的这段话说得很直接：你对我好，我就对你好；你对我不好，我就对你不好。类似的话，孔子的学生子路也说过："人善我，我亦善之；人不善我，我不善之。"但子路指的是一般人际关系的处理原则，不是君臣之间的政治关系，被孔子批评是"蛮貊之言"，野蛮人的话。子贡说的是："人善我，我亦善之；人不善我，我则引之进退而已耳。"你对我好，我就对你好；你对我不好，我就看情况要么近要么远。"孔子说，这是朋友的相处之道——你对我好，我就对你好；你对我不好，我就走开，各走各路。是朋友，互有责任；不是朋友了，责任关系解除。颜回说："人善我，我亦善之；人不善我，我亦善之。"（《韩诗外传》卷九）孔子称赞颜回，说颜回说的是"亲属之言"。亲属不能像朋友那样可以做选择，亲属是血缘关系的存在，不以人的好恶左右。

亲属关系和朋友关系的区别，相当于古代父子关系和君臣关系的区别：父子血胤，君臣义合。父子关系，是血缘关系，无法选择，无法割舍，是自然关系，父子之间有永远的义务。但是君臣之间，没有。君臣是"义"，以义合，合就合，不合就不合。君有选择，臣也有选择，不存在如父子关系那样永远的、天然的义务。后来的法家，则将相对君的"臣"变成了"臣子"，"义"不见了，只有永远的义务。

孔子内心仁慈，是温润如玉的君子。孟子斩钉截铁，是烈士，是大丈夫。我读金圣叹七十回本《水浒传》，随处可见孟子的思想。金本真是一部《孟子》化的《水浒传》，血雨腥风，只讲一个"义"。

义与忠、义与孝，都是有矛盾的。但是，忠、义、孝与仁，都不矛盾。所以，孔子占住一个"仁"，无往而不胜。孟子一旦讲"义"，一旦把义放到价值的第一位，就一定会和其他某些价值发生冲突，比如义与忠的冲突、义与孝的冲突。但孟子正是在这种冲突里，强调了人在政治权利上的公平。孟子是在提醒我们：国家也好，君主也好，与人民之间，双方都有权利和义务在。这是孟子对孔子思想的巨大逻辑拓展。

成语——视如土芥　情同手足

链接——2.8；8.2；8.4；8.5；8.6

8.4

孟子曰:"无罪而杀士,则大夫可以去;无罪而戮民,则士可以徙。"

今译——

孟子说:"无罪而杀士,那么大夫就可以因此离开;无罪而戮民,那么士可以因此迁走。"

开讲——

"无罪而杀士,则大夫可以去;无罪而戮民,则士可以徙",句中的"可以",是可"以之",可以作为理由。孟子这一句话,否定了君主的绝对权力,肯定了臣民迁徙的自由:君主待我们好,在这里安居;待我们刻薄,从这里离开。哪里有公正,哪里才是安居的地方;哪里有公正,哪里才是自己的国家。孔子说:"危邦不入,乱邦不居。"(《论语·泰伯》)这危邦乱邦,包括自己的父母之邦——比如,孔子以五十五岁的高龄,决然离开"父母之国"鲁国,踏上自我放逐之途,这是他的悲剧,也是他的权利。

其实,孟子这句话还是很客气的。因为按照同礼,国君胡作非为,离开的不是大夫,而是作为贵族共同体成员的大夫们直接把国君撤换了。(参见 10.9)《国语·周语》所载"召公谏厉王弭谤"之最后,不是"国人"(贵族共同体成员)离开,而是"国人"流放了周厉王。

在孔子和孟子的时代,读书人"朝秦暮楚",是正常状态。孔子周游列国,孟子也周游列国,所以孟子说大夫"可以去",士"可以徙"。注意,孟子说的是大夫和士,不是普通百姓。那时普通百姓迁往他国,不存在道德和法律问题,只有走得了走不了的问题。因为,那时有一点还是很清晰的:老百姓对于国家,没有道德义务,因为"国"不是老百姓的。那时候的"国人"这个词,和我们今天讲的"国人",意思不一样:今天的"国人",可以在理论上理解为所有持有本国护照或身份证、有公民权的人,是国家主人。那时候的"国人",只是指居住在"国都"里的贵族及其后代,他们是第一批受封的外来者殖民者的后代,他们才是国家的主人。而城外的,都是"野人",是周人分封之前就生活在这片田野上的原始土著。野人是被殖民、被征服的原住民,不是国家的主人,因此也只有有限的种地纳税的责任——他们的责任和"田地"有关,与"国家"无关,"国"和"家"都是贵族的。所以,他们"去"或"徙",只有事实问题,没有理论问题,不需要讨论,所以孟子不必说。

但大夫、士都是贵族,本国的大夫、士还与国君同姓,大夫离开母国,意味着他不仅背叛国君,还背叛祖宗。但是,孟子的逻辑是这样的:不是大夫背叛祖宗,是昏君"无罪而杀士""无罪而戮民",把祖宗的光荣之地变成了耻辱之地,把幸福之地变成了痛苦之地,把安居之地变成了杀戮之地,那么背叛祖宗的,其实是昏君。这是孟子讲的对等、公平的逻辑,其中,有个关键词:无罪。

为什么在"无罪"的情况下,国君"杀士""戮民",大夫、士就可以离开呢?

其一,假设一个人无罪却可以被杀,那意味着普天下所有人都可能无罪被杀。刑法什么时候让人怕，什么时候让人不怕？被杀的人都是有罪的，那么没有犯罪的人就不怕；杀掉的人是无罪的，或者是欲加之罪，那么所有的人都会成为杀戮的对象。这样的例子，在孟子的时代就有。当时宋国国君宋王偃被称为"桀宋"，为了制造人人自危的恐怖政治，他的丞相唐鞅对他说："王之所罪，尽不善者也。罪不善，善者故为不畏。王欲群臣之畏也，不若无辨其善与不善而时罪之，若此则群臣畏矣。"（《吕氏春秋·审应览·淫辞》）唐鞅有一点说对了："无罪"而可随意随机随便杀，是可以让人怕；但他忘了第二点：人人都没有安全感了，人就有了逃离的理由了。（参见 6.5 开讲）

其二，如果暴君让一国所有的人按照正当的、合法的方式无法生存，只能用不正当的方式生存；那么，就相当于所有的人都不得不犯法以及不得不用不正当的方式生存。至此，则有自尊有道德不愿堕落的人，仅仅因为要正当地活着，就必须选择离开。这样的离开，不是叛国；恰恰相反，是为了不背叛人之为人的基本信念，是为了维护人之为人的高贵和光荣。用孟子的话说，是对尧舜之道的皈依。

当然，对孟子的这段话，还可以有另外一种理解，这取决于我们如何理解"可以"一词，它可以理解为一种权利，也可以理解为一种判断。理解为一种"权利"，则如我上面所分析。如果理解为一种判断，则全句的意思是：当无罪杀士无罪戮民的情形发生时，危险已经蔓延到每一个人，这时，你应该赶紧走了。赵岐就是这么理解的，他说："恶伤其类，视其下等，惧次及也。语曰：'鸢鹊蒙害，仁鸟曾逝。'此之谓也。"他和孙奭在这一章的章指和疏中说得更明白：

此章指言君子见几而作，故赵杀鸣犊，孔子临河而不济也，是上为下则也。孟子谓国君无罪而杀戮其士，则为之大夫者可以奔去。无他，盖大夫虽于士为尊，不可命以为士，然亦未离乎士之类也,是其恶伤其类耳。国君无罪而诛戮其民,则为之士者可以徙而避之。无他,盖士于民虽以为尊,不可命以为民,然亦未离乎民之类也,是亦恶伤其类耳。(《孟子注疏》卷八)

其中提到的"赵杀鸣犊",与孔子有关。《史记·孔子世家》:

> 孔子既不得用于卫,将西见赵简子。至于河而闻窦鸣犊、舜华之死也,临河而叹曰:"美哉水,洋洋乎!丘之不济此,命也夫!"子贡趋而进曰:"敢问何谓也?"孔子曰:"窦鸣犊,舜华,晋国之贤大夫也。赵简子未得志之时,须此两人而后从政;及其已得志,杀之乃从政。丘闻之也,刳胎杀夭则麒麟不至郊,竭泽涸渔则蛟龙不合阴阳,覆巢毁卵则凤皇不翔。何则?君子讳伤其类也。夫鸟兽之于不义也尚知辟之,而况乎丘哉!"乃还息乎陬乡,作为《陬操》以哀之。

孔子去见赵简子。到了黄河边,听到窦鸣犊、舜华两人被杀的消息,就对着河水感叹说:"河水是这样的壮美,这样的盛大啊!我不渡过这条河,也是命吧!"子贡疑惑,孔子说:"窦鸣犊和舜华这两个人,是晋国有才德的大夫。赵简子还没有得志的时候,是倚仗这两人才能从政的;如今他得志了,却杀了他们来执掌政权。我听说过,一个地方的人,如果残忍到剖开动物的肚子来杀死幼儿,麒麟就不来了;排干了池塘的水来捉鱼,蛟龙就不来了;弄翻鸟儿的巢打破了卵,凤凰就不来了。为什么呢?是物伤其类啊!连飞鸟走兽对于不义的人事尚且知道避开,何况是我孔丘呢!"于是回到陬乡歇息,创作了《陬操》这首琴曲来哀悼窦鸣犊和舜华两人。

孟子这句话,还可以联系《论语》里孔子的相关观点来印证,比如

《泰伯》："危邦不入，乱邦不居。"为什么"不入""不居"？不是逃避道义责任，是行使自我权利。行使自我权利，就是维护人间公义！

链接——6.5；8.3；8.5；8.6

8.5

孟子曰:"君仁,莫不仁;君义,莫不义。"

今译——

孟子说:"君主仁,没有人不仁;君主义,没有人不义。"

开讲——

《论语·颜渊》:

> 季康子问政于孔子曰:"如杀无道,以就有道,何如?"孔子对曰:"子为政,焉用杀?子欲善而民善矣。君子之德风,小人之德草。草上之风必偃。"

孔子讲"君子之德风,小人之德草。草上之风必偃",这不是泛泛而论,而是以此斥责并制止季康子对人民的杀戮。他们杀戮人民的前提是推卸责任与人民:人民是不道德的,所以要杀戮。他们甚至还能给自己的杀戮找到一个很崇高的理由:杀他们是为了他们好,让他们走正道。

而孔子直接戳穿了他们:你们这些在上位的贵族君子,才是一切不道德的根源！如果要以此为理由杀人，你们最好自杀！

理解孟子"君仁，莫不仁；君义，莫不义"，理解其严厉峻切，当从这个角度看。孟子不是泛泛而论，是锋芒毕露。

这句话在 7.20 中也有："君仁，莫不仁；君义，莫不义；君正，莫不正。一正君而国定矣。"可互参。

成语——不仁不义

链接——7.20；8.3；8.4；8.6

8.6

孟子曰:"非礼之礼,非义之义,大人弗为。"

今译——
孟子说:"不合礼的所谓礼,不合义的所谓义,大人是不会做的。"

开讲——
"非礼之礼",不能解释为似是而非的礼;"非义之义",也不能解释为似是而非的义。从逻辑上讲,礼、义如果似是而非,便不是礼、义。正如我们有时说"真正的君子",其实君子就是真正的;不真正的,便不是君子,不存在"不真正的君子"。是就是,不是就不是。所以,"非礼之礼",应该翻译为不合礼的"礼","非义之义"是不合义的"义"。

那么,不合礼的"礼"存在吗?存在。法律有"恶法",礼制也有"恶礼"。恶礼、恶法,即不符合或者是违背礼、法本来价值立场的礼、法。礼、法本来是要保护人的权利的,如果变成侵害、剥夺人的权利,那就是恶礼、恶法。同样,也存在不合义的"义"。

近代以来人们反对礼教,就与不合礼的"礼"有关。比如,中国古代所谓神权、父权、夫权、族权,就是"非礼之礼";君为臣纲、父为子纲、夫为妻纲的"三纲",就是"非礼之礼"。其所依据的所谓的"义",也是"非义之义"。

用"三纲五常"概括儒家的礼教,是近代比较流行的话语,也是新文化运动以来批孔的重要话题。这里,需要指出:所谓"五常",不论是指五种人伦社会关系(君臣、父子、夫妻、兄弟、朋友),还是指五种基本道德规范(仁义礼智信),都是无法批判或无从批判的。因为前者是基本人生事实,后者是基本人生价值("君臣"关系随着国家性质的改变,可以理解为"国民"关系,甚至可以理解为日常工作中的上下级关系)。而"三纲"是确立尊卑、上下、主奴关系的,是中国国民奴性的根源之一,是压迫中国人使其不能振作的精神枷锁,理应受到严厉批判。但是,"三纲"与孔孟的儒家无关,它实际出自汉代纬书《含文嘉》。并且,法家韩非才是"三纲"论的源头。《韩非子·忠孝》:"臣事君,子事父,妻事夫,三者顺则天下治,三者逆则天下乱,此天下之常道也。"孔子与韩非在三者关系论上的根本区别在于:孔子依于礼,韩非依于势;孔子讲平等,韩非讲压服;孔子讲条件,韩非讲无条件。"三纲"思想中,黑暗的部分其实来自法家,与孔孟儒家的礼无关。(参阅拙著《孔子原来》相关章节,中国青年出版社,2020年)

清代作家袁枚的妹妹,富有才华,被父母许配给一个吃喝嫖赌、无恶不作的无赖,这家的父亲都觉得儿子配不上对方,主动提出解除婚约。袁枚的妹妹却坚执礼教,一定要履行婚约。婚后,那个无赖不仅日常摧折妻子,甚至把妻子当作赌注输给了别人,她只好逃回娘家,最终抑郁而死。袁枚《祭妹文》写道:"予幼从先生授经,汝差肩而坐,爱听古人节义事;一旦长成,遽躬蹈之。呜呼!使汝不识《诗》《书》,或未必艰贞若是。"其实,她的悲剧不是读书的问题,而是她践行"非礼之礼"的问题。法家思想混入儒家,披上儒家外衣以后,神权、父权、夫权、族权被绝对化,作为个体的人身权利被剥夺了。注意,神权、父权、夫权、族权四个"权",都是"权力",权力之网覆盖的地方,是没有"权利"的。所以,"非礼之礼"如何理解?就是某些人、某种社会角色或组织的"权利"扩张,扩张到他人的"权利"范围。扩张到他人"权利"范围的"权利",就不再是"权利",而是"权力"。所以,非礼之礼,就是冒充为"权利"的"权力"——袁枚妹夫将拥有的"夫权",扩张到妻子的"权利"范围之内,支配妻子的人格和人身,把她当作赌注输给别人。这时,他拥有的,就不是"礼制"赋予他的权利,而是非礼之礼赋予他的"权力"。

所以,礼的本质,不是人们常常以为的"等级",而是"边界"。礼强调和保护每个人相应的"权利",其前提和题中应有之义,就是每个人拥有的权利都有边界。在我的权利范围之内,国君不可以侵犯,父亲不可以侵犯,丈夫不可以侵犯,兄弟不可以侵犯,朋友不可以侵犯,这才是礼的本来的意义。正如孟子所说:"非礼之礼,非义之义,大人弗为。"大人弗为者,绝不遵行,绝不服从也!

链接——8.3;8.4;8.5

8.7

孟子曰:"中也养不中,才也养不才①。故人乐有贤父兄也。如中也弃不中,才也弃不才,则贤不肖之相去,其间不能以寸②。"

今译——
孟子说:"有中庸之德的人涵养没有中庸之德的人,有才能的人教养没有才能的人。所以人人喜欢有贤能的父兄。如果有中庸之德的人放弃了没有中庸之德的人,有才能的人放弃了没有才能的人,那么贤德之人与不肖子弟的距离,相差一寸都不到。"

注释——
① 赵岐:"中者,履中和之气所生,谓之贤。才者,是谓人之有俊才者。有此贤者,当以养育教诲不能,进之以善,故乐父兄之贤以养己也。"朱熹:"无过不及之谓中,足以有为之谓才。养,谓涵育熏陶,俟其自化也。"
② 不能以寸:近得用不上寸来衡量。赵岐:"如使贤者弃愚,不养其所以当养,则贤亦近愚矣。如此,贤不肖相觉,何能分寸,明不可不相训导也。"朱熹:"若以子弟之不贤,遂遽绝之而不能教,则吾亦过中而不才矣。其相去之间,能几何哉?"

开讲——

"中",不偏不倚,中庸。子曰:"中庸之为德也,其至矣乎。"(《论语·雍也》)孔子认为,一个人的德性如果达到中庸,那就是最高境界了。这个"中"不能理解为"中人"。子曰:"中人以上可以语上,中人以下不可以语上。"(《论语·雍也》)中人,即中等人、一般人。孟子这里的"中也养不中",就是要有"中庸"之德的人去养育、教导"中人"及其以下的人。

"养",不只在物质上养,更重要的是精神的养育、教养、教导,即孟子所说的"先觉觉后觉"(9.7)。"才也养不才",有才能的人要养育、教导没有才能的人。弱势群体需要关怀,即使是罪犯,不是罪大恶极,就给他们改过自新、重新做人的机会。野蛮社会不需要监狱,犯了罪杀掉就是。文明社会的一个标志就是出现了监狱,所以,我说过,监狱是仁慈的表现,是文明的标志——因为可以不杀的,不杀了。既然那些"不中""不才"的人也有存在的权利,那"中"的人和"才"的人——社会精英,就有责任、有义务来落实他们存在的权利。这种落实,就叫"养",包括物质上的养和精神上的养。

"故人乐有贤父兄也",谁不希望自己有好父兄呢?好父兄不仅能在物质上提供帮助,还能在精神上引领、提升我们。注意,这个地方孟子提到一个词"贤"。这个"贤",是前面"中"和"才"的统一。相比于"中"和"才"更多是境界和能力上的指向,"贤"更多是仁慈之类的道德含义。因为,要养不中不才之人,不仅需要能力,首先需要意愿,需要一种道德上的仁爱。

从某种意义上说,有意愿有能力去养不中不才之人,是"中""才""贤"的题中应有之义。也就是说,"养"的意愿和行为,正是一个人"中""才""贤"的表现。反过来说,如果没有"养"的意愿和才能,又何以证明一个人是"中""才""贤"?不养,不仅说明"中"人、

"才"人、"贤"人对他人没有价值，甚至自身的"中""才""贤"也无从体现和证明。意识不到自身的责任和义务，抛弃了自身的责任和义务，恰恰说明你不再是"中"人、"才"人和"贤"人。更进一步推演下去，那么贤能之人和不肖之徒又有什么区别呢？这就叫——"贤不肖之相去，其间不能以寸"。

孟子是把标准倒过来推演的：不是因为"中"人、"才"人、"贤"人有境界有才能所以才要为社会作奉献；恰恰是因为他们有奉献的意愿和行为，才证明了他们的"中""才"和"贤"。

人们常说，更高的能力，意味着更高的责任。倒过来说也许更有意义：更高的责任担当，使人获得更高的能力和德性。孟子说"先觉觉后觉"，倒过来说，则是——觉后觉者是先觉。如果没有觉后觉的愿望，那就不是先觉。"觉后觉"是"先觉"的本质特征。先觉然后觉后觉，是时间上先后；觉后觉而后成为先觉，是逻辑上的先后。

如果你问："我是精英，我能不能没有责任意识？"回答是：不能。因为没有责任意识就不是精英，在逻辑上已经被否定了。

链接——9.7

8.8

孟子曰："人有不为也，而后可以有为。"

今译——
　　孟子说："人要有所不为，然后才能有所作为。"

开讲——
　　话简单，行不易。
　　人生有太多选择，取舍是大智慧。什么事该做，什么事不该做，是取舍；什么可以持有，什么不可以持有，是取舍；什么事情要花精力，什么事情要置之不顾，是取舍；什么人要牵肠挂肚，什么人"要一丝不挂"，这也是取舍……尼采有句话："我之所以这么聪明，是因为我不在不必要的事情上浪费精力。"取舍即判断，判断"不为"还是"有为"。判断是智慧最核心的要素，不仅是利益的取舍判断，更重要的是价值判断。
　　人最重要的素质，一是人格，一是判断。素质教育无非两条：第一，提升人格；第二，提升判断力。
　　对教育，我常讲一句话：重要的东西往往是不重要的；只有必要的东西才是重要的。"有为"，说的是必要的；"不为"，指的是所谓重要的。

逻辑上说,"不为"的事务里面有很多不重要的。但是,当你知道其不重要时,你已经对此作出了取舍,已经不需要判断"有为"还是"不为"。能够进入我们的判断领域,需要我们作出取舍的,一定是我们认为"重要"的东西。所以,从事理的角度讲,"不为"或无须去"为"的,就是那些我们认为"重要"的东西。

　　如果我们分不清什么叫"重要",什么叫"必要",用重不重要来进行取舍的时候,我们的人生一定是一团乱麻。

　　孟子这句话,也可以这样说:人只有放弃去做"重要"的事情,然后才能去做"必要"的事情。

链接——6.1;6.3

8.9

孟子曰:"言人之不善,当如后患何?"

今译——

孟子说:"说人性不善,如何面对由此而来的祸患呢?"

开讲——

有人会把这句翻译成:说别人的坏话,招来后患怎么办呢?赵岐:"此章指言好言人恶,殆非君子,故曰:'不忮不求,何用不藏。'人之又恶,恶人言之。言之,当如后有患难及己乎。"

我觉得这么肤浅的意思,不会是孟子想表达的。而且孟子本人嫉恶如仇,好辩好骂,岂止说人坏话。

再说,一个从来不说人坏话的人,大概找不到,如果找到一个,一定是孔子说的"乡愿"。

如果孔子不说人坏话,如何用《春秋》"善善恶恶,贤贤贱不肖"(司马迁《太史公自序》)?《春秋》如何让"乱臣贼子惧"(6.9)?孟子好辩,岂能不说人坏话?他说许行是"南蛮䴕舌之人"(5.4),说杨朱墨翟是"禽兽"(6.9),这不是在说人坏话?

所以,我翻译"言人之不善"为"说人性不善"。

孟子认为人性本善。荀子认为人性本恶。告子认为人性本没有善也没有恶。这里，孟子想说的是：我认为人性是善的，你却说人性不善，这会引起大问题的啊，会有大后患啊。

那么，说人性不善会带来什么祸患呢？

孟子坚持人性本善，是想要解决伦理学上的一个大问题。人性的善与恶，不是一个科学问题，而是一个伦理学问题；不是一个有关事实的问题，而是一个有关信仰的问题。孟子讲人性善，是想通过人性本善来建立人的基本信仰：既然人的本性是善的，所以是人就要做好人。

可见，说人性善，是要让人有一个做好人的理由。

那么，说人性不善，后患就来了：既然人性不善，我们是人，那么，我们为不善之事，不是理所应当的吗？

说人性不善，是给人一个做坏人的托辞。

说人性善或不善，都是在对人之本质作判断、下定义，甚至就是赋予人的本质。如是，你是说人性善，还是说性不善？

这个问题，我们在 11.6 开讲中再谈。

链接——3.6；8.12；8.19；11.6

8.10

孟子曰:"仲尼不为已甚者。"

今译——

孟子说:"孔子不做过头的事。"

开讲——

朱熹引杨氏曰:"言圣人所为,本分之外,不加毫末。非孟子真知孔子,不能以是称之。"孔子讲中庸。孔子不极端。孔子说过:"人而不仁,疾之已甚,乱也。"(《论语·泰伯》)对不仁德的人,如果恨得太过分,也会引发祸乱。坏人应该"疾之",应该得到他应得的惩罚,但不能用极端的手段。公伯寮背叛师门,毁谤子路,鲁国大夫子服景伯跟孔子说,我可以帮你把他杀了,被孔子拒绝。坏人也有生存的权利。用极端手段惩罚坏人,比坏人更恶。天下的很多祸乱,是由绝对道德主义者惹出的。

幸运的是,因为孔子的"不为已甚",因为孔子的中庸思想,中华民族没有产生极端思想和极端分子的土壤。任何一种宗教教义都区分善恶,任何一种宗教教义都会惩恶扬善,但是,善对恶拥有绝对的权力吗?

这是一个非常严峻的伦理问题。很多时候，人对善恶往往只站在自己的立场上作判断，未必公允。即使从绝对角度来说，你是善的，是不是就有用任何手段惩罚对方的权力？绝对道德主义者往往对自己有绝对的道德自信，认为自己拥有清洁世道、惩恶扬善的绝对义务，他们往往也更渴求拥有惩罚非道德行为的绝对、无限的权力，由于得到道德的认可，这种绝对、无限的权力，看起来又是绝对道德的。

　　这是有关善恶的伦理学的重要命题：善对恶有没有绝对的权力？

　　孔子和孟子的回答都是：没有。

成语——不为已甚

链接——8.11；8.12

8.11

孟子曰:"大人者,言不必信,行不必果,惟义所在。"

今译——

孟子说:"大人呢,言不必信,行不必果,只看是否符合义。"

开讲——

孔子、孟子不是提倡人要讲诚信吗?这里怎么讲"不必信""不必果"呢?从两个层面理解:

第一,从逻辑上说,"言不必信,行不必果"的对立面,不是"言不信,行不果",而是"言必信,行必果",所以不能导出"言不需要信,行不需要果"这样的结论。"言而有信"是要遵守的,也是应该的。但是必信、必果就有可能是错的。这里与上一章的"仲尼不为已甚者"一样,也在讲要警惕把一个价值推到极端而导致走向它的反面。价值有边界。上一章我们讨论了善的权力边界,这一章我们讨论"信"和"果"有没有边界。孔子讲过跟孟子类似的话,他说:"言必信,行必果,硜硜然小人哉!"(《论语·子路》)可以看作是对孟子这一句话的说明:言必信,行必果,是小人;不必信,不必果才是大人。孔孟的逻辑非常融通。

言而有信，没问题。但是，言必信就有问题。因为一个"必"字把它推到极端了。如果言（承诺）本身有问题怎么办？如果在做事的中途发现做错了怎么办？甚至，承诺是被欺骗、胁迫作出的，怎么办？还要言必信、行必果吗？这时，"言必信，行必果"已经和另外一个价值发生了冲突：知错必改。发现自己说错了话，做错了事，难道不要改正吗？这就是价值的边界。

这里的问题在一个"必"字。"必"，是全称判断，是排除一切的。逻辑学上的全称判断，无论是全称肯定，还是全称否定，都指在任何情况下必须照此办理，所以这里一"必"就出问题了，就使得"信"没有边界了。没有边界的东西，一定会侵入其他领域，导致"观念僭越"或"价值侵权"。这也是"仲尼不为已甚"的原因。

第二，孟子明确说，"言不必信，行不必果"是"大人者"才能做到，因为最终的判断在一个"义"字。"不必信""不必果"，是要看这个"信"和"果"是否违背了"义"，要看正义在哪里、是非在哪里，不是给人开一个"言不信、行不果"的方便之门。你以为孟子这句话是在开方便之门，施施然走过去，却发现，大开的门洞里，赫然一个"义"字，当头一棒，打你出来。

成语——言必信，行必果
链接——8.10；8.12

8.12

孟子曰:"大人者,不失其赤子之心者也。"

今译——
　　孟子说:"大人呢,是不丢失赤子之心的人。"

开讲——
　　孟子讲人性本善。赤子之心就指人之本性。后来明代李贽说童心是"绝假纯真,最初一念之本心"(《童心说》)。"童心"说就是从这里来的。童心即赤子之心,生而为人的最初之心。"最初一念",从心理学上讲,是真诚反应。不失其赤子之心,就是大人的心思不会被利害考量污染,一直保持"最初一念"的纯一真诚状态,能保持是非判断之心。
　　"大人者,不失其赤子之心者也",与前章的"大人者,言不必信,行不必果,惟义所在"联系看,赤子之心和义有没有关系?有。
　　人对外在事物的判断,一般有两种情况:一种判断,是是非;一种判断,是利害。是非判断,是判断谁对谁错;利害判断,是判断何者对己有利何者对己有害。从心理学角度来说,面对事情,人之最初一念,往往是下意识的是非判断,谁对谁错;接下来,惊魂初定,冷静一想,往往就是利害判断,至少掺杂了利害判断,此刻,赤子之心就让位于世俗之心了。君子和小人的区别是什么？君子常常做是非判断，并以此决定自己的行为；小人处处做利害判断，并以此决定自己的行为。《论语·公冶长》："季文子三思而后行。子闻之，曰：'再，斯可矣。'"夫子为什么要调侃季文子，说考虑两次就可以了？因为反复掂量，想来想去，不见最初一念了。钱穆《论语新解》对孔子这句话的注解最好："事有贵于刚决，多思转多私。"想多了，赤子之心就没了，就会转到自己的利害之心上了。

我讲《水浒》，说到心思质朴并因为心思质朴而智慧明澈的鲁智深，有一段议论："假如有天堂，天堂里一定都是心思简简单单的人；假如有地狱，地狱里一定都是心思特别曲折的人。"有人会说："我赤子之心了，别人不赤子之心，那我不倒霉了吗？"这样的念头一起，你已经没有赤子之心了。所以"大人"根本就不会落入这个层次；落入这个层次，就不足以称"大人"。

成语——赤子之心
链接——3.2；3.6；8.9；8.10；8.11；8.19；11.6

8.13

孟子曰："养生者不足以当大事，惟送死可以当大事。"

今译——

孟子说："奉养父母的生活不算什么大事，只有给父母送终才算得上大事。"

开讲——

孟子这么说，有两个原因。

第一，不是说"养生"不重要，而是说"养生"是日常之事，需要日常照顾，不能搞得每天都如临大敌。即使一时疏忽，父母尚在，也有机会弥补。人也有不得已的时候，比如打工人，一天不打工，一天没饭吃。我们不能随便谴责他不孝，要他待在老家侍奉父母，而应该去找社会原因，国家有责任改善他们的生存环境。总之，建设孝顺文化，不仅是子女的责任，也是政府的责任。减少老人对子女的经济依赖非常重要。子女不能因为"养生"而不出去工作，这就叫"养生者不足以当大事"；但不可以父母去世还不回来办丧事，这就叫"惟送死可以当大事"。

第二，"养生者不足以当大事"，只是在与"送死"两者之间比较而言，不能因此得出"养生"不重要的结论。不是"大事"，不表明不是重要的事，孟子只是在说没有"送死"那么紧迫和唯一。送终是一件大事，耽误不得，而且，只有一次。故朱熹说："孝子之事亲，舍是无以用其力矣。故尤以为大事，而必诚必信，不使少有后日之悔也。"

成语——养生送死
链接——4.7；7.19

8.14

孟子曰:"君子深造之以道,欲其自得之也①。自得之,则居之安;居之安,则资之深②;资之深,则取之左右逢其原③,故君子欲其自得之也。"

今译——
孟子说:"君子深入精微以体悟道,是要自己去感知获得道。自己感知到道,就能安住于道中;安住于道中,就能从道中所获深厚;所获深厚,就能在运用时左右逢源,因此君子要自己去获得对道的真实感知。"

注释——
① 深造之以道:深造:深入精微的境界。造:去,到达。对于这一句的理解,赵岐和朱熹有所不同。"以道",赵岐理解为用深造的方法和功夫来获知道,"深造"的内容和对象是道,目的是到达道,方法是深造。赵岐:"君子学问之法,欲深致极竟之以知道意。"而朱熹理解为用正当的方法和途径来深造,目的是深造,道是方法。朱熹:"深造之者,进而不已之意。道,则其进为之方也。"由此,赵岐认为"自得之"的意思是通过深造,自己体会、感知、获得道,就像自己本性里有道一样。赵岐:"欲使己得其原本,如性自有之然也。故曰欲其自得之而已。"朱熹认为"深造之"的意

思，是"言君子务于深造而必以其道者，欲其有所持循，以俟夫默识心通，自然而得之于己也。自得于己，则所以处之者安固而不摇；处之安固，则所借者深远而无尽；所借者深，则日用之间取之至近，无所往而不值其所资之本也。"简言之，朱熹的理解在语法上较为平顺，而赵岐的理解在义理上有深刻之处，与《中庸》之"天命之谓性，率性之谓道，修道之谓教"也有更好的对接。译文主要从赵岐。

② 资：赵岐："资，取也。"意为从道中获得智慧力量。资之深：所获深厚。
③ 原：同"源"，水的本源。

开讲——

"深造之以道"，深入精微，不止不息，以求内心的真实感知。道不是知识，不是可以间接获得、记住和理解就行；道甚至不是理念，不是理解、接受、践行就可以。道是我人对世界秘密的融入，对世界本质的体悟。所以，感知道、领悟道，光靠记忆力不够，甚至完全用不着。知识与道不是一个逻辑层面的东西，更不在一个逻辑路径上；仅靠理性和逻辑也不够，道不是理性可以分析得出来，不是逻辑可以推导得出来。所以，站在岸上，冷静理智地观察和分析，也接近不了道。道如果是河流，则需要你投身其中，然后冷暖自知，体贴入微。庄子讲过一个故事，很精彩。《庄子·天地》：

> 黄帝游乎赤水之北，登乎昆仑之丘而南望，还归，遗其玄珠。使知索之而不得，使离朱索之而不得，使喫诟索之而不得也。乃使象罔，象罔得之。黄帝曰："异哉，象罔乃可以得之乎？"

玄珠者，道也。如何获取道？"使知索之而不得"，知，知识、智力，用知识和智识来获得，不得，因为道非知识；明察的离朱，也不得，因为道无形无色；喫诟，也不得。喫诟的意思是巧辩和逻辑，但道不在逻辑之中，不在事理之内，不可思议，所以逻辑也无所可用。

那么，什么才能获知道呢？象罔。象罔者，罔象也。罔象者，若有形，若无形；若用心，若无心。自家无象，即自家无我，"无受想行识，无眼耳鼻舌身意，无色声香味触法，无眼界，乃至无意识界"（《心经》）。如此，方可以无我入道，与道圆融一体。

既与道圆融一体，则自然能体会到道与我自性不二；既然不二，则居之安，资之深，取之左右逢其源！

古人读诗，叫涵咏，把自己打开，让它淹没你，灌注你，使自己的气质越来越沉寂，内心越来越丰厚。人格的养成，叫涵养。人的境界、人的气质，是涵养出来的，不是学知识、学技能考出来的。"自得之"，才是好的学习方法。

成语——左右逢源
链接——8.15；8.16

8.15

孟子曰："博学而详说之，将以反说约也[①]。"

今译——
　　孟子说："广博地学习，详细地阐释，是为了能够返回大义。"

注释——
① 反：通"返"。约：同"孟施舍守约也"（3.2）之"约"，要点，至要，本质。说约：约说。约说，即能从本质上说清楚，不枝不蔓。

开讲——
　　朱熹："言所以博学于文，而详说其理者，非欲以夸多而斗靡也；欲其融会贯通，有以反而说到至约之地耳。"赵岐："广学悉其微言而说之者，将以约说其要，意不尽知，则不能要言之也。是谓广寻道意，还反于朴，说之美者也。"
　　阐释，联想，推演，举一反三，谓之"详说"。这是认识论过程的第一步：从简单到复杂。然后，还要"将以反说约"，这是从复杂再到简单，是第二步。
　　"约"从方法上讲，是简约、概括、提炼；从内容上讲，是本质、要点。《庄子》洋洋洒洒十余万言，是"博学而详说"天下万事万物；老子《道德经》，只五千言，是"反说约"，万事万物不过"道德"二字。今天我们读《道德经》，若没有几千年来后人反复地阐释"详说"，便不能了解其中的丰富内涵；老子"说约"落在纸上，只薄薄几页，但在我们生活中却其用无穷。

这是认识的规律，属于认识论。

但孟子显然不可能在这样的层次上说话。他真正要说的，显然不是认识论的问题，而是伦理学的问题：我们学习那么多知识，了解那么多不同人的"意见"，百家之言盈天下，聒耳乱心，最终都是要回归自家身心——博者，外物也；约者，修身也。孔子曰："君子博学于文，约之以礼，亦可以弗畔矣夫！"（《论语·雍也》）颜回说："夫子循循善诱人，博我以文，约我以礼。"（《论语·子罕》）"博我以文"者，以文使我识见广博眼界广大也；"约我以礼"者，以礼使我正道直行进、退有据也（参阅拙著《论语导读》修订增补版 6.27 和 9.11 导读）。在《论语》这两章里，"约"显然有约束羁縻之义，孟子此处，也当有此义，那这句话就应该理解为——世界纷扰，百家杂说，我人当自博返约，回归正道，不可"大道以多歧亡羊，学者以多方丧生"（《列子·说符》）。"丧生"者，丧身也。

链接——8.14

8.16

孟子曰:"以善服人者,未有能服人者也。以善养人,然后能服天下。天下不心服而王者,未之有也。"

今译——

孟子说:"拿善来强制人服从,没有能使人服从的。拿善来化育滋养人心,然后才能使天下人服从。天下人不心服而能统治天下的,未曾有过。"

开讲——

"以善服人者,未有能服人者也",可以从两个方面理解。

第一,事理上不能。不能因为你善,就要别人服从你、听从你;不能自己做了善事,也要他人来做,他人也必须跟着变善。比如做公益慈善,不是善吗?但不可"以善服人",不因你做了公益慈善,他获得公益慈善服务了,他也一定会变善。有时候恰恰相反,公益也会做成"公害",慈善也会养成不善。开始时,受益人被你感动;渐渐,便习以为常,觉得你不就是应该付出的嘛,既然你付出理所当然,他接受便也无愧于心;甚至到后来,还会挑剔你的服务不到位。你看,他甚至变坏了。这就是以善服人,"未有能服人"。

第二，伦理上不能。"以善服人"的意思，可以理解为道德绑架——因为是善事，所以你必须做；因为我是善人，所以你必须服从我。道德绑架无法使人心服口服。做好人是一个人的义务，做好事不是一个人的义务。人一辈子没有那么多时间什么好事都去做。做好事一定出于个人意愿，而不是必须履行的义务。所以，不要以为你做了善事，别人就都要听你的，不要以为你因此就有道德优势和优越感。

什么叫以善养人？就是以仁爱滋养天下人心。朱熹此章注："服人者，欲以取胜于人；养人者，欲其同归于善。"同归于善了，就不是服从某一人，而是天下人同服于善。这就叫"以善养人，然后能服天下"。为什么以仁爱滋养天下人心就能使人服？因为此时他行善，乃是出于他的内心需求，而不是外在压力。至此，我们回头看看孟子的话，就可以更明白了："君子深造之以道，欲其自得之也。自得之，则居之安；居之安，则资之深；资之深，则取之左右逢其原，故君子欲其自得之也。"（8.14）以善养人，就是让他"善心自得"，就是让他"积善成德，而神明自得，圣心备焉"（《荀子·劝学》）。

链接——8.14；8.19

8.17

孟子曰:"言无实不祥。不祥之实,蔽贤者当之①。"

今译——

孟子说:"法令没有实效不祥。这种没有实效的不祥后果,遮蔽贤能的人要负责任。"

注释——

① 此句不好解释。朱熹:"或曰:'天下之言无有实不祥者,惟蔽贤为不祥之实。'或曰:'言而无实者不祥,故蔽贤为不祥之实。'二说不同,未知孰是,疑或有阙文焉。"朱熹列出两种可能的理解:第一,有实质内容的话没有不好的,除了遮蔽贤能的那种话。第二,没有实质内容的话是不好的,有实质内容却不好的话是遮蔽贤能的那种话。其实,换一个思路,言:不是一般言论之言,可以理解为国家法令、政令、号令。《道德经》第八章"言善信,政善治。"第十七章"悠兮其贵言。"第二十三章"希言,自然。"都有法令之义。实:果实,结果,后果。"苗而不秀者有矣夫!秀而不实者有矣夫!"(《论语·子罕》)译文以此译出。

开讲——

颁布法令,当然要有预期的效应,解决相应的问题。如果没有效应,不仅仅使得法令成为一张废纸,不能解决问题,更重要的是损害了政府的公信力,使得问题更加积重难返。所以,不祥。但为什么好的法令,有时收不到预期的效果呢?因为法令在执行过程中,被一些霸占权位的小人耽误了,他们阻碍了贤能之人,使其不能尽力。所以,这些蔽贤者应当负责任。蔽贤,阻碍贤者晋用,阻碍贤者施展,阻碍政令实施,最后耽误事业发展。

这段话还有一种解释是,没有根据的言论不祥,有根据的言论可以是吉祥之言,也可以是不祥之言。哪一种言论呢?就是小人捕风捉影陷害贤良的言论。小人最喜欢干的就是有理有据地陷害君子,小人的厉害也在这儿。小人是道德品格上的弱者,却往往是法律规则上的强者。他们坏事干尽,机关算尽,但法律常常找不到惩罚他们的理由,而他们总能利用法规去陷害他人。此时,他们总是言有实,事有据,且无破绽。他们最善于用规则整人,用规则自保。他们说话有根据,用意极险恶,最后险恶的目的还可能达到——如此理解孟子这句话,也挺有意思。

链接——2.16

8.18

徐子曰[①]："仲尼亟称于水，曰'水哉，水哉！'何取于水也？"

孟子曰："原泉混混[②]，不舍昼夜，盈科而后进[③]，放乎四海。有本者如是，是之取尔。苟为无本，七八月之间雨集，沟浍皆盈[④]，其涸也，可立而待也。故声闻过情，君子耻之。"

今译——

徐子说："孔子数次称赞水，说'水啊，水啊！'水有什么可取之处呢？"

孟子说："源泉涌出浩浩汤汤，昼夜不停，灌满了洼地又继续前进，奔流入海。有本有源如此，可取的就是这个吧。假如没有本源，七八月间雨水很集中，沟渠一下满溢了，但变得干涸，也是一会儿的事。所以名声超过实情，君子认为这是可耻的。"

注释——

① 徐子：孟子弟子徐辟。
② 原泉：源泉。混混：涌出的样子。
③ 科：通"窠"，坎，坑。
④ 浍（kuài）：田间的水沟。

开讲——

水，在中国是非常重要的文化意象。

孔子乐水。子曰："知者乐水，仁者乐山；知者动，仁者静；知者乐，仁者寿。"（《论语·雍也》）子贡也有一次问老师孔子，提的问题与徐辟问孟子的几乎一样：

> 子贡问曰："君子见大水必观焉，何也？"孔子曰："夫水者，君子比德焉。遍与而无私，似德；所及者生，似仁；其流卑下句倨，皆循其理，似义；浅者流行，深者不测，似智；其赴百仞之谷不疑，似勇；绵弱而微达，似察；受恶不让，似贞；包蒙不清以入，鲜洁以出，似善化；至量必平，似正；盈不求概，似度；其万折必东，似意。是以君子见大水观焉尔也。"（《说苑·杂言》）

君子从水可以观察到人应该具备的德行：德、仁、理、义、智、勇、明察、包容、教化、公正、自制、意志。

老子乐水。《老子》说："天下莫柔弱于水，而攻坚强者莫之能胜。"

庄子乐水。《庄子·内篇·逍遥游》开头一句："北冥有鱼，其名为鲲。鲲之大，不知其几千里也。化而为鸟，其名为鹏……鹏之徙于南冥也，水击三千里。"

"混混"，是那种浩浩汤汤的大水气象。长江水有源，千里而来，蕴含一股深沉含混的力量，荡污涤垢，不山呼海啸，却排山倒海。

人向水学习什么？孟子说，如有源之水，一生行为处事、出处穷通有根据，而不要像七八月的暴雨，瞬间如注，瞬间干涸，"可立而待"。就像人的名声超过了他本来的学问和道德，声闻过情，名不副实，一时声誉鹊起，惊天动地，但瞬间偃旗息鼓，甚至声名俱灭。泰戈尔《飞鸟集》："他是有福的，因为他的名望并没有比他的真实更光亮。"

有的人，没有出名之前，没人知道他；出名以后，自己不知道自己，老觉得自己了不起，实际上也真的没什么。大名气未必有大学问、大人格。我们要记住孟子这句话："声闻过情，君子耻之。"

孟子这里说的"本"，也是人的天赋"善心"，是仁义礼智之"端"，它如泉水发源，如果能"充而扩之"，就"足以保四海"。（参见 3.6 开讲）

成语——声闻过情　不舍昼夜　盈科而进
链接——3.6；8.12；8.16；8.19；12.2

8.19

孟子曰："人之所以异于禽兽者几希，庶民去之，君子存之。舜明于庶物，察于人伦，由仁义行，非行仁义也。"

今译——

孟子说："人和禽兽的差别就那么一点点，一般人丢了它，君子保住了它。舜明了万物，体察人伦，用仁义来做事，不是做仁义的事。"

开讲——

"人之所以异于禽兽者几希"，孟子这里说的人和禽兽之间的一点点差别，当然不是指生物学意义上的差别，而是指人与动物伦理学意义上的差别——人有人之自觉，禽兽没有自觉。人有四心：恻隐之心、羞恶之心、辞让之心、是非之心，禽兽没有。人如果丢了这"四端"，"非人也"，与禽兽何异？这一点差别，也是人之所以为人的地方。（参见 3.6 开讲）

"庶民去之，君子存之"，这里不是说，因为他们是"庶民"所以"去之"，而是说对于普通百姓，"礼不下庶人"（《礼记·曲礼上》），可以不苛求，但"君子"不能不"存之"，因为君子是国家的领导者，是社会的精英，是价值的引导者。孟子有两句名言，一句是"人皆可以为尧舜";一句是"人之异于禽兽者几希",这两句话的根据都是人性本有的那一点"善"。每一个人一生下来,人性本善,所有的人,只要是人,无论是谁,都有一颗"赤子之心",只要把这点"善"发扬光大,人人都能成为尧舜,无论"君子"还是"庶人"(12.2)。丢了这一点善,便与禽兽没有区别。

"由仁义行,非行仁义也",不是让我们天天去找仁义的事来做,而是用仁义的方式去做日常的事。合乎仁义的事,做;不合乎仁义的事,不做;这当然重要。但日常事务,更多的不存在这样的判断,养家糊口、上班挣钱,是仁义之事还是不仁义之事?所以,真正的修行,不是每天去做仁义的事,而是用仁义的方式,去做每天的日常之事。

朱熹:"由仁义行,非行仁义,则仁义已根于心,而所行皆从此出。非以仁义为美,而后勉强行之,所谓安而行之也。"也好。

链接——3.6;8.12;8.14;8.16;8.18;8.20;8.21;8.22;12.2

8.20

孟子曰:"禹恶旨酒而好善言①。汤执中,立贤无方②。文王视民如伤,望道而未之见③。武王不泄迩,不忘远④。周公思兼三王,以施四事⑤;其有不合者,仰而思之,夜以继日;幸而得之,坐以待旦。"

今译——

孟子说:"禹讨厌美酒喜欢善言。汤不偏不倚,选拔贤人不拘泥常规。周文王看待人民好像心疼他们受了伤一样,追求真理永无止境。周武王不轻慢身边的朝臣,不忘怀远方的诸侯。周公想具有夏商周三代圣王的德行,以继承禹、汤、文、武的事业;碰到与之不相符合的地方,仰面沉思,夜以继日;幸而有了答案,就坐在那里等待天亮。"

注释——

① 旨酒:美酒。《战国策》:"昔者帝女仪狄作酒而美,进之禹,禹饮而甘之,遂疏仪狄,绝旨酒,曰:'后世必有以酒亡其国者!'"

② 执:守而不失。中:无过无不及。《论语·尧曰》有"允执其中",保持、执守中正之道。方:本义是四个角均为九十度的四边形,引申为规矩、常规。朱熹:"方,犹类也。立贤无方,惟贤则立之于位,不问其类也。"一作方向,引申为出身。赵岐:

"执中正之道，惟贤速立之，不问其从何方来。举伊尹以为相也。"

③ 望道而未之见：而，如同。看见道如同还没望见一般。此处译为：追求真理永无止境。朱熹："民已安矣，而视之犹若有伤；道已至矣，而望之犹若未见。圣人之爱民深，而求道切如此。"

④ 泄：轻慢。迩：近。对近在身边的人，容易慢待。这里指天天能见到的朝臣。远，则指分封四方的诸侯。对远者，往往容易忘记。朱熹："迩者人所易狎而不泄，远者人所易忘而不忘，德之盛，仁之至也。"

⑤ 三王：三代之王，禹、汤、文武。四事：指上述禹、汤、文、武所行之事。

开讲——

"方"，就是条条框框。"立贤无方"，就是打破条条框框对人才的限定，"不拘一格降人才"（龚自珍《己亥杂诗》）。

"视民如伤"——读来有无限的慈悲在里面。

"不泄迩，不忘远"——胸襟博大，远也好，近也罢，不分你的人，我的人。王者，天下之王也；王者，万民之王也。《论语·子路》："叶公问政，子曰：'近者说，远者来。'"让境内的人民愉快，让境外的人民归附。这里也有这个意思在里面。

"坐以待旦"——想通了立刻实施，执行力很强。该做的，马上做；做错了，马上改。

成语—— 立贤无方　视民如伤　夜以继日　坐以待旦
链接—— 8.19；8.21；8.22；14.38

8.21

孟子曰:"王者之迹熄而《诗》亡①,《诗》亡然后《春秋》作②。晋之《乘》,楚之《梼杌》,鲁之《春秋》,一也③。其事则齐桓、晋文④,其文则史。孔子曰:'其义则丘窃取之矣⑤。'"

今译——

孟子说:"圣王的足迹消失而《诗》消亡,《诗》没有了然后《春秋》出现了。晋国的《乘》,楚国的《梼杌》,鲁国的《春秋》,都一样。记载的无非是齐桓公、晋文公一类的史实,文法也都是史官笔法。孔子说:'先王善善恶恶的大义,我孔丘私下拿来用在《春秋》里了。'"

注释——

① 《诗》:中国第一部诗歌总集,辑录自西周初期(公元前11世纪)至春秋中叶(公元前6世纪)约五百年间,共三百零五篇,分为《风》《雅》《颂》三部分。汉代儒者奉《诗》为经典,乃称《诗经》。
② 《春秋》:当时各诸侯国史官所记,多以"春秋"作为通名。这里特指孔子所作的《春秋》。
③ 《乘》(shèng):晋国史官记的史书。《梼杌(táo wù)》:楚国史官记的史书。鲁之

《春秋》：孔子据鲁史修订而成，以编年体记录自鲁隐公元年至鲁哀公十四年（公元前722—前481年）的鲁国史，历十二公，二百四十二年。因此《春秋》，世称此时代为"春秋"；因此《春秋》常以一字一语之褒贬寓微言大义，世称此笔法为"春秋笔法"。后私家著述或私人作史也常以"春秋"名，如《晏子春秋》《吕氏春秋》《吴越春秋》《十六国春秋》之类。

④ 齐桓、晋文：春秋时期"五霸"中最负盛名的是齐桓公、晋文公，故孟子以此两人类比。

⑤ 窃取：谦辞，谓于古圣先王之义有所得。《孟子》6.9："世衰道微，邪说暴行有作，臣弑其君者有之，子弑其父者有之。孔子惧，作《春秋》。《春秋》，天子之事也。是故孔子曰：'知我者，其惟《春秋》乎！罪我者，其惟《春秋》乎！'"故《春秋》是孔子以匹夫身份而行古圣先王之事，故孔子一则曰"罪我者，其惟《春秋》"，一则曰"窃取"。窃取者，窃取先王之义，且行使先王之权也。朱熹："窃取者，谦辞也。《公羊传》作'其辞则丘有罪焉尔'，意亦如此。盖言断之在己，所谓笔则笔、削则削，游夏不能赞一辞者也。尹氏曰：'言孔子作《春秋》，亦以史之文载当时之事也，而其义则定天下之邪正，为百王之大法。'"王夫之《四书训义》此章下："以匹夫而居二百四十二年南面之制，以定百王不易之法，严乱贼夷狄之辨，以为天下万世存几希之异也。""窃取古之帝王所以肇修人纪者，而深切著明以示天下焉。"

开讲——

"王者之迹熄"，即孟子说的"圣王不作""世衰道微"（6.9）。迹，足迹，走的路、做的事。孟子说，如果尧、舜、禹、汤、文、武、周公这样的圣王的足迹消失了，《诗》就没有了。

《诗经》的"出身"扑朔迷离。它的时间跨度很大，从西周初期至春秋中叶，有五百年左右。空间范围也大得惊人，黄河流域、江汉流域及汝水一带全在其中。那么，是什么人用什么样的方式，收集了这些不同时间、不同地点产生的诗歌呢？

有人说是"采诗"：

> 孟春之月，群居者将散，行人振木铎徇于路以采诗。献之太师，比其音律，以闻于天子。（班固《汉书·食货志》）

采诗人手摇木铎，把在民间采集到的诗歌献给太师，谱曲后上达天子：

> 五谷毕，人民皆居宅……男女同巷，相从夜绩……从十月尽正月止，男女有所怨恨，相从而歌，饥者歌其食，劳者歌其事。男年六十、女年五十无子者，官衣食之，使之民间求诗，乡移于邑，邑移于国，国以闻于天子。故王者不出牖户，尽知天下所苦，不下堂而知四方。（何休《公羊传注疏》）

官方提供衣食，让无儿无女的老人在民间采诗，从乡、邑报送到国家，最后上达天子。

采诗说，并无历史根据，却是合理推断。时间、空间如此辽阔，没有这样的过程，《诗》何以汇集？所以，当西周转到东周，周天子搞得像小一号的诸侯，它再也无力在"天下"的范围内收集诗歌，这就是孟子讲的"王者之迹熄而《诗》亡"。

与"国风"来自采诗的说法相配合的，是说"大雅""小雅"来自"公卿至于列士"的"献诗"，但也只有《国语·周语》"召公谏厉王"一段一个孤证。

至于编定《诗》的人是谁，司马迁说是孔子，但没有给出证据。

中国古代文学史从神话开始。神话之后，最早的两部作品，一部是散文集《尚书》，一部是诗歌集《诗经》。这些都是天子之事。天子之事息，王官之学亡，然后诸子作。用庄子的话说，是"道术亡"而"方术兴"：

> 天下大乱，贤圣不明，道德不一，天下多得一察焉以自好。譬如耳目鼻口，皆有所明，不能相通。犹百家众技也，皆有所长，时有所用。虽然，不该不遍，一曲之士也。判天地之美，析万物之理，察古人之全，寡能备于天地之美，称神明之容。是故内圣外王之道，暗而不明，郁而不发，天下之人各为其所欲焉以自为方。悲夫！百家往而不反，必不合矣。后世之学者，不幸不见天地之纯，古人之大体，道术将为天下裂。（《庄子·天下》）

诸子之作的开始，可能是《道德经》（假设《道德经》是孔子见过的那个老子写的），但以匹夫赓续天子，以私家之学，绍绪王官之学，"判天地之美，析万物之理，察古人之全"的，则只能是《春秋》。这就是孟子说的"《诗》亡然后《春秋》作""《春秋》，天子之事也"（6.9）。

《春秋》有两个概念：一个是孔子编订的鲁国《春秋》，一个是当时各国史官的记载，通名《春秋》。孟子这里指的是能上继《诗经》的、孔子编订的《春秋》。

《春秋》是对政治的评判，对天下诸侯的评判。

首先，是"其事"，史书记载有事：如齐桓公、晋文公之事。

其次，是"其文"，史书的史官笔法：史官的立场是客观的，笔法是中正的。"史"字结构，上面是"中"，下面是"手"，手执中，不受权力左右，历史本来是什么样子，就是什么样子——这才是天子应该有的样子。天子代表天下，哪能偏颇偏私？有天子"其文"，才是天下"其史"。

最后，是"其义"，史书的政治批评：善善恶恶——对好事好人，表扬；对坏人坏事，批评。贤贤贱不肖——对贤人，褒奖，以之为贤；对不肖之人，贬低。所以，史书含有政治审判的意思，里面包含历史正义。为什么要有历史？因为需要历史正义。历史正义是现实正义所不可或缺的。甚至，现实正义最终依赖历史正义而实现。

历史正义来自天之正义。天之正义的人间代表，就是天子之义，所以孔子说："其义则丘窃取之矣。"意思是，他窃取了天之正义，在行使天子的权威，善善恶恶，贤贤贱不肖。"孔子成《春秋》而乱臣贼子惧"（6.9），《春秋》大义，就是对乱臣贼子作历史正义的审判与身后清算。

链接——6.9；8.19；8.20；8.22；14.38

8.22

孟子曰:"君子之泽五世而斩①,小人之泽五世而斩。予未得为孔子徒也,予私淑诸人也②。"

今译——

孟子说:"君子对后代的影响力到五代以后就断绝了,小人对后代的影响力到五代以后就断绝了。我没有能成为孔子的门徒,我是私下里跟那些人学习的。"

注释——

① 泽:恩泽,影响。世:一世三十年。
② 私淑:私:谦辞。淑:用作动词,认为好而学习、取法。人:朱熹:"人,谓子思之徒也。"

开讲——

"泽",恩泽,影响。"五世而斩",有三种说法。

一是说,文化影响。一个人对后代的影响力一般不超过五世就断绝了。一世三十年,五世一百五十年。历史上真正像孔子、孟子这样对人类有永恒影响的人极少。曹丕说:"年寿有时而尽,荣乐止乎其身,二者必至之常期,未若文章之无穷。"(《典论·论文》)以文章声名传于后世的,毕竟也是少数。

二是说,祖上恩德继承。五世以后的子嗣不再能享受祖荫。朱熹:"大约君子小人之泽,五世而绝也。杨氏曰:'四世而缌,服之穷也;五世祖免,杀同姓也;六世亲属竭矣。服穷则遗泽寖微,故五世而斩。'"比如,孔子的祖先不姓孔,姓子,是商王的后代。传到孔父嘉,名嘉,字孔父,"五世亲尽,别为公族。故后以孔为氏焉"(《孔子家语·本姓解》)。因为从孔父嘉往上数,已历五代(往上追溯五代是国君)。《礼记》云:"有五世而迁之宗。"贵族爵位最多可以向下继承五代,五代以后,被认为是与最初的受封者"亲尽"了,必须自己另立一家,故孔父嘉不能再用祖先的子姓,而只能以氏为称,也不能再享受贵族的相关政治和经济待遇。唯一能继承的,大概就是"士"的身份。姓氏的关系,相当于树干与树枝的关系。

古代礼制这样规定,出于两个考虑,一是从经济学考虑。如果没有这样的"出五服"制度,则贵族人口几何级增长,全国的土地及其出产也不足以分配和养活他们。二是血缘不断稀释,繁衍到五代玄孙时,血缘已经极其稀薄,谈不上多"亲"了。

三是说,气质、德性的生物遗传影响。赵岐说:"大德大凶,流及后世,自高祖至玄孙,善恶之气乃断,故曰五世而斩。"他的意思是,家族的遗传性特征,如性格,如气质,如门风,如家教,历经五世,虽大德大凶,也都汰除渐尽了。孙奭疏:"自高祖至玄孙者,凡有九等,高祖、曾祖、祖、父、己身、子、孙、曾孙、玄孙是也。今注乃以此证五世而斩者,据己身而推之,则上自高祖,至玄孙,是为无服者也。"孙奭的疏语义模糊。应该这么算:己身为玄孙之高祖,从己身至玄孙,正好五世。又:高祖、曾祖、祖父、父亲、己身,亦正好五世。

孟子在这里，显然不是讲贵族的世袭恩德的继承，也不是讲生物特征遗传。孟子讲的是文化传承。公元前479年孔子去世，孟子出生大约在公元前385年，中间相隔94年，从孔子出生到孟子出生计算，近一百七十年。所以孟子说自己"未得为孔子徒"。这是时间的距离。但，孟子说"予私淑诸人也"，虽然圣人的恩泽"五世而斩"，我无缘走进孔子门下，但我自己把自己认作是孔子门徒，我是"圣人之徒"（14.38），我以继承孔子思想为己任。从这里，我们可以看出孟子的一点遗憾。从这点遗憾。又可以看出孟子对孔子的一片深情。

"诸人"到底是哪些人？司马迁《史记·孟子荀卿列传》说，孟子学于孔子之孙子思的门人。如是，则孔子传曾子，曾子传子思，子思传门人，门人再传孟子，恰好五世。朱熹《孟子集注》：

> 人，谓子思之徒也。自孔子卒至孟子游梁时，方百四十余年，而孟子已老。然则孟子之生，去孔子未百年也。故孟子言予虽未得亲受业于孔子之门，然圣人之泽尚存，犹有能传其学者。故我得闻孔子之道于人，而私窃以善其身，盖推尊孔子而自谦之辞也。此又承上三章，历叙舜禹，至于周孔，而以是终之。其辞虽谦，然其所以自任之重，亦有不得而辞者矣。

此章可与前三章8.19、8.20、8.21互看。前三章孟子依次讲到了舜、禹、汤、文、武、周公以至于孔子，这里孟子则点出了自己和孔子的关系便是，我也是这正统传承谱系中的一环。

在《孟子》最后一章中，孟子更发出了"由孔子而来至于今，百有余岁，去圣人之世，若此其未远也；近圣人之居，若此其甚也，然而无有乎尔，则亦无有乎尔"的浩叹（14.38）。

孟子还真是如朱熹所说："其辞虽谦，然其所以自任之重，亦有不得而辞者矣。"

成语——君子之泽，五世而斩　私淑弟子
链接——8.19；8.20；8.21；14.38

8.23

孟子曰:"可以取,可以无取,取伤廉;可以与,可以无与,与伤惠;可以死,可以无死,死伤勇。"

今译——

孟子说:"可以取,可以不取,取就损害了廉洁;可以给,可以不给,给就损害了恩惠;可以死,可以不死,死就损害了勇敢。"

开讲——

廉,是"见得思义"(《论语·宪问》《论语·季氏》)。不廉,不是说把不属于自己的强行拿来,而是在可以取与可以不取之间,唯有不取,才真正显示义之所在。

惠,怎么选择给还是不给?苏轼《刑赏忠厚之至论》:"可以赏,可以无赏,赏之,过乎仁;可以罚,可以无罚,罚之,过乎义。过乎仁,不失为君子;过乎义,则流而入于忍人。故仁可过也,义不可过也。"意思是可以赏,可以不赏,赏了,仁就做过头了;可以罚,可以不罚,罚了,义就做过头了。仁做过头,不失为君子;义做过头,就会滑到残忍的人那边。所以,仁可以过,义不可以过。苏轼这话说得好,但"过乎仁",虽"不失为君子",还是有点问题的,为什么?伤

"惠"——这就是我说的"价值边界"问题。孟子这里说的,同样是价值边界问题:可给可不给,给了,到最后会激发人内心的贪欲,把人心搞坏了,反过来伤及"惠"。"施惠""施恩"都会伤及"恩惠"。《水浒传》中有个人叫施恩,他对被囚禁的武松照顾得无微不至,就是在"施恩",目的是要武松给他当打手,打死蒋门神。打蒋门神也许是对的,如果出于"义"去打,没问题;但出于恩惠去打,就有那么一点问题。

"与伤惠"要与"取伤廉"一处看,因为这是一个逻辑的反面。若我们自己在可取可不取之间有"取伤廉"的判断,则对方接受"可以与,可以无与"的"与",也是"取伤廉"的。所以,"与伤惠"者,是用我们的"惠",伤害了对方的"廉"。这样的"惠",当然是一种伤害:正如施恩施恩于武松,总有那么一点动机不纯,而武松打蒋门神的行为,也就有了那么一点不义。惠,也要照顾对方的体面,要把对方看成一个有自尊的人,不要用你的惠伤他的尊严。如果你的惠损伤了他的尊严,那么这样的"惠",就变味了,是有残疾的惠。

勇,死表示你更勇敢吗?要看情形。如果不可以不死,当然要死。但可以死,可以不死,就不该死。死了,就是被你的勇所伤,而且你的行为也损害了"勇"这个概念里包含的正当的意义。勇不是不怕死,不是轻率对待自己的生命。"生亦我所欲也,义亦我所欲也,二者不可得兼,舍身而取义也。"(11.10)生命是我想有的,义是我想有的,只有在"不可得兼"时,才作"取舍"。子路勇敢,孔子再三叮咛,甚至警告他"不得其死然"(《论语·先进》),但后来子路还是死在卫国的政治内讧中,死在可以死,可以不死的情形中。

《论语·雍也》记,公西华出使齐国,冉求请求给公西华的母亲一些小米。孔子说:"给他一釜。"一釜合当时三斗二升,约一个人一个月的口粮。冉求请求再增加些。孔子说:"那就再给他一庾。"一庾合二斗四升。冉求却又给了他五秉。公西华本身不穷,出使齐国,肥马轻裘。孔子批评冉求说："吾闻之也，君子周急不继富。"有意思的是，紧跟这一章后面，记的是原宪替孔子做管家，孔子给了他九百斗小米。原宪推辞不要，孔子非要给，说："以与尔邻里乡党乎！"那就送些给你的邻居、家乡亲戚吧！原宪家是非常穷困的，孔子想通过原宪接济一下他的穷亲戚。而原宪的穷亲戚也一定会对做了官的原宪有所期待，这份期待无法漠视，不能辜负，这是原宪必须面对的，所以孔子也就必须考虑，必须给。

一个可以"不予"——但冉求给了公西华五秉，这叫"伤惠"。

一个可以"不取"——偏偏公西华拿了，这叫"伤廉"。

一个可以"与"，但不可以"无与"——孔子给了原宪九百斗，这是"惠"。

一个可以"取"，但原宪起先想"无取"，可是又一想自己那么多穷亲戚需要接济，不可以不取，最终取了——这是"廉"。

朱熹引林氏曰："公西华受五秉之粟，是伤廉也；冉子与之，是伤惠也；子路之死于卫，是伤勇也。"

孟子本人的取舍，也可以说明：于薛，孟尝君馈五十镒，于宋，宋王馈七十镒，孟子都取了。为什么？因为一要防盗，一要盘缠。（参见4.3）齐王送一百镒，可以取，可以无取，孟子不取。为什么不取？也是一种"防"，不是防盗防没盘缠，是防"伤廉"。

链接——3.2；4.3；11.10

8.24

逢蒙学射于羿①,尽羿之道,思天下惟羿为愈己,于是杀羿。孟子曰:"是亦羿有罪焉。"

公明仪曰:"宜若无罪焉。"

曰:"薄乎云尔②,恶得无罪?郑人使子濯孺子侵卫,卫使庾公之斯追之③。子濯孺子曰:'今日我疾作,不可以执弓,吾死矣夫!'问其仆曰:'追我者谁也?'其仆曰:'庾公之斯也。'曰:'吾生矣。'其仆曰:'庾公之斯,卫之善射者也。夫子曰吾生,何谓也?'曰:'庾公之斯学射于尹公之他④,尹公之他学射于我。夫尹公之他,端人也,其取友必端矣。'庾公之斯至,曰:'夫子何为不执弓?'曰:'今日我疾作,不可以执弓。'曰:'小人学射于尹公之他,尹公之他学射于夫子。我不忍以夫子之道反害夫子。虽然,今日之事,君事也,我不敢废。'抽矢,扣轮,去其金⑤,发乘矢而后反⑥。"

今译——

逢蒙向羿学习射箭,完全掌握了羿的射术,心想天下只有羿比自己强,于是杀死了羿。孟子说:"这件事羿也有罪过。"

公明仪说:"应该没什么罪过吧。"

（孟子）说："只是不大罢了，怎么能说没错呢？郑国人派子濯孺子攻打卫国，卫国派庚公之斯追击他。子濯孺子说：'今天我犯病了，不能拿起弓箭，我要死了！'问给他驾车的人说：'追我的是谁？'驾车人说：'是庚公之斯。'（子濯孺子）说：'我死不了了。'驾车人说：'庚公之斯，是卫国一流的射手。您说"我死不了了"，什么意思啊？'（子濯孺子）说：'庚公之斯是向尹公之他学的射箭，尹公之他是向我学的射箭。那尹公之他，是正派人啊，他选朋友一定也是正派的。'庚公之斯追到了，问：'您怎么不拿起弓？'（子濯孺子）说：'今天我犯病了，拿不起弓。'（庚公之斯）说：'鄙人跟尹公之他学习射箭，尹公之他跟您学习射箭。我不忍心用您的射术反过来加害您。虽如此，但今天的事，我受国君之命，我岂敢因私废公。'于是抽出箭，在车轮上敲打，去掉箭头，射了四箭然后回去了。"

注释——

① 逢（páng）蒙：又称逢蒙，羿的臣仆、学生。羿（yi）：相传夏代有穷国的国君，善于射箭，又称"后羿"。

② 薄：朱熹："言其罪差薄耳。"

③ 子濯（zhuó）孺子：郑国大夫。庚（yǔ）公之斯：庚公斯，卫国大夫。"庚公之斯"和下面的"尹公之他"里面的"之"字，均是人名中的介词。

④ 尹公之他（tuó）：尹公佗。《左传》襄公十四年，也有一段有关记载，注此备案："卫献公戒孙文子、宁惠子食，皆服而朝……初，尹公佗学射于庚公差，庚公差学射于公孙丁。二子追公，公孙丁御公。子鱼曰：'射为背师，不射为戮，射为礼乎。'射两𫐓而还。尹公佗曰：'子为师，我则远矣。'乃反之。公孙丁授公辔而射之，贯臂。"这与孟子的叙述有较大差别：

一、这是卫国内乱——卫卿孙林父作乱，追杀卫献公，而不是郑国和卫国之间的战争。

二、尹公佗学射于庚公差，而不是庚公斯学射于尹公佗。

三、不见公孙丁（即子濯孺子）生病的记载。

四、是孙林父派尹公佗、庚公斯追杀卫献公，子濯孺子为卫献公驾驶马车。

五、庚公差因为子濯孺子是自己的老师，象征性地射了车辄两边的夹头后就回去了。尹公佗则说："他是您的老师，和我关系就远了。"返回去追。子濯孺子一箭射穿了他的肩膀。

⑤ 矢：箭。扣：敲、打。金：箭头。

⑥ 乘（shèng）：古代四马一车为一乘，故亦称四为乘。乘矢，就是四支箭。

开讲——

　　孟子讲这个故事，在讲什么？在讲后羿也有罪过。罪过在哪里？简单一句话：仅仅教逢蒙能射箭，不教他什么时候不能射箭。老师教人以术，一定要先教人以德。学生行为不端，有罪过，做老师的有没有罪过？孟子说："也有。"如果教他杀人之术，却不问其人品，那就更是罪过了。前者只是没教好他做人，后者直接给坏人递刀了。

链接——11.20

8.25

孟子曰:"西子蒙不洁①,则人皆掩鼻而过之。虽有恶人,齐戒沐浴②,则可以祀上帝③。"

今译——

孟子说:"西施身上沾了肮脏的东西,那众人从她旁边走过都会捂着鼻子。哪怕一个人长相丑陋,只要斋戒沐浴了,也可以祭祀上帝。"

注释——

① 西子:西施。刘沅:"西子,姓施,名夷光。"此代指美女。与下文"恶人",即丑人相对。
② 齐(zhāi):通"斋",斋戒。
② 中国文化中的"上帝"概念:《尚书·召诰》:"皇天上帝改厥元子兹大国殷之命。"《尚书·舜典》:"肆类于上帝,禋于六宗,望于山川,遍于群神。"《论语·尧曰》:"敢诏告于皇皇后帝"。

开讲——

美女假如不洁,人人不敢靠近她;丑人假如干净,上帝也接受他的祭祀。所以,关键不在于长相,而在于有没有德性。古代说君子爱惜羽毛就是这个道理。

这里有个含而不露的对比：不洁了，连人都嫌弃；干干净净，上帝都接纳。

成语——斋戒沐浴
链接——4.3

8.26

孟子曰:"天下之言性也①,则故而已矣②。故者以利为本③。所恶于智者,为其凿也。如智者若禹之行水也④,则无恶于智矣。禹之行水也,行其所无事也⑤。如智者亦行其所无事,则智亦大矣。天之高也,星辰之远也,苟求其故,千岁之日至⑥,可坐而致也。"

今译——

孟子说:"天下人所谈论的人性,就是在谈论人的本然之性而已。要寻求本然之性就要以顺应本性为基本方法。之所以那些自作聪明的人让人厌恶,是因为他们常常穿凿附会(脱离万物本性)。如果聪明就像大禹疏导洪水(顺应水的本然之性),那人们就不会厌恶聪明了。大禹疏导洪水,是使水不加干预自然流去。如果聪明人也顺应本性自然行事,那就是大智慧了。天是那么高,星辰是那么远,如果找到它们的自然规律,前后千年的日至,坐在家中也能推算出来。"

注释——

① 性:指事物本性。
② 故:本来的,本性的,规律的。最后一句"苟求其故"之故,显然是指事物自身规律,本然之性。

③ 利：顺，顺应。因势利导，即顺应其规律而疏导引导的意思。赵岐："言天下万物之情性，当顺其故，则利之也。"朱熹："性者，人物所得以生之理也。故者，其已然之迹，若所谓天下之故者也。利，犹顺也，语其自然之势也。言事物之理，虽若无形而难知；然其发见之已然，则必有迹而易见。故天下之言性者，但言其故而理自明，犹所谓善言天者必有验于人也。然其所谓故者，又必本其自然之势；如人之善、水之下，非有所矫揉造作而然者也。若人之为恶、水之在山，则非自然之故矣。"

④ 行水：使水运行，引导水使之按本性流淌。

⑤ 行其所无事：指在不受外力干扰的情况下运行。

⑥ 日至：日至包括夏至和冬至。

开讲——

人性以顺为本，顺应自然，不是后天教育的东西。荀子说："人之性恶，其善者伪也。"（《荀子·性恶》）伪，即人为。人为的，就不是本性。谈人性，一定是谈人的自然本性，合乎于本性的东西，而不是自作聪明，穿凿附会。

老子说："以智治国，国之贼；不以智治国，国之福。"（《道德经》六十五章）以智慧治国，是祸害国家；不以智慧治国，是造福国家。为什么？孟子这里相当于给老子做了注释：是因为穿凿，是因为自作聪明，是因为不顺应人性的自然。邓小平搞改革开放，就是顺应了人民发家致富过好日子的愿望，"所欲与之聚之，所恶勿施尔也。民之归仁也，犹水之就下"（7.9）。人民发家致富了，国家也就富强了。真正的大智慧，是顺应自然的智慧，是顺应本性的智慧。天际星辰那么高远，人的智慧能干预它们的自然运行吗？人类只有掌握它们的规律、顺应它们的规律，依四季节候而动。

朱熹："程子曰：'此章专为智而发。'愚谓事物之理，莫非自然。顺而循之，则为大智。若用小智而凿以自私，则害于性而反为不智。程子之言，可谓深得此章之旨矣。"

一、聪明要善用；

二、真聪明不是自以为是，而是以物为是——不是自己认为怎么样，而是事物本来怎么样；

三、智慧，就是管住自己的小聪明，老老实实依循规律。

链接——7.9

8.27

公行子有子之丧①。右师往吊②,入门,有进而与右师言者,有就右师之位而与右师言者。孟子不与右师言。右师不悦,曰:"诸君子皆与欢言,孟子独不与欢言,是简欢也③。"

孟子闻之,曰:"礼,朝廷不历位而相与言,不逾阶而相揖也。我欲行礼,子敖以我为简,不亦异乎?"

今译——

公行子为儿子办丧事。右师王欢前往吊唁,入得门来,有近前来与他讲话的,有专门到他座位前与他讲话的。孟子不跟他说一句话。王欢不高兴,说:"其他人都跟我说话,独独孟子不跟我说话,是怠慢我啊。"

孟子听说了,说:"礼规定,在朝堂上不能越过座次相互交谈,不能越过台阶相互作揖。我想依礼而行,子敖却以为我怠慢他,不是很奇怪吗?"

注释——

① 公行子:齐国大夫。
② 右师:官名。这里指王欢,字子敖。齐宣王宠臣。见《孟子》4.6, 7.24, 7.25。
③ 简:怠慢。

开讲——

这一章非常有画面感,也不难理解。孟子不喜欢王欢,原因孟子没说,也不见其他史书记载。大概孟子这样的人,对于那些和国君走得近,却又对国君没有规谏,甚至与国君一起荒唐的人,都不会喜欢。(参见 4.6,7.24,7.25 开讲)

朱熹:"是时齐卿大夫以君命吊,各有位次……右师未就位而进与之言,则右师历己之位矣;右师已就位而就与之言,则己历右师之位矣。孟子右师之位又不同阶,孟子不敢失此礼,故不与右师言也。"

意思是,这次吊丧,齐国这些卿大夫都是依照国君之令去吊唁,各自都有相应的座次。像在朝廷一样。右师王欢如果没就座就与别人说话,那他就越位了;如果右师王欢已经就座而其他人上来和他说话,那来说话的人就越位了。所以,整个场合,因为王欢一个人,搞得不伦不类,只有孟子谨守周礼。刘沅亦附解曰:"初入门即行吊礼,安得纷纷与言?故孟子非托词也。"孟子这次讲的,真是实话,就是礼节不允许。孟子虽然不喜欢王欢,但也没必要非在这个场合特立独行,故意刺激他。

其实,在人家的丧礼上,一帮人夤缘趋附,言语纷纷,还有一点吊丧的样子吗?还有一点对主人的尊重,对主人悲痛的理解吗?吊丧,不是社交场合,今人可能不在乎,但周礼还是很严谨的。"子食于有丧者之侧,未尝饱也。子于是日哭,则不歌。"(《论语·述而》)"子见齐衰者,冕衣裳者与瞽者,见之,虽少,必作;过之,必趋。"(《论语·子罕》)孔子表现的,就是周礼的规定。而周礼的规定,乃是出于基本人情。《礼记·表记》引孔子的话:"卑己而尊人,小心而畏义。"在吊丧的场合,小心翼翼顾及主人的悲伤,就是"义"。义,就是"宜",此刻,孟子的行为,就是与这个场合相适宜的。而王欢,不仅不懂礼,不顾及主人的感受,还喧宾夺主,大出风头,在此体验人人趋附的快感。

更甚者，还觉得孟子扫了他的兴，出言怪罪语带讽刺，难怪孟子不喜欢他。

链接——4.6；7.24；7.25

8.28

孟子曰:"君子所以异于人者,以其存心也。君子以仁存心,以礼存心。仁者爱人,有礼者敬人。爱人者,人恒爱之;敬人者,人恒敬之。有人于此,其待我以横逆①,则君子必自反也:我必不仁也,必无礼也,此物奚宜至哉②?其自反而仁矣,自反而有礼矣,其横逆由是也③,君子必自反也,我必不忠。自反而忠矣,其横逆由是也,君子曰:'此亦妄人也已矣。如此,则与禽兽奚择哉?于禽兽又何难焉④?'是故君子有终身之忧,无一朝之患也。乃若所忧则有之:舜,人也;我,亦人也。舜为法于天下,可传于后世,我由未免为乡人也,是则可忧也。忧之如何?如舜而已矣。若夫君子所患则亡矣。非仁无为也,非礼无行也。如有一朝之患,则君子不患矣。"

今译——

孟子说:"君子不同于普通人的地方,在于他们的存心与人不同。君子居心于仁,居心于礼。仁者爱人,有礼者敬人。爱人者,人恒爱之;敬人者,人恒敬之。假如有一个人,对待我蛮横无礼,那么君子一定会反躬自问:我肯定有不仁的地方,肯定有无礼的地方,(不然)这事为什么会落在我这呢?自省后自己是仁的,自省后自己是有礼的,那人还是强横无礼，君子一定会再自我反省，我肯定有不够尽责的地方。自省后自己是尽责的，那人依然强横无礼，君子说：'这就是一个妄人罢了。像他这样，那与禽兽有什么区别？对于禽兽又有什么可以责难的呢？'因此，君子有终身的忧虑，没有一天的担忧。至于君子所忧虑的事是有的：舜，是人；我，也是人。舜为天下树立了榜样，能传之于后世，我还是不免做个乡下的普通人，这是值得我忧虑的。忧虑了怎么办呢？像舜那样做罢了。这样君子别的担忧也就没有了。不符合仁的事不做，不符合礼的事不做。即使有突如其来的担忧，君子也不以为担忧了。"

注释——

① 横（hèng）逆：蛮横忤逆，强横无理。

② 物：事。奚宜：为什么会。

③ 由：通"犹"。以下两个"由"均是。

④ 难（nàn）：责难。

开讲——

"以仁存心"，心里总是怀着仁爱的念头，宅心仁厚；"以礼存心"，心里总是怀着礼义的念头，以规矩待人。

注意这里"禽兽"的意思比今天单纯，仅指尚未开化、做人不知礼义。因为人是能通过教育懂礼义的，而禽兽不可能。这个词在当时没有今天这么强烈的道德谴责色彩。孔子和弟子走失，子贡去寻找，一个郑国人对他说，东门那里站着个人，"累累若丧家之狗"，是你的老师吧？子贡告诉孔子那人的话，孔子笑了："然哉！然哉！"（《史记·孔子世家》）是啊，是啊，是像条丧家狗。这里的"则与禽兽奚择哉"，是骂这个人不懂事，这个人这么不懂事，我还跟他计较什么呢？

下一句"于禽兽又何难焉",难,责难。"《春秋》之法,常责备于贤者"(欧阳修、宋祁:《新唐书》卷二《太宗本纪·赞》),自古以来,贤者反而更多受到责备。日常生活里也如此,两人闹矛盾吵起来,一个好说话,一个难缠,劝架的人会先劝谁?劝好说话的。这也是人之常情,因为和不讲道理的人没法讲道理。责备的"备",是完美之意,以"备"责之,用完美来要求人。责"难",也是用难事要求人。所以孟子说"于禽兽又何难焉"?对尚未文明化的不懂事的人,能责"备"、责"难"他什么呢?

"一朝之患"是日常生活中的烦恼,人人有,天天有,但不是人人都会有"终身之忧"。君子不是没有"一朝之患"的烦恼,而是君子只在意"终身之忧"。孔子说"人无远虑,必有近忧"(《论语·卫灵公》),反过来说就是,人如果有远虑,就不会为日常琐事所纠结,因为这真不是事。孔子说:"德之不修,学之不讲,闻义不能徙,不善不能改,是吾忧也。"(《论语·述而》)品德没有修养好,学问没有讲习透,听到义不能跟从,缺点错误不能改正,那才是我所忧虑的啊!

《论语》中,有15个"忧"字,没有一个"苦"字。"苦",是对生活的被动承受与感受,而"忧",则往往是主动承揽与担当:你是什么人,你便忧什么;你忧什么,也最终决定你会成为什么人。忧无聊之事,便是无聊之人;忧琐屑之事,便是琐屑之人;忧小巧之事、怀土怀惠,便是小人;忧恶衣恶食,便是未足与议之人;忧无关紧要之事,便是无关紧要之人。而孔子,忧学忧德忧不善不义,便成圣人。子曰:"吾十有五而志于学,三十而立,四十而不惑,五十而知天命,六十而耳顺,七十而从心所欲,不逾矩。"(《论语·为政》)看孔子谈自己的人生阶段,每一阶段都有所立,又都有所不足,有待更好地"切磋"与"琢磨"。孔子在这个过程中一直有忧。"志于学"的时候,忧"立";立的时候,忧"不惑";不惑的时候,忧"知天命";知天命的时候，忧"耳顺"；耳顺的时候，忧"从心所欲不逾矩"，终身在忧。终身之忧，就是忧终生之事。何为终生之事？就是人生的价值，就是一生的追求和目标。我们太多人，天天被纠缠在小烦恼、小幸福、小成就中，把自己的大忧患忘记了。《庄子·齐物论》："道隐于小成，言隐于荣华。"小遮蔽了大，华遮蔽了质。追求小快乐，大快乐就没有了；追求小成功，大成功就没有了；耽于小烦恼，大烦恼就没有了。烦恼即菩提，没有大烦恼，哪能证得大菩提？"有所不为，然后可以有为"（8.8），对小烦恼、小痛苦，钝感更好。君子"如有一朝之患"，怎么办？不办。"则君子不患矣"，"不患"就是不办，置之度外。

赵岐解释"一朝之患"为"一朝横来之患"，解释"则君子不患矣"为"非己愆也。故君子归天，不以为患也"，因为不是自己犯的错，所以君子把这些归到天命。既是天命，吾又何患？这个解释也很好。人生即便尽了自己所能，也不免遭遇非命，但此刻就问心无愧了，把这一切归之于天命。既是天命，我又何必预为忧患，又何能预为防范。彼既来之，我自安之。这也是一种智慧。君子坦荡荡者，非君子自以为不遭横逆也，是君子遭横逆而归之于天，自反而不直也。

成语——一朝之患　终身之忧　爱人者人恒爱之　仁礼存心
链接——3.6；7.4；8.8

8.29

禹、稷当平世,三过其门而不入,孔子贤之;颜子当乱世,居于陋巷,一箪食,一瓢饮,人不堪其忧,颜子不改其乐,孔子贤之①。孟子曰:"禹、稷、颜回同道。禹思天下有溺者,由己溺之也②;稷思天下有饥者,由己饥之也,是以如是其急也。禹、稷、颜子易地则皆然。今有同室之人斗者③,救之,虽被发缨冠而救之④,可也。乡邻有斗者,被发缨冠而往救之,则惑也,虽闭户可也。"

今译——

大禹、后稷生逢清平之世,三次路过自己家门没有进去,孔子赞许他们。颜回生逢乱世,住在陋巷中,靠一箪粗饭、一瓢水生活,别人不能忍受这种清苦,颜回却不改变他的快乐,孔子赞许他。孟子说:"大禹、后稷、颜回,是同道中人。大禹想着天下有溺水的人,就像是自己使他们溺水一样;后稷想着天下有饥饿的人,好像是自己使他们挨饿一样,因此才那么急急忙忙的。大禹、后稷、颜回互换位置也都会像彼此那样。假如同屋里的人在斗殴,要去救,你披散着头发戴帽子去救,是可以的。乡邻之间在斗殴,你披散头发戴帽子去救,就糊涂了,哪怕关门闭户也可以嘛。"

511 | 卷八 离娄下

注释——

① 孔子赞颜回："贤哉，回也！一箪食，一瓢饮，在陋巷，人不堪其忧，回也不改其乐。贤哉，回也！"（《论语·雍也》）

② 由：通"犹"。

③ 今：古文中此类"今"，不是今日之今，勉强可以翻译为"现在"，表示一种假设的情况，最好翻译为"假如"。

④ 被（pī）发缨（yīng）冠：古人戴帽要先束发。这里指来不及了，披散着头发就系上帽带，形容很着急。缨：系在脖子上的帽带，这里用作动词。

开讲——

　　禹、稷、颜回都是圣人（颜回古称亚圣或复圣），他们之间有什么区别？禹、稷是有事功的，颜回好像什么也没做。圣人、君子在世，做或者不做，因地制宜，因时制宜，并无一定之规。任何时候任何地方，一定要像大禹一样"三过家门而不入""身执耒臿以为民先，股无胈，胫不生毛"（《韩非子·五蠹》）吗？不是；一定要像颜回一样，关上门只读书，安贫乐道吗？也不一定。在大禹的时代，就做大禹；在颜回的时代，就做颜回。这是因应世道。所以孟子说他们是"同道"，达则有责任兼济；穷则有权利快乐，不，有责任快乐——禹、稷以艰苦卓绝济世；颜回以熙熙而乐救世。大禹、后稷达，他们在那样的时代有那样的地位、权势，有责任为天下担当，兼济天下；颜回不在那样的位置，也不在那样的时代，于是跟孔子读书，此时跟随孔子，就是在协助孔子救世。他以读书求道为乐，以一己不改之乐，成为圣者。大禹治水，后稷耕稼，颜回读书——事虽不同，救世一也。谁说读书不是救世？谁说跟随孔子不是在参与一桩伟大的事业？

　　我们普通人也应该如此：有事情做的时候，有责任做事；没事情做的时候，有责任快乐。"禹思天下有溺者，由己溺之也；稷思天下有饥者，由己饥之也，是以如是其急也。"急，是圣贤胸怀；颜回"居于陋巷，一箪食，一瓢饮，人不堪其忧，颜子不改其乐。"缓，也是圣贤胸怀。天下急则急，天下缓则缓。须急救方能救，则以急救之；用宽缓才能救，则缓救之，若颜回，以一己之缓，救天下之急者也。所以，他们相互换位也会是一样的选择。所以，急，就像"有同室之人斗者"，身处同室，"被发缨冠"也要去救；缓，就像"乡邻有斗者"，未必要"被发缨冠"去救，"虽闭户可也"——孟子这里讲的，不是不救，而是各有其位，各有其责：急者"被发缨冠而救之"，如大禹、后稷；缓者"闭户可也"，如颜回，都是圣贤气象。

成语——三过家门而不入　人溺己溺　人饥己饥　不堪其忧
　　　　　不改其乐　被发缨冠
链接——8.31

8.30

公都子曰:"匡章①,通国皆称不孝焉。夫子与之游,又从而礼貌之,敢问何也?"

孟子曰:"世俗所谓不孝者五:惰其四支②,不顾父母之养,一不孝也;博弈好饮酒,不顾父母之养,二不孝也;好货财,私妻子,不顾父母之养,三不孝也;从耳目之欲③,以为父母戮④,四不孝也;好勇斗很⑤,以危父母,五不孝也。章子有一于是乎?

"夫章子,子父责善而不相遇也。责善,朋友之道也。父子责善,贼恩之大者。夫章子,岂不欲有夫妻子母之属哉?为得罪于父,不得近,出妻屏子⑥,终身不养焉。其设心以为不若是,是则罪之大者,是则章子已矣。"

今译——

公都子说:"匡章,全国上下都说他不孝。老师您却跟他交往,还给他很高的礼遇,我大胆问您这是为什么呢?"

孟子说:"俗世凡人所说的不孝有五种:四肢懒惰,不顾念奉养父母,一不孝;好下棋好喝酒,不顾念奉养父母,二不孝;喜好钱财,偏心妻子、孩子,不顾念奉养父母,三不孝;放纵声色欲望,使父母蒙受羞辱,四不孝;逞勇敢好斗殴,危及父母,五不孝。匡章占其中的一条吗?

"章子,是父子相互责备以求善才导致不融洽啊。责备对方以求善,是朋友的相处之道。父子之间也这样责备求善,是对恩情的最大伤害。章子,难道不想有夫妻母子这样的亲属吗?因为得罪了父亲,不能近身于父亲前,所以他也赶走了自己的妻儿,终身不要他们侍奉。他心里以为如果不这样,那自己的罪过就更大了,这就是章子罢了。"

注释——

① 匡章:齐国名将,尊称章子。

② 支:同肢。

③ 从(zòng):通"纵",放纵。

④ 戮(lù):羞辱。

⑤ 很:同"狠"。

⑥ 屏(bǐng):放弃。

开讲——

世人以为匡章不孝,可能是因为这件事:《战国策·齐策一·秦假道韩魏以攻齐》说,"章子之母启得罪其父,其父杀之而埋马栈之下",匡章的母亲得罪了匡章的父亲,他父亲就把她杀了,埋在马棚下面。父子争执,匡章由此"得罪于父,不得近"。所以孟子问"章子有一于是乎",五不孝里,章子占哪一条呢?没有。朋友之道,可以因"责善"而断交,父子血缘关系却无法选择,责善"贼恩之大",会极大伤害人伦感情。事情发生了,怎么办呢?

从孟子的叙述里,我们可以知道,匡章也断绝了自己与妻子、儿子的关系。因为他得罪了父亲,不能近身于父亲前侍奉,所以他便让妻子、儿子不再侍奉他做自我惩罚。"夫章子,岂不欲有夫妻子母之属哉?"难道匡章不想要妻子、儿子吗?不是,而是"以为不若是,是则罪之大者",不这么做,自我感觉更有罪了。孟子这里对匡章,并不是在赞扬他,而是对他的苦衷、不得已,体察至深。体,体会、体谅;察,分辨、明察。孔子说:"众恶之必察焉;众好之必察焉。"(《论语·卫灵公》)众人都厌恶他,一定要仔细考察这个人;众人都喜欢他,也一定要仔细考察这个人。此章,孟子为孔子这句话作了最好的注脚。

《战国策·齐策一·秦假道韩魏以攻齐》后面还有一段。匡章父亲死后,齐威王说,我可以帮助迁葬你母亲,匡章回答:"臣非不能更葬先妾也。臣之母启得罪臣之父。臣之父未教而死。夫不得父之教而更葬母,是欺死父也。故不敢。"不是我不能迁葬母亲。我的母亲得罪于我的父亲,我的父亲没有留下教诲就去世了。如果我没有得到父亲的教诲就迁葬母亲,是又在欺骗死去的父亲了,因此不敢接受。齐威王感叹:"夫为人子而不欺死父,岂为人臣欺生君哉?"身为人子,匡章对死去的父亲都不欺瞒,作为人臣,他难道会欺瞒我这个活着的国君吗?

刘沅《孟子恒解》此章下有一段辨析,可为参考:

> 《国策》,齐王使章子将,勉之曰:"夫子之强,全兵而还,必更葬将军之母。"对曰:"臣非不能更葬先妾也,臣之母启得罪臣之父,臣之父未教而死。夫不得父之教而更葬母,是欺死父也。故不敢。"王曰:"为人子而不欺死父,岂为人臣欺生君哉?"《国策》书其人其言多不足取。而自春秋以后之事迹,赖以有传,不可废也。其载章子此事,殆非无因。世固有人伦之变如此。不幸者章子,既不能救其母,又不能事其父,出妻屏子,终身不养,亦悔恨无聊之一念也。然则为章子者,将奈何?当母得罪于父时,当几谏其父母,使释然敦睦。不幸不可回,则善全其母,以俟父之怒解而

不能,然以致母死于非命,则不孝于母,亦不孝于父。九州难铸此错矣。父在不敢改葬,父死则可改葬。干父之蛊,方为大孝,况君命改葬哉。孟子不绝章子者,取章子有悔恨之心,悯其不幸之遇,故曰:"是则章子已矣。"固非以其为孝也。嗟夫,人伦之变,有不忍言者。惟圣人能曲尽其道,至诚感孚,全其美而求其失,下此难言之矣。是故《大学》之道不明,家庭骨肉之际,必多不得其道,而抱憾者多。圣人以忠孝望人,固不敢谓有不是之君父。为君为父者,亦岂可侈然自肆,乐莫予违哉?孟子谓章子责善,是其不知几谏,以致决裂至此。而其父之不可话,言亦隐然见于言外矣。故人当明善诚身善事其亲。而凡为父母者,亦不可不正身以为则也。

刘沅的意思有这几点值得注意:第一,孟子并不认为章子的做法是孝,只是同情他的遭遇。第二,章子父亲杀母,这种行为不值得为之辩护。圣人希望人都做孝子,所以说天下无不是的父母,但哪里真是如此?不是的父母也时而有之。故做父母的哪里可以侈然自肆,乐莫予违?当正身以为子女则,如此才可以获得子女的尊重。第三,章子因为家庭有如此不忍言之痛,出妻屏子,终身不养,值得同情悲悯。但其不改葬其母,任由其委骸马栈之下,显然不值得肯定。"父在不敢改葬,父死则可改葬。干父之蛊,方为大孝,况君命改葬哉。"

刘沅这三点,都很通达,故附在此处,俟读者有所感受。而孟子面对横遭如此人伦之变、九州难有之错而人生无聊赖之章子,不计较其孝与不孝,与之交往且为之辩护,真圣人之慈悲也。庄子揶揄"中国之君子,明乎礼义而陋于知人心"(《庄子·外篇·田子方》),此嘲弄局促小儒也。公都子之不解,通国之称不孝,正此类也,岂有孟子心胸,网罗天地?他们局局于计较章子之孝不孝,不能涵容章子之不能言之痛。

此章不看孟子义理，只体会孟子慈悲。

成语——耳目之欲　好勇斗狠
链接——7.18；7.19；7.26；7.28

8.31

曾子居武城[①]，有越寇。或曰："寇至，盍去诸？"

曰："无寓人于我室，毁伤其薪木。"寇退，则曰："修我墙屋，我将反。"

寇退，曾子反。左右曰："待先生如此其忠且敬也，寇至则先去以为民望[②]；寇退则反，殆于不可[③]。"

沈犹行曰[④]："是非汝所知也。昔沈犹有负刍之祸[⑤]，从先生者七十人，未有与焉。"

子思居于卫[⑥]，有齐寇。或曰："寇至，盍去诸？"子思曰："如伋去，君谁与守？"

孟子曰："曾子、子思同道。曾子，师也，父兄也。子思，臣也，微也。曾子、子思易地则皆然。"

今译——

曾参住在武城时，有越国军队来侵犯。有人说："敌寇来了，怎么不离开？"

（曾参）说："不要让人住在我的房子里，不要让人毁坏院里的树木。"敌寇退去，又说："把我的房屋修好，我打算回去了。"

敌寇走后，曾参回来了。身边有人说："武城人待先生这么尽责尽心且尊敬，敌寇来了您却先走了，给人民做了这么个榜样；敌寇走了您马上就回来了，恐怕不妥吧。"

沈犹行说："这你就不知道了。以前我也遇到一次背草人作乱，跟随先生的有七十人，没有一个留下来跟我一起的。"

子思住在卫国，有齐国强盗来侵犯。有人说："强盗来了，怎么不离开？"子思说："如果我走了，国君跟谁一起守城呢？"

孟子说："曾子、子思，同道中人。曾子，在武城是老师，是父亲是兄长。子思，在卫国是臣，地位低。曾子和子思如果互换位置也是一样的。"

注释——

① 武城：鲁国地名，今山东省费县境内。
② 望：人所仰望，引申为榜样。
③ 殆于：殆：恐怕。于：为，是。王引之《经传释词》："于，犹为也……殆于不可，言殆为不可也。"
④ 沈犹行：曾参弟子，姓沈犹，名行。
⑤ 负刍（chú）之祸：一说是人名，一说是背草的人。朱熹："时有负刍者作乱。"负刍之祸，负刍者作乱。
⑥ 子思：孔子之孙孔伋，字子思。

开讲——

曾参的"去"，子思的"不去"，在孟子看来也是"同道"。此章与8.29中孟子说"禹、稷当平世，三过其门而不入，孔子贤之。颜子当乱世，居于陋巷，一箪食，一瓢饮，人不堪其忧，颜子不改其乐，孔子贤之"，是一样的道理：各有其位，各有其责。"曾子，师也，父兄也"，曾参当时身系一国之名望，是文化的象征，他的使命是文化传承。并且，曾子没有"臣"的身份，不承担臣的职守。战乱发生，一般平民也尽可走避兵燹，岂有小城来寇，而老师大儒披坚执锐上阵杀敌之理。

而"子思，臣也，微也"，当时子思在卫国做臣，有责任与国君共守，而且子思受教于曾子，地位也比曾子低，年龄也比曾子少壮。

但圣贤之道"同"，即使他们互换位置也一样。（参见 8.29 开讲）

历史上也还有例子可举。金兵大举南下，灭北宋，孔子四十八代嫡长孙、衍圣公孔端友带着相传出自子贡之手的"孔子夫妇楷木像"南下避难，从此在浙江衢州开孔子家庙南宗（相对北方曲阜家庙而言）。衍圣公的职责就是守护圣人文脉，而不是跟金兵拼命。

再举一例。1937 年 11 月 1 日，为避日寇侵略，北京大学、清华大学、南开大学在长沙组建成立国立长沙临时大学。后长沙连遭日机轰炸，1938 年 2 月，长沙临时大学分三路西迁昆明。1938 年 4 月，称国立西南联合大学。大学及大学教授、学生南迁避寇，为国家保存了重要的科研力量和文化种子，培养了一大批卓有成就的优秀人才，为中国和世界的发展进步作出了杰出的贡献。

链接——8.29

8.32

储子曰[①]:"王使人䁂夫子[②],果有以异于人乎?"孟子曰:"何以异于人哉?尧舜与人同耳。"

今译——

储子说:"王派人窥探您,真的有跟一般人不一样的地方吗?"孟子说:"怎么会和一般人不一样呢?尧舜也与普通人一样啊。"

注释——

① 储子:齐国人,齐宣王时任相。
② 䁂(jiàn):偷看。

开讲——

故事挺好玩。也许孟子这个人搞得太神了,太与众不同,齐宣王起了强烈的好奇心,就派人偷偷摸摸来盯孟子的梢,看看此人言谈举止是不是跟别人不一样。哪有什么不一样呢?"尧舜与人同",尧舜不也跟普通人一样嘛。孟子此语,颇自负,有拐弯抹角自比尧舜的味道。我们也可以从中感受到孟子的小得意。

链接——5.1;12.2

8.33

齐人有一妻一妾而处室者。其良人出[1]，则必餍酒肉而后反[2]。其妻问所与饮食者，则尽富贵也。其妻告其妾曰："良人出，则必餍酒肉而后反，问其与饮食者，尽富贵也，而未尝有显者来，吾将瞷良人之所之也。"

蚤起[3]，施从良人之所之[4]。遍国中无与立谈者。卒之东郭墦间[5]，之祭者乞其余，不足，又顾而之他，此其为餍足之道也。

其妻归，告其妾，曰："良人者，所仰望而终身也，今若此。"与其妾讪其良人，而相泣于中庭。而良人未之知也，施施从外来[6]，骄其妻妾。

由君子观之，则人之所以求富贵利达者，其妻妾不羞也，而不相泣者，几希矣。

今译——

齐国有个人，有一妻一妾同住在一起。那丈夫每次出去，一定酒足饭饱然后才回来。他的妻子问他跟谁一起吃喝，说全是非富即贵的人。他的妻子告诉他的妾说："丈夫每次出去，一定酒足饭饱才回来，问他跟谁一起吃喝，说都是些富贵人物，但从来不见有显贵人物来家里，我打算偷偷盯梢看他去了哪里。"

一早起来，妻子悄悄跟在后面去看丈夫去了哪里。走遍城中没有人停下来跟他说话。最后他走到东边城外的墓地，到祭扫墓地的人那里去讨些剩下的祭品吃，没吃饱，又四下看看去别处讨，这就是他吃饱喝足的办法。

他的妻子回到家，告诉他的妾，说："丈夫，是我们终身仰望依靠的人啊，现在竟然是这么一个人。"于是同他的妾一起讥讪她们的丈夫，在厅堂中相对哭泣。而她们的丈夫还不知道，洋洋自得地从外面回来，向他的妻妾夸耀。

在君子看来，那些也用乞讨来求升官发财的人，他们的妻妾不以为羞耻不相对而哭泣的，很少啊。

注释——

① 良人：古时女子对丈夫的称呼。
② 餍（yàn）：吃饱，满足。
③ 蚤：通"早"。
④ 施（yí）：斜行。
⑤ 东郭墦（fán）间：东郭：东边的外城。墦：坟墓。
⑥ 施施（shī shī）：喜悦自得的样子。

开讲——

上一章"王使人瞷夫子"，没"瞷"出异样；这一章妻子"瞷良人"，却真"瞷"出了良人的大不良。

这世界大抵如此：好人都是相似的，坏人却各有各的坏。君子都是相似的，小人却各有各的卑贱。

孟子有意思，他笔下对男人有不同描述，既有"大丈夫"（6.2），也有"贱丈夫"（4.10），还有"小丈夫"（4.12），这里又出现了这么一位，算什么丈夫呢？使妻妾蒙羞，就叫"羞丈夫"吧。

不择手段放弃人格去追求富贵利达的男人，哪一个没有让家人蒙羞呢？

先秦诸子中，寓言故事写得最生动的是《庄子》。《孟子》的寓言也很多，有的简短，一句带过，比如"五十步笑百步"（1.3），"弈秋诲棋"（11.9）；有的故事性非常强，比如"揠苗助长"（3.2），"月攘一鸡"（6.8），"馈生鱼于子产"（9.2）。读者可以找出更多的来参看。

成语——富贵利达
链接——1.3；3.2；4.10；4.12；6.2；6.8；9.2；11.9

卷九
万章上
（凡九章）

9.1

万章问曰:"舜往于田,号泣于旻天①,何为其号泣也?"

孟子曰:"怨慕也。"

万章曰:"'父母爱之,喜而不忘。父母恶之,劳而不怨。②'然则舜怨乎?"

曰:"长息问于公明高③,曰:'舜往于田,则吾既得闻命矣。号泣于旻天,于父母,则吾不知也。'公明高曰:'是非尔所知也。'夫公明高以孝子之心,为不若是恝④:我竭力耕田,共为子职而已矣⑤。父母之不我爱,于我何哉⑥?帝使其子九男二女⑦,百官、牛羊、仓廪备⑧,以事舜于畎亩之中⑨。天下之士多就之者,帝将胥天下而迁之焉⑩。为不顺于父母,如穷人无所归。天下之士悦之,人之所欲也,而不足以解忧;好色,人之所欲,妻帝之二女⑪,而不足以解忧;富,人之所欲,富有天下,而不足以解忧;贵,人之所欲,贵为天子,而不足以解忧。人悦之、好色、富、贵,无足以解忧者,惟顺于父母可以解忧。人少则慕父母,知好色则慕少艾⑫,有妻子则慕妻子,仕则慕君,不得于君则热中⑬。大孝终身慕父母。五十而慕者,予于大舜见之矣。"

今译——

万章问（孟子）："舜在田里劳作，仰天哭诉，他为什么哭诉呢？"

孟子说："又怨又爱啊。"

万章说："'父母爱之，喜而不忘。父母恶之，劳而不怨。'那么舜是怨恨他的父母吗？"

（孟子）说："长息问过公明高，说：'舜在田里耕作那事，我已经领受您的教诲了。仰天哭诉，这样对父母，那我就不知道为什么了。'公明高说：'这不是你所能明白的。'公明高认为孝子的心，不能这么满不在乎：我竭力耕田，恭敬地尽做儿子的本分就行了，父母不喜爱我，跟我有什么关系呢？帝尧派他的九个儿子两个女儿，备齐百官、牛羊、仓廪，前往舜种田的地方侍奉舜。天下很多士人都来到舜身边，帝尧准备将天下禅让给舜。舜却因为不能顺父母的心，感觉像穷人无家可归一样。天下士人的敬爱，是人人都希望得到的，舜得到了却不足以解他忧愁；美色，是人人都希望得到的，舜娶了帝尧的两个女儿，却不足以解他忧愁；财富，是人人都希望得到的，舜富拥天下，却不足以解他忧愁；尊贵，是人人都希望得到的，舜贵为天子，却不足以解他忧愁。受人拥戴、美色、富、贵，没有能解舜的忧愁，只有顺了父母之心才能解忧。人小时候依恋父母，知道美色了就爱慕年轻漂亮的女子，有了妻子就依恋妻子，入仕做官就依恋国君，得不到君主的认可就心中焦虑。只有大孝之人终身依恋父母。到了五十岁还依恋父母的，我在伟大的舜这里看到了。"

注释——

① 往于田：相传舜耕于历山。往于田，即去田里耕作。旻（mín）天：秋天，泛指天空。《尔雅·释天》："秋为旻天，冬为上天。"

② 万章此句引自曾参，《礼记·祭义》："曾子曰：'父母爱之，嘉而弗忘；父母恶之，

惧而无怨。'"

③ 长息：公明高的弟子。公明高：曾子的弟子。

④ 恝（jiá）：淡然，无忧无虑的样子。赵岐："无愁之貌。"

⑤ 共（gōng）：同"恭"。

⑥ 于我何哉：与我有什么关系呢？我有什么办法呢？有无可奈何而听之任之义。赵岐："父母不我爱，于我之身独有何罪哉？自求责于己而悲感焉。"朱熹："于我何哉，自责不知己有何罪耳，非怨父母也。"

⑦ 帝：指尧，传说中的上古帝王。二女：娥皇、女英，同嫁于舜。赵岐："《尧典》曰'厘降二女'，不见九男。孟子时，《尚书》凡百二十篇，逸书有《舜典》之《叙》，亡失其文。孟子诸所言舜事，皆《舜典》逸书所载。"朱熹："《史记》云：'二女妻之，以观其内；九男事之，以观其外。'"按《史记·五帝本纪》："尧乃以二女妻舜以观其内，使九男与处以观其外。"

⑧ 廪（lǐn）：粮食储藏，积聚。赵岐："百官致牛羊仓廪。"则解"百官"为与"帝"并列，帝妻舜二女，百官致舜牛羊仓廪。然司马迁《史记·五帝本纪》曰："乃使舜慎和五典，五典能从；乃遍入百官，百官时序；宾于四门，四门穆穆，诸侯远方宾客皆敬。"则百官亦为帝尧所配置以致舜，考其管理能力也。从语法和情理上讲，综合下句"以事舜于畎亩之中"，司马迁的说法为优。译文从之。

⑨ 畎（quǎn）：田间的小沟。亩：田垄。赵岐："尧使九子事舜以为师，以二女妻舜，百官致牛羊仓廪，致粟米之饩，备具馈礼，以奉事舜于畎亩之中。由是遂赐舜以仓廪牛羊，使得自有之。"

⑩ 胥（xū）：有三种解释。第一，通"须"，等待（赵岐）。尧等待天下治理好了，再禅让给舜。第二，"相视"，即观察、考察（朱熹）。尧正在考察舜，考察合格，就把天下禅让给舜。第三，全（杨伯峻）。今译采赵、朱意，翻译为：准备。

⑪ 妻（qì）：动词，娶。

⑫ 少艾：年轻美好的女子。艾，美好。

⑬ 中：内心。

开讲——

"舜往于田,号泣于旻天",是舜做瞽瞍儿子时的事。《尚书·尧典》说舜:"父顽,母嚚,象傲。""嚚"读作 yín,愚,恶。象,是舜同父异母的弟弟。《史记·五帝本纪》也说:"舜父瞽瞍顽,母嚚,弟象傲,皆欲杀舜。"这是舜"号泣"的背景。万章的第一个问题是:舜是圣人,圣人为什么哭诉?

孟子的回答很简单:"怨慕也。"圣人也有"怨慕",既怨又爱。万章接下来的第二个问题是:圣人对父母有"怨",会不会有损德性?

孟子借"长息问于公明高",让公明高作了回答。长息是公明高的弟子,公明高又是曾子的学生。万章这句"父母爱之,喜而不忘。父母恶之,劳而不怨",就引自曾子,所以孟子把公明高抬了出来。

注意"闻命"的"闻"。为什么"舜往于田"是长息从老师那里"闻"来的呢?因为印刷术还没有发明,古书全靠手抄或刀刻在竹简上。竹简体量大,有人计算过,如果把现今白文本《孟子》刻在竹简上,约 6 斤重,体积更达今日纸版的 32 倍之多。再加上成本高,很难做到像今日这样普及,人手一本。所以,很多知识传授,不能靠阅读,只能靠老师讲,学生听,口耳相传,博闻强识。也因此古书中有那么多的通假字——通假字的出现,一个重要的原因就是学生顺着老师的读音写字。佛经的传播也是"如是吾闻",不是今天的"读"。

"我竭力耕田,共为子职而已矣。父母之不我爱,于我何哉?"我尽责为父母提供衣食,即使父母不爱我,也跟我没关系,可以了吗?"父母爱之,喜而不忘。父母恶之,劳而不怨",这是曾参的话。其实曾参的"不怨",是指不怨恨父母。而孟子的"怨慕"之"怨",是心中悲伤。曾参哪能不悲伤?《庄子·寓言》:"曾子再仕而心再化,曰:'吾及亲仕,三釜而心乐;后仕,三千钟而不洎,吾心悲。'"曾参年轻时穷,但父母在,我很快乐;后来地位有了,财富有了,但父母不在了,我不快乐。孟子这里讲舜,也是指不得父母之心则不快乐。

父母喜欢我,好;父母不喜欢我,心中了无悲伤,可以吗?不。因为当父母不爱儿女的时候,实际上父母心中已经不愉快了。父母既已不愉快,做儿女的仍淡然处之,弃父母之心于不顾,已非父子之道,而近朋友之道了。朋友之道是"责善",合则合,不合则离;父子之道是"父子之间不责善。责善则离,离则不祥莫大焉"(7.18),是"父子责善,贼恩之大者"(8.30)。

"帝将胥天下而迁之焉"一句后,孟子告诉万章:不管是天下人的追随,还是美色、财富、地位,都不足以解舜的忧虑,"惟顺于父母可以解忧"。孟子讲人生三大快乐,第一大快乐就是"父母俱存,兄弟无故"(13.20)。

此章侧重讲孝顺。孝顺是儒家特别强调、重视的问题。《论语》开篇第一章,是"子曰:学而时习之",第二章,就是"有子曰:其为人也孝弟……孝弟也者,其为仁之本与",孝悌是仁之本。

孔子、孟子为什么如此强调孝?孔子讲"仁",为什么又说孝是仁之本?孟子讲"义",为什么也特别强调孝?仁、义和孝之间,到底是什么关系?是不是可以理解为孝比仁、义更高?不是。但为什么又说孝是"本"?这个本,是本源的意思——人性善发自对父母的爱,换言之,一个人如果对生身父母都不爱,怎么能去爱别人呢?

哲学上讲两个先后:时间先后和逻辑先后。时间先后好理解,比如早晨在先,中午在后,晚上又在中午后;我们在孟子后,孟子又在孔子后。逻辑的先后,严格意义上说,不是呈现时间的前后,而是谁是谁的条件和前提。萨特讲"存在先于本质",就是从逻辑上谈的,但事实可能是,本质先于存在:种瓜得瓜种豆得豆,是我们知道,一棵瓜秧最后必结出瓜,豆苗必结出豆子,为什么?本质决定的。如果农民不知道这个逻辑先后,他就无法耕种。瓜秧和豆苗,本质上早已决定了它们最后的结果。这叫本质先于存在，这就是逻辑的先后。逻辑在先的判断，可以使我们更好地认知事物。比如，好人和做好事，哪个在先？有人说只有好人才能做好事，有人说只有做好事才是好人。到底是好人是做好事的前提，还是做好事是好人的条件，你可以有不同的看法，但这两种不同的看法却都是在逻辑先后的角度思考问题。

其实，还有两种先后：事理的先后、伦理的先后，事理的先后，常常体现为时间的先后，先做什么后做什么，但却有着事理上的必然，无法更改，比如我们可以先穿衣服再洗漱，也可以先洗漱再穿衣服，这个前后可以变换，但先穿袜子再穿鞋这个次序不能变换，这是事理决定的，所以叫事理的先后。

伦理的先后，是儒家特别强调的，比如《周易·序卦》：

> 有天地然后有万物，有万物然后有男女，有男女然后有夫妇，有夫妇然后有父子，有父子然后有君臣，有君臣然后有上下，有上下然后礼义有所错。

这个似乎是逻辑的先后，其实到后面的"有父子然后有君臣，有君臣然后有上下，有上下然后礼义有所错"，有着人为的伦理安排。而有子说的孝悌是仁义之本，就更是一种伦理学解释，一种对于伦理秩序的发生学解释。西方文化在此就不分先后，而中国的伦理学却立足于这种先后：先有父母，再有兄弟，再有他人；先能孝悌父母兄弟，才能够仁义地对待他人和社会。仁义的发生从父母开始，是伦理、心理学上的先后关系。孟子说："仁之实，事亲是也；义之实，从兄是也；智之实，知斯二者弗去是也。"（7.26）仁的实质，在事奉父母；义的实质，在遵从兄长；智的本质，在明白这两者的道理而不背离。

如果不从伦理学上的先后，而从事理的先后、时间的先后、逻辑的前提与结论的先后，认为一个人没有做到孝悌，就否定他的一切，那就等于否定其他一切价值，那么我们怎么解释"大义灭亲"呢？怎么解释"自古忠孝难两全"呢？所以伦理学的先后，不是必然条件——虽然儒家把孝悌解释为其他伦理规范的前提，但那只是对孝悌的强调，只是强调孝悌在伦理学诸要素中的优先地位。

需要指出的是，在传统文化里，有两个东西需要我们保持高度警惕：一是忠，一是孝。忠，如果按照《论语》中的理解，是指忠于职守，尽心尽力对人，那没有问题。如果理解为后来的"忠君"，什么"君要臣死臣不得不死"，这样的"忠"，应该扫到历史的垃圾堆里去。人最重要的是忠于自己的内心，忠于自己的职守，忠于朋友，这样的忠，实际上都是从人的本体、自我出发，是人的自我本质的实现。这是儒家"忠"这个道德规范的本来之义。而"忠君"思想，则是战国以后，法家富国强兵，以集权控制社会资源，然后战胜他国的必然逻辑，这种"忠君"思想到最后就是忠于权势，把对权势的屈从涂抹为一种道德品质，把主体人格的丧失打扮为一种人伦风范。孝，也要警惕，后来的"二十四孝图"，就让我们看到孝的逻辑会延伸出什么样的荒谬。孔子讲"父父子子"，是在讲平等。这种平等，不是说父子平起平坐，而是各有责任、义务。父亲要像父亲，儿子要像儿子；父亲先做好父亲，然后儿子做好儿子；父亲应该尽父亲的职责，儿子应该尽儿子的孝道。如果父亲没有尽到养育子女的职责，那他也没有资格要求儿子孝顺。所以，孝悌只是一个起点，一个伦理体系的发生学起点，不是终点。终点是天下的公平正义。孝悌之道一旦违背了公平正义，比如单向要求子女对父母的孝顺，而不考量父母是否尽到养育子女的责任，则孝悌也就不再指向公平正义，这样的孝悌，不要也罢。

"慕父母""慕少艾""慕妻子""慕君"，是不同人生阶段的正常心理，是人的成长心理学。一个人心理成熟的过程中，会有不同的关注对象。如果一个人在某个阶段停止了,那他也不会有完善的人格。比如停留在"慕父母"阶段,就是"巨婴"。"仕则慕君",注意这个"君"字,不能简单解释为君主个人,应该包括但不限于"君"。中国古代"君国一体",君,不仅是某个具体的人君,也指君所代表的国家。所以爱君,更多的意思是爱国这个伦理共同体。读《孟子》可以知道,孟子本人根本不慕某个君。梁惠王,孟子慕吗?滕文公,孟子慕吗?齐宣王,孟子慕吗?他没事就找他们的碴儿,就教训他们。这是对家国天下的职责所在。人进入"慕君"阶段,就应该知道自己在社会上的角色,应该担当什么样的责任。角色没做好,"则热中",会很焦虑。

同时,要知道,"慕父母"与"慕少艾"与"慕妻子"与"慕君",它们不是一个否定替代一个的关系,而是逐渐叠加共存的。一个成熟的男人既能够担当好社会责任,也会爱妻子、爱父母,上有老下有小,几种责任都挑在自己的肩上。"大孝终身慕父母",不是终身只爱父母,是终身都爱父母。

"五十而慕者,予于大舜见之矣",也不能机械地理解为孟子只看见舜一个人如此。舜以后,还有哪些人是孟子不敢否定的?禹、汤、周文王、周武王、孔子,难道他们五十岁以后都不爱父母了?不是。孟子这里想表达的是:大孝,像舜这样获得了天下,获得了一般人梦寐以求的人生所有宝贵难得的东西,还会因为没有获得父母的认可而满怀忧愁,真是不多。

儒家为什么一定要强调对父母的孝?三点:

第一,如上分析,孝悌是仁之本,是一切道德规范事理和逻辑的先后,尤其是伦理学上的先后。

第二,人道精神。如果在如何对待老人上不作伦理道德上的要求,这个世界会变成什么样?一个社会的道德、良知、文明程度,很多时候就体现在如何对待老人上。如果人老了,生活不能自理了,病了,成了家庭、社会的累赘了，没有强有力的道德保护和制度保护，是不是所有人的未来都是暗淡无光的？所以，给老人一个可以保障的晚年，实际上就是给所有人一个可以保障的未来，也让整个人类都觉得人生不那么幻灭。这是一种文化，是一种文明。在对古人类遗址的考察中，判断一个部落是进入文明阶段还是停留在野蛮阶段，一个重要依据，就是看能不能在遗址中找到断骨再生的痕迹。因为只有文明社会才会照顾丧失劳动力的人，手脚断了才有可能重新长好。

第三，养老问题。今天人们希望能够通过社会保障解决养老问题，古代中国没有社会保障养老机制，要靠子女养老，由此滋生出很多观念，比如说"养儿防老"，比如说"多子多福"，都与此有关。所以儒家把"孝"提高到这样的高度，反复强调，包括《孝经》的流布，都有这些因素的考虑在。

成语——畎亩之中
链接——7.18；7.19；7.26；7.27；7.28；8.13；8.30；9.2；9.3

9.2

万章问曰:"《诗》云:'娶妻如之何?必告父母①。'信斯言也,宜莫如舜②。舜之不告而娶,何也?"

孟子曰:"告则不得娶。男女居室,人之大伦也。如告,则废人之大伦,以怼父母③,是以不告也。"

万章曰:"舜之不告而娶,则吾既得闻命矣。帝之妻舜而不告,何也?"

曰:"帝亦知告焉则不得妻也。"

万章曰:"父母使舜完廪④,捐阶⑤,瞽瞍焚廪。使浚井⑥,出,从而揜之⑦。象曰:'谟盖都君咸我绩⑧。牛羊,父母;仓廪,父母;干戈,朕⑨;琴,朕;弤⑩,朕;二嫂,使治朕栖⑪。'象往入舜宫,舜在床琴⑫。象曰:'郁陶思君尔⑬。'忸怩。舜曰:'惟兹臣庶⑭,汝其于予治⑮。'不识舜不知象之将杀己与?"

曰:"奚而不知也?象忧亦忧,象喜亦喜。"

曰:"然则舜伪喜者与?"

曰:"否。昔者有馈生鱼于郑子产,子产使校人畜之池⑯。校人烹之,反命曰:'始舍之,圉圉焉⑰;少则洋洋焉⑱;攸然而逝。'子产曰:'得其所哉!得其所哉!'校人出,曰:'孰谓子产智?予既烹而食之,曰:得其所哉,得其所哉。'故君子可欺以其方⑲,难罔以非其道。彼以爱兄之道来，故诚信而喜之，奚伪焉？"

今译——

万章问（孟子）："《诗经》中说：'娶妻如之何？必告父母。'相信这个道理的，应该没人比得上舜。舜不告诉父母就娶了娥皇、女英，为什么？"

孟子说："告诉了就娶不了了。男女婚配同居，是人的最大伦理。如果舜告诉了父母，（他的父亲瞽瞍一定不会同意）那就等于舜废弃了人之大伦，造成对父母的怨恨，因此就没有告诉。"

万章说："舜没有告诉父母就娶了娥皇、女英，这我已经得到您的指教。帝尧把两个女儿嫁给舜也没有告诉舜的父母，为什么？"

（孟子）说："帝尧也知道如果告诉了就没办法把女儿嫁给舜了。"

万章说："舜的父母派舜上房顶修理谷仓，瞽瞍搬走梯子，放火烧谷仓。又派舜去淘井，舜出门淘井，瞽瞍随后用土填井。象说：'谋划害死舜都是我的功劳。牛羊，归父母；粮仓，归父母；兵器，归我；琴，归我；雕花的弓，归我；让两个嫂子，给我整理床铺。'象走入舜的住处，舜正坐在床上弹琴。象说：'我心忧愁思念你啊。'神态很不自然。舜说：'我正想着那些百官民众呢，你可以来帮我管理吧。'舜知不知道象想要杀他呢？"

（孟子）说："怎么会不知道呢？象忧虑舜就忧虑，象欢喜舜就欢喜。"

（万章）说："那么舜是假装欢喜吗？"

（孟子）说："不。从前有人送了一条活鱼给郑国的子产，子产叫一个管池沼的小吏把鱼养在池塘里。那个小吏把鱼烧了吃了，回来复命说：'刚把鱼放进池塘时，半死不活的；一会儿就活泼泼地，轻快地游走了。'子产说：'去了它该去的地方了！去了它该去的地方了！'那个小吏出来,说:'谁说子产聪明呢?我已经把鱼烧了吃了,他说:去了它该去的地方了,去了它该去的地方了。'可见君子可以被合乎情理的事情骗过去,但很难被不合情理的事情愚弄。象用敬爱兄长的说法来了,所以舜是真诚地相信并且为之喜悦,怎么是伪装呢?"

注释——

① 语出《诗经·齐风·南山》。
② 这句话一般理解为:"相信这句话的,应该没有人赶得上舜。"(杨伯峻《孟子译注》)但朱熹、焦循发现一个问题:舜比《南山》之诗早几千年,怎么会知道千年之后的诗句,并且相信呢?因此,他们将"信"理解为"诚",确实。朱熹:"信,诚也,诚如此诗之言也。"焦循:"诚如诗所言,则告而娶,宜莫如舜。"但这句话也不必拘泥理解,可以理解为这句话所表达的道理和风俗,而不一定是这句话本身。再进一步讲,从历史主义的角度说,舜之时,又何必有后来的这种娶妻必告父母的道德规范。所以,读经典者不必在此类细节问题上多纠缠。
③ 怼(duì):怨恨。
④ 完廪(lǐn):完,修缮;廪,仓库。
⑤ 捐阶:捐,除去,拿掉。阶:梯子。
⑥ 浚(jùn):疏通。
⑦ 出自《五帝本纪》:"后瞽瞍又使舜穿井,舜穿井为匿空,旁出。舜既入深,瞽瞍与象共下土实井,舜从匿空出,去。"说指舜出井。赵岐注:"使舜浚井,舜入而即出,瞽瞍不知其已出,从而盖揜其井,以为舜死矣。"亦有理解为瞽瞍知道舜已经出井,而后假装掩土,瞽瞍并未真想谋害舜。但与上文"使舜完廪,捐阶,瞽瞍焚廪"所写瞽瞍的行为矛盾。不取。考虑到上文"使浚井"及下文"从而揜之",本句的意思当为:瞽瞍让舜浚井,舜出门去浚井,瞽瞍等人随后跟随,待其入井而掩之。揜(yǎn):通"掩",掩盖。
⑧ 象:舜的同父异母弟弟。《五帝本纪》:"舜父瞽瞍盲,而舜母死。瞽瞍更娶妻而生

象，象傲。瞽瞍爱后妻子，常欲杀舜，舜避逃，及有小过，则受罪。"谟（mó）：计谋。盖：两种解释，一种是指盖井之事，一种是"害"的假借字。都君：相传舜所居之地"三年成都"（《史记·五帝本纪》），故称舜为都君。

⑨ 朕：我。秦始皇之前，普通人也可用"朕"自称。

⑩ 弤（dǐ）：雕花的弓。

⑪ 治：整理。栖（qī）：栖息之地，这里指床。使治朕栖，即使她们做我妻子之义。

⑫ 《孟子》与《史记》有所不同。《史记》记载，象先入舜的房间，弹琴者为象："象乃止舜宫居，鼓其琴。舜往见之。象鄂不怿，曰：'我思舜正郁陶！'"舜在床琴：《说文》"床"，段注："孟子曰：舜在床琴。盖《尚书》佚篇语也。而古坐于床可见。琴必在几。则床前有几亦可见。"

⑬ 郁陶：忧不得抒，郁结的样子。

⑭ 惟：思量、揣度；兹：这。臣庶：指上一章提到的尧送来侍奉舜的百官和民众。

⑮ 王引之《经传释词》："于，为也。为，助也。赵（岐）注'女（汝）故助我治事'是也。"

⑯ 校人：主管池沼的小吏。

⑰ 圉圉（yǔ yǔ）焉：困而未舒的样子。

⑱ 洋洋焉：舒缓的样子。

⑲ 方：种，类。君子可欺以其方，君子可以被合情合理的那类事情骗过去。孔子说："君子可逝也，不可陷也；可欺也，不可罔也。"（《论语·雍也》）同孟子此意。

开讲——

　　"必告父母"，中国古代缔结婚姻的前提，是明媒正娶。"必告父母"，是孝顺，也是人的基本常情。

　　告，其实是必须通过父母同意。今人娶妻是成立小家庭，甚至跟父母异地居住。古代是家族制，娶妻是娶到自己家族中，两性之好，也是两姓之好。古代婚姻不是法律保障，是家族保障。是双方家族之间一套合乎程序的礼仪规范约定的保障。私奔对双方来说，都意味着与社会整个隔绝。所以古人婚姻"必告父母"，是那样一种经济制度造成的。今天年轻人有了更多的自由，是今天的制度变了，不是今人比古人聪明，今人比古人讲婚姻自由。

舜遇到的是极端情况，父母兄弟屡次想加害他，显然，舜"告则不得娶"；不告，背离"必告"的要求。遇到这种极端情况，孔孟儒家从来不死板，必须取舍时，两害相权，取其轻，选择"不告"，与"男女授受不亲，礼也。嫂溺，援之以手者，权也"同理（7.17）。遵守制度、遵守规矩，如果到了冷酷无情的程度，真能让世道变好吗？恰恰相反，世道会变得冷酷无情。仁义不外乎人情，"男女居室，人之大伦也"，废了"大伦"，哪有后代呢？子孙不能繁衍，恰恰是对父母最大的不敬，"不孝有三，无后为大"（7.26）。任何一种价值都有边界，某种价值的绝对化，一定会碾压其他价值，一定引发价值与价值之间的冲突。有冲突，就要判断它们的边界在哪里。"娶妻如之何？必告父母"，是一种价值，边界在哪里？如果告了父母就一定娶不了妻，怎么办？选择变通办法，不告。注意，瞽瞍不是不允许舜娶娥皇、女英，是不允许他娶任何女人，是不愿意看到他成家立业，甚至想要他死。

"不识舜不知象之将杀己与？"舜知不知道象想杀他？这是一个好问题：要说知道，毕竟无实证；要说不知道，事实又俱在。孟子认为，舜是知道的，"奚而不知也"，怎么会不知道？舜又不笨。但是，舜是这样有仁心的人啊，"象忧亦忧，象喜亦喜"，象毕竟是他的兄弟，有天然的兄弟之情在啊！舜对象，是报之以亲戚之道，即孔子称赞颜回所说的"亲属之言"："人善我，我亦善之；人不善我，我亦善之。"（《韩诗外传》卷九）这是很高的境界，不是一般人能做到的。

那舜是不是假装欢喜呢？"然则舜伪喜者与？""伪"有人为的意思，强颜欢笑，强迫自己作出反应，而非出自真情实感。孟子回答："否。"

"昔者有馈生鱼于郑子产"的故事，有点幽默，两句"得其所哉！得其所哉！"读来让人不觉莞尔。是子产笨吗？不是。贤明如子产怎么那么容易被骗呢？下面孟子引出了特别重要的观点——"君子可欺以其方，难罔以非其道"。孔子说过："不逆诈，不亿不信。"（《论语·宪问》）事前不把别人的行为当欺诈来推测，不主观猜测别人是不诚实的。别人如果给了你一个合乎道理的、合乎情理的理由，那就相信他，因为这不是愚蠢，是你相信了一个正当的、合乎常理的事。人间确实存在不少欺诈、坑蒙拐骗，但因此怀疑一切，最终损害信任本身，社会的运作成本也非常高。所以，孟子说的"君子可欺以其方"，是至理名言。君子被合情合理的事情骗过去，证明的不是君子的愚蠢，恰恰相反，证明了他的善良，证明了他内心的坦荡，证明了他没有小人之心。

什么是不合情理的？不合常理，不合常识，不合逻辑。比如马路上有人告诉你"最近你家有灾难，你把家里所有的钱财装进信封，让我保管两小时，就能免灾"；有人告诉你"我帮你把钱埋到树下，再打开一百块就变成两百块了"，这都是不合情理。而你因此被骗，也不是智力问题，而是德性问题：你不是傻，而是贪心，或一时间出于恐惧。

人要有基本事理上的判断力。君子"难罔以非其道"，"罔"，愚弄。君子相信合情合理的事，所以会有被欺骗之时；君子不会相信不合情理的事，所以不会被愚弄。

成语——得其所哉　欺以其方　不告而娶
链接——7.17；7.18；7.19；7.26；7.27；7.28；8.13；8.30；9.1；9.3

9.3

万章问曰:"象日以杀舜为事。立为天子,则放之,何也?"

孟子曰:"封之也,或曰放焉。"

万章曰:"舜流共工于幽州①,放欢兜于崇山②,杀三苗于三危③,殛鲧于羽山④,四罪而天下咸服,诛不仁也。象至不仁,封之有庳⑤。有庳之人奚罪焉?仁人固如是乎?在他人则诛之,在弟则封之。"

曰:"仁人之于弟也,不藏怒焉,不宿怨焉,亲爱之而已矣。亲之,欲其贵也;爱之,欲其富也。封之有庳,富贵之也。身为天子,弟为匹夫,可谓亲爱之乎?"

"敢问或曰放者,何谓也?"

曰:"象不得有为于其国,天子使吏治其国而纳其贡税焉,故谓之放。岂得暴彼民哉?虽然,欲常常而见之,故源源而来,'不及贡,以政接于有庳'⑥。此之谓也。"

今译——

万章问(孟子):"象天天以杀掉舜当自己的事。舜做了天子,只流放了象,为什么?"

孟子说:"是分封了,也有人说是流放了。"

万章说:"舜把共工流放到幽州,把欢兜流放到崇山,把三苗驱逐到三危,在羽山处死了鲧,治罪四人而天下服从,因为是诛杀不仁的人。象是最不仁的,却被封到有庳这个地方。有庳这个地方的百姓有什么罪(要遭受象的统治)呢?仁人都是这么做的吗?他人作恶就诛杀,弟弟作恶就分封。"

(孟子)说:"仁人对于他的弟弟,愤怒不掩饰,怨恨不留夜,亲爱他罢了。亲他,要使他尊贵;爱他,要使他富裕。把象分封在有庳,正是要他富贵起来。身为天子,弟弟却是普通人,可以说是亲爱他吗?"

"请问,有人说是流放了,那是什么意思?"

(孟子)说:"象在他自己的封国里不能主持事务,天子派官吏治理他的封国帮他收税,所以说是流放。这样象哪里能暴虐那里的人民呢?即使如此,舜也想常常能见到象,因此象接连不断地来,'不等到朝贡的时候,也以政事为名接见有庳国的国君'。说的就是这个事情。"

注释——

① 共工:相传是尧、舜时的水官。
② 欢兜:欢是"驩"的简体字。相传为尧、舜时的大臣。
③ 杀三苗:三苗,尧、舜时的一个部落。杀,《尚书·舜典》中"杀"作"窜",放逐、奔逃。这里的"杀"不是杀戮,而是"窜"的假借字,故此处译作驱逐。
④ 殛(jí)鲧(gǔn):殛:一说杀。一说流放,放逐。鲧,相传是夏禹的父亲。
⑤ 有庳(bì):传说中象的封国,其地不详。
⑥ "不及贡,以政接于有庳"句:赵岐认为是"《尚书》逸篇之辞",解释为"不及贡者,不待朝贡诸侯常礼乃来也。其间岁岁自至京师,谓若天子以政事接见有庳之君者,实亲亲之恩也。"

开讲——

此章是接续上一章。

共工、欢兜、三苗、鲧，都被惩罚了，"四罪而天下咸服"，然而，象比他们还恶，天天要杀大哥，却偏偏被"封之有庳"，为什么？有庳的百姓为什么要无端受这个大恶之人的统治呢？"仁人固如是乎？"一个仁德的人能这样做吗？言下之意，这样公正吗？这样难道不是徇私吗？万章此问，有道理，有水平。

孟子说，舜的仁德在对弟弟既不隐藏自己的愤怒，怨恨也不过夜。孔子讲"不念旧恶，怨是用希"（《论语·公冶长》），不记过去的仇怨，恨意因此就少了。何况对父母、兄弟呢？"亲爱之"，就希望他富贵。如果自己"身为天子，弟为匹夫"，于心何忍呢？圣人，也有人之常情。有时，情感在道理的前面。

注意这个地方有个有意思的错位：万章问的是是否公正；孟子答的却是兄弟亲情。这确实是政治伦理学的大命题。其间的矛盾和张力，一直纠结着政治家和政治学家。

在今天的政治框架里，这个问题已经获得了解决：因为所有的权力都已经被公共化，所有的职位都已经被全民化，并且所有职位的获得路径都已经被公共化和规范化。

万章的问题是：做大哥的，做了天子，分封这个坏弟弟，对吗？这要回到那个特定的历史时期去看。《荀子·儒效》："兼制天下，立七十一国，姬姓独居五十三人。"周王朝统一天下，天子分封七十一国诸侯，其中姬姓之国占了五十三个，其中，属于文王诸子的十六国，武王诸子的四国，周公后裔的六国。所以，以周的视角往前看舜，舜成了天子，分封天下，分封这个弟弟，也很自然。

既然是"封"，为什么又说是"放"呢？因为舜知道象的品行不好，不能让他为害一方，所以另外派人去管理，"纳其贡税"，等于是把象养起来了,既不失亲爱之心,又不让象有暴虐封地人民的机会;既不以公义废私恩,亦不以私恩害公义,两全其美,兄弟两人还"常常而见之",还是一家人。什么是仁至义尽?舜对待弟弟象,就是仁至义尽。朱熹引吴氏曰:"言圣人不以公义废私恩,亦不以私恩害公义。舜之于象,仁之至,义之尽也。"

最后,需要说明的是,真正的分封诸侯是在周朝开始的。后来人,比如这里的万章说舜将弟弟象"封之有庳",实际是借周朝的概念来做类似的表述。其实,说穿了,这个故事只是历史传说。而历史传说的细节处都经过后人根据自己时代的特征加以想象,很多都不是历史事实。对于舜的形象塑造,关于他的"大孝"形象定位,其实都是后人为了某种观念而塑造以作楷模,不必对事实太计较。要认真对待的,是后人在这个传说以及对这个传说的阐释中所寄寓的价值观。

成语——藏怒宿怨　源源而来
链接——7.17;7.18;7.19;7.26;7.27;7.28;8.13;8.30;9.1;
　　　　9.2

9.4

咸丘蒙问曰[①]:"语云:'盛德之士,君不得而臣,父不得而子。'舜南面而立[②],尧帅诸侯北面而朝之,瞽瞍亦北面而朝之。舜见瞽瞍,其容有蹙。孔子曰:'于斯时也,天下殆哉,岌岌乎[③]!'不识此语诚然乎哉?"

孟子曰:"否。此非君子之言,齐东野人之语也[④]。尧老而舜摄也。《尧典》曰:'二十有八载[⑤],放勋乃徂落[⑥],百姓如丧考妣[⑦]。三年,四海遏密八音[⑧]。'孔子曰:'天无二日,民无二王。'舜既为天子矣,又帅天下诸侯以为尧三年丧,是二天子矣。"

咸丘蒙曰:"舜之不臣尧,则吾既得闻命矣。《诗》云:'普天之下,莫非王土。率土之滨,莫非王臣[⑨]。'而舜既为天子矣,敢问瞽瞍之非臣,如何?"

曰:"是诗也,非是之谓也。劳于王事而不得养父母也,曰:'此莫非王事,我独贤劳也[⑩]。'故说诗者不以文害辞,不以辞害志[⑪]。以意逆志[⑫],是为得之,如以辞而已矣,《云汉》之诗曰:'周余黎民,靡有孑遗[⑬]。'信斯言也,是周无遗民也。孝子之至,莫大乎尊亲。尊亲之至,莫大乎以天下养。为天子父,尊之至也。以天下养,养之至也。《诗》曰:'永言孝思,孝思惟则[⑭]。'此之谓也。《书》曰:'祗载见瞽瞍,夔夔齐栗,瞽瞍亦允若[⑮]。'是为父不得而子也?"

今译——

咸丘蒙问（孟子）："古人有句话说：'道德高尚之人，君主不能以他为臣，父亲不能以他为子。'舜面南而立成为天子，尧率领诸侯面北朝拜他，瞽瞍也面北朝拜他。舜见到瞽瞍，脸上惶恐不安。孔子说：'这个时候，天下真是岌岌可危了！'不知道此话果真如此吗？"

孟子说："不。这不是君子之言，是齐国乡野村人编的故事罢了。是尧老了让舜代理天子管理政务。《尧典》记载：'（舜摄政）二十八年，勋业四达的尧去世，百官就像父母去世一样为他服丧。三年里，天下停止一切音乐。'孔子说过：'天上没有两个太阳，人间没有两个王。'假如舜在尧去世前已经成了天子，然后又率天下诸侯为尧服丧三年，这是同时有两个天子了。"

咸丘蒙说："舜并没有以尧为臣的事，我已经领受您的教诲了。《诗经》说：'普天之下，莫非王土。率土之滨，莫非王臣。'（普天之下，没有一块土地不是王的领土。四海之内，没有一个人不是王的臣民）舜既做了天子，那么瞽瞍却不是臣，请问这是什么道理？"

（孟子）说："这首诗，不是你说的那个意思。诗人说的是因为勤劳国事而不得奉养父母，他接着说的是：'此莫非王事，我独贤劳也。'（这些事没有一件不是天子之事呀，独独我一人这么辛苦劳累么）所以，对诗的解释不要因为修辞而损害对词句的理解，不要因为词句而损害对作者原意的理解。用自己的体会去揣摩作者的原意，这才有所得，假如仅仅看词句，《云汉》这首诗说：'周余黎民，靡有孑遗。'（周朝的黎民百姓，没有一个留存的）如果把这句话当真，那周朝就没有一个遗留下来的人了。孝子的最高境界，没有比使父母尊贵更高的了。让父母尊贵的最高境界，没有比能用天下之物来奉养父母更高的了。瞽瞍能做天子的父亲，是最最尊贵的了。舜能用天下之物来奉养父母，是最最好的奉养了。《诗经》说：'永言孝思，孝思惟则。'（永远弘扬孝，孝是天下的法则）说的就是这个意思。《尚书》说：'舜满怀恭敬来见瞽瞍，态度惶恐小心，瞽瞍也对舜认可了。'这是父亲不能以他为子吗？"

注释——

① 咸丘蒙：姓咸丘，名蒙，赵岐注为齐国人，孟子学生。

② 南面而立：古代尊卑长幼相见，以居北向南为尊位。南面而立，喻君主即位。

③ 天下殆哉，岌岌乎：殆（dài），危险。岌岌（jí jí），危急的样子。此句即"天下岌岌乎殆哉"之义。

④ 齐东野人：有两种理解。赵岐将"东野"理解成《尚书·尧典》中的"东作"，意思是耕作。齐东野人的意思是齐国的农夫。朱熹："齐东，齐国之东鄙也。"齐东野人的意思是齐国东部边境的农夫。译文取赵岐之说。

⑤ 有（yòu）：通"又"。

⑥ 放勋：尧的号，赞其勋业四达。徂（cú）落：徂通"殂"，死亡，凋落。

⑦ 百姓如丧考妣（bǐ）：百姓，这里指百官族姓。古时贵族以其所封之地为姓，故统称为"百姓"。《尚书·尧典》："九族既睦，平章百姓。百姓昭明，协和万邦。"后来才泛指一般平民。考：已去世的父亲。妣：已去世的母亲。

⑧ 遏密（è mì）八音：遏：阻止，制止。密：通"谧"，安静。八音：古代由金、石、丝、竹、匏、土、革、木八种材质制成的乐器，泛指音乐。

⑨ 此四句语出《诗经·小雅·北山》。率：循，沿着；滨：水边。率土之滨，沿着大地四周的水边，意为四海之内。

⑩ 贤：王念孙《广雅疏证》："贤，劳也。"

⑪ 不以文害辞，不以辞害志：有两种理解。第一种，赵岐："文，诗之文章所引以兴事也。辞，诗人所歌咏之辞。志，诗人志所欲之事。"赵岐认为，"文"是修辞手法，"辞"是所有的诗句，"志"是中心思想。第二种，朱熹："文，字也。辞，语也……言说诗之法，不可以一字而害一句之义，不可以一句而害设辞之志。"朱熹认为，

"文"是单个的字，"辞"是一句诗，"志"是文字背后的思想。译文从赵岐。

⑫ 以意逆志：有三种理解。第一种理解，赵岐、朱熹认为是用读者之意来揣测作者之志："人情不远，以己之意逆诗人之志，是为得其实矣。"朱熹："当以己意迎取作者之志，乃可得之。"第二种理解，用作者之意来揣测作者之志，方法是通过对全文、疑难句的上下文有了整体把握，再用这个整体把握来解决局部的疑难问题。顾镇《虞东学诗》引用此说："后儒因谓吟哦上下，便使人有得；又谓少间推来推去，自然推出道理。"第三种理解，顾镇《虞东学诗》理解为知人论世，以其人其世来揣测作者之志："他日谓万章曰：'颂其诗，读其书，不知其人，可乎？是以论其世也。'正惟有世可论，有人可求，故吾之意有所措，而彼之志有可通。今不问其世为何世，人为何人，而徒吟哦上下，去来推之，则其所逆，乃在文辞，而非志也。"译文采取第一种理解。

⑬ 《云汉》：指《诗经·大雅·云汉》。黎民：庶民。孑遗（jié yí）：残存下来的人。

⑭ 语出《诗经·大雅·下武》。这句诗有三种理解：第一种理解，"思"是语气词，"则"是法则、榜样。赵岐："长言孝道，欲以为天下法则。"第二种理解，郑玄认为"言"是语气词，"思"不是语气词，"则"是效法，效法太王、王季、文王三位祖先所为："长我孝心之所思。所思者其维三后（按：指太王、王季、文王）之所行。子孙以顺祖考为孝。"第三种理解，朱熹的说法和赵岐相近，只是认为"思"不是语气词："人能长言孝思而不忘，则可以为天下法则也。"译文主要采取赵岐的解释，兼采郑玄所说的"言"是语气词。

⑮ 祇（zhī）：恭敬。载（zài）：赵岐、朱熹、焦循都认为应解释为事。我认为可以解释为充满。夔夔（kuí kuí）：敬谨恐惧的样子。齐栗，也表示庄重、恭敬、惧怕之义。齐：斋，赵岐《孟子注》、焦循《孟子正义》作"斋"，朱熹《四书章句集注》本作"齐"，通"斋"。允：信，确实。若：顺，和顺。

开讲——

舜如何处理父母、弟弟对他的反复谋害，孔孟称赞于舜的地方，与我们今天的理解，不论在政治上、伦理上，还是亲属关系处理上，确实距离比较远。舜做天子后，家庭伦理问题又变成了复杂的政治问题。这个问题在中国历史上被儒家反复讨论，最终形成了儒家的政治伦理观，又成为中国文化的一个基础。这是历史上的一个重大话题。从前面9.1开始的万章问，到这里的咸丘蒙问，一直到后面的9.5，包括之前的7.26、7.28，都在讨论舜的问题。（参见7.26、7.28、9.1~9.5开讲）

"盛德之士，君不得而臣，父不得而子"，不是说君不得用道德高尚之人做臣，父亲不能把道德高尚之人当儿子，而是说君、父不能以地位、权力和年辈之长居高临下、盛气凌人待臣、子。那么，咸丘蒙的问题来了：既然，尧，盛德之士；舜，盛德之士，尧北面朝舜，不是舜以尧为臣了吗？瞽瞍北面朝舜，然而"舜见瞽瞍，其容有蹙"，舜惶恐不安，这个不安不就是因为瞽瞍为父，以舜为子了吗？

孟子的回答是：否。孟子否定的，按照上文，可能有三种：

第一，否定咸丘蒙所引的语云："盛德之士，君不得而臣，父不得而子。"

第二，否定咸丘蒙后面说到的尧与瞽瞍北面而朝舜这样的事。

第三，否定孔子的话。

但"孔子曰"的几句话，也见于《礼记·曾子问》《礼记·坊记》。《礼记·曾子问》："孔子曰：'天无二日，土无二王，尝禘郊社，尊无二上。'"《礼记·坊记》："子云：'天无二日，土无二王，家无二主，尊无二上，示民有君臣之别也。'"所以，可以认定孟子不可能是否定孔子的话。

根据本章最后引用的《尚书》中的话，以及9.1、9.2、9.3所叙及，岂有大舜做了天子而不以瞽瞍为父之事。恰恰相反，"人悦之、好色、富贵，无足以解忧者，惟顺于父母可以解忧"及"大孝终身慕父母"，舜的故事，恰恰证明了即使盛德如舜，父也是可以得而子之的。所以孟子的"否",否定的是"盛德之士,君不得而臣,父不得而子",应该没有问题。

但下文孟子对于咸丘蒙引述的尧、瞽瞍北面而朝舜的事实,也予以纠正,说这是"齐东野语",齐国东边乡下人编的故事。则孟子否定的,也包括了上述的第二种。

孟子否定"尧帅诸侯北面而朝之"这件事,倒不是因为舜是"盛德之士"而尧不敢以之为臣,如此会出现一个矛盾:难道舜可以以同样是"盛德之士"的尧为臣吗?孟子的解释是:

舜确实在尧还活着的时候就已经行使天子之事,那是因为"尧老而舜摄也",尧老了,但还在天子位上,舜只是摄政,代理行使管理天下的权力。如是"二十有八载"之后,尧去世,舜和百官服丧三年,舜才登天子位,所以,并不存在舜以尧为臣、尧北面朝舜的事。何况,孔子说过"天无二日,民无二王",假如舜在尧去世前已经做了天子,又率诸侯、百官为天子尧服三年丧,不是两个天子并存吗?

"天无二日,民无二王"的王,涉及对儒家王道的理解。孔子、孟子讲的这个"王",不仅指王位,还指王道,王位与王道合二为一,才是天意所授之"王",才是合法之"王"(参见2.8开讲)。王道是唯一的、绝对的,所以,无二王。无二王犹如一神教之神之绝对唯一。

"普天之下,莫非王土。率土之滨,莫非王臣",咸丘蒙又继续引《诗经》中的这句话来问孟子。"莫非",逻辑上的全称肯定,意思是没有一个不如此。既然没有一个不如此,那么,舜的父亲瞽瞍也应该是舜的臣子才是,但他又不是,怎么解释呢?

孟子告诉咸丘蒙,《诗经》中的这首诗不是你所理解的意思。诗人说"普天之下,莫非王土。率土之滨,莫非王臣",是在发他"劳于王事而不得养父母也"的牢骚,全天下的人都是王的臣民,怎么就我一个人辛苦呢?这四句话最初并非表达一种王权的政治观念,所以孟子说,不要从字面，而要从人的情绪去理解作者原意，才是真正的文本理解。"不以文害辞，不以辞害志"，是孟子的名言。

《孝经》："立身行道，扬名于后世，以显父母，孝之终也。"一个人，扬名后世以尊显父母，才是最大的、终极的孝，即孟子这里说的"孝子之至，莫大乎尊亲"。"尊亲之至，莫大乎以天下养"，"以天下养"，不是要占天下所有为己有，让父母独享，而是说天下有的，要尽可能让父母享受到、体会到。所以，舜做了天子，已经做到"孝子之至"；瞽瞍做了天子的父亲，已经是"尊之至""养之至"，所以瞽瞍不是做臣的问题，是如何做父亲的问题。而正是天子舜对父亲瞽瞍的惶恐、恭敬，让"瞽瞍亦允若"，终于认可了舜，父子关系得到修复。父亲认可了儿子，儿子继续孝顺父亲。"是为父不得而子也"，孟子说，这难道是你咸丘蒙说的父亲不能以他为子吗？

舜与瞽瞍的父子关系，还更有一层深意在：成为天下人的典范，以化天下之风气——"舜尽事亲之道而瞽瞍厎豫，瞽瞍厎豫而天下化，瞽瞍厎豫而天下之为父子者定，此之谓大孝"（7.28），孟子说，舜竭尽心力侍奉最后使瞽瞍高兴了，瞽瞍高兴了天下人心就感化了，瞽瞍高兴了天下父子应有的关系就奠定准则了，这就叫作大孝。舜做了天子，服务天下，自己父子关系却搞不定，行吗？

成语——岌岌可危　齐东野语　如丧考妣　以文害辞　以辞害意
　　　　遏密八音　天无二日　普天之下　以意逆志　靡有孑遗
链接——2.8；7.26；7.28；9.1；9.2；9.3；9.5

9.5

万章曰:"尧以天下与舜,有诸?"

孟子曰:"否。天子不能以天下与人。"

"然则舜有天下也,孰与之?"

曰:"天与之。"

"天与之者,谆谆然命之乎①?"

曰:"否。天不言,以行与事示之而已矣。"

曰:"以行与事示之者,如之何?"

曰:"天子能荐人于天,不能使天与之天下。诸侯能荐人于天子,不能使天子与之诸侯。大夫能荐人于诸侯,不能使诸侯与之大夫。昔者,尧荐舜于天,而天受之;暴之于民②,而民受之。故曰:天不言,以行与事示之而已矣。"

曰:"敢问荐之于天而天受之,暴之于民而民受之,如何?"

曰:"使之主祭,而百神享之,是天受之;使之主事,而事治,百姓安之,是民受之也。天与之,人与之,故曰:天子不能以天下与人。舜相尧二十有八载,非人之所能为也,天也。尧崩,三年之丧毕,舜避尧之子于南河之南③,天下诸侯朝觐者,不之尧之子而之舜;讼狱者,不之尧之子而之舜;讴歌者,不讴歌尧之子而讴歌舜,故曰天也。夫然后之中国④,践天子位焉。而居尧之宫⑤,逼尧之子，是篡也，非天与也。《太誓》曰：'天视自我民视，天听自我民听⑥。'此之谓也。"

今译——

（万章）问："尧把天下授予舜，有这回事吗？"

（孟子）说："不。天子不能把天下授予别人。"

（万章）问："那么舜得到天下，是谁授予的呢？"

（孟子）说："上天授予的。"

（万章）问："上天授予舜，是上天恳切反复命令的吗？"

（孟子）说："不。上天不说话，用行为和事实来显示它的意志罢了。"

（万章）问："用行动和事实来显示，怎么显示呢？"

（孟子）说："天子可以向上天推荐人，不可以让上天一定把天下之位授予他。诸侯可以向天子推荐人，不可以让天子一定把诸侯之位授予他。大夫可以向诸侯推荐人，不可以让诸侯一定把大夫之位授予他。从前，尧向上天推荐舜，而上天接受了尧的推荐；让舜出现在人民面前，而人民也接受了他。因此说：上天不说话，只用行为和事实来显示它的意志罢了。"

（万章）问："那请问尧推荐舜给上天而上天接受了，让舜出现在人民面前而人民接受了，是怎样的情形？"

（孟子）说："让舜主持祭祀，所有的神都来享用，这就说明上天接受了他；让舜主持政事，政治安定，百姓安宁，这就说明人民接受了他。上天给的他，人民给的他，所以说：天子不可以把天下给人。舜辅助尧二十八年，不是人力能做到的，是天意啊。尧死了，三年服丧期满，舜避让尧的儿子去了南河的南方，但天下的诸侯朝见天子，不去尧的儿子那里而去舜那里；打官司的，不去尧的儿子那里而去舜那里；歌颂的人，不歌颂尧的儿子而歌颂舜，所以说这是天意。这以后舜回到国都，登上天子之位。假如自己住进尧的宫室，逼迫尧的儿子让位，这就是篡夺，而不是上天授予。《太誓》说：'上天的观察出自我人的观察，上天的听闻出自我人的听闻。'说的就是这个意思。"

注释——

① 谆谆：恳切教诲，反复叮咛。《诗经·大雅·抑》："诲尔谆谆。"
② 暴（pù）：显露，暴露。
③ 南河之南：有两种解释：第一种，赵岐认为是泛指远离中原地区的南方蛮夷之地："南河之南，远地南夷也，故言然后之中国。"第二种，南河是特指。裴骃《史记集解》引刘熙之言："南河，九河之最在南者。"张守节《史记正义》："《括地志》云：'故尧城在濮州甄城县东北十五里。又有偃朱故城，在县西北十五里。'濮北临漯，大川也。河在尧都之南，故曰南河。《禹贡》'至于南河'是也。其偃朱城所居，即舜让避丹朱于南河之南处也。"刘熙、张守节所言相同。尧城在黄河之北，所以称黄河为南河。舜所居的南河之南，即偃朱城。杨伯峻说："偃朱故城在今河南濮城东二十五里，本名朱家阜。"赵岐注似乎不准确，舜并没有离开中原地区。
④ 中国：首都，这里指尧都。参见4.10："我欲中国而授孟子室。"
⑤ 而：王引之《经传释词》："而，犹如也……《孟子·万章篇》'而居尧之宫，逼尧之子'，'而'字并与如字同义。"
⑥ 这两句话不见于今本《泰誓》。

开讲——

"尧以天下与舜，有诸？"如果没有万章这一问，就没有孟子这一答。没有孟子这一答，我们可能就真以为尧把天子的位子让给了舜，舜把天子的位子让给了禹。

但是，孟子说："否。"天子不可以把天下拿来给人。这是一个特别重大的问题，涉及儒家对权力的合法性继承问题的认识：权力能不能合乎于天道？天子如何代表天道？实际上，孟子在说"否"的时候，其实是否定了个人独裁。上一任天子可不可以把权力直接交给下一任天子？不可以。因为权力是天下公器，不是某个人的，权力的来源不应该是某个人，而应该是天道。

那么，天是抽象的，天如何赋予人间天子的权力呢？"天不言，以行与事示之而已矣"，天不说话，以行为和做事来显示它的意志，看人做事是不是合乎天道、人道。所以，归根结底，权力的合法性，来源于道。而舜，就是以他的所作所为，证明他既合乎天道，也得到人民的支持，才得到了天子之位。

尧的儿子叫丹朱。尧有威望，人民就很容易把对尧的感情寄托转移到他的下一代身上，这是人之常情。所以舜避开、出走了。结果呢？诸侯朝觐者、讼狱者、讴歌者，不去尧的儿子丹朱那里，而是舍近求远去找舜。诸侯朝觐者、讼狱者、讴歌者，都是人，所以，所谓的天意，实际上就是民心。

"天视自我民视，天听自我民听"，天意高远难求，怎么判断天意？看民意。民心所在，天意所在。看起来好像《尚书》、孔子、孟子在讲天意，其实他们讲的，不是天意，是民心，是借天意来表达民心。董仲舒讲三方权力制约：天子管人民，人民管天，天管天子。这就是中国古代儒家的权力制约思想。法家讲绝对权力，法家政治是自上而下的一条直线，儒家政治是相互制约的一个圆。天没有耳朵，天也没有眼睛，但是天会看，天会听，通过老百姓的眼睛看，通过老百姓的耳朵听。天没有喜怒哀乐，但是天有面貌，天的面貌就是人民的面貌，所以最终，还是落实到一个字：民。

链接——9.6；13.31

9.6

万章问曰:"人有言:'至于禹而德衰,不传于贤而传于子。'有诸?"

孟子曰:"否,不然也。天与贤,则与贤;天与子,则与子。

"昔者舜荐禹于天,十有七年,舜崩。三年之丧毕,禹避舜之子于阳城①。天下之民从之,若尧崩之后不从尧之子而从舜也。

"禹荐益于天,七年,禹崩。三年之丧毕,益避禹之子于箕山之阴②。朝觐讼狱者不之益而之启③,曰:'吾君之子也。'讴歌者不讴歌益而讴歌启,曰:'吾君之子也。'

"丹朱之不肖④,舜之子亦不肖。舜之相尧、禹之相舜也,历年多,施泽于民久。启贤,能敬承继禹之道。益之相禹也,历年少,施泽于民未久。舜、禹、益相去久远,其子之贤不肖,皆天也,非人之所能为也。

"莫之为而为者,天也;莫之致而至者,命也。匹夫而有天下者,德必若舜、禹,而又有天子荐之者,故仲尼不有天下。继世以有天下,天之所废,必若桀纣者也,故益、伊尹、周公不有天下。伊尹相汤以王于天下,汤崩,太丁未立,外丙二年,仲壬四年⑤。太甲颠覆汤之典刑⑥,伊尹放之于桐⑦。三年,太甲悔过,自怨自艾⑧,于桐处仁迁义。三年,以听伊尹之训己也,复归于亳⑨。周公之不有天下，犹益之于夏，伊尹之于殷也。

"孔子曰：'唐虞禅⑩，夏后殷周继，其义一也。'"

今译——

万章问："有人说：'到禹的时候道德就衰落了，王位不传给贤人而传给自己的儿子。'有这回事吗？"

孟子说："不，不是这样。上天要传给贤人，就传给贤人；上天要传给天子之子，就传给天子之子。

"从前舜把禹推荐给上天，过了十七年，舜死了。三年服丧期满，禹避开舜的儿子去了阳城。天下的人民跟随他，就像尧死后他们不跟随尧的儿子而跟随舜一样。

"禹把益推荐给上天，七年后，禹死了。三年服丧期满，益避开禹的儿子去了箕山之北。朝见天子的人、打官司的人不去益那里而去了启那里，说：'这是我们君主的儿子呀。'歌颂的人不歌颂益而歌颂启，说：'这是我们君主的儿子呀。'

"丹朱不贤，舜的儿子也不贤。舜辅助尧、禹辅助舜，经历的时间长，施与百姓的恩泽久。启贤，能够尊重、继承禹的治国之道。益辅助禹，经历的时间短，施与百姓的恩泽不久。舜、禹、益为相时间的长短，他们辅佐的天子的儿子是贤还是不贤，都是天意，不是人力所能做到的。

"没做什么却什么都做了，是天意；没有追求却获得了，是命运。匹夫而获得天子之位，他的道德一定要像舜、禹那样，还要有天子向上天推荐，所以圣人如孔子也没有拥有天子之位。世代相袭而有天子之位，天要废掉的，一定是像夏桀、商纣那样的人，所以圣人益、伊尹、周公也没有拥有天子之位。伊尹辅助商汤称王于天下，商汤死了，太丁未继位就死了，外丙在位两年，仲壬在位四年。太甲推翻了商汤的法度规矩，伊尹把他流放到桐这个地方。三年后，太甲悔过，自己反省自我惩罚，在桐这个地方安处于仁迁就于义。三年后，能听从伊尹对自己的教导，重新回到亳都做天子。周公没能得到天子之位，就像益在夏朝，伊尹在殷商的情况一样。

"孔子说：'唐尧、虞舜禅让天子之位给贤人，夏、商、周三代由子孙世代继承天子之位，道理是一样的。'"

注释——

① 阳城：山名，在今河南登封县北。
② 箕山之阴：箕山在今河南登封县东南。山北为阴。
③ 启：禹的儿子。
④ 丹朱：尧的儿子。
⑤ 太丁：商汤的长子。外丙：太丁的弟弟。仲壬：外丙的弟弟。
⑥ 太甲：太丁的长子，商汤的长孙。
⑦ 桐：地名。一说今河南省商丘市虞城县，一说今河南省洛阳市偃师区。
⑧ 艾（yì）：整治。
⑨ 亳（bó）：商汤的都城。（参阅 6.5 注②）
⑩ 唐虞禅：相传尧建立的朝代叫唐，舜建立的朝代叫虞，因此唐虞即指尧、舜的时代。禅（shàn）：禅让，帝王让位给他姓之人。

开讲——

在孟子的学生里，可能万章的学问最好，能问大问题。上章他问禅让问题，本章他问世袭问题。

孟子认为，把天子之位授予舜的，不是尧而是天；把天子之位授予禹的，不是舜而是天；同样，启得到天子之位，也不是禹传给他的，仍然出自天意。如果上天把天子之位授予贤人，那就是贤人的；如果上天觉得天子之位应该授予天子之子，那就是天子之子的。不论是贤人还是天子之子，标准还在贤不贤，并非尧禅让舜，舜禅让禹，就比禹把位子传给儿子启的道德更高。启之所以获继天子之位，不是因为他是禹的儿子，而是他自身的贤德，所以与舜、禹一样。启"能敬承继禹之道"，同时跟他形成竞争的那个人，益，"相禹也，历年少"，辅佐禹只有七年，"施泽于民未久"。所以这里孟子有不唯身份论，谁贤就传谁，有举贤不避亲的意思在里面。

"其子之贤不肖，皆天也，非人之所能为也"，儿子成不成器，有时真是天意，非人力能左右。教育是有效的，同时，教育也是有限的，不是万能的。天下就是有教不好的学生。尧、舜都有不肖之子，孔子弟子三千，贤者七十二，他的儿子伯鱼不也是资质平平而庸庸碌碌？天赋奇才，杰出之人往往真非人力所为，所以，"莫之为而为者，天也；莫之致而至者，命也"。孟子这句话说得太好了，真有孔子"生死有命富贵在天"之通达。

但孟子这里也没有说益不好。为什么孟子不说益不好？因为益是禹推荐的。孟子能说禹推荐的人不好吗？但是天意为什么没有选择益呢？两个原因：第一，辅助禹的时间短，百姓对他了解不够；第二，启本身又很贤。

而对"匹夫"来说，即使"德必若舜禹"，要获得天子之位，还得借助人力，即"有天子荐之者"。舜是由尧举荐的，禹是由舜举荐的。选拔，是有人在上面拔你；选举，是有人在下面举你。没有人拔，没有人举，上不去。子贡说："自有生民以来，未有夫子也。"宰我说："予观于夫子，贤于尧舜远矣。"（3.2）但孔子有这个机会吗？没有。"故仲尼不有天下"，孔子无法拥有天子之位。但他最终拥有的，是千秋万代的天下。尧只拥有尧的时代，舜只拥有舜的时代，禹只拥有禹的时代，而孔子拥有他之后所有的时代。

周公旦德性高,也没有上位,因为有周成王在。"天之所废,必若桀、纣者也",天一定会废掉像桀、纣这样的恶人,但周文王、周武王的功德在庇荫子孙,所以周成王德性虽然不如周公,也依然继承了天子之位。上位者有两个条件,其一,有人举荐;其二,没有竞争者。益的竞争者是启,伊尹的竞争者是商汤的子孙,周公的竞争者是周武王的子孙。"故益、伊尹、周公不有天下"。

以上是根据孟子的逻辑所作的疏解。

关于大禹选益、启,史料记载不同,如下:

第一,西汉司马迁《史记·夏本纪》云:"及禹崩,虽授益,益之佐禹日浅,天下未洽。故诸侯皆去益而朝启。曰吾君帝禹之子也。"东汉赵晔《吴越春秋》卷六云:"禹崩,传位与益。益服三年,思禹未尝不言。丧毕,益避禹之子启于箕山之阳。诸侯去益而朝启。曰:'吾君帝禹子也。'启遂即天子位,治国于夏(今山西夏县)。"司马迁、赵晔这些记载估计是根据孟子的描述。

第二,战国《韩非子·外储说右下》:"潘寿对燕王曰:'禹爱益而任天下于益,已而以启人为吏。及老而以启不足任天下,故传天下于益,而势重尽在启矣。已而启与友党攻益而夺之天下。是禹名传天下于益,而实令启自取之也。此禹之不及尧舜明矣。'"又说:"古者禹死,将传天下于益,启之人因相与攻益而立启。"(同上引)又,《淮南子·齐俗》东汉高诱注:"尧舜举贤,禹独与子。"韩非子的这种说法,显然是以历史来为他的君主法术势理论做注脚。

另:杨伯峻在《孟子译注》里认为:"启之为人,孟子以为贤,但考之《楚辞》《墨子》《竹书纪年》《山海经》诸书,未必为贤主。"

夏启的荒淫,史传对此多有所载。《墨子·非乐》云:"启乃淫溢康乐,野于饮食……湛浊于酒,渝食于野。万舞翼翼,章闻于大,天用弗式。"屈原《楚辞·离骚》云:"启《九辩》与《九歌》兮,夏康娱以自纵。"《天问》:"启代益作后,卒然离蠥(孽)。何启惟忧,而能拘是达?"

这些记载,与孟子不同,而孟子亦未必不知,但孟子作出这样正面的解释,是为世立教而已。

很多时候,事实很重要,但价值更重要。此未足与外人道也。

成语——自怨自艾

链接——9.5;13.31

9.7

万章问曰:"人有言:'伊尹以割烹要汤①。'有诸?"

孟子曰:"否,不然。伊尹耕于有莘之野②,而乐尧舜之道焉。非其义也,非其道也,禄之以天下,弗顾也;系马千驷,弗视也。非其义也,非其道也,一介不以与人③,一介不以取诸人。汤使人以币聘之,嚣嚣然曰④:'我何以汤之聘币为哉?我岂若处畎亩之中,由是以乐尧舜之道哉?'

"汤三使往聘之,既而幡然改曰⑤:'与我处畎亩之中,由是以乐尧舜之道,吾岂若使是君为尧舜之君哉?吾岂若使是民为尧舜之民哉?吾岂若于吾身亲见之哉?天之生此民也,使先知觉后知,使先觉觉后觉也。予,天民之先觉者也。予将以斯道觉斯民也,非予觉之而谁也?'思天下之民,匹夫匹妇有不被尧舜之泽者,若己推而内之沟中⑥,其自任以天下之重如此,故就汤而说之以伐夏救民。

"吾未闻枉己而正人者也,况辱己以正天下者乎?圣人之行不同也,或远或近,或去或不去,归洁其身而已矣。吾闻其以尧舜之道要汤,未闻以割烹也。《伊训》曰:'天诛造攻自牧宫,朕载自亳。'⑦"

今译——

万章问(孟子)说:"有人说:'伊尹用烹饪术来求得商汤的任

用。'有这回事吗？"

孟子说："不，不是这样。伊尹在有莘国的荒野种地，却以尧舜之道为乐。不合乎尧舜之义的，不合乎尧舜之道的，即使把天下的俸禄全给他，他也不会回头看；把四千匹马拴在那里，他也不会看一眼。不合乎尧舜之义的，不合乎尧舜之道的，即使一根小草也不会给人，也不会取人一根小草。商汤派人带着礼物去聘请他，他漫不经心地说：'我要商汤的聘礼做什么呢？哪里比得上我在田野之中，就这样以尧舜之道为乐呢？'

"商汤三次派人去聘请他，然后他忽然改变主意，说：'与其我在田野之中，这样以尧舜之道为乐，哪里比得上我使这位君主成为尧舜之君呢？哪里比得上我使这里的人民成为尧舜之民呢？哪里比得上我亲身眼见尧舜之世重现呢？天生万民，是让先知之人唤醒后知之人，让先觉之人唤醒后觉之人。我，就是天生万民中的先觉之人啊。我要用尧舜之道唤醒这里的人民，我不去唤醒他们谁去唤醒他们呢？'他觉得天下众生，有一男一女没有受尧舜之道的恩泽，就像是自己把他们推进山沟里一样，他就是这样自己担起天下的重任，所以去了商汤那里说服他讨伐夏桀以拯救人民。

"我没有听说自己行为不端而能纠正别人的，何况折辱自己以匡正天下？圣人做事方式各有不同，或疏远或亲近君主，或离开或不离开朝堂，都归于洁身自好一个原则。我只听说伊尹用尧舜之道来求得商汤的任用，没听说过用什么厨艺。《伊训》中说：'上天的惩罚起始于在牧宫的夏桀自己，我只是从亳都开始而已。'"

注释——

① 割烹：割切烹调，泛指烹饪。要（yāo）：求，求用。
② 有莘（shēn）：古国名。据《史记正义》引《括地志》，在今河南省开封市祥符区。

③ 介：通"芥"，草芥。
④ 嚣嚣然：赵岐、朱熹、焦循均注为悠然自得、无欲无求的样子。赵岐："嚣嚣然，自得之志，无欲之貌也。"朱熹："嚣嚣，无欲自得之貌。"我翻译为漫不经心。
⑤ 幡：朱熹作"翻"，反也。
⑥ 内（nà）：通"纳"，入内。
⑦ 天诛造攻自牧宫，朕载自亳：出自《尚书·伊训》。造：开始。牧宫：夏桀的宫室名。朕：伊尹自称。载：开始。

开讲——

这接连几章，都是学生问历史事实，而孟子的回答，则都立足于历史价值。这个立场值得注意，值得思考。

其实，中国历史中的五帝时代，司马迁就疑心很多传言不可靠也不可考。今天有关那个遥远时代的记录，很多也是经过不断改造的历史传说，这些改造都带有非常强烈的价值立场。质言之，孔子、孟子叙述的那个时代的历史，更多的是把那个时代及其代表人物理想化、楷模化，乃至神圣化，其目的，就是要给出一个价值系统。这种做法有点相似于创立宗教，其文化功能，也确实是要建立一个价值系统以规训后来者。

儒家其实不是历史学家，而是宗教家。他们的学术目标，不是在历史中寻找真相，而是在历史中寻找正义——正义者，正当的意义也。注意班固对儒家来源的说明：

儒家者流，盖出于司徒之官。助人君，顺阴阳，明教化者也。游文于六经之中，留意于仁义之际。祖述尧、舜，宪章文、武，宗师仲尼，以重其言，于道最为高。孔子曰："如有所誉，其有所试。"唐、虞之隆，殷、周之盛，仲尼之业，已试之效者也。（《汉书·艺文志·诸子略》）

儒家的学术目标,是教化,是确立仁义的价值。为此,他们要塑造价值偶像,使之成为绝对者,那就是尧舜文武乃至孔子。所以我说儒家其实在做宗教家做的事,而道家才是一般意义上的历史学派:

> 道家者流,盖出于史官。历记成败、存亡、祸福、古今之道。然后知秉要执本,清虚以自守,卑弱以自持,此君人南面之术也。
> (同上)

当然,通过对历史的叙述,建立信仰体系,建立政治伦理和历史伦理,不仅是中国儒家的特色,人类早期的历史学家,几乎都有这样的趋向。《荷马史诗》以及摩西的《出埃及记》,都是这样的历史观念和历史处理方法。美国最高法院"三圣像"(从左到右,依次是:中国的孔子,古代犹太人领袖摩西,古希腊立法者、大法官梭伦),其间是有逻辑可循的。这个逻辑,就是以历史来为人间立法。

以立法的目标来处理历史,则重要的就不是对历史事实的考据与记录,而是对历史意义的挖掘与阐释。结果是,不符合人间正义的历史事实,被选择性遗忘甚至改造。

了解这一点,我们需要注意两个问题:

第一,孟子肯定或否定的,看起来是"事实",其实,这些"事实"不一定是"实然的事实",而是他认为的"应然的事实"。

第二,所以,孟子叙述的"事实"不重要,重要的是他通过描述"事实"给我们展示的价值观。

下面疏解这段文字。

面对万章的"伊尹以割烹要汤"这个问题,孟子立即坚决否定。为什么呢?因为如果这个说法被认可,就意味着历史偶像的坍塌。所以,我们看到,孟子面对一个历史事实问题,不是直接拿出事实来纠正,而是先说一种价值观。他先说伊尹是一个有原则的人,一个乐尧舜之道的人。这样一个德性高尚的人,不会用"割烹"这样的方式去接近帝王获取机会。孟子的这种做法,在今天当然会受到历史批判主义的质疑。比如,正当的做法是先用历史事实来说明伊尹的品德,而不是疑设伊尹的品德来解释历史事实的发生。这当然没错。但万章说"人有言",这"人"也未必靠得住,恰恰相反,大多数的"人有言",常常会以小人之心度君子之腹、度圣人之腹。今天很多人讲历史,就常常津津乐道于那些厚黑学与暗箱操作。为什么呢?因为这些说历史的人,就是孟子批评的"齐东野人",他们不要是非善恶,只要利害得失。他们这样说,当然是为了显示自己的聪明,但恰恰体现出他们的学术境界不高,同时他们也是在媚俗——讨好受众,获得追捧,其实还是学术境界不高。

历史有两个层面,一个是事实层面,一个是价值层面。即使在事实层面,也看你怎么去解释它。历史固然是客观的不以人的意志为转移的,但历史毕竟是人的历史。既如此,人的德性必在其中有相当的干涉。你一定要把历史理解得毫无德性,只有权谋和利益;你一定要把人说得毫无伦理,只有口腹和性,我也没办法。但我可以选择不相信。我还是相信孟子说的:在历史中,人的德性有着巨大的力量。道德也可以在历史必然性面前矫矫不屈,甚至改变历史。孔孟自身,不就因为自己的个人意志,而塑造了中国历史吗?

为什么伊尹先拒绝商汤而后突然改变了主意?一是伊尹自己想通了,进入了思想的更高层次。他原先想一人在山野之中向慕尧舜之道,自得其乐,独善其身,后来意识到自己有担当天下的大责任。另外,还有一点特别重要,即商汤本人也是有道之人,是可以致之尧舜上的。伊尹乐于尧舜之道,商汤继承的是尧舜之道,所以他们是同道之人。

"与我处畎亩之中,由是以乐尧舜之道,吾岂若使是君为尧舜之君哉?吾岂若使是民为尧舜之民哉?吾岂若于吾身亲见之哉?"后面三个排比句，很有志气。这是伊尹自我的自信，也是伊尹自我期许的责任。其实，这一段话，是不是特别像孟子？是的，这段话，是孟子设身处地为伊尹代言的，他已经进入时光隧道，穿越到了千年以前，此时，孟子与伊尹已经合体，伊尹就是孟子，孟子就是伊尹。所以，这不是事实中的历史或历史的事实，这是孟子想象中的历史。孟子创造了历史。丘吉尔不也说过这样的一句话吗——创造历史的最好办法，是去写历史。

伊尹自信什么？自信能够把商汤变成尧舜那样的圣君；自信能够让天下的人民得到解救，成为沐浴在尧舜仁德光辉下的人民；自信能够重现这盛世并见证这伟大的时代——这就是儒家的圣人胸怀。伊尹是这样，孔子是这样，孟子是这样，并且一脉相承至唐朝诗圣杜甫，他在《奉赠韦左丞丈二十二韵》中写自己的志向："致君尧舜上，再使风俗淳。""乾坤一腐儒"（杜甫《江汉》）的杜甫，他的志向竟然也是要将大唐的国君变成比古代尧舜更好的国君，让天下的风俗重回那个淳朴的时代。晚唐还有一个杜姓诗人——杜牧，也声称"平生五色线，愿补舜衣裳"（《郡斋独酌（黄州作）》）。杜甫有伊尹、商汤、孔子、孟子那样圣人的胸怀，才能被称为"诗圣"。这个"圣"，就是孔圣孟圣之圣。杜牧被称为"小杜"，除了诗歌外，其他方面的才能志气似乎还都在杜甫之上，他强大的精神力量，也来自自负。这种自负，就是孟子描述的伊尹式的以道自任。

伊尹如果不出来，便是道家；伊尹一旦出来，就是儒家。儒家讲对社会、对他人的责任：天地生人不齐，有人先知，有人后知；有人先觉，有人后觉。那么先知先觉者，就有责任去觉他、利他。很多人以为"觉"是佛教的用词，其实，是后来佛家翻译经文时借用了儒家的这个词。"觉"，觉醒、唤醒，使之觉悟。伊尹就以先知先觉者自诩，以唤醒后知后觉者为自己的责任和义务。"予将以斯道觉斯民也"，这是中国古代非常典型的精英意识、精英担当。先知觉后知，先觉觉后觉，用现在的话来说,就是"启蒙"。"非予觉之而谁也"?我不来唤醒,谁来唤醒呢?凡夫俗子会说:天塌下来,有大个子顶着。但是这个话到伊尹那里,到孟子那里,就变成了:天塌下来,有大个子顶着,谁是大个子?我!所以,伊尹、孟子成了大丈夫,我们后来都成了匹夫匹妇,甚至成了贱丈夫。强烈的社会责任感,义不容辞的社会担当,这是孔孟以来儒家一以贯之的精神崇高。孔孟儒家什么都可以放弃,唯独不能放弃天下,放弃天下的人民,就像纤夫拉着船,逆流而上,绝不放下肩上那条纤绳。

"思天下之民,匹夫匹妇有不被尧舜之泽者,若己推而内之沟中",这个"思",是一种想象。一般人只承担现实中实在的责任,而圣人还去承担"想象"中的责任。孔子的"知天命",在某种意义上,就是觉知到了那种抽象的责任。人类、民族、国家,很多时候,都是我人"想象的共同体",对这个共同体的责任,也真的端赖我人的"想象"。能作此种责任"想象"和"自我责任"想象,就是觉悟。我有能力去改变而不去改变,就等于是我害了他。这是想象中的道德责任而引发的想象中的道德愧疚。这种道德愧疚使人崇高。弘一法师有一副对联,上句是"势可为恶而不为即是善",下句便是"力可行善而不行即是恶",有能力为善而不为善,便是恶,也是伊尹这个意思。

"吾未闻枉己而正人者也,况辱己以正天下者乎"与6.1之"枉己者,未有能直人者也"逻辑相同,而意思更进一步。

最后说一点:从历史学的角度言,历史的本体是不存在的,只是一种理论上的假设的存在,或者说,也是一种"想象"的存在。是我们对历史的记忆、想象与阐释。从这个意义上讲,则我们在叙述我们历史的时候,《尚书》与孔孟给出的历史,就是历史。

成语——先知先觉　匹夫匹妇　枉己正人　一介不取　幡然醒悟
　　　　幡然悔悟

链接——9.8;9.9;10.1

9.8

万章问曰:"或谓孔子于卫主痈疽①,于齐主侍人瘠环②,有诸乎?"

孟子曰:"否,不然也。好事者为之也。于卫主颜雠由③。弥子之妻与子路之妻④,兄弟也⑤。弥子谓子路曰:'孔子主我,卫卿可得也。'子路以告。孔子曰:'有命。'孔子进以礼,退以义,得之不得曰'有命'。而主痈疽与侍人瘠环,是无义无命也。孔子不悦于鲁、卫⑥,遭宋桓司马⑦,将要而杀之⑧,微服而过宋。是时孔子当厄,主司城贞子,为陈侯周臣⑨。吾闻观近臣⑩,以其所为主;观远臣⑪,以其所主。若孔子主痈疽与侍人瘠环,何以为孔子?"

今译——

万章问(孟子)说:"有人说孔子在卫国寄居在痈疽家里,在齐国寄居在宦官瘠环家里,有这回事吗?"

孟子说:"不,不是这样的。这是好生事的人捏造出来的。他在卫国时寄居在颜雠由家里。弥子瑕的妻子和子路的妻子,是姐妹俩。弥子瑕对子路说:'孔子如果住在我家,就能得到卫国的卿位。'子路回来告诉孔子。孔子说:'有命。'孔子进则以礼,退则以义,得到得不到就自认'有命'。而寄居在痈疽和宦官瘠环家里,是无义无命了。孔子不被鲁国、卫国君主欣赏，又碰到宋国司马桓魋，要挟持他截杀他，只好穿着平民服装悄悄经过宋国。那个时候孔子正处于困窘之中，住在司城贞子家中，做陈侯周的臣。我听说观察在朝的近臣，要看他接待什么人；观察远方来求仕途的人，要看他住在谁那里。如果孔子住在痈疽和宦官瘠环家里，那还是孔子吗？"

注释——

① 主：以……为主人，寄居。痈疽（yōng jū）：卫灵公的宠臣。赵岐、朱熹都认为，痈疽是主治毒疮的医生，这里是用职业代替人名。他与下述瘠环都是君主的近侍，方便为君主介绍外客。如商鞅之通过景监见秦孝公。

② 侍人：宦官。瘠（jí）环：《说苑·至公》作"脊环"，齐景公宠幸的宦官。

③ 颜雠（chóu）由：《史记·孔子世家》作"颜浊邹"，且言颜浊邹是子路的妻兄。

④ 弥子：弥子瑕，卫灵公的宠臣。

⑤ 兄弟：古代姐妹亦称兄弟。

⑥ 孔子不悦于鲁、卫：孔子在鲁国、卫国遭冷遇。

⑦ 桓司马：桓魋（tuí）。《史记·孔子世家》："孔子去曹适宋，与弟子习礼大树下。宋司马桓魋欲杀孔子，拔其树。孔子去。"《论语·述而》："子曰：'天生德于予，桓魋其如予何？'"指的就是宋国的桓魋要杀孔子之事。

⑧ 要：拦阻、截击。

⑨ 司城贞子：人名，《史记·孔子世家》认为是陈国人，赵岐认为是宋国之卿。从上下文来看，孔子在鲁国、卫国、宋国都待不下去，只能去陈国，则司城贞子应为陈国人。陈侯周：陈国末代国君，名周。赵岐："陈侯周，陈怀公子也，为楚所灭，故无谥，但曰陈侯周。"《史记·陈杞世家》则记载，陈国末代国君名越，且有谥号湣公，与此有所不同。

⑩ 近臣：在朝之臣。

⑪ 远臣：外国来求仕者。

开讲——

儒家非常强调手段的正当性。当人开始用不正当的手段去实现所谓正当的目标时,实际上,他已经偏离那个正当的目标了。

孔子有可能为了得到君主的任用住到痈疽、瘠环家里吗?孟子毫不犹豫地回答:"否。"孟子说,孔子"于卫主颜雠由",在卫国住在颜雠由家。《论语》上记载,孔子住蘧伯玉家。蘧伯玉特别有德性,是卫国老一代大夫,德高望重。

弥子瑕是卫灵公十分亲近的宠臣,又与子路是"连襟",两人的妻子是姐妹。对弥子瑕的邀请与"卫卿可得也"的许诺,孔子回答了两个字:"有命。"回绝既含蓄,顾及对方面子,又特别有原则:我得到得不到君主的任用,与人无关,自有天命决定。但是,孔子真这么认为吗?不是。孔子没有住痈疽家,没有住瘠环家,而是住在颜雠由家,住在蘧伯玉家,他还是有选择的:他选择正派人,他选择正当的路径。孔子曾经因澹台灭明"行不由径"(《论语·雍也》)而收为学生。一个平时走路都不抄近路的人,在大事上也一定能正道直行。这就是孔孟儒家,绝不通过歪门邪道实现自己的目标。"孔子进以礼,退以义",进退之间有礼有义。所以中国传统文化讲知识分子的"出处穷通",该出来做官就出来做官,做官不顺心时绝不患得患失;该困守一隅时就困守一隅,不违背道义去求。达,兼济天下;穷,困不失道,是出入困厄与显达之间的一种智慧和德性。

所以,孟子说"观近臣,以其所为主;观远臣,以其所主",要观察君王身边的大臣,看他接待了什么人;观察远方来求用的人,看他投奔了谁。蘧伯玉接待孔子;商鞅投奔景监,所谓物以类聚,人以群分。因此,如果孔子投奔弥子瑕,或者住在痈疽和宦官瘠环家,那孔子还是孔子吗?

同样，如果伊尹"以割烹要汤"，那伊尹还是伊尹吗？（9.7）

成语——好事之徒

链接——9.7；9.9

9.9

万章问曰:"或曰:'百里奚自鬻于秦养牲者五羊之皮①,食牛②,以要秦穆公。'信乎?"

孟子曰:"否,不然。好事者为之也。百里奚,虞人也。晋人以垂棘之璧与屈产之乘③,假道于虞以伐虢④。宫之奇谏⑤,百里奚不谏。知虞公之不可谏而去,之秦,年已七十矣,曾不知以食牛干秦穆公之为污也,可谓智乎?不可谏而不谏,可谓不智乎?知虞公之将亡而先去之,不可谓不智也。时举于秦,知穆公之可与有行也而相之,可谓不智乎?相秦而显其君于天下,可传于后世,不贤而能之乎?自鬻以成其君,乡党自好者不为,而谓贤者为之乎?"

今译——

万章问:"有人说:'百里奚用五张羊皮把自己卖给了秦国养牲畜的人,给人家喂养牛,以此来获得秦穆公的任用。'这是真的吗?"

孟子说:"不,不是真的。是好事之人编造的。百里奚,是虞国人。晋国人用垂棘出产的玉璧和屈出产的良马,向虞国借道去攻打虢国。宫之奇去劝阻虞公,百里奚不去劝阻。他知道虞公不可劝阻而离开虞国,去了秦国,那时他已经七十岁了,竟然不知道给人喂养牛以求得秦穆公的任用是污名自己,这是智慧吗?知道不可劝阻而不去劝阻,这是不智慧吗？晓得虞公即将自取灭亡而提前离开了他，不能说他不智慧吧。当他被秦国提拔的时候，晓得秦穆公是一个可以有所作为的君主而去辅助他，这能说他不智慧吗？辅助秦国使他的君主扬名天下，能传之于后世，不贤的人能这样做吗？把自己卖了来成就君主，乡里洁身自好的人都不会干，你说贤人肯这么干吗？"

注释——

① 百里奚：虞国大夫，后到秦国，相秦穆公，辅佐其成就霸业。对其"自鬻于秦养牲者五羊之皮"之事，《史记·商君列传》中，赵良与商鞅谈话，说到："夫五羖大夫，荆之鄙人也。闻秦穆公之贤而愿望见，行而无资，自粥于秦客，被褐食牛。期年，穆公知之，举之牛口之下，而加之百姓之上，秦国莫敢望焉。"同是《史记》，《秦本纪》中记载又不同："（秦穆公）五年，晋献公灭虞、虢，虏虞君与其大夫百里奚，以璧马赂于虞故也。既虏百里奚，以为秦穆公夫人媵于秦。百里奚亡秦走宛，楚鄙人执之。穆公闻百里奚贤，欲重赎之，恐楚人不与，乃使人谓楚曰：'吾媵臣百里奚在焉，请以五羖羊皮赎之。'楚人遂许与之。当是时，百里奚年已七十余。穆公释其囚，与语国事。谢曰：'臣亡国之臣，何足问！'穆公曰：'虞君不用子，故亡，非子罪也。'固问，语三日，穆公大说，授之国政，号曰五羖大夫。"鬻（yù）：售卖。

② 食（sì）：动词，喂养。

③ 垂棘（jí）、屈：均为晋国地名，前者出产玉璧，后者出产良马。垂棘位置不详。据阎若璩《四书释地》，屈在今山西省临汾市吉县。

④ 假道于虞以伐虢（guó）：《左传》记有两次，一次在鲁僖公二年，一次在鲁僖公五年，两次"宫之奇谏"，虞公均"弗听"，结果晋灭虢后，北上灭虞。

⑤ 宫之奇：虞国大夫。

开讲——

这里孟子是用四个反问，来证明百里奚是一个智慧的人：第一，知道虞公不可谏，所以不谏，智慧；第二，知道虞公将亡，所以事先离开，智慧；第三，知道秦穆公是有为之君，愿意做他的相，智慧；第四，用自己的智慧帮助秦穆公做成事业，君臣一起留名于后世，也是智慧。那么，这么有智慧的人，怎么会愚蠢到用自我作践的方式来讨好国君呢？孟子这是在以事理来作推导。

这个推导，不是从事实上证明百里奚没有做过奴隶、没有被卖过、没有养过牛。《庄子》上也说"百里奚爵禄不入于心"，爵位俸禄百里奚根本没看在眼里，"故饭牛而牛肥"，所以他一心一意养牛，竟然把牛养得很肥。这事传到秦穆公那里，与百里奚交谈后，重用了他。（《庄子·田子方》）所以，百里奚做过奴隶养过牛，可能是真的，但是，如果像有人说的那样自卖自身去做奴隶、去养牛，以此去接近秦穆公，获得晋升之阶，是假的。

百里奚可以养牛，不可以通过养牛去讨好他人；伊尹可以做厨子，不可以通过厨艺去博他人欢心。因为这种行为，自轻自贱，有德者不为，智者不为。伊尹是有德者，百里奚是智者。一个有人格自尊的人，一个明了世道沉浮的人，不会盘算用什么办法去讨好人。不管你在哪里，我就在这里。"用之则行，舍之则藏"（《论语·述而》），一种潇洒，一种坦荡。儒家一定要做事，儒家一定要救世，儒家一定要济世，但是儒家绝不降低自己的身份。"枉己者，未有能直人者也。"（6.1）"吾未闻枉己而正人者也，况辱己以正天下者乎？"（9.7）所以，关键还在于做事情一定要手段合乎道德。所以儒家讲，一定要先修身，才能够齐家、治国、平天下。先秦儒家、法家、道家这三家，道家讲避世，法家和儒家都讲入世，两种入世的区别在哪里？其中之一，就是儒家入世，强调正当性；法家入世，不择手段。

注意这里"宫之奇谏，百里奚不谏"，是不是在证明宫之奇不智慧，只有百里奚是智慧的？不是。因为有很多时候、有很多事，哪怕明知做不成，也得去做，宫之奇明知虞公不听劝，还要去"谏"，这是宫之奇的选择，这选择里可能有其他的考虑，未必是不智。但百里奚的"不谏"，则能证明他是有智慧的。这是两种做事的方式，所谓"圣人之行不同也，或远或近，或去或不去，归洁其身而已矣"（参见 9.7 开讲）。

成语——垂棘之璧　屈产之乘
链接——6.1；9.7；9.8

卷十
万章下

（凡九章）

10.1

孟子曰:"伯夷,目不视恶色,耳不听恶声。非其君不事,非其民不使。治则进,乱则退。横政之所出,横民之所止①,不忍居也。思与乡人处,如以朝衣朝冠坐于涂炭也。当纣之时,居北海之滨,以待天下之清也。故闻伯夷之风者,顽夫廉②,懦夫有立志。

"伊尹曰:'何事非君?何使非民?'治亦进,乱亦进,曰:'天之生斯民也,使先知觉后知,使先觉觉后觉。予,天民之先觉者也。予将以此道觉此民也。'思天下之民,匹夫匹妇有不与被尧、舜之泽者,若己推而内之沟中。其自任以天下之重也。

"柳下惠不羞污君,不辞小官。进不隐贤,必以其道。遗佚而不怨,厄穷而不悯。与乡人处,由由然不忍去也。'尔为尔,我为我,虽袒裼裸裎于我侧,尔焉能浼我哉③?'故闻柳下惠之风者,鄙夫宽,薄夫敦。

"孔子之去齐,接淅而行④;去鲁,曰:'迟迟吾行也。'去父母国之道也。可以速而速,可以久而久,可以处而处,可以仕而仕,孔子也。"

孟子曰:"伯夷,圣之清者也;伊尹,圣之任者也;柳下惠,圣之和者也;孔子,圣之时者也⑤。孔子之谓集大成。集大成也者,金声而玉振之也⑥。金声也者,始条理也;玉振之也者,终条理也。始条理者，智之事也；终条理者，圣之事也。智，譬则巧也；圣，譬则力也。由射于百步之外也⁷，其至，尔力也；其中，非尔力也。"

今译——

　　孟子说："伯夷，眼睛不看难看的颜色，耳朵不听难听的声音。不是他看得上的君主不事奉，不是他中意的人民不驱使。政治安定就做官做事，政治昏乱就退避隐居。暴政施行的国家，暴民居处的地方，他不愿意住。他觉得与乡人在一起，如同穿戴着上朝的衣冠坐在涂泥炭火上。在商纣当政的时候，他居住在北海边上，以等待天下政治清明。所以凡听说了伯夷的风尚节操的人，贪婪的人会清廉起来，懦弱的人有自强自立之志。

　　"伊尹说：'什么样的君主不可以事奉？什么样的人民不可以驱使？'政治安定做官做事，政治昏乱也进取做事，说：'天生万民，是让先知之人觉悟后知之人，让先觉之人启发后觉之人。我，就是天生万民中的先觉之人啊。我要用尧舜之道来启发这里的人民。'他觉得天下众生，有一男一女没有受尧舜之道的恩泽，就像是自己把他们推进山沟里一样。他就是这样自己担起天下的重任。

　　"柳下惠不以事奉污浊的君主为羞耻，也不会推辞做一个小官。做官就尽力发挥自己的贤能，一定坚持自己的原则。被人弃用不怨恨，穷困潦倒不愁苦。和乡人相处，自在自得不忍离开。说'你是你，我是我，即使你赤身裸体地站在我身边，你怎么可能玷污我呢？'所以凡听说了柳下惠的风尚节操的人，狭隘的人会宽广起来，刻薄的人会厚道起来。

　　"孔子离开齐国时，捞出泡在水里未淘的米就急忙起身；离开鲁国，说：'我们慢慢地走啊。'这是离开父母之国的方式啊。应该赶快走就赶快走，应该久留就久留，应该隐退就隐退，应该做官就做官，这就是孔子。"

孟子说:"伯夷,是圣人中一尘不染的人;伊尹,是圣人中担当重任的人;柳下惠,是圣人中平和的人;孔子,是圣人中能因应时势的人。孔子可以说是集圣人大成的人。集圣人大成的人,犹如钟发声而磬收韵。镈钟敲响,音乐有条理地开始;击打特磬,音乐有条理地结束。有条理地开始,需要'智';有条理地结束,需要'圣'。智,好比技巧;圣,好比用力。就像在百步之外射箭,箭头射到百步之外,靠的是用力;箭头射中靶心,就不是用力的事了。"

注释——

① 横(hèng):横暴,不循法度。横政:暴政。横民:暴民。

② 顽夫:顽贪之夫,贪婪之人。

③ 浼(měi):沾污,玷污。

④ 接淅(xī):有两种理解。第一种,捞起在淘的米。赵岐:"淅,渍米也。不及炊,避恶亟也。"朱熹:"接,犹承也;淅,渍米水也。渍米将炊,而欲去之速,故以手承米而行,不及炊也。"赵岐说"不及炊",朱熹说"将炊",显然应是已经淘过的米,尚未下锅。第二种,段玉裁《说文解字注》、王念孙《广雅疏证》都指出,许慎《说文解字》引此文,作"滰(jiàng)淅",是准确的。"自其方沤未淘言之,曰渍米。不及淘,抒而起之曰滰。"也就是说,滰的意思是将泡在水里、还没有淘的米滤干,淅的意思是将米泡在水里,还没有淘。应以段玉裁、王念孙的解释为准。

⑤ 时:《中庸》"君子之中庸也,君子而时中"(1.1)之"时"。鲍鹏山注:"时时保持不偏不倚,随时处中,每一时每一事都妥当公允,既不随波逐流混淆是非和稀泥,也不刻板机械苛刻高峻不通人情。"(参见拙著《大学·中庸导读》,中国青年出版社,2022年)

⑥ 金声而玉振:金,指钟。声,发声。玉,指磬。振,收声。朱熹:"盖乐有八音:金、石、丝、竹、匏、土、革、木。若独奏一音,则其一音自为始终,而为一小成……八音之中,金石为重,故特为众音之纲纪。又金始震而玉终诎然也,故并奏八

音,则于其未作,而先击镈钟以宣其声;俟其既阕,而后击特磬以收其韵。宣以始之,收以终之。"

⑦ 由:通"犹"。

开讲——

本章孟子论及四位圣人,伯夷、伊尹、柳下惠、孔子。

伯夷,孔子曾经数次称赞他。《论语·公冶长》:"伯夷、叔齐不念旧恶,怨是用希。"《论语·述而》:"求仁而得仁,又何怨。"司马迁写《史记》,主要有三个部分涉及人物:本纪、世家、列传。本纪纪帝王,世家记诸侯,列传传人物。列传七十篇,第一篇即《伯夷叔齐列传》,排在第一,可见伯夷、叔齐在司马迁心目中地位很高。伯夷的"目不视恶色,耳不听恶声",类似颜回问孔子什么是仁,孔子的回答"非礼勿视,非礼勿听,非礼勿言,非礼勿动"(《论语·颜渊》)。伯夷是孤竹国君主亚微的长子,叔齐是他的弟弟。伯夷对人对己都有极高的道德要求,眼睛里揉不得一粒沙子,是圣中的"清者",至清之人。他"与乡人处,如以朝衣朝冠坐于涂炭也",并非道德上对乡人的鄙视,而是一种贵族身份意识。这种贵族身份意识,表面看似乎自视甚高,拒人于千里之外,其实是自爱,是不随波逐流,是国家精英意识:既然我代表了这个国家的文化高度、道德高度,那我就知道应该思考什么问题,应该追求什么目标,应该和什么人交往,应该在什么层次上展开自己的生活,这是中国古代贵族风范。屈原也说过:"新沐者必弹冠,新浴者必振衣。"因为:"安能以身之察察,受物之汶汶者乎?""安能以皓皓之白,而蒙世俗之尘埃乎?"(《楚辞·渔父》)怎么能忍受自身被强加以污浊之物呢?既如此洁身自好有原则、如此坚持不肯放弃、如此自爱不肯堕落,伯夷在商纣王时避居北海之滨,"以待天下之清",到周武王举兵灭纣王,伯夷又"叩马而谏",指责周武王"以臣弑君",

是"以暴易暴兮,不知其非矣"(《史记·伯夷列传》)。周灭商后,伯夷叔齐不仅不愿事周,更耻食周粟,隐于首阳山,采薇而食,最后饿死在首阳山。这就是伯夷的"清","非其君不事,非其民不使",绝不和自己心目中的"非"君、"非"民合作,不仅不合作,也不吃你的粮食,只吃山上的野菜。只有野菜是天赐的,只有天赐的东西是给天下所有人的。伯夷是将一种原则、一种高峻的人格理想推向极致的人物,也因此,伯夷、叔齐后来在中国文化里有如此高的地位。他们树立了一种道德高标,他们的行为本身,就是一种文化建设,让人看到这个世界有这样一种风范,并以此影响普通人。

伊尹完全不一样。"非君""非民"对我而言有什么分别呢?"治亦进,乱亦进"。伊尹认为:天地生人不齐,而我恰好是上天生下来那个先知先觉的人,因此我天生有"先知觉后知,先觉觉后觉"的使命和责任。不是个人洁身自好,不是个人独善其身,而是以行动传播圣贤之道于大众。大道须在大众中,大道须是大众行。小众之中是小道。修行不是焚一线香、点一杯茶,修行应该是做事,是吃苦,是担当,是布道,这才是真正的修行。行者,行之者;所行者,仁。古代经常把"行"字跟"仁"字放在一起,"行"与"仁"有同义。行即行仁,仁必须行。作为王室贵族,伯夷并非不关心大众,但不会把自己融入大众。伊尹不是贵族出身,更重要的,他是推广道义的人,是国家管理者,他可以更多利用权力,利用体制的力量来推广道义,所以他必须走入芸芸众生之中。伊尹"治亦进,乱亦进",不是同流合污,不是不择手段,而是不计个人得失,甚至不惜污染个人羽毛。君子应该"爱惜一己羽毛",但有时为了担当更大的道义,一己羽毛也可以牺牲。任何时候都爱惜一己羽毛,为此不惜放弃大道,就是自私。伊尹"事非君,使非民""治亦进,乱亦进",恰恰是其自我牺牲精神的体现。伊尹与伯夷一样,都有强烈的身份意识,区别在于:伯夷是贵族身份意识,是圣人之"清";

伊尹是弘道者、布道者身份意识，是圣人之"自任以天下之重"。

第三人柳下惠，"不羞污君，不辞小官"，在某种程度上跟伊尹类似。"进不隐贤"，做官时，能做多大事，就一定用尽所有的力量、所有的才能去做，但又"必以其道"，一定以其道使其才。人有两能，一是能力，一是能量。人人都有各种各样的能力，大小不同而已。少数人则拥有比能力更强的力量——能量。如何使用这两能，非常重要。比如人人都有一脚踩死蚂蚁，甚至剥夺他人生命的能力，但能不能不以其道使用这个能力呢？不能。所以，上天给人以能力，人就要以其道用其能力。柳下惠很有能力，他也愿意到混账国君那里做官，做小官都无所谓；那么，当他用尽能力去做事时，就需要判断什么事可以做，什么事不可以做。有些事可做却又不可以全力去做，要折中地去做。善恶就在方寸间，做过了头，做事就是作恶。我们每个人都有作恶的能力，我们每个人都要忍住作恶的冲动。一旦做了，就回不了头。所以，"进不隐贤"后面，一定要有这句"必以其道"，以其道，尽其力；不以其道，不尽其力。

与伯夷的"与乡人处，如以朝衣朝冠坐于涂炭"相反，柳下惠是"由由然"与之打成一片。他说"尔为尔，我为我，虽袒裼裸裎于我侧，尔焉能浼我哉"，直通孔子说的"不曰坚乎，磨而不磷；不曰白乎，涅而不缁"（《论语·阳货》），我如果足够坚强，不怕别人磨砺我；我如果足够干净，不怕别人污染我。

伯夷之风，是让"顽夫廉，懦夫有立志"，让人能自爱，让人能自立其志，让自我意志独立出来，让人有向往；柳下惠之风，是让"鄙夫宽，薄夫敦"，让人心胸宽广博大，让人性情宽容敦厚。此处的"鄙"，原义是边鄙、偏僻，指地处偏僻之乡的地位低下之人。《礼记·学记》："独学而无友，则孤陋而寡闻。"人在偏僻之地待久了，缺少广博的闻知觉见，往往见识短浅，心胸狭隘，价值观偏执。推而广之，是人，就有"习气"，所以我在浦江学堂《学规》里说："气习要纠偏。"我们对人的德性的评价，也不能简单、狭隘地从一个方面下结论。柳下惠有柳下惠的宽博，伯夷有伯夷的高峻。理想的人生，既要有伯夷的高峻，又要有柳下惠的宽博；既要有伯夷的分界意识，又要有柳下惠的无分别意识，同时，还要有伊尹的担当。

这样一说，让人想到孔子。从孔子那里，可以看见伯夷的高峻、伊尹的自任、柳下惠的宽博。孟子说孔子是"可以速而速，可以久而久；可以处而处，可以仕而仕"，没有一成不变。

前述孔子称赞伯夷"不念旧恶""求仁而得仁"。在《论语·微子》中，孔子还提及伯夷、叔齐"不降其志，不辱其身"，并比较了柳下惠，说他是"降志辱身矣。言中伦，行中虑，其斯而已矣"，而自己与他们的区别，则在"无可无不可"。孔子自述，也说自己是"从心所欲不逾矩"（《论语·为政》），还说"君子之于天下也，无适也，无莫也，义之与比"（《论语·里仁》）。"无可无不可""从心所欲不逾矩""无适无莫"，就是"时"，就是因应时变，因应时局，因应时机，而不是一成不变。老子讲"曲则全，枉则直"（《老子》二十二章），有时候，只有变，才能保持原则的不变。

君子无适无莫，就是君子对于天下事，没有一定要这样，也没有一定不要这样，合理恰当就是。"义之与比"者，与义同立并行也。是义就做，不义就不做。天下事，千变万化，无定形，无定势，如何能用条条框框去网罗？君子之在天地之间，又哪能拘束于条条框框与僵死教条？这与孟子说的同出一理："大人者，言不必信，行不必果，惟义所在。"（8.11）标准在义，合乎义则"言必信，行必果"，不合乎义则可"言不必信，行不必果"。任何一种正面价值，都一定有其边界。无边界的价值，会碾压其他一切价值而变成绝对价值；而绝对价值，会导致人类自由的丧失，让人类生活在必然之中。如果人类希望从必然王国走向自由王国，那么，首先不能将任何一种价值绝对化。这就是孔子"可以速而速，可以久而久，可以处而处，可以仕而仕"的哲学意义。

孟子对四圣的比较：伯夷，"圣之清者"，至清之人；伊尹，"圣之任者"，担当之人；柳下惠，"圣之和者"，和谐之人；孔子，"圣之时者"，鲁迅翻译说是"摩登圣人"（《在现代中国的孔夫子》）。这是鲁迅在开孔子的玩笑。其实，"时"在古代汉语里，既指时间、时空、情境，也指判断。因为时间不同，时机不同，情境不同，判断就不同，因而两个意思是互相关联的。"时"在这里用作动词，是说孔子在不同的时间、不同的时机、不同的情境下，能作出不同的正当判断。

孟子最后结论，"孔子之谓集大成"，孔子是将古代圣人的优点集大成的人物，犹"金声而玉振之"。这里的"金声而玉振之""始条理""终条理"，可能就是失传的《乐记》里的句子。什么叫金声？"始条理"；什么叫玉振？"终条理"。镈钟一敲，"始条理"，音乐展开；最后，特磬一击，"终条理"，音乐结束。孟子为什么用音乐这么比喻孔子呢？是说，伯夷、伊尹、柳下惠都是各自得了音乐中的某个环节，这个环节可能非常精彩，但不完整，而孔子，以金声始，以玉振终，过程完整、完美，是最具备全面圣人素质的人。伯夷、伊尹、柳下惠都有其愿，都有其力，都有其禀赋，但缺乏孔子那样一箭中的的技巧；伯夷、伊尹、柳下惠都有圣人精神，都有坚守的原则，但因此也都产生了固执，缺乏孔子"无可无不可"的通达。伯夷、伊尹、柳下惠都是"至"，伯夷是至清之人，伊尹是至任之人，柳下惠是至和之人。"至"是一种极限，是一端，是某种境界的达成，但也因此是一种限制。唯孔子，是"中"——"其至，尔力也；其中，非尔力也"，孔子是以自己的大道，无所不至，而又无所不中。

成语——先知先觉　袒裼裸裎　金声玉振　集大成者
链接——3.9；9.7；12.6；14.15

10.2

北宫锜问曰^①:"周室班爵禄也^②,如之何?"

孟子曰:"其详不可得闻也,诸侯恶其害己也,而皆去其籍。然而轲也,尝闻其略也。

"天子一位,公一位,侯一位,伯一位,子、男同一位,凡五等也^③。

"君一位,卿一位,大夫一位,上士一位,中士一位,下士一位,凡六等^④。

"天子之制,地方千里,公、侯皆方百里,伯七十里,子、男五十里,凡四等。不能五十里,不达于天子,附于诸侯,曰附庸。天子之卿受地视侯^⑤,大夫受地视伯,元士受地视子、男^⑥。

"大国地方百里,君十卿禄,卿禄四大夫,大夫倍上士,上士倍中士,中士倍下士,下士与庶人在官者同禄,禄足以代其耕也。

"次国地方七十里,君十卿禄,卿禄三大夫,大夫倍上士,上士倍中士,中士倍下士,下士与庶人在官者同禄,禄足以代其耕也。

"小国地方五十里,君十卿禄,卿禄二大夫,大夫倍上士,上士倍中士,中士倍下士,下士与庶人在官者同禄,禄足以代其耕也。

"耕者之所获,一夫百亩。百亩之粪,上农夫食九人,上次食八人,中食七人,中次食六人,下食五人。庶人在官者,其禄以是为差^⑦。"

今译——

北宫锜问孟子:"周王室制订的官爵和俸禄等级,是怎样的?"

孟子说:"详细情况已经不知道了,因为诸侯害怕它们妨碍自己,就都毁掉了相关典籍。但是我孟轲,曾经听说过大概的情况。

"天子一级,公一级,侯一级,伯一级,子、男同一级,共五等。

"国君一级,卿一级,大夫一级,上士一级,中士一级,下士一级,共六等。

"制度上,天子直接管理的土地纵横一千里,公、侯都是方圆一百里,伯是方圆七十里,子、男方圆五十里,共四等。土地不到五十里的,不直接受天子管辖,附属于诸侯,叫附庸。天子的卿受封土地的大小比照侯,天子的大夫受封土地的大小比照伯,天子直辖地区的上士受封土地的大小比照子、男。

"大国方圆一百里,国君的俸禄是卿的十倍,卿的俸禄是大夫的四倍,大夫比上士多一倍,上士比中士多一倍,中士比下士多一倍。下士与庶民在官府当差的同等俸禄,俸禄足以抵得上他们耕种的收入。

"次一等的国家方圆七十里,君主的俸禄是卿的十倍,卿的俸禄是大夫的三倍,大夫比上士多一倍,上士比中士多一倍,中士比下士多一倍,下士与庶民在官府当差的同等俸禄,俸禄足以抵得上他们耕种的收入。

"小国方圆五十里,君主的俸禄是卿的十倍,卿的俸禄是大夫的两倍,大夫比上士多一倍,上士比中士多一倍,中士比下士多一倍,下士与庶民在官府当差的同等俸禄,俸禄足以抵得上他们耕种的收入。

"耕种者的收入,一个农夫分田一百亩。百亩之田施肥耕种,上等的农夫能养活九个人,上等稍差的能养活八个人,中等的能养活七个人,中等稍差的能养活六个人,下等的能养活五个人。庶民在官府当差的,他们的俸禄也照此做区别。"

注释——

① 北宫锜（qí）：卫国人。朱熹《四书章句集注》："锜，鱼绮反。"则朱熹认为也可以读为yǐ。

② 班：用作动词，排列，划定等级。

③ 凡五等：这是自天子至诸侯的爵位等级。

④ 凡六等：这是自诸侯国国君至士的等级。

⑤ 视：比照，视同。

⑥ 元士：天子直辖的"王畿"区域的上士。

⑦ 差：区别，差别。赵岐："庶人在官者，食禄之等差，由农夫有上、中、下之次，亦有此五等。"

开讲——

这一章，是孟子讲周朝的爵禄等次。据学者研究，孟子描述的制度与周制有较多差异，只是和《礼记·王制》有较多重合。东汉经学家卢植："汉孝文皇帝令博士诸生作此《王制》之书。"（郑玄、孔颖达《礼记正义》）则《王制》大概是以《孟子》为主，兼采他书而成。相关细节太多，和《孟子》内容关系又不大，就不展开了。

我们说周朝是礼乐文化，礼的功能是分，在政治上主要是等级分别；在伦理上主要是角色分别。乐的功能是和，家国和谐一体。

《荀子·礼论》：

> 礼起于何也？曰：人生而有欲，欲而不得，则不能无求。求而无度量分界，则不能不争；争则乱，乱则穷。先王恶其乱也，故制礼义以分之，以养人之欲，给人之求。使欲必不穷于物，物必不屈于欲。两者相持而长，是礼之所起也。

《荀子·乐论》：

> 故乐在宗庙之中，君臣上下同听之，则莫不和敬；闺门之内，父子兄弟同听之，则莫不和亲；乡里族长之中，长少同听之，则莫不和顺。故乐者审一以定和者也，比物以饰节者也，合奏以成文者也；足以率一道，足以治万变。

《资治通鉴》卷一：

> 臣闻天子之职莫大于礼，礼莫大于分，分莫大于名。

今天总有人动辄说，西方讲平等不讲等级，中国古代讲等级不讲平等，儒家的礼制十恶不赦。这是无知。

首先，厘清级别和等级的概念。级别，是等级的高低次序。孟子这里介绍的，就是周朝制订的官爵、俸禄级别的高低次序。级别是任何时代、任何社会都有的一种客观存在。比如专业技术职称的级别，大学里的助教、讲师、副教授、教授；比如职务级别，企业里的普通员工、部门经理、总经理、董事长，行政机关里的科长、处长、局长、部长。级别，既是社会分工的需要，也是行政功能的体现，小范围的决策，需要由上向下通过一级一级落实、实现。同时级别也是一种能力的体现，能力强，级别高，鼓励人不断提升自己的能力。人的年龄也有等差，以"齿"别少长，辈分高的座位高一点，辈分低的座位低一点，这也是级别。所以，等级不等于不平等。它不涉及价值判断，而只是合理的社会分工与管理功能、人的能力的正常体现。只要社会有分工，其级别区分就不可避免，其价值也不可取代。

其次，厘清平等的概念。平等，是人的基本权利平等，不是人的能力平等，也不是报酬平等，以及在行政序列的决策过程中权力平等。孔子办私学"有教无类"，实际上就是在让受过教育、有能力的人，可以逾越他本来的阶级获得上升的权利。

西方中世纪及以前，一直是贵族、平民截然两分，至今一些国家还保留了贵族爵位和王位。中国则科举之后不再有血缘贵族。中国农民辛苦集聚可成地主，中世纪西方平民断无可能成为庄园主；中国贫寒子弟"朝为田舍郎，暮登天子堂"，西方平民绝无可能跻身贵族圈——若论等级社会，古代中国和古代西方，谁是等级社会？西方等级非常严格，贵族为了维护自己家族血统纯正，保持贵族身份地位不受质疑，甚至极端到不惜哥哥娶妹妹、侄女嫁叔叔，宁愿乱伦，不乱血缘。中国古代社会主流文化正相反，非常鄙视嫌贫爱富，谴责发达之家退婚坠落之家，哪种文化更讲究血缘、出身、身份？

我在8.6开讲里，讲到"礼的本质，不是人们常常以为的'等级'，而是'边界'，礼强调和保护每个人相应的'权利'，其前提和题中应有之义，就是每个人拥有的权利都有边界。"我们看到的，表面上，礼是在划分等级，其实，礼的本质，是确立权利。而权利一定与身份有关（如上所述，这一点在任何社会任何时代都不可避免）。所以，先确立身份，再确立相应的权利，就是基本逻辑。孟子这一章对天子至子、男的五等分别，对诸侯国君到下士的六等分别，就是先确立等级，而接下来讲各自的爵禄，则是在讲与之相应的权利。关键在于，这些不同人等的相应权利，用礼的形式确立下来，就屏蔽了权力的干涉。

一个社会，如果权利意识强了，社会就进步；如果权力强了，社会就落后、野蛮、专制。

以权利互相制衡的社会，是现代社会；以权力制衡社会决定每个人命运的时代，是黑暗时代。

链接——8.6；12.7；12.8；12.9；13.31；13.32

10.3

万章问曰:"敢问友。"

孟子曰:"不挟长①,不挟贵,不挟兄弟而友。友也者,友其德也,不可以有挟也。

"孟献子②,百乘之家也,有友五人焉:乐正裘,牧仲③,其三人,则予忘之矣。献子之与此五人者友也,无献子之家者也。此五人者,亦有献子之家,则不与之友矣。

"非惟百乘之家为然也,虽小国之君亦有之。费惠公曰④:'吾于子思则师之矣,吾于颜般则友之矣。王顺、长息,则事我者也⑤。'

"非惟小国之君为然也,虽大国之君亦有之。晋平公之于亥唐也⑥,入云则入,坐云则坐,食云则食。虽疏食菜羹,未尝不饱,盖不敢不饱也。然终于此而已矣。弗与共天位也,弗与治天职也,弗与食天禄也。

"士之尊贤者也,非王公之尊贤也。舜尚见帝⑦,帝馆甥于贰室⑧,亦飨舜,迭为宾主⑨,是天子而友匹夫也。用下敬上,谓之贵贵;用上敬下,谓之尊贤。贵贵尊贤,其义一也⑩。"

今译——

万章问:"请问老师要怎么交朋友。"

孟子说:"不依仗年龄大,不依仗地位高,不依仗自己兄弟的关系去交朋友。交朋友,是结交他们的德性,不可以存任何依仗的念头。

"孟献子,是拥有一百辆马车的大夫,他有五位朋友:乐正裘、牧仲,其他三人,我忘记了。孟献子同这五人交朋友,没有我是大夫的念头。这五人呢,如果存着孟献子是大夫的念头,那也不会与他交朋友。

"不只有一百辆马车的大夫这样,即使是小国的君主也有这样的。费惠公说:'我对子思是把他看作老师的,我对颜般是把他看作朋友的。王顺、长息,则是事奉我的。'

"不只有小国的君主这样,即使是大国的君主也有这样的。晋平公去亥唐的家,亥唐叫他进去就进去,叫他坐下就坐下,叫他吃饭就吃饭。哪怕粗饭菜羹,从没有不吃饱的,因为不敢不吃饱。但晋平公也就做到这里为止了。不与亥唐一起共有爵位,不与亥唐一起治理政事,不与亥唐一起享用俸禄。

"士人尊敬贤德之人,不同于天子诸侯尊敬贤德之人。舜拜谒尧帝,尧帝让他这个女婿住在副宫,请舜吃饭,(舜也请尧吃饭)两人轮流为主客,这是天子与普通人交朋友的情景。地位低的人尊敬地位高的人,这叫尊贵为贵;地位高的人尊敬地位低的人,这叫尊贤为贤。贵重贵人尊重贤人,道理是一样的。"

注释——

① 挟(xié):倚仗。

② 孟献子:春秋时期鲁国贤大夫仲孙蔑。朱熹引张子曰:"献子忘其势,五人者忘人之势。不资其势而利其有,然后能忘人之势。若五人者有献子之家,则反为献子之所贱矣。"

③ 乐正裘、牧仲的生平事迹不详。赵岐注："乐正裘、牧仲其五人者，皆贤人无位者也。"则五人均为平民、贤人。

④ 费：一般认为费国即滑国，因曾都于费（河南偃师）而被称为费国。然而，费国在公元前627年被秦国消灭，至子思时，不应有费。惠士奇认为，滑国被灭之后，其子孙为周、晋、郑等国的附庸，尚且有国，即《春秋》所称虚滑、冯滑等。顾炎武认为，此费是鲁国季氏封地，后来季氏据此僭称公。毛奇龄认为，春秋战国间，都邑之长可以称公，所谓费惠公即费邑之长。朱熹："惠公，费邑之君也。"

⑤ 长息：公明高的弟子，见本书9.1。颜般、王顺生平事迹不详。朱熹："师，所尊也。友，所敬也。事我者，所使也。"

⑥ 晋平公：姬姓，名彪，春秋时期晋国国君。亥唐：一作期唐，晋国隐居穷巷的贤人。朱熹："亥唐，晋贤人也。平公造之，唐言入，公乃入。言坐乃坐，言食乃食也。疏食，粝饭也。不敢不饱，敬贤者之命也。范氏曰：'位曰天位，职曰天职，禄曰天禄。言天所以待贤人，使治天民，非人君所得专者也。'"

⑦ 尚见：尚同"上"，普通人拜谒天子。

⑧ 馆甥于贰室：甥：女婿。朱熹："礼，妻父曰外舅。谓我舅者，吾谓之甥。尧以女妻舜，故谓之甥。"贰室：副宫。

⑨ 迭（dié）：轮流。

⑩ 用：以。朱熹："此言朋友人伦之一，所以辅仁，故以天子友匹夫而不为诎，以匹夫友天子而不为僭。"

开讲——

孔子讲交友基本原则："友直，友谅，友多闻。"（《论语·季氏》）"以友辅仁。"（《论语·颜渊》）孟子讲交友基本原则，首先来个否定式定义："不挟长，不挟贵，不挟兄弟而友。"不以任何地位、财富、权势、关系作交换。后面肯定——"友也者，友其德"，取友以德，关键词——"德"。

中国传统文化的"五常",即五种人伦关系:夫妻关系、父子关系、兄弟关系、君臣关系、朋友关系。前四伦,在"五四"新文化运动中被严厉批判,因为关系中常有不平等对待之状况,唯独对朋友关系评价很高,比如,谭嗣同《仁学》三十八:"五伦中于人生最无弊而有益,无纤毫之苦,有淡水之乐,其惟朋友乎。顾择交何如耳,所以者何?一曰'平等';二曰'自由';三曰'节宣惟意'。总括其义,曰不失自主之权而已矣。兄弟于朋友之道差近,可为其次。余皆为三纲所蒙蔽,如地狱矣……夫朋友岂真贵于余四伦而已,将为四伦之圭臬。而四伦咸以朋友之道贯之,是四伦可废也。此非谰言也。"认为五伦中只有朋友这一伦值得保留,因为只有朋友关系"平等""自由""节宣惟意"。

"平等",不是地位相等的人才能交朋友,而是地位不相等的人平等相处。朋友交,两相忘:孟献子"无献子之家",朋友"亦有献子之家,则不与之友",孟献子忘了自己的权势,朋友忘了孟献子的权势,双方忘了地位、财富、权势的不同,把德性作为友谊的共同基础。

本章次序,先讲大夫怎么交往——忘掉自己的家。其次讲国君怎么交往——忘掉自己的国。最后讲天子怎么交往——忘掉自己的天下。大夫忘家,诸侯忘国,天子忘天下,然后,与人以德性平等交友。孟子亦说:"古之贤王好善而忘势。古之贤士何独不然?乐其道而忘人之势,故王公不致敬尽礼,则不得亟见之。见且由不得亟,而况得而臣之乎?"(13.8)

这里注意"然终于此而已",晋平公也只做到去亥唐家时"入云则入,坐云则坐,食云则食。虽疏食菜羹,未尝不饱,盖不敢不饱"这一步就可以了,"弗与共天位也,弗与治天职也,弗与食天禄也",为什么?其一,晋平公不是以国君的身份(不挟贵)与亥唐交友的,既没有国君身份,何以给亥唐"位""职""禄"?其二,一旦晋平公这么做,他的身份就变成了国君，亥唐接受了晋平公给的"位""职""禄"，亥唐就变成了晋平公的臣，两人关系的性质，就不再是朋友，而是君臣了。其三，"位""职""禄"都是"天位""天职""天禄"，是天给天下人的公器，不是国君个人的私器，国君怎么能随便送人？孟子说过："天子不能以天下与人。"（9.5）所以，"天"字在这里不可少，就是告诫君主，国中之爵禄，都是天之所置，非国君可以以自己的私意便宜行事也。

链接——9.5；10.4；10.5；10.6；10.8；13.8；13.43

10.4

万章曰:"敢问交际何心也?"

孟子曰:"恭也。"

曰:"'却之却之为不恭①',何哉?"

曰:"尊者赐之,曰'其所取之者义乎,不义乎'②,而后受之,以是为不恭,故弗却也。"

曰:"请无以辞却之,以心却之,曰'其取诸民之不义也',而以他辞无受,不可乎?"

曰:"其交也以道,其接也以礼,斯孔子受之矣。"

万章曰:"今有御人于国门之外者③,其交也以道,其馈也以礼,斯可受御与?"

曰:"不可。《康诰》曰④:'杀越人于货,闵不畏死,⑤凡民罔不譈⑥。'是不待教而诛者也。殷受夏,周受殷,所不辞也。于今为烈,如之何其受之⑦?"

曰:"今之诸侯取之于民也,犹御也。苟善其礼际矣,斯君子受之,敢问何说也?"

曰:"子以为有王者作,将比今之诸侯而诛之乎?其教之不改而后诛之乎?夫谓非其有而取之者盗也,充类至义之尽也⑧。孔子之仕于鲁也,鲁人猎较⑨,孔子亦猎较。猎较犹可,而况受其赐乎?"

曰："然则孔子之仕也，非事道与？"

曰："事道也。"

"事道奚猎较也？"

曰："孔子先簿正祭器⑩，不以四方之食供簿正。"

曰："奚不去也？"

曰："为之兆也⑪。兆足以行矣⑫，而不行，而后去，是以未尝有所终三年淹也。孔子有见行可之仕，有际可之仕，有公养之仕也⑬。于季桓子⑭，见行可之仕也；于卫灵公⑮，际可之仕也；于卫孝公⑯，公养之仕也。"

今译——

万章问："请问老师，应该用什么心与人交往呢？"

孟子说："恭敬。"

（万章）说："'一再推却就是不恭敬'，这句话是什么意思？"

（孟子）说："遇到地位尊贵的人赐予礼物，自己心里嘀咕'他得到这东西是合乎义的呢，还是不合乎义的呢'，然后才接受礼物，这就是不恭敬，所以不要推却。"

（万章）说："那我不明说推却的理由，只在心里推却，说'这是他从人民那里得到的不义之财'，而用其他的借口来推却，不可以吗？"

（孟子）说："结交时合乎于道，接受时合乎于礼，如此，便是孔子也会接受。"

万章说："现在有一个在国都城门外拦路劫道的人，他也按规矩与人交往，以礼节馈赠别人礼物，这样可以接受他劫道抢来的财物吗？"

（孟子）说："不可以。《康诰》说：'害人性命抢夺财物，强暴不畏死，没有人不痛恨这些。'这样的人不必先教育就可以诛杀。商朝从夏朝、周朝从商朝继承了这种法律，从不曾改变过。现如今这种杀人越货的强暴行为变本加厉，怎么能接受拦路抢劫来的财物呢？"

（万章）问："今天的诸侯们从人民那里获取财物，就像拦路抢劫一样。如果人际往来的礼节做得很好，那君子就可以接受他们的礼物，我斗胆请问这有什么说法呢？"

（孟子）说："你认为如果有圣王出来，是把今天的诸侯们一个个全都杀光呢，还是教育后再杀掉那些不改正的呢？那种把需要从他人那里收税的行为都认定是抢劫的说法，是把义的原则推到极端用到了尽头。孔子在鲁国做官，鲁国举行田猎争夺猎物，孔子也争夺猎物。争夺猎物都可以，何况接受赏赐呢？"

（万章）问："那么孔子做官，不是为了行道吗？"

（孟子）说："是为了行道。"

"既然为了行道为什么还去争夺猎物？"

（孟子）说："孔子先用文书规定祭祀应该用的器物和祭品，不把四方不易得之物列入当下祭祀供品名单。"

（万章）说："他为什么不辞官离开呢？"

（孟子）说："为了先观察一下。观察下来如果我的政治主张可行，而君主不去推行，然后我再离开，所以孔子不曾在一个国君那里待满三年。孔子（有三种情况会做官）因为推行自己的政治主张做官，因为国君有对自己的礼遇做官，也为拿一些俸禄养活自己做官。对于季桓子，孔子是因为他可能推行自己的政治主张做官的；对于卫灵公，孔子是因为他能以礼相待做官的；对于卫孝公，是因为他对天下贤人有奉养做官的。"

注释——

① 却之却之："却之"重复两次，朱熹认为不知何意："却，不受而还之也。再言之，未详。"焦循认为是一再拒绝，坚辞不受："叠言'却之却之'者，却之至再，坚不受

也。"焦循之说可从。

② 曰：有两种解释。赵岐认为是用言语问："今尊者赐己，己问其所取此物宁以义乎？得无不义，乃后受之，以是为不恭。"朱熹认为是自己心里嘀咕："孟子言尊者之赐，而心窃计其所以得此物者，未知合义与否，必其合义，然后可受，不然则却之矣，所以却之为不恭也。"赵岐的解释似乎与人之常情不合，译文取朱熹之说。

③ 御：止。朱熹《四书集注》："御，止也。止人而杀之，且夺其货也。"

④ 《康诰》：《尚书》中的一篇。

⑤ 杀越人于货："越"字极难理解。据刘起釪《尚书校释译论》统计，共有十余种不同解释。然而这些解释"都不可靠。'越'字在此义不明，不能强解"。常见的解释为夺取，即成语杀人越货，这种解释虽然根据不充分，但是习以为常。译文取此。闵（mǐn）：同"暋"，强横。

⑥ 憝（duì）：憎恶。

⑦ 此一段文字不可理解。朱熹："'殷受'至'为烈'十四字，语意不伦。李氏以为此必有断简或阙文者近之，而愚意其直为衍字耳。然不可考，姑阙之可也。"译文尽量通达译出。

⑧ 非其有而取之者盗也：从字面来看，意思是，不是自己所有却取得它，称之为盗。实际意思：赋税非诸侯所有，而取之于民，称之为盗。所以赵岐注为"诸侯本当税民之类者"。译文取此意译。充类至义之尽：充类，放大某类事物或事理。至：极、最。朱熹："夫御人于国门之外，与非其有而取之，二者固皆不义之类，然必御人，乃为真盗。其谓非有而取为盗者，乃推其类，至于义之至精至密之处而极言之耳，非便以为真盗也。"《庄子·胠箧》："彼窃钩者诛，窃国者为诸侯，诸侯之门而仁义存焉。"也是愤激之语，于日常对待或法律界定都不能直接与盗贼等同，否则庄子本人又何能"衣大布而补之，正𦆉系履而过魏王"（《庄子·山木》）。

⑨ 猎较（jué）：《周礼·夏官司马·大司马》记载：政府在仲冬举行大阅之礼（一种大型的军事训练）时，田猎活动结束后，要比较猎物的多少，这就是猎较。猎较后，在郊外祭祀四方之神，在国都祭祀宗庙。朱熹对此置疑未解："猎较未详。"

⑩ 簿正祭器：簿，文簿，文书。正，匡正，使之正。朱熹对此亦置疑未解："先簿正祭器，未详。"又引"徐氏曰：'先以簿书正其祭器，使有定数，不以四方难继之物实之。夫器有常数、实有常品，则其本正矣，彼猎较者，将久而自废矣。'未知是否也。"赵岐注："先为簿书以正其宗庙祭祀之器，即其旧礼，取备于国中，不以四方珍食供其所簿正之器，度珍食难常有，乏绝则为不敬，故猎较以祭也。"赵岐理解的"不以四方之食供簿正"，是不把四方之食列入祭祀用品名单。此句不好理解。根据上下文的逻辑，参考赵岐的注，大约意思可以理解为：祭祀所需常品，往往来自四方而不易得。夫不易得，则易使人因此废祭祀。故孔子先用文书规定祭祀应该用的器物和祭品（即常品，来自四方），而又权变之以猎较之物充当。盖这种做法，既保留了正确祭祀的方法和规矩，又能在不得常品的情况下不废祭祀。这也是孔子参与猎较的原因。

⑪ 兆：开端，此处用作动词，观察其先兆。

⑫ 足以行：指政治主张可行，这里的主语省略，指自己，而后一句"而不行"的主语，则转换为国君。

⑬ 见行可之仕，际可之仕，公养之仕：朱熹："见行可，见其道之可行也。际可，接遇以礼也。公养，国君养贤之礼也。"行可：可行，可行道。际可：可际，可交往。公养：国家供养。际可，多在个人之间。而公养，乃国家制度对一般士君子的供养。类12.14所说的"周之，亦可受也，免死而已矣"。

⑭ 季桓子：鲁国卿大夫，执政大臣。孔子曾在他手下任大司寇，"与闻国政三月"，在齐鲁之会中"摄相事"，主导"堕三都"，后因政见不合，又齐国送"女乐文马"，季桓子终日往观，孔子离开了鲁国。（《史记·孔子世家》）

⑮ 卫灵公：春秋时期卫国国君，姬姓，名元。孔子离开鲁国后，去了卫国。《史记·孔子世家》："孔子遂适卫，主于子路妻兄颜浊邹家。卫灵公问孔子：'居鲁得禄几何？'对曰：'奉粟六万。'卫人亦致粟六万。居顷之，或谮孔子于卫灵公。灵公使公孙余假一出一入。孔子恐获罪焉，居十月，去卫。"

⑯ 史书中不见卫孝公的记载，疑是卫出公辄，卫灵公之孙。

开讲——

这一章,是万章问交际之道。但这一章有诸多文字障碍,历来为学者们头疼,须尽量找出谈话逻辑,在事理通达的情况下予以疏解。

交际,现在经常用的一个词。际,交往之间,人际、国际、边际。世界有边界,人也有边界。边界与边界交接之处便是交际。"交"而有"际",才叫交际。人与人交往边际在哪里?以"何心"把握?孟子答,一个字,"恭"。

恭,是儒家文化中一个很重要的概念。比如孔子的个性是"温良恭俭让"(《论语·学而》);比如孔子说仁者要"恭宽信敏惠"(《论语·阳货》);比如孔子说"恭而无礼则劳"(《论语·泰伯》),态度恭敬无度,没有礼作限定就会让人不胜其烦,因为不知道做到何处才是合适。恭敬有边界,孔子个性"温良恭俭让"中"恭"的后面紧接一个"俭"字,就非常有意思。"俭"即分寸感。没有分寸感地做过头,便是"足",对他人过分恭敬,就是"足恭"(《论语·公冶长》),变成对他人的谄媚。本章"充类至义之尽",也是"足",充足,走向"义"的极端。

"却之却之为不恭",两个"却之",一再推辞,是不恭。他人有所惠赐,坚决不要,让人觉得有一点难以判断,你是拒绝我的礼物呢,还是拒绝我的人呢?所以,是否接受他人的惠赐,也有边界,也有分寸的把握。同样,赠送他人礼物,自己也有分寸的把握,也有边界。

对他人的惠赐,怀疑他人"其所取之者义乎,不义乎",也是不恭。在对他人的"却之却之"中,隐含了对其动机、人品的怀疑,是对他人的不恭。孟子把这个"却之"的对象限定为"尊者",是告诉我们,对尊者所赠,"却之"就反映出对尊者德性的怀疑,所以是"不恭"的。

这里需要说明的是,与今天朋友之间的馈赠不一样,当时孔子、孟子接受他人馈赠，主要是指接受诸侯、大夫给的生活救济，有周济的意思。因为他们的身份是士，生活来源要靠做官拿俸禄，不做官但非常有影响力的士，"尊者"常常给予很丰厚的馈赠，以此解决其日常生活问题。所以孟子说"其交也以道，其接也以礼，斯孔子受之矣"，结交时如果合乎于道，接受时如果合乎于礼，孔子也会接受他人馈赠。

这是第一轮问答，最后的结论是"交也以道，接也以礼"，即可接受。

但问题来了：孟子给出的这两个条件，没有回答其馈赠之物来源是否合法合义的问题，而这一问题在上面已经提出："其取诸民之不义也。"

万章可能是孟子学生中水平最高的人，他没有疏忽这个被孟子疏忽的问题，所以万章又问孟子："今有御人于国门之外者，其交也以道，其馈也以礼，斯可受御与？"

这是一个尖锐的问题。李贽评价这段文字，就四个字："问处每胜"，十分肯定万章在这一章里不断提出尖锐问题的能力和精神。

万章把问题推到极致：杀人越货得来的财物，也能拿来馈赠，并且可以接受吗？这样极端的问题，孟子的回答肯定是"不可"。孟子又去《尚书》上找依据。但这依据也只说对于杀人越货的人，可以不待教而诛，如何可以接受其赃物？老实说，不算正当回答。因为这个依据只说了"不可"，没说"为什么"不可。

但万章有个小陷阱在后面，更尖锐：今天的诸侯用尽各种办法从老百姓那里巧取豪夺，不就等于抢劫吗？如果他们能"善其礼际"，就可以收下他们的馈赠？他直接要孟子给个说法，"敢问何说也"？

这个问题之所以很尖锐，因为它涉及孔子孟子的交际之道：孔孟经常接受诸侯的馈赠，并以此作为主要的个人生活来源。

万章的意思是，诸侯不事生产，他们所拥有的都取之于民，这和杀人拦路抢劫有何区别?

对此,孟子反问:如果有王者出来代表绝对公道,难道要把当今所有的诸侯排排队全部杀掉吗?还是先教育然后杀掉死不改悔的呢?

孟子的意思是,诸侯们用高税收政策聚敛财富,的确不义。这种不义行为也可称之为"盗",但这只是一种比喻,是"充类至义之尽也",把某种道理推到极端用到尽头的说法,跟直接杀人越货的行为,还是有区别的。对诸侯的巧取豪夺,可以通过教育、通过改变制度、改变税收政策来推动进步,而不能像惩罚杀人越货者一样全部杀掉。赵岐就指出:"诸侯本当税民之类者,今大尽耳,亦不可比于御。"诸侯有收税的权力,收得多了确实不好,但这是分寸的把握问题,与杀人越货还是不能一概而论。

这实际上就涉及6.8章的问题了:孟子要求回到十一税制,而不是彻底取消税制。这是对的。说明孟子也认为税收是必要的,并非诸侯的所有税收都是巧取豪夺,都等同于杀人越货。但也正如在6.8开讲中我提到的,孟子要求一步到位,直接退回到十一税制,缓冲时间都不给,其实也是极端的。

"义之尽",就是把义推到极端,推向绝对。所以,这里万章的思维确实有漏洞,漏洞有两条:

第一,把杀人越货小概率事件作为普遍的标准,世界上普遍存在着制度性的分配不公和掠夺,也有很多人拥有灰色经济收入,这当然是不正当的,但这些毕竟不能直接等同于杀人越货。质言之,绝大多数情况下的分配不公,不能等同于相对小概率的杀人越货。把二者混为一谈,同样对待,会引发人类生活的彻底崩溃。这一点,在6.10里,孟子已经讨论过这样的问题,把食禄食税食俸的哥哥看成不义的对象而与之切割,辟兄离母,"充仲子之操,则蚓而后可者""若仲子者,蚓而后充其操者也"。

由此，第二，把义推向极端作为普遍的标准。这种极端道德主义倾向，更会引发人类的残忍。孔子说："人而不仁，疾之已甚，乱也。"（《论语·泰伯》）"人而不仁，疾之"，即是"义"，是"义"的正常反应和呈现。但"已甚"，就把"义"推向极端，造成人类社会的混乱了。后来苏轼说："义不可过。"（《刑赏忠厚之至论》）也是这种认知：如果因为对方不能够达到极致的完美和无瑕疵，就绝不来往，人类的基本交际便不复存在。

在讨论这个问题时，孟子是抓住了问题的实质的，这个实质就是：世界上的道德标准，不可以"充类至义之尽也"，充类至义之尽，则已然不再是"义"，属于"非义之义"。（参见 8.6 开讲）

但孟子引用孔子参加猎较的故事，引发了万章的进一步质疑：

竭力推行道义的孔子，怎么可以参加这些不义的贵族们的不义的活动呢？

接下来的叙述，存在很多悬而不决的疑点，比如猎较到底是一种什么样的活动，为什么孟子对此评价不高？从他"猎较犹可，而况受其赐乎"的语气来看，显然这是一种不那么光彩的活动，而万章更是把猎较和事道对立起来。"孔子先簿正祭器，不以四方之食供簿正"，虽然其意不是很明确（见注释⑩），也显然是在说孔子退而求其次，用权变的方法来处理原则性的问题。

这就导致了万章的又一个尖锐问题：既然不能坚持原则，坚守道义立场，"奚不去也"，孔子为什么不离开呢？

孟子的回答是："为之兆也。"这样应该说是有根据的，当齐人馈女乐，"子路曰'夫子可以行矣'"时，孔子还是抱着希望的，曰"鲁今且郊，如致膰乎大夫，则吾犹可以止"，但最终，"桓子卒受齐女乐，三日不听政；郊，又不致膰俎于大夫。孔子遂行"（《史记·孔子世家》）。

但下面孟子说孔子"未尝有所终三年淹也",可能是孟子谈话时的口误。难道孔子在一个国君那里没待满过三年?他在鲁国,五十一岁做官,五十五岁离开,不止三年;周游列国十四年,有将近十二年的时间待在卫国,虽然不是连续的时间。其实,在哪里待着,不是一个问题,人站在哪里不是深渊?

最后,孟子讲的"三可仕"挺有意思。"见行可之仕",见有机会推行自己的政治主张,可以做官,如孔子在鲁国季桓子手下做大司寇;"际可之仕",国君待我以礼,可以做官,如卫灵公对孔子的礼遇;"公养之仕",士人为了养家糊口,也可以做官,如孔子在卫孝公那里——这里,孟子可能又口误了,史书上并无卫孝公的记载。卫灵公去世以后,与孔子打交道的是卫出公辄。

今天,万章火力全开,"问处每胜",他既略胜一筹,显得孟子反而有点不在状态了。

成语——却之不恭　充类至尽　杀人越货　憨不畏死　不教而诛

链接——6.8；6.10；10.3；10.5；10.6；10.8；12.14

10.5

孟子曰:"仕非为贫也,而有时乎为贫;娶妻非为养也,而有时乎为养。为贫者,辞尊居卑,辞富居贫。辞尊居卑,辞富居贫,恶乎宜乎?抱关击柝[1]。孔子尝为委吏矣[2],曰:'会计当而已矣。'尝为乘田矣[3],曰:'牛羊茁壮长而已矣。'位卑而言高,罪也。立乎人之本朝而道不行[4],耻也。"

今译——

孟子说:"做官不是因为贫穷,而有时也因为贫穷;娶妻不是因为奉养父母,而有时也是因为要奉养父母。因为贫穷做官的,应该辞去高位做小官,辞去厚禄拿低薪。辞去高位做小官,辞去厚禄拿低薪,哪种是合适的呢?比如守门打更的小吏。孔子曾经做过管理仓库的小吏,说:'管理账目不出差错就可以了。'他也曾经做过管理畜牧的小吏,说:'让牛羊长得壮实就可以了。'地位低下却高谈阔论,有错;立于朝廷之上而不能让道义伸张,是耻辱。"

注释——

[1] 抱关击柝(tuò):关,门闩。抱关:看门。柝:巡夜打更用的木梆子。击柝:打更。这里指守门打更一类的小吏。

② 委吏：管理粮仓的小吏。

③ 乘（shèng）田：掌管畜牧的小吏。

④ 本朝：朝堂。

开讲——

　　人生无奈。圣人也有无奈。正是因为他们担当多，坚守的原则多，所以他们比普通人有更多的无奈。做官是为推广道义，是为百姓服务，但有时，也因为要有口饭吃，要上养父母下养妻儿，要照顾儿女的未来。《后汉书》卷八十四《列女传·王霸妻》记载隐者王霸与同乡令狐子伯为友，"少立高节，光武时连征，不仕"，后来令狐子伯做了楚相，儿子也做了官。一次，令狐子伯让儿子拿着书信去看望自己的旧友王霸，令狐之子"车马服从，雍容如也"，而王霸之子"时方耕于野，闻宾至，投耒而归，见令狐子，沮怍不能仰视"。做父亲的王霸见到这一幕，"见其子容服甚光，举措有适，而我儿曹蓬发历齿，未知礼则，见客而有惭色"，深感"父子恩深，不觉自失"，"客去而久卧不起"。陶渊明四十多岁隐居，六十二岁死，隐居二十多年，五个儿子没有一个成器，他不痛苦吗？陶渊明诗《责子》："白发被两鬓，肌肤不复实。虽有五男儿，总不好纸笔。阿舒已二八，懒惰故无匹。阿宣行志学，而不爱文术。雍端年十三，不识六与七。通子垂九龄，但觅梨与栗。天运苟如此，且进杯中物。"多少无奈。李白不愿参加科举考试，凭借自己的绝世才华，名满天下，两个儿子也没有参加科举考试，一个死了，一个不知所踪。李白朋友范伦的儿子范传正，做宣歙观察使时，去安徽当涂为李白修墓，只找到他的两个孙女，嫁在谷家村农民家里为妻，"一为陈云之室，一乃刘劝之妻，皆编户氓也……则曰：'父伯禽，以贞元八年不禄而卒，有兄一人，出游一十二年，不知所在。父存无官，父殁为民，有兄不相保，为天下之穷人'"（范传正《唐左拾遗翰林学士李公

609　｜　卷十　万章下

新墓碑并序》)。时代不同了,唐朝通过科举选官已经制度化,李白的路,他的儿子走不了。所以,个人选择容易,看一看身后、身边那些需要照顾的人,选择就不容易了。孟子这段话,有伤感。

但是,这里有个原则,如果做官只是为了解决生活问题,那就要"辞尊居卑",不做高官做小官。因为做高官责任大,需要能力,需要担当。孟子曾经与齐国平陆大夫孔距心讨论过这个问题,身居要职,如果不能治理好一方,为人民谋幸福,就不配拥有这个位置(参见4.4)。孔子年轻时做过管理仓库的"委吏",管理畜牧的"乘田",管理仓库做到"会计当而已矣",管理畜牧做到"牛羊茁壮长而已矣",有一份收入养家糊口,忠于本职,够了。"会计当","牛羊茁壮长",责任轻微,不关涉人事民事。

"位卑而言高,罪也",这里不是说地位低的不能议论地位高的,也不是说地位低的不能议论高层决策问题,而是,地位低却喜欢高谈阔论,是"罪",里面有"不在其位,不谋其政"(《论语·泰伯》)的意思。不谋"其政",不是不谋政,只是不谋你所不在的那个位子的政。天下大事,什么人都可以谈,甚至可以谋。孔孟老庄,都不在天子其位,却谋天下之政。

地位低却喜欢高谈阔论,是"罪";相反,"立乎人之本朝而道不行,耻也",身在朝廷,有决策权,却不推行道义,唯唯诺诺,苟且偷生,是做官的耻辱。

孔子讲话很含蓄。他讲"天下有道,则庶人不议"(《论语·季氏》),言外之意,是"天下无道,则庶人可议";他讲"不在其位,不谋其政",言外之意,是"在其位,必谋其政",不谋其政者,就是僭位者。只是为了解决自家生活问题而居高位,就是僭位。

成语——辞尊居卑　抱关击柝　位卑言高
链接——4.4；10.3；10.4；10.6；12.4

10.6

万章曰:"士之不托诸侯①,何也?"

孟子曰:"不敢也。诸侯失国而后托于诸侯,礼也②。士之托于诸侯,非礼也。"

万章曰:"君馈之粟,则受之乎?"

曰:"受之。"

"受之何义也?"

曰:"君之于氓也③,固周之。"

曰:"周之则受,赐之则不受,何也?"

曰:"不敢也。"

曰:"敢问其不敢何也?"

曰:"抱关击柝者,皆有常职以食于上。无常职而赐于上者,以为不恭也。"

曰:"君馈之则受之,不识可常继乎?"

曰:"缪公之于子思也,亟问④,亟馈鼎肉⑤。子思不悦。于卒也,摽使者出诸大门之外⑥,北面稽首再拜而不受⑦,曰:'今而后知君之犬马畜伋。'盖自是台无馈也⑧。悦贤不能举,又不能养也,可谓悦贤乎?"

曰:"敢问国君欲养君子,如何斯可谓养矣?"

曰："以君命将之[9]，再拜稽首而受。其后廪人继粟[10]，庖人继肉[11]，不以君命将之。子思以为鼎肉使己仆仆尔亟拜也[12]，非养君子之道也。尧之于舜也，使其子九男事之，二女女焉，百官牛羊仓廪备，以养舜于畎亩之中，后举而加诸上位，故曰王公之尊贤者也。"

今译——

万章问："士不能无职事而依赖国君生活，是什么道理呢？"

孟子说："不敢啊。诸侯失国而后寄身别的诸侯，有礼的规定。士依赖国君生活，没有礼的规定。"

万章问："国君如果馈赠谷米，那可以接受吗？"

（孟子）说："接受。"

"接受谷米又是什么道理呢？"

（孟子）说："国君对于从他国来的人，本来就要有所周济。"

（万章）问："周济就接受，赏赐就不接受，这是为什么？"

（孟子）说："不敢啊。"

（万章）说："请问您说的不敢是什么意思呢？"

（孟子）说："守门打更的人，都有一定的职务才能从上面拿到薪酬。没有一定职务却接受上面的赏赐，这是不恭敬。"

（万章）说："国君馈赠就接受了，不知道能不能一直延续下去呢？"

（孟子）说："鲁缪公对于子思，屡次问候，屡次馈赠肉食。子思不高兴。在最后那次，挥挥手把派来的使者赶到了大门外，自己朝北行稽首礼两次跪拜拒绝馈赠，说：'从今以后知道了君主是把我孔伋当犬马养的。'可能从那次起（鲁缪公）就不再馈赠了。喜欢贤人却不提拔他，又不供养他，可以说是喜欢贤人吗？"

（万章）问："请问国君想供养君子，怎么样才算是供养呢？"

612 | 孟子开讲

（孟子）说："相关人员先拿着国君的旨意馈赠上门，君子两次跪拜再行稽首礼表示接受。然后掌管粮仓的人定期送来谷米，掌管庖厨的人定期送来肉食，不需要再以国君名义馈赠。子思觉得为了一块肉让自己老是行礼跪拜，不是国君供养君子该有的方式。尧对于舜，派九个儿子事奉他，让两个女儿嫁给他，官吏、牛羊、库粮无不备齐，供养尚在田野之中的舜，后来提拔他使他居于很高的位置上，所以说这才是王公尊敬贤者的应有方式。"

注释——

① 托诸侯：寄生于诸侯，指不仕而食其禄。

② 朱熹："古者诸侯出奔他国，食其廪饩，谓之寄公。"

③ 氓：焦循《正义》："氓是自他国至此国之民，与寄之义合。"

④ 亟（qì）：屡次。

⑤ 鼎肉：《礼记·少仪》郑玄注："鼎肉，谓牲体已解，可升于鼎。"即已经切割好、可以放入鼎内煮的生肉。朱熹："鼎肉，熟肉也。"郑玄注文从字顺，而且为清儒孙希旦所取，似可从。译文取笼统翻译。

⑥ 摽（biāo）：挥之，使离开。

⑦ 稽首：即俗称的"磕头"。注意此处的"稽首再拜"与后文的"再拜稽首"有所不同。阎若璩《四书释地又续》："周礼吉拜，是拜而后稽颡；凶拜，是稽颡而后拜。则凡先稽首再拜，凶拜之类也。先再拜后稽首，吉拜之类也。吉拜，拜之常，故主于受；凶拜，拜之异，故主不受。"据此，稽首再拜是凶拜，表示不接受。下文的再拜稽首是吉拜，表示接受。

⑧ 台：开始。朱熹《孟子集注》则认为："台，贱官，主使令者。"

⑨ 将：行，送。赵岐："将者，行也。孟子曰：始以君命行，礼拜受之。"

⑩ 廪人：掌管仓库的小官。《周礼·地官·廪人》："廪人掌九谷之数，以待国之匪颁、赒赐、稍食。"

⑪ 庖人：掌管供膳的小官。《周礼·天官·庖人》："庖人掌共六畜、六兽、六禽，辨其名物。"

⑫ 仆仆：烦琐的样子。

开讲——

"氓"，迁徙、流亡之民，也可以理解为难民。"周"，周济，救济。周济流亡之民，是国家的道德义务，是古代人道主义精神的体现。周济与赏赐不同。周济是普惠政策，赏赐是一对一的关系，万章没搞明白。享受普惠的待遇无须感恩戴德；接受一对一的赏赐就自卑于人。古人讲究体面和个人尊严，人可以凭一份看门打更的职守获取一份口粮，不可以凭国君的赏赐生活。

注意两种不同的拜法。前面是鲁缪公"亟馈鼎肉"，子思"稽首再拜"，先行稽首礼再跪拜，这叫"凶拜"，表示拒绝不接受；后面是有司"以君命将之"，子思"再拜稽首"，先跪拜再行稽首礼，这叫"吉拜"，表示接受，不拒绝。为什么前面必须拒绝、后面可以接受呢？因为前面鲁缪公每次派人慰问、送肉食，子思每次都要按礼跪拜。国君反复送，子思反复拜，反复感恩戴德，便形同"犬马畜伋"，有损子思的人格尊严。鲁缪公对子思的敬重，应该用按礼制来供养、推举到合适的位置的方式，而不是不断赏赐，以"犬马"待之。让人"仆仆尔亟拜也"，不是"养君子之道"。对君子正当的供养之道，应是制度化的保障，而非个人的恩惠、权力的恩赐。以制度养贤，就给人尊严、给人体面了，人就没有奴性了。为什么明清时期的人越来越奴性、越来越愚昧？权力社会造成的。当社会资源由权力控制时，人就只能跪拜权力。孟子在这里实际上涉及一个很大的问题：以制度消解权力的随心所欲。而礼，就有这样的功能。

这一章，非常好地说明了礼对于人格尊严的保护，对于权力锋刃的屏障。

成语——稽首再拜　仆仆亟拜
链接——8.3；10.3；10.4；10.5；12.14

10.7

万章曰:"敢问不见诸侯,何义也?"

孟子曰:"在国曰市井之臣,在野曰草莽之臣,皆谓庶人。庶人不传质为臣①,不敢见于诸侯,礼也。"

万章曰:"庶人,召之役则往役,君欲见之,召之则不往见之,何也?"

曰:"往役,义也。往见,不义也。且君之欲见之也,何为也哉?"

曰:"为其多闻也,为其贤也。"

曰:"为其多闻也,则天子不召师,而况诸侯乎?为其贤也,则吾未闻欲见贤而召之也。缪公亟见于子思,曰:'古千乘之国以友士,何如?'子思不悦,曰:'古之人有言曰:事之云乎?岂曰友之云乎?'子思之不悦也,岂不曰:'以位,则子,君也;我,臣也。何敢与君友也?以德,则子事我者也,奚可以与我友?'千乘之君求与之友而不可得也,而况可召与?齐景公田,招虞人以旌,不至,将杀之。志士不忘在沟壑,勇士不忘丧其元。孔子奚取焉?取非其招不往也。②"

曰:"敢问招虞人何以?"

曰:"以皮冠。庶人以旃③,士以旂④,大夫以旌⑤。以大夫之招招虞人，虞人死不敢往。以士之招招庶人，庶人岂敢往哉？况乎以不贤人之招招贤人乎？欲见贤人而不以其道，犹欲其入而闭之门也。夫义，路也；礼，门也。惟君子能由是路，出入是门也。《诗》云⑥：'周道如底⑦，其直如矢。君子所履，小人所视⑧。'"

万章曰："孔子，君命召不俟驾而行，然则孔子非与？"

曰："孔子当仕，有官职，而以其官召之也。"

今译——

万章问："请问您不去见诸侯，是什么道理呢？"

孟子说："没有官职而住在国都里的叫市井之臣，住在郊野的叫草莽之臣，都可说是平民。平民不能通过见面礼成为国君的臣属，不能觐见诸侯，这是礼的规定。"

万章问："既然是平民，召唤他服役就前去服役，但国君想见他，召唤他他却不去见国君，为什么呢？"

（孟子）说："去服役，是合乎义的。去见国君，是不合乎义的。况且国君想见他，是要做什么呢？"

（万章）说："因为他博学，因为他贤德。"

（孟子）说："如果因为他博学，那么连天子都不能召唤老师，何况诸侯呢？如果因为他贤德，那么我没听说过想见贤德之人而召唤他的。鲁缪公多次去见子思，说：'古代拥有千辆兵车的国君与士人做朋友，是怎样的呢？'子思不高兴，说：'古代人说的是：是把士人当作老师在事奉吧？难道说的是跟士人交朋友吗？'子思的不高兴，难道不是在说：'如果论地位，那么您，是君主；我，是臣下，臣下怎么能与君主交朋友呢？如果论贤德，那么您是事奉我的，哪里可以与我交朋友呢？'拥有千辆兵车的国家的君主想要跟他交朋友都不可得，何况能召唤他？齐景公举行田猎，用有羽毛的旗召唤猎场管理员，他不来，齐景公就要杀他。有志之士不怕弃尸山沟，勇敢之人不怕掉脑袋。孔子为什么认为猎场管理员的行为可取呢？取的就是不按礼的规定召唤他就坚决不去。"

（万章）问："请问召唤猎场管理员要用什么呢？"

（孟子）说："用皮帽。召唤平民用旃，召唤士人用旗，召唤大夫用旌。齐景公用召唤大夫的旌召唤虞人，虞人死也不敢去。用召唤士人的旗召唤平民，平民难道就敢去吗？何况用招不贤之人的方法来召唤贤德之人呢？想见贤德之人而不用对待贤德之人的办法，就像想让他进门却对他关上门。义，是路；礼，是门。只有君子能循着义的这条路行走，能守着礼的这道门出入。《诗经》中说：'周道如厎，其直如矢。君子所履，小人所视。'（周的大道如磨刀石般平滑，如箭般平直。君子以身践行大道，小人有样学样）"

万章说："孔子，听说有国君之命召唤不等车马驾好就步行而去，那是孔子错了吗？"

（孟子）说："孔子那时正做着官，有官职在身，国君是按照他的官职召唤他的。"

注释——

① 传质：质，通"贽"（zhì），见面礼。参见 6.3 注释 ②。庶人的贽是鹜，即家鸭。赵岐认为，传质即执贽。焦循则认为："执贽请见，必由将命者传之，故谓之传贽。"

② 参见 6.1 并注释 ④。

③ 旃（zhān）：一种赤色曲柄的旗。

④ 旗：原文作"旂"。《第一批异体字整理表》将"旂"列为"旗"的异体字。旂，中国古代一种有铃铛的旗。

⑤ 旌：一种用羽毛装饰的旗。

⑥ 《诗》：《诗经·小雅·大东》。

⑦ 周道如底：周道，大道，正路。底：有的版本作"厎"，通"砥"，磨刀石。
⑧ 小人所视：视，看，比照，同10.2注释⑤"天子之卿受地视侯"的"视"字义相近。这里意为小人学习着做。

开讲——

陈代曰："不见诸侯，宜若小然。"（6.1）

公孙丑问曰："不见诸侯，何义？"（6.7）

这一章万章问的，与陈代的疑惑和公孙丑的疑问，是同一件事：就是孟子面对诸侯的傲慢和矫矫不屈。

我们前面说过，孟子的傲慢，比如在齐宣王面前、在梁惠王面前，以及在滕文公面前的昂藏自大，不是他个人的自大，而是一种道义的自大。在他的观念里，诸侯代表的是权力，他代表的是真理，真理岂能在权力面前卑躬屈膝。所以孟子不是给自己争面子，而是给真理、道统争地位。这是一种政治理性：国家权力的最高代表者，绝不可以成为国家精神的最高代表，他必须在真理面前有足够的谦卑。

孟子又以子思为例。为什么？因为孟子是子思学派传人。鲁穆公问了子思一个问题："古千乘之国以友士，何如？"鲁国是千乘之国。鲁穆公表面上是请教子思古代千乘之国的国君如何和士交朋友，实际上是想表达他鲁穆公的谦卑，纡尊降贵与子思交朋友。他也确实真诚，不但"亟见于子思"，还"亟问，亟馈鼎肉"（10.6），屡次派人问候，屡次馈赠肉食。东汉赵岐看出来这一点，直接注释为："鲁缪公欲友子思。"但子思竟然不领情，不高兴了。为什么呢？因为两人的自我定位不一样：鲁穆公觉得自己是国君，对方是士人，我和您交朋友，您不应该觉得受宠若惊吗？但子思的自我定位不是这样的。两个人就搞两茬去了。

子思是怎么定位双方的呢？孟子直接代言道："以位，则子，君也；我，臣也，何敢与君友也？以德，则子事我者也，奚可以与我友？"我子思跟你鲁穆公只有两种关系，要么是君臣关系，要么是师生关系，怎么可能是朋友关系？言下之意，论地位，我不是你鲁穆公的臣（以其不传质而未仕也）；论德性，我还是你鲁穆公的老师呢。

"以大夫之招招虞人，虞人死不敢往"，不是说猎场管理员因为地位低不敢接受用大夫之礼的召唤，而是说，制度一旦被权力破坏，就谁都不受保护了，所以猎场管理员"死不敢往"，坚持恪守原则，坚持规矩办事。制度是对我们每一个人的保护。

孟子一再讲义是路。"仁，人心也；义，人路也。"(11.11)"仁，人之安宅也；义，人之正路也。"(7.10)这里孟子又讲："夫义，路也；礼，门也。"人心应该放在哪里？放在仁德之中，犹如人安居于宅，但是出门，要行道以义，做事要寻着义的道路来行，这就是"居仁由义"(13.33)。

为什么孔子"君命召不俟驾而行"呢？因为其时孔子并非是独立的士的身份，而是在做着鲁国的大夫。有官位，就要忠于职守；有官阶，就要听命上级——这是礼。孔子岂是卑己以事君？他只是事君以礼而已。

成语——市井之臣　草莽之臣
链接——4.2；6.1；6.7；7.10；8.3；10.3；10.4；10.5；10.6；11.11；12.4；13.33

10.8

孟子谓万章曰:"一乡之善士,斯友一乡之善士;一国之善士,斯友一国之善士;天下之善士,斯友天下之善士。以友天下之善士为未足,又尚论古之人①。颂其诗,读其书,不知其人,可乎?是以论其世也②,是尚友也。"

今译——

孟子对万章说:"一乡的杰出人士,与一乡的杰出人士为友;一国的杰出人士,与一国的杰出人士为友;天下的杰出人士,与天下的杰出人士为友。与天下的杰出人士为友还不够,又向上追论古代人物。吟诵他们的诗歌,诵读他们的著作,不知他们的为人,可以吗?所以要研究他们的当世行事之迹,这才是上与古人为友。"

注释——
① 尚:通"上"。
② 以论其世:朱熹:"论其世,论其当世行事之迹也。言既观其言,则不可以不知其为人之实,是以又考其行也。夫能友天下之善士,其所友众矣,犹以为未足,又进而取于古人。是能进其取友之道,而非止为一世之士矣。"

开讲——

　　择友,起点应该在相同的境界上。孔子说:"毋友不如己者。"(《论语·子罕》)又说:"君子以文会友,以友辅仁。"(《论语·颜渊》)孟子这里说的也是这个道理。天下学问最好的人,德性最高的人,一定在天下学问最好的、德性最高的人里找朋友、交朋友。人际交往一定是有圈子的。交友之道,不是够着他人去巴结,而是够得着他人去往来。不是夤缘攀附,而是志同道合。所以,我们首先要不断问自己:做没做到一乡之善士?做没做到一国之善士?做没做到天下之善士?所以,谈交友,首先是正确认识自己;交高人,首先是把自己提高。鲁迅在《说"面子"》里写过一个故事:"一个绅士有钱有势,我假定他叫四大人罢,人们都以能够和他扳谈为荣。有一个专爱夸耀的小瘪三,一天高兴地告诉别人道:'四大人和我讲过话了!'人问他:'说什么呢?'答道:'我站在他门口,四大人出来了,对我说:滚开去!'"

　　孟子在这里真正要讲的是什么?是一种寂寞。"以友天下之善士为未足,又尚论古之人",上溯到古人中去寻找知音。一般的朋友圈是人的横向联系;而读书,是寻找纵向联系的朋友圈。横向朋友圈是"一乡之善士,斯友一乡之善士;一国之善士,斯友一国之善士;天下之善士,斯友天下之善士",你无法越位,否则,"四大人"只会对"小瘪三"说:"滚开去!"纵向的朋友圈不同,这里的"四大人"没法拒绝你,你不仅可以站在他门口,你还可以登堂入室,到他内室去看看他的丰富。当然,这实际上还是要看自己有无能力进入他的内室。自己的境界在哪里,决定你的层次、高度在哪里,决定你能扳谈的对象——我们现在叫"攀谈",更形象——对于很多古人,你得攀上去才能谈。硬扳他过来和你谈,"四大人"可能就要打人了。

　　当一个人需要与古人为友,说明他已经够寂寞了。他把当代人都"扳"过了,才要去古人那里攀谈。但这种寂寞在某种意义上,不是悲剧，而是很高的境界。曲高和寡，人性越完美，人生越痛苦，人生越寂寞，只能在过往的时代里知人论世。如此，"是尚友也"，古人才是自己最高级的朋友。尚，同、通"上"，也可以理解为高尚的、最高的，比如《尚书》可以理解为"上古之书"，岂不亦可以理解为值得我们"崇尚之书"？所以，孟子说，"尚友"，最高境界之友在哪里？常常只能在古人中。

史学家严耕望记其师钱穆之言：

> 要存心与古人相比，不可与今人相较。今人只是一时的人，古人功业学说传至今日，已非一时之人。以古人为标准，自能高瞻远瞩，力求精进不懈！（严耕望《治史三书》）

此可作孟子"尚论古之人"的又一注脚。

成语——知人论世
链接——10.3；10.4；10.5；10.6

10.9

齐宣王问卿。孟子曰:"王何卿之问也?"

王曰:"卿不同乎?"

曰:"不同。有贵戚之卿,有异姓之卿。"

王曰:"请问贵戚之卿。"

曰:"君有大过则谏。反覆之而不听,则易位。"

王勃然变乎色。

曰:"王勿异也。王问臣,臣不敢不以正对。"

王色定,然后请问异姓之卿。

曰:"君有过则谏,反覆之而不听,则去。"

今译——

齐宣王问有关卿爵之事。孟子说:"大王您问的是哪一类的卿呢?"

齐宣王说:"卿有不同的吗?"

(孟子)说:"有不同。有与国君同宗的贵戚之卿,有不与国君同宗的异姓之卿。"

齐宣王说:"那先请教贵戚之卿。"

(孟子)说:"国君有大过错就要劝诫。反复劝诫不听,就易立新君。"

齐宣王瞬间变了脸色。

（孟子）说："王您不要诧异。您问我，我不敢不诚实回答。"

齐宣王的神色安定下来，然后请教异姓之卿的问题。

（孟子）说："国君有过错就要劝诫，反复劝诫而国君不听，那就应该自觉离开。"

开讲——

注意这里贵戚之卿与异姓之卿的区别：

贵戚之卿，同宗同姓的公卿，即所谓贵族，其政治功能是，"君有大过则谏，反覆之而不听，则易位"，国君犯了大错，要提出批评、劝诫，反复批评反复劝诫，国君不听、不改，怎么办？"易位"，易君之位，把他赶下台，换上同宗同姓的贤者。因为诸侯国不是国君一个人的，是祖宗传给一个家族的，国君只是作为这个家族的家长代为治理，治理不好，有亡国危险，则以宗庙为重，必须换人。

异姓之卿，不与国君同宗的异姓公卿，像孟子这样的外来人士就是。他们对国君则是"君有过则谏，反覆之而不听，则去"，国君犯了错也要批评、劝诫，反复批评反复劝诫，国君不听、不改，怎么办？"则去"，就离开，不干了。因为这个国不是你的国，你待在这里吃俸禄是因为你有用，反复劝诫国君，国君不听，表示你在此无用，再在卿位上待着，就是不体面地混一份俸禄。"蚔蛙谏于王而不用，致为臣而去"（4.5），就是例子。

注意一个小而不小的区别：贵戚之卿对国君是"有大过则谏"；异姓之卿对国君是"有过则谏"。一个是"有大过"；一下是"有过"。区别在哪里？这里并不是说贵戚之卿只谏大过，不谏小过，而是国君有小毛病，也会批评，但是有小毛病不改，不至于换国君。换国君这样的大事，不能随随便便，必须是国君有大过，犯了颠覆性的错误，不换国君，国家有危险。如果一般小错误，动辄换国君，反而造成政治的常态化动荡。

异姓之卿也不是只谏小过，不谏大过。但是，国君常常是小过错多，大过错少，还没有等到他犯大过错，他就犯了很多小错了。犯了很多小过错，劝他，他不改，在他犯大错之前，异姓之卿早就该走了，哪里能等到"易位"那个时候呢？君臣以义合，不合则去。

所以，从这个角度理解大过、小过，可以看出来，中国古代贵族对于君权有过很有效的制度约束。西方为什么能够出来一个《大宪章》？因为有贵族，没有贵族就没有《大宪章》，就没有现代西方对政府的权力约束。贵族的这个功能后来被上院、下院或参议院、众议院替代，它是这样一步一步过来的。而中国历史上，法家的集权理论和实践，为了君权独大独裁，把贵族干掉了，以至对君权毫无制约，君权一插到底，没有不同等级的贵族逐级减轻君权的势能。各级贵族，就像梯田的阶梯，使山顶之水一级一级蓄积涵养，而不是瀑布一样直冲下来。没有阶梯，就没有梯田；没有梯田，山上就不能蓄养水土；不能蓄养水土，就会童山濯濯。所以，不能否定古代贵族在政治体制中的作用。

周制就是家族血缘式的贵族制。孔孟儒家坚持周制，法家坚持秦制，而孟子的时代，就是秦制逐渐摧毁周制，贵族逐渐被消灭的过程。商鞅在秦国变法，首先消灭的就是贵族。吴起在魏国变法，后来去楚国变法，首先消灭的也是贵族。甚至屈原要在楚国变法搞改革，要动的也是贵族。韩非子讲过一个故事：有一个酿酒人，"升概甚平，遇客甚谨，为酒甚美，县（悬）帜甚高"，酒酿得好，广告做得好，不缺斤少两，对顾客也客客气气，服务态度也好，"然而不售，酒酸"。为什么？家有恶狗，人家不敢走近。这个故事讲完，韩非子直接来了一句判断"夫国亦有狗"（《韩非子·外储说右上》），这个国之恶狗是谁？贵族。法家的死对头就是贵族，消灭了贵族，君权就可以独大了。

成语——勃然变色
链接——7.3；7.5；7.6；8.3；8.4

卷十一
告子上
（凡二十章）

11.1

告子曰："性犹杞柳也①，义犹杯棬也②。以人性为仁义，犹以杞柳为杯棬。"

孟子曰："子能顺杞柳之性而以为杯棬乎？将戕贼杞柳而后以为杯棬也③？如将戕贼杞柳而以为杯棬，则亦将戕贼人以为仁义与？率天下之人而祸仁义者，必子之言夫④！"

今译——

告子说："人性如杞柳，仁义如杯盘。使人性变得仁义，就如用杞柳木制作杯盘。"

孟子说："您是顺应杞柳的本性来制作杯盘呢？还是伤害杞柳的本性而后制作杯盘呢？如果要伤害杞柳的本性而后制作杯盘，那么也要伤害人的本性使他具备仁义啦？引导天下大众祸害仁义的，一定是您说的这个话呀！"

注释——

① 杞柳：一种落叶乔木，又名"榉"。
② 杯棬（quān）：杯，原文作"桮"。《第一批异体字整理表》将"桮"定为"杯"的异体字。棬：屈木制成的盂。朱熹："告子言人性本无仁义，必待矫揉而后成，如荀

子性恶之说也。"
③ 戕（qiāng）贼：伤害，残害。
④ 朱熹："言如此，则天下之人皆以仁义为害性而不肯为，是因子之言而为仁义之祸也。"

开讲——

孟子谈人性，主要就是与告子辩论。朱熹说，告子在辩论中"屡变其说以求胜"，是。11.1 中他的观点是仁义皆在人性外。11.2 中他说"人性之无分于善不善也"，也就是说人性中没有仁义，仁义在人性之外。11.3 中却又变成仁内义外，人性中有仁而无义，自相矛盾。人性善恶是一个复杂问题，告子的观点大概是在和孟子的切磋中不断修正，未必是朱熹说的意气用事。

本章告子借比喻说明他的观点：人性并无善恶，要让它变善，需要靠后天的外力影响，就如将杞柳加工成杯盘。杞柳不是杯盘，杞柳的本体里也无杯盘，要使它成为杯盘，必须是外力对其进行改变，乃至扭曲。

不能说告子的这个比喻不够形象，但恰恰是这个比喻，留下了巨大的漏洞，使孟子可以很方便地反击。

孟子的反问，直击本质问题：是以顺应杞柳本性，还是以伤害杞柳本性来使用外力呢？实际上，孟子已经在说，杞柳的确不是杯盘，但，是杞柳的本性让人能把它制成杯盘。为什么是杞柳而不是别的什么树，甚至不是别的什么物体呢？水能制成杯盘吗？空气能制成杯盘吗？这能与不能，是因为什么呢？是因为杞柳本身就有做杯盘的属性在，杯盘就在柳树的属性里。而空气、水不能，是因为它们的本性不适合。

而且，做成的杯盘里，杞柳的本性还存在着——杯盘的质地就是杞柳。

同样，人之所以为善，是因为人的善就在人的本性里。我们不可以背离杞柳的本性去制作杯盘；我们也不能够背离人的本性，去让人变得仁义。反之，如果人的本性里面没有善性，那么，要使人变得仁义，是不是就意味着必须背离人性、伤害人性？如此，天下之人都以为做一个仁义的人必须背离、伤害自己的本性才可以，谁还肯变得仁义呢？所以，最后孟子严厉批评告子：你的这种观点会祸害天下人的。

成语——性犹杞柳

链接——11.2；11.3；11.4；11.5；11.6；11.7；11.8

11.2

告子曰:"性犹湍水也^①,决诸东方则东流,决诸西方则西流。人性之无分于善不善也,犹水之无分于东西也。"

孟子曰:"水信无分于东西,无分于上下乎?人性之善也,犹水之就下也。人无有不善,水无有不下。

"今夫水,搏而跃之,可使过颡^②;激而行之^③,可使在山。是岂水之性哉?其势则然也。人之可使为不善,其性亦犹是也。"

今译——

告子说:"人性犹如回旋的水,挖开东面就流向东方,挖开西面就流向西方。人性是不分善与不善的,就像水流不分东西一样。"

孟子说:"水的确不分东西,难道水也不分上下吗?人性的善,就像水要向下流。人性没有不善的,水没有不向下流的。

"那水,拍打使之溅起来,可以让它高过额头;拦起来蓄势向上走,可以使它流上山。这难道是水的本性吗?是时势让它这样啊。人能让他做坏事,本性的变化也是像这样。"

注释——

① 湍 (tuān):朱熹:"湍,波流潆回之貌也。"焦循:"惟水流回漩,故无分东西。"

② 颡（sǎng）：额头。

③ 激：遏，阻遏，拦截。

开讲——

告子在这里很明确地表达了自己的观点："人性之无分于善不善。"人性没有方向。人性如同流水，水的方向不由水自身决定，往东往西，取决于外力的引导。注意，告子这个观点是用水来作比喻说明的。他的观点是否成立不重要，用比喻对观点作说明，逻辑上没问题。

但是，孟子的反驳有问题。

"水信无分于东西，无分于上下乎？"这一句，孟子看到了比告子更本质的东西：水的确不分东西，但也不分上下吗？水往东往西流不是本质，只是表象；水往下流才是本质，才是真相。

其实，孟子只用这一句反驳告子，已经够了，他已经大获全胜：水的确可以往西流、往东流，还可以往南流、往北流，不分东南西北，但水永远有一个确定的方向——水只往下流。

与这个逻辑对应的，就是人性一定有一个确定的方向。

你看，告子输了。让告子输的，就是他自己的这个比喻。

可惜孟子没有结束在这里，因为他要的，不仅是对告子的"破"，他还要自己的"立"。

他继续往下论证，结果，翻车了，来看——

"人性之善也，犹水之就下也"，人性的善，就像水要向下流淌；"人无有不善，水无有不下"，人性没有不善的，水流没有不下的。

孟子论证到此，开始出现问题。问题一：水往下流，果真是水的本性吗？今天我们知道，这是地心引力所致，所以还是外力影响。从这个角度来说，不仅是水，在地球上，任何东西如果没有阻挡托寄，都是往下落，岂止是水呢？所以，论证到此，孟子可以打败告子，但是打败不了牛顿,以及——牛顿之后的所有人。

当然,孟子时代还没有地心引力说。但不管有没有地心引力说,水往下流不是出于水的本性,而是出于外力,这一点不会改变。所以,以水的本性是往下流来论证人性有确定的方向,论证失败。不,比喻失败。

问题二:即使水的本性是往下流,怎么能够证明人永远就往善呢?这在逻辑上是断裂的。

比喻,只是一种修辞手法,不是论证手法。比喻可以用来说明观点,但不能用来论证观点。比喻有三要素:本体、喻体和喻词。还有一条非常严格的规定,本体和喻体必须是非同类,如此才能构成比喻。《诗经》上说"齿如瓠犀"(《诗·卫风·硕人》),牙齿整齐又洁白,像葫芦里洁白的葫芦籽一样排列得好。牙齿与葫芦,因为非同类,所以构成比喻。说一个人的牙齿整齐得像另一个人的牙齿,就不是比喻。"姑娘长得像朵花",是比喻,因为姑娘与花非同类;"姑娘长得像她妈",就不是比喻,因为姑娘和她妈是同类——同是人类。

既然比喻只有在非同类之间才能成立,那比喻就不能用作论证。论证必须是双方之间完全对等关系才能进行。

孟子就特别喜欢用比喻论证,但显然,用比喻来作的论证都不成立。

问题三:即使从比喻的角度说,水的本性永远往下流,其比喻的逻辑也只能对应"人性有一定的方向",而不能对应人性有"特定的方向"。这句"人无有不善,水无有不下",我们试着换一个字看看——把"善"换成"恶",变成"人无有不恶,水无有不下",是不是也可以?当然可以!

甚至,以"水无有不下",证明"人无有不恶",比证明"人无有不善",从比喻的角度来看,更贴切。恶者,下流也;下流者,恶也。

看,同样的一个比喻,能"论证"两个截然相反的观点。

下面孟子用外力可以使水激起来往上的现象,来证明人性的不善,是因为有外在力量的影响,逼它改变了本性。但,果真如此吗?我倒觉得一掌击下去,水能够飞起来,恰恰是水的本性。不信,拍水泥地试试,它能飞起来吗?拦阻水,使之上山,不是改变了水的本性,恰恰是利用了水向下流的本性——把水拦高,使水位高出山,然后使其往下流淹没山。所以,即使从比喻的角度来讲,孟子也有漏洞。

事实上,从此往下好几章,孟子证明人性善,都可以说是用心良苦而方法不当。

我们要指出其方法不当,也要明白他用心良苦。

还要预先说明:人性善恶,本来就无法用逻辑和科学论证——因为,善恶,不是科学和逻辑的对象,不在科学和逻辑的范畴,本不可以"论证",只能"心证"。

成语——如水就下

链接——11.1;11.3;11.4;11.5;11.6;11.7;11.8

11.3

告子曰:"生之谓性。"

孟子曰:"生之谓性也,犹白之谓白与?"

曰:"然。"

"白羽之白也,犹白雪之白;白雪之白,犹白玉之白与?"

曰:"然。"

"然则犬之性犹牛之性,牛之性犹人之性与?"

今译——

告子说:"人的自然属性就叫性。"

孟子说:"人的自然属性就叫性,就像白的东西就叫白吗?"

(告子)说:"是的。"

孟子说:"白羽毛的白,就像白雪的白;白雪的白,就像白玉的白吗?"

(告子)说:"是的。"

孟子说:"那么狗的天性就像牛的天性,牛的天性就像人的天性吗?"

开讲——

告子认为："生之谓性。"人的自然属性叫性，比如，冷了要穿，饿了要吃，困了要睡，成年了要交配繁殖。人的自然属性，不存在善恶，善恶来自后天影响。告子的观点，逻辑自洽。

但告子观点的问题是：人的自然本性就是人的本质吗？或者说，人性，就是人的自然本性吗？告子的回答当然是。但问题是，如若人的自然本性就是人的本性乃至本质，则人的本质与动物的本质有区别吗？——在告子的这个观点里隐藏着巨大的危险。它确实会导致本章最后孟子对他的指责：牛之性犹人之性与？

来看孟子的逻辑："生之谓性也，犹白之谓白与？"

从逻辑角度看，"生之谓性"与"白之谓白"并不能构成对应关系，与"白之谓白"对应的应该是"生之谓生"或者"性之谓性"。生和性当时经常作为通假字用，比如《荀子·劝学》："君子生非异也，善假于物也。"这里的生就通性。孟子巧妙地利用了这一点，告子也觉得这两个字可以当成同一个字。于是出现了"白之谓白"的转换。也许我们该佩服孟子的技巧，但不能不说孟子在这里偷换了概念："性"确实来自"生"，但"性"不是"生"。性只是"生"（自然或天生）产生的相应属性，两者不是一个概念。告子"生之谓性"的意思，是"天然生就的东西叫作性"，或"人的自然属性叫人性"。自然生就的东西是性，不能理解为自然就是性。所以，孟子转换为"白之谓白"，是没有道理的。告子本来应该发现这一点，但告子糊里糊涂说了句："然。"孟子辩论时的气场特别强大，告子可能被震慑住了，于是进了孟子挖的坑。告子"然"了，孟子就好办了，他继续道："白羽之白也，犹白雪之白；白雪之白，犹白玉之白与？"

打住！我们来帮告子问孟子：白羽的白与白雪的白、与白玉的白，真的一样吗？白，是不能独立存在的属性。有脱离任何实有之物的"白"吗？有一种叫"白"的东西吗？能从白羽里单独抽出白吗？能从白雪里单独抽出白吗？能从白玉里单独抽出白吗？羽毛的白，羽毛烧了，羽毛的白便不存在；白雪融化了，白雪的白也不存在了；"白"可以被烧掉，可以被融化掉吗？那么，白玉的白呢？能不能烧了，能不能太阳下融化掉？所以，白，不能独立存在，必依赖于某一物而存在。有白羽，才有白；有白雪，才有白；有白玉，才有。白羽没了，白羽的白就没了，但白雪的白还在；白雪融化了，白雪的白也就没有了，但白玉的白还在。这三种白，怎么能是一样的？

其实，不光是我觉得孟子太欺负人，古人觉得孟子在此欺负告子的，还有司马光。司马光《疑孟》：

> 孟子云："白羽之白，犹白雪之白；白雪之白，犹白玉之白。"告子当应之云："色则同矣，性则殊矣。羽性轻，雪性弱，玉性坚。"而告子亦皆然之。此所以来犬、牛、人之难也。孟子亦可谓以辨胜人矣。

你看，司马光也替告子着急。其实告子没那么笨，他只是碰到了孟子这样的高手，并且这高手还气势逼人。其实，在这里，孟子偷换概念的做法太明显了，如果告子此时不是被孟子吓唬住，他应该能发现，然后有一个司马光说的"应当之对"。

然而，告子又来了一句："然。"本章告子就讲了一句话"生之谓性"，然后两个"然"。"然"后就没有了，就一败涂地了。"然则犬之性犹牛之性，牛之性犹人之性与"？到此，告子还能说什么呢？

孟子在证明告子"生之谓性"观点的错误，但他是这么证明的——犬的性就是牛的性吗？牛的性就是人的性吗？人性等于牛性、等于犬性吗？显然不对。既如此，则生不是性。于是告子目瞪口呆，张口结舌，他内心一定不服气，但他不知道他错在哪里——不，他不知道孟子错在哪里。

我们来帮帮告子。

这里孟子的问题出在哪里？出在告子讲"生之谓性"时，他并没有涉及牛性、犬性和人性。告子的"生之谓性"本来只是讲人性，是人生而有人性的意思。当然也可以针对一切生物，那就应该是，犬生而有犬性、牛生而有牛性、人生而有人性。这当然不能推导出孟子那句"犬之性犹牛之性，牛之性犹人之性与"的反问。

孟子先是偷换概念："生之谓性也，犹白之谓白与？"接着一个过渡："白羽之白也，犹白雪之白；白雪之白，犹白玉之白与？"然后就得出："然则犬之性犹牛之性，牛之性犹人之性与？"因此，告子是被驳倒了。孟子的意思，白羽的白不是白雪的白，白雪的白也不是白玉的白。所以，人的性不是犬的性，犬的性也不是牛的性。牛与犬之不同性，故它们是不同类，人与动物不同性，所以，人不是动物——动物性不是人性。不能不说，孟子这里的逻辑是对的。但告子其实也没错。他的"生之谓性"完全可以推出相同的结论。

顺便拓展开来辨析一下。

《荀子·正名》："生之所以然者谓之性。"与告子"生之谓性"意思相同。荀子列出的人性恶的部分，也主要是指生物性的欲望和特征。他在《性恶》篇中作为"恶"而列出的"人欲"是：

一、今人之性，生而有好利焉……生而有疾恶焉……生而有耳目之欲，有好声色焉……

二、今人之性，饥而欲饱，寒而欲暖，劳而欲休……

三、若夫目好色，耳好声，口好味，心好利，骨体肤理好愉佚，是皆生于人之情性者也。

四、人情甚不美,又何问焉?妻子具而孝衰于亲,嗜欲得而信衰于友,爵禄盈而忠衰于君……

从上四例中,除了第四项勉强可以算作人的道德毛病外,其他三项,应该都是人的生物性欲求。(参阅拙著《风流去》荀子篇,中国青年出版社,2009年)

所以,告子、荀子和孟子在人性问题上的不同,首先是定义不同。告子、荀子认为,人天生具备的生物性特征,就叫作性。孟子却认为,这些东西不是人和动物的本质区别,因此,孟子说:

口之于味也,目之于色也,耳之于声也,鼻之于臭也,四肢之于安佚也,性也,有命焉,君子不谓性也。(《孟子·尽心下》)

按照孟子的定义,人性就只能是仁义礼智:

仁之于父子也,义之于君臣也,礼之于宾主也,智之于贤者也,圣人之于天道也,命也,有性焉,君子不谓命也。"(同上)

告子(荀子)的人性讨论,以人的生物属性为基础。孟子的人性定义,则是人的道德属性。这两者本了不相关,一个是生物学、生理学、遗传学的课程,一个是伦理学、社会学、政治学的课程。一个是讨论人生而有四肢;一个是讨论人当有仁义礼智。本不属于一个话题。(参阅本书导言相关章节)

但问题是,孟子就把它们当作一个课程:

恻隐之心,仁之端也;羞恶之心,义之端也;辞让之心,礼之

端也；是非之心，智之端也。人之有是四端也，犹其有四体也。(《孟子·公孙丑上》)

他要证明的，就是人的道德属性，来自生物属性，属于人的天赋。这太难了。

牟宗三《心体与性体》(一)：

> 大抵性之层面有三：一、生物本能、生理欲望、心理情绪这些属于自然生命之自然特征所构成的性，此为最低层，以上各条所说之性及后来告子荀子所说之性即属于此层者；二、气质之清浊、厚薄、刚柔、偏正、纯驳、智愚、贤不肖等所构成之性，此即后来所谓气性才性或气质之性之类者，此为较高级者，然亦由自然生命而蒸发；三、超越的义理当然之性，此为最高级者，此不属于自然生命，乃纯属于道德生命精神生命者，此性是绝对的普遍，不是类名之普遍，是同同一如的，此即后来孟子、《中庸》《易传》所讲之性，宋儒所谓天地之性，义理之性者是。

按照牟宗三的分辨，荀子、告子讲的人性，是属于第一、第二层面的，是人的自然生命所具有所生发。有意思的是，荀子也把这些当作了人的道德善恶来讨论，以至于他得出了"人之性恶"的结论。他的错误在于由底层突破到高层，由生理属性来界定道德属性，结论当然不可能乐观：人类的生理特征里无法升华出人类的道德尊严，无法体现出人类与动物的本质区别。孟子正是有感于这一点，所以他定性的人性，是牟宗三所说的第三层级，"超越的义理当然之性"（"当然"，在此的意思是"应当然"或"应然"，与"实然"相对），他正确地认识到，只有这种义理之性，才能让人类超拔于动物之上。但问题在于，荀子、告子所说的人的生理属性，可以科学论证，而孟子所说的人的伦理属性，却无法从生物性上直接证明出来。他的错误，在于由高层下沉到底层：由生物性来证明义理性。从这个意义上说，告子不妨承认孟子指责他的"犬之性犹牛之性，牛之性犹人之性"，因为从生理属性上说，犬、牛、人都具有荀子所说的"饥而欲饱，寒而欲暖，劳而欲休"的本性。但孟子如何证明人性不同于犬之性，不同于牛之性呢？

其实，孟子之所以反对告子的"生之谓性"，是他自己的问题。我们来做个思维导图，简单演示一下：

首先，关于"性"。

A.（生＝性）≠（白＝白）。

"生＝生"或"性＝性"才与"白＝白"对应。

B."生之谓性"合乎逻辑的导出是：

人之性：生而为人则有人性。

牛之性：生而为牛则有牛性。

犬之性：生而为犬则有犬性。

而不是牛、犬、人有相同的性。

C.人性中属于人的，才是人性。人性中属于犬、牛的不是人性。故犬、牛、人之性不全重合。人性可善，而犬、牛作为动物，无所谓善恶，亦不可导向善恶。它们并无认知善恶的生物学基础。

D.人性是社会学概念。犬牛之性是生物学概念。

结论：从"生之谓性"不能推出犬性、牛性、人性三性同一的结论。

其次，关于"白"。

A.并无纯粹的白。无法抽出一个独立存在的白。白只是某物之属性，属性并不能独立存在。正如善是人的属性，善不可以脱离人而存在，白羽之白也不能独立于羽毛而存在。即便看起来可以独立的部分，其属性也不可以脱离本体而存在：桌腿只有在和桌子或想象中的桌子联系在一起的时候，它才叫桌腿。不存在一个与桌子无关的桌腿。桌腿之被造出来，就是作为桌子的一部分。当你认为它是桌腿时，你观念里必先有一张桌子。

B."白之谓白"没问题，但白羽之白、白雪之白、白玉之白，是白羽、白雪、白玉的属性，不可分离也不可置换：并非另外有一种叫"白"的东西附着在羽、雪、玉上使之白——涂料的白，是"白的涂料"，不是"白"。红豆涂白，是红豆加上白涂料；白雪染黑，是白雪加上黑涂料。红豆仍自是红豆，白雪兀自是白雪，无法更改其属性。

C. 羽毛烧了，白也不复存在；白雪融了，白也不复存在。火可以毁掉白羽，可以融化白雪，而不能保留其白而单独烧毁其羽、融化其雪。我们可以毁掉一个物体，而不能毁掉一个物体而又保留其属性。

结论：从白之谓白，无法得出白羽、白雪、白玉三白同一的结论。

显然，孟子的形式逻辑出现了问题。

告子还是老实了，他还是认为人性中有一些高贵的东西为犬、牛不备，所以，面对着孟子咄咄逼人的反问，他哑口无言——反正这一章到此结束了。告子有没有又说什么，我们也不知道了。孟子掐掉了下面的话，孟子也就赢了。

必须说明的是，孟子的形式逻辑有问题。但是，他的事理逻辑却是对的：他坚定地认为，人性中一定有非"生"而来的东西，"生"一定不可能包含"性"的全部，否则，"生之谓性"，则人之性等于犬牛之性，这是他绝不能容忍的：因为人禽之辨没有了。

他相信，人一定是有灵魂的，人性有道德自觉。所以，人性中一定有超越生理属性的东西。

这是孟子伟大的地方：人类在逻辑和事实之外，一定还有一种纯粹的精神性的东西。这才是人的本质。

孟子的工作，就是让人获得人之本质。孟子哪里在教我们成圣？他只是在教我们成人。圣人，其实就是获得了人的本质的人。

而他工作的艰难，就在于：人之本质的证明和获得，可能真的不是逻辑和科学可以完成，它可能需要借助一种纯粹精神性的力量：信仰，以及信仰的力量。

再附牟宗三《圆善论》以备读者理解：

> 告子在此正式提出说性之原则，即"生之谓性"。我们必须知这句话之来历。依照古传统，原只有"生"字，性字是后起的引申字，故古训即是"性者生也"，以生字训性字。到孟、荀时，这两字还是时常通用的，虽然孟子并不这样通用。但孟子说"形色天性也"，这个性字就是"生"。"生"即是出生之生，是指一个体之有其存在而言。广之，凡一东西之存在皆可以"生"字表示，如《道德经》说"有物混成，先天地生"。"先天地生"，即先乎天地而存在。"生之谓性"意即：一个体存在时所本具之种种特性即被名曰性。此即"性者生也"之古训所含有之意旨。西汉初年董仲舒尚能通晓此义。他说："性之名非生与？如其生之自然之质谓之性。"这是"生之谓性"一语之谛解。我们可说这是吾人所依以了解性的一个原则。我们通过这原则可以把一个体所本具之"自然之质"（种种自然特性）呈现出来。这一原则是要落实于"自然之质"上的，即是说，它必须实指自然之质而抒发之。
>
> "生之谓性"之自然之质可直接被说为是生就而本有的。但此所谓生就而本有是生物学的本有，是以"生而有"之"生"来定的，与孟子所说"仁义礼智我固有之也，非由外铄我也"之"固有"不同。孟子所说之"固有"是固有于本心（见下文），是超越

意义的固有，非生物学的固有，亦非以"生而有"定，盖孟子正反对"生之谓性"故。因此，"生之谓性"一原则必限制出对于性之实之一种主张，因而遂有孟子之反驳而提出另一种主张，即不由"生之谓性"说性而单由道德义理之当然以说人之义理之性，这样便可在道德价值上把人与牛马区别开。

……

问至此，告子无答。也许推至此，他觉得有点爽然若失，瞪目不知如何答。因为他不能说犬之性就和牛之性一样，牛之性就和人之性一样。但从上面一步一步推下来又好像必至此结论，他检查不出上面的推论是有错误的。至于孟子这样问难，其心目中自有所指。然由"生之谓性"推下来而至其心中之所想，这其间有两步跳跃或滑转。告子一时辨别不清，遂至语塞。其实告子若真了解"生之谓性"一语之意义，他是可以答辩的。他可以说"生之谓性"是说"性之实"之一原则。"性者生也"与"白之谓白"并不相同，后者是套套逻辑式的分析语，而前者不是。"性者生也"并不等于"性是性"或"生是生"，其语意是"生而有的自然之质就是性"，这明是说性的一个原则。"生"等于个体存在，个体存在时所具有的"自然之质"曰性，而个体存在并不等于性。是则"性者生也"或"生之谓性"并不同于"白之谓白"（白说为是白）。告子辨别不清而答曰"是"（即认为生之谓性同于白之谓白），实则非是。这是孟子之误解（想得太快），把"生之谓性"（性者生也）误解为像"白之谓白"（白说为是白，白者白也）一样。这是第一步错误，至于白羽之白犹白雪之白，白雪之白犹白玉之白，这是无问题的，因为白羽之白、白雪之白等都是主谓式的分析命题，也是套套逻辑之一种。但由此亦推不到犬之性犹牛之性，牛之性犹人之性。盖"生之谓性"既是一原则，当然可以到处应用，用于犬把犬之自然之质说出来，用于牛把牛之自然之质说出来，用于人把人之自然之质说出来。然而这既不等于说"犬之生（个体存在）犹牛之生，牛之生犹人之生"，一切生皆是生，同是个体存在，因为这并没有说什么；亦不等于说"犬之性犹牛之性，牛之性犹人之性"，因为虽都是"生之谓性"，然"自然之质"之实却各有不同。夫既如此，你何以能根据白羽之白犹白雪之白，白雪之白犹白玉之白，而推至犬之性犹牛之性，牛之性犹人之性呢？这是孟子的第二步错误。告子若能这样指出这两步滑转之非是，则他是可以有一答辩的。（牟宗三《圆善论》）

牟宗三先生也是同情告子的。

链接——11.1；11.2；11.4；11.5；11.6；11.7；11.8

11.4

告子曰:"食色,性也。仁,内也,非外也;义,外也,非内也。"

孟子曰:"何以谓仁内义外也?"

曰:"彼长而我长之,非有长于我也。犹彼白而我白之,从其白于外也,故谓之外也。"

曰:"异。于白马之白也,无以异于白人之白也①。不识长马之长也,无以异于长人之长与②?且谓长者义乎?长之者义乎?"

曰:"吾弟则爱之,秦人之弟则不爱也,是以我为悦者也,故谓之内。长楚人之长,亦长吾之长,是以长为悦者也,故谓之外也。"

曰:"耆秦人之炙③,无以异于耆吾炙,夫物则亦有然者也。然则耆炙亦有外与?"

今译——

告子说:"饮食男女,是人性。仁,是内在的,不是外在的;义,是外在的,不是内在的。"

孟子说:"为什么说仁在内而义在外?"

(告子)说:"他年长我才以长者待之,不是我内心原本有对他的尊重。就像那东西是白的我才把它看作白的,是根据它外面的白来认识的,所以说是外在的。"

(孟子)说:"不对。对于白马的白,与白人的白确实没有什么不同。但是我不知道把一匹老马看成老马,与对一位老人的尊敬是不是有不同呢?而且,您说的义(对长者的尊敬)是在长者那里呢?还是在尊敬长者的人那里呢?"

(告子)说:"是我的弟弟便爱他,是秦国谁的弟弟便不会爱他,这是以我自己来确定爱与不爱,因此说仁是内在的。尊敬楚国的某一长者,也尊敬我家的长者,这是因为对方年长而产生的敬爱,因此说义是外在的。"

(孟子)说:"嗜好秦国的烤肉,和嗜好自家的烤肉没有什么两样,事物也都有这样的情形。可是对烤肉的嗜好是外在的吗?"

注释——

① 异于白马之白也,无以异于白人之白也:这句话比较难理解。朱熹《孟子集注》引张氏曰:"异于二字疑衍。"引李氏曰:"或有阙文焉。"联系上下文,有两种理解:第一,赵岐说:"长异于白,白马白人,同谓之白可也。"据此可断句为:"异于白。马之白也,无以异于白人之白也。"第二,焦循标点为:"异。于白马之白,无以异于白人之白也。"意思和赵岐的相同。此处采焦循断句。

② 不识长马之长也,无以异于长人之长:"长马之长"的第一个"长"字,应该只是以之为长的意思,不存在那种敬老的意思。"长人之长"的第一个"长"字,有敬老的意思。这是理解孟子这一句话的关键,他的意思正是要说明,同一"长",不同对待,故义在内不在外也。如果理解为敬重老马和敬重老人,则不论人马,恰恰是义在外了。

③ 耆(shì):同"嗜"。

开讲——

告子以及后来荀子都认为，人的自然本性即人性。自然本性不存在善恶。从这个角度看，告子的观点其实自洽。所以上一章开讲中，我说孟子对，告子也没错。他们对人性的定义不同。善恶是社会学概念，人在社会属性里才存在善恶问题。告子进而认为，仁，是出自人内在的本性，是人内心的仁慈、爱；义，则出自外在的标准、外在的要求。这既是告子对自己此前观点的修正，也是当时比较流行的观点，不是告子独家之言。义者，宜也，做事是适宜的，还是不适宜的？是公正的，还是不公正的？有个标准，要根据不同的情形做判断，因此，义是取之于外的。

对此，孟子予以坚决反对。这可能出于两种原因：其一，孟子认为人性本善，而人性善里，最核心的概念就是仁与义，因此他绝不允许将"义"放到人性之外，这里是有他的逻辑在的。其二，孟子对儒学的重要贡献，一是人性本善说；一是将孔子思想中的"仁"向前推展到了"义"。孔子主要讲"仁"，孟子主要讲"义"。由仁到义，这是孟子对孔子学说的重大发展。既然"义"为孟子特别强调，就不允许其他人如告子，将"义"的地位放得比"仁"低。

孟子问："何以谓仁内义外也？"

告子的论证：因为一个人年长，我才用尊重年长者的标准去尊重他，不是我内心原本就有对他的尊重，即前提条件是，他首先是长者，然后我才以长者待之。告子比喻说"彼白而我白之，从其白于外也，故谓之外也"，我说那个东西是白色的，不是我心里有白色，而是那个东西是白色的，是由那个东西本身决定的，所以义在外，不在内。

孟子说"异"，我反对。孟子反驳说：白马的白与白人的白，确实没什么不同，但是我不知道把一匹老马看成老马，与对一位老人的尊敬是不是有不同呢？——孟子的意思和逻辑是：马年长，我们只把它看作老马,并无对老人的那种特殊的尊重;人年长,我们就对他有一份特殊尊敬。同是"长",为什么对老马无有尊敬,对老人就有了尊敬?为什么态度不一样?孟子的回答是:因为我们心中有一个"人"或"尊人"的观念,所以,敬在内。可见,尊重之"义"还是源自内在的情感,而不是外在的。

但我若是告子,我还是可以从孟子的这个举例里反驳他:正因为对方有或人或马的区别,所以,我才有或敬或不敬的区别。所以,敬在外。

下面孟子的这一句:"且谓长者义乎?长之者义乎?"非常好:因为对方是长者,我尊敬他;表面上看起来,是因为他的年长我才尊敬他。但问题是:尊敬长者的观念,是从哪里来的呢?

还有,如果对他的尊敬是因为他的年龄,那么,为什么他在比自己小的人面前,就会收获尊敬;在比他大的人面前,他反而要尊敬对方呢?

显然,这种尊敬,不是因为他,而是因为一种关系。而这种关系中包含的"尊长"的观念,不是出于我们内心吗?所以,这句话的直接翻译是:我尊敬一位长者,尊敬之情是出自他那边,还在出自我内心呢?

答案只能是:年长在他那边,但尊敬之情在我这边。敬(义)在内。

老实说,这段话里,孟子这个论证很有力量。其实,就论证"义在内"这个命题而言,孟子已经完成。

但告子还没有服帖。大概是因为孟子突然拿人和马作比较,并由敬人不敬马而得出敬在内不在外的结论,于是告子拿同是人的"吾弟"和"秦人之弟"来说明:同是人,同是"弟",有爱与不爱之别。可见,"吾弟"的"弟"不是爱的条件或原因,而"吾弟"的"吾"才是爱的原因或前提,爱决定于"我",故爱与不爱,取决于爱者,故,仁在内。

然而，同样是长者，楚国的长者我也以之为长，敬他；我家的长者我也以之为长，敬他，为什么这种敬没有区别了？因为都是长者。故敬与不敬，取决于"长"而不是取决于"楚"或"吾"，可见，敬取决于对方，故，义在外。

告子的这个说法很有意思。

对此，孟子回到开头的告子的"食色，性也"，从"食"着手：喜欢秦人做的烤肉，无异于喜欢自己做的烤肉。因为都是烤肉。

孟子这个例子有点问题：因为，不管是别人烤的还是自己烤的，都是烤肉。这与秦人之弟与吾之弟不是一回事，与楚人之长与吾之长也不是一回事。秦人之弟与吾之弟表面看都是"弟"，但"弟"不是一个人的本质属性，换个关系他还是兄呢。所以，两个弟不是一个弟，他们是独立的完全不同的人。楚人之长和吾之长亦然。但秦人的烤肉和吾之烤肉，却无本质区别：都是烤肉，烤肉与烤肉，内涵外延完全一样。

既然如此，对两种烤肉的"耆"（嗜），也就自然没有区别，不分彼此。

如此看来，孟子是说了一句废话？不然，他的真正用意是：耆炙亦有外与？对烤肉的爱好，是因为烤肉吗？

他的意思是：这种爱好，是出于人的本性，是内在的。

但问题是：这不正是告子的意思吗？——食色，性也！

其实，孟子与告子之间的争论，是站在不同立场上，各自讲道理。告子强调外在事物必须首先合乎一个标准，才会让人对其有相应的对待（义），也就是说，人如何对待某人或某物，取决于对方，这就是他的观点："义在外。"

而孟子强调对于合乎标准的东西的正当对待，一定发自人内心的情感，人必须有一个内在的尺度才能估值外在之物（此指作为对象的人或物),并给予相应的对待,这就是他的观点:"义在内。"

质言之,孟子的意思是:"物"可能会因为合乎一种标准而获得正当对待(义),但这个标准却是出于人的内心,"正当"的标尺是人,不是物;人是"标准",物是"合乎标准"。柏拉图《泰阿泰德篇》记载普罗泰戈拉(Protagoras,约公元前490年或480—前420年或410年)的话说:"人是万物的尺度,是存在的事物存在的尺度,也是不存在的事物不存在的尺度。"大概可以和孟子的观点对照来看。

其实,"尊敬"这种情感,一定来自人内心中某种信念,甚至是人的某种能力。下文11.5公都子说"行吾敬,故谓之内也",是对"义在内"的很好说明。所以,上面我说到,孟子对"义在内"的论证是成立的,只是他还需要兼顾对于尊敬这种情感的投放,所敬对象必须具备相应的条件。这恰恰是告子关注的,所以,这场争论,其实各有道理。见长者而起尊敬之心,是发自我内心的,这是内;同时,对象必须是长者,要合乎我尊敬的客观标准,这是外。在内在外,必须两者兼备。孟子说一定在内,告子说一定在外,都是攻其一点,不及其余。我们从他们各自的举例及其论证里,都可以找出他们所要反驳的对方的立论依据。

比如,我可以这么反驳告子——告子说"吾弟则爱之,秦人之弟则不爱也",他以此来证明仁是内在的——可是,你之所以爱这个弟弟,不爱那个弟弟,难道不是因为这个弟弟是你的弟弟,那个弟弟是远在秦国的不知是谁的弟弟?照这个例子,连仁也是外在的呢。

比如,我可以这么反驳孟子——孟子说"耆秦人之炙,无以异于耆吾炙",他以此来证明义也是内在的——可是,难道不是还有外在条件在前吗?这外在的条件是:它必须是烤肉,而不能是一块腐肉。

孟子可以这样反驳告子:

彼长而我长之——毕竟需要"我"有长人之心,要有敬长之观念,故义在内。彼白而我白之——毕竟需要"我"有对白的认知,故义在内。

告子亦可以这样反驳孟子:

长人之长——"我"有长人之心,然毕竟须人是年长,故义在外。耆炙——孟先生说心中有个吃肉的爱欲,故义在内。然无论秦人之炙与我之炙,都须合乎口味,如果烤焦了,就不喜欢了,故义在外。

综述一下:

孟子的意思是:人心中都有一个义的标准,有一个义之信念,且以此标准对待外人外物,所以义在内。

告子的意思是:外人外物必须合乎某个标准,是否合乎标准决定了"我"之态度取舍,所以义在外。

两个人,各说各话。孟子认为义在内,所以人要按照内心中的标准去做;告子认为义在外,所以要先有合宜的一个标准,人再去做。

我们要客观认识到,告子挑起"仁""义"之辨有其意义。仁与义,确实有区别。仁是一种自然情感,是内心的慈悲,是爱;爱是不可外力强迫的,有爱自有,无爱自无。是老人就爱吗?不一定。爱自己的父母,与不爱别人的父母,爱与不爱之间,都不可强迫。

义则更多的是一种正当性衡量,是一种理性判断。义有强制性。是老人,就得敬吗?是。敬与不敬,不可选择。敬是对的,不敬是错的。对的就是义,不对就是不义。不爱别人的老人,可以;不敬别人的老人,不可以。这就是仁与义的区别,这就是告子讲的仁内义外。

但孟子强调:对长者的敬,固然要看他是不是长者;但这种"敬长"的观念,却是根植于我人的内心,如同仁爱之心一样。这就是孟子讲的仁义俱内。

所以,孟子告子,各有道理,且双方并不矛盾。至少告子完全可以接纳孟子。但孟子何以不能接纳告子?因为孟子认为,义是人之四心之一，生而自有，生而必有，故无法作出一点让步。

与上一章11.3一样，孟子在这里也是用反证法来反驳告子。但是，孟子的反驳，只能证明告子对内、外的标准有问题，他能证明"义在内"，但却没有能成功反驳告子"义在外"的观点。

链接——11.1；11.2；11.3；11.5；11.6；11.7；11.8

11.5

孟季子问公都子曰[①]:"何以谓义内也?"

曰:"行吾敬,故谓之内也。"

"乡人长于伯兄一岁[②],则谁敬?"

曰:"敬兄。"

"酌则谁先?"

曰:"先酌乡人。"

"所敬在此,所长在彼——果在外,非由内也。"

公都子不能答,以告孟子。

孟子曰:"敬叔父乎?敬弟乎?彼将曰:'敬叔父。'曰:'弟为尸[③],则谁敬?'彼将曰:'敬弟。'子曰:'恶在其敬叔父也?'彼将曰:'在位故也。'子亦曰:'在位故也。庸敬在兄[④],斯须之敬在乡人[⑤]。'"

季子闻之,曰:"敬叔父则敬,敬弟则敬,果在外,非由内也。"

公都子曰:"冬日则饮汤[⑥],夏日则饮水,然则饮食亦在外也?"

今译——

孟季子问公都子说:"怎么解释义在内?"

(公都子)说:"行自己内心的敬意,所以说义在内。"

"有个本乡人比你大哥大一岁,那你敬谁?"

(公都子)说:"敬大哥。"

"那乡宴上你先给谁斟酒?"

(公都子)说:"先斟给那个本乡长者。"

"敬的是家里大哥,尊的是乡里长者——果然义在外,不在内哦。"

公都子无法回答,回来告诉孟子。

孟子说:"(你问他)是敬叔父呢?是敬弟弟呢?他会说:'敬叔父。'你问:'弟弟如果做了祭尸,那么敬谁?'他会说:'敬弟弟。'你再问:'那敬叔父是怎么回事?'他会说:'因为弟弟在祭尸的位置上。'你也说:'(那个本乡长者)也因为是在要先给他斟酒的位置上啊。平常敬大哥,那个时候敬本乡长者。'"

孟季子听说了,说:"该敬叔父时敬叔父,该敬弟弟时敬弟弟,果然义是外在的,不是由内心出发的。"

公都子说:"冬天喝热水,夏天喝凉水,难道饮食也是外在的了吗?"

注释——

① 孟季子:其人不详。联系上下文看,可能是告子那一派的人。朱熹:"孟季子,疑孟仲子之弟也。盖闻孟子之言而未达,故私论之。"孟仲子是孟子的从昆弟,那么孟季子也应该是孟子的从昆弟。朱熹的证据不是很足,只是根据仲季的兄弟排行,进行推测,所以朱熹用了一个"疑"字。崔灏、赵佑都对朱熹的说法表示怀疑。崔灏:"窃尝疑季子为孟子弟,有所疑问,何不亲诣孟子?孟子亦何不诏之面命,而必辗转于公都子?"赵佑:"孟仲子为孟子从昆弟而学于孟子,则孟季子当亦其伦,何至执告子之言,重相驳难,全背孟子。殆别一人,故注无文与?"(焦循:《孟子正义》引)这种怀疑是有道理的。

② 伯兄:长兄。

③ 尸：古时祭礼中代表死者受祭的活人。

④ 庸：平常。

⑤ 斯须：片刻，那一会儿。

⑥ 汤：古代称热水为汤。

开讲——

公都子是孟子学生。孟季子是谁，不详（见注释①），但他来找公都子，每一问都是事先设计好的，步步紧逼，明显带有挑衅，应该是赞同告子的那一派人。

孟季子从公都子的回答中证明了自己的观点——"所敬在此，所长在彼，果在外非由内也"，你内心敬的是大哥，乡宴喝酒先敬的是本乡长者，做派和内心不一致，此其一。乡宴饮酒，先敬乡中长者，是"义"，这种义并非出自内心，而是出自外部标准：年长，此其二；乡人长于伯兄一岁，故敬其"长于伯兄"；若乡人不"长于伯兄"，甚至不长于"我"，则我不敬。敬与不敬，取决于乡人年龄，而不是我。此其三。

顺便说一下，对乡人长者之敬，可能纯然属于"义"，而对"吾兄"——自家兄长之敬，则亦有仁爱在焉。"悌"与"孝"，对兄弟与对父母，都有一份自然而然的亲爱之情在，所以"敬兄"不仅属于"义"的范畴，还属于"仁"的范畴。可惜公都子在此未能明察，而让孟季子有所乘。

结果，"公都子不能答"，回来问孟老师。孟老师教了弟子一套说辞，推导出结论：敬大哥是日常的，敬本乡长者是在特定场合特定时间；如同敬叔父是日常的，敬弟弟是在特定场合特定时间，皆因"在位故也"——那时刻，弟弟在代表死者接受祭祀的"尸"位上，本乡长者在合当接受敬酒的尊位上。在乡宴环境下，来自不同家族的人，在席面上就是一个暂时共同体，这时，同乡长者就是家族"大哥"，实际上还是敬"大哥"。

但孟季子哪里是好对付的？"敬叔父则敬，敬弟则敬，果在外非由内也"，他抓住了孟子的把柄：你该敬叔父时候敬叔父，该敬弟弟时敬弟弟，特定场合特定位置决定了你敬还是不敬，这不还是"敬在外"吗？

为什么敬叔父在敬弟前？因为叔父辈分更高，故敬在外不在内也。

为什么平时不敬弟敬叔父，弟为尸则敬弟？因为此刻弟代表了受祭的祖先，故敬在外不在内。

所以，孟子给公都子出的是个馊主意。

只要涉及逻辑，孟子常常不及格。

公都子以为有老师支招会大获全胜，没想到一露头就被当头一棒。"冬日则饮汤，夏日则饮水，然则饮食亦在外也？"公都子这个回答也是不讲逻辑的。冬天要喝热水，夏天要喝凉水，的确是人的自然的内在需求，但，凉与热，不是外在的标准吗？若不是水冷汤热，你会冬日饮汤，夏日喝水吗？

看到这里，义的内外之辨，可能真是一个伪命题：正如我们上一章开讲讲到的，无论说内说外，都有道理，因为本来就是内外皆需的，这是一种"关系"中的定义，如何估计，需要在双方当下关系中确定，所以，说外说内，都有道理，端看你站在哪一方。但孟子在这个命题中寸土不让，决不自我苟且，决不姑息对方，是因为他没有退路：这涉及他要证明的人性本善，而善的要义之一就是"义"，这一个"义"，绝不能在人性本有中让出去。他真是给自己出了个大难题。

其实，对于"何以谓义内也"的问题，公都子的回答是非常经典的："行吾敬，故谓之内也。"这个回答可以看成是一个终极性回答，其他假设的种种情况，乡人、伯兄、弟弟、叔父，不论他们身在何种地位，并因为不同的地位而获得我们的敬，这种"敬"都来自我们内心的一杆秤：敬的情感也好，义理也好，都是我们内在的尺度。所以，最好的办法，是就此打住，不再去辩，也不必去辩。

但孟子就是好辩，且别人常常打上门来要辩，让他不得已而好辩。奈何？

链接——11.1；11.2；11.3；11.4；11.6；11.7；11.8

11.6

公都子曰:"告子曰:'性无善无不善也。'或曰:'性可以为善,可以为不善①。是故文武兴则民好善,幽厉兴则民好暴②。'或曰:'有性善,有性不善③。是故以尧为君而有象,以瞽瞍为父而有舜,以纣为兄之子且以为君,而有微子启、王子比干④。'今曰'性善',然则彼皆非与?"

孟子曰:"乃若其情⑤,则可以为善矣,乃所谓善也。若夫为不善,非才之罪也。恻隐之心,人皆有之;羞恶之心,人皆有之;恭敬之心,人皆有之;是非之心,人皆有之。恻隐之心,仁也;羞恶之心,义也;恭敬之心,礼也;是非之心,智也。仁义礼智,非由外铄我也⑥,我固有之也,弗思耳矣。故曰:'求则得之,舍则失之。'或相倍蓰而无算者⑦,不能尽其才者也。《诗》曰:'天生蒸民,有物有则。民之秉彝,好是懿德⑧。'孔子曰:'为此诗者,其知道乎!'故有物必有则,民之秉彝也,故好是懿德。"

今译——

公都子说:"告子说:'人性没有善也没有恶。'有人说:'人性可以使其为善,可以使其为恶。因此,周文王周武王在上则人民好善,周幽王周厉王在上则人民好暴。'有人说:'有的人人性是善的,有的人人性是恶的。因此，以尧这样的圣人做天子也有象这样的恶人作臣民，以瞽瞍这样的坏人做父亲也有舜这样的好儿子，有商纣王这样的坏侄子，还做了天子，却有微子启、王子比干这样的仁人。'老师您现在说人'性善'，那么那些说法都错了吗？"

孟子说："从人天生禀赋的本相看，是可以成为善的，这就是我说的人性善。至于人的恶，不是人天赋的过错。恻隐之心，人皆有之；羞恶之心，人皆有之；恭敬之心，人皆有之；是非之心，人皆有之。恻隐之心，是仁；羞恶之心，是义；恭敬之心，是礼；是非之心，是智。仁、义、礼、智，不是由外面渗透给我的，是我自身固有的，只是没有自觉意识到它们的存在罢了。因此说：'去探求就会得到，一舍弃就会失去。'人与人相差一倍、五倍乃至无数倍的，原因就在于不能充分用好他的天资。《诗经》说：'天生蒸民，有物有则。民之秉彝，好是懿德。'（上天生育万民，事物自有法则。人民秉持常规，崇尚这种美德。）孔子说：'做这首诗的人，他懂得道啊！'所以凡世上事物必有其法则，人民能秉持这恒常的规律，所以崇尚美德。"

注释——

① "性可以为善，可以为不善"：学者们对这种观点有两种理解：一、性无善无恶，善恶都是环境的影响。赵岐："或人以为可教以善、不善，亦由告子之意也。故文、武圣化之起，民皆喜为善；幽、厉虐政之起，民皆好暴乱。"这样就和告子的观点一模一样了，恐怕不可信。二、性有善有恶，不同的环境会激发出性的不同部分。孔广森、焦循持这种意见，他们认为这里说的就是王充《论衡·本性》中的世硕的观点。译文从后者。

② 文武：指周朝奠基者周文王姬昌、灭商建周者周武王姬发。幽厉：指暴君周幽王姬宫涅、周厉王姬胡。

③ 有性善，有性不善：有的人本性善良，有的人生来不善。

④ 纣：商朝末代君主、暴君商纣王帝辛。微子启：商纣王帝辛的同母庶兄（一说是其叔父，公都子显然认为微子是纣王的叔父）。王子比干：商纣王帝辛的叔父（一说是其兄弟）。

⑤ 情：本来面目，真相。"情"的反义词是"伪"，如《左传·僖公二十八年》："晋侯在外十九年矣……民之情伪，尽知之矣。"这个"情"与下句中的"才"，均可理解为天赋、天性。《说文》："才，草木之初也。"犹人初生之性。

⑥ 铄（shuò）：朱熹："铄，以火销金之名，自外以至内也。"可理解为渗入、影响。孔广森《经学卮言》以《尔雅》为据，认为是美："《尔雅·释诂》云：'铄，美也。'仁义礼智，得之则美，失之则丑。然美在其中，非由外饰成我美者也。"可备一说。

⑦ 倍：一倍。蓰（xǐ）：五倍。

⑧ 语出《诗经·大雅·烝民》。蒸：《诗经》作"烝"，众。彝，赵岐本作"夷"，意思是常，郑玄注释为"常道"，朱熹解释为"常性"。译文从郑玄。懿：美好。

开讲——

一开始，公都子列出了当时关于人性问题的三种基本观点：

第一种，告子的"性无善无不善"，人性不存在善恶。

第二种，"性可以为善，可以为不善"，人性可以使之为善，也可以使之为恶。这里的"或曰"，有人说，是谁？汉代王充《论衡·本性》说是周朝一个叫世硕的人："周人世硕，以为'人性有善有恶，举人之善性，养而致之则善长；性恶，养而致之则恶长'。如此，则性各有阴阳，善恶在所养焉。故世子作《养书》一篇。宓子贱、漆雕开、公孙尼子之徒，亦论情性，与世子相出入，皆言性有善有恶。"值得注意的是，宓子贱（宓不齐）、漆雕开都是孔子弟子，据《汉书·艺文志》，公孙尼子是"七十子之弟子"，都是早期儒家学者。可见，早期儒家有相当多的人持这种观点。或许正因如此，孟子在下文中才不好直接驳斥该观点。这个观点与告子的区别是：告子的"性无善无恶"，关键词是"无"，一张白纸，善恶都是外部环境的影响。世硕的"性可以为善，可以为不善"，关键词在"为"，不同的外部环境会激发出人性的不同部分，或善或恶。因此，"文武兴则民好善，幽厉兴则民好暴"，外部政治环境好，老百姓就向善；政治环境坏，老百姓就向恶。制度改变人性。

第三种，"有性善，有性不善"，有的人人性是善的，有的人人性是恶的。伟大的尧的时代出了象这种恶人；瞽瞍那种坏父亲有舜这样的圣人儿子；仁人微子启、王子比干有暴虐的商纣王这样的侄子（一说他们的关系是兄弟）。是善是恶，天生如此。

加上孟子在公都子后自述的观点，人性善，和荀子的"人性恶"，当时关于人性善恶，共有五种观点。

五种观点，无法得到实证，都不是科学结论。对此，我们无法做事实判断，只能做价值判断。那么，五种观点中，哪一种是最邪恶的？

答案：是第三种——有性善，有性不善。为什么邪恶？因为这种观点从人性的角度，直接认定人生来就不平等，有些人生来就应该被他人歧视、压迫、迫害，有些人生来就应该高高在上做统治者。那么，谁有权力利用这种观点，裁定自己是善而他人是恶呢？权势者。权势者可以以此为借口迫害所有他们想迫害的人，最后，会导致所有的歧视、迫害都能找到所谓的正当理由。德国纳粹对犹太人的迫害、屠杀，日本军国主义对中国的侵略、屠杀，而且杀起来毫无愧疚，他们在入侵和屠杀之前，就作了类似的认定。

对人性问题，孔子非常谨慎，基本不谈，《论语》里只有一句："性相近也，习相远也。"（《论语·阳货》）孔子为什么不谈人性？因为谈不好会引起制度、道德、伦理后果：说人性善会引起制度后果，说人性恶会引起道德后果。但是他又知道，未来一定会有人说，所以他说了极其关键的这句话"性相近,习相远"。这句话显示出孔子的忧患深远:他画了一条底线:人性是相同的(从哲学意义上讲,相近,趋势相同。"性相近"即性相同)。告子说的"性无善无不善",有人说的"性可以为善,可以为不善",孟子的"人性善",荀子的"人性恶",他们互相打架,但他们都坚持了孔子画定的底线:所有人人性相同。没有任何人能以人性道德优势为借口迫害他人。坚持底线就是坚持良知。所以孔子很了不起。孔子这句话,关键在"性相近",而"习相远"是对"性相近"的补充说明:后天的习得使人与人的层次拉开了距离,即孟子这里说的"或相倍蓰而无算者,不能尽其才者也"。

论证人性善是一件非常困难的事。性善论、性恶论、性无善恶论、性有善有恶论,所有这些观点,他们的论证都是不充分的,孟子的论证也如此。但孟子为什么如此执拗要论证人性本善呢?我认为,孟子和孔子一样,也有另外的考虑。他可能并不真的确定自己能证实人性善,甚至也不敢确定别人说的都错。比如这里,当学生公都子反问他"然则彼皆非与"?孟子的回答竟然很温和,一反平时咄咄逼人、振振有词、锋芒毕露的辩论风格,"乃若其情,则可以为善矣,乃所谓善也",我是根据人天生禀赋的真相知道人可以向善,这就是我说的人性善。孟子的话里,是不是有一点让步的味道?

孟子这一点让步,导致后来学者对人性善论产生不同的解读。有人据此认为,孟子不是讲人性本善,而是讲人性向善。但是,我们如果往下追问一句:人性为什么"向善"呢?为什么是"向善"而不是"向恶"呢?向善的冲动不就是善吗?所以答案只能是:人性中有善。看,只要将"向善"往前推进一步,还是善。因此,向善本身即善。依据孟子这句话,将"人性向善"与"人性本善"做区分,反而会把本来简单的问题复杂化。但孟子这里的语气确实有点软,他往后退了一步,"若夫为不善,非才之罪也",确实有恶人,但不是天生恶,不是人性恶。

下面孟子开始正面论证。

"四心说"是孟子非常著名的命题：恻隐之心、羞恶之心、恭敬之心、是非之心，"人皆有之"。恻隐之心是仁，羞恶之心是义，恭敬之心是礼，是非之心是智，合起来为"仁、义、礼、智"。孟子在这里直接说"恻隐之心，仁也"，在另外一处则说"恻隐之心，仁之端也"（3.6），恻隐之心就是仁的萌芽、仁的发端。恻隐之心并不等于仁心，但是萌芽本身包含着仁，像一棵树与树的种子，种子的基因决定它能够长成什么样的树。正如人性向善即善，那么，仁之端也即仁。所以，"恻隐之心，仁也"与"恻隐之心，仁之端也"，也是二说归一，没有区别，不用区别。

下面孟子就恢复自己的一贯面目，斩钉截铁："仁义礼智，非由外铄我也，我固有之也，弗思耳矣。"仁义礼智，人生之初，人人皆有，只是我们后来弄丢了，只是我们很少扪心自问，很少向内探求，反思自己。孟子很注重"思"。人生并非经历多就是阅世，而是经历后有反思才是阅世。"阅世"，你得阅啊！什么是阅？《说文》："阅，具数于门中。"《广雅》："阅，数也。"你以为展眼一望就叫阅？迷迷瞪瞪看一眼就叫阅？那得看过后，回过头，回过味，一一反思。阅，就是孔子讲的"退而省其私"（《论语·为政》），如颜回那样，才叫阅世。

在前面11.1到11.5的开讲中，我曾指出孟子在人性善恶之辩中犯的逻辑错误，目的是想说明，孟子其实没有能够从事实和逻辑学角度证明人性本善。但是，孟子最终还是给出了人性善的终极证明。

他的终极证明是什么？"思"——我们每个人都可以扪心自问，反思自己：我心中有没有善？如果我觉得心中有，那就不能否定你的心中有，不能否定他的心中有，也就不能否定所有人的心中有。我有、你有、他有，所有人有，故，人性善存在。这个存在，不是事实性存在。事实性存在无法实证。这个存在，是观念性存在：就看你认不认可它。认可善,善就真存在了;不认可善,善就真不存在了。所以孟子说"思","求则得之,舍则失之",求,自求。哪怕一个十恶不赦的人,某一个时刻,也会想一想:人生中,有没有闪过一个善念?有没有做过一件好事?这么一想,便是"我心自有",便自证了"人性有善"。而这"有",只有人类"有",这种"思",也只有人类"思",所以,剔除人性中动物性的一面,人之所以异于动物性的,属人的"性",就是善,所以,人性本善。

其实,孟子有无证明人性本善作为事实存在,并不重要;孟子证明了人性本善作为价值存在,才是最重要的。即使人类永远无法用科学方法证明人性善恶,人类也永远需要一心培养善,永远需要发扬光大善。《大学》中说"大学之道在明明德","明明德"三个字是在说,人性中有明德,甚至也在暗示,人性中有暗德。自我反思出心中的明德,发扬光大"明",是为大学之道。

在孟子看来,"言人之不善,当如后患何"(8.9),说人性不善,招来后患怎么办?作恶之人可以声称,作恶是出自本性,作恶很正常。更甚者,可以以恶揣度他人做事的动机,进而用这种思路来解释世界上所有人的行为。比如人们说"无利不起早",这话如果说给自己,就是通过这样不断的心理暗示,让自己终于成为唯利是图的人;如果用以测度他人的动机,不仅是对别人做了诛心之论,否定了世界上本来自有的善意;而且,如果你认定他人所有的行为都是冲着利益去的,你怎么能证明自己的行为就是冲着道义去的呢?你把所有人都抹黑了,你怎么能证明自己是纯洁的呢?这个世界上的确有很多事情是出于利益的考虑,考虑利益本身也并非不义,只要是正当利益就应该维护,而维护正当利益其实也就是在维护公义。但是,假使某一情境下,维护公义必损害自身利益,我们也当相信,世界上一定有不考虑自身利益,为维护社会的公平、正义、理想而采取行动的人。信奉"无利不起早",不仅污渎了他人的善意和正义，还是对自己本性的自渎（孟子所谓"自贼"），甚至，还污秽了世界。

孟子为什么一定要证明人性本善？不是为了事实问题，而是要解决——"前道德问题"。人类道德涉及伦理学的最核心问题是：人为什么要做一个道德的人？

一个宗教立国的国家，比如基督教国家，解决这个问题很简单。为什么要做好人，不能做坏人？牧师只要简单一句话："做好人将来上天堂，做坏人将来下地狱。"信徒也只要一句话："上帝让我做好人。"在信徒看来，好人报以天堂，坏人报以地狱。这是西方解决"前道德问题"的途径。

中国的途径呢？就是孟子的解决方式。孟子说："恻隐之心，人皆有之；羞恶之心，人皆有之；恭敬之心，人皆有之；是非之心，人皆有之。"又说："无恻隐之心，非人也；无羞恶之心，非人也；无辞让之心，非人也；无是非之心，非人也。"（3.6）简言之，是一句话：你不做好人，你就不是人。

做好人，对于一个人来说，不需要理由：因为你的本性决定了你只能做一个好人。好人才是人，坏人不是人。"好"是"人"的本质属性，无从欠缺。

为什么一个南瓜是南瓜而不是蚕豆？因为种子是南瓜的种子。种瓜得瓜种豆得豆，是人的本性决定人要做好人，做好人是人的内在属性。所以我们中国人骂人最厉害的一句话，就是骂人"不是人"。孟子骂得更厉害，骂人是禽兽。人丢失善的本性，就类同禽兽。人丢失善的本性，就是"放心"，走失、流放了善心："仁，人心也；义，人路也。舍其路而弗由，放其心而不知求，哀哉！"（11.11）

西方解决"前道德问题"靠神性；中国解决"前道德问题"靠人性。

西方人的道德建立在神性基础上；中国人的道德建立在人性基础上。

人性善构成儒家思想的基础，后来中国的政治制度、伦理观念也都建立在此基础之上，这是中国和西方最大的文化差异。

到这里，还有一个问题：既然人性本善并没有得到充分论证，为什么人要信呢？"信"该信的，其实还是价值问题：我们只有"信"人性善，我们才能拥有人的本质。对人性善的信，也是人的本质属性。所以，在这个问题上，不是因为有事实而信，而是因为有价值而信。简言之，就是必须信，所以信，因信成义，是因为需要义，所以必须信。

孟子一连串的人性善恶之辩，其价值不在于是否证明了人性善为事实，而在于给人类指出一个不断向善的方向。他试图证明善是人的本质，其目的是让我人努力地去获取这种本质。在他看来，只有具有善的人，才是获得了人的本质的人，才是有尊严的人。

他给了自己一个不可能完成的任务，然后如西西弗斯推动巨石上山一样，一次又一次重复着这样的工作。当其他文明借助神的力量来获得人性的保证时，他却依赖人的力量——确切地说，是他个人的力量，来确保人性的崇高和人类的尊严，使人获得人的本质。他似乎、应该不可能成功，但他用他的不可能成功，铸就了他的成功：他确实没有证明"人性善"，但他却用他的不屈不挠的工作，让"人性善"成为中国人的信念，并以这样的信念，建构了中国人的道德体系。（参见 11.20 开讲以及本书前言）

成语——恻隐之心　是非之心　有物有则　仁义礼智
链接——3.6；11.1；11.2；11.3；11.4；11.5；11.7；11.8；11.11；
　　　　　11.20

11.7

孟子曰:"富岁,子弟多赖①;凶岁,子弟多暴。非天之降才尔殊也,其所以陷溺其心者然也。

"今夫麰麦,播种而耰之②,其地同,树之时又同,浡然而生③,至于日至之时④,皆熟矣。虽有不同,则地有肥硗⑤,雨露之养,人事之不齐也。

"故凡同类者,举相似也,何独至于人而疑之?圣人与我同类者。故龙子曰:'不知足而为屦,我知其不为蒉也。'⑥屦之相似,天下之足同也。

"口之于味,有同耆也⑦,易牙先得我口之所耆者也⑧。如使口之于味也,其性与人殊,若犬马之与我不同类也,则天下何耆皆从易牙之于味也?至于味,天下期于易牙,是天下之口相似也。

"惟耳亦然。至于声,天下期于师旷⑨,是天下之耳相似也。

"惟目亦然。至于子都⑩,天下莫不知其姣也。不知子都之姣者,无目者也。

"故曰:口之于味也,有同耆焉;耳之于声也,有同听焉;目之于色也,有同美焉。至于心,独无所同然乎?心之所同然者何也?谓理也,义也。圣人先得我心之所同然耳。故理义之悦我心,犹刍豢之悦我口⑪。"

今译——

孟子说:"丰收年头,后生们大多懒惰;荒灾年头,后生们大多横暴。不是天性禀赋有差别,是那些让人心沦陷堕落的外在原因导致的结果。

"比如大麦,平整好土地播下种子,地是一样的地,种植的季节也一样,蓬蓬勃勃地生长,到夏至时,全都成熟了。如果有不同,那就是土地有肥沃和贫瘠的区别,雨露滋养的差异,人工多少的不同。

"因此大凡同一类事物,都是相似的,为什么独独到人这里就怀疑这一点呢?圣人与我们是同类人。所以龙子说:'不知道脚的模样也能编草鞋,我知道不会编成草筐。'草鞋相似,是因为天下的脚都类同啊。

"嘴巴对于味道,有相同的嗜好,易牙先摸准了我们对口味的嗜好。假如口舌对于味道,其嗜好人人不同,就像狗、马与我们人那样不同,那么天下人的口味为什么都追逐易牙烹饪的味道呢?说到味道,天下人都期望得到易牙那样的,是因为天下人的品味相似。

"耳朵也是这样。说到声音,天下人都期望得到师旷那样的,是因为天下人的听觉相似。

"眼睛也是这样。说到子都,天下人没有不知道他面容姣好的。不知道子都面容姣好的,是没有眼睛。

"所以说:人的口舌对于味道,有一样的嗜好;耳朵对于声音,有一样的听觉;眼睛对于美色,有一样的美感。说到心,难道独独没有相同之处吗?人心的相同之处是什么呢?就是理啊,义啊。圣人是先得了我们人心的共同之处而已。因此,理义之使我心快乐,就像肉类使我的口舌愉悦一样。"

注释——

① 赖：有不同的解释：一、赵岐、朱熹认为富岁对人的影响是好的，这种解释类似于《管子·牧民》说的："仓廪实而知礼节，衣食足而知荣辱。"赵岐说："赖，善。暴，恶也。非天降下才性与之异也，以饥寒之厄陷溺其心，使为恶者也。"朱熹说："赖，借也。丰年衣食饶足，故有所赖借而为善；凶年衣食不足，故有陷溺其心而为暴。"二、阮元认为富岁对人的影响是不好的，他说："赖即嬾……富岁子弟多赖，谓其粒米狼戾，民多懈怠……赖与暴俱是陷溺其心。若谓丰年多善，凶年多恶，未闻温饱之家皆由礼者矣。"焦循赞同这种解释。考下文："非天之降才尔殊也，其所以陷溺其心者然也。"阮元的观点较为通畅，译文从之。

② 麰（móu）麦：即大麦。耰（yōu）：用来平整土地的农具。这里用作动词，松土，打碎土块。

③ 浡（bó）然：旺盛的样子。

④ 日至：包括夏至和冬至，这里指麦子成熟时的夏至。

⑤ 硗（qiāo）：贫瘠。

⑥ 龙子：古代贤人，生平事迹不详。5.3 中也引用龙子之言。屦：用麻、葛等制成的鞋子。蒉：草编的筐子。

⑦ 耆：同"嗜"。

⑧ 易牙：春秋时期齐桓公的内侍，擅烹调。

⑨ 师旷：春秋时期晋国乐师，以善于辨音著名。参见 7.1 注释③。

⑩ 子都：春秋时期的美男子。都，有"美"的意思在。

⑪ 刍豢（chú huàn）：吃草的家禽叫刍，吃粮食的家禽叫豢。

开讲——

孟子在这里想证明两点：第一，人的天性是相同的，不同与差距是后天形成的；第二，人性是善的。

这里有两个逻辑层面。首先，是人性同；然后，其同在善。

同类者的"类"——人对世界的基本认知，首先是分"类"，然后是分个体。人也是一"类"，人类。人类里再分个体。在道家看来，类是什么？道；个体是什么？德。凡是分类、共性的地方，就叫道；在共性之下的不同的个体，就叫德。"不知足而为屦，我知其不为蒉"，鞋匠做一双草鞋，不会做成一个草筐，因为鞋匠对人的脚有基本认知，虽然个体的人脚大小有不同，但草鞋是一类，草筐是一类，是不同的"类"，不会混淆。"屦之相似，天下之足同也"，为什么鞋子是这样而不是草筐那样呢？因为天下人的脚长得与筐子不一样，不是一类。

人的口味也有相同的嗜好。易牙先摸准了人味觉的嗜好，然后才能成为名厨。注意这里的"嗜"，不是指个人的偏好，而是指人所共有的对美味的追求。然后孟子一个反问："如使口之于味也，其性与人殊，若犬马之与我不同类也，则天下何嗜皆从易牙之于味也？"假如人的口舌对于味道，嗜好人人不同，就像狗、马与人那样不同，那么天下人为什么都追随易牙烹饪的味道呢？于是孟子得出结论：所以，人与人的口味是一样的。"口之于味也，有同嗜焉；耳之于声也，有同听焉；目之于色也，有同美焉"，人的味觉同嗜、人的听觉同听、人的视觉同美，凡人莫不如此。

"凡同类者，举相似也，何独至于人而疑之"，既然万物中的同类都相似，那么人与人也应该同类相似，人性相同。如果从生物学意义上来看，没问题。孟子举的例子，口、耳、目，也确实是生物学意义上的人，或人的生物学本体和功能。

这是孟子证明的第一步。

但问题是：孟子所举例的𪎭麦与𪎭麦，它们是生物性相似甚至相同。如人与人的生物性也相同相似，这本不须证明。如果孟子只是在告子对人性的定义上来证明：凡同类，其生物属性必相似相同，所以，人类也一样，这没有问题。但孟子显然是超越了生物性来谈人性，这就有了不确定性。

第二步，孟子要证明人性之相同在善。"圣人与我同类者"，圣人是善的，故我们也该是善的。圣人能做到的，我们也一样能做到。这个不确定性更大了：如果从社会性和伦理性角度来谈人性，为什么圣人不可以是人中的异类呢？孟子自己还引有若曰：

> 麒麟之于走兽，凤凰之于飞鸟，泰山之于丘垤，河海之于行潦，类也。圣人之于民，亦类也。出于其类，拔乎其萃，自生民以来，未有盛于孔子也。(《孟子·公孙丑上》)

有没有注意到有若的类比和孟子所举的麰麦是不一样的？麒麟是兽之一种，但不是所有的兽都是麒麟；凤凰是鸟之一种，但不是所有的鸟都是凤凰。而此麰麦与彼麰麦，却是一种，如同麒麟之于麒麟，凤凰之于凤凰。所以，有若说"圣人之于民，类也"，与孟子讲的"圣人与我同类者"，还真不是一回事。何况圣人就算是人之同类，他也早已"出于其类，拔乎其萃"了，他"出类"而成"另类"了，哪里就能证明我们可以和他一样呢？小麻雀能和凤凰一样吗？丘垤能和泰山一样吗？行潦能和河海一样吗？

所以，在证明人性其同在善的第二步上，孟子存在逻辑上的问题。

还有一个问题：草鞋的"类"，可以推导出"圣人与我同类者"的结论吗？假如我们把"圣人"换成"坏人"，变成"坏人与我同类者"，不也可以吗？

那么，从口、耳、目，可以推导出"至于心，独无所同然乎"的结论吗？为什么口、耳、目有共同的爱好，心就一定有共同的爱好呢？这是一个不完全证明：可能有共同的爱好，但也可能真的就没有。

如果回到个体，这个证明就更麻烦了：每个人的口味、审美趣味，真的相差很大。人都喜欢香甜的味道固然大致不错，"兰茝荪蕙之芳，众人之好好"，但也不能否定"海畔有逐臭之夫"（曹植《与杨德祖书》）；人都喜欢美味也大致不错，但也有人有"嗜痂之癖"（《南史·刘穆之传》）。

另外，孟子说："心之所同然者何也？谓理也，义也。"人心里共同追求的东西是什么呢？他答曰：是理、义。假如我们再把"理"或者"义"，换成"利"，变成"心之所同然者何也？谓利也"，是不是也可以呢？证明人心对利有共同的追求，是不是比证明人心共同的追求是理、是义，更容易一点，也更符合我们的生活经验？

我们在读《孟子》时，要记住两点：

第一，孟子坚持人性本善，有特别重要的价值，这个价值就在于他从人性出发，给中国人的伦理道德奠定了前提和基础。这与西方从神性出发解决"前道德问题"的路径，是完全不同的，但却殊途同归。这一点很了不起。（参见本书导言和11.6开讲）

第二，孟子的证明在逻辑上又有不少问题。但我们读《孟子》，接受他，是为了增长心智；质疑他，也是为了增长心智。不论接受还是质疑，都是读《孟子》的好处。

孟子有没有证明人性善？孟子最终证明了。这个最终的证明，不是逻辑证明，不是事实证明，而是心证，是夜晚的扪心自问：我有没有良心？我这一辈子，有没有做过这样一件事：不考虑对自己有没有利，仅仅因为这么做是对的？

再换一个思路问：我这一辈子，有没有做过这样一件坏事：对我没有利，但是我去做了，只是因为它是一件坏事？

两者比较，能得出什么结论？不为利益去做一件好事，人在一般情况下常有；但是不为利益去做一件坏事，一般情况下不会有——除非有心理上的问题。换言之，在没有利益的前提下，人们是愿意做好事，还是愿意做坏事呢？一座天平，一边是恶，一边是善。人有时候为什么选择恶呢？是因为在恶的这边，加了一个利的砝码，恶的这边变重了，作恶可以获利。如果拿掉利的砝码，两边都没有利，相信人更多的是向善，人心向善，这就是心证。

纯粹的善，常有；纯粹的恶，少有。有，一定是心理变态，而不是人性常态。

孟子证明的逻辑错误需要指出来。但同时，也要指出，逻辑学也有边界，也有它止步的地方。伦理学很多问题无法逻辑证明，人性善恶，人为什么要做好人，就是非理性证明。因为无法逻辑证明，西方把问题推给了"上帝"，中国把问题推给了"人性善"。

孟子最后一句，"故理义之悦我心，犹刍豢之悦我口"，让人十分感动。为什么？这就是纯粹的善。纯粹的善之所以有，就是善可以激起人内心的某种崇高感和幸福感，使人愉悦。在心中充满浩然之气时，他很快乐。这是圣人的体会，圣人的心理体验。这种快乐本身，证明了孟子的境界，甚至在证明人类心灵可以达到的境界。人类是高贵的。但人类的高贵并不体现在所有个体身上，人类的很多个体，很多时候，甚至很下流、很卑鄙。人类的高贵在哪里？在孔子、孟子、摩西、耶稣、释迦牟尼、苏格拉底这些圣人身上，是他们的高贵挽救了我们，挽救了人类；我们也在他们的高贵里，看到自己该有的这份高贵，这才是孟子说"圣人与我同类者"时内心的真诚情感。

但很多时候，人类的这种内在的纯粹的善，是不被看见的，是被日常生活中对利的追逐压制和遮蔽的，是被滚滚红尘掩盖的。所以儒家特别讲心性之学。"告子"卷结束后，接下来就是讨论心性之学的"尽心"卷。心性之学，成为后来宋明理学的出发点。逻辑学无法证明的伦理学问题，最终回到了心性之学。

链接——3.6；11.1；11.2；11.3；11.4；11.5；11.6；11.8；11.11；11.20

11.8

孟子曰:"牛山之木尝美矣①,以其郊于大国也②,斧斤伐之,可以为美乎?是其日夜之所息,雨露之所润,非无萌蘖之生焉③,牛羊又从而牧之,是以若彼濯濯也④。人见其濯濯也,以为未尝有材焉,此岂山之性也哉?

"虽存乎人者,岂无仁义之心哉?其所以放其良心者,亦犹斧斤之于木也,旦旦而伐之,可以为美乎?其日夜之所息,平旦之气⑤,其好恶与人相近也者几希⑥,则其旦昼之所为,有梏亡之矣⑦。梏之反覆,则其夜气不足以存。夜气不足以存,则其违禽兽不远矣。

"人见其禽兽也,而以为未尝有才焉者,是岂人之情也哉?故苟得其养,无物不长;苟失其养,无物不消。孔子曰:'操则存,舍则亡;出入无时,莫知其乡⑧。'惟心之谓与?"

今译——

孟子说:"牛山的树木曾经很丰美,因为在大城临淄的郊外,老被斧头砍伐,还能丰美吗?树木自己日日夜夜在生长,雨露加以滋润,不是没有新芽生发枝头,但是又有人赶着牛羊来放牧啃食它,于是就变得那样光秃秃的了。人们看见那山光秃秃的,以为那里不曾有过成材的树木,这哪里是牛山的本来面貌呢?

"那么保存在人性中的,难道没有仁义之心吗?之所以丧失了人的良心,就像斧头对于树木,天天去砍伐它,它还能丰美吗?他日夜所滋生的善,清晨时的清明之气,所产生的好恶这时与贤人相近的也有那么一点点,可是白天他的所作所为,又禁锢、丧失了善。反复地禁锢,他夜来滋生的善就不足以存在了。夜来滋生的善不存,那他离禽兽就不远了。

"人们看见那禽兽一样的人,以为他身上不曾有过天赋之善,这哪里是人类的真实情形呢?所以如果能得到养护,没有什么东西不能生长;如果失去养护,没有什么东西不会消亡。孔子说:'保持就存在,舍弃就消亡;进进出出无定时,不知哪里是方向。'说的就是人心吧?"

注释——

① 牛山:山名,位于齐国首都临淄城东南。

② 大国:大都市,指齐国首都临淄城。先秦时期,"国"一般指诸侯国之都城,有时也用都城指代这个国家。

③ 萌蘖(niè):植物的萌芽。

④ 濯濯(zhuó):山上秃秃的、没有草木的样子。

⑤ 日夜之所息:日夜,偏义复词,偏指夜。平旦之气:朱熹:"谓未与物接之时,清明之气也。"

⑥ 人:此指与一般人相对而言的贤人。几希:朱熹:"不多也。"不多、很少。《孟子》中"几希"出现四次,都作"少"讲。

⑦ 有:同"又"。梏(gù):禁锢、束缚。

⑧ 乡(xiàng):通"向",方向。

开讲——

此章孟子还是在证明人类的善性自有。可是为什么我们看到人类社会，其实际道德状况并不美好呢？孟子的回答是：我们把善心弄丢了。

"其所以放其良心者，亦犹斧斤之于木也，旦旦而伐之，可以为美乎？"放，放失、丢失、丧失——人丧失良心，就像斧头对于树木，天天去砍伐它，树木能丰美吗？人性那一点仁心善念本来是有的，可是人如果每天被利引诱，做坏事，哪里还能葆有呢？

"其日夜之所息"，息，这里是指生长。"息"字的本义是人鼻子里呼出的气息。有气息的东西都是能够生长的东西。钱放在银行里生息，叫利息；生儿育女，叫子息；又因为呼吸有间隔，所以，累了，叫休息，死了叫安息……有生命的东西叫息；没有生命的东西是生命的间隔和止息，所以也叫息。"息"字可以作截然相反的两种解释，一指有生命的、生长的；一指没有生命的、停止的。这两种意义都是从"息"的本义逻辑引申出来的。

"平旦之气"，黎明时分人的身体、心灵里的善良之气。人的善心"日夜之所息"，此"日夜"偏指夜。为什么善念在"夜气"中生长？因为人入睡后，卸下了利益的算计，没有了白天的勾心斗角。中国人喜欢说"半夜摸一摸良心"，也跟孟子讲的"夜气"一个意思。经过一夜的孳息，黎明来临，人的气质最纯、最清明，而这才是人的本来面貌。

孔子说"操则存，舍则亡"，如果一直秉持它，它就在；如果一次放弃它，它就丢了，正如《诗经·大雅·荡》的这八个字："靡不有初，鲜克有终。"放弃容易，善始善终难。放弃一次就有两次，有两次就有三次，三次过后就不在乎放弃多少了。如果"出入无时"，自然"莫知其乡"，哪里还会有方向呢？

孟子告诉我们，为什么我们本性中的善弄丢了，是因为生活中的斧斤在砍伐，生活中的牛羊在啃食。这斧斤，就是人间的争斗；这啃食，就是利害的计较。

生活，就是一把利斧，在砍伐我们的生命，砍伐我们生命中的良善和纯真。能否抵御这种砍伐，考验我们内在的坚韧。

成语——<u>旦旦而伐</u>　出入无时

链接——3.6；11.1；11.2；11.3；11.4；11.5；11.6；11.8；11.11；11.20

11.9

孟子曰:"无或乎王之不智也^①。虽有天下易生之物也,一日暴之^②,十日寒之,未有能生者也。吾见亦罕矣,吾退,而寒之者至矣,吾如有萌焉何哉?今夫弈之为数^③,小数也。不专心致志,则不得也。弈秋^④,通国之善弈者也。使弈秋诲二人弈,其一人专心致志,惟弈秋之为听。一人虽听之,一心以为有鸿鹄将至^⑤,思援弓缴而射之^⑥,虽与之俱学,弗若之矣。为是其智弗若与?曰:非然也。"

今译——

孟子说:"不要疑惑王的不聪明。即使有天下最容易生长的植物,晒它一天,冻它十天,没有能生长的。我见王的次数太少了,我离开了,那些给王冰冻的人就来了,即使我滋养了他一些善心萌芽又能怎样呢?比如下围棋这技艺,不过是小技艺。不能专心致志,也学不到手。弈秋,是举国上下公认的围棋高手。假如让弈秋教两人下棋,其中一个人专心致志,只听弈秋讲。另外一个人虽然也在听,但一心以为天鹅马上就要飞来了,想着拉弓发箭去射它,虽与那人一起在跟弈秋学棋,跟人家比不上啊。是因为他的智商比不上吗?答:不是这样啊。"

注释——

① 或：通"惑"，迷惑。

② 暴（pù）：同"曝"，晒。

③ 数：技巧，技艺。

④ 弈秋：名秋，因为擅长下围棋，被称为弈秋。

⑤ 鸿鹄：天鹅。

⑥ 缴（zhuó）：系在箭上的生丝绳。

开讲——

王，这里指的可能是齐宣王。孟子跟梁惠王之间基本没什么话好说。严厉批评齐宣王，恰恰说明孟子对他有点恨铁不成钢，对他还有一点期望，他至少还是铁。你会恨烂泥不成钢吗？你只会恨烂泥扶不上墙。孟子这段话，肯定是对某个人说的，说得很感慨，很无奈。但这个谈话对象现在不知道是谁了。

孟子认为自己是能给予齐宣王阳光和能量的人，但一曝十寒，哪里抵得上别人给他带来的阴冷萧杀呢？孟子感叹道：即使齐宣王内心里有善的萌芽，我又能帮他萌生一些，但哪里经得住更多人寒冷的摧折呢？这些言不及义的人，在齐宣王身边，也就是那些斧斤和牛羊啊。孟子的这个比喻，很像6.6章讲到的"一齐人傅之，众楚人咻之"。薛居州教不好宋王，孟子教不好齐王，不是老师不好，也不是学生智力不够，而是身边的斧斤太多，砍伐太甚；是身边的牛羊太多，啃食太繁。

既然讲到了教与被教，下面，孟子就通过"弈秋诲二人弈"的隐喻，表示对齐宣王的失望，因为他心思不在，就是《大学》里感叹的"心不在焉，视而不见，听而不闻，食而不知其味"，"虽听之，一心以为有鸿鹄将至"。"为是其智弗若与"，是他智力不够吗？不是，是他定力不够，老是被别人带沟里去；是他不专心致志；是他"放心"了，

"有放心而不知求"（参见 11.11 开讲）。

成语——一曝十寒　专心致志
链接——6.6；11.6；11.11

11.10

孟子曰:"鱼,我所欲也;熊掌,亦我所欲也。二者不可得兼,舍鱼而取熊掌者也。

"生亦我所欲也,义亦我所欲也;二者不可得兼,舍生而取义者也。

"生亦我所欲,所欲有甚于生者,故不为苟得也;

"死亦我所恶,所恶有甚于死者,故患有所不辟也①。

"如使人之所欲莫甚于生,则凡可以得生者,何不用也?使人之所恶莫甚于死者,则凡可以辟患者,何不为也?由是则生而有不用也,由是则可以辟患而有不为也,是故所欲有甚于生者,所恶有甚于死者。非独贤者有是心也,人皆有之,贤者能勿丧耳。

"一箪食,一豆羹②,得之则生,弗得则死。呼尔而与之,行道之人弗受;蹴尔而与之③,乞人不屑也。

"万钟则不辩礼义而受之④。万钟于我何加焉?为宫室之美、妻妾之奉、所识穷乏者得我与⑤?乡为身死而不受⑥,今为宫室之美为之;乡为身死而不受,今为妻妾之奉为之;乡为身死而不受,今为所识穷乏者得我而为之,是亦不可以已乎?此之谓失其本心。"

今译——

孟子说："鱼,是我想要的;熊掌,也是我想要的。如果两者不能兼得,就舍弃鱼选择熊掌。

"生也是我想要的,义也是我想要的;如果两者不能兼得,就牺牲生命葆全道义。

"活着当然是我想要的,但是还有比活着更重要的,所以不能做苟且偷生的事;

"死亡当然是我厌恶的,但是还有比死亡更可厌恶的,所以灾祸也有不能躲避的。

"如果人想要的莫过于活着,那么只要能活着,有什么手段是不用的呢?如果人厌恶的莫过于死亡,那么凡是能避开死亡的,有什么事情是不做的呢?由此则可以活下去却不去用这手段,可以避开死亡却不去做那些事,所以可见有比活着更让人想要的东西,有比死亡更令人厌恶的东西。并不是只有圣贤才有这样的心,世上人人都有,只是圣贤能不失去此心罢了。

"一箪饭,一碗汤,得到就能活下去,得不到就死去。如果呼喝着给人,就是过路的人都不会接受;如果踢着给人,乞丐都不屑接受。

"万钟俸禄不分辨是否合乎礼义就接受,万钟俸禄对我有什么好处呢?是为了住宅华丽、有妻妾侍奉、有穷朋友因得我好处而感激我吗?从前宁可身死也不接受的,现在为了住宅的华丽而接受;从前宁可身死也不接受的,现在为了妻妾的侍奉而接受;从前宁可身死也不接受,现在为了穷朋友的感激而接受,这我看就可以算了吧?这便是我说的丢了本心。"

注释——

① 辟:同"避",躲避。
② 豆:盛放食物的用具。

③ 蹴（cù）：踏，踢。

④ 辩：同"辨"，辨别。

⑤ 得：焦循认为，通"德"，感激。

⑥ 乡：同"向"，从前。

开讲——

我在《中国古代文学通论》里，说到这一章：

> 孟子证明客观真理，总显得勉强而力不从心，他逻辑不严密，证据也不充分。但他一涉足伦理学领域，便雄辩滔滔。因为道德伦理往往是一种信仰的建立，而不是客观科学的证立。建立一种道德信仰，需要的是一种价值估定，而价值往往是人为的；证立客观科学，需要的是严密的逻辑推理和事实支持。如"鱼我所欲也"这一节：
>
> 孟子是要建立一种"舍生取义"的文化信仰，他只需要说明为什么必须这样就可以了。也就是说，他不需要证明"舍生取义"为"真"，他只要证明"舍生取义"为"善"。而在这一点上他做得非常成功：他反问我们，假如没有什么东西比生更重要，那么，不就凡是可以得生的手段都可以使用么？同样，假如没有什么比死更可怕，那么，凡是可以避死的事，不都可以做么？这两个"凡是"，必使人类堕落而无止境。所以，为了人类的崇高和自尊，人类必须建立一个道德底线：在任何情况下，都不能不择手段，都不能无恶不作。那么，自然就必须有一种东西比生更重要，更值得我们珍视，那就是"义"；必须有一种东西比死更可怕，更要我们避开，那就是"不义"。
>
> 孟子用两个假设，两个反问，就证明了这么伟大的伦理学命

题，显示出的，不仅是他做文章手段的高超，更是他思维缜密，直达事物核心的大本领。对人、物有透澈的认识，对世界有是非判断力，这才是做文章的最高秘诀。

鱼与熊掌，是日常取舍。人生大部分的选择是庸常的，无关生死。生与义，是非常取舍，是非常态下的极端选择：要么活着，违背道义；要么坚持道义，牺牲生命。比如：一个人身处险境，你不救他，他死；你救他，你死。你怎么选？如果这样假设还有疑义，还有不救的选项，或不救也有合理性，那我们这样假设：如果你身处险境，你出卖他人，他死；你不出卖他人，你死。你怎么选？这时候，需要有一个"舍生而取义"的选项。因为，有没有这个选项，人类的面貌不一样，德性不一样，未来不一样。

如何证明义比生命更重要？从事实角度很难做到。"人性善"是事实吗？孟子说："是。"真是吗？不好说了。为什么？因为"善"本身是价值概念而非事实概念。把价值问题证明为事实，几乎不可能，所以，在对"人性善"的证明上，孟子很吃力，甚至力不从心而显得勉强。但这一章孟子对"舍生而取义"作价值证明，非常成功。这段文字可以进入古今中外人类所有文字的核心。

孟子首先通过鱼与熊掌取舍的比喻，给出"舍生而取义"的观点。然后，由"生亦我所欲""死亦我所恶"开始证明，上一个台阶至"所欲有甚于生者""所恶有甚于死者"，再上至"故不为苟得也""故患有所不辟也"，继而，在两个设问句处结穴："如使人之所欲莫甚于生，则凡可以得生者，何不用也？使人之所恶莫甚于死者，则凡可以辟患者，何不为也？"——如果人想要的莫过于活着，那么凡是能求得活着的办法，什么不可用呢？如果人厌恶的莫过于死亡，那么凡是能避开死亡的事，什么不可做呢？

两句设问，解决人类大问题：有一种东西比生命更珍贵；有一种东西比死亡更可怕。

假如活着是最高价值，则为了活着，人自然可以不择手段，无所不用其极。人人不择手段，人类走向堕落与灭亡。因此，人类的伦理体系，绝不可以将这个假设变成现实。我们说人的生命最重要，是相对生命价值而言比较轻的东西，比如富贵，比如穷厄。为求富贵不惜死，当然是愚昧；因为穷厄而捐生，当然不够坚强。但生命之重不是与世上所有的东西作类比。黄金和羽毛谁重？孟子说，黄金重，但一个衣带钩上的黄金和一车羽毛谁重呢？（参见12.1）所以，不是任何时候生命都最重要。

仍然举那个非常态下的极端状况为例。假设两个人当中，只能一个人活下来，你怎么选？假设两个人还是父子，你怎么选？假设人类信奉"任何时候活着最重要"，那么，出现的结果只能是：父亲让儿子死，儿子让父亲死，"如使人之所欲莫甚于生，则凡可以得生者，何不用也"，不是这样吗？

再假设，没有这样的极端状况，回归日常生活里，父子对饮其乐融融，突然父亲、儿子的脑海里闪过"凡可以得生者，何不用也"的念头，父子之情还存在吗？所以，确立人类"舍生而取义"的信念，当然是为了给极端时刻一个选项，亦更是保护日常之时彼此的信任和托付。有了这种信任和托付，人才有当下的安详和最后的依靠，当下的温馨和最后的付托。人心所有的高贵，都必须建立在此基础之上。那些在关键时刻舍身救人的人，他们不仅救出了特定的人，他们是救出了我们对人生、人类的信心，救下了人类的高贵和尊严。

"舍生而取义"的信念，让人类成为人类，成为万物之灵长。人类"灵"在哪里？"灵"在有心灵，有善，有信念。"长"在哪里？"长"在有尊严，有崇高，有体面。"由是则生而有不用也，由是则可以辟患而有不为也",所以,有时我们舍生忘死,有时我们宁死不屈。唯其如此,我们才是人,才获得人之本质。

人类应该有舍生取义的精神在,人类应该有舍生取义的原则在。

价值论证与事实论证的区别就是:事实论证必须证明其"实有",而价值论证是证明其"该有";事实论证是证明其"必然",往往论证是证明其"必须"。

孟子这段价值证明的思路和逻辑是:以人"必须"高贵地活着,"必须"合乎伦理地活着,证明人"必须"秉持"舍生而取义"的信念。

接下来,孟子将"舍生而取义"推论至"人皆有之",人人都有,而"非独贤者有是心"。这是他"人性善"的必然逻辑。

穷困潦倒,得一箪食、一豆羹就能活下来,你接不接受?"呼尔而与之""蹴尔而与之",你接不接受?一定有人会接受,但问题在于,孟子不是问有没有人接受,他要问乃至于证明的是:有没有人在这样的情况下不接受?接受,是人性之常,无讨论之价值;不接受,才有值得思考的意义。因为,只要有人在这种情形下不接受,那就证明了人性有高贵在。

所以,孟子不是在"说明"事实中的人性,孟子是在"证明"人"应该"高贵、"必须"高贵并可以高贵——是"可以"低贱,"可以"高贵,而不是"生来"低贱,"生来"高贵。正因为人可以高贵、可以低贱,所以人才要努力走向高贵,否则就是自贼贼君,自暴自弃。这就是11.6章他讲的"可以为善矣"。孟子非常喜欢讲"可"和"可以"——可以王,可以保民,可以为尧舜,可以为民父母,可以为善国,可以有为……什么叫"可以"?就是孟子对人性有信心,因而满含期待。他期望人皆可以为尧舜,所以他生怕我人自暴自弃,他要我人努力。他不是在描述我们"实有的生活",他是在召唤我们努力去过"可能的生活",符合人类本质的生活。他坚持"人性善",也是让我们获得一个"可以"。"可以"就是"可以之",因为人性善,我人可以以此为跳板,够着人生的天花板——圣贤之境。

所以,他一定会说出这样的话:"非独贤者有是心也,人皆有之,贤者能勿丧耳。"他一直在问:为什么圣贤能做到呢,因为圣贤一直在"可以"的跳板上努力起跳。人性本善,但人心若丢掉了善,也可以向恶。所以孟子讲人性本善,就是在讲人性可以善。人性可以善,才需要人努力向善。为什么上天不把"人类"直接生成"善类",生成一种善的完成状态?为什么上天只是把"人类"生成"可以"成为"善类"?因为,人的善,必须由人自己完成。自己完成的善,才是善。自己去完成善,是善的题中应有之义,善的本质里,包含的不可或缺的元素,就是人自身的努力向善。上天只是给你一个前提,一个条件,一个"可以"。然后,人必须"以之"为人生的前提,自己跳起来,够那个境界。

一件真实的事:在"三年自然灾害"时期,一个人饿得实在受不了,马上就要饿死了,他又迷信,认为饿死的人会成为"饿死鬼",堕入"饿鬼道",于是他撬开生产队仓库门,偷了粮食种子,煮熟吃饱。吃饱后,自杀了。偷,是求生欲望,是"生亦我所欲也";死,是内心不放过,是"义亦我所欲也",是当"二者不可得兼"时,"舍生而取义者"。你别看这是个"窃贼",其实,他的行为,恰恰证明了人性中高贵的一面。这与王阳明在一帮盗贼那里证明"良知"的存在是一样的。

孟子讨论的是伦理学问题:人类应该高贵地活着,人类应该有舍生取义的精神。但是,这关系到另外一个重要问题:怎样用制度保护人的道德,而不是用人的道德去填补制度的缺陷?好的制度、社会,会让"二者不可得兼"的极限选择少;坏的制度、社会,会不时让人在"二者不可得兼"的选择中生活。《道德经》说:"国家昏乱有忠臣。"忠臣出现的必要条件，就是国家昏乱；而舍生取义的忠臣出现并引人注目，恰恰是因为昏君在逼着人们在二者不可得兼中选择，结果就是：一两个英雄豪杰的慷慨就义，一大群普通人的苟且偷生，人类一天天堕落下流。所以好的社会好的政治怎么样？就是让我们无须面对这种极限选择，无须对自己做这种极限道德证明。

韩非说，怎么让鸟听人的话？他的回答是：剪掉鸟的翅膀，"恃人而食，焉得不驯乎"（《韩非子·外储说右上》）。用商鞅的话叫"利出一孔"（《商君书·弱民》）。这样的权力社会，凭借权力控制所有的社会资源，人民的基本生存被调配控制，人还能保有善吗？人还能不堕落吗？"呼尔而与之""蹴尔而与之"，人除了接受，还有别的选择吗？

人对自身利益的关注是正当诉求。什么叫公义？公义就是尊重和保护他人包括自己的私利。义的内核，恰恰是利，是所有人包括自己的利，是百姓的利，是天下的利。孟子大谈仁义时，他在谈什么？他在谈人民的利——在谈"五十者可以衣帛，七十者可以食肉"，在谈"五亩之宅，树之以桑，百亩之田，勿夺其时"，在谈"数口之家可以无饥"（1.3）。所以，制度的道德在哪里？不是倡导大公无私，不是倡导舍小家为大家，恰恰相反，制度的道德，是倡导大公即护私，大家保小家。

所以，我们既要讲人的道德，也要思考制度的道德，要特别关注制度伦理。如果制度损害了人的正当利益，那么，不道德的就是制度。不可以以个人的牺牲精神来掩饰制度的不道德。制度的不道德，比个人的不道德行为产生的后果更严重。我们习惯关注和计较个人的不道德，而常常忘记检讨制度的不道德。孔孟讲个人道德修养，那是在讲统治者的道德修养，讲的是精英的道德修养，这种道德修养是建立在有国有家者顾惜百姓利益的基础上的。从这个意义上说，他们谈的，其实是制度的道德，是国家的道德，而不是人民的道德。是制度的伦理，而不是社会的伦理。

后来到宋明理学，张载、程颢、程颐、朱熹讲心性之学，讨论的往往是个人的义利之辩，逐渐偏离孔孟的立场，以个人义利之辩代替对国家、制度的道德审查，与明清以后君权的进一步强化，专制的进一步加深实现了理论上的同步。

面对国家权力时，一定要强调个人的权利；只有在个体与个体之间相遇时，我们才需要谈每个人的义务与责任。在人与国之间争权利，在人与人之间讲仁义，这才是正确的态度。明清之际黄宗羲写的《原君》，直面制度道德问题，直面君主的私利与天下百姓私利的矛盾，从而从损害百姓私利的角度，论证了君主是"天下之大害"。这个问题是中国历史结束帝制走向共和、走进现代政治必须面对的。所以，思考人的义与不义，固然要落实到个人的道德修身，但更要思考、强调制度层面的建设与完善。

人类两大问题，一个是伦理问题，一个是制度问题。制度问题是核心，伦理问题是导向。邓小平同志说得好："这些方面的制度好可以使坏人无法任意横行，制度不好可以使好人无法充分做好事，甚至会走向反面。"（《党和国家领导制度的改革》，1980年8月18日）

成语——二者不可得兼　舍生取义　鱼与熊掌不可兼得
链接——1.3；7.14；11.6；12.1；12.4

11.11

孟子曰:"仁,人心也;义,人路也。舍其路而弗由,放其心而不知求,哀哉!人有鸡犬放,则知求之;有放心而不知求。学问之道无他,求其放心而已矣。"

今译——

孟子说:"仁,是人的本心;义,是人的道路。舍弃正路不知走,放失仁心不知求,悲哀啊!人有鸡狗丢了,还知道去找;人有仁心丢了却不知道去找。学问之道没有别的,寻找丢失了的仁心罢了。"

开讲——

"仁,人心也;义,人路也",这句话,我们可以看作是孟子与告子前面有关仁义内外之辨的一个补充(参见 11.1~11.4 开讲)。告子认为,仁内义外,仁是内在的,而义是外在的。孟子认为,仁义都是内在的,看起来义是人的行为要遵循的外在规则,但最终,它还是出于人的内在良知。但孟子这里"义,人路也"的比喻,还是让人有义在人外的疑惑。只是若我们去问孟子:义既然是"路",则路难道不在人外吗?孟子必答曰:路是人内心的原则,是人的内在理路。人走什么路,表面看是外面的路,其实是心中掂量过的路。

类似的话，孟子在另一处也讲过："仁，人之安宅也；义，人之正路也。旷安宅而弗居，舍正路而不由，哀哉！"（7.10）这段话后来被提炼为四个字："居仁由义。"（13.33）这四个字，是一个成语，也是中国人一种安身立命的态度。

　　而所谓"大丈夫"者，应该是"居天下之广居，立天下之正位，行天下之大道"这样的人（6.2），居心于仁，便是"居天下之广居"，便能"立天下之正位"；由义而行，便是"行天下之大道"，义是天下最宽广的大道。

　　"学问之道无他，求其放心而已矣"，讲得特别有味道。什么叫学问？人为什么要学习？不为学知识，不为学技术，"求其放心而已"，把自己丢失的本心找回来。

成语——求其放心

链接——6.2；7.10；11.1；11.2；11.3；11.4；11.12；11.13；11.14；
　　　　11.15；13.33

11.12

孟子曰:"今有无名之指屈而不信①,非疾痛害事也,如有能信之者,则不远秦楚之路,为指之不若人也。指不若人,则知恶之;心不若人,则不知恶,此之谓不知类也。"

今译——

孟子说:"假设无名之指弯曲不能伸直,虽然不痛也不碍事,如果有人能让它伸直,即使跑去秦国、楚国也不觉得路远,为的是手指不如别人。手指不如别人,知道羞耻;心性不如别人,竟不知道羞耻,这就是不知轻重。"

注释——

① 信(shēn):通"伸"。

开讲——

孟子在此讲"不知类",有墨子的口气。墨子对不通逻辑的人总是很生气,骂他们"不知类"。

"指不若人,则知恶之;心不若人,则不知恶,此之谓不知类也。"孟子也常常是生气愤怒的,但我们总以为他是为我们的不德无德愤怒，不知他其实是为我们的不智无智愤怒——你有这么好的天资，为啥就不知上进?！自贼贼君，自暴自弃，都不属于道德范畴，属于智力范畴。用一句当下人们常说的话：你可以侮辱我的人格，但不可以侮辱我的智商。孟子就是在羞辱我们的智商。

下一章（11.13），他还接着羞辱我们的智商。

链接——11.11；11.13；11.14；11.15

11.13

孟子曰:"拱把之桐梓①,人苟欲生之,皆知所以养之者。至于身,而不知所以养之者,岂爱身不若桐梓哉?弗思甚也。"

今译——
孟子说:"一两把粗细的桐树和梓树,人如果想让它们生长,都知道怎么养护。至于自己的身心,却不知道怎么养护,难道是对自己身心的爱不如对桐树和梓树的爱吗?是太不懂得反思啊。"

注释——
① 拱:两只手合握。把:一只手握住。

开讲——
这里的"身",不是健身的"身",而是修身养性的"身",指的是人自身的本体,即道德本体,"心性"。

人为什么知道养护一棵树,却不知道养护自己的心性?难道人对自己身心的爱护不如对一棵树吗?显然不是。是什么呢?是"弗思甚",从来不想自己的心性养得怎么样。很多人养花养草养得很好,养猫养狗养得很好,但从来不反思,不养自心,"放其心而不知求"(11.11),浑浑噩噩、糊里糊涂一辈子。

"思",反思,站到自己的对立面去看自己,跳出自己此刻的处境去看自己,在更广大的空间里去看自己,思考人之为人的本质。孟子非常重视"思",《孟子》全书27个思字,并一再感叹我人"弗思耳"(11.6、11.17),"不思"(11.15),"弗思甚"(本章)。他说:"心之官则思,思则得之,不思则不得也。"(11.15)不思则不得,不得什么?不得善性,不得人之本质也。

成语——拱把桐梓

链接——11.6;11.11;11.12;11.14;11.15;11.17

11.14

孟子曰:"人之于身也,兼所爱。兼所爱,则兼所养也。无尺寸之肤不爱焉,则无尺寸之肤不养也。所以考其善不善者,岂有他哉?于己取之而已矣①。体有贵贱,有小大②。无以小害大,无以贱害贵。养其小者为小人,养其大者为大人。今有场师③,舍其梧槚,养其樲棘④,则为贱场师焉。养其一指而失其肩背,而不知也,则为狼疾人也⑤。饮食之人,则人贱之矣,为其养小以失大也。饮食之人无有失也,则口腹岂适为尺寸之肤哉?"

今译——

孟子说:"人对自己的身体,每个部位都爱惜。每个部位都爱惜,就会去保养每个部位。没有一尺一寸的肌肤不爱惜,就没有一尺一寸的肌肤不保养。因此看他保养得好不好,难道有别的办法吗?看他对于自己身体如何取舍而已。人的身体有贵贱,有大小。不要以小害大,不要以贱害贵。保养小体的是小人,保养大体的才是君子。现在有个园艺师,丢下桐树和梓树,去养护酸枣和荆棘,那他就是个低劣的园艺师。只保养一根手指头失去了肩背,却不知道,那是个昏聩的人。只满足口腹之欲的人,人人看不起他,就因为他养护小体而丢失了大体。如果饮食之人没有丧失心性,那么人吃喝只为了那尺寸肌肤吗?"

注释——

① 于己取之而已矣：在于自己的取舍。朱熹："人于一身，固当兼养，然欲考其所养之善否者，惟在反之于身，以审其轻重而已矣。"

② 贵贱、小大：朱熹："贱而小者，口腹也；贵而大者，心志也。"今译从。

③ 场师：管理园圃的人。

④ 梧檟（jiǎ）：梧桐树和楸树，均为古代良木。樲（èr）棘：酸枣树和荆棘。

⑤ 狼疾：今人一般理解为连绵词，可理解为狼藉、错乱、糊涂。然朱熹："狼善顾，疾则不能。"此解别有味道，喻人汲汲则不能反思与回望，与上章及下章之"弗思""不思"呼应。

开讲——

"人之于身也，兼所爱"，这里的"身"，与上一章"至于身"（11.13）不同，这里是肉身的"身"。注意辨别：当"身"和"心"同时出现时，"身"指肉体。讲修身时，"身"指心灵。

有人善于养心，有人善于养体。养体，是纵耳目之欲，吃得好、穿得好、玩得好；养心，是提升心志境界。孟子说，相对于肉身，心志才是贵的、大的。善养心者，是君子；善养体者，为小人。只知养小而贱、不知养大而贵，就是"狼疾人"，一个糊涂鬼。人人都是"饮食之人"，但如果一辈子只知满足口腹之欲，丢了心性的善，又与禽兽有何区别？

最后，"饮食之人无有失也，则口腹岂适为尺寸之肤哉"，用今天的话来说，就是孟子在反问我们：人吃饭是为了活着；但是，人吃饭仅仅是为了活着吗？而活着又哪里是为了吃饭？

链接——11.11；11.12；11.13；11.15

11.15

公都子问曰:"钧是人也①,或为大人,或为小人,何也?"

孟子曰:"从其大体为大人,从其小体为小人②。"

曰:"钧是人也,或从其大体,或从其小体,何也?"

曰:"耳目之官不思,而蔽于物。物交物,则引之而已矣。心之官则思,思则得之,不思则不得也。此天之所与我者。先立乎其大者,则其小者不能夺也。此为大人而已矣。"

今译——

公都子问:"都是人,有人是君子,有人是小人,为什么呢?"

孟子说:"发展心志的是君子,放纵肉欲的是小人。"

(公都子)问:"都是人,有人发展自己的心志,有人放纵自己的肉欲,为什么呢?"

(孟子)说:"耳朵眼睛这样的器官不会思考,会被外物遮蔽。耳目与外物接触,就会被引了走。心这样的器官则会思考,思考就会有所得,不思考就无所得。这是上天赋予我们人的。首先确立心志的大体,那么口腹耳目小体就无法侵夺人的善性了。这样就成了君子。"

注释——

① 钧：通"均"，都。
② 大体，小体：即上章孟子所谓"体有贵贱，有小大"，见 11.14 注释②。

开讲——

既然都是人，既然人性本善，为什么人还有君子、小人的区别？因为取舍不同，"从其大体为大人，从其小体为小人"。"从"，可以读如本字"从"，依从、服从，自我所有的目标、所有的努力都依从、服从某种需求；也可读为"纵"，发展、放纵自我的某种需求。区别在于，顺从、发展自我大体心志需求的，是君子；服从、放纵自己小体口腹之欲的，是小人。

接下来的问题是：既然都是人，为什么有人能从其大体，有人只从其小体？孟子的回答，一个字：思。

这几章孟子都在讲"思"。苏格拉底说，不经思考的人生不值得一过。这是柏拉图在《申辩篇》里记录的苏格拉底的话：

> 不可一日不谈论善和其他各种主题，你们听到我和其他人谈论和考察这些事情，这确实是一个人能做的最好的事，不经受这种考察的生活是没有价值的。

思考善，是人之为人的本质属性。孟子说"不思则不得也"，不思考善，就不会获得人之本质，就不会拥有真正意义上的人生。

因为有思，有人从其大体；因为无思，有人从其小体。从其小体，就是动物性的生活。因为，无思，便"蔽于物"，眼睛被美色吸引，耳朵被美声吸引，口舌被美食吸引，不能用"心"。为天地立心，天地在被圣人立心之前，便是物理的天地，动物的天地；天地被圣人立心之后，便成伦理的天地，人类的天地。为生民立命，人无心之前，只是动物的"生命"；人有心之后，便成人类的"性命"。生命性命，只差一个心字。何为"性"？性为有心之生。"心之官则思"，却也是思之方得心，思之方是心，思之方能唤醒这颗心。所以，心与思，互为因果。心即思，思即心，体用一体而不二。

现代医学解剖学诞生以前，中国古人认为，人是用心思考的，"心之官则思"。思，"则得之"；不思，"则不得"，思考终止，即导致认知终止。不思则惑。胡适说，受教育的目的就是"不受人惑"：

> 一个大学里，哲学系应该是最不时髦的一系，人数应该最少。但北大的哲学系向来有不少的学生，这是我常常诧异的事。我常常想，这许多学生，毕业之后，应该做些什么事？能够做些什么事？
>
> 现在你们都快毕业了。你们自然也在想："我们应该做些什么？我们能够做些什么？"
>
> 依我的愚见，一个哲学系的目的应该不是教你们死读哲学书，也不是教你们接受某派某人的哲学。禅宗有个和尚曾说："达摩东来，只是要寻求一个不受人惑的人。"我想借用这句话来说："哲学教授的目的也只是要造就出几个不受人惑的人。"
>
> 你们应该做些什么？你们应该努力做个不受人惑的人。
>
> 你们能做个不受人惑的人吗？这个全凭自己的努力。如果你们不敢十分自信，我这里有一件小小的法宝，送给你们带去做一件防身的工具。这件小法宝只有四个字："拿证据来！"
>
> 这里还有一只小小锦囊，装着这件小法宝的用法："没有证据，只可悬而不断；证据不够，只可假设，不可武断；必须等到证实之后，方才可以算作定论。"
>
> 必须自己能够不受人惑，方才可以希望指引别人不受人惑。

这是胡适给北京大学哲学系 1931 届毕业生的临别赠言。

人生在世，总需要花时间去养活自己，所谓的"养其小体"，但若不是无限放纵欲望和追随难填之欲壑，也总有剩下的时间。怎么用这剩下的时间，决定了人不同的人生高度和成色。"一箪食，一瓢饮，在陋巷。人不堪其忧，回也不改其乐"（《论语·雍也》），说的就是颜回只用最低限度的时间来养"小体"，用更多时间来养"大体"。孔子也如此，"饭疏食饮水，曲肱而枕之，乐亦在其中矣"（《论语·述而》）。这就是孟子这里讲的"先立乎其大"，将人生有限的时间优先给到"心"，使"小者不能夺"。生活也可以很讲究，像孔子那样"食不厌精，脍不厌细"（《论语·乡党》），但前提是，先养大，再养小。追求大境界的人，定然已超脱小事；追求耳目口腹之欲的人，往往最后摆脱不了人生困境，因为他已然失去了超越的能力。

链接——11.11；11.12；11.13；11.14

11.16

孟子曰:"有天爵者,有人爵者。仁义忠信,乐善不倦,此天爵也;公卿大夫,此人爵也。古之人修其天爵,而人爵从之。今之人修其天爵,以要人爵①。既得人爵,而弃其天爵,则惑之甚者也,终亦必亡而已矣。"

今译——

孟子说:"有获得天爵的人,有获得人爵的人。仁义忠信,乐善不倦,这就是天爵;公卿大夫,这就是人爵。古人修养天爵,人爵随之而来。现在的人修养天爵,用来求取人爵。求取到了人爵,而后便丢弃天爵,这是特别糊涂的人啊,最终也一定会失去人爵。"

注释——
① 要:求取。

开讲——

上一章我讲到保持思考的习惯和思考的能力,好处就是"不受人惑",这一章孟子就讲到了这个世界上"惑之甚者也"。不受人惑的"惑",是诱惑;惑之甚者的"惑"是迷惑。一被动一主动,但,被人惑的根源还是自家的迷惑。

天爵，仁义忠信，乐善不倦，是上天赋予人的高贵心性；

人爵，三公九卿诸侯大夫的爵位，是人间社会的地位与权势。

古人是不是真"修其天爵，而人爵从之"？不一定。是孟子讲错了吗？也不是。孟子是在描述理想的状态是什么样的，而非事实是什么样的。在孔子、孟子那里，凡讲到"古代""古人"，我们不妨都直接看成是"理想"的代名词。他们并非在美化历史，而是将之作为"理想"，对照他们所处的时代——"今之人"的质疑和提出的批判。

"今之人修其天爵，以要人爵"，得到地位和权势后，卸下面具，不再做仁义道德的事。"古之人"把追求仁义道德当成目标，"今之人"把仁义道德看成是追求地位与权势的手段，一块敲门砖，门敲开了，仁义道德丢了。得鱼忘筌，鱼抓到了，为什么还要捕鱼篓呢？得兔忘蹄，兔子抓到了，为什么还要捕兔夹呢？

"终亦必亡而已矣"，仁义道德不存，终将失去地位与权势——这也不是对"今之人"结局的事实描述，而是孟子对他们发出的警告。

成语——乐善不倦

链接——11.17

11.17

孟子曰:"欲贵者,人之同心也。人人有贵于己者,弗思耳矣。人之所贵者,非良贵也。赵孟之所贵①,赵孟能贱之。《诗》云:'既醉以酒,既饱以德②。'言饱乎仁义也,所以不愿人之膏粱之味也③。令闻广誉施于身,所以不愿人之文绣也④。"

今译——

孟子说:"想要尊贵,人人都有此心。人人身上都有让自己高贵起来的东西,只是不去思考罢了。他人给予的尊贵,不是真正的尊贵。赵孟能让你尊贵,赵孟也能让你下贱。《诗经》中说:'既醉以酒,既饱以德。'(酒陶醉我的身,德充盈我的心)这是说仁义之心充盈了,便不会羡慕他人的山珍海味。身负美好的赞誉和人们普遍的认可,便不会羡慕他人的朝服锦绣。"

注释——

① 赵孟:春秋时期晋国正卿赵盾,字孟。这里借指十分有权势的人。
② 语出《诗经·大雅·既醉》。
③ 愿:羡慕。朱熹:"膏,肥肉。粱,美谷。"古人严重缺乏肉食,所以将肥肉看作美味。1.7中"为肥甘不足于口与",也是这个道理。
④ 文绣:有爵位者才能穿的绣有彩色图案的朝服。

开讲——

我们总觉得获得某种职称、级别，才能显得自己高贵；我们总觉得尊贵是外在给予的、由外在评判的。孟子说，其实我们人人有自在的高贵、自有的高贵，那就是我们本性中的善、本性中的高贵，只是因为"弗思"而丢掉了。（参见 11.6、11.13 开讲）

"赵孟之所贵，赵孟能贱之"，权势既然能给你高贵，权势也就能夺走给你的高贵。他人给的，他人当然可以拿走。随时会被别人拿走的，是真正的高贵吗？不是，"非良贵也"。

真正的高贵是什么呢？"饱乎仁义"。用仁义充实、充盈、丰满自己的内心。内心充盈之人，往往不在乎外在的评价，也不会羡慕外在的荣华富贵。内心充盈仁义，便是"有贵于己者"，是让自己真正高贵的东西。他人可以剥夺你的社会地位，但是剥夺不了你一颗高贵的心。"令闻广誉施于身，所以不愿人之文绣也"，当你有足够的美誉，获得了社会共同的认可，就不会渴求锦绣衣裳。

庄子说：

> 古之所谓得志者，非轩冕之谓也。轩冕在身，非性命也，物之傥来，寄者也。寄之，其来不可圉，其去不可止。故不为轩冕肆志，不为穷约趋俗，其乐彼与此同，故无忧而已矣。今寄去则不乐，由是观之，虽乐，未尝不荒也。故曰，丧己于物，失性于俗者，谓之倒置之民。（《缮性》）

庄子与孟子，常常互为注脚。

成语——人同此心　膏粱文绣　令闻广誉
链接——11.6；11.13；11.16；11.18

11.18

孟子曰:"仁之胜不仁也,犹水胜火。今之为仁者,犹以一杯水救一车薪之火也,不熄,则谓之水不胜火。**此又与于不仁之甚者也**①,亦终必亡而已矣。"

今译——

孟子说:"仁能战胜不仁,就像水能灭火。如今行仁的人,就像用一杯水去救一车柴禾的火,没有熄灭,就说水不能灭火。这种论调是对不仁之人(事)的最大鼓励,他们也最终会丧失心中那一点仁。"

注释——

① 与于:同于。焦循:"此又与于不仁之甚者也,即此又同于不仁之甚者也。"按:与,党与,帮助,赞同之意。于不仁,做不仁之事。故此句的意为:这是对不仁最大的鼓励。

开讲——

一车柴火着火,一杯水的确救不了。但一杯水救不了一车火,就证明水不能救火吗?不能证明。这里有量的问题。就像一个人对社会问题的批评,有人会说:"你说了有什么用?说了也白说。"说,就相当于一杯水；说了白说，就相当于对一车火你浇上去的一杯水。但问题在于：这一杯水果真没用吗？一定有用。不能浇灭一车火，是因为水太少了。如果你一杯我一杯，浇水的人多了呢？所以，最可怕的恰恰是那些认为并宣扬一杯水没用的人，他们打击了士气，打击了信心，而鼓励了邪恶。到最后，你也不浇水，他也不浇水，半杯水也没了，火越来越旺。他们自己也许并不是不仁之人，但他们"亦终必亡而已矣"，一定会因为自家灰心而丧失那一点仁，并因此导致社会溃败。

仁战胜不仁，胜算在于人对仁的信心。没有信心，人人退缩，何来战胜。当一个人认为一杯水的仁，救不了一车燃烧着的不仁，于是宣扬放弃甚至以智者的腔调与姿态去嘲笑别人知其不可而为之，他实际上已经认定仁战胜不了不仁，已经在灭仁者的志气，长不仁者的威风，已经与邪恶站在了一起——"与于不仁之甚"："与"，帮助；"于"，做；"与于不仁"，助纣为虐。

当我们不能改变世界，我们就改变自己——这种论调，就是孟子说的"与于不仁之甚者"吧。孔子最痛恨的，是乡愿。乡愿的问题是绥靖邪恶。孟子最痛恨的，大概就是这种"改变自己"的论调。这种论调的问题，是顺遂邪恶。孟子最讨厌的是什么人？逢君之恶的人啊！"长君之恶其罪小，逢君之恶其罪大"（12.7）。逢君之恶，是罪人中的罪人，"改变自己"的逢世之恶呢？是最下贱之罪人吧！

成语——杯水车薪

链接——11.17；11.19；11.20

11.19

孟子曰:"五谷者,种之美者也。苟为不熟,不如荑稗①。夫仁,亦在乎熟之而已矣。"

今译——
　　孟子说:"五谷,是种子里的好品类。假如不能成熟,还不如稗子。仁,也在于使它成熟罢了。"

注释——
① 荑稗(tí bài):荑同"稊",都是混杂在谷田里的杂草,妨碍稻谷生长,结实很小,灾荒年勉强可食。

开讲——
　　上一章讲一杯水不能扑灭一车火,但水终究是能灭火的。这是给我人信心,并痛斥那些悲观的论调。盖悲观的论调在很多时候,是邪恶的帮凶。
　　这一章讲五谷是好的,但不成熟的话,也没用。这是鼓励我人发扬自我的善性,使之枝繁叶茂。
　　仁,也需要像五谷那样成熟才行。

没有成熟的五谷，虽然还不能当作粮食，但"种之美者也"，五谷的种子决定它就是五谷，而不是"荑稗"。仁是有力量的。一个好人是有力量的，即使在现实生活中他仁的行为受某种阻碍暂时起不到什么作用，但不能因此否认仁的行为是"种之美者也"，不能因此说仁没有力量。

但是，仁也得展示自己的力量，也得让自己的力量成长起来。朱熹说得好："仁必贵乎熟，而不可徒恃其种之美，又不可以仁之难熟，而甘为他道之有成也。尹氏曰：'日新而不已则熟。'""种之美者"，是天赐；而我人的责任，就是"苟日新，日日新，又日新"，使之熟。

链接——11.17；11.18；11.20

11.20

孟子曰:"羿之教人射,必志于彀①,学者亦必志于彀②。大匠诲人,必以规矩③,学者亦必以规矩。"

今译——

孟子说:"羿教人射箭,一定以射中靶心为目标,跟他学习的人也一定以射中靶心为目标。大匠教人,一定用圆规和曲尺,跟他学的人也一定照这规矩来做。"

注释——

① 彀(gòu):箭靶。朱熹说:"彀,弓满也。满而后发,射之法也。"也可通。
② 学者:有两种理解。赵岐认为是做学问的人:"学者志道,犹射者之张也。""学者以仁义为法式,亦犹大匠以规矩者也。"朱熹认为是学生:"学,谓学射。"那么下文的"学者"就是指大匠的学生。两种解释都可通。译文从朱熹。
③ 大匠:有两种理解。赵岐:"大匠,攻木之工。"即普通的木匠。朱熹:"大匠,工师也。"工师见2.9章"为巨室,则必使工师求大木",是官名,主管各种工匠。考虑到工师是官员,不需要亲自教学生,赵岐的解释似乎更可取一些。规矩:圆规、曲尺。

开讲——

彀有两个意思,一是把弓拉满。唐太宗在端门,见科举新进士缀行而出,高兴地说:"天下英雄,入吾彀中矣!"(王定保《唐摭言·述进士》)彀中,即拉满弓把箭射出去的射程。还有一个意思:箭靶,也就是"的"。后羿教人射箭,要专注于箭靶;大匠教人木作,要专注于规矩。"彀"与"规矩"均为名词,两相对应。射箭,要盯着目标;木作,要遵循规矩。做人也如此。

首先要瞄准一个目标,不偏离方向。更重要的是,有了目标,就不会懈怠,就可以始终保持在一个状态上。人只要保持在这样有所作为的状态上,哪怕一件事中断了,换另一件事情,也照样可以很快入手。哪怕一个人花几年时间做了一件最终失败的事情,也比几年什么都不做要好。因为他在做事时保持住了自己做事的状态。成功的人总在失败。总在失败,说明他一直在做。失败不是成功之母,做,一直做,才是成功之母。有没有一个人一直不做事,有一天突然成功了?如果有,只能是你以为他没做,实际上他一直在做,一直在保持状态。"做错"是两个字,第一个字是"做",然后才是第二个字"错"。彀,就是"做"的一个目标。哪能一下子就射中?必有无数次射不中,然后才能射中。此前的"射不中",就是"做错"。一直做,一直错,一直做错,然后才能做对。这就是孟子说的:"人恒过,然后能改。"(12.15)

彀是什么?彀就是让你做的动机,就是无量的"错"中的一个"对"。这样理解,彀,就是让你通过无量的"错",然后射中的"对",就是无量纷纭的"错"的汪洋中,那个若隐若现、时隐时现的"对"。什么叫"志于彀"呢?就是专注于这个"对",并努力抵达。

我们人生中无量的"做错",就是为了一个"做对"。

紧盯这个彀的"做错",才是有价值的"做错",才是"做对"的必要过程。无此"彀",则人生就是懵懵懂懂浑浑噩噩,就是随波逐流，得过且过，就是将错就错一错再错，就是毫无意义的空耗生命。

所以，人生"必志于彀"。彀是"的"，是目标。目标引领，才能成功。

链接——8.24；11.18；11.19；12.15

鲍鹏山 著

孟子开讲

孟子卷第十二
告子章句下
凡十六章

告子下
（凡十六章）

孟子卷第十四
尽心章句下
凡三十八章

尽心下
（凡三十八章）

中国青年出版社

卷十二
告子下

（凡十六章）

12.1

任人有问屋庐子曰①:"礼与食孰重?"

曰:"礼重。"

"色与礼孰重?"

曰:"礼重。"

曰:"以礼食,则饥而死;不以礼食,则得食,必以礼乎?亲迎②,则不得妻;不亲迎,则得妻,必亲迎乎?"

屋庐子不能对。明日之邹,以告孟子。孟子曰:"于答是也,何有③?不揣其本④,而齐其末,方寸之木可使高于岑楼⑤。金重于羽者,岂谓一钩金与一舆羽之谓哉⑥?取食之重者与礼之轻者而比之,奚翅食重⑦?取色之重者与礼之轻者而比之,奚翅色重?往应之曰:'紾兄之臂而夺之食⑧,则得食;不紾,则不得食,则将紾之乎?逾东家墙而搂其处子⑨,则得妻;不搂,则不得妻,则将搂之乎?'"

今译——

有个任国人问屋庐子:"礼与吃饭,哪个重要?"

(屋庐子)说:"礼重要。"

"娶妻与礼哪个重要?"

716　孟子开讲

（屋庐子）说："礼重要。"

（那人）说："如果按礼去吃饭，就会饿死；不按礼吃饭，就有吃的，那还一定要按礼去吃饭吗？如果明媒正娶，就娶不到妻；不明媒正娶，就能娶到妻，那还一定要明媒正娶吗？"

屋庐子答不出来。第二天去邹国告诉了孟子。孟子说："回答这个问题，有什么难呢？如果不测量基础的高低，而只比较末端，那么一寸长的树木也可以让它比高楼还高。金子比羽毛重，难道是说一个衣钩带的金子和一车的羽毛吗？拿吃饭的重要一面与礼仪的次要一面相比较，何止是吃饭重要？拿娶妻的重要一面与礼仪的次要一面相比较，何止是娶妻重要？你回去答复他：'扭着哥哥的胳膊去抢夺他的食物，就能得到吃的；不扭，就得不到吃的，那你去扭吗？爬过东邻的墙去搂抱他的女儿，就能得到妻子；不搂抱，就得不到妻子，那你去搂抱吗？'"

注释——

① 任（rén）：小国名，在今山东省济宁市。屋庐子：孟子弟子，姓屋庐，名连。

② 亲迎：古代婚嫁六礼中的最后一礼，新郎亲自去女家迎娶的仪式。婚嫁六礼为：纳采、问名、纳吉、纳征、请期、亲迎。这里即明媒正娶之义。在古代，从诸侯到庶人，娶妻都需要亲迎。天子是否需要亲迎，有争议。《左传》认为"天子不亲迎"，《公羊传》认为"天子亦亲迎"。周柄中考证后，认为不亲迎。

③ 于答是也，何有：有两种解释。赵岐将"于"（繁体字写为"於"，音 wū）解释为叹词，标点为"於！答是也何有？"意思是："呀！回答这个有什么难的？"朱熹认为："於，如字。"按照"于"的本字来理解，意思是："对于回答这个问题，有什么难的？"今从朱熹。

④ 揣（chuǎi）：测量。

⑤ 岑（cén）楼：岑是小而高的山。岑楼有两种解释。赵岐认为，岑楼的意思是高山。《韩非子·功名》："夫有材而无势，虽贤不能制不肖。故立尺材于高山之上，下临千

忉之溪，材非长也，位高也。""立尺材于高山之上"正好可以比较完美地解释"方寸之木可使高于岑楼"。朱熹认为，岑楼就是高楼。考虑到不增加理解的难度，朱熹的解释与原文的字面意思契合度更高，译文从朱熹。

⑥ 钩：衣带钩。据焦循研究，重量为三分之一两。

⑦ 翅：通"啻"（chì），止。

⑧ 紾（zhěn）：扭。

⑨ 搂：赵岐、朱熹都解释为牵，即强拉、强拽，可以说得通。这里按照常见的搂抱来解释。

开讲——

这个任国人来者不善，问屋庐子礼与食、礼与色"孰重"时，藏在后面的是这句话："以礼食，则饥而死；不以礼食，则得食，必以礼乎？亲迎，则不得妻；不亲迎，则得妻，必亲迎乎？"这里的陷阱是，如果屋庐子说食重、色重，那就是自我否定；如果坚持说礼重，那么任国人可以继续反问：圣人大舜为什么不告而娶？舜在亲迎（礼）和得妻（色）之间，选择了得妻（色），难道舜也错了吗？这确实是个问题。

孟子的回答很厉害："不揣其本，而齐其末，方寸之木可使高于岑楼。"晋朝诗人左思写过一首诗："郁郁涧底松，离离山上苗。以彼径寸茎，荫此百尺条。"（《咏史》）我们可以说涧底一棵高大的松树，比一棵长在山顶上的草还高吗？所以我们要"揣其本"，看它的根本在哪里，看它的立足点在哪里。什么是"食之重者"？不吃饭便会死。什么是"色之重者"？不娶妻便无子嗣。任国人把食、色推到极端情境下，来与礼做比较和取舍，逻辑通吗？有意义吗？正常状态下的"金重于羽"，可以等同于"一钩金"比"一舆羽"重吗？所以孟子告诉学生，你应该回到正常状态中去回答他，"紾兄之臂而夺之食，则得食；不紾，则不得食，则将紾之乎"？答案是，不可以；"逾东家墙而搂其处子，则得妻；不搂，则不得妻，则将搂之乎"？答案是，不可以。注意这个"不得妻"，不是终身不得娶妻，而是不得妻之——得不到这个女子为妻，是一个具体的东边邻居家的女子。而前面任国人说的"亲迎，则不得妻"，则是指终身娶不到妻。两者有区别。

这就是孟子的论证。很简单，他破任国人的陷阱的办法，是把任国人设的那样一种特殊情境，拉回到正常状态下。对特殊情境下的事物，无法进行公平论证和比较，但是回到正常状态下，就可以了。一个人的行为必须讲文明，不能光身跑到大街上，是正常状态的"礼"，但是地震了，洪水了，生死关头，你不穿衣服跑出来，可以吗？当然可以。

双方辩论，有时是偷换概念，有时是像这个任国人，把概念放到极端情境中去。这也是一种狡辩法。

现在网络上、线下现实中都有一类叫"杠精"的人。"杠精"的"杠"法，不外乎两点：

第一，抠小概率事件。比如，你要说从十层楼跳下会死人，他说不一定，因为有个人就从十楼跳下没死。你说人晚上要睡在家里，他说不一定，万一地震了呢？他把这些小概率事件拿来"杠"，你不能说他说的不对，但这种"杠"，不能给我们一个正当的观念。

第二，关注极端事件。比如，你说孩子是单纯可爱的。他说不一定，还有一个八岁的孩子把一个三岁的孩子带到楼顶推下去摔死了呢。你说如果碰到不讲理的人，可以和他据理力争，他说不可以，你和他争辩，对方可能拔出刀来杀人。这样"杠"，还是不能说他全错。但他确实错了，错在哪里？错在不能给我们一个正常的思路，错在让我们对世界没有一个正常的判断，错在让我们面对生活无从拥有一个正当的该有的信心，从而无所适从。

如何回答这样的"杠精"？最好的办法，就是置之不理。孔子用的就是这种办法：子不语怪力乱神。第二种办法，他打上家门了，你不得不回答，就用孟子的办法：在常识常态下和他交战。李逵在岸上把张顺揍得半死，张顺在水里把李逵淹得半死，李逵道："你路上休撞着我。"张顺道："我只在水里等你便了。"各有各的道，关键是不要着了"杠精"的道，不要被他拉到水里，更不要被他拉到烂泥里——在那里，你输赢都是一身的污秽。

这个任国人就是古代的"杠精"。屋庐子就是着了他的道。

其实，这个任国人一开始的两个问题，本来就不合乎逻辑：食与礼，色与礼，本来不可以这样讨论轻重，因为不在一个逻辑层面上。食与色，是人之生理需求，如告子讲的，食色性也。也是人类的基本行为。而礼，则是对这类人类行为的约束和规定。吃饭和按礼吃饭，哪个重要？婚配和按礼婚配，哪个重要？这是什么鬼问题？！本来就都重要。这如同问你：出行和按交规出行哪个重要一样，一个是行为，一个是行为方式；一个是目的，一个是方法，你如何把目的和方法拿来比较轻重？出行当然重要，但若不能按交规出行，比如酒驾醉驾，当然就不可出行。但若碰到紧急关头，需要紧急避险，又岂能不出行？不闯红灯，当然是重要的，但若为了救人，则有时也不妨闯一下红灯。前者是常态，后者是非常态，如何放在一起比较和取舍？只是屋庐子没有分辨，糊里糊涂就回答了，跌入这个不怀好意家伙的陷阱。

所以，回答问题之前，先辨别真问题和假问题，先理清对方的逻辑，很重要。

成语——寸木岑楼
链接——7.17

12.2

曹交问曰①:"人皆可以为尧舜,有诸?"

孟子曰:"然。"

"交闻文王十尺,汤九尺。今交九尺四寸以长②,食粟而已,如何则可?"

曰:"奚有于是③?亦为之而已矣。有人于此,力不能胜一匹雏,则为无力人矣。今曰举百钧④,则为有力人矣。然则举乌获之任⑤,是亦为乌获而已矣。夫人岂以不胜为患哉?弗为耳。徐行后长者谓之弟⑥,疾行先长者谓之不弟。夫徐行者,岂人所不能哉?所不为也。尧舜之道,孝弟而已矣。子服尧之服,诵尧之言,行尧之行,是尧而已矣。子服桀之服,诵桀之言,行桀之行,是桀而已矣。"

曰:"交得见于邹君,可以假馆,愿留而受业于门。"

曰:"夫道若大路然,岂难知哉?人病不求耳。子归而求之,有余师。"

今译——

曹交问:"人人都可以成为尧舜,有这样的事吗?"

孟子说:"是的。"

（曹交问：）"我听说周文王高一丈，商汤高九尺。现在我有九尺四寸，就是个饭桶而已，我怎么做才可以？"

（孟子）说："这有什么难呢？去做就是了。如果这里有个人，力气连一只小鸡都提不起来，那就是个无力气的人。假如说能举起百钧之重，那就是有力气的人。既然举得起乌获能举得起的重量，他也就是乌获了嘛。人哪里要为自己不能胜任担忧呢？不去做罢了。慢步走在长者的后面叫悌，快步走在长者的前面叫不悌。慢点走，难道是人做不到的吗？不去做罢了。尧舜之道，不过孝悌而已啊。你穿尧穿的衣服，说尧说的话，做尧做的事，便是尧了。你穿桀穿的衣服，说桀说的话，做桀做的事，便是桀了。"

（曹交）说："我准备谒见邹君，借个住的地方，希望能留在您的门下做学生。"

（孟子）说："尧舜之道就如同大路，岂是难了解的？怕的是人不去寻求。你回去自己寻求吧，老师多的是。"

注释——

① 曹交：赵岐认为，是曹国国君的弟弟，名交。能让邹君给他住处，当有背景。赵岐之说可以。

② 古代的尺和今天的尺长度不一样。今天一尺约为 33.3 厘米，战国一尺大约为 23.1 厘米，则文王十尺为 2.31 米，汤九尺为 2.08 米，这些传说未必可靠。曹交九尺四寸为 2.17 米。也似乎太高了。《孔子世家》称："孔子长九尺有六寸，人皆谓之'长人'而异之。"按西汉尺 23.1 厘米计算，是 221.76 厘米。既然"人皆谓之'长人'而异之"，则这个身高一定大大超出当时一般人。

③ 奚有于是：有两种解释。赵岐说："何有于是言乎？"意思是：为什么要这么说呢（为什么要把自己看得那么低）？焦循认为，"宜解作不难"，即"可以为尧舜"并不难。两种解释都能说得通，译文从焦循。

④ 钧：古代计量单位。三十斤为一钧。
⑤ 乌获：古代大力士。《史记·秦本纪》载，秦武王"有力好戏，力士任鄙、乌获、孟说皆至大官"。
⑥ 弟（tì）：通"悌"。

开讲——

曹交说"文王十尺，汤九尺"，而自己身高九尺四寸，正在他们之间，一个比我高，一个比我矮。比我高的人成了圣人文王，比我矮的人成了圣人商汤，而我，不高不矮，"食粟而已"，请问我该怎么办？

是否成为尧舜，当然和身高没有关系，曹交是想为难孟子，或者是想在孟子这里找到信心：像我这样既不比圣人高，也不比圣人矮的，怎么就成了饭桶？

曹交问"人皆可以为尧舜"吗？实际上"人皆可以为尧舜"即孟子的观点，所以曹交其实问的是：你说人人都可以成为尧舜，是这样吗？

注意这里"可以"两个字。"可以"和事实是有差距的。"可以"，是讲人的可能性或实现目标的手段方式。可以，即可以之，可凭借它的意思，不是讲现实性和结果，不是讲事实上人人能成尧舜或已成尧舜。人性本善，需要人发挥自己的主观能动性，通过努力把可能性变成事实。天地生人，最大的恩德，不是把现成的幸福赐予我们，而是让我们自己去创造幸福。创造本身就是幸福。这不是造物主偷懒，也不是造物主故意折磨我们，恰恰是在爱我们。孔子说"爱之，能勿劳乎？忠焉，能勿诲乎？"（《论语·宪问》）爱你，怎么能不让你辛苦呢？忠诚你，怎么能不教导你呢？人的努力就是人的价值所在。所以孟子讲"人皆可以为尧舜"，要靠自己努力。努力本身就是尧舜的品行，成就尧舜的，就是尧舜的努力。努力自己开放的，是花；直接开放在那里的，是塑料花。努力向善即善。善不是结果，善是过程，善是向善的努力。

所以，孟子说关键在"为"。"亦为之而已矣"，你做了吗？你有做的愿望吗？不是说要做一百件圣贤事，做到九十九件还没成为圣贤，而是此时此刻你如果像圣贤一样想问题，像圣贤一样做事情，此时此刻你就是圣贤。孔子说："仁远乎哉？我欲仁，斯仁至矣。"(《论语·述而》)如果我们把"仁"字换成"尧舜"，"尧舜远乎哉？我欲尧舜，斯尧舜至矣"，也是一样的意思。反之亦然，如果你像夏桀一样想问题、做事情，此时此刻你就是暴君夏桀。

最后，孟子拒绝曹交拜师的请求，表面上是说"有余师"，实际可能是曹交有炫耀自己特殊身份之嫌，跟邹君谈谈，就能搞到一个住处，引起了孟子的反感。孟子可能讨厌曹交"挟贵而问"，更何况是挟贵而拜师。

本章孟子要证明的是人人皆"可以"为尧舜。"人皆可以为尧舜"的论证，是从"人性善"这点引申出去的。

链接——1.7；3.6；7.11；8.19；11.15；13.30

12.3

公孙丑问曰:"高子曰:《小弁》①,小人之诗也。"

孟子曰:"何以言之?"

曰:"怨。"

曰:"固哉,高叟之为诗也!有人于此,越人关弓而射之②,则己谈笑而道之。无他,疏之也。其兄关弓而射之,则己垂涕泣而道之。无他,戚之也。《小弁》之怨,亲亲也。亲亲,仁也。固矣夫,高叟之为诗也!"

曰:"《凯风》何以不怨③?"

曰:"《凯风》,亲之过小者也。《小弁》,亲之过大者也。亲之过大而不怨,是愈疏也;亲之过小而怨,是不可矶也④。愈疏,不孝也;不可矶,亦不孝也。孔子曰:'舜其至孝矣,五十而慕。'"

今译——

公孙丑问:"高子说:《小弁》这篇诗,是小人之诗。"

孟子说:"为什么这么说呢?"

(公孙丑)说:"有怨在里面。"

(孟子)说:"死板啊,高老先生这样讲诗!比如这里有个人,越国人弯弓射他,他会说说笑笑来讲这件事。没别的原因,射他的人与他关系疏远。如果是他的兄长弯弓射他，他会流着眼泪鼻涕来讲这件事。没别的原因，射他的人与他关系亲近。《小弁》这首诗怨恨的，出于亲爱亲人。亲爱亲人，是仁啊。太死板了啊，高老先生这样讲诗！"

（公孙丑）说："《凯风》这篇诗又为什么没有怨恨呢？"

（孟子）说："《凯风》，是由于母亲的过错小。《小弁》，是由于父亲的过错大。父母有大过错却不怨恨，是对父母的愈加疏远；父母有小过错就怨恨，是经不得一点刺激。愈加疏远，是不孝；经不得一点刺激，也是不孝。孔子说：'舜是大孝之人啊，五十岁还怨恋着父母。'"

注释——

① 《小弁（pán）》：《诗经·小雅》中的一篇。《毛诗序》认为，此诗为周幽王太子宜臼的太傅所作，是讽刺周幽王的。周幽王娶褒姒，生儿子伯服后，废太子宜臼并流放之，还打算杀死宜臼。但《毛诗序》云为太子太傅所作，不知何据。根据孟子这一章所说，好像此诗是太子自作，《毛传》在此诗后即附记孟子这一章后，意思也是此诗为太子宜臼自作。朱熹《孟子章句》集注："宜臼之傅为作此诗，以叙其哀痛迫切之情也。"然朱熹《诗集传》又说："旧说：幽王太子宜臼被废而作此诗。"高子：赵岐注为齐国人，不言孟子弟子，大概与4.12中的孟子弟子高子不同。翟灏《四书考异》："《韩诗外传》又称高子与孟子论卫女之诗。此人似长于孟子，以叟称之。"

② 关（wān）弓：弯弓。

③ 《凯风》：《诗经·国风·邶风》中的一篇。对这首诗有一种解释是赞孝子理解母亲的改嫁。《毛诗序》："《凯风》，美孝子也。卫之淫风流行，虽有七子之母，犹不能安其室。故美七子能尽其孝道，以慰母心，而成其志尔。"朱熹《诗集传》："母以淫风流行，不能自守，而诸子自责，但以不能事母，使母劳苦为词。婉词几谏，不显其亲之恶，可谓孝矣。"

④ 矶（jī）：激怒、触犯。

开讲——

高子何人，不详。也许是当时研究《诗经》的专家。估计孟子的学生公孙丑听了高子讲诗，回来说与老师听，于是有了这段对话。

"固"，固执，死板，不知变通，不体察人情人心，以大道理苛刻他人。孟子对高子的批评，有点像《庄子·田子方》讲北方人："中国之君子，明乎知礼义，而陋于知人心。"

什么是"知礼义"和"知人心"呢？孟子说："《凯风》，亲之过小者也。《小弁》，亲之过大者也。"这里的过错大小，要从接受者所受的伤害大小来理解。《凯风》明确写"母氏劬劳""母氏圣善""母氏劳苦"，拉扯大七个儿子，儿子虽然不情愿母亲改嫁，又怎么能"怨"呢？或者如朱熹所说儿子们是在"婉词几谏，不显其亲之恶"，但毕竟，母亲改嫁对儿子们尤其是成人的儿子伤害有限。《小弁》不同，太子被废除，被流放，乃至要被杀，对他的伤害很大。废太子地位尴尬，被国君嫌弃，被视为威胁，往往不得善终，如楚平王追杀废太子建、汉景帝追杀废太子荣。亲人的行为对你伤害小，自然不怨；亲人的行为对你伤害大，自然有怨。伤害大你却不怨恨，"是愈疏也"，说明你视父母为路人；伤害小你也怨恨，"是不可矶也"，说明你受不了一点刺激，心理承受力差。

孟子很懂心理学。孟子的心性学，有很多是心理学，合乎现代科学。齐宣王不忍心看牛吓得发抖，要杀一只羊用来代替它"衅钟"。孟子告诉齐宣王，这证明他有"不忍之心"，有此心便足以实现王道。但问题在于，如果哀怜一头牛而放了牛，那羊呢？杀一只羊与杀一头牛有什么区别？孟子解释说，原因就在于他"见牛而未见羊"，"君子之于禽兽也，见其生，不忍见其死；闻其声，不忍食其肉"（1.7），见到它活着，就不忍心见它死；听见它在叫，就不忍心吃它的肉。孟子这里说的"见牛未见羊"，就属于心理学现象。你看见这头牛活生生站在你面前发抖时，就激起了你的同情心；但你没有看见那只羊时，羊就是一个概念与符号。可见世界上很多事，道理解释不通，逻辑解释不通，心理学可以解释。

"亲之过大而不怨，是愈疏也"，因为不爱，所以不在乎；"亲之过小而怨，是不可矶也"，因为脆弱，所以计较。也因此，《凯风》无怨，《小弁》有怨，皆是"亲亲，仁也"。不同在于，《小弁》之孝，是通过怨来表现的；《凯风》之孝，是通过不怨来表现的。表现的方式相反，表现的内容一致，又都体现人类的普遍心理。

最后，孟子引孔子曰："舜其至孝矣，五十而慕。"这里的"慕"，不能够简单翻译成"爱慕"，而应该是"怨慕"。舜到五十岁了，他还会因爱而对父母生怨，非常在乎父母对他的感情，这就是不"疏"，这在孟子、孔子看来，就是大孝的表现。

但是，从现代心理学上解释，一般人到一定年龄后，心理上有一个断乳期，成熟、独立的人，不会再如此"怨慕"父母。舜心理上没有断奶，可能因为他从小没有获得过父爱、母爱。他的母亲早死，父亲和后母都不爱他，甚至想杀死他。他一直有爱的匮乏，所以他到老都在乎，至老都在追求父母的认可。也可以说，舜少年时期遭受的来自父母的严重的精神创伤，终身没有治愈。在一个封闭的体系中（如家庭组织）中，越是受伤害的，往往越是对伤害者忠诚依恋、爱慕和依赖，这也是常见的心理学现象。

链接——1.3；7.28；9.1；9.2

12.4

宋牼将之楚①。孟子遇于石丘②,曰:"先生将何之?"

曰:"吾闻秦、楚构兵③,我将见楚王说而罢之④。楚王不悦,我将见秦王说而罢之。二王我将有所遇焉。"

曰:"轲也请无问其详,愿闻其指⑤。说之将何如?"

曰:"我将言其不利也。"

曰:"先生之志则大矣,先生之号则不可⑥。先生以利说秦、楚之王,秦、楚之王悦于利,以罢三军之师,是三军之士乐罢而悦于利也。为人臣者怀利以事其君,为人子者怀利以事其父,为人弟者怀利以事其兄,是君臣、父子、兄弟终去仁义。怀利以相接,然而不亡者,未之有也。

"先生以仁义说秦、楚之王,秦、楚之王悦于仁义,而罢三军之师,是三军之士乐罢而悦于仁义也。为人臣者怀仁义以事其君,为人子者怀仁义以事其父,为人弟者怀仁义以事其兄,是君臣、父子、兄弟去利,怀仁义以相接也,然而不王者,未之有也。何必曰利?"

今译——

宋牼将要去楚国。孟子在石丘这个地方遇见了他,说:"先生将去哪里？"

（宋牼）说："我听说秦国、楚国正在交战，我准备去见楚王劝说他罢兵。楚王不愿意，我就去见秦王劝说他罢兵。两个王里我总会遇到一个听我劝的。"

（孟子）说："我不想问得太详细，只想问问您劝他们罢兵的理由。您准备怎么去劝呢？"

（宋牼）说："我准备说打仗对他们的不利。"

（孟子）说："先生的志向远大，先生的理由却不行。先生用利益说服秦国和楚国的王，（假如）秦国和楚国的王喜欢利而撤退了三军，这样三军的官兵也会因为高兴撤军而喜欢利。做臣下的怀着利欲来服事他的君主，做儿子的怀着利欲来服事他的父亲，做弟弟的怀着利欲来服事他的兄长，如此君臣之间、父子之间、兄弟之间终会抛弃仁义。人人怀着利害之心交往，如此而不亡天下，是没有的事。

"先生如果用仁义来说服秦国和楚国的王，秦国和楚国的王喜欢仁义，而撤退了三军，这样三军的官兵会因为高兴撤军而喜欢仁义。做臣下的怀着仁义来服事他的君主，做儿子的怀着仁义来服事他的父亲，做弟弟的怀着仁义来服事他的兄长，如此君臣之间、父子之间、兄弟之间抛弃利害，人人怀着仁义之心交往，如此而不称王天下，是没有的事。何必说利害呢？"

注释——

① 宋牼（kēng）：宋国人，战国时期著名学者。《庄子·天下》《荀子》作宋钘，《庄子·逍遥游》《韩非子》作宋荣子。《汉书·艺文志》著录宋牼的著作《宋子》十八篇。《庄子·天下》称宋牼："见侮不辱，救民之斗，禁攻寝兵，救世之战。以此周行天下，上说下教。虽天下不取，强聒而不舍者也。故曰：上下见厌而强见也。虽然，其为人太多，其自为太少，曰：'请欲固置五升之饭足矣。'先生恐不得饱，弟子虽

饥，不忘天下，日夜不休。"宋牼胸怀天下，救民水火，自身生活又很简朴，道德极为高尚，因此孟子很敬重他，一直称之为"先生"，自己则执晚辈礼，自称为"轲"。

② 石丘：地名，具体地点不详。
③ 构兵：交战。公元前 312 年，秦楚战于丹阳（今河南淅川县附近），楚军大败；复战于蓝田（今陕西省蓝田县），楚军再败。
④ 说（shuì）：劝说。
⑤ 指：同"旨"，主旨。
⑥ 号：名义，名称。

开讲——

宋牼这次"将之楚"，谁也这么做过？墨子。墨子去的也是楚国。"公输盘为楚造云梯之械，成，将以攻宋。子墨子闻之，起于鲁，行十日十夜而至于郢，见公输盘。"（《墨子·公输》）墨子听说公输盘正在为楚国制造攻打宋城的云梯，急忙从鲁国出发，走了十天十夜，到郢这个地方去劝公输盘、楚王。郢是当时楚国的首都。

"愿闻其指。说之将何如？"孟子问宋牼，你打算怎么劝呢？"指"，要义、要旨所在，劝说的理由。

比较一下宋牼、墨子和孟子各自的反战"其指"。

宋牼"其指"，是"利"：以"利"说服秦国、楚国，制止战争。实际上，宋牼以利来说服秦楚之王，基本上不会有效果。秦楚之王既然要发动这次战争，一定是掂量过开战对他是有利的，或者，不开战对他是不利的。难道秦楚之王对自身利益的判断不如一个外来的宋国人？

墨子"其指"，是"义"："宋无罪而攻之，不可谓仁。"这是墨子比宋牼"其指"高明的地方。但也有问题，那就是：楚国攻打宋国，是为了利，而不是为了"义"，更不会在乎"义"。

墨家、儒家基本立场都反战，但出发点有所不同。孔子认为诸侯之间的战争不符合政治规矩、政治秩序,"天下有道,则礼乐征伐自天子出;天下无道,则礼乐征伐自诸侯出"(《论语·季氏》),认为对诸侯的讨伐权,在天子而不在诸侯。墨子主张"非攻",认为战争本身就是不道德的。既然"入人园圃,窃其桃李"是犯罪;"攘人犬豕鸡豚者,其不义又甚入人园圃窃桃李"是犯罪;"至入人栏厩,取人马牛者,其不仁义又甚攘人犬豕鸡豚",更是犯罪;那么,杀无数无辜之人,为了攻城略地的战争,"罪益厚",本该"谓之不义"才对,为什么如今"则弗知非"呢?(《墨子·非攻上》)

宋牼"言其不利",可以阻止战争的发生吗?也许他可以阻止某一场战争发生,但是不能阻止所有战争的发生。其中的逻辑是:如果从利的角度可以阻止一场战争;那么,从利的角度就有可能开启一场战争。事实上,这个世界上的绝大多数战争,尤其是主动发起的侵略战争,都是从利益出发开启的。所以从利的角度不但不能够阻止战争,恰恰相反,反而会引起更多的战争。

只有"从义"的角度,让战争必须合乎正义,才能减少战争的发生。人类进步到今天,国家之间的矛盾和利益冲突基本上都可以通过和平谈判解决,对战争已经能够比较有效地控制其规模、频次,就是因为人类不断强调战争的正义性与合法性的结果,而不是"利"。

从"利"的角度反对战争,实质上却是助长战争。从利益的角度,没利,不战;下次有利了,是不是就可以开战呢?所以,战与不战的理由,不能立足于利与不利,而只能立足于义与不义。这是墨子高尚于也高明于宋牼的地方。

墨子比宋牼高明,孟子更高于墨子。孟子没有跟宋牼讨论楚、秦之战会不会导致诸侯国之间的相互吞并问题,也没有停留在"义"上,他最终指向的问题是——"怀利以相接,然而不亡者,未之有也";"怀仁义以相接也,然而不王者,未之有也"。如果人人怀着利害之心交往，如此而不亡天下，是没有的事；如果人人怀着仁义之心交往，如此而不称王天下，是没有的事。

这里"然而不亡者，未之有也"的"亡"，不是"亡国"，而是顾炎武"亡天下"的概念。孟子高于墨子的地方，在于墨子立足于国，而孟子立足于天下。明末顾炎武《日知录》卷十三《正始》："有亡国，有亡天下，亡国与亡天下奚辨？曰：易姓改号谓之亡国。仁义充塞，而至于率兽食人，人将相食，谓之亡天下。""保国者，其君其臣肉食者谋之；保天下者，匹夫之贱与有责焉。"保卫国家系统不致被倾覆，是帝王将相和文武大臣的职责，与普通百姓无关；而天下兴亡，关乎所有人的命运，因此，人人有义不容辞的责任。后来梁启超据此总结为八个字"天下兴亡，匹夫有责"。亡天下，不是物理的天下没有了，是伦理的天下没有了，文明的天下没有了，人类世代创造、积累的文明生活方式被消灭了。人民生活在丛林规则里，人与人之间你死我活。

顾炎武对"亡国"与"亡天下"做了明确区分。实际上，顾炎武的"天下"不再是领土概念、地理概念，而是一个文化概念。为什么"仁义充塞，而至于率兽食人，人将相食"就是"亡天下"呢？看宋儒张载四句话："为天地立心，为生民立命，为往圣继绝学，为万世开太平。"（《横渠四句》）第一句"为天地立心"，天地本是物理之天地，何来"心"？是圣人出来，为这个世界立下一套价值观，从此物理之天地才变成伦理之天地，才有是非，才有善恶，才有美丑，人类世界才与动物世界产生分别。动物世界跟人类世界的分别，就在于动物世界只是物理世界，人类世界除了物理世界之外，还有一个看不见、摸不着，但切切实实在影响着人类行为的伦理世界。一间房子变成教室，和一间房子变成猪圈，为什么不一样？因为猪圈只是物理空间，没有伦理，而人除了物理世界，还有伦理关系。如果天下仁义道德没有了，礼义廉耻没有了，忠孝节义没有了，代代努力创建的文明制度或制度文明没有了，这个天下就回到了丛林时代,回到了动物世界,就丧失了伦理的天下。所以亡天下,不是物理世界的天下亡了,而是伦理世界的天下亡了。孟子这个地方讲"然而不亡者,未之有也",这个"亡"字,字面上看上去有亡诸侯国的意思,实际上我们应该从更深一层的"亡天下"的角度去理解。

为什么"怀利以相接,然而不亡者,未之有也"？因为宋牼以"利说秦、楚之王",会导致"为人臣者怀利以事其君,为人子者怀利以事其父,为人弟者怀利以事其兄,是君臣、父子、兄弟终去仁义",使社会内部出现道德危机。不论君、臣、父、子、兄弟,人人觉得世界上根本没有什么公平正义,人人觉得所有的事的发生学原理都是利,那么,如果只要合乎利,还有什么事人人不可以做呢？如此,不仅导致国与国之间不能和平相处,还会导致人与人之间不能和平相处；不仅导致国与国之间没有伦理规范,还会导致人与人之间失去伦理规范,最终亡天下。

《孟子》一部书,开篇便是"义利之辩"。《梁惠王上》:"王曰何以利吾国？大夫曰何以利吾？士庶人曰何以利吾身？上下交征利而国危矣。"当王说能给我的国家带来什么好处,当大夫说能给我的封地带来什么好处,当士和普通百姓说能给我自身带来什么好处,上下都在争利,国家就危险了——这与本章的"怀利以相接,然而不亡者,未之有也"一脉相承。孟子见梁惠王最后说的,也跟本章孟子与宋牼最后说的一样,都是四个字结尾,"何必曰利"。(参见 1.1 开讲)

很多人认为孟子、孔子迂阔、迂腐,到处跟人讲什么"仁义",有什么用？国与国之间、人与人之间,不就是利益关系么？用利益的方法解决问题不是特别容易么？这种人,往往自以为看透了历史,自以为比别人聪明,比别人眼光犀利,其实就是自作聪明,而自贻其祸。韩非子曾经说子贡"仁义辩智,非所以持国",韩非子的意思是:讲仁义没用,只有讲利才有用。法家是最讲效用的。这也就是法家为什么在战国时期特别受欢迎的原因。法家也最终高效地帮助秦国战胜了其他国家。但是,当法秦战胜六国,囊括天下的时候,从人类文明的角度,从人类生活的角度,嬴政是得了天下,还是亡了天下呢?答案可能、只能是这样:嬴政确实用暴力得到了物理的天下,却覆亡了自古以来代代相延并不断丰富的文化体系,它的功利文化和权谋策略,彻底摒弃了这个文化体系所蕴含的人类文明成果。

孟子指出的,是终结所有战争的终极方向。解决一个问题,用方法;解决所有问题的,一定是方向。

成语——愿闻其详　请问其详
链接——1.1

12.5

孟子居邹，季任为任处守①，以币交，受之而不报②。处于平陆，储子为相③，以币交，受之而不报。他日，由邹之任，见季子；由平陆之齐，不见储子。屋庐子喜曰："连得间矣④！"问曰："夫子之任见季子，之齐不见储子，为其为相与？"⑤

曰："非也。《书》曰：'享多仪，仪不及物曰不享，惟不役志于享。'⑥为其不成享也。"

屋庐子悦。或问之，屋庐子曰："季子不得之邹，储子得之平陆⑦。"

今译——

孟子住在邹国的时候，季任正留守任国代理国政，派人送礼来结交孟子，孟子接受了礼物而没有回报。孟子住在平陆的时候，储子当时做齐国的相，派人送礼来结交孟子，孟子接受了礼物而没有回报。后来有一天，孟子从邹国到任国，回访了季子；从平陆到齐国，没有拜见储子。屋庐子高兴地说："我发现问题了！"去问孟子说："老师去任国拜见季子，到齐国不拜见储子，是因为储子只是相吗？"

（孟子）说："不是。《尚书》上说：'献礼重在礼仪，礼物多而不尽礼仪不叫献，因为献礼人的用心没有在献上。'我是因为储子没有完成献的缘故。"

屋庐子高兴得很。有人问他怎么讲，他说："季子不能亲自去邹国，储子是能亲自去平陆的。"

注释——

① 季任：任国国君的弟弟。任国在今山东省济宁市任城区附近。处守：留守，君主外出时，代行国君的权力。赵岐："任君朝会于邻国，季任为之居守其国。"

② 不报：朱熹："不报者，来见则当报之，但以币交，则不必报也。"

③ 储子：齐相，参见 8.32 注释①。

④ 连：屋庐子的名。

⑤ 屋庐子此句意，朱熹："言储子但为齐相，不若季子摄守君位，故轻之邪？"

⑥ 语出《尚书·洛诰》。享多仪：进献的时候最重礼仪。享：进献，奉上。多：重，重视，强调。仪：礼仪，礼节。役志：用心。仪不及物曰不享：意为礼物虽到但礼仪没到，不叫进献。朱熹："言虽享而礼意不及其币，则是不享矣。"

⑦ 季子不得之邹，储子得之平陆：朱熹引徐氏曰："季子为君居守，不得往他国以见孟子，则以币交而礼意已备。储子为齐相，可以至齐之境内而不来见，则虽以币交，而礼意不及其物也。"

开讲——

孟子这样的人，不农不商，靠什么生活？靠诸侯国君、贵族的资助。孔子也如此。他办私学，就有鲁国贵族给他资助。《说苑·杂言》："孔子曰：'自季孙之赐我千钟而友益亲，自南宫敬叔之乘我车也，而道加行。故道有时而后重，有势而后行，微夫二子之赐，丘之道几于废也。'"季孙氏送给孔子粮食多达千钟，南宫敬叔送给孔子车马。孔子说，没有他们的资助，我的事业几乎废了。

"孟子居邹"，或是早年，或是晚年。此时应该在有名望的晚年。

没有人规定季子、储子一定要资助多少，也不是义务，而是体现作为国君、贵族的一种责任感。这也是当时的一种社会风气。孟子也坦然受之，"受之而不报"，送来了就收下，也不回赠礼物。

平陆是齐国边境小城。孟子在平陆，跟平陆的一把手孔距心有过一次谈话。事后，孟子跟齐宣王说："大王您那些治理地方的官员，我了解了五个人。明白自己有罪过的只有孔距心。"（参见 4.4 开讲）储子与孟子，除了这次"以币交"，还有一次，他把齐宣王派人偷偷看孟子在做什么的事透露给了孟子："储子曰：'王使睍人夫子，果有以异于人乎？'"（参见 8.32 开讲），大概这也是储子想跟孟子套近乎。

后来，孟子到任国时拜访了季子，到齐国时却没有拜访储子。这让孟子的学生屋庐子高兴坏了："连得间矣！"我找到了一个好问题！注意这里的"间"，不是间隙、漏洞，而是他觉察到，在见与不见之间，一定有缘故、有学问在。朱熹："屋庐子知孟子之处此必有义理，故喜得其间隙而问之。"可见屋庐子很善于学习，也巧于提问。

在礼的场合下馈赠的物，才是礼物。礼节不到，光是钱财送到了，也不是礼物。礼节不到，是心不到。孟子之所以没有拜访储子，是因为储子"不成享"（没有完成送礼的完整程式）在先，既然是你礼节不到，我也就不必回访。

但季子同样也没有亲自送礼到邹县，孟子为什么却回访他呢？屋庐子来解释了："季子不得之邹，储子得之平陆。"季子"为任处守"，正代行国君之权，不能离开任国，此时"不成享"，算是权宜之计。而储子可以亲自来见孟子而没来，只能说是不合乎礼。

注意这里孟子并没有批评和不满储子的意思，只是解释既然对方送来钱财不合乎正式礼节，则孟子也不必以礼相答。

链接——4.4；8.32；12.1

12.6

淳于髡曰:"先名实者,为人也;后名实者,自为也①。夫子在三卿之中,名实未加于上下而去之②,仁者固如此乎?"

孟子曰:"居下位,不以贤事不肖者,伯夷也。五就汤,五就桀者,伊尹也③。不恶污君,不辞小官者,柳下惠也。三子者不同道,其趋一也。一者何也?曰:仁也。君子亦仁而已矣,何必同?"

曰:"鲁缪公之时,公仪子为政,子柳、子思为臣④,鲁之削也滋甚。若是乎贤者之无益于国也!"

曰:"虞不用百里奚而亡,秦穆公用之而霸。不用贤则亡,削何可得与?"

曰:"昔者王豹处于淇,而河西善讴⑤;绵驹处于高唐⑥,而齐右善歌;华周、杞梁之妻善哭其夫⑦,而变国俗。有诸内必形诸外,为其事而无其功者,髡未尝睹之也。是故无贤者也,有则髡必识之。"

曰:"孔子为鲁司寇,不用。从而祭,燔肉不至⑧,不税冕而行⑨。不知者以为为肉也,其知者以为为无礼也。乃孔子则欲以微罪行⑩,不欲为苟去。君子之所为,众人固不识也。"

739 | 卷十二 告子下

今译——

淳于髡说:"把名誉功业放在首位的人,是为济世救民;把名誉功业放在后面的人,是为洁身自好。先生位列齐国三卿,还没有完成上正君王下济臣民的名誉和功业就要离开,仁人原来是这样的吗?"

孟子说:"身处下位,不以自己的贤能去事奉不贤的人,这是伯夷。五次去商汤那里,五次去夏桀那里,这是伊尹。不嫌弃污浊的君主,不拒绝做小官,这是柳下惠。这三个人的做法不同,趋向是一致的。一致在哪里?曰:仁德。君子的行为符合仁德就行了,何必做法相同呢?"

(淳于髡)说:"鲁缪公的时候,公仪子掌管国政,子柳、子思做朝廷大臣,鲁国的领土却损失得厉害。从这个事例看,贤人对国家无益呀!"

(孟子)说:"虞国不用百里奚灭亡了,秦穆公用了百里奚称霸了。不用贤人就会国家灭亡,岂止是国家衰落呢?"

(淳于髡)说:"从前王豹住在淇水边,黄河西边的人都善歌;绵驹住在高唐,齐国西部的人都善吟;华周、杞梁的妻子痛哭她们死去的丈夫,一国风俗因此改变。里面有什么就会在外面表现出来,做了事情见不到功绩,我还从来没见过。所以哪里有贤者,有的话我一定知道他。"

(孟子)说:"孔子做鲁国的司寇,不被信任重用。跟着去做祭祀,又不见祭肉送来,他顾不得摘下礼帽就离开了。不明白的人以为是祭肉的缘故,明白的人明白是因为鲁国礼节不到。至于孔子则是想自己背一点小罪名走,不想随便辞官而去。君子的所作所为,庸常人本来就不能理解。"

注释——

① 名实:名,名誉;实,功业。赵岐:"名者,有道德之名。实者,治国惠民之功实也。"朱熹:"名,声誉也。实,事功也。言以名实为先而为之者,是有志于救民

也；以名实为后而不为者，是欲独善其身者也。"

② 名实未加于上下：朱熹："言上未能正其君，下未能济其民也。"

③ 五就汤，五就桀者，伊尹也：朱熹引杨氏曰："伊尹之就汤，以三聘之勤也。其就桀也，汤进之也。汤岂有伐桀之意哉？其进伊尹以事之也，欲其悔过迁善而已。伊尹既就汤，则以汤之心为心矣；及其终也，人归之，天命之，不得已而伐之耳。若汤初求伊尹，即有伐桀之心，而伊尹遂相之以伐桀，是以取天下为心也。以取天下为心，岂圣人之心哉？"

④ 公仪子：即公仪休，鲁国贵族，曾为鲁相。《史记·循吏列传》有其生平事迹，其中记载了一个著名的故事："客有遗相鱼者，相不受。客曰：'闻君嗜鱼，遗君鱼，何故不受也？'相曰：'以嗜鱼，故不受也。今为相，能自给鱼；今受鱼而免，谁复给我鱼者？吾故不受也。'"可见其贤。子柳：即泄柳。子思：孔子之孙孔伋。

⑤ 王豹：卫国人，擅歌。淇（qí）：河流名。河西：黄河以西，代指卫国。

⑥ 绵驹：齐国人，擅吟。高唐：地名，在齐国西部。

⑦ 华（Huà）周：即华旋。杞梁：即杞殖。两人均为齐国大夫。赵岐："二人，齐大夫，死于戎事者，其妻哭之哀，城为之崩，国俗化之，则效其哭。"《左传·襄公二十三年》："齐侯归，遇杞梁之妻于郊，使吊之。辞曰：'殖之有罪，何辱命焉？若免于罪，犹有先人之敝庐在，下妾不得与郊吊。'齐侯吊诸其室。"本事并无哭泣的记载。哭泣且致城崩，是后世演绎。后来更演化成孟姜女哭长城的传说。

⑧ 燔（fán）：通"膰"，古代用于祭祀的熟肉。

⑨ 税（tuō）：通"脱"。孟子所言孔子事，当是："齐人闻而惧……于是选齐国中女子好者八十人，皆衣文衣而舞《康乐》，文马三十驷，遗鲁君。陈女乐文马于鲁城南高门外，季桓子微服往观再三，将受，乃语鲁君为周道游，往观终日，怠于政事。子路曰：'夫子可以行矣。'孔子曰：'鲁今且郊，如致膰乎大夫，则吾犹可以止。'桓子卒受齐女乐，三日不听政；郊，又不致膰俎于大夫。孔子遂行，宿乎屯。"（《史记·孔子世家》）

⑩ 乃孔子则欲以微罪行：有三种理解。第一，赵岐认为，是孔子让自己也背负微罪。

赵岐:"燔肉不至,我党从祭之礼不备,有微罪乎。"孔子这些"从而祭"的人负责事后致燔肉,那么孔子的"燔肉不至"也是自己办事不力的体现,有微罪。这个说法与《史记》相谬,不取。第二,朱熹认为,是孔子让鲁国君相只背负微罪,不背负重罪:"圣人于父母之国,不欲显其君相之失,又不欲为无故而苟去,故不以女乐去,而以膰肉行。其见几明决,而用意忠厚,固非众人所能识也。"第三,阎若璩《四书释地续》则称:"孔子不欲其失纯在君相,己亦带有罪焉。……《礼》:'大夫士去国,不说人以无罪。'注云:'己虽遭放逐,不自以无罪解说于人,过则称己也。'以燔肉不至遂行,无乃太甚,此之谓以微罪行。"是说孔子自以为有了小的过错,没有得到祭肉才离开。朱熹和阎若璩的说法都很好,译文从阎若璩说。

开讲——

淳于髡是位辩论高手,在齐国赫赫有名。他在这里向孟子发起了三次挑衅。

第一次挑衅。淳于髡说,人有两种,要么"先名实者,为人也",达则兼济天下;要么"后名实者,自为也",穷则独善其身。二者之间必选其一。可是您名位"在三卿之中",却功不成名不就。言下之意,要么您就不出来,独善其身;要么您就出来,兼济天下。现在您不做事却位列上卿,拿着齐国这么好的待遇,活没干,好处拿了,两头占,仁人是这样的吗?

孟子反驳说:"君子亦仁而已矣,何必同?"实现仁何必是某一种固定不变的做法呢?伯夷,不以贤事不贤;伊尹,为辅贤而事不贤;柳下惠,不弃不贤,不弃职卑,"三子者不同道",做法不同而已。

第二次挑衅。淳于髡问,为什么鲁缪公时,公仪子执政,子柳、子思为臣,可以说是贤人当道,鲁国偏偏损失很多领土?可见"贤者无益于国",借此讽刺孟子:您给齐国带来过什么好处?

显然,淳于髡的举例不能证明。于是孟子也举例反驳:既然你说有贤人在的时候鲁国力量反被削弱，那我也可以举例，虞国不用贤则亡，秦国用贤则霸。淳于髡和孟子两人这样互相举例以说明相反的结论，正好可以证明举例不可以用来论证。例证法不是完全的论证法，只可辅助论证。

淳于髡的逻辑错误在于，他可以说，鲁国在有这三位贤人的时候，国家照样损失了土地，但不能得出结论说国家用贤人无益。很多时候，是时势、时命在影响国运。风口不对，贤人也挽救不了；风口对了，猪也能飞上天。淳于髡的论证失败。

这里的逻辑问题是：一个人病了，给他吃药。好了，可以证明药有效。同样，孟子举例虞国不用贤则亡，秦国用贤则霸，属于有效举例。但是，一个人病了，给他吃药，没好，能不能证明药无效？不能。为什么呢？因为病情复杂，或者病因不止一端；或者药量不够，或者疗程不足。再举一例：水坝上好几个漏洞，堵住一个洞，水坝还在漏，能说明堵这个洞没用吗？

淳于髡岂能轻易放过孟子。第三次挑衅，"是故无贤者也，有则髡必识之"，贤者在哪里？我怎么没看到呢？"有诸内必形诸外"，王豹影响了河西，绵驹影响了高唐，华周、杞梁之妻都改变了一国风俗，您孟子为什么没有改变齐国？我从来没见过"为其事而无其功者"。如果孟子贤，齐国一定有所改变；如果齐国不曾改变，一定是孟子不贤。

孟子说，"君子之所为，众人固不识也"，君子的所作所为，哪里是常人能明白的？"众"有两个意思：第一是多；第二是平庸。言下之意，我孟轲所为，岂是你淳于髡如此庸常的识见所能识鉴的？你淳于髡未尝知仁，亦未尝识贤啊！比如孔子离开鲁国，不明白的人以为孔子是计较没分到祭肉，其实他们哪里了解孔子更深的用心呢？本来孔子完全可以把决裂的主动权放在自己手里，在鲁定公、季桓子收下齐国美女时就拂袖而去；然而，他为了不彰显父母之邦君主的过错，而选择了在自己没有收到祭肉时才离去。这样离去，鲁国执政者的过错轻，孔子也显得不够大气。而这正是孔子的目的：他宁可让污点落在自己的身上。君子爱惜一己羽毛，但为维护他人，不惜让一己之羽毛受一点玷污，这是仁慈。仁慈有时候需要通过自我牺牲来实现。自我牺牲有时是舍生取义，有时是牺牲名誉。孔子的用意，"众人固不识也"。以成败论英雄，终是庸常人的眼光。

链接——3.9；7.17；10.1；14.15

12.7

孟子曰:"五霸者,三王之罪人也①。今之诸侯,五霸之罪人也。今之大夫,今之诸侯之罪人也。

"天子适诸侯曰巡狩,诸侯朝于天子曰述职。

"春省耕而补不足;秋省敛而助不给。入其疆,土地辟,田野治,养老尊贤,俊杰在位,则有庆,庆以地②。入其疆,土地荒芜,遗老失贤,掊克在位③,则有让④。

"一不朝则贬其爵,再不朝则削其地,三不朝则六师移之。是故天子讨而不伐,诸侯伐而不讨⑤。五霸者,搂诸侯以伐诸侯者也⑥。故曰:五霸者,三王之罪人也。

"五霸,桓公为盛。葵丘之会⑦,诸侯束牲、载书而不歃血⑧。初命曰:'诛不孝,无易树子⑨,无以妾为妻。'再命曰:'尊贤育才,以彰有德。'三命曰:'敬老慈幼,无忘宾旅。'四命曰:'士无世官,官事无摄⑩,取士必得,无专杀大夫。'五命曰:'无曲防⑪,无遏籴⑫,无有封而不告。'曰:'凡我同盟之人,既盟之后,言归于好。'今之诸侯皆犯此五禁,故曰:今之诸侯,五霸之罪人也。

"长君之恶其罪小,逢君之恶其罪大⑬。今之大夫皆逢君之恶,故曰:今之大夫,今之诸侯之罪人也。"

745 | 卷十二 告子下

今译——

孟子说:"五霸,是三王的罪人。现在的诸侯,是五霸的罪人。现在的大夫,是现在诸侯的罪人。

"天子前往诸侯国叫巡狩,诸侯朝见天子叫述职。

"天子春天视察耕作和补助无力种地的人;秋天视察收获和周济收成不好的人。进入诸侯的疆域,如果土地得到开垦,田间管理得不错,老人有奉养,贤人受尊敬,俊杰在位,就有赏赐,赏赐给土地。如果进入诸侯的疆域,土地被抛荒,老人被遗弃贤人靠边站,坏人在位,就有责罚。

"诸侯述职第一次不来就贬爵位,再不来就削减封地,三次不来就把军队开过去要他易位。所以天子是'讨'而不是'伐',诸侯是'伐'而不是'讨'。五霸,是挟持一些诸侯来攻伐另一些诸侯的诸侯。所以我说:五霸,是三王的罪人。

"五霸中,齐桓公最鼎盛。在葵丘盟会上,诸侯们把盟约书放在捆绑起来做祭品的活牲口身上而没有举行歃血仪式。盟约第一条约定:'惩罚不孝的人,不得更换已立的世子,不得立妾为妻。'第二条约定:'尊敬贤人培育人才,表彰有道德的人。'第三条约定:'尊敬老人关爱幼小,不怠慢宾客和旅途中的人。'第四条约定:'士人不得世袭官职,士人不能一身兼任多种官职,录用士子一定要得当,不得独断专行杀大夫。'第五条约定:'不得到处筑堤防,不得禁止他国灾年来自己境内采购粮食,不得有封赏却不告知盟主。'齐桓公说:'凡我们同盟之人,盟约之后,都要言归于好。'现在的诸侯都违背了这五条禁令,所以我说:现在的诸侯,是五霸的罪人。

"助长君主的恶行罪还算小的,奉迎君主的恶行罪就大了。现在的大夫都奉迎君主的恶行,所以我说:现在的大夫,是现在诸侯的罪人。"

注释——

① 五霸:春秋时期的五个诸侯盟主。哪五个,说法不一。根据焦循《孟子正义》考察,可能指齐桓公、晋文公、秦穆公、楚庄王、吴王阖闾。也可能指齐桓公、晋文公、秦穆公、宋襄公、楚庄王。三王:夏商周三代之天子夏禹、商汤、周文王。

② 庆:庆赏,奖励,赏赐。

③ 掊(póu)克:聚敛,搜刮。此指聚敛之人。

④ 让:责备,谴责。

⑤ 六师:天子的军队。周礼规定,天子设六军,诸侯大国设三军,小国设二军、一军不等。"六师移之",一般解释为"移六师以讨伐之",疑不确,因下文有"讨而不伐"在。刘沅:"移,罪而变置之。"意同"反覆之而不听,则易位"(10.9)之"易位",则"六师移之",当以"六师"临国门而待诸侯易位,非以六师直接接战以推翻也。

"讨"和"伐"的不同:赵岐解释:"讨者,上讨下也。伐者,敌国相征伐也。"即"讨"是上下关系,"伐"是对等关系。但赵岐没有说明"讨而不伐"。按:讨,应该指声讨,簿正其罪。裁决天下诸侯功罪,正是天子之威权。所谓"六师移之",也当是威慑而不直接出战,此所谓"讨而不伐"。盖天子若直接出兵且接战,而被讨之诸侯亦以兵抗拒接战,以诸侯而兵拒天子,成何体统?且制度设计中,天子变置诸侯,岂能以军事手段实现?不仅国家制度不可以如此荒唐,即便一般组织,上级解除下级职位,也有相应制度确立的政治、组织权力,哪里需要又岂能动用武力或暴力?天子对诸侯动用武力,又岂能保证天子一定能胜出?如此荒唐的制度设置,是置天子于岌岌可危之境地。刘沅:"讨,治其罪而正之。伐,诸侯奉天子命伐之。"故,讨,绝无直接军事对抗的意思,只能是一种组织行政、政治手段,一种政治裁决。"讨而不伐"的准确意思,当是天子君临诸侯,有绝对之政治权力,只需裁决声讨,无须军事手段。朱熹:"讨者,出命以讨其罪,而使方伯连帅帅诸侯以伐之也。伐者奉天子之命,声其罪而伐之也。"

⑥ 搂:刘沅:"搂,牵也。不用天子命而牵诸侯以伐之。"

⑦ 葵丘之会：葵丘，在今河南省民权县境内。公元前651年夏、秋，齐桓公与诸侯两次会盟于此。《左传》："夏，会于葵丘，寻盟，且修好，礼也。王使宰孔赐齐侯胙，曰：'天子有事于文武，使孔赐伯舅胙。'齐侯将下拜，孔曰：'且有后命。天子使孔曰：以伯舅耋老，加劳，赐一级，无下拜。'对曰：'天威不违颜咫尺，小白余敢贪天子之命，无下拜？恐陨越于下，以遗天子羞，敢不下拜？'下拜；登，受。""秋，齐侯盟诸侯于葵丘，曰：'凡我同盟之人，既盟之后，言归于好。'"

⑧ 束牲：不杀牲畜，仅捆绑起来做祭品。载书：载，加。书，盟书。焦循："《穀梁传》云：'葵丘之会，陈牲而不杀，读书加于牲上，壹明天子之禁。'……杀牲取血，坎其牲，加书于上而埋之，谓之载书……书辞于策为盟，即为书；加载于牲上为载书，即为盟载。"

⑨ 树子：树，立。指已立的太子或世子。

⑩ 官事无摄：即《论语》中的"官事不摄"，《管子》中的"使能不兼官"，限制士不能一人身兼多职。摄，兼任。这条规定可能是为了限制士过分集中权力。

⑪ 曲防：遍设堤防。

⑫ 籴（dí）：买进粮食。

⑬ 逢君之恶：朱熹《孟子集注》："君之过未萌，而先意导之者，逢君之恶也。"

开讲——

先厘清其中的"王""诸侯""大夫""士""霸"的基本概念。王，指天子。在周朝的政治制度设计中，王有至高无上的地位，是同姓宗族的大家长。王位由嫡长子世袭继承，其他庶子作为小宗，则分封各地，这就是诸侯。诸侯在自己封国内又是同姓宗族的大宗，国君的位置也由嫡长子世袭继承，其余庶子作为小宗继续分封各地，是为卿大夫。卿大夫爵位也由嫡长子世袭继承，其余庶子则为士。天子、诸侯、卿大夫、士的关系，既是同姓宗族的大小宗关系，也是上下级关系。霸，实际上是诸侯中的霸主。霸主出现，由"王道"衰落开始。

在中国传统文化的诸多概念里,"王道"是一个非常重要的文化母题,它几乎就是中国文化理想的源头和最终旨归。它由"王"和"道"组合而成,如果说"道",代表着理想、道义、公平正义、人类不可或缺的信仰,那么,"王"则是这个"道"的担当者、推行者和维护者。当然,"王"以自身德性的崇高、知识的广大、能力的无限,成为这个"道"的最高、最人格化的体现,而这样的王所统治的疆域,天下,也就成为道在人间的完美呈现。也就是说,在"王道"这个概念里,王与道是二而一的,王即是道,道即来自王。而且,这个王,是政教合一之王。是世俗权力的最高代表,也是人间真理的最高代表。可见"王"一开始并不是作为一个形容词而存在,而是作为名词而存在的;"王道"也不是偏正结构——王之道,而是动宾结构——王担道,王即是道。

到孔子时,"王道"时代——由"王"来呈现、代表、推行和保护"道义"的时代早已杳不可及,王,也只有王的名分而无王的德性,那些僭号为王的诸侯,不是因为他们有先王的德性,恰恰是因为他们狂妄无知与自我膨胀。而且,中间还隔着一个"霸道"时代。如果说"王道"时代是中国文化叙事中的黄金时代,那么,以齐桓公为代表的"霸道"时代,则是白银时代。

"霸道"一词,语出《荀子·王制》:"故明其不并之行,信其友敌之道,天下无王,霸主则常胜矣。是知霸道者也。""霸道"的名声与"王道"迥若云泥:王道是政治理想的代名词,而霸道则成为野蛮政治的集中表述。但这是我们对霸道的一个历史性的误读。

其实,"王道"与"霸道",关键不在"道"之不同,而在担当者不同,实现的路径不同:"王道"是由王行道;"霸道"是圣王不作,只好由诸侯之长(伯,即霸)站出来,由霸行道。如一家之中,先是父亲主持公道,后来父亲老衰甚或昏聩,便由大哥主持家务,主持公道。王道也者,父道也;霸道也者,伯道也、兄道也。父亲主持家事,有身份在，其权威来自天赋天胤，故可以不论实力，所谓王道"以德行仁"之"德"，不仅指其伦理德性，也是指王自然天赋之禀性，包括与这个身份相应的权力。

而兄长主持家事，由于缺少父亲这个天然家长的"德"，当然需要有能力有实力，家底殷实，如此才可以服众。所谓霸道"以力假仁"，正是对兄道的客观描述，是兄道之无可奈何处，不得已处，并非专指霸者纯任武力或喜欢动用武力。

孔子对霸主齐桓公饱含尊重，称赞他"正而不谲"（《论语·宪问》），对齐桓公之相管仲，也称赞其"仁"。子曰："桓公九合诸侯，不以兵车。管仲之力也！如其仁！如其仁！"（《论语·宪问》）子曰："管仲相桓公，霸诸侯，一匡天下，民到于今受其赐。"（《论语·宪问》）"仁"这样的赞誉，孔子从不轻易许人。比如，对他的弟子冉雍、子路、冉求、公西华（参见《论语·公冶长》篇），他就不说他们是"仁"，说到颜回，也只说他"其心三月不违仁"（《论语·雍也》）。甚至他自己，都不敢称"圣与仁"（《论语·述而》）。

对照孔子，我们来看这里孟子对"霸道"的态度和立场。

孟子说，有三种"罪人"："五霸者，三王之罪人也"；"今之诸侯，五霸之罪人也"；"今之大夫，今之诸侯之罪人也"。

为什么春秋五霸是"三王之罪人"？因为在王道时代，对有罪诸侯的惩罚，只能由天子自上而下"出命以讨其罪"，而诸侯对诸侯的攻伐，也只能"奉天子之命"（见注释⑤）。诸侯国既由天子所封，天子如果要靠自己武力解决维护权威，说明天子的权威已经不在了。同样，诸侯既是与天子同出一姓的叔伯兄弟，怎么能跟天子直接两军对阵，又怎么能自己去打其他诸侯呢？所以，天子是"讨而不伐"，只做判决；诸侯是"伐而不讨"，执行命令。

但进入霸道时代，诸侯也可以"搂诸侯"，挟天子以"伐诸侯"，僭越了天子"讨"的权力，破坏了政治秩序，所以孟子说，五霸是"三王之罪人"。说他们是"三王之罪人"，有两层意思：第一层是相对于王，他们是罪人；第二层，他们只是损害了王的权威，僭越了自己的本分，所以，他们的罪，只是对于王而言，而并非对天下。对天下，他们其实还是有功的，如齐桓公。

为什么今之诸侯是"五霸之罪人"？孟子认为，春秋时期，诸侯之间的战争已然没有正义可言（参见14.2《春秋》无义战），现在，诸侯之间的战争更谈不上正义，所有战争的最终目标，或者最初的动机，完全出于一己之利，抢土地，争财产，掳人民。从前的五霸凭借实力称霸主，但是"道"还在，还在追求公正，还讲维护公道。今天的诸侯，连这个旗号都不打了，所以，他们是"五霸之罪人"，是罪人中的罪人。"今之诸侯，五霸之罪人也"，这是孟子对这个时代所有的诸侯做出的政治审判，也是道德审判。

为什么大夫是诸侯的罪人呢？因为孟子时代的大夫，不但不听命于诸侯，更控制了诸侯；不但与诸侯一样无道，更践踏了政治秩序；不但"长君之恶"，助长诸侯的罪恶行为，让罪恶变本加厉，更"逢君之恶"，揣摩上意，奉迎诸侯的恶念，激发诸侯的恶念，实现诸侯的恶念。所以，"今之大夫，今之诸侯之罪人也"。

这是体现孟子基本立场的三段论。

但是，"五霸，桓公为盛"，对齐桓公，孟子却给予了正面肯定：今之诸侯之所以为五霸之罪人，正在于对齐桓公作为霸主在葵丘会盟中约定的"五禁"的破坏。

其禁一，"诛不孝，无易树子，无以妾为妻"，防止国家出现政治动荡、伦理悲剧。韩非子说战国时有一种现象很普遍，"万乘之主，千乘之君"的后妃、夫人会期待夫君早死，因为"丈夫年五十而好色未解也，妇人年三十而美色衰矣"（《韩非子·备内》），生怕他再有新欢，以妾为妻，新立世子。

其禁二，"尊贤育才，以彰有德"，注重人才问题。

其禁三，"敬老慈幼，无忘宾旅"，爱恤老幼，不忘行旅之人，不忘有流离失所之人。这是中国传统王道政治中的人道精神，尧、舜、禹、汤、文、武之道里一直都有这样的爱民传统。这个传统后来成为中国政治合法性的重要基础。

其禁四，"士无世官，官事无摄，取士必得，无专杀大夫"，公务员的选用不能世袭，要看德性、能力。官事无摄，不要一人兼管多头，防止家臣专权。"取士必得"的"得"，可以直接理解为"德"，两个字在古代常常通用。"无专杀大夫"的"专"，也可以读成"擅"，诸侯不能擅杀大夫。这是司法的慎杀、慎刑。

这里有一个疑问。《论语·八佾》说管仲"官事不摄"，《孟子》说齐桓公"官事无摄"。两处文字的意思是相同的，齐桓公和管仲也是同一伙人，所以刘宝楠《论语正义》、焦循《孟子正义》都认为《论语》和《孟子》的记载是一回事。问题在于：同一回事，《论语》里，孔子对此持否定态度，《孟子》似乎是以赞许的口吻说的。该如何解释孔孟不同的态度？《管子·立政篇》说："凡上贤不过等，使能不兼官，罚有罪不独及，赏有功不专与。""官事不摄"的只是"能"，是具体的办事人员，而不是"贤"。《孟子》说的"官事无摄"也承前省略了主语"士"，和《管子》的意思是一致的。士"官事不摄"的好处是专事专办，职业化，而且可以限制士（尤其是家臣）的势力，还可以让更多的士人有机会出仕；坏处是需要雇用更多的士来做事，官方支出较多，所以被孔子批评为不俭。

其禁五，"无曲防，无遏籴，无有封而不告"，涉及外交。如果某种政策对别国是不公正的，这便是"曲防"。不能以邻为壑，在自己国家里设置各种障碍去损害别国，不能阻止他国遇到灾害时来你这里购买粮食。"无有封而不告"与上述"无专杀大夫"意思关联：杀大夫，不能不告；封大夫，也不能不告。

仔细揣摩，这"五禁"即使放在今天，是不是也是好政策？所以"霸道"与"王道"，不在"道"不同，而在担当者不同："王道"是由王行道；"霸道"是"圣王不作"，由霸主以力行道。

对齐桓公，孟子有过不屑。孟子曾经对齐宣王说："仲尼之徒无道桓文之事者，是以后世无传焉，臣未之闻也。"（1.7）但我认为，这只是孟子欺负齐宣王读书不多而厚诬孔子，也是当时现实政治的需要：身处战国"争于气力"（韩非论当代语）之世，孟子担心这些"放恣"（孟子评诸侯语）的诸侯，崇拜武力而一心只是"富国强兵"，忘记仁义。在《公孙丑上》（3.1、3.2）中，孟子更是以轻蔑的口气，表达了对管仲及其功业的蔑视。这也是孟子以王道为至尊，而对其次的一切不屑一顾的政治站位。其实，从这里孟子对齐桓公"葵丘之会"的肯定，可以看出他与孔子一样，对于"霸道"留有温情与肯定。在《公孙丑上》中，我们也能看见孟子这句话："以力假仁者霸，霸必有大国。以德行仁者王，王不待大。"（3.3）以国力借助仁义之事做大的人是"霸"，而对这个"假"字，他是这样阐释的："尧舜，性之也；汤武，身之也；五霸，假之也。久假而不归，恶知其非有也？"（13.30）即使五霸是假仁假义，如果终生奉行，岂不就是真仁真义了？

孟子很严厉，几乎把自己这个时代所有的诸侯和大夫一笔抹杀。对孔子称赞的"正而不谲"的霸主齐桓公却留了一席之地。

其实早在孔子时代，"王道"已杳然，就连"霸道"也不获承袭，子曰"晋文公谲而不正，齐桓公正而不谲"（《论语·宪问》），便是孔子对霸主齐桓公一世而消的叹息——晋文公谲而不正，可是，曾经的齐桓公却是正而不谲啊！

到孟子时代，"霸道"也已杳然。崛起的秦国是不是霸主？不是。

霸主是解决天下问题的，而秦国不但不解决天下的问题，秦国自身便是天下的问题。所以，所有的国家在内，诸侯也好，大夫也好，他们全是天下的罪人。

那么，"王道"杳然，"霸道"也不得承袭，谁来担当道义，承继道统呢？

发现问题的人，往往也就是解决问题的人和承担问题的人。孔子站了出来：我。然后，他指着天下之士：以及你们。于是，"士道"出现。

王没有了，霸出来。霸堕落了，士则挺身而出。

对道统的描述，是孟子和韩愈给出的：尧—舜—禹—汤—文武周公—孔子—孟子。但是，我们还可以给出这样一种描述：王道—霸道—士道。

前一种道统的描述，确实如孟子和韩愈感叹的那样，会"不得其传"。王会消歇，如孟子所说，会"不作"；用韩非的话说，是"千年而一出"；霸会变质，如孔子所说，会"谲而不正"，会一世而消。

而后一种道统的描述，不必有这样的担心。因为，士，作为一个群体，则代有传人，生生不息。这个群体的力量足以扛起并竖立时代的道义大纛。

并且，"士道"相比"王道"和"霸道"，更重要的意义在于：相比尧、舜、禹、汤、文、武、周公这些拥有天子之位的人，相比齐桓公这样的世袭诸侯，一介素士的孔子、孟子代表的"士道"，标志着中国古代政治的巨大转折：由政教合一转变为政教分离。这是后世所有政治理念、政治实践中正面价值的源代码。

成语——言归于好　揞克在位　敬老慈幼　逢君之恶
链接——1.7；3.1；3.2；3.3；10.2；12.8；12.9；13.30

12.8

鲁欲使慎子为将军①。孟子曰:"不教民而用之,谓之殃民②。殃民者,不容于尧舜之世。一战胜齐,遂有南阳③,然且不可。"

慎子勃然不悦,曰:"此则滑厘所不识也。"

曰:"吾明告子:天子之地方千里,不千里,不足以待诸侯;诸侯之地方百里,不百里,不足以守宗庙之典籍④。周公之封于鲁,为方百里也,地非不足,而俭于百里⑤。太公之封于齐也,亦为方百里也,地非不足也,而俭于百里。今鲁方百里者五,子以为有王者作,则鲁在所损乎,在所益乎?徒取诸彼以与此,然且仁者不为,况于杀人以求之乎?君子之事君也,务引其君以当道,志于仁而已。"

今译——

鲁君想让慎子做将军。孟子说:"不先教导百姓而驱使他们去打仗,这是祸害百姓。祸害百姓的人,是尧舜时代不能容忍的。即使对齐国一战而胜,得到南阳,这也不可以。"

慎子立刻不高兴了,说:"这我可不懂。"

(孟子)说:"我明白地告诉你吧:天子的土地纵横千里,没有千里,就满足不了接待诸侯的需求;诸侯的土地纵横百里,没有百里,就满足不了守护祖先法度典籍的需求。周公被封在鲁国，应该是方圆百里的，并不是土地不够，而是自我节制只要百里。姜太公被封在齐国，也应该是方圆百里的，并不是土地不够，而是自我节制只要百里。现在鲁国有五个百里大的土地了，您认为如果有圣王兴起，则鲁国的土地他要给你减少呢，还是他要给你增加呢？白白地取那国的土地给这国，尚且是仁者不做的，何况用杀人来谋取土地呢？君子事奉君主，一定是引导他的君主走正道，立志于仁罢了。"

注释——

① 慎子：鲁国大臣，名滑厘，善用兵。墨子有弟子名禽滑（gǔ）厘，朱熹认为，慎子名中的滑也读作 gǔ。

② 不教民而用之，谓之殃民：孔子有言："以不教民战，是谓弃之。"（《论语·子路》）

③ 南阳：地名。赵岐："山南曰阳，岱山之南，谓之南阳也。"本属鲁国，后被齐国侵占。

④ 宗庙之典籍：祖先传下来的记载法度典章的文籍，一般保存在诸侯的宗庙里。

⑤ 俭于百里：有两种理解：第一，赵岐认为，不到百里。赵岐："周公大公，地尚不能满百里。"第二，朱熹认为，正好百里，止于百里。朱熹的意思是：当时天下的土地那么多，周公的功劳又那么大，按理说，多封一点也没关系，但是周公只封了一百里，所以是"俭"。朱熹："二公有大勋劳于天下，而其封国不过百里。俭，止而不过之意也。"则俭于百里的意思是，因为节制，百里为止。译文从朱熹。按，清代学者顾栋高《春秋大事表》："鲁在春秋，实兼九国之地。极、项、鄟、郜、根牟，鲁所取也。向、须句、鄫、鄅，则邾、莒灭之，而鲁从而有之者也。"

开讲——

最后一句"君子之事君也，务引其君以当道，志于仁而已"，是直接承接上一章最后一句，"长君之恶其罪小，逢君之恶其罪大。今之大夫皆逢君之恶"。孟子告诉鲁国的慎滑厘,你们这些发动战争的人,都是"逢君之恶"之人。孟子还有一句名言:"善战者服上刑。"(7.14)像慎滑厘这样的人,在他看来,恰恰是国家的祸害。

有人问,鲁国派出一位战神,如果能一战打败齐国,收复齐国过去占领的领土南阳,难道不好吗?这是一个好问题。

在上一章,孟子说王道时代,天子"入其疆,土地辟,田野治,养老尊贤,俊杰在位,则有庆,庆以地",天子巡视诸侯的疆域,如果土地得到开垦,田间管理得不错,老人有奉养、贤人受尊敬,出色的人才有官做,那就赏赐他土地。为什么赏赐的是土地而不是财富?因为要让更多土地上的人民生活在更好的地方,受到更好的政治庇护。反之,就削减他的土地,让人民少受暴虐政治的残害。所以,这块土地在谁手里不重要,在仁者手里才重要;是谁占有不重要,让公平正义的阳光笼罩才重要。这是天道。现在诸侯之间的战争,"杀人以求"领土扩张,都是为了满足统治者个人的欲望,正义在哪里呢?孟子是站在这样的视角上来讨论这件事的,而不是狭隘地从某个诸侯国甚至某个贪残之君的利益看问题。

"殃民者,不容于尧舜之世",在孔孟时代的政治叙事里,尧舜代表着最高政治道义。从尧舜之道来看,鲁国把南阳从齐国手里夺回来,跟放在齐国有什么区别吗?对南阳人民来说,有区别吗?一位农夫跟一头驴说:"敌人要打过来了,咱们跑吧。"驴说:"敌人打来了,不要我推磨了吗?""还是要你推磨。""那我为什么要跑呢?"一个地方你夺过来,我抢过去,如果人民都只能像驴一样推磨,在鲁国生活跟在齐国生活,有差别吗?没差别。有意义吗?没意义。对谁有意义?只对齐国国君或者鲁国国君有意义。秦国占领六国之后,社会变得公平、正义了吗?人民幸福了吗?如果没有,或者恰恰相反,秦国的扩张对人民又有什么意义?这就是当时儒家的立场。

孟子质问慎滑厘，"今鲁方百里者五"，现在鲁国在兼并了九国之后，土地已经扩张五倍了（见注释⑤），如果周公能死而复生，你觉得鲁国的土地是会增加，还是会减少呢？

链接——7.14；10.2；12.4；12.7；12.9

12.9

孟子曰:"今之事君者皆曰:'我能为君辟土地①,充府库。'今之所谓良臣,古之所谓民贼也。君不乡道②,不志于仁,而求富之,是富桀也。

"'我能为君约与国③,战必克。'今之所谓良臣,古之所谓民贼也。君不乡道,不志于仁,而求为之强战,是辅桀也。

"由今之道,无变今之俗,虽与之天下,不能一朝居也。"

今译——

孟子说:"现在事奉国君的人都说:'我能为国君开辟疆土,充实国库。'今天所谓的良臣,正是古代所谓的民贼。国君不追求道义,不立志于仁德,你去帮他求富足,这等于使夏桀富足。

"(还有人说:)'我能为国君联合盟国,打仗一定能胜利。'今天所谓的良臣,正是古代所谓的民贼。国君不追求道义,不立志于仁德,你去帮他努力打仗,这等于在辅佐夏桀。

"照目前这样走下去,不改变今天的习俗,即使把天下给他,他连一个早上也坐不稳。"

注释——

① 辟（pì）：开辟。

② 乡：通"向"。道：先王之道。

③ 约：约集。与国：友好国家。

开讲——

本章与前两章逻辑连贯，可对看。12.7讲"今之大夫，今之诸侯之罪人"，12.8讲"君子之事君也，务引其君以当道，志于仁"，这里讲"今之大夫"的"逢君之恶"。

本章的观点和逻辑与7.14高度一致。7.14从冉求为季氏聚敛，孔子开除冉求说起，给出结论："君不行仁政而富之，皆弃于孔子者也。"接下来推论："况于为之强战？争地以战，杀人盈野；争城以战，杀人盈城，此所谓率土地而食人肉，罪不容于死。故善战者服上刑，连诸侯者次之，辟草莱、任土地者次之。"

在7.14章的开讲里，我指出孟子明显在骂商鞅。本章也是。商鞅死在公元前338年，那年孟子四十七岁（按孟子出生于公元前385年计算）。商鞅生前大名鼎鼎，孟子一定是知道他的。有意思的是，孟子从没有在文章里提过商鞅的名字。当然这可能因为孟子的文章体例：对于当代人物，如果不是直接有交道，或别人提及，孟子一般不指名道姓。

卫国人商鞅（卫鞅）到秦国，是响应秦孝公的《求贤令》："宾客群臣有能出奇计强秦者，吾且尊官，与之分土。"（《史记·秦本纪》）他要为秦孝公出奇计，让秦国强大，让自己裂土封侯。

商鞅到秦国，通过秦孝公宠臣景监的引荐，与秦孝公谈了三次。第一次谈帝道，秦孝公不感兴趣；第二次谈王道，秦孝公不感兴趣；第三次谈霸道，"公与语，不自知膝之前于席也。语数日不厌"。景监问，你们谈什么这么高兴呢？商鞅说："吾说公以帝王之道比三代，而君曰：'久远，吾不能待……'故吾以强国之术说君，君大悦之耳。"（《史记·商君列传》）司马迁还记载，"鞅少好刑名之学"，他的学问根基本与帝道、王道无关，之所以先与秦孝公谈帝道、谈王道，实际上是在试探。商鞅试探秦孝公，秦孝公试探商鞅，最后彼此发现，对方就是自己想要的人，于是君臣精诚合作，让羸弱的秦国势如破竹，迅速崛起，奠定了秦国横扫六国的政治体制基础、思想基础和军事基础。

秦国崛起是没问题的，但"秦国模式"或"秦制"崛起就是大问题，因为它是文明的中断和倒台，更是人民的灾难。《商君书》两个思想，一讲"壹民"，国家只要一种"民"，平时耕田，战时攻敌。要么种地，要么打仗，绝对一律。二讲"胜民"，"胜民之本在制民"，战胜人民的根本在制服人民，让"民弱国强"。而"弱民"之法，是消灭强民，以弱去强，以奸驭良，"国以奸民治善民者，必治，至强"；是折辱人民、削弱人民、穷困人民，"治民羞辱以刑，战则战"，让人民疲于奔命，不停征战，让人民匍匐于生计，生活于恐惧之中，如此"能生能杀，曰攻敌之国，必强"——这不就是孟子抨击的"我能为君辟土地，充府库""我能为君约与国，战必克"吗？难道商鞅不是在"富桀""辅桀"吗？秦孝公不追求道义，不向往仁义，商鞅却屡次试探，知君之恶以后，毫不犹豫甚至喜出望外地"逢君之恶"，帮他积聚财富、开疆扩土，助纣为虐，用邪恶手段让秦国变得邪恶、强大，他是秦孝公的"良臣"，难道不是天下的"民贼"吗？！

"虽与之天下，不能一朝居也"——孟子这句话，真是对强秦、暴秦最好的预言。秦国用商鞅的"富桀""辅桀"之道，最终一统天下。但是，第一，秦朝统一之后，实际上从来没有一天安定过，包括对秦始皇的暗杀从来没有停止过，嬴政能"一朝居"吗？第二，秦朝所谓统一中国的公元前221年，在秦国境内实际上卫国还在，秦并没有占领全天下。秦朝统一后只十六年就灭亡了，而卫国灭亡的那一年，也是陈胜、吴广起义的那一年。从吴卫一统，到刘邦入关，也就三年。秦王朝，是中国历史上最短命的朝代，"不能一朝居也"。

所以本章就是孟子在抨击商鞅，抨击法家，当他最后说出"虽与之天下，不能一朝居也"，他就是在预言秦朝未来。而历史，也证明了孟子的预言。

汉文帝时，贾谊作《过秦论》上下，总结秦朝为什么灭亡，上篇的最后一句话是"仁义不施而攻守之势异也"。贾谊的"仁义不施"，便是孟子这里的四个字，"不志于仁"。前有孟子预言，后有贾谊总结。前汉、后汉四百年，为什么能比较长久？因为总结了秦朝灭亡的教训。

没有孔子、孟子这些思想，就没有中国文明全面领先世界一千多年的历史。孟子讲"乡道"，"乡"通"向"，方向。孔孟是在给人类指方向。

人类社会不断进步，要靠后人返本开新。能不能开新，责任在我们自己这个时代的人，看我们能不能返回本源，用圣贤们早已指出的方向，去解决我们这个时代的问题。方向在那里，怎么走，靠我们自己。

综合 7.14、12.7、12.8 和本章，可以有以下几点结论：

第一，自古及今，人民幸福，疆域不必大；第二，守住国土，不仅是守领土，更是守住这片领土之上的文明，使社会和谐，政治清明，个人自由。如果仁义充塞、人将相食，这不是守土，这是焦土。所以保家卫国之最高境界，是葆有家国的文化与文明，使斯文不坠，王道荡荡；第三，爱国之非常态，是外患出现时，抵御外侮，抵御外来的奴役和压迫；爱国之常态，是在日常生活中忧国忧民，警惕、防范和抵御内部的奴役和压迫；爱国之最高境界，不是开疆辟土，而是使人民沐浴在公平正义之下，生活幸福。

链接——7.14 ； 10.2 ； 12.7 ； 12.8

12.10

白圭曰①:"吾欲二十而取一,何如?"

孟子曰:"子之道,貉道也②。万室之国,一人陶,则可乎?"

曰:"不可,器不足用也。"

曰:"夫貉,五谷不生,惟黍生之。无城郭、宫室、宗庙、祭祀之礼,无诸侯币帛饔飧③,无百官有司,故二十取一而足也。今居中国,去人伦,无君子④,如之何其可也?陶以寡,且不可以为国,况无君子乎?欲轻之于尧舜之道者,大貉小貉也;欲重之于尧舜之道者,大桀小桀也。"

今译——

白圭说:"我准备采用二十抽一的税率,怎么样?"

孟子说:"您的办法,是貉地的办法。一万户的国家,只一个人做陶器,能行吗?"

(白圭)说:"不行,陶器不够用。"

(孟子)说:"那貉地,五谷不生,只长黍子。没有城郭、房屋、祖庙、祭祀的礼仪制度,没有各国之间币帛饔飧的礼尚往来,没有各种官衙和官吏,因此用二十抽一的税率就够了。如今住在中原各国,抛弃人与人之间的伦常关系,不用官吏,这样怎么行呢?做陶的人太少了,尚且不能供给一国之用，何况没有官吏呢？想用比尧舜时十抽一还轻的税率，是大貉小貉；想用比尧舜时十抽一还重的税率，就是大桀小桀了。"

注释——

① 白圭（guī）：名丹，字圭，善治水。朱熹模糊注曰："白圭，名丹，周人也。"《韩非子·内储说下》："白圭相魏。"《史记》卷八十三《鲁仲连邹阳列传》邹阳上梁王书提到中山将白圭，入魏为魏灭中山；又卷一百二十九《货殖列传》记："白圭，周人也。当魏文侯时，李克务尽地力，而白圭乐观时变，故人弃我取，人取我与。……能薄饮食，忍嗜欲，节衣服，与用事僮仆同苦乐，趋时若猛兽挚鸟之发。"全祖望、阎若璩考证此战国大商人白圭与魏相白圭相差70多年，应是不同的两个人。

② 貉（mò）：同"貊"，北方的少数民族部落。朱熹："貉，北方夷狄之国名也。"

③ 币帛饔飧（yōng sūn）：币帛，馈赠钱币及丝织品之礼。饔飧，进献熟食及宴饮之礼。指诸侯国之间的礼尚往来。

④ 去人伦，无君子：朱熹："无君臣祭祀交际之礼，是去人伦；无百官有司，是无君子。"

开讲——

　　白圭向孟子提出自己的税改方案：我能不能来个二十抽一？

　　鲁哀公曾经问孔子学生有子，说："年饥，用不足，如之何？"年成不好，财政赤字，怎么办呢？有子回答得幽默，说，那你就收十取一的税吧。鲁哀公眼睛瞪大了，我现在收十取二的税都不够，怎么反让我减税呢？然后有子说出一句非常有名的话："百姓足，君孰与不足？百姓不足，君孰与足？"（《论语·颜渊》）鲁哀公是站在国君的角度考虑，我用不足，怎么办？有子是站在百姓的角度考虑，百姓不足，怎么办？立场不同。

战国时战争频发，各国百姓的税负肯定比春秋时更要高。

白圭提出"二十而取一"，相当于十取零点五。他以为孟子一定会赞成他。但是，孟子却说白圭的方案是"貉道"，一个北方的少数民族部落的做法。那里"五谷不生，惟黍生之"，生产力落后；那里"无城郭、宫室、宗庙、祭祀之礼，无诸侯币帛饔飧，无百官有司"，物质文明落后，精神文明落后，这样原始、贫瘠的地方，倒是可以用二十抽一的税率。

税负问题，不仅有轻重的问题，还有适当不适当的问题，一味降低税收，也有问题。"今居中国"，中原地区经济、文化的发展早已领先于貉地，有行业分工，国家内部结构复杂。《诗经》："彼君子兮，不素餐兮。"（《诗经·伐檀》）君子们也没有白吃饭，种田是生产力，行政管理也是生产力。为什么貉地可以维持的税率，在中原地区不可以？因为中原地区社会发达，文明昌盛。而文明，是需要成本的。文明，也是生活质量。

孟子反对横征暴敛，认为税负有"三道"：尧舜之道、貉道和桀道，"欲轻之于尧舜之道者，大貉小貉也；欲重之于尧舜之道者，大桀小桀也"，是轻是重，对标"尧舜之道"——孟子认为，西周井田制的赋税制度是最好的办法："夫仁政，必自经界始。经界不正，井地不钧，谷禄不平，是故暴君污吏必慢其经界。经界既正，分田制禄可坐而定也。夫滕壤地褊小，将为君子焉，将为野人焉。无君子莫治野人，无野人莫养君子。"（5.3）井田制，既能让国家经济在丰年和凶岁之间保持平衡，同时，又有清晰的、可见的、法律认可的公、私界限，可以保证人民的权益不受国家权力的侵犯。所以，孟子说，如果税负比尧舜之道轻，那就是貉道；如果税负比尧舜之道重，那就是桀道。关键看有没有盘剥人民，有没有用之于人民。

所以，孟子这一章其实不是在讲如何减轻人民负担，他是在讲如何保持人民的生活质量,保持一种文明的生活方式,保持社会的文明管理和运作。

很多时候,判断事物无关智力,有关道德,更有关境界。

与许行、白圭的辩论,体现的,就是孟子高出他们的眼光。也许许行、白圭有足够的道德,但欠缺孟子的高瞻远瞩。

链接——1.5;1.7;5.3;7.14;12.11

12.11

白圭曰:"丹之治水也愈于禹①。"

孟子曰:"子过矣。禹之治水,水之道也②,是故禹以四海为壑。今吾子以邻国为壑。水逆行谓之洚水。洚水者,洪水也③。仁人之所恶也。吾子过矣。"

今译——

白圭说:"我治水比夏禹都治得好。"

孟子说:"您错了。夏禹治理水患,是顺应水的本性走水本来的水道,所以夏禹以四海当作水流入的深壑。如今您却把邻国当作水流入的深壑。水逆流而行叫洚水。洚水,就是洪水。这是仁人所厌恶的。您错啦。"

注释——

① 丹之治水:《韩非子·喻老》记载:"千丈之堤,以蝼蚁之穴溃;百尺之室,以突隙之烟焚。故曰:白圭之行堤也,塞其穴,丈人之慎火也,涂其隙,是以白圭无水难,丈人无火患。此皆慎易以避难,敬细以远大者也。"

② 水之道也:"禹之行水也,行其所无事也。如智者亦行其所无事,则智亦大矣。"(8.26)即按水之本性治水,不妄加人为穿凿和意志。焦循:"水之道,犹云水之路,

谓水所行之路。"此处当指水当行之道和当行之性。
③ 洚（jiàng）水者，洪水也：朱熹："水逆行者，下流壅塞，故水逆流，今乃壅水以害人，则与洪水之灾无异矣。"

开讲——

治水是中华民族的历史母题。《尚书·大禹谟》："曰若稽古，大禹曰文命，敷于四海，祗承于帝。"传说夏禹因平治洪水有功，受舜禅让为天子。古代黄河常年泛滥成灾，黄河穿过魏国，作为魏国国相的白圭，对自己的治水能力很自信。孟子说，"子过矣"，您错了。孟子对白圭还是尊重的，称他"子"，后面又称他"吾子"，表示亲近，但话说得一点不客气。

"壑"，水的归宿。中国最古老的民歌《蜡辞》："土反其宅，水归其壑，昆虫毋作，草木归其泽。"夏禹治水，是顺应了水的规律，引洪水向东流入大海，以海为"壑"，让海成为水的归宿。而白圭的做法却是"以邻国为壑"，筑高自己国家的堤坝，抬高水位，把洪水引向别的国家，这是一种"曲防"政策（12.7），为了自身利益，不惜损害别国利益，无视对别国的不公正，是"仁人之所恶也"，违背水道，违背人道，为人不齿。当然，对于白圭来说，这可能也是不得已而为之：当时天下诸侯各自为政，也确实做不到如大禹那样天下一盘棋："疏九河，瀹济漯，而注海；决汝、汉，排淮、泗而注之江。"（5.4）

儒家只有天下观念，没有国家观念。儒家的天下一统是站在苍生的角度思考问题。"宋牼将之楚"，对如何阻止诸侯之间的战争，宋牼的做法是"言其不利"，这就是站在国家的角度；孟子主张"怀仁义以相接"，这就是从天下的角度。（参见12.4开讲）

儒家经典中，"天下"作为关键词，出现的次数比"国"多。《大学》："国不以利为利，以义为利也。""以义为利"的"国"，其实就是天下的境界。以利交，利尽则绝；以义交，才能长久。

本章注释①我引了韩非对白圭肯定赞扬的话。为什么孟子否定白圭，而韩非子肯定白圭？原因就是，韩非只从一国之利益出发，而孟子从天下的眼光评价。

有天下的眼光，与仅仅站在自己国家的狭隘立场上以邻为壑，这是两种完全不同的价值观，完全不同的高度。孟子在他那个时代，触目所见，多是国家主义者，比如白圭相魏，也是站在魏国的立场上做以邻为壑的事。可以想见，孟子当时是多么孤独。当一个人站得比所有的人都高，他注定会孤独。孔子说："下学而上达，知我者，其天乎！"（《论语·宪问》）叔本华也说过："伟大人物命中注定要成为孤独者。"（《叔本华论说文集》第二卷《劝诫与格言》）孟子的孤独，也是孟子的光荣。

两千多年以来，孟子一直孤独地站在我们够不着的地方。什么时候我们能够上升到这样的高度去理解他，中华民族将不仅是一个强大民族，还是一个伟大的民族，一个能够引领世界的民族。

用"吾子"来称呼白圭，孟子对白圭还是很亲热的，这可能与上一章白圭提出"二十而一"给孟子留下好印象有关吧。"二十而一"，虽然事理上不可行，但也算是"政治正确"。

成语——以邻为壑
链接——5.4；8.26；12.4；12.7；12.10

12.12

孟子曰:"君子不亮,恶乎执?"

今译——

孟子说:"君子不执信,怎么会固执己见呢?"

开讲——

"君子不亮,恶乎执?"一般翻译为,君子不讲诚信,如何才能有坚定的操守呢?朱熹就是这么理解的:"亮,信也,与谅同。恶乎执,言凡事苟且,无所执持也。"亮,通"谅"。谅,有相信、诚信之义。"信"是褒义。

但,谅,也有固执己见的意思,贬义。孔子讲"谅",就时常有贬义。比如孔子说:"君子贞而不谅。"(《论语·卫灵公》)君子很坚定,但是不固执。又如,子贡、子路认为管仲不忠诚,本来辅佐公子纠,公子纠死了,他却做了公子纠的对手小白(齐桓公)的相。孔子却说,像管仲这样有大志向的人,"岂若匹夫匹妇之为谅也"(《论语·宪问》),管仲怎么会像匹夫匹妇那样固执己见,不知变通呢?

那么,"君子不亮"的谅,是贬义的固执己见,还是褒义的诚信呢?按褒义理解,翻译为"君子不讲诚信,如何才能有坚定的操守呢",固然也可以。但是,我认为,有两个问题。

第一,既然在《论语》里面,孔子更多的时候用的是贬义(褒义有《论语·季氏》中的"友直友谅友多闻"),那么孟子在这个地方,我们更多地从贬义的角度去理解可能更好一点。(《孟子》中无"谅"字,无从参照。"亮"亦只此一处)

第二,如果仅仅理解为君子不诚信怎么能有坚定的操守,意义不大。孟子讲这么肤浅的大白话?因此,"谅"在这里解释为固执己见,内涵更丰富。

"恶乎执"的"恶",也可以有两种理解:一种是"恶(wū)",表示疑问——怎么;另一种是"恶(wù)",表示厌恶。"执"也可以有两个理解:一个是执着、坚定;一个是固执、掌握。所以,在这一章,孟子只一句话"君子不亮,恶乎执",因为对"谅""恶""执"三个字的含义解释不同,就会有不同的理解。

我认为,最好翻译为:君子不执信,怎么会固执己见?这是孟子在提醒我们,我们有时太固执,是因为我们常常迷信某些东西。一旦陷入迷之自信或执信,就会固执、执拗。君子不是迷信执信之人,所以君子不是固执之人。

孔子"七十而从心所欲不逾矩"的境界,就是既信而又从心所欲,不固执。

孔子说:"可与共学,未可与适道;可与适道,未可与立;可与立,未可与权。"(《论语·子罕》)"权"是变,要有变通。

孔子说:"言必信,行必果,硁硁然小人哉。"(《论语·子路》)

孟子也说:"言不必信,行不必果,惟义所在。"(8.11)一个人如果执信,他一定固执。所以,让一个人不固执的方法,是让他学会不执信。

链接——8.11

12.13

鲁欲使乐正子为政①。孟子曰:"吾闻之,喜而不寐。"

公孙丑曰:"乐正子强乎?"

曰:"否。"

"有知虑乎?"

曰:"否。"

"多闻识乎?"

曰:"否。"

"然则奚为喜而不寐?"

曰:"其为人也好善。"

"好善足乎②?"

曰:"好善优于天下③,而况鲁国乎?夫苟好善,则四海之内,皆将轻千里而来告之以善。夫苟不好善,则人将曰④:'訑訑⑤,予既已知之矣。'訑訑之声音颜色,距人于千里之外。士止于千里之外,则谗谄面谀之人至矣。与谗谄面谀之人居,国欲治,可得乎?"

今译——

鲁国打算让乐正子执掌国家政务。孟子说:"我听说后,高兴得睡不着。"

公孙丑问:"是乐正子能力强吗?"

(孟子)说:"否。"

"是有智谋吗?"

(孟子)说:"否。"

"是见多识广吗?"

(孟子)说:"否。"

"那到底为什么高兴得睡不着呢?"

(孟子)说:"因为他为人好善。"

"为人好善就足够了吗?"

(孟子)说:"为人好善用来治理天下都游刃有余,何况一个鲁国呢?如果为人好善,那么天下的人,都会不远千里而来告诉他善言。如果为人不好善,那他会说:'唔唔,你说的这些,我已经知道了。'那自满的声音和脸色,就会把人拒于千里之外。士人被拒于千里之外,那些谄媚奉承的人就来了。与谄媚奉承的人待在一起,国家想治理好,做得到吗?"

注释——

① 乐正子:孟子弟子乐正克。任命他的当是鲁平公。
② 好善:从上下文看,这里是乐闻善言、从善如流之意。
③ 优,有余裕。此处是绰绰有余之意。《论语·子张》:"仕而优则学,学而优则仕。"朱熹注:"优有余力也。"《说文》:"优,饶也。"
④ 则人将曰:"人"字有两种理解。赵岐认为是指不好善的统治者:"诚不好善,则其人将曰訑訑,贱他人之言。"焦循认为是他人,本来有可能进善的人:"上云'夫苟好善,则四海之内'云云,此云'夫苟不好善,则人将曰訑訑'。将曰之将,与将轻之将同。人见此不好善之人,而状其貌曰訑訑,又述其言曰'予既已知之矣'。"焦循的句型分析较为合理,但不如赵岐简单直接,译文从赵岐。

⑤ 訑訑（yí yí）：自满得意的样子。赵岐："訑訑，自足其智，不嗜善言之貌。訑訑之人，发声音，见颜色，人皆知其不欲受善言也。道术之士闻之，止于千里之外而不来也。"

开讲——

"鲁欲使乐正子为政"，应该是孟子晚年在邹、鲁一带活动时发生的事。鲁平公要去见孟子，被嬖人臧仓说坏话拦下。去见鲁平公为孟子打抱不平的，正是乐正子（参见2.16）。

乐正子是孟子的得意弟子。孟子称赞他是"善人也，信人也"（14.25）。得知乐正子受命主持鲁国政务，孟子竟然"喜而不寐"，高兴得晚上睡不着。为什么？公孙丑又来问孟子：是乐正子很有能力吗？不是。是他很有智谋吗？不是。是他见多识广吗？不是。是什么？孟子说，是"其为人也好善"。

好善就够了吗？好善真的就够了。如果只用自己一个人的善，毕竟只有一人之善。用一人之善，何以治国？治国要用一国之善，甚至是举天下之善。而要举天下之善，就需要为政者能将天下人的智慧凝聚起来、包容起来，而不是好一己之善，刚愎自用、沾沾自喜、狂妄自大，以为自己最英明神武，以为凭一个人的德性、能力就能把天下治好。乐闻善言，从谏如流，集思广益，才是为政者最重要的素质。

> 孟子曰："子路，人告之以有过，则喜。禹，闻善言，则拜。大舜有大焉，善与人同，舍己从人，乐取于人以为善。自耕、稼、陶、渔以至为帝，无非取于人者。取诸人以为善，是与人为善者也。故君子莫大乎与人为善。"（《孟子·公孙丑上》）

什么叫与人为善呢？就是把天下作为善的资源，取天下人之善以充己善，又将天下人之善扩而充之，推而广之。什么样的人才能做到这一点呢？好善之人。

如此，天下人才就会不远千里而来，成为治天下的智囊。真正的智囊不是自己有智慧，而是囊括天下的智慧，来治天下之事务。所以，人，最怕"自用"。比如，我们读《史记·项羽本纪》，项羽"身七十余战，所当者破，所击者服，未尝败北"，简直是攻无不克，战无不胜。再读《史记·高祖本纪》，感觉刘邦毫无主张，一碰到事情就只会问四个字："为之奈何？"他这么一问，张良给他出主意了，陈平给他出主意了，韩信出来了，他们都聚集到他身边了。项羽能力很强，很伟大，但结果是，唯一的谋臣范增也被他弄走了，成了孤家寡人，最后败给了刘邦。

好善，用天下人的智慧，国家智慧就会无穷无尽并不断生发出来。

不好善，刚愎自用，动辄自视甚高："訑訑，予既已知之矣。"则统治者一己的智力就会成为一国智力的天花板，不仅扼杀他人的发展和人生，亦扼杀一国一族的发展，扼杀民生。

成大事者，得让天下人都敢有思想，得让天下人都敢于发表见解，并且，鼓励天下人不远千里跑到自己耳朵边来发表。怎样才能做到以天下人的智慧治天下？只要一条，好善，乐闻善言。反之，"士止于千里之外，则谗谄面谀之人至矣"，治国者天天和谄谀之人混在一起，国家有可能得到治理吗？不可能。《中庸》：

> 子曰："舜其大知也与！舜好问而好察迩言，隐恶而扬善……"

好善才会好问，好问就会"四海之内，皆将轻千里而来告之以善"。大舜也不过以此治天下。

成语——拒人千里　喜而不寐
链接——2.16；3.8；14.25

12.14

陈子曰[1]:"古之君子何如则仕?"

孟子曰:"所就三,所去三。迎之致敬以有礼,言,将行其言也,则就之。礼貌未衰,言弗行之,则去之。其次,虽未行其言也,迎之致敬以有礼,则就之。礼貌衰,则去之。其下,朝不食,夕不食,饥饿不能出门户,君闻之,曰:'吾大者不能行其道,又不能从其言也,使饥饿于我土地,吾耻之。'周之,亦可受也,免死而已矣[2]。"

今译——

陈臻说:"古代君子在什么情况下就出来做官呢?"

孟子说:"就任做官有三种情况,离开有三种情况。以足够的尊敬并按礼节迎接,提出的主张,国君打算实行,那么可以就任。礼貌还有,提出的主张却不打算实行,那么就离开。其次,虽然没实行他的主张,但是以恭敬的礼节迎接,那么可以就任。如果礼貌也没有了,就离开。最下一种情况,早上没饭吃,晚上也没饭吃,饿得出不了门,君主听说了,说:'我上不能实行他的道,下不能听从他的言,但让他在我的国土上饿肚子,我觉得是我的耻辱。'于是周济他,这也是可以接受的,免于饿死罢了。"

注释——

① 陈子：孟子学生陈臻。参见 4.3。
② 前文说："所就三，所去三。"实际上，后文只说了所就三，所去二。顾炎武《日知录》："免死而已矣，则亦不久而去矣。故曰所去三。""免死而已矣"的仕，只是权宜之计，随时要准备"去"的，所以属于有机会无条件"去"的，无须再说。

开讲——

"古之君子何如则仕"的问题，孟子谈过不止一次，这里又谈到。

"所就三，所去三"，就，就职，就任；去，离开。就与去，分别有三种情形。

一就一去，最高境界。我在 4.10 开讲里，讲过墨子因为越王不能实行他的主张，从而拒绝越王五百里之封的事。墨子就在这最高境界上。

"子曰：'直哉史鱼！邦有道，如矢；邦无道，如矢。君子哉蘧伯玉！邦有道，则仕；邦无道，则可卷而怀之。'"（《论语·卫灵公》）孔子称赞史鱼不论国家有道无道，都会像箭矢一样直射出去，是"直"；孔子称赞蘧伯玉，国家有道就出来做官，国家无道就"去"，藏起来，是"君子"。显然，孔子对蘧伯玉的评价要比史鱼高。为什么呢？因为史鱼是将自己的价值、自己行道的方式，和一个国君绑定了，他的价值只有通过这个国君才能实现。故而，国君好，要与有道之君行道；国君坏，也要逼着无道之君行道。

但蘧伯玉不是。蘧伯玉保持了一个士人来去绰绰有余地的独立精神。故而，国君好，就在有道之邦行道；国君坏，邦无道，离开。得君行道是一种境界，不得君也能行道，是更高的境界。为什么要绑定一个国君呢？邦无道，我自行道。即孟子所谓"达则兼善天下，穷则独善其身"（参见 13.9 开讲）。因此，在孔子看来，蘧伯玉保持了传统贵族一种非常可贵的独立精神，是为"君子"，比史鱼们得君行道的境界，更高一层。

二就二去，次一等的做法。"迎之致敬以有礼"，则就；"礼貌衰"，则去。孔子到卫国，卫灵公给他"致粟六万"的待遇，这就是"迎之致敬以有礼"。有一天，卫灵公问孔子怎么打仗，孔子对曰："俎豆之事，则尝闻之矣；军旅之事，未之学也。"（《论语·卫灵公》）第二天，卫灵公"与孔子语，见蜚雁，仰视之，色不在孔子。孔子遂行"（《史记·孔子世家》）。为什么孔子离开了？"色不在孔子"，卫灵公与孔子说话，眼睛却盯着天上飞的大雁。这就是"礼貌衰"，主人的脸色都不好看了。

三就三去，境界最低的，有时为了养家糊口去做官拿俸禄，"仕非为贫也，而有时乎为贫"，不过，若是为贫，则"辞尊居卑，辞富居贫"（10.5）。为家境贫穷做官的，应该辞去高位做小官，辞去厚禄拿低薪，因为"位卑而言高，罪也。立乎人之本朝而道不行，耻也"（同上）。这是讲最低一层的"就"。对这一层次的"去"，孟子这里没有说，因为既然只是为贫，为一口饭，也就不需要再说"去"的理由，因为，随时准备"去"了。再，虽然此时的君主觉得自己有责任让自己治下没有饥饿之人，从而"周之"，给予接济，但还是要有基本的尊敬，"呼尔而与之""蹴尔而与之"（11.10），那还是要坚决离开的。在10.6章，孟子讲到了这种"周济"状态及其如何延续与终结，可参看。

注意"吾大者不能行其道，又不能从其言也，使饥饿于我土地，吾耻之"一句，这是古代国君、贵族从自己的角度讲的。周朝时，"诸侯失国而后托于诸侯，礼也。士之托于诸侯，非礼也"，但"君之于氓（流落之人）也，固周之"（10.6）。国君看流落之人在自己的国家里挨饿受冻、走投无路，自觉耻辱，给予关照安顿，这是贵族之风，也是吾中华古国之政治仁厚。贵族与暴发户的最大区别，是贵族有荣誉感。"使饥饿于我土地，吾耻之"，通过这句话，可以看出，周朝曾经有过一种怎样的善良的政治风俗，这与秦制严厉的赏罚制度下，无功之人绝无可能获得国家周济，形成强烈反差。附《韩非子·外储说右下第三十五》：

> 秦大饥，应侯请曰："五苑之草著：蔬菜、橡果、枣栗，足以活民，请发之。"昭襄王曰……"令发五苑之蔬、蔬、枣、栗，足以活民，是用民有功与无功争取也。夫生而乱，不如死而治，大夫其释之。"

链接——4.3；4.10；9.8；10.5；10.6；11.10；13.9

12.15

孟子曰:"舜发于畎亩之中①,傅说举于版筑之间②,胶鬲举于鱼盐之中③,管夷吾举于士④,孙叔敖举于海⑤,百里奚举于市⑥。故天将降大任于是人也,必先苦其心志,劳其筋骨,饿其体肤,空乏其身,行拂乱其所为⑦,所以动心忍性,曾益其所不能⑧。人恒过,然后能改⑨;困于心,衡于虑,而后作⑩;征于色,发于声,而后喻⑪。入则无法家拂士⑫,出则无敌国外患者,国恒亡。然后知生于忧患而死于安乐也。"

今译——

孟子说:"舜是在田间地头中发迹的,傅说是在夯土筑墙的苦役中被提拔的,胶鬲被提拔于贩鱼卖盐之时,管仲被提拔于监狱囚禁之中,孙叔敖在海边耕种时被提拔,百里奚在买卖市场中被提拔。所以,上天要把重大的使命交给某个人,一定先使他的心志受苦,筋骨劳累,肚肠饥饿,身体困乏,使他的所做所为总是失败混乱,以此来激发心志坚韧性情,增加他不具备的能力。一个人多犯过失,然后才能矫正;心里有困惑,思虑有阻碍,然后才能奋发;急切表露于脸,焦虑形之于言,而后才能有所心得。内无掌握法度的大臣和辅助国君的士人,外无敌国和外患之忧,国家常常就灭亡了。如此可知生于忧患而死于安乐啊。"

注释——

① 畎（quǎn）亩：田地，田间。舜发于畎亩之中，即 9.1 所谓"帝使其子九男二女，百官牛羊仓廪备，以事舜于畎亩之中"。

② 傅说（yuè）举于版筑之间：傅说，商朝贤人。版筑，筑墙的一种办法，用两版相夹，中间填满湿土，夯实，待干后拆版即为土墙。传说傅说在傅岩筑墙，被商王武丁访得，举以为相（参见《史记·殷本纪》）。

③ 胶鬲（gé）举于鱼盐之中：赵岐："殷之贤臣，遭纣之乱，隐遁为商，文王于鬻贩鱼盐之中得其人，举之以为臣也。"

④ 管夷吾举于士：管夷吾，即管仲。夷吾是名，仲是字。管仲先辅佐齐国公子纠。公子纠死后，管仲曾被囚禁，后做齐桓公之相。孔子的评价："管仲相桓公，霸诸侯，一匡天下，民到于今受其赐。"（《论语·宪问》）士，这里指士师，是管理刑法监狱的官员。

⑤ 孙叔敖举于海：孙叔敖，原是楚国的隐士。赵岐："孙叔敖隐处耕于海滨，楚庄王举之以为令尹。"令尹，相当于宰相。

⑥ 百里奚举于市：百里奚，春秋时期虞国大夫。孟子对"百里奚自鬻于秦养牲者，五羊之皮，食牛，以要秦穆公"事，是予以否认的（参见 9.9）。这里的"举于市"，当指百里奚逃亡楚国，被楚国人抓住，被秦穆公用五羖羊皮赎买出来举为相的事（《史记·秦本纪》）。

⑦ 拂（fú）：违背。

⑧ 动心忍性：朱熹："谓竦动其心，坚忍其性也。然所谓性，亦指气禀食色而言耳。程子曰：'若要熟，也须从这里过。'"曾（zēng）：通"增"。

⑨ 人恒过，然后能改：在不断犯错中校正方向。朱熹："此又言中人之性，常必有过，然后能改。"

⑩ 困于心，衡于虑，而后作：有志之人，不能自甘于庸碌，故不能如一般人一样与庸碌的日子和解，以至行为困顿，思虑焦灼，然必此等人可以崛起也。衡：同"横"，充塞。朱熹："横，不顺也。"

⑪ 征于色，发于声，而后喻：人必自陷于滞碍难通，努力愤悱，以至于形之于色，发之于声，而后能有所得。"而后喻"者，愤悱以至于形之于声色，而后明了大道，有所心得。详见本章开讲。
⑫ 法家拂士：法家，掌握法度的大臣。拂（bì）通"弼"，辅佐。拂士，辅佐之士。

开讲——

　　孟子一下子举了六个人的例子，舜、傅说、胶鬲、管夷吾、孙叔敖、百里奚。这六个人具备两个共同的特点：出身低微，经历磨难；最终有所成就。例证的结论是"故天将降大任于是人也，必先苦其心志，劳其筋骨，饿其体肤，空乏其身，行拂乱其所为，所以动心忍性，曾益其所不能"。这句话很出名，中学生都会背。

　　"人恒过，然后能改"，"恒"，经常。人犯错，是经常的、不断的。不断犯错，不断遭受挫折。（"做错"是两个字，第一个字是"做"，然后才是第二个字"错"。一直做，一直错，一直做错，然后才能做对。我们人生中无量的"做错"，就是为了一个"做对"。（参见11.20开讲）

　　但"然后能改"的前提，是"我要改"。经历很多磨难后，也有人将错就错了，心灰意冷了，得过且过了，甚至有人从此堕落了。唯有不断地在错误中遭受挫折，不断地保持"我要改"的方向，才能百折不挠，愈挫愈奋，有所进步。所以，内在的精神力量非常重要，不甘平庸的心性非常重要。除了撞大运"成功"的，被逼着成功的，凡经过自己主观努力而成功者，必有一个共同点，那就是"成功焦虑"：焦虑自己的平庸，不容忍自己平庸，才是成功的原动力。

　　焦虑是成功的必要条件。没有"成功焦虑"的人，不可能有真正意义上的成功。撞大运式的飞黄腾达荣华富贵，因为不是本人努力所求，不能叫成功。比如，一个人经过千辛万苦淘金发财，我们会称之为"成功";但一个人被树根绊了一跤,捡到一大砣金子,我们只能说他运气好,而不能说他"成功",因为这并非他所预料并为之努力的结果。从这个意义上说,那个守株待兔的人,获得的第一只兔子,不能叫"成功"。但如果他守在树下十年二十年,春夏秋冬风雨雷电不离不弃,若真等到又一只兔子撞死,这第二只兔子的获得,就可以算是"成功"——成功必须是有成功期望然后付之努力获得的结果。

所以,"困于心,衡于虑,而后作",这句话不是说一般的内心困苦和焦虑,不是说一般的对某一具体事务的困苦焦虑,而是人生整体或整体人生的大焦虑:焦虑于人生的方向,困顿于庸碌的日子,不甘于平庸的人生。有大志向的人,内心有大能量的人,无法在庸庸碌碌的人生中找到乐趣。所以,对这几句的理解,我在注释中说:"有志之人,不能自甘于庸碌,故不能如一般人一样与庸碌的日子和解,以至行为困顿,思虑焦灼,然必此等人可以崛起也。"我也学孟子举例说明,随便举几个秦汉人物做例子:项羽见秦始皇,曰"彼可取而代也",你见项羽平时一事无成心思游走,学书学剑两无成,我见他不能委屈琐事志在万人敌也。刘邦见秦始皇,曰"大丈夫当如此也",你见他游手好闲、不务正业,甚或无赖耍赖如流氓,我见他不能老死畎亩如刘老二也。秦汉之间,心思无着落,行为古惑仔的,很多,如韩信,如陈平,都不能甘甜于庸常,而委顺于世俗。然此等人,方是大英雄也!

人才,往往是那种在灯火阑珊处,人际边缘处,热闹场外,看起来恍恍惚惚,迷茫怅惘,似乎迷失了自己的人。他在安排出来的热闹中找不到自己,在常规的活动中找不到自己,如是,他才是真正在找自己、安顿自己。一旦找到自己,安顿好自己,他就是个人物。

"困于心,衡于虑"的重点,不在于心中有困惑,也不在于思虑被堵塞,而是在困惑中,仍然在思考;在堵塞中,仍然在寻找出路。不思何有困?不虑何来衡?什么样的人心中一直有困惑呢?心中常常装着困惑的人。心中常常装着困惑的人，恰恰是善于思考的人。头脑简单的人往往觉得幸福，他看不到天下事，也不会去想终身事，也就没有困惑。忧天的杞人，是人中豪杰啊，可惜被俗人当了笑话，真是"不笑不足以为道"。

因此，这几句话，重点在于思，在于虑，不在于"困"，也不在于"衡"。思，才知道"困"；虑，才发生"衡"，才能有"而后作"，在这个"困"里，在这个"衡"里，有思在，有虑在，我思故我在，所以他在。他已经在了，振作起来是必然的事，是迟早的事。当人人苟且的时候，你不苟且，你便胜过无数人。

难解释的是这句"征于色，发于声，而后喻"，至今仍莫衷一是。有两种传统解释：

一、赵岐："征验见于颜色，若屈原憔悴，渔父见而怪之。发于声而后喻，若宁戚商歌，桓公异之，是而已矣。"意思是："人恒过，然后能改。困于心，衡于虑，而后作。（自己之'改'）征于色，（自己之'改'）发于声，（他人）而后喻。"

二、朱熹："不能烛于几微，故必事理暴著，以至验于人之色，发于人之声，然后能警悟而通晓也。"意思是这样的："人恒过，然后能改。困于心，衡于虑，而后作。（他人对于自己之'过'不满而）征于色，（他人对于自己之'过'不满而）发于声，（自己）而后喻。"自己有了过错与不足，但未必自己察觉，必要等到暴露出来，甚至从别人的脸色和语言上看出来，自己才能明白。

但是这两种解释，都有问题。今人注本大都依照赵岐的理解，翻译为："开始在脸色上表现出来，接着用坚定的语调表达出来，才能使人了解。"但，让人了解，一定要用表现在脸色上、坚定在语调上吗？还有人翻译为："表现在面色上，吐发在言语中，才能被人了解。"不仅事理上难以圆通，与上下文也不能很好对接。

赵岐和朱熹这两种解释，有一个共同点，就是把"人恒过，然后能改"当作领衔的句子，后面两个"而后"结语的句子都是指"改过"。今人基本是在这个思路上理解这三句话。

其实，这一章的主题不是在说如何改过，而是在说如何有所作为，最终落脚于"生于忧患，死于安乐"。正如孟子开头肯定那些人生负面的因素对人心志的锻炼（苦其心志，劳其筋骨），孟子这里其实也不是在说改过是人生成长的必然阶段，而是在说犯错对于人生最终成功的必要价值。所以，"人恒过，然后能改"与下面两个句子"困于心，衡于虑，而后作""征于色，发于声，而后喻"的关系，不是领衔关系，而是并列关系，以"然后"或"而后"分开。前两句意思大致是：人须常因试探而犯错，才能找到正确；人须常有焦虑心困，才能最终有所作为。这样理解，和前文人须"苦、劳、饿、空乏、拂乱"才能逻辑一致。如此，历来为注家头疼的"征于色，发于声，而后喻"，才能在这样的逻辑上找到确解。从这个逻辑来看，赵岐、朱熹以及诸多今人的理解思路，都有问题了。

其实，解决这一问题的关键，在《论语·述而》："子曰：'不愤不启，不悱不发。举一隅不以三隅反，则不复也。'""愤"对应的，是"困于心，横于虑"；"悱"对应的，是"发于声"。朱熹注：

> 愤者，心求通而未得之意。悱者，口欲言而未能之貌。……程子曰："愤悱，诚意之见于色辞者也。待其诚至而后告之。既告之，又必待其自得，乃复告尔。"又曰："不待愤悱而发，则知之不能坚固；待其愤悱而后发，则沛然矣。"

故，孟子此处意思是，人必自陷于滞碍难通，努力愤悱，而后能有所得，而后喻者，愤悱以至于形之于声色，而后明了大道，有所心得。

孟子有一种把人生负面境遇看作人生不可避免且是成功必要条件的倾向，甚至有把人的负面心理，包括心理创伤，看作一个人强大内在能量来源的认知，这是很了不起的，因为这实际上已经为现代心理学证实。孟子确实具有非凡的对世道人心的极其深刻的洞察，深谙心理学。再看 13.18：

　　孟子曰："人之有德慧术知者，恒存乎疢疾。独孤臣孽子，其操心也危，其虑患也深，故达。"（《孟子·尽心上》）

　　很多人解释"疢疾"为忧患，其实这是对孟子思想的理解。疢疾的原意就是疾病，说它是"忧患"，乃是引申义。孟子既然在 12.15 已经用了"忧患"，为什么在 13.18 还要用"疢疾"来比喻忧患？这完全没有必要。孟子本意就是指人的心理疾病——或者，中性一点说，是心理缺憾。一种心理压力或人生缺憾，会使人更加集中自己的能量做成大事。比如舜，他严重缺乏父母之爱，所以，一生都在追求这种爱，由此成为大孝之楷模。

　　心理学上有一个概念：创伤后成长（PTG, post-traumatic growth），由美国心理学家乔治·博南诺（George Bonanno）于 2004 年提出。他通过大量研究发现，大多数创伤事件的幸存者并未表现出 PTSD（创伤后应激障碍），反而有很多人报告自己从这段经历中收获了成长，因此他将这一现象命名为"创伤后成长"，即在经历了极具挑战性的生活事件后展现出的积极心理变化，其核心定义为许多经历过创伤的人不仅展现出了惊人的心理复原力，还在创伤中生出前所未有的生命力。

　　创伤后成长的理念古来有之，如佛教、印度教及基督教等东西方文化均包含创伤后成长元素，近二十年才又开始真正纳入科学框架来讨论。也有学者将此现象描述为逆境成长、寻找益处、应激相关性成长等。

创伤后成长主要表现在七个方面：（一）加深对生活的理解；（二）加深对亲密关系的理解，与重要他人的联结更加紧密；（三）怜悯与同情心增加，更加利他；（四）认识到生活中新的可能性与目标；（五）更加了解自身优势并加以利用；（六）精神上的成长；（七）创造力提升。

我们看到，这七个方面的成长，主要不是智力要素，而是品德要素。这世界很多真相的认知和洞悉，需要德性的参与，需要非智力因素的介入。德性的缺乏会导致一个人认知上的愚蠢；而认知力的超拔，也促进一个人德性的圆满。所以，创伤后成长，在某种意义上说，是一个人的认知能力的提升，共情能力的获得，更是品德的成长。而这，被孟子看到了，并加意珍重。

"入则无法家拂士，出则无敌国外患者"，内无肱股之臣，外无竞争对手，"国恒亡"。这是孟子讲得非常有辩证法思想的一句话。柳宗元《敌戒》也说过，一个国家如果没有外敌，国家一定会灭亡。他举了秦国的例子："秦有六国，兢兢以强；六国既除，迤迤乃亡。"当秦国在外有六个敌国的时候，它"兢兢以强"，时刻奋发努力，越来越强大。灭六国后，"迤迤乃亡"，十六年就灭亡了。保持自己强大的最好办法，是保护对手，甚至培育对手——而不是消灭对手。现在我们称这种现象为"鲶鱼效应"。

孟子的结论，最后落在"生于忧患而死于安乐"，体现出非常深刻的忧患意识，并且成为中国人隐藏很深的一种文化心理。

成语——动心忍性　生于忧患　死于安乐　法家拂士　敌国外患
链接——11.20；13.18

12.16

孟子曰:"教亦多术矣,予不屑之教诲也者,是亦教诲之而已矣。"

今译——

孟子说:"教育也是有多种方法的,我不屑于去教诲他,这也是在教诲他了。"

开讲——

孔子不教孺悲的故事,是对孟子这句话最好的注释。孺悲、孺悲,悲哀的小孩。为什么悲哀?"孺悲欲见孔子,孔子辞以疾。将命者出户,取瑟而歌,使之闻之。"(《论语·阳货》)孺悲想拜孔子为师,估计孔子知道他是仗着鲁哀公的面子来的,如此"挟贵而问"(13.43),孔子不高兴见他,叫弟子们对他说老师生病了。弟子出来告诉孺悲,还没等孺悲走开,孔子就在里面大声唱歌鼓瑟。孔子想让孺悲明白,我没生病,我就是不想教你!为什么不想教?你自己反思、反省。让你知道我不屑于教你,就已经是在教你,教你自己反省。这也是一种教育法。

教育有很多种方法,不能拘泥于那么多条条框框。比如今日所谓的快乐教学,教学哪有那么多快乐?教学本身一定是"必有近忧"的,学习一定没有玩游戏快乐；教育的快乐，来自"人有远虑"，在学习后的收获，在不断努力后的成长，在将来能有更多的能力服务社会、服务人类。当然，当下学习，当下即有收获，这种当下兑现的收获，会产生当下的快乐。但从逻辑上说，收获必在努力之后。获得，需要付出辛苦。

其次，学习的不快乐，也是在"学习不快乐"，学会适应不快乐，学会理解不快乐。理解和适应不快乐，是人生必不可少的能力，只有适应和理解了不快乐，才能获得快乐。快乐是什么？快乐就是对不快乐的理喻。

还有我们常说千万不能打击孩子的自尊心。但孔子就经常打击学生的自尊心，有时一打击还一大片。孔子学生贤者七十二，鲁哀公问孔子："弟子孰为好学？"孔子说："有颜回者好学，不迁怒，不贰过，不幸短命死矣。今也则亡，未闻好学者也。"（《论语·雍也》）这就是打击一大片。《论语》中，孔子打击子贡、打击子张、打击冉求、打击公西华，被打击最狠的是子路。什么叫自尊心？自尊心，是自己对自己有"尊心"，不至于做出让别人看轻自己的事。自尊自尊，是自己去"尊"，不是让别人来"尊"；"不屑之教诲也者，是亦教诲"，伤害学生自尊心，也是一种教育。

"教亦多术矣"，有时，不完美、不够友善，也是在教我们，或者说，在锤炼我们的心智与能力，学会接受别人不够友善的对待，学会在不够完美的世界里，过自己完美的一生。

成语——教亦多术
链接——4.2；13.40；13.43

卷十三
尽心上

（凡四十六章）

13.1

孟子曰:"尽其心者,知其性也①。知其性,则知天矣②。存其心,养其性,所以事天也。殀寿不贰,修身以俟之③,所以立命也。"

今译——

孟子说:"穷尽自己的心,就能知悉自家的性。知悉自家的性,就能知天。保持自我本心,养护自我本性,这就是在顺事天。不论寿命长短心性都如一,修身以待天命,这就是安身立命了。"

注释——

① 赵岐:"性有仁义礼智之端,心以制之,惟心为正。人能尽极其心,以思行善,则可谓知其性矣。"焦循:"人之心能裁度,得事之宜,所以性善,故仁义礼智之端,原于性而见于心……知其性,谓知其性之善也。"程瑶田《论学小记》:"心者,身之主也。万物皆备于吾之身,物则(按:万物的规则、规律)即具于吾之心。而以为吾之性如是,而心可不尽乎!曷为而可谓之尽其心也?由尽己之性而充极之,至于尽人之性,尽物之性,而心尽矣。"
② 天:此处天,既指天自身之天道,也指天赋予人的天命。赵岐:"知其性,则知天道之贵善者也。"

③ 贰：朱熹："殀寿，命之短长也。贰，疑也。不贰者，知天之至，修身以俟死，则事天以终身也。立命，谓全其天之所付，不以人为害之。"

开讲——

在西方人看来，有没有一神教的信仰，是一个大问题。当人有上帝的信仰时，人的道德行为的最终裁决是上帝。有此信仰，就可以站在上帝一边，否定、反抗世俗权力的压迫。西方有句话，"对暴政的反抗就是对上帝的皈依"，所以，在一神教信徒那里，他们的逻辑是：如果人没有对神的信仰，人的行为的最高道德裁决，往往在世俗权力那里，人就有可能匍匐在权力之下，导致人格堕落。

但是我们看中国历史，虽然没有一神教的全民信仰，实际情况却并非他们想象的那样。中国人的精神世界里没有至高无上的神，没有神作为人的精神支柱，但中国人内心也有自己非常强烈的主体意识。子曰："志于道，据于德，依于仁，游于艺。"（《论语·述而》）孔子的这十二个字，就是我们中国人自有的信仰体系，是我们中国人安身立命的依据。它没有宗教信仰的神秘，却有安身立命的自觉自尊，并且特别有诗意。本章可以放在这样的背景下来理解。

孟子这里的论述分三个层次。第一，前四句"尽其心者，知其性也。知其性，则知天矣"；第二，中间一句"存其心，养其性，所以事天也"；最后，"殀寿不贰，修身以俟之，所以立命也"。关键词是四个："心""性""天""命"。

第一层，讲"尽心"，穷尽心之可能，穷尽善之可能。人心有无限的空间有待探索。穷尽不是到头，正如"大学之道，在明明德，在亲民，在止于至善"（《大学》）的"止于至善"不是"止"而是"不止"，是无所止，是止于不止之中，永远保持在一种不停息的追求的状态。同样，人心之大，犹如宇宙，"往古来今谓之宙，四方上下谓之宇"(《淮南子·齐俗》),"尽心"也是一个极限境界,人的一生穷尽努力,也永无止境。"人心惟危,道心惟微"(《尚书·大禹谟》),了解内心中的善,发现内心中的幽微之处,便是"尽其心"。"尽心"是穷尽自心,也是扩充自心。

"尽其心",然后能"知其性"。孟子说人性善,因此知性,就是明了自己人性中的善。这个"知",不仅是"认知",还是"认同"。我人人性中的善,主要不是"认知"的(因为很难获得事实上的征验),而是"认同"的,我人自觉其善,并以善来界定自己和规范自己。善,不止于伦理学上的善,也包含哲学上的善。

"知性"而后能"知天"。"知",在此是"明了"。了(liǎo),在汉语里,不仅有明白之义,还有终了之感、了结之感。何谓了结?就是因"了"而结,结也是止,有整体把握之义。如此,"知其性,则知天矣",明了天命所在。

天,有两个意思:一个是天本身,天道;另一个就是天赋予我们的命,天命。每个人都有自己的天赋之命。天赋之命,可以把它理解成使命。人在这个世上,总有使命。但是一讲到使命,好像只是我们的某种功能或者是我们的某种责任,但实际上不止如此。人一辈子更多的是要对自家做工作(尽心),对自性做工作(知性),对自己的生命做工作,使生命圆满。这是我们的天命所在。如同苗之开花,如同花之结果,开花结果便是苗之天命,苗如何可以推卸拒绝。孔子叹息:"苗而不秀者有矣夫!秀而不实者有矣夫!"(《论语·子罕》)这就是叹息天命不果,然果也是命,因为命里还有时运,时运其实还是命,故孔子说"有矣夫"。

所以,这三个字,心、性和天,实际上是统一的,是一个道理,只是进入的时候,有一个次序,先从心进去,再了解性,最后知道:心如此,性如此,那么天赋予我们如此的心,天赋予我们如此的性,就是天赋予我们承担某种使命。赋予我们心、赋予我们性，就是赋予我们命。赋予我们这个命，就是去履行某种使命。所以这个命，既是我们自身的命，是我们的本体，又是我们的功能。本体就是我们自己的命，我们必欲使之圆满；功能就是我们的使命，我们必欲有所担当。

第二层，由"尽其心"进入"存其心"。孟子说："仁，人心也；义，人路也。舍其路而弗由，放其心而不知求，哀哉！"人丢失善的本性，就是"放心"——走失、流放了善心。"存其心"，就是不要"放心而不知求"，而是要"求其放心而已矣"，把自己丢失的本心找回来（参见11.11开讲）。学问之道，无非是"求其放心而已"。"尽其心"，是生长、是开拓、是确立；"存其心"，是存留、是含蓄、是保养。如何存心？孟子说："君子以仁存心，以礼存心。"（8.28）君子居心于仁，居心于礼。在日常生活中，心里总是怀着仁爱的念头，宅心仁厚；心里总是怀着礼义的念头，居仁由义。如此存心养性，就是"事天"。"事天"不要想得太大，不要想得太宏阔，能近取譬，仁之方也；"事天"就是尽性啊！就是苗而秀、秀而实啊！"天命之谓性"（《中庸》）啊！

第三层，"殀寿不贰"，殀，夭折；寿，长寿；不贰，不变。人生在世，无论长寿还是短命，无论外在的境遇如何变化，始终保持自己的心性不变。"修身以俟之"，修养自己的身心，以待天命，这就是"立命"，立自家之命了。

归纳起来，从"心"的角度，是先"尽"后"存"。尽，是尽其所能，达其极限。每个人的悟性不一样，只是要尽其所能，达其极限。极限不是天地的极限，而是我们自身所能达到的极限，一辈子往要达到的这个方向走，就是在完成自己的使命了。一个人尽其所能、达其极限，便是尽心。尽心的过程很艰苦，但是，更艰苦的，是存心，始终保养自己的仁心不致流失。这个世界总给我们太多的诱惑，太多不期而遇的挑战，你能不能做到富贵不淫、贫贱不移、威武不屈？尽心难，存心更难，一不小心就会丢了自己的良心，一不小心就会在某一时刻、某一件事上，做不到以良知为出发点，而是以某种利益为出发点。所以时时刻刻"存心"而不"放心"，是我们的终身事业。

从"性"的角度，是先"知"后"养"。知，知其所善。明了自己心中、性中之善，这很重要，因为人的心、性中总有一些不善的东西。孟子讲人性本善，是人性中本来就存着善，但是孟子没说人性中不存着恶。《大学》讲"大学之道，在明明德"，为什么是"明明德"而不是"明德"？"明德"，把"德"发扬出来就行了；而"明明德"是把德中"明"的部分弘扬扩充起来。所以这句话暗含着德中也有不明不善的东西。"明德"需要我们去"明"，明了我们心性中的善，发扬我们的"明德"，养育我们的善性。所以，知性就是明性，明心见性。

从"天"的角度，是先"知"后"事"。知天，认知天命的存在，认知我们每个人天赋的使命。天命的存在意味着，其一，天赋予我们自身的"命"，这是"命"的本体；其二，我们自身的"命"又有它的使命，这是"命"的功能。先"知天"，后"事天"。既然"命"是我自己的，那么，"事天"，就是安顿好自己的命。"明明德"不就是事自己吗？尽心养性不就是事自己吗？不是事别人。所以孔子说："古之学者为己，今之学者为人。"（《论语·宪问》）什么叫为己？为己就是尽己心，存己心，知己性，养己性，知己天，养己天。明了自己的天命，安顿自己的天命，就是"事天"。

在某种意义上看，这是不是一个逻辑闭环？倒回来我们也可以这么说，"事天"就是存心养性。怎么"事"？孟子讲到舜的时候，曾经说过："由仁义行，非行仁义。"（8.19）为做好事去做事，与用好心去做事，这两者的区别非常有意思。什么是好事？我们用好心去做的事，就是好事。双休日去做一件好事，当然很好，但不是最高境界。最高境界是我们不论身在哪里，每时每刻做任何事，都从心里的仁义出发，用仁义的方式去做事，哪怕是在家里做饭、打扫卫生，心中都怀着谦卑，敬事而信，这就是"由仁义行"，这就是"事天"。

到这一步，孟子是不是已经在讲信仰，讲我们安身立命的依据了？这就是中国文化给予我们中国人的信仰。不需要宗教之神，只需要我们有对自己的心性体悟、了解、涵养，我们就能找到自己安身立命的依据。人人在生活中，自可成佛。孔子说："仁远乎哉？我欲仁，斯仁至矣。"（《论语·述而》）佛教讲放下屠刀立地成佛，我们就在"由仁义行"的瞬间，一下子明心见性。

最后，孟子说"所以立命也"，我们把这三个层次做好了，我们的人生就有依据了，我们自家就能安身立命了。立命，立自家之命。人生不就追求一个"立"字吗？

上述四个关键词：心、性、天命——是我们的信仰，是我们的自由，也是我们生命的圆融。

我们的信仰——中国文化给予我们中国人的这个信仰，使我们不需要在某个时刻通过某种形式体现信仰，我们只需要日常生活里保持一种"由仁义行"的状态，我们就处在信仰之中，修养与信仰就合一了。《坛经》："烦恼即菩提。"没有烦恼，怎么有菩提？没有烦恼，如何修养？有闲有钱，喝茶焚香，不是修身养性。修身养性，是做事，是事天，是功在事上磨，是给这个世界创造价值，是让世界变得更加美好。什么事都不做，闭目养神吃斋念佛，不是修身养性，而是麻木不仁，是浑浑噩噩。孔孟是做事的人，佛陀是做事的人，耶稣是做事的人。不做事怎么叫修养呢？所以，信仰是从头至尾贯穿在我们生活中的修养；修养是时时刻刻抱持不放的信仰。

我们的自由——中国文化给予我们中国人的这个自由，让我们可以不依靠宗教之神的外在的拯救，尽己心，存己心，知己性，养己性，知己天，事己天。听命于自己的内心，是向内求，而不是向外求。中国文化的核心是自由。自由，是儒家心性论的前提和内涵。它不是体悟上帝的存在，它是体悟自己内心中的善；它不是去上帝那里印证善，它是去自己的心中感知善。孟子说："我善养吾浩然之气。"（3.2）我以自性的善养我自家的浩然之气。孔子说："吾十有五而志于学，三十而立，四十而不惑，五十而知天命，六十而耳顺，七十而从心所欲，不逾矩。"（《论语·为政》）自十五以至七十，全是围着一个"吾"字打转，走来走去，做来做去，说来说去，都归于"吾"字，都是自家，都是自家内在的需求，由自家内在的需求而起的动力，所以人的一切行为都是自由的，由自的，而不是由他的。行走世间，动力是什么？由自，由自我出发。基督徒做好人的理由是：我信上帝，上帝让我做好人。我们做好人的理由是：我的本性是善的，我在发扬我自己内心的本性，是自我的本性决定我能做好人。我明了自家的心了，知了自家的性了，事了自家的天了。我不是上帝的仆从，我是我心性的仆从。我信自己。怎么信自己？尽心、知性、知天；存心、养性、事天。天命也是自我的，是自我的本体与功能。

我们的性命——心、性、天、命，它是一个圆形的结构，而不是线性结构。尽心知性就是事天；事天，就是立命；立命就是尽心知性。心即性，性即天，天即命，它们是可以互训的。所以，我人的性命是圆融的。

心性之学，需要我们自家去体悟。言者有不言，言多也可能变成某一种"衡"（参见 12.15 开讲），成为自由的阻碍和局限。所以，不多说了，自家体会去也。

成语——存心养性　夭寿不二
链接——1.7；3.2；8.19；8.28；11.11；12.15；13.2；13.3；13.4；
　　　　　13.5；13.6；13.7

13.2

孟子曰:"莫非命也①,顺受其正②。是故知命者不立乎岩墙之下③。尽其道而死者,正命也;桎梏死者,非正命也。"

今译——
孟子说:"不要非正命而死,要顺从正命。所以知命的人不立于危墙之下。尽力行道而死的人,是正命;犯罪受刑而死的人,不是正命。"

注释——
① 莫非命也:有两种理解。第一,将"莫非"连在一起,整句话的意思是无一不是命。朱熹:"人物之生,吉凶祸福,皆天所命。"但是,如果一切都是命中注定,那还要人做什么?人又怎么能选择正命或非正命?可能是因为有这种考虑,赵岐选择了另一种解释。这就是第二,赵岐将"非命"连在一起,"非命"就是下文说的"非正命",整句话的意思是:不要非正命而死,而要"顺受其正",要顺从正命。赵岐的解释有过人之处:他不相信一切都是命中注定,而认为人能在命运之外有所作为。那么,应该如何做呢?赵岐说:"命有三名,行善得善曰受命,行善得恶曰遭命,行恶得恶曰随命。惟顺受命为受其正也已。"简言之,行善而已。《孟子》是赵岐家族的家学。赵氏家族在东汉宦官当权的黑暗时代,勇斗宦官,最后被满门抄斩,只逃出来

赵岐和堂兄赵袭（也作赵息）、堂侄赵戬。赵岐生活窘迫，在北海（今山东）卖饼为生而终不悔，终年九十余岁，可谓是"殀寿不贰，修身以俟之""顺受其正"，正命而死。译文从赵岐。

② 顺受：顺着接受，顺从。其：命。其正即正命。
③ 岩墙：将要坍塌的墙，危墙。

开讲——

什么叫智慧？不是解决具体问题有方法，是做人做明白了，是去除了心中的"虑"，是想透彻了，是解脱之道。

"莫非命也"，有两种理解：一种是"一切无非是命"；一种如翻译的"不要非正命而死"。参阅注释①。

所谓"死于非命"，何为非命？就是不循正命。赵岐说："命有三名，行善得善曰受命，行善得恶曰遭命，行恶得恶曰随命。"前两种都为正命。焦循认为第一种是正命，其实不对，不是遭遇不幸而死就是非命，行道未必有善终，但也属正命。为什么？因为行善即是命，命之是否正，不是看结果，而是看历程，看我们的生命历程是不是"由仁义行"。"莫非命"就是要我人不要行恶得恶，非命而死，而要"顺受其正"，遵循和承受正命。

所以这第一句"莫非命也"，不能翻译为"一切不过都是命啊"，不能理解是孟子的一声叹息，而应理解是他的一声充满慈悲的警告。这一句，如同孔子的"人之生也直，罔之生也幸而免"（《论语·雍也》），满是慈悲、关切和爱护。

如果不分正与不正，一切都视作命定，我们就会变得消极，变得被动：既然一切都是命，那我们何必努力呢？我们的能动性在哪里呢？我们又何必去尽心、存心、知性、养性呢？我们又何必"不立乎岩墙之下"？

"知命者不立乎岩墙之下",是孟子在讲自身的努力也是命。这里的"不"字,就是自己的选择,就有自己的主张和主意。立于岩墙之下而死,是作死,不觉悟而死,是该死,两者都是不能尽心知性、事天立命,这叫"死于非命"。不立于岩墙之下亦死,觉悟了亦死,见义勇为而死,是死得其所,死也是正命。颜回说:"子在,回何敢死?"(《论语·先进》)孔子在,颜回若赴死,就是死于非命;不死,就是不立于岩墙之下。孟子曰:"可以死,可以无死,死伤勇。"(8.23)

"尽其道而死者,正命也",经过自己的努力作为,而终于不免一死,就叫正命。如果我们抱着"一切都是命,死不死我听之任之"的态度死了,这是命吗?这就不是命了,是我们自己消极地听之任之,最终导致了死的结果。所以,有努力,失败了,是"正命";不努力而失败,是"非正命"。作恶而桎梏死者,更非正命,赵岐称之为"随命"。何为"随命"?即随波逐流,飘茵随溷,自暴自弃,自轻自贱,自谓不能。不尽心知性,不事天立命,最终"死于非命"。"非命"者,非正命也。

人的一生,祸也好,福也好,短命也好,长寿也好,在这一结果没有到来之前,一定要自家努力,不能一切都认作命。一辈子不努力,浑浑噩噩,到老了一事无成,说:"哎呀,命!"那不是命,是你自己没出息。

祸福寿夭既定之前,不认其命;祸福寿夭既定之后,即认作命。

不认其命,故操之在我;我何操之?——尽心知性,事天立命。

既认作命,故不怨天尤人。如何不怨天尤人?——孔子曰:"桓魋其如予何?公伯寮其如命何?"(《论语·宪问》)

成语——死于非命

链接——13.1;13.3;13.4;13.5;13.6;13.7

13.3

孟子曰："求则得之，舍则失之，是求有益于得也，求在我者也①。求之有道，得之有命②，是求无益于得也，求在外者也③。"

今译——

孟子说："求之就得到，不求就失去，这种求有助于得，所求的是我自家本有的。求之有其道，得之有其命，这种追求无助于得，所求的东西在我自身之外。"

注释——

① 求在我：所求的为我自有。赵岐："谓修仁行义，事在于我。我求则得，我舍则失，故求有益于得也。"朱熹："在我者，谓仁义礼智，凡性之所有者。"

② 得之有命：赵岐："贤者修其天爵而人爵从之，故曰求之有道也。修天爵者，或得或否，故曰得之有命也。"

③ 求在外：朱熹："在外者，谓富贵利达，凡外物皆是。"

开讲——

前一句话"求则得之，舍则失之，是求有益于得也，求在我者也"，必要因素是"求"。追求就有，不追求就没有。没有"求"，就不能实现"得",而这个"得"是"求在我者也",求的东西原是自家有的,所以求可得,不是自家有的,求不来。

这个"自家有的",还不仅是传统解释所说的自己内心中的仁义礼智,即使是外在的生死富贵,也是生死有命富贵在天的。求,当然应该而必需;但求不来,也就认作是命,坦然对待。

后一句话"求之有道,得之有命,是求无益于得也,求在外者也",求之有道,是"由仁义行",不可妄求,不可不择手段,无恶不作。"求之有道",包含两方面:一、有正当的目标;二、用正当的手段求正当的目标。即便如此,所求未必能得,这便是"得之有命"。即使目标正当,实现正当目标的手段也正当,也不一定能实现目标。子曰:"富而可求也,虽执鞭之士,吾亦为之。"(《论语·述而》)如果能富起来,让我做持鞭管理市场的人也可以啊。"如不可求,从吾所好",这不可求,不是求不到,而是"非命"。孔子的天命不在求富贵,而在求大道。

人生有很多东西求而不得,如果一定要得到,就变成《庄子》所说的"数数然"(《庄子·逍遥游》),孜孜以求,不达目的绝不罢休。庄子说:"其耆欲深者,其天机浅。"(《庄子·大宗师》)。反过来也一样,天机浅者,耆欲深。悟性高的人,往往能够很好地平衡"求"与"得"的平衡。"求之有道,得之有命",人通达了,天也会帮你;人孜孜强求,天不帮你,求之不得。

为什么有时求"有益于得",有时求"无益于得"呢?前者是:你求的东西是自己可以主宰的;后者是:你求的东西是自己无法主宰的。子曰:"君子求诸己,小人求诸人。"(《论语·卫灵公》)求诸己,是向内求,是"求在我者";求诸人,是向外求,是"求在外者"。"求在我者",所求的在自家性命之内,故能得;"求在外者",所求的在自家性命之外,故未必有得。比如,想做一个好人,我们既不用烧香,也不用拜佛，只要跟自己说"我要做个好人"，就能求仁得仁。因为我们本性中有善，我们本性自有，我们是在求自己，只要求就能得到。但是，求富贵，一定能得富贵吗？不一定，因为富贵利达，不是我们本性中自有的，本性所无，求了也未必得到。

求做一个好人，就叫"求则得之，舍则失之"，就叫"求有益于得"，就叫"求在我者也"，没做成好人，责任在自己；求做一个富贵人，就要先做到"求之有道"，还要能意识到"得之有命"，求而不得，责任未必在自己。怎么办？没关系，有命，在性命之上想得通、想得开，这就叫修养。

最后，附一段庄子的话。《庄子·缮性》：

> 古之所谓得志者，非轩冕之谓也，谓其无以益其乐而已矣。今之所谓得志者，轩冕之谓也。轩冕在身，非性命也，物之傥来，寄者也。寄之，其来不可圉，其去不可止。故不为轩冕肆志，不为穷约趋俗，其乐彼与此同，故无忧而已矣！今寄去则不乐。由是观之，虽乐，未尝不荒也。故曰：丧己于物，失性于俗者，谓之倒置之民。

翻译一下，大概是这样的：

古代那些所谓得志的人，不是指高官厚禄地位尊显，而是他自我圆融已经没办法再增加他的喜乐。现在人们所说的得志，讲的是高官厚禄地位显赫。荣华富贵，并不是人的自我性命，只是外在的东西偶然到来，是临时寄托于身的东西。外物临时寄托于身，来了不必拒绝，去了又何能挽留！所以不可为了富贵荣华而恣意放纵，不可因为穷困贫乏而趋附流俗，富贵与贫穷都一样快乐，因而没有忧愁就是了！如今寄托之物离去了便不能喜乐，由此观之，即使因富贵而喜乐，也未尝不是迷乱了真性。所以说，丧失自身于追逐外物，失却本性于追随流俗，就叫颠倒了本末的人。

庄子有时是孟子的好注脚。

链接——13.1；13.2；13.4；13.5；13.6；13.7

13.4

孟子曰："万物皆备于我矣①。反身而诚，乐莫大焉。强恕而行，求仁莫近焉。"

今译——

孟子说："万物之理我自身都已经具备了。反省自己做到了诚，没有比这个更快乐的了。努力按照恕道去做，没有比这个更接近求仁之路了。"

注释——

① 万物：赵岐解释为万事，朱熹解释为万物之理。赵岐："物，事也。我，身也。普谓人为成人已（按：通"以"）往，皆备知天下万物，常有所行矣。"朱熹："此言理之本然也。大则君臣父子，小则事物细微，其当然之理，无一不具于性分之内也。"朱熹的解释似乎更好一些。

开讲——

孟子名言："万物皆备于我。"

孟子特别自信。"备"，不是说造物为我预备好了万物，而是我自身天性自足，天地物理、人间伦理我自身都已具备，是造物在我天性之中具备了万物。所以，我与万物，不是主客对待之二元关系，而是物我一体，庄子所说的"天地与我并生，而万物与我为一"(《齐物论》)。

认知世界，常常是眼光向外。既然万物皆备于我，向内即可知万物，故孟子在这里提出"反身"，回观自我心性，这也就是"尽心"。"诚"，在儒家经典里经常出现，儒家为什么特别强调"诚"？因为不"诚"则不知，认知不到这个"诚"，便是这个"诚"不存在。在物理的世界，对客观事实，无"诚"也可以认知。但有些东西，无诚就不能认知，如价值、伦理。知识，如"孟子是战国时期人"，不需要"诚"，只需要记忆。算术题一加一等于二，不需要"诚"，只需要掌握、理解。世界万事万物，有很多是这样的，不需要"诚"也能认知，也不存在认同不认同的问题：物理事实认知了，就是认同。如1+1=2，你不认同，还想怎样？物理之理可以从事实、从逻辑上认知。这是理性认知。

但"诚"有两义：第一，是认知；第二，是认同。认知是理性，认同需情感。二者缺一就不叫诚。为什么认知世界需要诚？因为，世界除了物理世界之物理之理，还有伦理世界之伦理之理。物理世界的物理之理，认知即可以；伦理世界的伦理之理，须得认同，这就需要情感。甚至，这认知、认同的次序，还要倒过来：先认同，才能认知。是认同再认知，就叫"诚"。无此诚，即不能认知。

比如，父慈子孝，它不是事实，而是一种价值，也不能从逻辑上推演做父亲一定要慈，做儿子一定要孝。只有先认同它的价值，然后才能认知它的存在，这就需要"诚"。而认同了，践行了，也叫作"诚"。所以，诚是方法，也是目标。《中庸》：

> 诚者，天之道也；诚之者，人之道也。诚者，不勉而中，不思而得，从容中道，圣人也。诚之者，择善而固执之者也。

这段话的第一个"诚"字，就是诚之本体。第二个"诚"字，就是指诚之功能。圣人，就是我人"诚之"的目标，"择善而固执之"，就是我人诚之的方法。

再比如，做人要仁义，也不能从逻辑上证明。仁义不是事实的概念，不是知识的概念，不是技能的概念，对仁义的认知靠什么？靠"诚"，需要内心中认同这种价值观，而后有认知。一般对事实的认识，是先认知再认同，先认知到某一自然规律，然后认同这一自然规律；而对于价值的认识，需要先认同再认知。我人必先认同善，然后才可以认知善。所以，没有诚，我人无法认知伦理。

人们常说"你懂不懂事"，说的就是懂不懂这件事背后的道理。这个道理，是我们内心中一致认同的价值观。我父亲常常说那些"不懂事"的人叫"愚拙之人"，不是说他笨，不是说他知识不够、认知能力不够，而是说他缺少一种价值上的认同，不懂人事，不通人情。所以，"反身而诚"，是我们认识世界必须具备的一种途径、手段。缺了"诚"，我们就无法到达道德的境界，我们就无法仰望头顶的星空和心中的道德律。我们头顶的物理星空，可以用眼睛来看；心中的道德律，眼睛看不到，唯有通过"诚"，必须通过"诚"，才能体会到。人与动物一样有视觉、触觉、听觉，靠视觉、触觉、听觉获得的，是对物理世界的认知和认同。但人还有心灵，心灵的能力就是"诚"。靠心灵获得的，是对伦理世界的认同和认知。

我们为什么做好人？是好人有好报吗？好人不一定有好报。其次，如果一个人冲着好报去做好人，实际上他就不是真正意义上的好人，而只是一个理性人。因为做好人的前提，就是无目的。既无目的，又如何论证其必要？所以用理性无法推导出做好人的理由，只有通过"反身而诚"，用心灵的力量认同它、认知它。"反身而诚"就是一种尽心的功夫。当我们"反身而诚"，心中升起一种道德感的时候，就获得了自我的崇高，因为感受到自我人格的力量而"乐莫大焉"。做人的尊严与高贵，只有通过这种道德感才能获得。子张和樊迟，问孔子如何辨惑的时候，都同时问了另一个问题：崇德。(《论语·颜渊》)为什么？因为崇德了才能辨惑，德提升了，内在的疑惑就释然了；德提升了，外在的诱惑就屏蔽了。南容能发现"羿善射，奡荡舟，俱不得其死然。禹稷躬稼而有天下"，(《论语·宪问》)靠的，也不是理性，而是德性。

所以，无诚，发现不了德性的力量；无诚，屏蔽不了邪恶的诱惑；无诚，无法认知伦理的世界。

"强恕而行"，所谓的"强"，是给自己施加压力，也是"尽"的意思，尽力拓展自己的边界，不敷衍，不懈怠。"恕"，《论语》里面有解释，"己所不欲，勿施于人"(《论语·卫灵公》)，站在他人的立场考虑问题，做一个对他人有意义的人，给他人带来价值的人，是一种很高的道德要求。"仁者爱人"(《论语·颜渊》)，首先得能宽恕、容忍他人，然后才会爱他人。所以，"恕"是"求仁"的最好的路径，这就叫"强恕而行，求仁莫近焉"。

链接——13.1；13.2；13.3；13.5；13.6；13.7

13.5

孟子曰:"行之而不著焉①,习矣而不察焉②,终身由之而不知其道者,众也③。"

今译——

孟子说:"做了却不明白为什么要做,习以为常却不省察为什么是这样,一辈子随波逐流却不知道在走什么路,这样的人太多了。"

注释——

① 朱熹:"著者,知之明……明其所当然。"此"著"的意思,理解为"接触""到位"更好,有"着力""着意""用心"等意。成语"行之有效"。有效果,有呈现。行之不著,即行之无效。然朱熹解释为"知之明",以"明"带出"知",与上文"思则得之"相应,与下"习焉不察"对言,都颇为有见。实际上,"著"与"察"都是"思"的结果,思则知,思即察。知则着力,行则有效;察则有思,思则有得。
② 朱熹:"察者,识之精……识其所以然。"
③ 众:赵岐解释为"众庶之人",普通人。朱熹解释为多:"终身由之而不知其道者多也。"译文从朱熹。

开讲——

上章孟子讲"反身而诚",本章讲缺少了"诚",会怎么样。

有人说,孔孟天天讲大道理。日常生活中,我们可以不天天讲大道理,但是,人心中不能都是小道理、小聪明、小机巧,一定需要大道理做我们人生的依托,精神世界的框架。心中有大道理引领着,便有约束的力量在,让我们不至于堕落,不至于贪滥。够不着、看不见"诚"的人,就是不信大道理的人。反过来说,不理解大道理,乃至于嘲笑大道理,自得自喜于自己的小聪明,是因为他缺少"诚",由此看不到这个世界的伦理本质。

"诚"乃自觉的自我映照,映照出本我自有的仁义礼智,所以要"反身"。不能"反身而诚"的人生,好像也生着,好像也活着,但不知道自己行为的意义在哪里,对自己行为不能进行反思,这就是"行之而不著"。著,读为zhù,则是显明之意,然此字也是简化字的"着"字,读为zhuó,古代两者通用,意思也往往兼而有之,逻辑事理都通。此处理解为"着",意思更好。(见注释①)一样东西,我们看,要看着;我们拿,要拿着;我们做,要做着,后面都要加个"着"字。"着",就是"着意""着力""用心"了,就是到位了。光看、拿、做,没有"着",就是看不着、拿不着、做不着,不到位。不"着",就是不即,不即就是不到,就是看起来你在生活,实际上你没在生活着。苏格拉底名言"未经反思的生活是不值得过的",用孟子的话说,就是"习焉而不察",习就是生活,察就是对生活的反思省察。不省察的生活不值得过,不"着"的生活也不值得过。我们要经常反省,这么多年学习,我"着"了吗?这么多年工作,我"着"了吗?我在父母那里"着"了吗?在子女那里"着"了吗?在朋友那里"着"了吗?跟同事之间"着"了吗?"着"是接触、接纳、接引,是深入,甚至是融为一体,到达了本质。"行之而不著",则心不在焉,浮皮潦草,敷衍了事，浑浑噩噩，不"着调"，不进入生活的本质，不寻找生活的意义。为什么不着？因为没有"诚"，没有"尽心"。久而久之，便成习惯，"习矣而不察"，不察就是不省察，不去寻找生活的意义和生命的本质。对生活不察，生活就流于表面而无本质的生活，或无法进入生活的本质；对生命不察，对自身不察，不能反身而诚，就不能获得人的本质。

不着、不察、不知，三个"不"字，说出了失败的人生。而成功的人生就在失败人生的对面：先"着"，继"察"，最后"知"——着，就是在；察，就是思；我思故我在；知，是认知，也是认同——生活着，合乎德性地生活着，觉悟天命地生活着。

其实，孟子这句话的最后一句"众也"，除了赵岐的"众庶之人"和朱熹的"数量很多之人"，还可以理解为"庸人"。那意思就是：当一个人在生活中不着、不察、不知，其结果，就是成为庸人，泯然众人。

人有责任使自己觉悟。

一时蒙昧，可能不是自己的责任；一直蒙昧，就一定是自己的责任。

一时愚昧，可能是别人的罪过；一直愚昧，就一定是自己的罪过。

一时不明真相，可能是信息的缺乏；一直不明真相，一定是自己德性的缺陷。

孟子怎么说？"弗思耳！"（11.6）

成语——习而不察

链接——13.1；13.2；13.3；13.4；13.6；13.7

13.6

孟子曰："人不可以无耻。无耻之耻，无耻矣！"[①]

今译——

孟子说："人不可以无耻。不知羞耻的那种羞耻，就叫无耻啊！"

注释——

① 这句话比较难以理解。有两种解释。第一种，赵岐注："人能耻己之无所耻，是为改行从善之人，终身无复有耻辱之累也。""无耻之耻"，赵岐解释为"耻己之无所耻"，也就是说，赵岐将"之"看成是宾语前置的标志，"无耻之耻"即"耻无耻"，以无耻为耻，对无耻感到羞耻。整句话的意思是：人不可以没有羞耻。如果能以没有羞耻为耻辱，那么就真的不会有羞耻了。朱熹从赵岐。第二种，杨伯峻按照字面意思翻译为："人不可以没有羞耻，不知羞耻的那种羞耻，真是不知羞耻呀！"译文从杨伯峻。

开讲——

联系上章看，当一个人"行之而不著""习矣而不察""终身由之而不知其道"时，就不会有羞耻感。联系下章看，当一个人没有羞耻感，自然"不耻不若人"。上下贯通来理解，那么"人不可以无耻"这句的意思是什么？是说，人不可以不以自己无知无识、不著不察、不自反省为耻，而不以这三种状态为耻，会永远落于人后。

这句"无耻之耻，无耻矣"，可能是孟子在犹豫状态下说的。孟子想找一个描述"无耻之耻"的词，但想了半天想不到，因为无耻已经是耻之最了，他都已经不以耻为耻了，还能怎么说他呢，只能说他无耻吧！

注意，"人不可以无耻。无耻之耻，无耻矣"这句里，前两个"无耻"和最后面的一个"无耻"，意思是不一样的。前面的两个"无耻"，是不以无所成就为耻，不"尽心"、不"养性"、不"知天"而不以之为耻；后面那个"无耻"，才是我们今天理解的那种意义上的无耻——这种人怎么说他？只能说他无耻，不要脸。前面的"无耻"实际上是在定义"不以……为耻"的概念，需要联系上下章来理解。在孟子看来，一个不努力、无追求、不反省的人，是永远不会醒悟的人，是永远没有希望的人，作为一个人，一辈子如此，还有比这更糟糕的吗？我能叫你什么呢？只能说是"无耻"。

世界上最大的不道德，还不是坑蒙拐骗，不是吃喝嫖赌，而是不求上进。因为当一个人不求上进，一生没希望；当一个国家里大多数人不求上进，国家没希望；当人类里太多的人不求上进，人类没希望。

链接——13.1；13.2；13.3；13.4；13.5；13.7

13.7

孟子曰:"耻之于人大矣。为机变之巧者,无所用耻焉。不耻不若人,何若人有?"

今译——
孟子说:"羞耻心对于人来说太重要了。用机谋巧诈做事的人,没有什么地方让他感觉到羞耻。不以赶不上别人为羞耻,怎么能比得上别人呢?"

开讲——
中国人的国民性中有几大优点:第一,聪明,智商普遍比较高,这是天赋的,也是一个民族长期努力精进进化的;第二,超强的学习能力;第三,特别能吃苦;第四,追求上进,有强烈的发家致富的欲望;第五,服从、认同集体和族群。这几个优点是一个国家经济发展的最大内在推动力。父亲留下一座草棚屋,儿子就想着一定要盖成瓦房。盖瓦房后,想着变楼房。有了楼房,就要造别墅……只要有可能,就朝前努力。"耻之于人大矣",耻于落后于人的这种心理,成了人生的压力,压力又变成了动力,所以,"耻不若人",或以不若人为耻,对一个人的一辈子的事业很重要,也使我们的民族具有无比的创造力。对于成就人生来说，比聪明更重要的，是上进心。

当然，孟子这里讲的，还不是外在事功上的成功，他讲的是内在修养上的成仁。但求事功的成功与求修身上的成仁，其心性动力是一致的。也不存在不做事而修身养性成功的逻辑。耻于不立一事，与耻于不能立身，其心性逻辑一致。朱熹说："耻者，吾所固有羞恶之心也。存之则进于圣贤，失之则入于禽兽，故所系为甚大。"还可以参考孟子这句话：

今有无名之指屈而不信，非疾痛害事也，如有能信之者，则不远秦楚之路，为指之不若人也。指不若人，则知恶之；心不若人，则不知恶，此之谓不知类也。(《孟子·告子上》)

以不若人为耻，是人的一种自尊。不耻不若人，就是自尊心的缺乏。以"指不若人"为耻，与以"心不若人"为耻，心性逻辑一致。一致而有不同的对待，就是"不知类"。

成语——投机取巧
链接——11.12；13.1；13.2；13.3；13.4；13.5；13.6；13.27

13.8

孟子曰："古之贤王好善而忘势。古之贤士何独不然？乐其道而忘人之势，故王公不致敬尽礼，则不得亟见之[1]。见且由不得亟，而况得而臣之乎？"

今译——

孟子说："古代贤明的君主喜好善而忘记了自己的权势。古代贤明的士难道不是这样？喜乐于自己的道而忘记了别人的权势，因此天子诸侯如果不能对他以礼致敬，就不能马上见到他。见尚且不能马上见到，何况让他做臣子呢？"

注释——

[1] 亟：赵岐注为"数"，多次。即王公有一次失礼，贤士即不再见。我认为，亟也有急迫的意思。即贤士要对王公进行考察，考察其是否"好善而忘势"，所以不能马上相见。两种解释都可以。

开讲——

这是孟子的夫子自道。

孔子"至圣"，孟子"亚圣"，孔孟并称，但孟子与孔子性格气质很不同。孔子温柔敦厚，偶尔负气，会说"道不行，乘桴浮于海"（《论语·公冶长》）。孟子却自负倔强，脾气很大，特别是在诸侯面前，表现得相当傲慢。他借曾子之口说："彼以其富，我以吾仁；彼以其爵，我以吾义。吾何慊乎哉？"（4.2）

孟子的学生万章问老师："敢问不见诸侯何义也？"孟子给万章讲了鲁缪公要见孔子之孙子思，要与子思交友的故事，子思说："岂不曰：'以位，则子，君也；我，臣也，何敢与君友也？以德，则子事我者也，奚可以与我友？'"（10.7）如果论地位，那么您是君主；我是臣下，臣下怎么能与君主交朋友呢？如果论贤德，那么您是学生，应该事奉我，哪里可以与我交朋友呢？然后孟子评论说："千乘之君求与之友而不可得也，而况可召与？"与这里的"见且由不得亟，而况得而臣之乎"，口吻同出一辙。孟子不愧为子思之后学。

孟子受业于子思弟子，深受子思影响，史称"思孟学派"。孟子与子思，都有一襟英气。孔孟的气质，北宋程颢说：孔子"元气也"，而孟子"秋杀尽见"；孔子"天地也"，孟子"泰山岩岩之气象也"（朱熹《近思录》卷十四《圣贤》）。朱熹说孔子气象"浑然无迹"，而孟子"其迹尽见"，"攘臂扼腕，尽发于外"（《朱子语类》卷五二）。

孟子说："我亦欲正人心，息邪说，距诐行，放淫辞，以承三圣者。岂好辩哉？予不得已也。"（6.9）"如欲平治天下，当今之世，舍我其谁也？"（4.12）孟子是以圣人门徒自许的，对此，他有非常强烈的自觉意识。在他的观念里，道义（真理）本该高于权势，代表着道义（真理）的士君子，对权贵本该保持一种傲骨；而我，就是士君子的代表，是道义的代表，怎么能在权势、权贵面前谦卑呢？

他正告齐宣王："君之视臣如手足，则臣视君如腹心；君之视臣如犬马，则臣视君如国人；君之视臣如土芥，则臣视君如寇仇。"（8.3）

他骂公孙衍、张仪等纵横家是"以顺为正者，妾妇之道"，只有

做到"富贵不能淫，贫贱不能移，威武不能屈"的人，才是大丈夫。（6.2）

"古之贤王好善而忘势"，也是孟子对齐宣王说的话。你齐宣王有权势，我难道没有古贤士"乐其道而忘人之势"风骨？你"堂高数仞，榱题数尺"，可我"得志弗为也"；你"食前方丈，侍妾数百人"，可我"得志弗为也"。你稀罕的，我都不稀罕；你没有的，我却拥有，从尧舜到夏禹，到商汤，到文武周公仲尼的正义之道，在我这儿。所以，"说大人则藐之，勿视其巍巍然"，我跟你谈论王道，哪里把你高高在上的样子放在眼里？"吾何畏彼哉？"（14.34）我凭什么敬畏你呢？

与上述对照看，我们就能更好地理解这句"乐其道而忘人之势"的意思。

"致敬尽礼"，致，即至，至高；尽，用尽。"致敬尽礼"倒过来读意思更清晰：礼尽敬致，礼用到极致，敬达到最高。如果国君、贵族做不到这一点，"则不得亟见之"。"亟"，除了有屡次、多次的意思，还有急迫的意思在里面。最后，孟子说"见且由不得亟，而况得而臣之乎"？这是孟子在跟齐宣王包括所有打过交道的诸侯喊话，我永远不可能做你的臣子，我只能是王者师。

孟子和韩愈给出的对道统的描述是：尧—舜—禹—汤—文武周公—孔子—孟子。另外一种描述是：王道—霸道—士道。当"王道"杳然，"霸道"也不获承袭，谁来担当道义，承继道统呢？"士道"。孔子、孟子，就是"士道"的代表。由"王道"而至"霸道"而至"士道"，可与12.7开讲对看。

王会消歇，如孟子所说，会"不作"；霸会变质，如孔子所说，会"谲而不正"，会一代而没落。但是，当孔子把道寄托到士身上时，他就为道找到了一个靠得住的可以代代传承的群体。这个群体，代有传人，生生不息。他们之中可能不会再出现一个卓然独立的圣人，但是，祖述尧舜、宪章文武、宗孔希孟的士的群体的力量则足以撑起一个民族信仰的星空，扛起并竖立一个时代的道义大纛。而且，"士道"相比"王道"和"霸道"，一个更重要的意义是：相比尧、舜、禹、汤、文、武这些拥有天子之位的人，相比齐桓、晋文这些诸侯之霸，一介素士的孔子，把真理的解释权从世俗权力的拥有者那里剥夺了。这就为中国古代政治文明开创了一条康庄大道，代表着中国古代政治的巨大转折：由政教合一转变为政教分离。这是人类政治的文明曙光，是后世所有政治理念、政治实践中正面价值的源代码。

孔子以后，周朝等级秩序的"大夫士"就转变成了后来的"士大夫"。"大夫士"说的是一种等级制度；"士大夫"说的是一种晋升制度。"大夫士"代表社会秩序；"士大夫"代表社会良心。说"士大夫"代表社会良心，是说，"士大夫"这个概念，它代表了两个系统：价值系统和权力系统。"士大夫"既是政统的一分子，是国家世俗权力的体现者；又是道统的代表，代表着超越性的彼岸价值。并且，由于孔孟的阐释和坚持，在这两者之间，或者说，在两者发生矛盾的时候，士大夫应该选择皈依、坚持和维护的，是价值系统，而不是权力系统。所以，"士"在"大夫"之前。从"大夫士"到"士大夫"，这一前后顺序的变化，表明国家管理者不必具备高贵的血统，而是必须具备高贵的品格；他不必来自世代相延的家族，但他必须来自世代传承的经典；他甚至不必具有某些专业能力，但是他必须具备价值判断力，必须具有信仰，必须有来自经典训练养成的价值观，所以，"士大夫"本质上代表价值系统，而不是权力系统，他们是社会的良心。士大夫也由此成为一个道德属性极其鲜明的社会阶层，道德意识非常强烈，并以此确立本阶层的社会面貌和社会角色，他们也以此获得自尊。

日本近代著名思想家福泽谕吉认为，中国古代士大夫在皇帝下指令后，还要想一下这个指令或政策是不是符合儒家的理论，如果不符合，这些士大夫还要和君主辩论。虽然福泽认为这是中国文化的缺点,但是,他说出了一个事实:那就是皇帝不再代表真理,而只是世俗权力的最高代表。真理的最高代表和最后解释,在孔子那里。这不是中国文化的缺点,恰恰是中国政治文明的标志。

孟子以傲慢的姿态维护的,就是这样一种价值。

孟子用大丈夫精神塑造的,就是这样一种中国古代读书人的气质。

链接——4.2;4.12;6.2;6.9;8.3;10.7;12.7;13.9;14.34

13.9

孟子谓宋勾践曰①:"子好游乎②?吾语子游。人知之,亦嚣嚣③;人不知,亦嚣嚣。"

曰:"何如斯可以嚣嚣矣?"

曰:"尊德乐义,则可以嚣嚣矣。故士穷不失义,达不离道。穷不失义,故士得己焉;达不离道,故民不失望焉。古之人,得志,泽加于民;不得志,修身见于世④。穷则独善其身,达则兼善天下。"

今译——

孟子对宋勾践说:"你喜好游说吗?我告诉你游说之道。他们了解我,我也从容自得;他们不了解我,我也从容自得。"

(宋勾践)问:"如何才能从容自得呢?"

(孟子)说:"崇尚德喜爱义,就能从容自得了。因此士人穷不失义,达不离道。穷不失义,士人就能保持自身节操;达不离道,人民就不会对己失望。古代的士人,得志的时候,恩泽普施于人民;不得志的时候,修身养性以立于人世间。穷则独善其身,达则兼善天下。"

注释——

① 宋勾（gōu）践：宋人勾践，行迹无考。朱熹本作"宋句践"，从阮元本改。
② 朱熹："游，游说也。"
③ 嚣嚣（xiāo）：从容自信、坦然自得的样子。
④ 见（xiàn）：同"现"。赵岐："见，立也，独治其身以立于世间，不失其操也，是故独善其身。"赵岐认为，"见于世"即出现在人世间，立于人世间。朱熹："见，谓名实之显著也。"朱熹认为，"见于世"会获得显著的名声与实质。朱熹的解释恐怕不准确，修身者未必为外人所知，未必有"名"，而且也未必在意他人看不看见。修身者更多的时候，不过是无愧我心罢了。因此，译文取赵岐。

开讲——

宋国的勾践是谁，已不可知，但显然是一个喜欢四处游说的人。战国时期，各种学派的游说之士不停地在各国之间跑来跑去，劝说君主采纳、实施其政治主张。在先秦诸子里面，有两个人不这么跑：韩非和屈原。韩非是韩国宗室出身，一心想着保全韩国，还口吃。屈原出身于楚国王族，楚国是他的祖宗之国，他也一心想着强大楚国。韩非和屈原都被自己所在的国羁绊住了，一心只为国谋划。孟子是邹国人，但与邹没有宗亲关系，也不以邹为意，他只是属意于天下。他与荀子、苏秦、张仪、商鞅同时代，但孟子、荀子不像商鞅、苏秦这些人只为某个特定的国家出主意，他们是为天下谋太平，这是儒家的大眼光和大境界。孟子作为儒家代表人物，先后游说过鲁、齐、任、宋、滕、魏等国。

游说之士中，纵横家最活跃，朝秦暮楚，今天鼓吹合纵，明天鼓吹连横。纵横家里，苏秦的品行比张仪好一些。苏秦是游说哪国，还算真心帮哪国。而张仪则为了帮秦国，游说哪国就是祸害哪国。苏秦第一次游说秦王失败后发愤读书，"读书欲睡，引锥自刺其股，血流至足"，然后再游说赵国，"见说赵王于华屋之下，抵掌而谈，赵王大悦"（《战国策·秦策一》），终于成功。张仪则只凭一张三寸不烂之舌，到处鼓唇摇舌，胡说八道。

那时研究游说之道的人不少。韩非特别讨厌纵横之士，但是韩非写了一篇专门研究游说之道的文章，叫《说难》。孟子在这里与宋句践谈的，也是游说之道，但很简单，不像韩非那样长篇大论地分析各种游说的方法得失。孟子只讲一句话："说大人，则藐之，勿视其巍巍然。"（14.34）为什么可以如此自大？秘密就在本章这一句："人知之，亦嚣嚣；人不知，亦嚣嚣。"——这与韩非汲汲之游说成功，数数于得志于君，孟子格局大多了，境界高多了，气质爽多了。

"嚣嚣"，从容不迫、悠悠自在的样子。我讲我的，你懂，我高兴；你不懂，拉倒。"士穷不失义，达不离道"，有一点蘧伯玉"邦有道则仕，邦无道则可卷而怀之"（《论语·卫灵公》）的味道。一定要"得君行道"，意味着将道义绑定在了君权上，也丢掉了士的独立人格。什么是"得己"？就是守住自己，保持自我独立人格与操守。能"得君行道"，得之；不得，我自"得己行道"，不失己志，不失民望，让自己的修为、让道义通过自己，在人民面前呈现出来，而不需要通过君权呈现道义。此处可与 12.14 开讲对看，也可参阅拙著《论语导读》15.7 的导读。

"穷则独善其身，达则兼善天下"，是孟子名言。"兼善"现在一般都作"兼济"。"善"可以当动词用，善即修缮。"兼善"与"兼济"的意思，区别不大。"穷"，指不得志，无法实现自己的济世志愿。"独善其身"，也不是关起门自己过日子，而是修缮自身心性，让自己成为一面道德旗帜，成为世人的榜样。孔子"得君"了吗？没有。孔子是"得己"行道，一生"修身见于世"，而终于"圣矣乎"，"出于其类，拔乎其萃，自生民以来，未有盛于孔子也"（3.2）。还有哪一个君主配得上孔子？尧—舜—禹—汤—文武周公—孔子—孟子，自孔子之后，道的传承，就真的可以不"得君"而"得己"，无须靠君而是靠自己了，历代中国读书人都可以通过代圣贤立言来弘扬道了。

道在孔孟，不在权势。是齐景公问政于孔子，还是孔子问政于齐景公？是孔门弟子问孔子政，还是孔门弟子纷纷然跑去问政于鲁哀公？分辨两者的区别，并找出其中的缘由，非常重要。

成语——独善其身　穷不失义

链接——3.2；6.9；8.3；10.7；12.14；13.8；13.10；14.34

13.10

孟子曰:"待文王而后兴者,凡民也。若夫豪杰之士,虽无文王犹兴!"

今译——
　　孟子说:"等待文王出来而后奋发有为的,是普通人。至于豪杰之士,即使没有文王也能奋发有为!"

开讲——
　　"虽无文王犹兴"的豪杰之士,由孔孟而往下,历代英才辈出,如张载、朱熹、王阳明、黄宗羲、顾炎武、戴震……如汉"党锢",如明"东林",如戊戌康有为、梁启超、谭嗣同,如民国鲁迅、胡适、陈独秀……他们天然有得己行道的自觉,"为天地立心,为生民立命,为往圣继绝学,为万世开太平"。
　　"待文王而后兴"与"虽无文王犹兴",要放到一起理解。上一章开讲,我讲到"得己"和"得君",得君行道是"达则兼善天下";得己行道是"穷则独善其身"。得君行道,是史鱼和蘧伯玉都有的境界,但不得君而能行道,只有蘧伯玉做到了,所以,蘧伯玉的境界比史鱼高。蘧伯玉,就是孟子称赞的"豪杰之士"、孔子称赞的"君子"。蘧伯玉不需要绑定卫灵公来行道，他在卫国，他就是卫国的道，就像孔子一样，孔子在鲁国，孔子就是鲁国的道；孔子在春秋时代，孔子就是春秋时代的道；孔子在中国，孔子就是两千年来中国的道。这就是"虽无文王犹兴"。道自尊，道自立，道自圆其说，道独立不改，道不可挟持亦无须权势的加持——得己者，已得道也。

成语——豪杰之士
链接——12.14；13.9

13.11

孟子曰:"附之以韩、魏之家①,如其自视欿然②,则过人远矣。"

今译——

孟子说:"让他大富大贵到像韩、魏两家那样,如果还能不自满,那他就远超一般人了。"

注释——

① 附:增加。译文采取意译。
② 欿(kǎn):不自满。欿然:不自满的样子。

开讲——

孟子说的这种境界,用老子的话来说,叫"大盈若冲"(《道德经》四十五章)。用孟子另一句话讲,就是"达不离道"(13.9);用子贡的话来讲,就是"富而无骄";用孔子的话来讲,就是"富而好礼"(《论语·学而》)。得大富大贵,为何还"自视欿然"?得道也。道就是欿然的。故大富大贵,仍然"自视欿然",此人必有过人之处。

链接——13.8;13.9;13.10

13.12

孟子曰:"以佚道使民^①,虽劳不怨;以生道杀民,虽死不怨杀者。"

今译——

孟子说:"以安逸人民为目的去役使民力,人民虽苦而不抱怨;以生养人民为目的去杀人,被杀的人死了也不会怨恨杀他的人。"

注释——

① 佚:同"逸"。

开讲——

"使民"本不"佚",而是"劳",劳苦,怎么有"佚道"?这是在说,役使民力的出发点、目的,是使人民"佚"而不是"劳"。不是指劳役本身不劳苦。比如架桥修路很辛苦,但是架好桥修好路,让人民生活安逸便捷,出苦力的人就"虽劳不怨"。

"杀民"怎么会"生"呢?是说用杀这种不得已但应当有的手段,达到保障人民生命权的目的。比如,除害去恶惩凶。世上总有恶人、凶暴之人,不除则正义不得伸张。罪该万死之人,在死时,他也没有什么好抱怨的，他是咎由自取。

讲政治，最终落脚点和目标是什么？是人民生活幸福，是正当的目标和实现目标的正当的手段。

人类到今天仍有战争，仍有死刑。好的法律，目标仍是"以生道杀民"。

链接——13.13；13.14

13.13

孟子曰:"霸者之民,欢虞如也①;王者之民,皞皞如也②。杀之而不怨,利之而不庸③,民日迁善而不知为之者。夫君子所过者化,所存者神,上下与天地同流,岂曰小补之哉?"

今译——

孟子说:"霸者治下的百姓,是兴奋自豪的样子;王道治下的人民,是自得舒畅的样子。被杀的人不怨恨,得到好处也不觉得谁有功,人民每天都向好的方面发展却不知是谁让他如此。君子所过之处被他感化,停留的地方发生神奇的变化,上上下下与天地一同运转,难道说这是小小的补益吗?"

注释——

① 欢虞如也:朱熹:"欢虞,与欢娱同。"并引程子曰:"欢虞,有所造为而然,岂能久也?耕田凿井,帝力何有于我?如天之自然,乃王者之政。"杨氏曰:"所以致人欢虞,必有违道干誉之事;若王者则如天,亦不令人喜,亦不令人怒。"程子、杨氏都对"欢虞"做了负面评价。这是由于他们对霸道持否定态度而必然有的结果。其实,霸道也是"道",只是行道之主体为伯霸,行道之方法为强力而已。故我认为"欢虞如也"应该是描写因国力强大而其民兴奋自豪的样子。

② 皞皞（hào hào）如也：广大自得的样子。

③ 庸：功劳。

开讲——

　　首先是"霸者之民"与"王者之民"的区别。霸者，指诸侯之国；王者，指王道天下。国，是政治实体；天下，也可以是政治实体，比如周武王时期，天下共主，只有一个王。但是，天下未必一定是政治实体，它可以指昊天之下的广袤土地，山川河流，但从政治学的角度讲，它更多指的是昊天之下、广土之上的所有人民，以及人民的生活方式和社会文明。"霸者之民"，作为国家的人民，我们称之为国民，民属于国家，由国家管理，也要为国家服务。法家立足于国，强调国民对国家的责任；孔孟儒家立足于天下，希望百姓都是"王者之民"、天下之民，用孟子发明的另一个词，也叫"天民"（9.7），强调天下之民对自己的责任，追求道德的自我完善，"人皆可以为尧舜"（12.2）。所以，"霸者之民"为国家强盛而兴奋、自豪，因为身体有个寄托；"王者之民"为自得其性而自足、自乐，因为心底光明而舒畅。用鲁迅的话说，"霸者之民"，是"合群的爱国的自大"，而"王者之民"则属于"个人的自大"（《随感录三十八》）。

　　"欢虞"，常被翻译为欢喜、高兴。我翻译为"兴奋自豪"，因国家强大而自豪，因自豪而生兴奋、欢虞之情。而"王者之民"的"皞皞"，因天性自足而心底光明，因光明而心情舒畅、愉悦。这是两种不同的情绪。

　　国家强大与个人幸福哪个更重要？国家强大重要，个人幸福更重要。国家不强大，我仍能"日迁善而不知为之"，无愧于这个世界，自然"皞皞如也"，坦荡、磊落、光明。止于至善，是出于自我心性善的需要，而不是国家或他人的外在的道德要求，我就是我自己，是我自己

832　孟子开讲

走到了这一步。老子说:"功成事遂,百姓皆谓我自然。"(《道德经》十七章)我就是自己,我是独立的自由个体。

法家从国家的角度,讲以吏为师,用政府官吏引导人民,用行政手段管理人民。孔孟儒家讲"夫君子所过者化,所存者神",以道德高尚的独立的个人,变化地方风气。"化"是教化,是春风化雨,是化性起伪。"神",神奇的变化。一个人格完善的人,一个独立的个体,对于他身边的人,对于整个社会风气,对于周边环境,诸多的影响是看不见,却又是实实在在的。

"杀之而不怨",即上章的"以生道杀民,虽死不怨杀者"。

"利之而不庸",即孔子说的"因民之所利而利之"。(13.12)子张问孔子,什么是"惠而不费"?子曰:"因民之所利而利之,斯不亦惠而不费乎?择可劳而劳之,又谁怨?欲仁而得仁,又焉贪?"(《论语·尧曰》:"子张问孔子……又焉贪?")顺着百姓想要的利益而让百姓去获得利益,不就是使百姓得到好处而自己无所耗费吗?选择可以让百姓去干的劳役让他去干,谁还怨恨呢?求仁而得仁,还贪求什么呢?

"上下与天地同流,岂曰小补之哉",这里的"上下",不能简单理解为空间的概念,它还是时间的概念,时空交融的概念。儒家强调榜样的力量,君子站在这里,就是一个标杆,一举一动,自然而然对社会风气产生影响,个人的力量与天地大道的力量融为一体,就叫与天地同流。

链接——9.7;12.2;13.12;13.14

13.14

孟子曰:"仁言不如仁声之入人深也①,善政不如善教之得民也。善政,民畏之;善教,民爱之。善政得民财,善教得民心。"

今译——
孟子说:"仁的语言不如仁的声望影响人更深刻,好的政策不如好的教化更得百姓拥护。好的政策,百姓敬畏它;好的教化,百姓喜欢它。好的政策取得百姓的财富,好的教化取得民心。"

注释——
① 仁言、仁声:朱熹:"程子曰:'仁言,谓以仁厚之言加于民。仁声,谓仁闻,谓有仁之实而为众所称道者也。'"

开讲——
"仁言",言传;"仁声",可以理解为身教,用自身行为做榜样影响他人,即上一章孟子所谓"所过者化,所存者神"。"仁声",是声望的影响力,是君子的人格魅力,是如沐春风,潜移默化,即上一章的"与天地同流"(13.13)。

一个国家,应该推行好的政策,让百姓做事有章可循。但是根本的途径，还在于通过好的教育，提高人民相应的素质。孔子说："小人学道则易使。"（《论语·阳货》）儒家认为受过教育的老百姓更好管理。班固说"儒家出于司徒之官"，司徒，即教化之官，因此儒家强调教化的作用。

什么是"善政"？孔子说的"道之以政，齐之以刑"，对于民众，用政策去引导，用刑罚去整顿。什么是"善教"？孔子说的"道之以德，齐之以礼"（《论语·为政》），用道德去引导民众，用礼节去规范民众。"善政"的结果，是"民免而无耻"，虽然能使民众暂免犯罪，但是仍然没有羞耻之心，不犯法是因为不敢，而不是因为能辨别是非。而"善教"的结果，是"有耻且格"，民众不但有羞耻之心，还会自觉地走正路。当一国国民内心都有羞耻感，就会对自我有管理。这是我们中国的耻文化。"耻"，做了错事有羞耻感；"格"，规矩。在社会治理和民众管理上，孔子不主张权力强制，而主张人民自我管理。注意孔子说的"刑"并非我们今日之"法治"，而是刑律。孔子反对统治阶级用刑律来压服人民，这是他"仁政"思想的题中应有之义，也是孟子这一章的主旨。

"善政得民财，善教得民心"——《大学》也有句话："财聚则民散，财散则民聚。"中国传统的儒家文化，一再强调藏富于民，讲得民心，不讲得民财。在中国古代，凡是主张加税或利用税收政策增加政府收入而损害人民财富的，名声都不好。比如汉代的桑弘羊、宋代的王安石，都与儒家这个传统观念有关。

链接——13.13

13.15

孟子曰:"人之所不学而能者,其良能也;所不虑而知者,其良知也。孩提之童无不知爱其亲者;及其长也,无不知敬其兄也。亲亲,仁也;敬长,义也。无他,达之天下也。"

今译——
孟子说:"人不需要学习而天然具有的能力,叫良能;无须思考就能知道的道理叫良知。小孩子没有不知道爱他的双亲的;等长大些,没有不知道尊敬他的兄长的。亲爱双亲,就是仁;尊敬兄长,就是义。没有什么别的原因,因为这是通达于天下的原则。"

开讲——
小孩一生下来,天生会吞咽,会抓握,不学而能,这叫"良能"。一生下来,天生与父母亲爱,这叫"良知"。良能、良知,人的天赋里自有。儒家特别强调后者,"良知",天性中固有的爱恋之情引申而出的对世界的善念。人通过学习而得到的"能",是技术、技能;人通过学习而得到的"知",是知识,不学而知的才是良知。良知不是知识,良知是价值观、是非观。教育可以让人具有明辨是非的能力,但是在孟子看来,人性本善,本来就有是非观,只是被蒙蔽了,而教育做的,就是唤醒人心中的良知。用后来王阳明的话说,"吾心自有光明月,千古团圆永无缺"(《中秋》)而学习,就是拂去遮蔽明月的云霾。

良能和良知,是孟子提出的两个特别重要的概念,对中国历史产生了很重要的影响,王阳明心学讲"致良知",来源就是孟子这里说的:"人之所不学而能者,其良能也;所不虑而知者,其良知也。"良知,既是道德意识,也是人的最高本体。良知人人具有,个个自足,是一种不假外力的内在力量。王阳明的"致",就是将良知外扩至万事万物,在事上磨炼,在实际行动中实现知行合一。

李贽讲赤子之心,"最初一念之本心"(《童心说》),就是孟子这里的"不虑而知",一虑便不是最初一念。人的第一个念头往往是绝假纯真的,没有利害考虑。但是,它常常很容易被遮蔽。人经历得多了,渐渐变得世故,很多时候所谓的考虑周到,往往是对自己的利害关系考虑周到了。这时,人就丧失了老子讲的"赤子之心",李贽讲的"童心"。人一辈子,年龄增长,见识会丰富,眼界会开阔,但是还能不能同时保持那一份纯粹的赤子之心?心中的良知有没有丧失?正义感还有没有?如果整个社会,人人丢了正义感,会是什么结果?如果我们把放弃这些看成是成熟,德性就坏掉了。

成语——不虑而知
链接——3.6;7.12;8.12;13.16

13.16

孟子曰:"舜之居深山之中,与木石居,与鹿豕游。其所以异于深山之野人者几希。及其闻一善言,见一善行,若决江河,沛然莫之能御也。"

今译——

孟子说:"舜住在深山之中,整天与树木岩石在一起,与鹿、野猪打交道。他跟住在深山里的野人也差不了多少。等到他听到一句善言,看到一件善行,就像江河决堤,浩浩汤汤没有谁能阻挡得了。"

开讲——

舜最初的状态,与普通人有多大区别吗?没有。但是突然之间,一句善言他听到了,一件善行他看到了,瞬间,他心中所有的善觉醒了,几乎在瞬间,他成了圣人。这有点像后来佛家讲的顿悟。六祖慧能砍柴、卖柴的时候,他与普通人有什么区别?没有。至少行为举止日常行迹没有区别。但突然听到有人在诵念《金刚经》,就那么一句"应无所住,而生其心","闻一善言",从此人生瞬间改变,去五祖弘忍那里学道。为什么?心中有善根。有这样的一些人,与别人一样在世上摸爬滚打,所有的风雨雷电、云卷云舒、芸芸众生、滚滚红尘,都在生命中经过，然而初心不改，然后，与那该来的猝然相遇，瞬间电光石火、生命醒来。汉语里有个字叫"会"，就是主体和客体的碰撞、聚合。"会"，是找不到的。我们只能确认一个方向一直走下去，耐心等待与自己命中注定的那个东西相"会"，"闻一善言，见一善行，若决江河"，势不可当。

朱熹此章注："盖圣人之心，至虚至明，浑然之中，万理毕具。一有感触，则其应甚速，而无所不通，非孟子造道之深，不能形容至此也。"

顿悟是一个瞬间，但瞬间之前是长久的默待。什么是默待？就是保持，保持淳朴，保持本色。若慧能在此之前已经沾染恶习，若大舜在此之前已经习于野蛮，就不会有这个瞬间——因为他们没有默待。默待就是保持自己的皓皓之白，然后静待花开。教育也是等待那一个顿悟的人出现。孔子三千弟子，满意的只一个颜回。等到这么一个顿悟者的出现，是教育者最大的幸福。受教育者，就是不断学习让自己静默以待自己顿悟的那一刻。

顿悟不是凭空而来，需要德行、才干、修行。什么是德行？"德"，是"行"出来的，要做事、做好事才有德，为社会做贡献，为他人创造价值，才有"德行"；什么是"才干"？才，是"干"出来的，干的事情多了，才能有"才干"；什么是修行？修不是在家闷坐，吃茶焚香哪叫修行？那叫偷懒；坐禅念叨又哪能悟道？那叫投机。要一直去做事，去"行"，才是"修行"。

每个人都有善根，但是，什么时候唤醒它？有没有醒来的愿望？醒来的人都有醒来的能力，醒来的人都有醒来的意愿，醒来的人都有醒来之前的等待，醒来的人都有醒来之前的纯洁——如一粒种子等在黑暗的泥土里，它自身有生命，它自身在积蓄，它自身在葆持。

链接——13.14；13.15；13.18

13.17

孟子曰:"无为其所不为,无欲其所不欲,如此而已矣。"

今译——
　　孟子说:"不要去做你不该做的事情,不要去追求你不该追求的东西,如此就可以了。"

开讲——
　　这句话是不是很老子?
　　"不为"有两个不同的层次:一是不能为,能力不够,这是事实判断;一是不该为,不做错误的事,这是价值判断。孟子这里的"无为其所不为",显然不是指能力不够,而是指价值判断,不做"不该做的事"。
　　"无欲其所不欲",不要去追求你不该追求的东西,用孔子的话来讲,叫"见得思义"(《论语·季氏》),是见到财利,想着是否正当,是否该得;是"富而可求也,虽执鞭之士,吾亦为之。如不可求,从吾所好"(《论语·述而》);是"不义而富且贵,于我如浮云"(《论语·述而》)。

链接——11.10;13.20

13.18

孟子曰:"人之有德慧术知者,恒存乎疢疾①。独孤臣孽子②,其操心也危,其虑患也深,故达③。"

今译——
孟子说:"人之所以有德行、智慧、才干、见识,常常与他的某种心病共存。只有那些孤臣孽子,内心总处在惴惴不安之中,他们对祸患的忧虑很深,最后才能有所成就。"

注释——
① 疢(chèn)疾:朱熹:"疢疾,犹灾患也。"一般理解为引申义:患难。此处当作本义"疾病"理解。详本章开讲。
② 孤臣:失势的臣子。孽子:非嫡妻所生之子称庶子,也称孽子,地位低微。
③ 朱熹:"达,谓达于事理,即所谓德慧术知也。"按,此"达",当即"达则兼善天下"之"达",指人生通达,有所成就。

开讲——
孟子深谙心理学。我在 12.15 开讲里,讲到:

> 孟子有一种把人生负面境遇看作人生不可避免且是成功必要条件的倾向，甚至有把人的负面心理，包括心理创伤，看作一个人强大内在能量来源的认知，这是很了不起的，因为这实际上已经为现代心理学证实。孟子确实具有非凡的对世道人心的极其深刻的洞察。

并在引用本章后，这样说：

> 很多人解释"疢疾"为忧患，其实这是对孟子思想肤浅的理解。疢疾的原意就是疾病，说它是"忧患"，乃是引申义。孟子既然在12.15已经用了"忧患"，为什么在13.18还要用"疢疾"来比喻忧患？这完全没有必要。孟子本义就是指人的心理疾病——或者，中性一点说，是心理缺憾。

> 中国有忧患文化的传统。人的德行、智慧、才干、见识从哪里来？从忧患中来，"生于忧患而死于安乐"（12.15）。人生有不足，人生有苦难，才会调动人内心蕴藏的能量。德要"行"出来，才要"干"出来。欲望与焦虑，有时是成功的第一动力。你有没有改变现状焦虑？你能不能忍受自己做一个平庸的人？有没有对成功的渴望？孔子有。他说："君子疾没世而名不称焉。"（《论语·卫灵公》）"疾"，痛恨、焦虑，君子痛恨、焦虑自己死后寂寂无名。也因为有对湮没无闻的恐惧、焦虑，司马迁隐忍苟活，写出了伟大的《史记》。他在《报任安书》中说："所以隐忍苟活，幽于粪土之中而不辞者，恨私心有所不尽，鄙陋没世，而文采不表于后世也。"（《汉书》卷六二《司马迁传》）"恒存乎疢疾"的"疢疾"，不仅是患难，也是不甘人后，对成就事业的欲

望，成名成家、光宗耀祖的焦虑。"孤臣孽子"是孟子特别举出的一个例子。孤远之臣，卑下庶子，每走一步小心谨慎，如履薄冰，这种人往往更焦虑，更有野心。莎士比亚戏剧《李尔王》中，葛罗斯特伯爵的私生子爱德蒙有一段独白："为什么我要受世俗的排挤，让世人的歧视剥夺我的应享的权利，只因为我比一个哥哥迟生了一年或是十四个月？为什么他们要叫我私生子？为什么我比人家卑贱？我的壮健的体格、我的慷慨的精神、我的端正的容貌，哪一点比不上正经女人生下的儿子？"（威廉·莎士比亚著，朱生豪译：《李尔王》第二场《葛罗斯特伯爵城堡中的厅堂》）这种人比一般人有更大的能量，就因为他"其操心也危，其虑患也深"。

曾有人统计过，早年丧父或丧母的人，有所成就的比例超过一般人。孔子三岁丧父，孟子也有说早年丧父的，慧能三岁丧父，穆罕默德是遗腹子，六岁丧母，耶稣十五岁丧父，释迦牟尼出生七天丧母，亚里士多德幼年丧父……欧阳修早年丧父，范仲淹早年丧父，王阳明十三岁丧母，鲁迅十三岁丧父，胡适五岁丧父……这一类事例古今中外，不胜枚举。这似乎也证明了孟子这里观察结论的合理性。

成语——孤臣孽子　操心虑患
链接——12.15；13.16

13.19

孟子曰:"有事君人者,事是君则为容悦者也①。有安社稷臣者,以安社稷为悦者也。有天民者②,达可行于天下而后行之者也③。有大人者④,正己而物正者也。"

今译——

孟子说:"有侍奉君主的人,侍奉这个君主就为了阿谀逢迎他。有安定国家社稷的大臣,以能安定国家社稷为快乐。有天民,了悟到自己能够行道于天下然后便去行道的人。有大人,那是端正自己而万事万物也跟着端正的人。"

注释——

① 容悦:朱熹:"阿殉以为容,逢迎以为悦。"容、悦的意思都是阿谀逢迎。

② 天民:赵岐:"知道者也。"朱熹:"民者,无位之称。以其全尽天理,乃天之民,故谓之天民。"并引张子曰:"必功覆斯民然后出,如伊吕之徒。"《孟子》还两次提到"天吏"(3.5、4.8),指执行天之意志者,"天民"当与"天吏"相对,朱熹说"无位之称",是。"天民"在此前已经出现过两次,都是借伊尹之口说出:"予,天民之先觉者也。"(9.8、10.1)故"天民"当指顺应天命,用之则行、舍之则藏之人。朱熹言:"必其道可行于天下,然后行之;不然,则宁没世不见知而不悔,不肯小用其

道以殉于人也。"

③ 达：明了，知晓。

④ 大人：此处"大人"当指圣人。

开讲——

　　第一个关键词，"事君人"。在孟子看来，这是四种人中境界最低的，也就是被孟子贬为"逢君之恶"的"今之大夫"（12.7），是"能为君辟土地，充府库""能为君约与国，战必克"的"今之事君者"（12.9），实际上骂的还是当时的法家。忠君是法家思想，孔孟从来不讲忠君。孔子周游列国，也从来不取悦哪个诸侯。儒家对"事君人"的态度，可以通过孔子对管仲的评价来看。管仲与召忽最初都事奉齐国公子纠，公子纠死后，召忽以死报忠，管仲却转而侍奉与公子纠争夺国君之位胜出的公子小白，即后来的齐桓公。子路问孔子，"召忽死之，管仲不死"，管仲算得上仁人吗？孔子回答："桓公九合诸侯，不以兵车，管仲之力也。如其仁！如其仁！"子贡也问孔子"桓公杀公子纠，不能死，又相之"，管仲是仁人吗？孔子回答："管仲相桓公，霸诸侯，一匡天下，民到于今受其赐。微管仲，吾其被发左衽矣。岂若匹夫匹妇之为谅也，自经于沟渎而莫之知也。"（《论语·宪问》）管仲辅佐齐桓公，在诸侯中称霸，匡正了天下，人民至今还受到他的好处。如果没有管仲，我们恐怕已经沦为披头散发在左边开衣襟的人了。管仲哪能像一般的平庸男女那样，为了守小节，在小山沟里上吊自杀，还没有人知道呢？在孔子看来，召忽自杀殉节，这是召忽的"仁"，但管仲胸有经世济民之大志大才，岂能为一个君（其实还未能即君位）而轻掷生命？"仁"，是做出大事业，为国为民带来福祉，消除灾难，而不是事奉一人。忠者未必仁，而仁者有大忠。钱穆《论语新解》此章下评述曰："子路、子贡所疑，徒见其小，而孔子之言，实树万世之大教，非为管

845　卷十三　尽心上

仲一人辩白也。盖子贡专以管仲对子纠言,孔子乃以管仲对天下后世言。""宋儒嫌其偏袒功利,乃强言桓公是兄,子纠是弟,欲以轻减管仲不死之罪。不知孔子之意,尤有超乎君兄弟臣之上者。"是谓得之。

值得注意的是,子路、子贡质疑管仲时,都以"仁"论而不以"忠"论,也就是说,即使他们希望管仲像召忽那样自杀,也不是为了忠君,而是为了行仁——为了自身的仁德。他们并没有后来法家那种忠君的概念。儒家的忠,是忠于职守,是尽心竭力,而不是效忠君主。孟子为什么讲"有事君人者,事是君则为容悦者也"这个问题?因为在孟子的时代,法家出现开始讲忠君。孟子晚年编《孟子》时,商鞅已经死了。孟子实际上是在批评法家。

第二个关键词,"安社稷臣"。"事君人"是侍奉某个特定的国君,与"安社稷臣"同样要立足于国,不同在于,"安社稷臣"忠于国家,而非忠于某个特定的国君,比"事君人"境界高一层。"事君人",取悦国君;"安社稷臣",安定国家,以国家目标的实现为人生的自我实现,并在其中获得满足、快乐。但在孔孟儒家的眼里,国家不过是一个行政实体,一国君主管理地域意义上的领土,不等于就拥有道义。孔孟儒家讲的国家,立足点仍然在天下,讲修身、齐家、治国,最终指向也是平天下。儒家社会理想的最终目标,也不是国家一统,而是天下大同。

庄子《逍遥游》中所轻视的"知效一官,行比一乡,德合一君,而征一国者,"就是指以上"事君人"和"安社稷臣"两类人。庄子、孟子的鄙视链,是一样的。

第三个关键词,更高的境界,"天民"。注意"民"字。前面"事君人"和"安社稷臣",身份都是臣。而"民,众萌也"(《说文解字》第十二),是相对于君、臣体制之外的存在,是黎民百姓,是平民。《穀梁传·成公元年》:"古者有四民,有士民,有商民,有农民,有工民。"我们也可以把"天民"理解成自然人、自由人。天民就是不依附不寄托的独立之人。所以，天民之天，既是自然之意，又是自由之意。天地孕育万民，人人有天赋的独立意志，因此"天民"可以不以一国为念，更不以一君为念，无依无傍，凭自身的德性、智慧、才干、见识立于天地之间，光明磊落，行于天下。行，有可行；不行，有不可行。可行，就去做，"达则兼善天下"；不可行，就不做，"穷则独善其身"（13.9）。用之则行，舍之则藏，遁世无闷，安之若命。既不把自己绑定在某个国，更不把自己绑定在某个君，而是伸张自我意志，"居天下之广居，立天下之正位，行天下之大道；得志，与民由之；不得志，独行其道；富贵不能淫，贫贱不能移，威武不能屈，此之谓大丈夫"（6.2）。这样的"天民"，天地之间，我自来去，"则吾进退，岂不绰绰然有余裕哉"？（4.6）

第四个关键词，"大人"，最高境界。这样的人，能影响整个社会。这样的人，先"正己"而后"物正"，孟子所谓"中道而立，能者从之"（13.41），站在天下最中正的道上，用自己的身影给天下人指出一条道路，与民由之，让天下人闻风而行，跟着我，浩浩荡荡地走在这条正道上。这样的最高境界，就是儒家推崇的尧、舜、禹、汤、周文武王的圣人的境界，也是孔子的境界、孟子的境界。"天民"与"大人"的区别，如果从佛教的角度比喻，"天民"相当于自我修行的阿罗汉，而"大人"，则是度天下人的佛。

从社会组织角度来看，也是四个层次："事君人"，忠于某个人及其所代表的利益集团；"安社稷臣"，忠于某个国家；"天民"，忠于自己，独立意志决定自己的行为；最后是"大人"，忠于天下教化天下的圣人。"安社稷臣"忠于某个国家，比"事君人"取悦于某个君主、忠于某个利益集团，境界当然要高。但是，在中国历史上，君的利益绑架国家利益，国家利益绑架人民利益，这种情况经常发生。

孟子这里，是要把这个逻辑倒过来：让圣人的理性引导人民的理性，人民的理性引导国家的理性，而国家的理性，是要把人民的利益放在第一位。

对我们大部分人来说，要学会做"天民"，保有自己的独立人格，努力实现人生的自我价值。当每个人都实现了自我人生价值，国家自然就好了，天下自然太平而生机勃勃。

链接——4.6；6.2；12.7；12.9；13.3；13.9；13.41

13.20

孟子曰:"君子有三乐,而王天下不与存焉。父母俱存,兄弟无故,一乐也;仰不愧于天,俯不怍于人①,二乐也;得天下英才而教育之,三乐也。君子有三乐,而王天下不与存焉。"

今译——
孟子说:"君子有三种快乐,而称王于天下并不在内。父母都健在,兄弟都平安,这是一乐;抬头无愧于天,低头无愧于人,这是二乐;得到天下杰出的人才来教育他们,这是第三乐。君子有三种快乐,称王于天下不包括在内。"

注释——
① 怍(zuò):惭愧,羞惭。

开讲——
为什么孟子这里两次说"君子有三乐",不包括"王天下"呢?
第一,既然讲到"三乐",马上就申明"王天下不与存",则已然说明"王天下不与存"也是君子之乐,只是与这"三乐"不在一个逻辑层面上,不属于同一类。

第二，实际上，在下一章，孟子就明确说："中天下而立，定四海之民，君子乐之。""中天下而立，定四海之民"就是"王天下"，而君子是以之为乐的。

那么，为什么"王天下不与存"呢？因为君子三乐的"父母俱存，兄弟无故""仰不愧于天，俯不怍于人""得天下英才而教育之"，指的都是私人生活的快乐，"王天下"则是公共生活的快乐。

孔子、孟子谈"王天下"，谈的是公共领域问题。但是圣人也有自己的私人生活。比如孔子个人生活很讲究，"食不厌精，脍不厌细"（《论语·乡党》），"子之燕居，申申如也，夭夭如也"（《论语·述而》）。这就是孔子的私人生活。是人一定有私人生活与公共生活。公共生活有公众形象之严谨，私人生活有私人生活之放松。孟子的私人生活一面我们了解得不多，《孟子》中的孟子形象，几乎都是公共生活中的孟子，不像《论语》中的孔子形象，太多私人生活的记载。

从个人的角度来说，人有权选择自己的生活方式。有意思的是，孟子这里讲的"三乐"，前两种不是生活方式。

第一种快乐，不是生活方式而是生活状态。"父母俱存，兄弟无故"，其实可遇而不可求。父母健在、兄弟平安，体现出一个人的孝悌之心。因为有孝悌之心，所以有这样的幸福观，但这种幸福是否获得，有人力不可及处，属于"求之有道，得之有命，是求无益于得也"（13.3），所以要听之于命的。孔子三岁没了父亲，十七岁没了母亲，同父异母的兄长身有残疾。孟子有没有这个快乐？好像也没有。据说孟子也是早年丧父（参阅 2.16 注释和开讲），即使孟子早年丧父未必真实，但人生总会迎来父母去世的后半生。曾子就说过，父母去世后，他官也做得大了，俸禄也多了，物质生活好了，但不快乐了（《韩诗外传》卷七）。也许孟子正是有这种无法弥补的缺憾，心中向往，所以他才说"父母俱存，兄弟无故"是人生的第一快乐吧？"树欲静而风不停，子欲养而亲不待"(《孔子家语》卷二《致思》)，孟子后来厚葬母亲，说"君子不以天下俭其亲"（4.7），也是在弥补自己的缺憾。父母走了，固然不可避免，似乎也不必一直悲伤；但父母俱在，确实非常美好，值得好好珍惜，并感觉幸福。

第二种快乐，不是生活方式而是生活道德，"仰不愧于天，俯不怍于人"，讲的是人的德行。程子曰："人能克己，则仰不愧，俯不怍，心广体胖，其乐可知，有息则馁矣。"这属于"求则得之，舍则失之，是求有益于得也，求在我者也"（13.3）。

只有第三种快乐，"得天下英才而教育之"，才是自己可以选择的生活方式。孟子和孔子一样，最终是把教师当成自己终身职业的，哪怕周游列国，也都将诸侯国君当成学生来教育。朱熹说："尽得一世明睿之才，而以所乐乎己者教而养之，则斯道之传得之者众，而天下后世将无不被其泽矣。圣人之心所愿欲者，莫大于此，今既得之，其乐为何如哉？"

我从自我可以选择的生活方式上来分别这"三乐"，也有人从自我可以把握的角度来分类。朱熹引林氏（林之奇）曰："此三乐者，一系于天，一系于人。其可以自致者，惟不愧不怍而已，学者可不勉哉？"很有启发。

成语——仰不愧天　俯不怍人　天下英才
链接——4.7；13.3；13.21

13.21

孟子曰："广土众民，君子欲之，所乐不存焉。中天下而立，定四海之民，君子乐之，所性不存焉。君子所性，虽大行不加焉，虽穷居不损焉，分定故也。君子所性，仁义礼智根于心，其生色也，睟然见于面①，盎于背②，施于四体，四体不言而喻③。"

今译——

孟子说："广阔的土地众多的人民，是君子也想要的，但是乐趣不在这里。站在天下的中心位置，安定天下的人民，这才是君子的快乐，但是本性不在这里。君子的本性，即使得志行道也不能有所增益，即使穷困隐居也不能有所减损，这是天分已定的缘故。君子的本性，仁义礼智根植于心，生发于气色，脸上温润，肩背丰厚，遍及四肢，四肢无须指令即举止得宜。"

注释——

① 睟（suì）然：温润的样子。朱熹："清和润泽之貌。"刘沅："睟，目之清明。目，尤精神之萃者。"见（xiàn）：通"现"。
② 盎（àng）：充盈。朱熹《孟子集注》："盎，丰厚盈溢之意。"刘沅："盎背，则其形神精气充溢于中，而清明刚大所以塞乎天地者。……盎，充盛意。"

③ 施于四体：刘沅："无尺寸之肤非至理所贯注。即无毫发非元气所弥纶。"不言而喻：朱熹："四体不言而喻，言四体不待吾言，而自能晓吾意也。盖气禀清明，无物欲之累，则性之四德根本于心，其积之盛，则发而著见于外者，不待言而无不顺也。"

开讲——

先简单疏解一下本章。

"广土众民"，实际上是一种对权力的欲望。这是君子的正常欲望，如富贵人之所欲一样。但欲望不是快乐，欲望也不一定能实现。君子不反对人有权欲、色欲、财欲，但君子不以此类欲望的满足为快乐。"所乐不存"，也包含这样的含义：以追求"广土众民"为目的，恰恰不可能快乐。

君子为什么快乐？为"中天下而立，定四海之民"而快乐，站在天下的正中，以自身为榜样来引导人民走正道，也就是孟子说的"中道而立，能者从之"（13.41）。"中立"，语出《礼记·中庸》："中立而不倚，强哉矫。"孔颖达疏曰："中正独立，而不偏倚，志意强哉，形貌矫然。"中立，是不偏不倚，行人间正道；不倚，是独立思考，不偏重、不拘泥；强哉矫，是秉承德义，昂扬向上，强壮有力，是"天行健，君子以自强不息"（《易·乾》）。但是，"中天下而立，定四海之民"是君子的外在功业，而君子所拥有的自我本性，并不存在于这里。

君子本性在哪里？"君子所性，虽大行不加焉，虽穷居不损焉，分定故也"，得志了，大行于天下也不能有所增益他的本性；不得志，穷困不得通行也不能有所减损他的本性，因为他的本性是自足的。仁、义、礼、智，才是君子根植于心的本性。我在13.3开讲中引述过《庄子·缮性》：

> 古之所谓得志者，非轩冕之谓也，谓其无以益其乐而已矣。

孟子的"大行不加"，即庄子的"无以益其乐"。

再做一个总结。本章讲了君子三种不同的境界：所欲的境界；所乐的境界；所性的境界。

第一，"广土众民"，所欲的境界：然欲望并不能给人带来快乐。

第二，"中天下而立，定四海之民"，所乐的境界：当天下闻风而至的时候，当天下民风淳朴的时候，君子觉得很快乐，但这种快乐依然是外在的，与他的本性无关。天下大治或者天下大乱，君子都不会改变其本性。

第三，"君子所性"，所性的境界：君子本性不会随外界变化而改变。人性本善，仁义礼智根植人的心中，呈现出人外在的气质，纯粹、敦和、润泽、清正，举手投足充盈着一种生命的、道德的活力和气质。孟子曰："形色，天性也；惟圣人然后可以践形。"（13.38）孟子认为只有圣人才能充分呈现人的形色之美，因为这是内外兼修的结果。"夫志，气之帅也；气，体之充也。"（3.2）人之血肉之形色，须有道德内充，才能使其生机勃勃而正气浩然。人有两命，一是生命，一是性命。动物只有生命，人除了生命还有性命。性命就是道德生命，是人的本性所在。"性"的写法，是"心"边有"生"，有心之生谓之性。

欲境、乐境、性境，三个境界，君子的最终追求在人自我的完善，无论做什么事业，都不过是自我完善的凭借而已。什么是事业？做事然后有业；事做成然后有业。业，让我们的人性得到充分发挥。上天生人，我们总要在这个世界上有所作为、有所建树、有所供奉——这叫生命的对象化，让人内在的生命外化。所有人都在追求生命的对象化。生命的对象化东西越多，生命的实现程度越高；生命中对象化的东西越少，生命的实现程度越低。所以人生一定要努力，把自己的力量集中起来，聚精会神，让自己本性中所有的那些有价值的东西最大程度地呈现出来。生命短暂，事业长留，人生便已不朽，最终归于性命。

儒家的心性之学，到明朝时渐渐搞得特别玄虚，"无事袖手谈心性，临危一死报君王"（《颜元集·学辨一》），平时虚谈，遇国家、人民危难，便一死了之。谁不死呢？人来到这个世界，就是以身犯险。天下最大的险境，就是这个世界，没有一个人可以活着离开这个世界。凡是到这个世界的人都是到了绝境，都会死，死是人人"不学而能"的。天天谈心性，谈到最后，终一无所得。王阳明瞧不起这样一些人，所以他特别强调事功。为什么要做事呢？做事，就是把生命对象化。虚谈心性，心性在哪里呢？心性是需要通过外在的事功呈现出来的。性境是人生的自我完成。

自我完成的同时，自然也完善了社会。人类的一切制度，国家与社会组织，所有的这一切都是为人的自我完成服务的。文化与道德规范，都是让每一个人能够更好地自我完成。

成语——晬面盎背　不言而喻　广土众民
链接——3.2；13.3；13.20；13.38；13.41

13.22

孟子曰："伯夷辟纣,居北海之滨,闻文王作,兴曰:'盍归乎来!吾闻西伯善养老者。'太公辟纣,居东海之滨,闻文王作,兴曰:'盍归乎来!吾闻西伯善养老者。'①天下有善养老,则仁人以为己归矣。五亩之宅,树墙下以桑,匹妇蚕之,则老者足以衣帛矣。五母鸡,二母彘,无失其时,老者足以无失肉矣。百亩之田,匹夫耕之,八口之家足以无饥矣。所谓西伯善养老者,制其田里,教之树畜,导其妻子使养其老。五十非帛不暖,七十非肉不饱。不暖不饱,谓之冻馁。文王之民无冻馁之老者,此之谓也。"

今译——

孟子说:"伯夷避开商纣王,住在北海边,听说周文王兴起,喟然兴叹:'何不归附!我听说西伯善养老人。'姜太公避开商纣王,住在东海边,听说周文王兴起,喟然兴叹:'何不归附!我听说西伯善养老人。'天下有善养老人的人,那么仁者就把他当作自己的归宿了。五亩地的住宅,沿着墙种下桑树,妇女用来养蚕,那老人足以穿丝绵了。五只母鸡,两头母猪,按时喂养繁殖,老人足以有肉吃了。百亩的田地,农夫耕种,八口之家足以不挨饿了。所谓西伯善养老人,就是制定田亩和住宅制度,教他们种粮植树饲养家畜,引导妻子儿女养好自家的老人。五十岁的人不穿丝绵不暖，七十岁的人不吃肉不饱。穿不暖吃不饱，就叫挨饿受冻。周文王的人民中没有挨饿受冻的老人，说的就是这个。"

注释——

① 这一段文字在 7.13 重出，注释请参照 7.13。

开讲——

在 7.13 中，记到伯夷、太公说过同样的话。伯夷、太公两位老人，可以视作天下父老的代表，他们归附周文王，意味着天下的父老都会归附文王。天下的父老都归附文王，那他们的儿子还会往哪里去呢？孟子在那里说的是：养好老人，天下归心。

孟子在这里更进一步，说的是建立养老制度。所谓的"西伯善养老者"，不是周文王建养老院，用国家的钱把所有老人都养起来，而是以天下子女来养天下父母。建立一个好的井田制度，男人种田，女人养蚕，搞好生产与副业，让八口之家"足以无饥"，有能力让自家老人"足以衣帛""足以无失肉"。

在与齐宣王的谈话中，孟子谈到"制民之产"。孟子说，制定对百姓的产业政策的标准是什么？是"必使仰足以事父母，俯足以畜妻子，乐岁终身饱，凶年免于死亡"（1.7），这才是仁政的基本体现。反之，对百姓制定的政策，搞得他们上不足赡养父母，下不足养活妻子儿女，丰收年景一辈子都吃苦，遇到灾年不免饿死，百姓全力保全自己的生命都做不到，就是暴政。

"文王之民无冻馁之老者，此之谓也"，文王治下的老百姓没有挨冻受饿，说的是什么？说的就是文王"制民之产"的政策。孟子在与齐宣王谈话时，这样赞赏文王"善养老者"："昔者文王之治岐也，耕者九一,仕者世禄,关市讥而不征,泽梁无禁,罪人不孥。老而无妻曰鳏,老而无夫曰寡,老而无子曰独,幼而无父曰孤。此四者,天下之穷民而无告者。文王发政施仁,必先斯四者。"可对看 2.5。

孟子与梁惠王、齐宣王、滕文公等,也多次谈及周朝井田制的好处,可参看以下链接给出的章节。

链接——1.3 ; 1.5 ; 1.7 ; 2.5 ; 5.3 ; 7.9 ; 7.13 ; 12.10 ; 13.23

13.23

孟子曰:"易其田畴①,薄其税敛,民可使富也。食之以时,用之以礼,财不可胜用也。民非水火不生活,昏暮叩人之门户求水火,无弗与者,至足矣。圣人治天下,使有菽粟如水火。菽粟如水火,而民焉有不仁者乎?"

今译——

孟子说:"治理井田,减轻税收,就可以使人民富足。按时食用,依礼消费,财物就足够用了。百姓没有水和火无法生活,晚上敲人家的门要水要火,没有不给的,因为水火非常充足的缘故。圣人治天下,会使粮食多得像水火一样。粮食多得像水火一样,百姓哪里有不仁的道理呢?"

注释——

① 易:整治。田畴:土地。

开讲——

"薄其税敛",是儒家的政治正确。不论政策怎么制定,税法各异,一定要讲不能加重税收。孟子也多次谈及,主张"助而不税"(3.5)。

为什么人的生存诸要素中，水火重要到不可须臾离，但却可以随时拿出来资助别人，同样重要的粮食却做不到？因为水火"至足"。为什么粮食比水火贵？因为不足。《韩非子·五蠹》也有类似的说法："泽居苦水者，买庸而决窦"，住在湿地的人，苦于四周都是水，花钱雇人把水排出去；"山居而谷汲者，媵腊而相遗以水"，居住在高山的人，苦于缺水，互相送礼送的是水。同样是水，在一处是祸害，在另一处是财富。所以，不是重要不重要决定它的价值，是匮乏不匮乏决定它的价值。所以，孟子说，圣人治理天下，最好的办法是让老百姓的粮食像水火一样充足，那么"民焉有不仁者乎？"要想改善老百姓的道德水平，首先改善他们的物质生活，让他们富起来，"仓廪实而知礼节"（《管子·牧民》）。

链接——1.3；1.5；1.7；2.5；3.5；5.3；7.9；7.13；12.10；13.22

13.24

　　孟子曰："孔子登东山而小鲁①,登太山而小天下②。故观于海者难为水,游于圣人之门者难为言。观水有术,必观其澜。日月有明,容光必照焉③。流水之为物也,不盈科不行④;君子之志于道也,不成章不达⑤。"

今译——

　　孟子说:"孔子登上东山就觉得鲁国小了,登上泰山就觉得天下小了。所以看过大海的人难以与他谈别的水,在圣人门下学习过的人难以与他谈别的话。看水有方法,一定要看它的波澜。日月有光辉,能容得下光的一点点缝隙都能照进来。流水这东西,不把坑坑洼洼填满就不往前流;君子有志于学道,不到自成格局不能通达。"

注释——

① 东山:即蒙山,在今山东省蒙阴县南。
② 太山:即泰山,在今山东省泰安市北。
③ 容光:容光之隙。焦循正义:"苟有丝发之际可以容纳,则光必入而照焉。容光非小隙之名,至于小隙,极言其容之微者,以见其照之大也,故以小郤(按:同隙)明容光。"

④ 科：通"窠"，沟坎，土坑。参见8.18注释③。
⑤ 章：《说文》："乐竟为一章。"这里表示开展到一定程度。罗竹风主编《汉语大词典》："凡积渐生变，自成格局，皆可称成章。"

开讲——

站得高，看得远。看得远，心胸才大。所以人要站得高一点，这是维度。

做事要降维，思考要升维。降维做事力胜任，效率高；升维思考全局清，判断准。

人走出迷宫，有几种方法。一是靠经验，在迷宫里不断摸索，走不通转过来重新走。二是靠逻辑，寻找迷宫制作的规律，这需要思考和判断能力，比靠经验摸索着走要快得多。三是靠洞察力，站到迷宫之上，全局了然于胸。"孔子登东山而小鲁""登太山而小天下"，就是圣人的胸襟、圣人的眼光，就是自身所在的高度可以俯瞰人世的迷局。所以欲成就人生，须不断升维，洞察全局，登得越高，看得越远。

观圣人之道，如大海般，波澜壮阔；立圣人门下，如日月般，容光必照。而我们学道之人，"不成章不达"，不积累足够的德性，不达到一定的境界，不会通达。"科"是沟坎，水经过一定会把它填满，才能够继续前行。德性也是这样，必须过这一关，才能进下一关，没有捷径。荀子说："积善成德，而神明自得，圣心备焉。"（《荀子·劝学》）"积善成德"，就是不断地把自己碰到的事情都做了，把自己的缺点改了，不足弥补了。因为这本来是你的坎。人生所有的不幸、所有的沟沟坎坎，都是自己的"科"。既然碰到，就去填，填满再往前走。"盈科"，就是"成德"，就是"成章"。

成语——曾经沧海难为水　盈科后进

13.25

孟子曰:"鸡鸣而起,孳孳为善者①,舜之徒也;鸡鸣而起,孳孳为利者,跖之徒也②。欲知舜与跖之分,无他,利与善之间也③。"

今译——

孟子说:"鸡叫就起来,孜孜不倦地行善的人,是舜这一类人;鸡叫就起来,孜孜不倦地求利的人,是跖这一类人。想知道舜和跖的分别,没有别的,利与善的不同而已。"

注释——

① 孳孳(zī zī):同"孜孜",勤勉不怠。
② 跖(zhí):春秋时大盗,人称"盗跖"。参见6.10注⑦。
③ 间(jiàn):不同。

开讲——

"孳孳为善",孜孜不倦,不嫌琐碎,就是"积善成德"。无论大事小事,只要是好事就去做。扶起一辆倒了的车,捡起一片锋利的瓦片,勿以善小而不为。

注意"利与善之间"的"利",不能理解为一般意义上的利益和物质财富。人类创造财富，也是在创造人类的福祉。孟子这里说的"利"，指纯粹追逐个人"私利"，甚至不惜为非作歹追求利益。儒家不是不讲利，儒家讲利国、利民、利天下，孟子讲"五十者衣帛，七十者食肉"，不都是利吗？让孩子穿好点、吃好点、住好点，不是好事吗？把企业做大，给社会创造财富，增加就业，不是好事吗？正当的利益，就是善；维护正当的利益，拓展正当的利益，就是"为善"。人人如此"孳孳为利"，也就是"孳孳为善"，天下就治好了。

成语——鸡鸣而起　孳孳为利
链接——13.22；13.23

13.26

孟子曰:"杨子取为我①,拔一毛而利天下,不为也。墨子兼爱,摩顶放踵利天下②,为之。子莫执中③。执中为近之。执中无权,犹执一也。所恶执一者,为其贼道也④,举一而废百也。"

今译——

孟子说:"杨子主张为我,拔一根汗毛而有利于天下,都不肯去做。墨子主张兼爱,磨秃头顶走破脚跟只要对天下有利,就去做。子莫主张中道。保持中道就差不多了。如果保持中道但不懂得变通,还是等于执着于一端。我之所以厌恶执着于一端,是因为这样会损害道,拿起一却丢掉了一百啊。"

注释——

① 杨子,即杨朱,主张"贵己""重生"。参见 6.9 注⑩。
② 顶:头顶。放(fǎng):赵岐、朱熹都以"至"训"放",到,至。颜炳罡以为"放踵"即"劳形"。踵:脚后跟。摩顶放踵:从头顶到脚后跟都摩擦受损。墨子,参见 6.9 注⑩。
③ 子莫:赵岐注为鲁国贤人,生平不可考。今人罗根泽、钱穆等以为是《说苑·修文》中的颛孙子莫。

④ 贼：戕害。

开讲——

　　有两种人，杨朱是"拔一毛而利天下，不为也"，绝对自我；墨子是"摩顶放踵利天下，为之"，绝对无我，而第三种人子莫，"执中"，站两者之间，既不绝对自我，也不绝对无我。

　　我们不能简单地理解杨子的思想就是道德上极端自私。杨子的"我"是自在、自足的。在人类特定的历史阶段，杨子的"拔一毛而利天下，不为也"，是对以各种冠冕堂皇的理由来损害个人利益的反动。个体的牺牲应该出自个体自身的愿望，非极端情形之时不能强迫，尤其不能变成个体的义务，变成博取国家利益的借口。人永远不可以成为手段。一旦无条件要求牺牲个体以成就大多数人，成就国家利益，个体的人就成了手段，而大多数人就成为集体的暴力，国家就会成为暴政。

　　曾经有个伦理学模拟实验，一辆有轨电车出现故障，无法停止，前方有五个人，如果电车不改变方向，五个人就会被撞死。这时，如果有个机会可以扳道，而那条道上只有一个人，你选不选择为了救五个人而改道牺牲那一个人？功利主义道德学派就认为，为了五个人，可以牺牲一个人。

　　这真是一个道德难题。如何思考这个问题？我认为：如果是在一个封闭的系统里，我们无法看清这种观点的危险，甚至觉得它很道德，牺牲一个人救了五个人。但是如果是在一个开放的系统呢？牺牲了一个人，电车没能停下来，前方又出现十个人，那么请问：按照前一个原则，为了五个人可以牺牲一个人，现在为了十个人也可以牺牲那五个人，司机是不是应该选择回到原来的道上，再牺牲那五个人？所以，这么推演下去，就会带来持续的伦理灾难。而社会恰恰是一个开放的系统，是一个无限展开和延续的系统。所以，人类必须确立一个原则：无论什么情况下，都不可以将人作为手段，用牺牲少数人利益的办法来维护大多数人的利益。任何一个"少数"被牺牲，其逻辑都指向所有人可以被牺牲。功利主义道德学派之所以会获得不少人的认同，其实是因为很多人思考这个问题时，都自然地选择自己属于大多数这一边。是的，在现实生活中，我们每个人都觉得自己在大多数这一边，但其实，我们每个人都是实实在在的少数。从这个角度来看，杨朱讲"拔一毛而利天下，不为也"，是在反对把人作为手段，其思想有非常伟大一面，并且非常具有现代性。"拔一毛而利天下"，今天拔一根毛，明天拔十根毛，后天把一头的毛都拔光了，最后就要牺牲更重要的身体部位，乃至生命，就像那辆电车的逻辑，今天牺牲一人，明天牺牲五人，后天牺牲十人……这样的逻辑本身将导致什么后果？杨子看到了这一点，很了不起。

第二种人，绝对无我。墨子兼爱，他的"摩顶放踵利天下，为之"，造成的危害，比杨朱大得多，因为照此推演下去，每个人都成为天下和他人的工具，甚至到最后走向了恐怖主义：为了一种绝对神圣的观念，无差别牺牲具体的人。孟子说墨子："杨氏为我，是无君也；墨氏兼爱，是无父也。无父无君，是禽兽也。"（6.9）

"子莫执中"，在两者之间，既不绝对自我，也不绝对无我。孟子评价是"执中为近之"，比较接近真理。但是，如果仅仅执中而无权变，那跟"执一"有什么区别呢？"执中"的本义就在变通，有适度的弹性，如果把"执中"理解为"我就在中间"，那还是僵持在某一点上，把这"中"变成了一端到最后还是一个字："执"，执着、执迷。所以人生要破"执"。朱熹注"执中无权，犹执一也"曰："执中而无权，则胶于一定之中而不知变，是亦执一而已矣。"并引程子曰："中字最难识，须是默识心通。且试言一厅，则中央为中；一家，则厅非中而堂为中；一国，则堂非中而国之中为中，推此类可见矣。"又曰：

"中不可执也，识得则事事物物皆有自然之中，不待安排，安排着则不中矣。"所以，讲"中"，还是《中庸》中的"时中"为得之。时时、处处都有不同的"中"，若执一中不知权变，反而不中了。

孟子认为，杨子、墨子、子莫，三者的问题都是执一。"所恶执一者"，孟子反对这种执一不变、拿一个原则去套天下事的僵化立场，因为"执一"，最终伤害的是真理，是那"一"之外的一百。

朱熹引杨氏曰："禹稷三过其门而不入，苟不当其可，则与墨子无异。颜子在陋巷，不改其乐，苟不当其可，则与杨氏无异。子莫执为我、兼爱之中而无权，乡邻有斗而不知闭户，同室有斗而不知救之，是亦犹执一耳，故孟子以为贼道。"

成语——一毛不拔　摩顶放踵　举一废百
链接——6.9；8.10

13.27

孟子曰:"饥者甘食,渴者甘饮,是未得饮食之正也,饥渴害之也。岂惟口腹有饥渴之害?人心亦皆有害。人能无以饥渴之害为心害①,则不及人不为忧矣②。"

今译——

孟子说:"饿的人吃什么都觉得是美味,渴的人喝什么都觉得甘甜,这种口感其实没得到饮食的正味,因为饥饿干渴影响了他的口感。难道只是口腹的感受会有饥渴的影响吗?人心也都有影响它判断的东西。如果人能不让心受到像饥饿干渴那样的损害,就不会为不如别人而忧虑了。"

注释——

① 朱熹:"口腹为饥渴所害,故于饮食不暇择,而失其正味;人心为贫贱所害,故于富贵不暇择,而失其正理。"
② 朱熹:"人能不以贫贱之故而动其心,则过人远矣。"

开讲——

《战国策·齐策》:"晚食以当肉,安步以当车。"没有肉吃,晚一点吃饭，等饿了再吃就有肉的感觉了；没有车坐，安然走路，就有坐车的逍遥了。孟子则从反面来讲：因为饥不择食，强烈的欲望会导致人失去对事物的正常判断。比如特别穷困的人会产生一心追求财富的强大动力。物质财富确实有值得人去追求的价值，但它不是人生的最高价值和全部价值。人在某个方面的匮乏，导致我们对其价值有过高的评价，有过度的追求，以致我们为此放弃了其他追求，这就是"人心亦皆有害"。

孟子在提醒我们：正当地、正确地判断自己所追求的东西的价值，不在某个地方沉溺。欧阳修说"智者多困于所溺"（《新五代史·伶官传》），一个有智慧的人，也常常会被自己某个爱好损害了德性。认识到这一点，我们就有可能纠正自己心中的偏差，才不会"不及人"。在孟子看来，"不耻不若人，何若人有"（13.7），人一定要有这样的羞耻心。

成语——饥餐渴饮
链接——13.7；13.28

13.28

孟子曰:"柳下惠不以三公易其介。"

今译——
　　孟子说:"柳下惠不因为三公的高位而改变自己的操守。"

开讲——
　　"介",操守,品行。"三公"是很高的地位,"介"是很多的德性,能交换吗?柳下惠不因为地位高而改变自己的操守。如果我们把本章与上一章连起来看,就是:做高官,是不是人的追求?是,但它不是最高的追求,也不是最终的追求。做官和做事一样,都是我人修行的场所。《集俗语竹枝词》中有这么一首诗:"公门里面好修行,半夜敲门心不惊。善恶到头终有报,举头三尺有神明。"不能因为要做高官,就把人格和操守丢了。恰恰相反,我人正好可以利用公务,积公德以成私德,积善成德,圣心备焉。

链接——13.7;13.27

13.29

孟子曰:"有为者辟若掘井,掘井九轫而不及泉[1],犹为弃井也。"

今译——

孟子说:"有所作为就好比挖井,挖了九仞之深若还没见泉水,还是一口废井。"

注释——

[1] 轫(rèn):通"仞"。古代长度计量单位。一仞相当于七尺或八尺。

开讲——

井挖得再深,挖不到泉水,那有什么用?还不是一口废井。孟子说,做事就要做到位。孔子也说:"譬如为山,未成一篑,止,吾止也。"(《论语·子罕》)《战国策·秦策五》:"诗云:'行百里者,半于九十',此言末路之难。"百里之途,哪怕走了九十,若就此止住,还是半途而废。

链接——13.7;13.27;13.28

13.30

孟子曰:"尧、舜,性之也;汤、武,身之也;五霸,假之也。久假而不归,恶知其非有也^①?"

今译——
　　孟子说:"尧、舜的仁义,是天性;商汤、武王的仁义,是力行;五霸的仁义,是假冒。假冒久了回不来了,哪里晓得他真没仁义呢?"

注释——
① 朱熹:"言窃其名以终身,而不自知其非真有。或曰:'盖叹世人莫觉其伪者。'亦通。旧说,久假不归,即为真有,则误矣。尹氏曰:'性之者,与道一也;身之者,履之也,及其成功则一也。五霸则假之而已,是以功烈如彼其卑也。'"但从事理上讲,"久假不归,即为真有",是可通的。假,不是假装,而是假借。荀子说化性起伪,也是行仁之一种,甚至是最普遍的一种。故译文从之。参见本章开讲。

开讲——
　　"尧、舜,性之也",尧、舜是本性即道,道即本性。尧、舜的本性与道是不是确实像孟子说的这样合而为一?无法证实。但这种体用一体的最高境界的理论假定和逻辑设定,是非常重要和必要的。我们前面就

873 | 卷十三 尽心上

说过，孔子、孟子对尧舜之道的推崇，不是在描述历史事实，而是在表述他们的信仰，是在预设最高的境界，并把尧、舜看作人类最高理想、境界的代表。"性之"，是所做的一切出于本性，并且是本性的自觉和自我完善；而这种自我完善又在改变世界：做自己就是行道，完善自性就是在完善世界。有个词叫"自由行"，倒过来就是"由自行"，尧、舜由自性出发来做事，由自在的动力而行动。这是"性之"，是第一种。

"尧、舜，性之也"，这里面包含着尧、舜即是仁义本体的意思，是抽象仁义的人格化，是具体人格的神格化——再往前一步，尧、舜就是神了。

第二种，"身之"，孟子以汤、武为例。"身"，以自身的行为、举止、所做的事来履行道义。尧、舜做好自己即能校正天下，而汤、武则是身处夏桀、商纣之时，还得以校正天下来验明自身之性。如果尧、舜是"由自行"，汤、武就是如孟子说的"由仁义行"（8.19）。"由仁义行"，是"用好的方式去做事"，也是"因由（顺应、遵循）仁义而行"。仁义是行为的规范，也是行为的动机。

从这个角度说，汤、武的"由仁义行"，与尧、舜的"由自行"，两者本质上是一样的。尧、舜、禹、汤、文王、武王、周公，然后孔子，然后孟子——尧、舜本身就是道，汤、武继承尧舜之道，履行尧舜之道。

但是，"性之"和"身之"还是有区别的，"性之"是本体；"身之"是本体的具象和功能。

按《论语·八佾》："子谓《韶》：'尽美矣，又尽善也。'谓《武》：'尽美矣，未尽善也。'"朱熹注曰：

> 韶，舜乐。武，武王乐。美者，声容之盛。善者，美之实也。舜绍尧致治，武王伐纣救民，其功一也，故其乐皆尽美。然舜之德，性之也，又以揖逊而有天下；武王之德，反之也，又以征诛而得天下，故其实有不同者。程子曰："成汤放桀，惟有惭德，武王

亦然，故未尽善。尧、舜、汤、武，其揆一也。征伐非其所欲，所遇之时然尔。"

则孔子、朱熹、程子，都以为汤、武之境界，略逊于尧、舜，虽然他们又维护汤、武，说这是"非其所欲，所欲之时然尔"。又此章注中，朱熹曰：

尧、舜天性浑全，不假修习。汤、武修身体道，以复其性。

显然也是认为汤、武不及尧、舜。本章自尧、舜至汤、武，再至五霸，当然有渐次贬低之意，然汤、武虽"以征诛而得天下"，不及舜"以揖逊而有天下"，似只是说得天下路径不同，非说汤、武不及尧、舜也。汤、武当乱世，自然需要以身犯险，伐暴救民；舜绍尧而来，自然无须以暴易暴。事之不一，乃时势不一。汤、武，尧、舜，易地而皆然。

第三种，"五霸，假之也"，春秋五霸打着道的招牌来做事。

"性之""身之"和"假之"，三个不同的时代。

后面孟子这句话值得玩味——"久假而不归，恶知其非有也"？朱熹给出两种理解：一是终生窃号，以至不自知非真有；一是终生行伪，以至他人不知其非真有。朱熹同时还否定了一个"旧说"："久假不归，即为真有。"我却倾向持朱熹否定的"旧说"。如果一个人一辈子假借仁义做事，假装做好人做好事，假装了一辈子，到最后他不就是好人？由此可见，孟子对齐桓公这类霸者的态度，还是有肯定的。（参见3.3、12.7开讲）"久假而不归，恶知其非有也？"这是孟子对春秋五霸比较中肯的评价。

成语——久假不归

链接——3.3；12.2；12.7；14.33

13.31

公孙丑曰:"伊尹曰:'予不狎于不顺①。'放太甲于桐②,民大悦。太甲贤,又反之,民大悦。贤者之为人臣也,其君不贤,则固可放与?"

孟子曰:"有伊尹之志则可,无伊尹之志则篡也。"

今译——

公孙丑说:"伊尹说:'我不委顺违背仁义的人。'把太甲流放到桐这个地方,人民很高兴。太甲改好了,又让他回来做君主,人民很高兴。贤者作为君主的臣子,他的君主不贤,就可以流放他的君主吗?"

孟子说:"有伊尹那样的心志就可以,没有伊尹那样的心志就是篡夺。"

注释——

① 狎(xiá):习惯,亲近,委顺。不顺:指背离仁义。"予不狎于不顺",出自《尚书·太甲》,原文为"予弗狎于弗顺"。
② 放:流放。太甲:商汤长孙,太丁长子。桐:地名。参见9.6注⑤⑥⑦。

开讲——

"狎",习惯,顺从,贬义词。"入鲍鱼之肆,久而不闻其臭"(《说苑·杂言》),习惯了,也就慢慢亲近,与之同流合污了。"予不狎于不顺",伊尹这句话说得真有风骨,真有圣贤气象。他告诫我们注意:不要习惯于行为乖张的人,不要习惯于不合常理的事,不要习惯于不合常理的环境,不要习惯于不合常理的政治。一旦习惯于这些,就会习惯黑暗世界,到最后,自己也会变成黑暗世界的一部分。

在日常生活中,我们很容易习惯于不正常的事。什么是"若不能改变世界,就改变自己"?就是让我们习惯于那个不合常理的世界,与这样的世界妥协,最后把自己变成黑暗世界的一部分。所以,伊尹的"予不狎于不顺",真是古圣人之言:我不习惯,我不接受,我决不和这样"不顺"的人、"不顺"的事、"不顺"的政治和平共处。抱着这样的信念,他一放夏桀于南巢,再"放太甲于桐"。

夏桀被流放并最终死在流放之地,是夏桀罪有应得。太甲本是伊尹的天子,却被作为臣的伊尹流放。这一点今人不好理解,其实,与后来的皇帝集权不同,在商、周时期,包括战国时代,国君有大过,会被贵族流放(10.9)。周厉王暴虐,"国人谤王",国人,就是贵族。厉王不听,杀了批评的人,以至于"国人莫敢言,道路以目"(《国语·周语上》)。三年后,贵族们流放了周厉王。

古代之臣,有"圣臣",如伊尹、周公,以天下作为自己的第一责任,而不是伺候天子。天子得道,辅佐天子;天子背道,流放天子。圣臣下面,是"大臣"。大臣坚持道义原则,绝不屈服于君主。"子路问事君",孔子说:"勿欺也,而犯之。"(《论语·宪问》)子路在季氏手下做官,子路没能劝阻季氏做坏事,所以子路这样的不是大臣,而是"具臣"(《论语·先进》),备员充数而已。再往下,是"忠臣",忠于国君的臣。忠臣在儒家那里,从来地位不高,在具臣之下。最后是"奸臣",奸佞小人,利用君主的权势,篡权、贪污、构陷,损害国家和人民利益。

大臣可以流放天子吗?孟子回答:有伊尹之志就是以天下为己任的圣臣,没有伊尹之志就是篡位夺权的奸臣。伊尹之志是什么?"使是君为尧舜之君,使是民为尧舜之民"(9.7)!

链接——9.5;9.6;10.9

13.32

公孙丑曰:"《诗》曰:'不素餐兮①。'君子之不耕而食,何也?"

孟子曰:"君子居是国也,其君用之,则安富尊荣;其子弟从之,则孝悌忠信。'不素餐兮',孰大于是?"

今译——

公孙丑说:"《诗经》说:'不素餐兮。'(不白吃饭啊。)君子不种田而有饭吃,为什么呢?"

孟子说:"君子住在这个国家里,君主任用他,就能安定富足尊贵荣耀;后生子弟跟随他,就能孝悌忠信。'不素餐兮',还有什么比这功劳更大呢?"

注释——

① 不素餐兮:语出《诗经·魏风·伐檀》。

开讲——

为什么"君子之不耕而食"?有社会分工。君子是社会管理者,不是直接从事生产的。樊迟请教孔子怎么种庄稼、种菜,孔子骂他"小人哉"！然后说："上好礼，则民莫敢不敬；上好义，则民莫敢不服；上好信，则民莫敢不用情。夫如是，则四方之民襁负其子而至矣，焉用稼？"（《论语·子路》）孔子倡导"君子不器"，君子的社会责任不是自己去种粮种菜，养活民众，而是践行礼、义、信，把国家管理好，让国家管理有礼（规则）、行政有义（公正）、政策一贯（诚信）。如果这样，哪里用得着自己去稼穑？哪里还会被别人批评为不稼不穑？孟子也认为，君子确实不稼不穑，但是君子自有君子的价值，为国君提供治国方略，阻止国君走歪门邪道，让国家安定，让社会文明，让人民幸福。这不是最大的功劳吗？

成语——安富尊荣
链接——5.4；10.2；13.33

13.33

王子垫问曰[1]:"士何事?"

孟子曰:"尚志。"

曰:"何谓尚志?"

曰:"仁义而已矣。杀一无罪,非仁也。非其有而取之,非义也。居恶在?仁是也。路恶在?义是也。居仁由义,大人之事备矣。"

今译——

王子垫问:"士是做什么的呢?"

孟子说:"高尚自己的心志。"

(王子垫)问:"什么是高尚自己的心志?"

(孟子)说:"推行仁义罢了。杀一个无罪的人,不是仁。不属于自己的东西而获取,不是义。居身在哪里?在仁这里。行路在哪里?在义这里。居仁由义,君子应该做的事就齐备了。"

注释——

[1] 王子垫:齐王之子,名垫。

开讲——

"尚",动词。尚志,君子高尚自己的志向,完善自己的人格,提升自己的德性,让自己的志向高尚。讲到这里,还是心性之学。两个字:仁义。高尚的志向就是仁义,让仁义成为自己的志向,让仁义成为自己的行为准则,即"由仁义行"(8.13)。"而已",是排他性的,意思是唯有"仁义"两个字。"居",居心,居身,把心放在哪里?放在"仁"里;"路",是做事的方式。

孟子讲要做"大丈夫",什么是大丈夫?不是像公孙衍、张仪那样"一怒而诸侯惧,安居而天下熄"的人,而是"居天下之广居,立天下之正位,行天下之大道;得志,与民由之,不得志,独行其道;富贵不能淫,贫贱不能移,威武不能屈,此之谓大丈夫"(6.2)。"居天下之广居",就是这里的"居恶在?仁是也";"行天下之大道",就是这里的"路恶在?义是也"。把心安放在仁中,遵循义的正道做事,便是"居仁由义",不假外求,心地通体光明,自身就是一个美好的世界。如此,"大人之事备矣"。

有人说孟子讲的都是大道理。其实,人生一定要有大道理。有了大道理,才有大方向。做小事,很容易;懂大道,很难。不懂大道理,人生框架建立不起来。有大道理的人才能做"大人",才能光明磊落、心地光明。最好的文章是圣贤的文章,最好的道理是圣贤的大道理。

成语——居仁由义
链接——6.2;8.13;8.19;13.1;13.3;13.32

13.34

孟子曰:"仲子,不义与之齐国而弗受,人皆信之,是舍箪食豆羹之义也。人莫大焉亡亲戚君臣上下。以其小者信其大者,奚可哉?"

今译——

孟子说:"陈仲子,违背义把齐国给他他也不接受,人们都相信他,这只是舍掉一箪饭、一碗汤之类的小义。人没有比不要父子兄弟君臣上下关系更大的事了。因为相信一点小义就相信他有大义,这怎么行呢?"

开讲——

陈仲子在6.10出现过。陈仲子住在於陵,又称於陵仲子,齐国隐士。匡章称赞他是"廉士",因为不食不义之禄,三天没吃的,饿得眼睛睁不开、耳朵听不见,看见井边有一个被虫吃掉大半的李子,爬过去吃了。孟子认为"充仲子之操,则蚓而后可者也",如果将陈仲子的节操推广到极致,那只有变成蚯蚓才能实现。按照陈仲子的逻辑,他住屋子,也一定要先搞清楚是伯夷那样的廉洁之士建造的,还是盗跖那样的不义之人建造的;他吃粮食,也一定要先搞清楚是伯夷那样的廉洁之士种植的，还是盗跖那样的不义之人种植的。这怎么可能？人怎么能够如此长链条地检验自己生活的道德质地？

孟子这里说的"人莫大焉亡亲戚君臣上下"，指的就是陈仲子"辟兄离母，处于於陵"的行为。陈仲子出身于齐国世家大族，他的哥哥陈戴俸禄一万钟。他认为哥哥的俸禄是不义之禄，拒绝食用；认为哥哥的房子是不义之室，拒绝居住，为此躲避哥哥，离开母亲，隐居於陵。孟子认为，把道德生活搞得这么极端，最后只能变成蚯蚓，吃地上的土喝地下的水，才可以经得起如此绝对的道德检验。人生还有孝悌忠信的大义，怎么能为了一点小义，为了自己做"廉士"，断绝和兄长的关系、和母亲的关系，断绝做人的社会责任？

在绝对的"对"与绝对的"错"之间，容易做出选择。但常常让人进退两难的是：两件事都有正面价值，而且两者只能取其一，怎么选择？

古希腊悲剧作家索福克勒斯（Sophocles，公元前495-前406）有一出伦理悲剧《安提戈涅》（*Antigone*）。安提戈涅的叔叔克瑞翁是国王，安提戈涅的哥哥波吕尼刻斯犯了背叛城邦罪，被国王判死刑，并下令不准安葬，安葬者将被判处死刑。从国王的角度来说，他代表国家惩罚叛国贼，没问题。但是安提戈涅遇到问题了，她不安葬哥哥，是不义；安葬哥哥，触犯国法，也是不义。怎么办？安提戈涅最终选择以遵循"天条"为由埋葬了哥哥，于是她被克瑞翁下令处死。克瑞翁的儿子海蒙，是安提戈涅的未婚夫，站出来攻击克瑞翁后自杀，克瑞翁的妻子听说儿子已死，也责备克瑞翁后自杀。一连串的人伦惨剧让克瑞翁认识到自己犯下了罪孽，受到了诸神的惩罚。

《安提戈涅》是古希腊悲剧的经典，对该剧的隐喻意义一直有不同解释。剧中安提戈涅在对抗克瑞翁时有一段常常被法学家引用的台词：

> 天神制定的永恒不变的不成文律条,它的存在不限于今日和昨日,而是永久的,也没有人知道它是什么时候出现的。
>
> 我不认为一个凡人下一道命令就能废除天神制定的永恒不变的不成文律条。

天神的不成文的律条,就是"自然法",自然法永恒不变且是人间成文法的道德良知依据和立法之源。不能理解和不知敬畏自然法的"法学专家",永远不可能是伟大的法学家,他们也随时可能像克瑞翁一样,制造人间的伦理悲情。所以,在《论语导读》12.13章的导读里,我写下了这样的句子:

> 法庭之上,无论有多么专业的法官,永远不可没有圣人和上帝。人间社会,无论有多少成文法典,永远不可或缺《论语》和《圣经》。
>
> 人类,不能仅仅畏惧法律,还需敬畏圣贤和神;用孔子的话说,不能仅仅"民免而无耻",还必须"有耻且格",有内心的是非。

在对人类更原始、更基本的天伦亲情价值的维护上,中西方的选择是一致的。

当两种正面价值发生冲突时,我们首先要考虑的是,哪一种价值是更原始的价值因为原始价值是后来递生价值的源头。所以,对原始价值的考量,是第一条基本原则。第二条基本原则是,价值有不同的位阶。有的位阶高一点;有的位阶低一点。有上位价值;有下位价值。如果两者之间有冲突,就选择站在位阶高的上位价值这一边。陈仲子为了"廉",损害跟母亲的关系,是不仁;损害跟大哥的关系,是不义。廉,却不仁不义,所以孟子说"以其小者信其大者,奚可哉"?陈仲子所为,即前述"执一",只抓住一不放,"举一而废百"(13.26)。

成语——箪食豆羹
链接——6.10;13.26;13.35

13.35

桃应问曰:"舜为天子,皋陶为士,瞽瞍杀人,则如之何?"①
孟子曰:"执之而已矣。"
"然则舜不禁与?"
曰:"夫舜恶得而禁之?夫有所受之也②。"
"然则舜如之何?"
曰:"舜视弃天下犹弃敝蹝也③。窃负而逃,遵海滨而处④,终身䜣然⑤,乐而忘天下。"

今译——

桃应问道:"舜是天子,皋陶是法官,瞽瞍杀了人,皋陶该怎么办呢?"

孟子说:"把瞽瞍抓起来就是了。"

(桃应问:)"那么舜不制止吗?"

(孟子)说:"舜怎么能制止呢?皋陶的做法是有法律依据的。"

(桃应问:)"那么舜怎么办呢?"

(孟子)说:"舜把抛弃天子之位看作像抛弃一双旧草鞋。他偷偷背起父亲逃跑,沿着海滨找个地方住下来,一辈子高高兴兴,快乐得忘记了天下。"

注释——

① 桃应：孟子的弟子。皋陶，传说中虞舜时的司法官。参见5.4注释㉓。瞽瞍，舜的父亲。参见9.1、9.2相关注释。

② 夫有所受之也：赵岐认为，皋陶受之于尧："夫天下乃受之于尧，当为天理民，王法不曲，岂得禁之也！"惠士奇《春秋说》认为，皋陶受之于舜："受之舜。杀人者死，天之道也。皋陶既受之舜矣，而舜复禁之，是自坏其法也。自坏其法，不可以治一家，况天下乎？"朱熹的说法较为笼统："皋陶之法，有所传受，非所敢私，虽天子之命亦不得而废之也。"然，有所受也不必一定是授权之人，也可以是法律制度。译文从这个角度理解。

③ 蹝（xǐ）：草鞋。

④ 遵：沿着。处：住下来。

⑤ 䜣（xīn）：同"欣"。

开讲——

　　这个故事也是让我们学会做判断题。桃应假设了一种情况：舜的父亲瞽瞍杀了人，"然则舜如之何"？这是在给舜出难题。一边是父亲、骨肉亲情，一边是法官、国家法律，你是天子，你怎么办？是用权力干涉执法，还是眼看父亲被送上刑场？

　　孟子的回答是这样的：司法官皋陶执法，是他应有的使命和职责，是合法行使法律权力和履行自我责任，天子也无权干预，所以，"执之而已矣"，该抓就抓，舜不能阻止。

　　但是，舜可以"视弃天下犹弃敝蹝"，背起父亲跑到偏僻之处隐居，"终身䜣然，乐而忘天下"。

　　孟子在讲人生三乐时，为什么第一乐即是"父母俱存，兄弟无故"，并且预先申明"王天下不与存"？其实，孟子说这话时，心中的依据就是舜。（参见13.20），舜会因为救父亲而忘记他曾经拥有的天下。"忘天下",即"求之有道,得之有命"(13.3),即"不得志,修身见于世"(13.9),即"存其心,养其性,所以事天下也",是"修身以俟之,所以立命也"(13.1)。在这一章里,我们惊讶地看到,孟子对于个人心性的高度维护——甚至超过了对国家、集体的维护。这种站在个体心性、个体幸福的角度来假设大舜的选择,在孟子表述中极其难见,却又是合乎孟子的思想逻辑的:立足于人民幸福的儒家政治伦理,最终必然会得出这样的结果:个体的权利,超越国家的权力。因为国家权力的目的,就是维护个体的权利,即使是作为罪犯的权利。

本章与上一章,孟子都是在谈对人类更原始、更基本的价值的维护,只是桃应的假设,把伦理冲突推入了一个非常极端的境地。孟子的回答,既不违背法律公正,同时维系了天伦人道。舜"窃负而逃"可以理解为是犯罪,但不能视为对法律的破坏。犯罪是触犯法律,不是破坏法律;只有以权力取代法律或干扰法律,才是破坏法律。所以,孟子严格界定舜不可以以天子的权力禁止皋陶逮捕和判决瞽瞍,但他可以对瞽瞍"窃负而逃"。也就是说,舜可以触犯法律,但不可以破坏法律。

再举一例:一个人犯罪逃跑了,警察抓了多年才抓到。如果他在逃跑的过程中没有再犯罪,也没有拒捕造成伤害,这种逃跑的行为会不会加重罪行而改变量刑?不会。为什么法律这么规定?因为法律必须基于基本人性:一个人面临被抓捕,第一个念头就是逃跑,逃跑是一种正常的心理反应和行为,法律推定"逃跑"是一般犯罪的常态。法律不能将人的正常心理反应作为惩罚对象。法律对一般的"逃跑"行为不进行单独评价,倾向于把"逃跑"看作是一个犯罪行为的整体而不对此额外追加处罚(特殊情形如交通肇事构成犯罪后逃逸的除外,因为这会加重对受害者的伤害,或因驾驶权利未被限制,会造成新的伤害),但对"不逃跑"行为进行积极评价,认定为自首后可以从轻处罚或者减轻处罚。

瞽瞍犯罪,皋陶去抓瞽瞍,是皋陶的事,是皋陶的权力和职责。带父亲逃走，是舜的事。舜这么选择当然有违法的一面，但正如上一章讨论过的原始价值与递生价值问题，从保护父子天伦的原始价值出发，他这样的行为是一种可以有的选择。当然，舜带着父亲逃走了，皋陶还可以也应该继续抓捕，不仅抓捕瞽瞍，还可以抓捕舜。需要证明的是，舜帮助父亲逃跑是犯罪行为（但如上所云不是破坏法律），但瞽瞍逃跑并接受他人的帮助不构成另一桩犯罪，无须在原罪基础上再加惩罚。

那么，另一方面，舜作为天子，是否可以直接下令皋陶不抓捕瞽瞍？不可以，这就是用权力干预司法，这就是破坏法律而不仅仅是触犯法律了。舜不能用权力干预司法，但他可以选择丢下天子之位带父亲逃跑。

自然法高于法律，而自然法根植于人性。法律不能违背人性而存在。

孟子在两者之间艰难地寻找平衡。这可能不是一个最好的方式，但是一个最不坏的方式。两难之间，找不到两全之策的时候，在两个坏结果之间，选择最不坏的那个。在两个好结果之间，则选择更好的那个。朱熹这么评价："言舜之心，知有父而已，不知有天下也。孟子尝言舜视天下犹草芥，而惟顺于父母可以解忧，与此意互相发。此章言为士者，但知有法，而不知天子父之为尊；为子者，但知有父，而不知天下之为大。盖其所以为心者，莫非天理之极，人伦之至。学者察此而有得焉，则不待较计论量，而天下无难处之事矣。"

成语——弃如敝屣

链接——9.1；9.2；9.3；13.1；13.3；13.9；13.20；13.34

13.36

孟子自范之齐[1],望见齐王之子,喟然叹曰:"居移气,养移体,大哉居乎!夫非尽人之子与?[2]"

孟子曰[3]:"王子宫室、车马、衣服多与人同,而王子若彼者,其居使之然也。况居天下之广居者乎?鲁君之宋,呼于垤泽之门[4]。守者曰:'此非吾君也,何其声之似我君也?'此无他,居相似也。"

今译——

孟子从范这个地方去齐国国都,望见齐王的儿子,很感慨地叹息道:"居处地位会改变人的气质,奉养会改变人的体质,环境真是重要啊!难道不都是人的儿子吗?"

孟子又说:"王子的住所、车马、服饰多半与别人一样,而王子却是那样,是因为他居处的地位和身份使他如此。何况是住在天下最广阔的仁的居所里的人呢?鲁国国君去宋国,在宋国的东南城门下呼喊。守门人说:'这不是我们的君主,为什么他的声音像我们的君主呢?'这没有什么别的缘故,居处身份相似罢了。"

注释——

① 范：齐国地名，今河南省濮阳市范县。齐，这里指齐国首都临淄。

② 朱熹："言人之居处，所系甚大，王子亦人子耳，特以所居不同，故所养不同而其气体有异也。"居：此处应该是指居处的地位和出身，而不是一般的物理环境。因为下文讲到了居处环境，"王子宫室、车马、衣服多与人同"，而下文讲到鲁君似宋君，也是地位身份相同。气：气质，气象。体：即 13.21 之"君子所性，仁义礼智根于心，其生色也睟然，见于面，盎于背，施于四体，四体不言而喻"。

③ 孟子曰：朱熹："张、邹皆云羡文也。"即此"孟子曰"三字为衍字。我们翻译为"孟子又说"，以与上文衔接。

④ 垤泽之门：宋国东城的南门。

开讲——

本章是孟子称赞齐王之子的气质。其实他是在说，地位、身份和生活方式，一定会改变一个人的体质、气质。不都是人的儿子吗？为什么有的猥琐，有的轩昂呢？"大哉居乎"，所处的地位和身份导致精神气场不一样。

大哉居乎！这个居，很多人都理解为居处环境，是不对的。从客观上讲，是指一个人的地位、身份和血统；从主观上讲，是居心，是一个人内心里对自己身份、地位的自觉认知和坚守。我们常说，老师要有老师的样子，学生要有学生的样子；领导要有领导的样子，学者要有学者的样子。样子是什么？样子就是孟子这里感叹的"气"和"体"——气质以及形之于身体的姿态。身体的姿态，来自内心的心态，"君子所性，仁义礼智根于心，其生色也睟然，见于面，盎于背，施于四体，四体不言而喻"（13.12）。心态总在不知不觉塑造和矫正我们的姿态。你觉得你是什么样的人，你努力在样子上靠近什么样的人，你最后就成为什么样的人。

"王子宫室、车马、衣服多与人同",这是物理空间的相同,但为什么王子拥有与众不同的气质?"其居使之然也",这"居",是自我的"居心"。"居天下之广居"(6.2)的居,也是"居心"之意。不同的居、立、行,会使人有完全不同的气质。

为什么鲁国国君和宋国国君声音相似呢?"此无他,居相似也",这个"居相似",主要是身份、地位相似,而不是指物理环境相似。同样在皇宫里生活,物理环境完全一样,太监的气质为什么不能相似于帝王的气质?因为身份以及身份意识不同。所以,其一,人所处的环境和生活方式很重要,孟子曾说"术不可不慎也"(3.7),人所操持的谋生之术会影响人的气质;其二,身份地位以及对自己的身份地位的认知很重要。齐王的儿子,知道自己是齐王的儿子,就以王子的身份要求自己,努力举止庄重,努力言语谨严,努力不轻佻,努力不引喻失义,久而久之,自有一份高贵的气质。所以,人要有身份意识,这样才能守身如玉,才能涵养出与自己身份相应的气质,涵养出有身份者的气质。

链接——6.2;13.12

13.37

孟子曰:"食而弗爱①,豕交之也;爱而不敬,兽畜之也。恭敬者,币之未将者也②。恭敬而无实,君子不可虚拘。"

今译——

孟子说:"只养活而无爱,这是对待猪。有爱而无敬,这是对待牲口。恭敬,是在礼物没有送到前就具备的。外表恭敬而无诚心实意,君子不可以被这种虚假的恭敬笼络。"

注释——
① 食:读如饲(sì),饲养。
② 将:送,献。

开讲——

对他人的恭敬,不是体现在送礼物上,而是在送礼物之前,心中就有了一份敬意,这是送礼的前提和原因。先有敬意,后有礼物。"恭敬而无实",就是《尚书》中说的"享多仪,仪不及物曰不享,惟不役志于享",献礼物重在礼仪,礼物多而礼仪不备不叫献,因为献礼人的用心没有在献的礼物上。孟子"处于平陆,储子为相,以币交,受之而不报"(12.5)的故事,就是"君子不可虚拘"的最好例证。

孔子和孟子的时代,都非常强调贽礼。学生见老师,一定要有贽礼。孔子的束脩,很多人解释为学费,其实不是学费,是见面礼,是学生给老师的贽礼。"自行束脩以上,吾未尝无诲焉。"(《论语·述而》)为什么不给束脩孔子就不教了呢?因为不教也是教,教懂对老师要有敬意以后,再来教。贽礼是内心敬意的表现,礼物与敬意俱备才是实,这也是"君子不可虚拘"。

这里孟子讲的,是诸侯对士人的恭敬和奉养。要内心恭敬在前,真心实意认识到士人的尊贵和价值,然后将币而来,予以奉养。有币无敬爱,不是笼络士人的手段,是养牲口的手段;有敬爱而无奉养,不是笼络士人的真情,牲口尚且要养,何况是人?

为什么孟子一再讲诸侯对士人的奉养?其实,这是那个时代很多人都讲过的,比如墨子。《墨子·鲁问》记有一个城郊的隐士叫吴虑,冬天制陶、夏天耕种,自比于舜。墨子听说了,就去会会此人。此人对自己生活方式的道德意义颇自得,对墨子这样不耕不织却穿衣吃饭的人颇不屑。墨子说:"我种田,分给天下人,每人分不到一升;我织布,分给天下人,每人分不到一尺,我能解决天下人饥寒吗?我打仗,一个人抵不住三军,我能救天下诸侯之患吗?所以,我以为不若诵先王之道而探求其思想,通圣人之言而研究其言论,然后流布天下,在上者可资之治国,在下者可助其修身。这样,我虽然不耕而食,不织而衣,功劳其实超过耕织呢。"

与墨子一样,孟子也要为自己"传食于诸侯"(6.4)辩护,他对陈仲子廉洁极端主义的批评里(6.10),也有自我辩护的意思在。那么,有一个问题:为什么在那个时代,士人寄食于诸侯,有正当性?

很简单,在一个没有大众知识市场,或大众不是知识消费者的时代,诸侯是知识和思想的唯一买主。这些买主,天然承担人类知识生产投资者和消费者的角色，为知识和思想买单，是他们的义务。

孟子其实不是在论证知识人的权利，而是在讲诸侯大夫赞襄人类知识生产的义务。

人类的知识生产，在相当长的时间里，依赖于统治者的奉养。这不是知识人的道德尴尬，而是人类历史某一发展阶段的历史必然。

其实，不仅诸侯有奉养知识人的历史义务，在中国古代，即使是一般朋友，也有互相帮助的道德义务。唐代的高适、杜甫都有依靠朋友生活的记录，并且彼此认为理所当然，这就是中国古代的"朋友有通财之义"（《朱子语类》卷二九："'愿车马，衣轻裘，与朋友共。'以朋友有通财之义，故如此说。"）。这样的道德信条，不仅是那个时代的伦理学常识，也是人类在物质匮乏生产力低下的时代，能够互相扶持以维护人类整体生存与发展的经济学支撑。

在今天，礼节往来，也是人之常情。人人需要在这样的交往里，感受到人与人之间温暖的礼敬关系。

链接——6.4；6.10；12.5

13.38

孟子曰:"形、色^①,天性也。惟圣人然后可以践形^②。"

今译——

孟子说:"外形、气色,是人天生就有的。只有圣人才可以使形色获得精神的充实而具有人性。"

注释——

① 形、色:赵岐认为"色"是女子美色,"形"就是指男子美形。形、色是指男女外表好看:"形谓君子体貌尊严也,色谓妇人妖丽之容,此皆天假施于人也。"朱熹没有解释。从"惟圣人然后可以践形"来看,形、色应该指人所共有的生理学身体。
② 践形:赵岐:"践,履居之也。圣人内外文明,然后能以正道履居此美形。"梁涛:"践形:孟子哲学术语,指充分实现了身体,使身体精神化。"

开讲——

什么叫"践形"? 13.12所说的"仁义礼智根于心,其生色也睟然,见于面,盎于背,施于四体,四体不言而喻"。说得哲学一点,就是使人获得人的本质,使人的肉体获得人的精神本质性内涵。

人的外形和气色是天生的,但什么是圣人"可以践形"? 做个比喻：气球什么时候成形？充满气的时候。抽掉气，就是一摊塑料，无形。人性本善，由于圣人品德美善充盈，所以人的形就呈现出来了，就像气球里充满气，形就饱满了。人要有该有的样子，堂堂正正。很多人看起来是人，但是没有人该有的样子，德性不好，气质不好。圣人为什么"可以践形"成为人？因为圣人"明明德"（《大学》），因为圣人"居仁由义"（13.33）。而一般人做不到这一点，是因为"放其心而不知求"（11.11），丢失了自己善的本性。天给人人"可以践形"的可能性，就像一只气球，里面有空间，但践形要靠人自己，要靠自己去充满。上天的使命，是给人一个人形皮囊；人的使命，是让自己人形饱满，获得精气神。

人形饱满，就是"充实而有光辉"，这样才能叫作"大"（14.25）。使皮囊"充实而有光辉"，就是"践形"。人有外形，也有德；人的外形妍丑是天给的，人的德之善恶是自有的。天与之形，人与之德。人的外形，天与之；人的性理，人实之。孟子的"四心说"，就是要人获得人的本质，获得人的本质，就是践形，就是使人之皮囊具有人性，使人的肉体精神化，身体灵魂化。天与之形色，而圣人使形色全面呈现并生机勃勃，生动活泼。圣人，是人之楷模。

朱熹这样注：

> 盖众人有是形，而不能尽其理，故无以践其形；惟圣人有是形，而又能尽其理，然后可以践其形而无歉也。程子曰："此言圣人尽得人道而能充其形也。盖人得天地之正气而生，与万物不同。既为人，须尽得人理，然后称其名。众人有之而不知，贤人践之而未尽，能充其形，惟圣人也。"杨氏曰："天生烝民，有物有则。物者，形色也。则者，性也。各尽其则，则可以践形矣。"

意大利作家卡洛·科洛迪（Carlo Collodi）创作的童话《木偶奇遇记》（1880年），写小木偶努力成为一个真正的男孩的故事，可以用来说明一个人如何获得人的本质，成为一个真正的人，也可以用来说明孟子的"践形"说。

作品讲述木匠皮帕诺梦见一位蓝色的天使赋予他最心爱的木偶匹诺曹生命，于是小木偶开始了他的冒险。如果他要成为真正的男孩，他必须通过勇气、忠心以及诚实的考验。在历险中，他因贪玩而逃学，因贪心而受骗，还因此变成了驴子。最后，他掉进一只大鲸鱼的腹中，意外与皮帕诺相逢……经过这次历险，匹诺曹终于长大了，他变得诚实、勤劳、善良，成为了一个真正的男孩。"木偶"，就是形；使木偶有人性，成为真正的有血有肉的"男孩"，就是践形。

链接——11.11；13.12；13.33；14.25

13.39

齐宣王欲短丧①。公孙丑曰:"为期之丧,犹愈于已乎②?"

孟子曰:"是犹或紾其兄之臂③,子谓之姑徐徐云尔。亦教之孝悌而已矣。"

王子有其母死者,其傅为之请数月之丧④。公孙丑曰:"若此者何如也?"

曰:"是欲终之而不可得也⑤,虽加一日愈于已。谓夫莫之禁而弗为者也。"

今译——

齐宣王想缩短服丧三年的时间。公孙丑说:"服一年的丧,不是总比不服丧好一些吗?"

孟子说:"这就像有人扭他哥哥的胳膊,而你对他说不妨轻一点扭呗。不如教他孝悌的道理啊。"

有个王的庶子死了母亲,他的老师为他请求服几个月的丧。公孙丑说:"像这样的事怎么样呢?"

(孟子)说:"这是王的庶子想为生母服满三年丧而据礼不能啊,(这是)即使多服一天也比不服好。我说的是那些没规定禁止但他自己不愿去服丧的人。"

注释——

① 短丧：缩短服丧的时间。

② 期（jī）：一个时间周期，比如，期年、期月。已：止。

③ 紾（zhěn）：扭。参见 12.1 注 ⑧。孟子喜欢用这个比喻。

④ 王子有其母死者：《仪礼·丧服记》："公子为其母练冠、麻，麻衣、縓缘……既葬除之。"诸侯的庶子（即这里的王子），如果生母而非嫡母去世，父亲还在，就只需要在入葬前穿麻衣孝服。在这种情况下，王子的老师为他请求服数月之丧，就不能叫短丧，而是他希望为自己的生母多服几日丧。

⑤ 终之：指服满三年丧期。

开讲——

孟子与弟子公孙丑讨论父母去世要不要服三年丧。

孔子与弟子宰予也讨论过这个问题。孔子时，对守丧三年的礼制持反对意见的人已经不少，实行的更少。但孔子认为，这是对父母的情感问题。三年之丧，行之，是心安；不行，也须心安（《论语·阳货》）。孔子是从人类生命情感体验来立论的。

到孟子时，即使在孔子的父母之国，礼乐文化最昌盛的鲁国，也已经不实行三年之丧了（5.3）。

现在齐宣王也想缩短服丧时间（可能的情况是：齐国也并未实行过三年之丧，而孟子坚持。齐王想缩短的，不是齐国的实际丧期，而是孟子主张的三年丧期）。就像孔子的学生宰予希望缩短为一年一样，孟子的学生公孙丑也认为"为期之丧，犹愈于已乎"，一年也差不多了，总比不服丧好吧？但孟子认为，错的就是错的，不是轻一点重一点的问题，是错的事情，就应该彻底改正。对齐宣王，要做的是教他懂得孝悌，而不是为他找借口。

古人服丧三年的时间，理论上是二十五个月或者二十七个月。秦汉时期是二十五个月。但真正实行的情形还有待研究。从春秋时代的宰予到战国的齐宣王、公孙丑，都有短丧的想法。服丧三年制度能在中国古代得到很好的执行，就因为有孔子、孟子的坚持。在帝国时代，比如宋代，通过科举考试做官的士大夫，如果父母亲故去，一定要回家服丧。如果有特殊情况，需要皇帝下旨夺情挽留。

链接——2.16；4.7；5.3；5.5；8.13

13.40

孟子曰:"君子之所以教者五:有如时雨化之者①;有成德者;有达财者②;有答问者;有私淑艾者③。此五者,君子之所以教也。"

今译——

孟子说:"君子教育人的方法有五种:有像春风化雨的;有养成人的品德的;有培养人的才能的;有答疑解惑的;有以一己身范影响众人的。这五种,都是君子教育人的方法。"

注释——

① 时雨:朱熹:"时雨,及时之雨也。草木之生,播种封植,人力已至而未能自化,所少者,雨露之滋耳。及此时而雨之,则其化速矣。教人之妙,亦犹是也,若孔子之于颜曾是已。"
② 达财:财通"材"。朱熹:"此各因其所长而教之者也。"
③ 朱熹说:"私,窃也。淑,善也。艾,治也。人或不能及门受业,但闻君子之道于人,而窃以善治其身,是亦君子教诲之所及。"孟子就称自己是私淑诸人,通过孔子留下的懿行嘉言得到教诲。

开讲——

这一章是孟子讲教育的五种方法。

这五种教育法，在分类上并不严谨。"如时雨化之"讲的是方法和风格，只是一个比喻。而"成德""达财""答问"，则是指教学目标，不在一个分类标准内。教育是不是就这五种方法？也不是，可能是孟子在某次谈话中随口举了五个例子。

链接——12.16；13.20

13.41

公孙丑曰:"道则高矣,美矣,宜若登天然,似不可及也。何不使彼为可几及而日孳孳也①?"

孟子曰:"大匠不为拙工改废绳墨,羿不为拙射变其彀率②。君子引而不发③,跃如也④。中道而立,能者从之。"

今译——

公孙丑说:"老师您的道已是太高了,太美了,就好像登天一样,似乎高不可及。为什么不使它变得能让人够得着从而天天一点点接近呢?"

孟子说:"高明的匠师不会为笨拙的木工改变设计的标准,羿不会为笨拙的射手改变张弓的曲率。君子教人就像拉满弓不发箭,做出跃跃欲试的样子。君子站立在道的最中央,有能力的人自会跟随他。"

注释——

① **孳孳**:通"孜孜",勤勉不怠,有孜孜矻矻、点点滴滴进步的意思。
② **彀率**:朱熹:"彀率,弯弓之限也。"
③ **引而不发**:朱熹认为是在做示范。朱熹:"君子教人,但授以学之之法,而不告以得之之妙,如射者之引弓而不发矢,然其所不告者,已如踊跃而见(按:通"现")于

前矣。"正因为在做示范,所以才要"跃如也",保持拉满的状态,随时都可能放,但是不放,以供学者观摩。

④ 跃如也:朱熹解释为射箭者"踊跃",跃跃欲试,做出即将射箭的那个样子以作示范。

开讲——

师生之间类似的谈话,在孔子那里也发生过。《史记·孔子世家》记孔子于陈蔡之围时,子贡问孔子:"夫子之道至大也,故天下莫能容夫子。夫子盖少贬焉?"孔子回答:"良农能稼而不能为穑,良工能巧而不能为顺。君子能修其道,纲而纪之,统而理之,而不能为容。今尔不修尔道而求为容。赐,而志不远矣!"君子怎么能降低道的标准去投众人所好呢?这与孟子讲"大匠不为拙工改废绳墨,羿不为拙射变其彀率"是一个道理。

君子之道,是绳墨,是彀率,是给世界以标准。在人类不断地、无限地接近这个大道标准的过程中,实际上人类就在趋向于完美。重要的不是最后达至那个完美的目标,而是人类不断努力本身,就已经保证人类是一直向上的。所以孔子讲君子"上达"(《论语·宪问》),始终保持一个向上的姿态,就是完美。是什么东西引领我们往上走呢?标准。标准不是让我们达到,而是让我们看到无限努力的那个方向。工匠不可能造出绝对完美无缺的器具,但是工匠必须有绝对完美无缺的准绳。人类造不出毫无瑕疵完美无缺的作品,但人类在设计和制造过程中使用的标准——规矩绳墨,必须是绝对准确而无瑕疵的。

所以,道,必须是绝对的:它不仅是绝对的权威,还是绝对的正确,以其绝对正确维护其绝对的权威。"中道而立,能者从之",我就站在道的最中央,能跟来的就来吧;能力不够的,也能看向我这个方向。人有各自不同的性命，让每个人都有共同的方向，整个人类就合力了。

成语——引而不发　中道而立
链接——13.42

13.42

孟子曰:"天下有道,以道殉身;天下无道,以身殉道。未闻以道殉乎人者也①。"

今译——
孟子说:"天下有道,以道养育身心;天下无道,以身心奉祭大道。没有听说过牺牲道来迁就他人的。"

注释——
① 朱熹:"以道从人,妾妇之道。"

开讲——
朱熹:"身出则道在必行,道屈则身在必退,以死相从而不离也。"如果世道清明,社会文明,做事有规矩,这时,"以道殉身",人的一举一动体现着道,道也滋养着人的精神气质,并护佑着人的出处穷通。此时,人就生活在道中,如同鱼生活在水中,以道养育身心,依赖道之滋润而获得圆满的人生。生活在一个天下有道的时代,每个人可以有自己的成就,每个人可以合理地、合法地、合乎自己本性和自由意志地发展。如果天下无道,就"以身殉道",站出来,站在道这一边,坚守道，以自己的生命捍卫道。

天下有道，道服务人；天下无道，人捍卫道。

实际上，在任何时代，我们都可以选择一个完美的人生：天下有道，"以道殉身"，道养身是完美；天下无道，"以身殉道"，身殉道也是完美，都是生命与道的合而为一。甚至，从某种意义上讲，"以身殉道"是一种更加崇高、更加壮烈的完美。文天祥的人生不完美吗？他最后选择"以身殉道"，名垂不朽。有几个人能像文天祥那样名垂不朽呢？在天下有道的时代，文天祥可能就在历史中默默无闻了，正因为天下无道，他用自己壮烈的方式以身殉道，实现了自己崇高的人生。纪晓岚在《阅微草堂笔记》里面说到一个现象：

> 尝见一术士云：凡阵亡将士，推其死绥之岁月，运必极盛。盖尽节一时，垂名千古，馨香百世，荣逮子孙，所得有在王侯将相之上者故也。（卷十八《姑妄听之四》）

纪晓岚评此是："立论极奇，而实有至理。"我则觉得他是用术士的迷信，说出一个"正信"：以身殉道，不是人生的悲剧，而是人生的壮剧。人活一世，几人能有如此壮剧演绎人生。

这一章可以和上一章对看：上一章公孙丑问能不能降低道的标准，以道来投人所好，换取他人的认可？孟子这里的"以身殉道"，就是回答！

成语——以身殉道
链接——6.2；13.41

13.43

公都子曰:"滕更之在门也^①,若在所礼。而不答,何也?"

孟子曰:"挟贵而问^②,挟贤而问,挟长而问,挟有勋劳而问,挟故而问,皆所不答也。滕更有二焉。"

今译——

公都子说:"滕更在您门下的时候,似乎应该在以礼相待之列。您不理他,为什么呢?"

孟子说:"依仗权势之人的指令来问学,依仗贤德之人的推荐来问学,依仗年长者的关照来问学,依仗有功劳者的介绍来问学,依仗我故交的关系来问学,我都不会搭理他。滕更占了其中两条。"

注释——

① 滕更:滕国国君的弟弟。赵岐、刘沅都注:"滕更,滕君之弟,来学者也。"朱熹同。

② 挟:一般理解为依仗。下列"贵""贤""长""勋劳""故",当理解为他人,而不当理解为问学者自己。若理解为问学者本人,则问学者是孟子故人,孟子不答,似乎不近人情。而既是故交,则来往自然,又何从而拒其问学。

滕更之被孟子严拒,当由于他"挟贵(滕文公)而问",与孔子之拒挟鲁哀公而问之孺悲同。《论语·阳货》:"孺悲欲见孔子,孔子辞以疾。将命者出户,取瑟而歌。使之闻之。"孟子说滕更有二,另一项不明。

开讲——

滕更学于孟子门下,执弟子礼。学生有所问,老师原应有所答,但为什么孟子"不答"滕更呢?孟子说,老师有五种"不答":挟贵而问、挟贤而问、挟长而问、挟有勋劳而问、挟故而问。孟子说滕更犯了两条,但没有说是哪两条。

孔子也有不教。《论语·阳货》:"孺悲欲见孔子,孔子辞以疾。将命者出户,取瑟而歌,使之闻之。"孔子为什么不教孺悲,很可能是孺悲依仗鲁哀公的推荐,"挟贵而问",也可能是孺悲其他的行为招致孔子反感。孟子说这是"教亦多术矣,予不屑之教诲也者,是亦教诲之而已矣"(12.16)。

"滕更有二焉",滕更犯了哪两条,孟子没说,我们只能猜测,最可能的是"挟贵而问",也可能是"挟有勋劳而问"。滕更,学者们都认为是滕君的弟弟,但没有说是哪一任滕君。最有可能的是滕文公的弟弟。如果这一猜测属实,那么滕更犯的,应该是挟贵而问、挟故而问——滕文公既是贵(国君),也是孟子的故人。

孟子说的五条,共同点是:你得自己有学习的诚意,付出过相当的努力,而不是因为有了各种不同的关系、不同的路径,就可以轻易获得受教育的机会。很轻松获得教育机会和教育资源的人,中途放弃的时候,也很轻易。

链接——4.2;12.16;13.20;13.40;13.41

13.44

孟子曰:"于不可已而已者,无所不已。于所厚者薄,无所不薄也。其进锐者,其退速。"

今译——

孟子说:"在不可以停止的事情上停止了,那就没有什么不可以停止了。对应该厚待的薄待了,就没有什么不能薄待的了。朝前走得太快的人,朝后退得也快。"

开讲——

《荀子·劝学》名言:"学不可以已。"学习不可以停止。把"不可以已"抽象出来,不仅学习"不可以已",人生也"不可以已"。

我们常说:"人要拿得起、放得下。"放得下固然是人应有的智慧,但是,一定也要有放不下的东西和时候。庄子是放得下,孔孟是拿得起;孔孟拿得起悲壮,庄子放得下悲凉。但是庄子真放下了吗?庄子如果真放下了,就没有《庄子》这本书了,所以庄子就像胡文英讲的,"到底是热肠挂住"(《庄子独见》),所以才写那么多文章。《庄子》里全是他的痛苦,全是他的放不下。有放下,才有庄子;有放不下,才有《庄子》。《水浒传》里的鲁智深也有句名言,叫"杀人须见血,救人须救彻"（第九回），我解释为："坏事不可做绝，好事应当做尽。"好事做了一半，就不是好事；好人做了一半，就不是好人。如果一个人对于应该坚持的事，常常半途而废，那么这种人靠不住，说明他没有恒心，可以"无所不已"。如果一个人对于应该厚待的人，常常刻薄寡恩，那说明他"无所不薄"。一个人对自己的父母、自己的孩子都刻薄，你能想象他对别人好吗？只有没心肝、没心肠的绝情之人，才能随时放下牵挂、才会事事刻薄。齐桓公身边有三个人：一个易牙，蒸了自己的儿子做成菜给齐桓公吃；一个开方，十五年不回家，父母去世不奔丧；一个竖刁，把自己给阉割了，去做齐桓公的近臣。这就是"于所厚者薄"，最终"无所不薄"，这种人什么事情干不出来？"管仲死，而桓公不用管仲言，卒近用三子，三子专权"（《史记》卷三二《齐太公世家》），齐桓公不听管仲遗言，亲信三人，最后三人趁齐桓公病，作乱，齐桓公被活活饿死。

《论语·子路》："南人有言曰：'人而无恒，不可以作巫医。'"实际上没有恒心，什么事情都做不成。世界上没有一蹴而就的事，没有人随随便便能成功。在他成功之前，他一定抓住了机会；在他抓住机会之前，一定已经具备了抓住机会的能力；在他具备这种能力之前，他一定是坚持了很久。给你一个水龙头，你接得住水龙头流出的水吗？你要有杯子。给你一个瀑布，你拿一个杯子能接得住吗？要接的水越多，盛水的东西就要越大。所以不要羡慕别人接得住瀑布，要羡慕别人有接得住瀑布的大容器。为了有这样的大容器，他已经走了很多的路，受了很多的苦。说到底，所有的成功最终是自己的心性修为。

"其进锐者，其退速"，孟子说的也是一个普遍现象，有些人看起来激情澎湃，但激情会迅速消退。做企业都想要招聪明的员工，但在一个团队里面，一定要有几个笨的。聪明人打天下，笨人守天下。聪明的人"其进锐者，其退速"，笨拙的人，平常看不出用处，到最后，这种人往往是企业的底盘。当然,这里的笨人,主要是指心性稳定的人。

个人做事,也要守住自己的底盘,有时锐意进取,有时学会放弃,聚精会神于一件事。职业可以换,人生规划可以变,但是有一个东西绝不可以停止,那就是终身坚持学习。能力在,心性在,就不会一败涂地。一败涂地是人败,不是事败。事败了没关系,只要人不败,还能东山再起。所以"于不可已"者,绝不可以已;所以荀子说"学习不可以已"(《劝学》);所以孔子从十五至七十,学而不厌。

成语——进锐退速
链接——13.45;13.46

13.45

孟子曰:"君子之于物也,爱之而弗仁;于民也,仁之而弗亲。亲亲而仁民,仁民而爱物。"

今译——

孟子说:"君子对于天下的物,爱惜它而不以仁德相待;对于百姓,以仁德而不是以亲爱父母之道对待。亲爱父母又以仁德对待百姓,以仁德对待百姓又爱惜天下万物。"

开讲——

人有惜物之情。惜物之情最重要的不是惜物,是保持心中一份爱的能力。爱是一种能力。

惜物的人,才有人性。古人讲人尽其才、物尽其用。人尽其才是爱人,物尽其用是爱物。张载《西铭》云:"民,吾同胞;物,吾与也。"天下万民都是我的同胞;天下万物与我都是天地所生,都是我人生的同道。为什么有这样的心情?有人性在。

惜物也是爱人,是保持人的珍惜之情;保持人的珍惜之情,就是保持住人性。人对万物有怜惜,人性是好的;人对万物不怜惜,人性就坏了。外面一棵杏树春天开花,夏天结出杏子,你觉得很美好,不会摘花毁杏，这就是惜物。从前有个迷信，说人一辈子吃多少东西是有定量的，早吃完早死。其实它的背后承载着一种价值观，让人对粮食心存敬畏，珍惜粮食。这就是惜物。君子惜物，但是不是仁爱它？不是。当人使用物的时候要珍惜它，不使用时便两相忘。

对于百姓，要有仁爱之心，要牵挂百姓的生老病死。治理国家最重要的，不就是能照应百姓的生老病死吗？最好的执政者，不就是能照应百姓的生老病死吗？这就是"仁"。通过实行好的政策，让人民生活幸福，但执政者不用像侍奉双亲一样时时陪伴百姓，这就是"仁之而弗亲"。

"亲亲而仁民"，亲爱家人，然后仁爱天下人民。推己及人，因为"亲亲"，所以能"仁民"；因为"仁民"，所以能"爱物"。

成语——仁民爱物

链接——1.3；1.7；6.9；13.44；13.46

13.46

孟子曰:"知者无不知也,当务之为急①;仁者无不爱也,急亲贤之为务②。尧舜之知而不遍物,急先务也;尧舜之仁不遍爱人,急亲贤也。不能三年之丧,而缌、小功之察③;放饭流歠④,而问无齿决⑤,是之谓不知务。"

今译——

孟子说:"智者没有不想知道的,但会以必须之事为急;仁德之人无所不爱,但以优先亲近贤人为必须。以尧舜之智慧也不能遍知一切物,因为他们以必须的事为急;以尧舜之仁德也不能遍爱一切人,因为以优先亲近贤人为急。如果不为父母服三年丧,而去考究服五个月丧穿的丧服小功、服三个月丧的丧服缌麻;大口吃饭大口喝汤(行为放肆),而去讲究不用牙齿咬断干肉,这就是我说的不知何为必做之事。"

注释——

① 知(zhì)者无不知(zhī)也:前面的知,通"智";后面的知,同本义,知晓,明白。后文"尧舜之知"的知,也是"知"的本义,指知识而不是智慧。当务:务,务必。当务:务必要做的事,必须去做的事。

② 亲贤：赵岐理解为"爱贤"。朱熹的理解相同："仁不急于亲贤，虽有仁民爱物之心，小人在位，无由下达，聪明日蔽于上，而恶政日加于下，此孟子所谓不知务也。"杨伯峻理解为"亲人和贤者"。两种理解都可以，但是赵岐、朱熹的理解与5.4"尧以不得舜为己忧，舜以不得禹、皋陶为己忧"相合，似乎更可取。译文从之。

③ 缌（sī）：缌麻，细麻布制作的丧服。古代丧服分五种，等级依次为：服三年丧的"斩衰"，服三年或一年丧的"齐衰"，服九个月丧的"大功"，服五个月丧的"小功"，仅服丧三个月的"缌麻"。穿小功、缌麻，是服丧最轻的。

④ 放饭：有两种解释。第一，郑玄："去手余饭于器中，人所秽。"孔颖达解释说："手就器中取饭，饭若黏著手，不得拂放本器中者。"把粘到手上的饭放回公共餐具中（杨伯峻没有读孔颖达的解释，误以为郑玄的意思是把吃剩的饭放回去）。第二，赵岐："放饭，大饭。"大口吃饭。流歠（chuò）：大口喝汤，郑玄："大歠嫌欲疾。"喝得太快，会洒得到处都是，没有吃相。《礼记·曲礼上》："毋放饭，毋流歠。"两种解释都通，译文从后者，取其简洁。

⑤ 齿决：用牙齿咬断干肉。《礼记·曲礼上》："濡肉齿决，干肉不齿决。"湿软的肉可以用牙齿咬断，干肉不能用牙齿咬，要用手掰断。放饭流歠和齿决都是《礼记·曲礼上》所禁止的行为，但不雅的程度有大小之别。赵岐："于尊者前赐食，大饭长歠，不敬之大者，齿决，小过耳。"

开讲——

人能做到"无不知"吗？不能。故"知者无不知"的翻译应该是：智者追求无所不知。孔子说自己"吾有知乎哉？无知也"（《论语·子罕》）。古人讲"一物不知，学者之耻"，是在说我们必须不断去了解、无限去接近更多的知识，而不是说我们可以知道所有知识。所以"知者无不知"是指一种理想状态，智者把"无不知"作为自己努力的目标，永不懈怠，永在追求对世界的探索。世界有多大？你的知识有多少，你的世界就有多大。你认知的边界在哪里，你世界的边界就在哪里。扩大自己的知识，就是扩大自己世界的边界。

我们应该追求无所不知，但事实上做不到，所以，就必须分清什么是重要的，什么是必要的。"当务"，就是当下迫切需要面对、需要解决的问题，或人生必须解决的问题。孔子说："知之为知之，不知为不知。"（《论语·为政》）他教子路，正确的求知态度是，必须知道的就一定要努力掌握，非必须知道的就不要为之耗费精力。能分辨两者，才是智慧。孔子这里的"知之"，就是孟子这里说的"当务之为急"。我们每个人都有自己的"不知为不知"，也有自己的当务之急，"知之为知之"。"知者无不知"是做加法，扩大认识世界的边界；"当务之为急"，是做减法，集中精力、聚精会神做必须做的事。精神力量的强大，有时不是整体的强大，而是能把力量集中在一点上。

后面讲"仁者无不爱，急亲贤之为务"，爱人必须从贤人爱起。尧舜"知而不遍物"，是"急先务"的；尧舜"仁不遍爱人"，也是"急亲贤"的。

如果一个人做不到服三年之丧，却天天考究五个月丧服"小功"、三个月丧服"缌麻"上的小细节；如果一个人在长辈面前毫无顾忌大口吃饭大口喝汤，却天天讲不要用牙齿咬断干肉，那么他们值得信赖吗？他们是懂得轻重缓急的人吗？事有大小，大事做好了，小事做不好可以原谅；小事做得好，大事做不好，本末倒置。子夏："大德不逾闲，小德出入可也。"（《论语·子张》）守住大德，小德有一些出入，是可以的，甚至是必要的。如果拘泥于小德，人生就太拘谨、压抑了。所以守住大德，小德放松，既有规矩，又有自由。

成语——当务之急　放饭流歠
链接——13.39；13.44；13.45

卷十四 尽心下

（凡三十八章）

14.1

孟子曰:"不仁哉梁惠王也!仁者以其所爱及其所不爱,不仁者以其所不爱及其所爱。"

公孙丑问曰:"何谓也?"

"梁惠王以土地之故,糜烂其民而战之,大败。将复之,恐不能胜,故驱其所爱子弟以殉之,是之谓以其所不爱及其所爱也。"

今译——

孟子说:"真是不仁啊梁惠王!仁者把自己所爱的推及他所不爱的,不仁者把他所不爱的推及他所爱的。"

公孙丑问:"这话什么意思?"

(孟子说:)"梁惠王因为土地的缘故,让他的人民抛尸荒野骨肉糜烂为他打仗,大败。还要再战,害怕不能取胜,因此又驱使他所爱的子弟赴战场殉死,这就是我说的他把自己所不爱的推及他所爱的。"

开讲——

《孟子》开篇第一章,是"孟子见梁惠王"。梁惠王见孟子,开口便问"利":"叟,不远千里而来,亦将有以利吾国乎?"孟子回答:"王何必曰利?亦存仁义而已矣。"(1.1)《孟子》尾篇第一章,又是梁惠王，孟子骂梁惠王："不仁哉！"《孟子》一书的结构，自梁惠王开始，至梁惠王结束，而孟子再三珍重者，还是"仁义"。

在儒家看来，爱是有先后次序的。儒家的仁义道德在实践上的次序，便是"以其所爱及其所不爱"，先爱父母兄弟，逐渐推广到爱他人、爱万物、爱世界。孟子有个概念叫"推恩"，广施恩惠于他人，"故推恩，足以保四海；不推恩，无以保妻子"（1.7）。反之，不仁者是"以其所不爱及其所爱"，驱使所爱之人为他的欲望牺牲。梁惠王为了争夺土地，不惜发动战争，荼毒人民，战败后，为了捞回来，驱赶自己所爱的子弟为他赴死，甚至梁惠王自己的儿子太子申，也死于这样的战争。所以孟子大骂他不仁。

以其所爱及其所不爱，孟子称为"推恩"。

以其所不爱及其所爱，孔子有个词，叫"迁怒"（《论语·雍也》）。

儒家倡推恩，奈何世人总是迁怒。

链接——1.1；1.7

14.2

孟子曰:"《春秋》无义战[1]。彼善于此,则有之矣。征者,上伐下也,敌国不相征也[2]。"

今译——

孟子说:"《春秋》所记没有正义的战争。某战比某战好一点,那是有的。征的意思,是天子对下面诸侯的征讨,地位对等的诸侯国是不能相互征讨的。"

注释——

[1] 春秋:"春秋"二字是否需要加上书名号?如果不加,是说春秋时代;如果加,是说《春秋》这本书。西汉刘向整理《战国策》后,人们才用春秋、战国来划分东周的历史。孟子的时代,还没有"春秋时期"这个说法。古人都是当作"《春秋》"来解释的,赵岐《孟子注》说:"《春秋》所载战伐之事,无应王义者也。"一个"载"字,说明是书。孙奭《孟子注疏》举了《春秋》中大量的不义之战的例子。朱熹:"《春秋》每书诸侯战伐之事,必加讥贬……"一个"书"字,"必加讥贬"显然是将其当成书名的。焦循解释章旨的时候,说"《春秋》拨乱",既用"拨乱",必是指书。《春秋》拨乱是孟子、司马迁等人对《春秋》的评价。另,下一章讲《书》,这一章讲《春秋》,也顺理成章。综上,此处选择加书名号。

② 敌：相等的，对等的，地位相同等的。不相征：朱熹："征，所以正人也。诸侯有罪，则天子讨而正之，此春秋所以无义战也。"

开讲——

"《春秋》无义战"，是孟子对《春秋》所记两百多年战争的一个整体判断。是那个时期所有的战争都不正义吗？也不是。孟子不是在说战争性质的不正义，而是在说诸侯之间没有相互征讨的权力，是战争的起因不符合正义，是战争没有其发动的逻辑。孔子说："天下有道，则礼乐征伐自天子出；天下无道，则礼乐征伐自诸侯出。"（《论语·季氏》）因为从宗法角度看，诸侯是与天子同出一姓的叔伯兄弟，怎么能跟天子直接两军对阵？又怎么能自己去攻打其他诸侯呢？所以西周时期，解决诸侯之间的纠纷，惩罚有罪的诸侯，只能由天子自上而下"出命以讨其罪"，诸侯对诸侯的攻伐，只能"奉天子之命"伐之。朱熹《孟子集注》12.7章注："讨者，出命以讨其罪，而使方伯连帅帅诸侯以伐之也。伐者奉天子之命，声其罪而伐之也。"天子是"讨而不伐"，只做判决；诸侯是"伐而不讨"，执行天子的判决。这正是孟子这里说的"征者，上伐下也，敌国不相征也"，也因此孟子说春秋五霸是"三王之罪人"（参见12.7开讲）。孟子虽然认为"彼善于此，则有之矣"，有时有的战争会比另外一些好一点，有其可以理解的地方，但他仍然要说："《春秋》无义战。"

成语——春秋无义战
链接——12.4；12.7；14.3；14.4

14.3

孟子曰："尽信《书》，则不如无《书》。吾于《武成》，取二三策而已矣[1]。仁人无敌于天下，以至仁伐至不仁，而何其血之流杵也[2]？"

今译——

孟子说："完全相信《尚书》，那还不如没有《尚书》。我对于《武成》，只取其中两三策而已。仁人无敌于天下，以周武王这样最仁的人去讨伐最不仁的商纣王，何来流血多得让木杵都漂起来？"

注释——

① 《书》：即《尚书》。《武成》：《尚书》中的一篇，讲述武王伐纣之事。孟子所述《武成》已失传，今本《武成》是伪书。策：古人在竹片或木上记事著书，称为简牍，编成册为策。
② 杵（chǔ）：舂米或洗衣服用的棒槌。

开讲——

朱熹《集注》："《武成》言武王伐纣，纣之'前徒倒戈，攻于后以北，血流漂杵'。孟子言此则其不可信者。然《书》本意，乃谓商人自相杀,非谓武王杀之也。孟子之设是言,惧后世之惑,且长不仁之心耳。"

但朱熹时,《武成》应该已经失传,朱熹所引"前徒倒戈,攻于后以北,血流漂杵"何来?杨伯峻《译注》:"依《尚书正义》引郑氏说,《武成》到建武(东汉光武帝年号)之际已经亡失。今日的《尚书·武成篇》是伪古文,叙'血流漂杵'为商纣士兵倒戈自相残杀所致,与孟子原意不合,自不可信。"

这个问题的详细情况是:孟子、王充见到的《武成》,没有商纣王军队倒戈之事,因此武王灭商之战,非常惨烈,血流浮杵。王充《论衡·语增》:"察《武成》之篇,牧野之战,血流浮杵,赤地千里。由此言之,周之取殷,与汉、秦一实也。而云取殷易,兵不血刃,美武王之德,增益其实也。"王充所引,当是《武成》的原文。秦始皇焚书坑儒后,《武成》失传,没有被伏生传下来,因此不见于今文《尚书》。到了汉武帝时期,孔子藏书被发现,《武成》在其中,这就是古文《尚书》的《武成》,王充读过这一篇。到了汉光武帝建武年间,这一篇《武成》再次失传,仅有八十二个字保存在《汉书·律历志》中。至此,无人再知道《武成》的全貌,血流浮杵的前后文也不得而知。

到了东晋,梅赜献给朝廷一部伪造的《尚书》,被后人称为伪《古文尚书》。这被清儒阎若璩和当今的清华简等出土先秦文献证实。这篇伪造的《尚书》中,有一篇伪造的《武成》,将商周之战的惨烈情况,改为商纣王的人阵前倒戈,自相残杀。梅赜的伪《古文尚书》到清代才证实其伪,在唐宋时期却被误以为真,并被立为官学,朱熹也误以为真,这就是朱熹据"倒戈"以解《孟子》的原因。

"血之流杵",是一种写作的修辞手法。不懂得一点修辞学,往往读不懂书。在9.4里,孟子也说过读《诗》不能死心眼:"说《诗》者不以文害辞,不以辞害志。以意逆志,是为得之,如以辞而已矣,《云汉》之诗曰：'周余黎民，靡有孑遗。'信斯言也，是周无遗民也。"

本章是讲读《书》。武王伐纣，毕竟是一场改朝换代的大战，所以描写比较夸张。但是孟子的说法有没有道理呢？"以至仁伐至不仁"，战争往往一边倒，这就要回到孟子讲的另外一句话："得道多助，失道寡助。寡助之至，亲戚畔之。"（4.1）其实朱熹对孟子这种否定"血之流杵"的解释也很有意思"孟子之设是言，惧后世之惑，且长不仁之心耳。"——思想家尤其是道德家的历史观，确实是价值大于事实的。

成语——尽信书，不如无书　无敌于天下　血流漂杵
链接——4.1；14.2；14.4

14.4

孟子曰:"有人曰:'我善为陈①,我善为战。'大罪也。国君好仁,天下无敌焉。南面而征,北狄怨;东面而征,西夷怨,曰:'奚为后我?'武王之伐殷也,革车三百两②,虎贲三千人③。王曰:'无畏!宁尔也,非敌百姓也。'若崩厥角稽首④。征之为言正也,各欲正己也⑤,焉用战?"

今译——

孟子说:"有人说:'我擅长布阵,我擅长作战。'大罪啊。国君喜好仁德,天下没有对手。(商汤)向南面进军,北边的狄族就抱怨;向东面进军,西边的夷族就抱怨,说:'为什么把我们放在后面呢?'周武王讨伐殷商,只有兵车三百辆,勇士三千人。武王说:'不要害怕!我是来安定你们的,不是来与百姓作对的。'商人顿首、稽首时发出山崩一样的声响。征的意思是正,各人都想让仁者来正自己的国,哪里用得着战争呢?"

注释——

① 陈(zhèn):同"阵",战阵。
② 革车:兵车。两(liàng):同"辆"。

③ 虎贲（bēn）：古代勇士之称。三千：古书记载的武王灭商的军队数目有所不同。《吕氏春秋》《战国策》同《孟子》，而《尚书·牧誓序》："戎车三百两，虎贲三百人。"《墨子·明鬼》："择车百两，虎贲之卒四百人。"《逸周书·克殷解》："周车三百五十乘。"孔晁注："虎贲三千五百人。"《风俗通·皇霸》："戎车三百两，虎贲八百人。"

④ 若崩厥角稽首：厥，其。整句有两种连读和相应解释。一、朱熹将"若崩厥角"连在一起，解释为若角崩。朱熹说："稽首至地，如角之崩也。"整句话的意思是：商人稽首时发出的巨大响声，就像角崩了一样。这里的角（jué），是指古代的酒器？《礼记·礼器》："宗庙之祭⋯⋯尊者举觯，卑者举角。"还是兽之角？孔颖达认为是后者，《书·泰誓中》"百姓懔懔，若崩厥角"，孔颖达疏："以畜兽为喻，民之怖惧，若似畜兽崩摧其头角然。"二、焦循将"若崩"连在一起，将"厥角稽首"连在一起。焦循引《汉书·诸侯王表》应劭注："厥者，顿也。角者，额角也。"认为"厥角"的意思是顿首，整句话的意思是：商人顿首、稽首时发出巨大的声响，若崩，像山崩一样。译文从焦循。

⑤ 各欲正己也：根据赵岐、朱熹的解释，是都想让仁人来正自己的国。赵岐："欲令武王来征己之国。"朱熹："民为暴君所虐，皆欲仁者来正己之国也。"

开讲——

孟子这里的"有人曰：'我善为陈，我善为战。'大罪也"，显然骂的是商鞅之类所谓的法术之士，与"故善战者服上刑，连诸侯者次之，辟草莱、任土地者次之"（7.14）骂的是同一类人。这些法术之士，他们游说各国国君，拿出来的就是"我善为陈，我善为战"的专业能力。孟子认为这些人对历史都有"大罪"。

"南面而征，北狄怨；东面而征，西夷怨，曰：'奚为后我？'"这句在2.11、6.5均出现过，可对看。

"征之为言正也"，孟子的解释真好。孔子也用"正"解释过政治:"政者,正也。"(《论语·颜渊》)战争是政治的一种形式,都应该是公正、正义的体现。14.2孟子说"征者,上伐下也,敌国不相征也",这样的"征"才是"正"。正,也是对错误、邪恶的纠正、矫正,对残民以逞的暴君和暴政的正法,所以"各欲正己也,焉用战"?

有人说,"征之为言正也,各欲正己也,焉用战",说明孟子迂腐。孟子是迂腐,司马迁写《史记》讲到,孟子在他那个时代就被很多人认为是迂腐。但是,孟子这里讲的是战略,是政治,而不是具体战术问题。战略的最高境界就是政治,战略家必须是政治家。曹刿论战,问鲁庄公:"何以战?"鲁庄公说:"衣食所安,弗敢专也,必以分人。"曹刿说这是"小惠"。鲁庄公又说:"牺牲玉帛,弗敢加也,必以信。"曹刿说这是"小信"。鲁庄公最后说:"小大之狱,虽不能察,必以情。"曹刿这才说:"忠之属也,可以一战。"(《左传·庄公十年》)平反冤假错案,跟打仗有关系吗?看起来没关系,但偏偏是关系到社会公正的大问题。一个国家做到公平正义,才有与人打仗的道德依据。国内搞得冤狱遍地,民不聊生,统治者动不动跟人打仗,请问你为谁打仗?曹刿打仗不怎么样,但他是一位了不起的政治家。国家政治没有公正,军事武力再强大,穷兵黩武,对内是老百姓的祸害,对外是全世界的祸害。没有道义的强大是野蛮的强大,野蛮的强大就是人类的祸害,所以先秦儒家特别警惕法家所谓的那种国家强大。而政治家的智慧,不是阴谋手腕,而是引领国家走上正确的方向和道路。

成语——天下无敌
链接——2.11;6.5;7.14;14.2;14.3

14.5

孟子曰:"梓匠轮舆能与人规矩①,不能使人巧。"

今译——

孟子说:"木匠能够把圆规、曲尺给别人,但不能使人精巧。"

注释——

① 梓匠:制造木器、房屋的工匠;轮舆:制造车轮和车箱的工匠。泛指木工手艺人。

开讲——

"梓匠轮舆",已经成了今天一个成语。类似还有一个成语叫"轮扁斫轮",出自《庄子·天道》。有意思的是,孟子、庄子表达的是很相近的意思。庄子笔下的轮扁,是春秋时齐国有名的造车工匠。斫轮,是用刀斧砍木制造车轮。轮扁技艺精湛,年届七十还在斫轮,为什么?他说:"斫轮,徐则甘而不固,疾则苦而不入,不徐不疾,得之于手而应于心,口不能言,有数存焉于其间。臣不能以喻臣之子,臣之子亦不能受之于臣,是以行年七十而老斫轮。"因为做车轮,木榫松一点不行,紧一点也不行,不松不紧刚刚好,能得之于手是因为能应于心,却不是能用嘴巴说得出来的,其间自有规律在。即便是儿子,他也无法传达给他，儿子也无法感受到父亲心中所感悟的。

悟性在个人，觉悟靠自己，别人能教的东西只能是基本规律。所谓教与学，也就是造一处交流的场域，你在其中能不能汲取到自己需要的东西，看自己的修为。

这可能是有一次孟子面对他的学生发出的一句感慨。

只能教人努力，不能教人成功。

只能给人方向，不能给人方法。

只能给到规矩，不能给到巧妙。

成语——梓匠轮舆

链接——7.1；7.2；11.20；13.41

14.6

孟子曰:"舜之饭糗茹草也①,若将终身焉。及其为天子也,被袗衣②,鼓琴,二女果③,若固有之。"

今译——

孟子说:"舜啃干粮吃野菜的时候,好像终身也就这样了。等他做了天子,穿着细葛布做的衣服,弹着琴,两位妻子伺候着,也好像原本就是这样的。"

注释——

① 饭:动词,吃。糗(qiǔ):干粮。茹(rú):吃。草:野菜。另,焦循说:"茹草犹云茹粗矣。"。
② 被(pī):披在身上或者穿在身上。袗(zhěn)衣:有两种解释。赵岐、朱熹解释为"画衣",即彩绣的衣服。孔广森、焦循等人认为《史记·五帝本纪》中有"尧乃赐舜絺衣,与琴",正好可以跟《孟子》对读,因而主张"袗衣"是"絺衣",即细葛布衣。后者似乎证据更充分一些。都指珍贵衣服。
③ 二女:指尧的两个女儿娥皇、女英。果(wǒ):通"婐",侍候。

开讲——

　　孟子赞舜心性稳定，吃糠咽菜，"若将终身"，不以为意；做了天子，突然有了华服、瑶琴、美妻，"若固有之"，亦并不动心。心性不稳定的人，既不能吃苦，吃苦他受不了；又不能享乐，享乐他受不住。受不了苦，受不住乐，是人不胜物。人能胜物，既享得了福，又吃得了苦，心思就质朴了。

　　中国文化特别强调一个字，叫"拙"。"拙"不是笨。老子讲"大巧若拙"（《道德经》第四十五章），陶渊明说"守拙归园田"（《归园田居》），是指一个人心性稳定，面对贫贱和富贵，能够保持得住自己一以贯之的那种平静。《中庸》："君子素其位而行，不愿乎其外。素富贵，行乎富贵；素贫贱，行乎贫贱；素夷狄，行乎夷狄；素患难，行乎患难，君子无入而不自得焉。"（第十四章）如果此刻在贫贱之中，那就安于贫贱；如果此刻在富贵之中，那就安于富贵。为什么既能安于贫贱，又能安于富贵？无他，安于仁耳。睡在哪里都是睡在夜里，活在哪里都是活在世上，行走四方，出处穷通，都是安着这颗仁心。即使进入荒蛮部落，素夷狄，行乎夷狄，也一样。"禹之裸国，裸入衣出。"（《吕氏春秋集释·慎大览·贵因》）大禹去一个不穿衣服的国家，他也把衣服脱光了，出来再穿上。这是人与环境之间的高度适应，有身体上的适应，更有心性上的适应。孟子说"尧舜，性之也"（13.30），既然本性是道，那么在富贵是道，在贫贱是道，入夷狄也是道，在患难还是道，自身到哪里不是道？无往而不道矣，则无往而不圣人也。

　　孔孟笔下的尧舜，其实并不是历史，而是信仰。尧舜的历史事实是不是如此不重要，重要的是儒家借尧舜来呈现这种境界。尧舜作为符号代表着一种完美境界和人类方向，代表我们人类所必须归往的、追寻的、跟随的那个对象。

　　尧舜的境界，未必人人能做到，但是能让我们把人格精神、心性力量集中到这个方向上去。人生能够走到哪一步不重要,人生往哪个方向走才重要。只要我们一直往这个方向走,在抬起脚走的那一瞬间,我们已然到达。

成语——饭糗茹草

链接——13.30;14.33

14.7

孟子曰:"吾今而后知杀人亲之重也。杀人之父,人亦杀其父;杀人之兄,人亦杀其兄。然则非自杀之也? 一间耳。"

今译——

孟子说:"我从今以后知道杀害别人亲人的严重性了。杀别人的父亲,别人也会杀他的父亲;杀别人的兄长,别人也会杀他的兄长。如此难道不是他自己杀自己的父兄吗? 差不远吧。"

开讲——

"今而后知",从这样的句式看,一定是当时发生了什么案件,让孟子有感而发。什么事,这里没有记载。但我们看到了孟子的感慨、结论,"杀人亲之重也",杀别人的父母双亲,是多么严重的罪行,会有多么严重的后果。因为他杀了别人的父兄,导致别人也杀了他的父兄。自己父兄的死,归根结底是他自己一手造成的。爱可以传递,恨也可以传递。"以其所爱及其所不爱"和"以其所不爱及其所爱"(14.1),都是可以传递的。

古代重复仇,孟子这里所说的"杀人之父,人亦杀其父;杀人之兄,人亦杀其兄",在那时代非常普遍。《礼记·檀弓上》:

子夏问于孔子曰:"居父母之仇如之何?"

夫子曰:"寝苫枕干,不仕,弗与共天下也;遇诸市朝,不反兵而斗。"

曰:"请问居昆弟之仇如之何?"

曰:"仕弗与共国;衔君命而使,虽遇之不斗。"

曰:"请问居从父昆弟之仇如之何?"

曰:"不为魁,主人能,则执兵而陪其后。"

注意,子夏问的,是当时的礼所规定的规矩。对于有杀父之仇的人,做儿子的从此睡草席,枕盾牌,不做官,时刻想着报仇,绝不和仇人共处一世。遇到仇人,当即上去拼命,不待回家取兵器,或者平时兵器不离身,无须回家取兵器。对于有杀兄弟之仇的人,从此不会和其在一国担任职务。如若奉君主之命和仇人在他国相遇,应以君命为重,暂不与之决斗。那意思是,如果没有君命在身,也是当即拼命。对于有杀堂兄之仇的人,自己不可带头,但当受害者儿子或兄弟报仇时,也要带上武器,紧随其后,协助杀之。

再强调一下,这段话不是在描述那时的风气,而是在陈述礼制的规定。

在今天,我们或许认为这种行为是在破坏法律,培根(Francis Bacon)《论复仇》就认为复仇行为是对法律取而代之。但问题是:当人们被鼓励被肯定乃至被要求用复仇这种原始的公道来讨还血债时,是否也使人在"杀人父兄"时,因恐惧接下来不依不饶的复仇而收手,至少三思而行?孟子这段话,说的就是这个理。

链接——14.1

14.8

孟子曰:"古之为关也,将以御暴;今之为关也,将以为暴。"

今译——

孟子说:"古代设立关隘,是用来抵御暴力;如今设立关隘,是用来行使暴力。"

开讲——

注意这前后两个"暴"字的不同:第一个"暴"字,是指强人之暴或外来之暴;第二个"暴"字,则是指国家暴力。身处战国的孟子,深切体会到国家暴力对人民的日胜一日的巨大伤害。

链接——2.5;14.28

14.9

孟子曰："身不行道，不行于妻子；使人不以道，不能行于妻子。"

今译——

孟子说："自身不依道而行，在妻、子身上也行不通；使唤别人不依道而行，使唤妻、子也行不通。"

开讲——

自身的言行举止不符合道义，在家里都行不通，更不用说行于天下，驱使天下之人。

链接——7.11；7.12；14.1；14.29

14.10

孟子曰:"周于利者凶年不能杀[1],周于德者邪世不能乱。"

今译——
　　孟子说:"财货周备灾荒之年饿不死,德性周备邪恶之世不迷乱。"

注释——
① 杀:赵岐理解为杀死,杨伯峻理解为杀(shài),缺乏、减少。两种理解都可以。赵岐的理解与1.7"乐岁终身饱,凶年免于死亡"相合,似乎更好一些。

开讲——
　　在经济上预先做好周密的安排,哪怕碰到凶年,也能度过去。在德性上有足够的判断力、坚定的意志和稳定的心性,哪怕遇到乱世,也不会同流合污。

链接——1.7

14.11

孟子曰:"好名之人能让千乘之国,苟非其人,箪食豆羹见于色①。"

今译——

孟子说:"好名的人能让出千乘之国,假如不是这样的人,让出一箪饭一碗羹汤也会脸色不好看。"

注释——

① 见:同"现"。

开讲——

这一段话有两种解释。

一种解释是,"让千乘之国"之人与"箪食豆羹见于色"之人,是一人两面。朱熹:"好名之人,矫情干誉,是以能让千乘之国;然若本非能轻富贵之人,则于得失之小者,反不觉其真情之发见矣。盖观人不于其所勉,而于其所忽,然后可以见其所安之实也。"(《四书章句集注》)这种人好名,可以装得很慷慨,但是骨子里本不是慷慨之人,"本非能轻富贵之人"。在某个时间节点、某个情形下,一定要表现自己慷慨的时候,连国家都可能让出去,但平常仔细观察他,就会发现他的本色,对一箪食一豆羹都很吝啬。这里,孟子在教我们观察人的方法:要看他平常"箪食豆羹见于色"露出马脚的时候,而不是慷慨激昂堂皇"让千乘之国"的时候。

另一种解释是,好名之人与"箪食豆羹见于色"之人,是两种不同的人。孙奭爽:"孟子言好不朽之名者,则重名轻利,故云能让千乘之国而且不受。苟非好名之人,则重利而轻名,而箪食豆羹之小节,且见争夺而变见于颜色。"

儒家是不否定"好名之人"的。孔子说"君子疾没世而名不称焉"(《论语·卫灵公》),君子要称誉于天下。淡泊名利的"名",是指虚名,而不是美名,美名是要追求而不能淡泊掉的。"仁言不如仁声之入人深也"(13.14),美名也是"仁声",仁声是能影响世风、敦厚人伦的。所以,我倾向于后一种理解。而且,若这里所指的"好名之人"仅仅是外在的死要面子活受罪,那他让出千乘之国都要硬挺着、装着,为什么"箪食豆羹见于色"呢?不更能挺得住、更好装吗?

在日常生活中,好名之人往往好面子,好面子之人往往会逼自己做成大事。《水浒传》里的武松,就因为特别好面子,硬着头皮上山,碰到了老虎,只好硬着头皮打,还真的打死了老虎。自古以来好面子的人都有可爱的一面,都有"有所不为"的一面。"好面子"本质上是对于道德的畏服。项羽也好面子,因为好面子,所以不猥琐,不隐忍。《项羽本纪》是《史记》里写得最好的一篇,把项羽的一生写得波澜壮阔。他二十四岁起兵,二十七岁引领诸侯暴风骤雨般扫平了秦。接下来五年时间,楚汉相争,最后从垓下之围到乌江自刎,生得伟大,死得震撼。后来人说:"江东子弟多才俊,卷土重来未可知。"(杜牧《题乌江亭》)项羽如果不好面子,完全可以坐上乌江亭长的一只小船只身过江东,但项羽说,我当年和江东八千子弟渡江而西,"今无一人还,纵江东父兄怜而王我，我何面目见之"？惭愧于自己葬送了八千子弟，自刎而死。古今中外，有多少暴君忍人，为了自己私利，驱天下人为炮灰，荼毒天下之肝胆，离散天下之子女，曾不惨然。相比之下，是不是让我们觉得项羽的这份好面子，是一种高贵？项羽给中华民族、给历史留下来的，不仅是其功业，更多的是一种精神力量、一种人格力量。一个好面子的项羽，才能有这样的影响力。

好面子好不好，可以这样对照着看：不要脸好不好？

14.12

孟子曰:"不信仁贤,则国空虚;无礼义,则上下乱;无政事,则财用不足。"

今译——
　　孟子说:"不信用仁德贤能之人,国家就会空虚;没有礼义,上下关系就会混乱;没有好的政策措施,财政开支就不够用。"

开讲——
　　治国三要点:信用"仁贤";谨遵"礼义";实行善政。(参见13.14开讲)
　　"国空虚",不仅是指国家的国库空虚,还指人才空虚、创造力空虚、制度空虚,一切国家大小事务没人做,财富没人创造,制度没人创新,国家自然就空心了。一个好的国家,人人愿意去做事。放手让有能力的人、愿意做事的人,去做自己的事情,国家自然就发展起来了。
　　信用仁贤,不是信用一小撮人,是相信所有人都有仁贤,放开一切束缚,国家的事,开放给所有国人做。所有的国民都做自己喜欢的事、擅长的事,则所有国民都是仁贤,而各行各业都有了发展,且会不断出现创新点、增长点。每一个不同的人,他的不同于他人的天赋和兴趣,只要发挥出来，都是社会事业的新的增长点，所以，好的制度，会让人人都成为仁贤。信用仁贤的关键，是相信人民自己的创造力，保护人民的充分权利，开放资源不搞垄断，开放权利不抓权力。

谨遵礼仪，是国家一定要讲信用，不以权力侵犯权利，不以政府挤压社会，并且履行维护社会公平公正的政府职能。政府只做裁判员，不做运动员。

实行善政，是国家有托底功能，给社会、百姓以基本保障，比如救死扶伤、救灾、救急、救穷、救疫。

链接——13.14；14.13；14.28

14.13

孟子曰:"不仁而得国者有之矣,不仁而得天下者未之有也。"

今译——
　　孟子说:"不仁的人得到一个国家是有的,不仁的人能得天下不曾有过。"

开讲——
　　孟子这两句讲得真好。
　　前一句,"不仁而得国者有之矣",不仁之人可以得国者有两种:第一种,原始部落,老酋长传位小酋长,小酋长一定仁德吗?未必。小酋长之所以能继承老酋长位子,不是靠内心仁德,而是靠他母亲的子宫。后来皇帝家传,也是这种类型。西周分封制,周天子之位的继承和各个诸侯国君位的继承,都是这一种。第二种,靠武力去抢,靠内部权斗去夺。武力抢,如刘邦,如李渊,如朱元璋。内部篡夺,如曹丕,如司马懿。这两种"得国者"都不一定有仁德。
　　但是,"不仁而得天下者未之有也",不仁而"得国者"一定得不了天下。
　　"天下"不仅是利益共同体,天下还是文化共同体,是伦理共同体，且是全天下所有人的伦理共同体和文化共同体。质言之，天下不是财富概念、领土概念，甚至不是一个昊天之下所有疆土概念，而是一个文化概念、文明概念。这样的天下，你如何去抢，如何去夺，如何去霸占？天下就是仁义，不仁者如何得仁？火如何可以得水？水如何能够容火？从人心即天下的逻辑上说，不仁而得天下，逻辑上就是悖论。

有人会把历代皇帝看作是得天下，错了，他们也只是得国。秦朝其实还是秦国，是秦国的扩大版。汉是天下吗？唐、宋、元、明、清是天下吗？都是国而已。西周以后天下裂，无有天下只有国。

以秦始皇为例。秦始皇得到天下了吗？没有。秦始皇根本没有取得天下人的人心，没有像西周一样获得天下的认可。秦始皇也没有建立一个文化共同体，他只是武力霸占疆土而已。武力可以建立一个以权力为运作动能的行政体系，却无法建立一个为天下人所共同认可的文化体系。西周为什么可以是天下？因为它不仅通过分封，建立了一个血缘为纽带的家国体系，它更是通过制礼作乐，建立了一个为天下所认可所遵循的文化体系，从而笼罩天下于一个文化共同体和伦理共同体中。从这个角度，你就能很清楚看到秦与西周的区别，看到"国"与"天下"的区别。

所以，国只是行政实体，而天下既包括行政实体，同时必须是一个伦理共同体。天下是文明的概念。顾炎武讲亡天下，国可以亡，天下如何亡？杜甫写"国破山河在"（《春望》），既然山河还在，天下怎么亡？地理的天下、物理意义上的天下是无法灭亡的。所谓的亡天下，其实就是仁义充塞、人将相食，人类文明被破坏，文化共同体分裂。从这个角度讲，秦始皇统一了中国，但没有获得天下人心。他只是用暴力得到了西周分封给各诸侯国的土地，秦国疆域得到扩大，他根本没有能力获得，事实上也没有获得西周的天下。秦始皇也没有天下的概念，他灭六国势如虎狼，他守秦祚焚书坑儒，秦制度恰恰是在亡天下。

秦始皇自公元前221年灭了齐王建，仅十多年后，公元前209年，陈胜、吴广就起义了，振臂一呼，"天下云集响应"（贾谊《过秦论》），诸侯蜂起，三年的时间，秦国就灭亡了。何为"天下云集响应"？就是亡天下的秦国，终于被"天下"灭了。

所以，得天下的实质是什么？是得到天下的认可。从这个角度，就能很好地理解孟子的话："不仁而得天下者未之有也。"因为，不仁者不可能获得认可。

秦得不到天下，就是孟子说的"不仁而得天下者未之有也"，因为他残暴，因为他没有德行。天下的本质就是仁，没有仁，从逻辑上讲，就不可能得天下。所以得疆域者，可以凭借暴力，但是得天下者，只能凭借德性。武力与强权可以占领天下的土地，抢夺天下的财产，但是永远得不到天下人心。

链接——14.12；14.14

14.14

孟子曰:"民为贵,社稷次之①,君为轻。是故得乎丘民而为天子②,得乎天子为诸侯,得乎诸侯为大夫。诸侯危社稷,则变置。牺牲既成③,粢盛既洁④,祭祀以时,然而旱干水溢,则变置社稷。"

今译——

孟子说:"人民尊贵,社稷其次,君主最轻。因此得到田野之民的支持得以为天子,得到天子的支持得以做诸侯,得到诸侯的支持得以做大夫。诸侯危害社稷,则改立诸侯。祭祀用的牛羊肥壮,盛在祭器内的谷物洁净,按时祭祀,然而还遭受干旱水涝,就改立社稷神。"

注释——

① 社稷:本指土神和谷神。古时君主按时祭祀社稷,后来以社稷指代国家。
② 丘民:众民,百姓。朱熹:"丘民,田野之民,至微贱也。然得其心,则天下归之。天子至尊贵也,而得其心者,不过为诸侯耳,是民为重也。"
③ 牺牲:古代供祭祀用的纯色的牲畜。
④ 粢盛(zī chéng):古代祭祀时盛在祭器内的谷物。

开讲——

"民为贵,社稷次之,君为轻",孟子名言。

这句名言的修辞有意思。"次"在中间,前面的"贵",与后面的"轻",构成对立关系吗?照理,贵与贱、轻与重才构成一个序列,这里"贵"与"轻"却放在一起比较。那么,孟子为什么讲民"贵"而不讲民重呢?或者为什么不讲君"贱"而讲君"轻"呢?因为孟子要纠正一直以来以民为贱的意识。当然这也与那时流行的"士贵耳,王者不贵"(《战国策·齐策四》)的观念一致。这是当时革命性的观念。"贱者,卑也"(《广雅疏证》卷五《释言》),合起来即卑贱。周朝的等级序列是天子、诸侯、大夫、士,士的下面是民,民在下,卑下。所以孟子刻意用了"贵"这个词,不用"重",就是侧重强调要以百姓为贵。那么,既然"民为贵",后面说"君为贱"可以吗?也不可以,所以孟子换上了一个"轻"字。在理论上也不能定义任何阶层、任何人是贱的。孟子这么用"贵"与"轻",有他的用意。

相对于"民"与"君"的比较,中间的"社稷次之"更重要。因为涉及国家政权的更替。孟子最具现代性的地方,恰恰就在于这四个字"社稷次之"。孟子认为,"民为贵",人民有权选择君主,甚至有权选择国家政权。国家政权、制度不好,就要改。孟子是先秦诸子里面最有政治胆量的,最有社会责任感的,最有革命性的。在整个中国历史上,孟子的骨头也是最硬的。"民为贵,社稷次之,君为轻",国家、国家政权、国家制度、国家政权的代理人,他把这一切都放在"民"的后面,用现在的话来说,就是:人民是国家的主人。"是故得乎丘民而为天子",得到人民拥护的人才能做天子,这一句可与上一章的"不仁而得天下者未之有也"对看。获得天子之位的前提,是得天下民心,得到人民的拥护。

"得乎天子为诸侯""得乎诸侯为大夫",天子、诸侯、大夫、士,我们可以看作是孟子张罗的一个圆桌会议——天子管诸侯，诸侯管大夫，大夫管士，士是四民之首，"民为贵"，民意又制约天子。我在《风流去·董仲舒》那篇文章里写道，汉朝的董仲舒也张罗了一个圆桌会议，在他的圆桌会议上的，是天、天子和民——天子管人民，人民管天，天管天子。孟子的圆桌会议和董仲舒的圆桌会议，就是中国古代社会的权力制衡理论。

社稷比国君重要，"诸侯危社稷，则变置"，如果国君危害国家政权，就换一个国君；百姓比社稷重要，"牺牲既成，粢盛既洁，祭祀以时"，如果还是"旱干水溢"，不能保佑人民，"则变置社稷"，那就换一个社稷神。注意这个"社稷"和前面的"社稷"，意思有不同，前面"社稷次之"的"社稷"，代指国家政权，这个"社稷"指社稷神。孟子真的是天不怕，地不怕，神都不怕！舍得一身剐，敢把神也拉下马！管你是神仙还是皇帝，得罪了民，都得走人！

成语——民贵君轻

链接——2.6；5.3；7.2；7.9；10.9；14.13；14.28

14.15

孟子曰:"圣人,百世之师也,伯夷、柳下惠是也。故闻伯夷之风者,顽夫廉,懦夫有立志。闻柳下惠之风者,薄夫敦,鄙夫宽。奋乎百世之上,百世之下闻者莫不兴起也。非圣人而能若是乎?而况于亲炙之者乎?"

今译——

孟子说:"圣人,是百世之人的榜样,伯夷、柳下惠就是这样的人。所以凡听说了伯夷的风尚节操的人,贪婪的人会清廉,懦弱的人立志。凡听说了柳下惠的风尚节操的人,刻薄的人会厚道,狭隘的人会宽广。他们奋发于百世之前,百世之后听说他们事迹的没有不兴起的。不是圣人能像这样吗?何况亲身受到他们熏陶的人呢?"

开讲——

百世之师,不仅仅指个人影响力,而是说价值本身具有穿越时空的力量。某些观念是不是普适价值,可以讨论,但不能反对价值的普适性。普适是价值的题中应有之义。一旦反对价值的普适性,人文学科便不复存在。价值一定具有穿越性,穿越时间,穿越空间。能穿越时空的,就是百世之师。孟子在今天过时了吗?没有。由孔子和孟子不断给我们论证的价值，比如做人要仁义，要讲礼义廉耻、诚信节义，这样的价值，两千多年来从未过时，这就是价值本身具有时空上的普适性，所以才会有百世之师的存在。

在《万章下》，孟子评价伯夷是"圣之清者也"，评价柳下惠是"圣之和者也"（10.1），可与之对看。

成语——百世之师
链接——3.9；10.1；12.6

14.16

孟子曰："仁也者，人也①。合而言之，道也。"

今译——

孟子说："仁，就是人啊。仁与人合起来说，就是道啊。"

注释——

① 古音"仁"与"人"同，孟子又认为人性本善，故以"仁"来解释"人"。

开讲——

仁就是人，仁是人的品性，仁是人的本质。或者倒过来讲，不仁就不是人。看到一头猪，我们就不能说它有仁，不能说它是一头仁猪，尽管猪的一切都奉献给了人。因为仁不是猪的本质。仁这种品性是只有人才能具备的。同样，如果一个人不具备仁的品性，等于缺少人的根本属性，跟动物又有什么区别？所以仁与人，二者合而为一。是存在先于本质，还是本质先于存在，容有不同观点，但存在与本质同在同体，应无疑义。"合而言之"，即"道"。孟子说"尧舜，性之也"（13.30），就是说尧舜的"人"与"仁"是合而为一的，"性"即道本身。

孟子主张人性本善，那么，我们也可以照此造句："善也者，性也。合而言之，德也。"善即人的本性，合而为一，就是一个人的品德。

不妨以此作一副对联：

上联：仁也者，人也。合而言之，道也。

下联：善也者，性也。合而言之，德也。

链接——13.30

14.17

孟子曰:"孔子之去鲁,曰:'迟迟吾行也,去父母国之道也。'去齐,接淅而行,去他国之道也。"

今译——

孟子说:"孔子离开鲁国时,说:'我们慢慢地走啊,这是离开父母之国的方式啊。'离开齐国时,捞出泡在水里未淘的米就急忙起身,这是离开人家国家的方式啊。"

开讲——

本章文字在 10.1 中出现过,可对看。

"去鲁"时,孔子五十五岁,主持鲁国改革失败,准备前往卫国。本来他当晚就可以出鲁国国境,却又在边境住了下来,不忍离开,这就是"迟迟吾行也"。

"去齐"时,孔子三十七岁,齐国大夫欲害孔子,齐景公也说:"吾老矣,弗能用也。"(《史记·孔子世家》)于是孔子"接淅而行",一刻也不耽误,急忙离开。

孟子说,这就是孔子,"可以速而速,可以久而久;可以处而处,可以仕而仕"（10.1），是圣人中能判断时势的人，既合情合理，又恰如其分。

成语——接淅而行
链接——10.1

14.18

孟子曰:"君子之厄于陈、蔡之间,无上下之交也。"

今译——
　　孟子说:"孔子在陈、蔡两国之间遭难,是因为上下两家都接济不上。"

开讲——
　　这里的君子,指孔子。"在陈绝粮"七天,是孔子一生中比较大的磨难。
　　《史记·孔子世家》记:"孔子迁于蔡三岁,吴伐陈。楚救陈,军于城父。闻孔子在陈蔡之间,楚使人聘孔子。孔子将往拜礼,陈蔡大夫谋曰:'孔子贤者,所刺讥皆中诸侯之疾。今者久留陈蔡之间,诸大夫所设行皆非仲尼之意。今楚,大国也,来聘孔子。孔子用于楚,则陈蔡用事大夫危矣。'于是乃相与发徒役围孔子于野。不得行,绝粮。从者病,莫能兴。孔子讲诵弦歌不衰。子路愠见曰:'君子亦有穷乎?'孔子曰:'君子固穷,小人穷斯滥矣。'"《论语·卫灵公》篇对此也有记载。
　　为什么孔子会遭遇此难?孟子解释是"无上下之交也"。这个"上下"不是地域的上下,是上家和下家。孔子既已离开陈国,楚国又没到,两边都接济不上。

还有一种说法,赵岐、朱熹、焦循都认为,"无上下之交"的意思是,陈国、蔡国的君臣都不好,孔子与上(君)下(臣)都没有交情。赵岐:"孔子所以厄于陈、蔡之间者,其国君臣皆恶,上下无所交接,故厄也。"朱熹:"君臣皆恶,无所与交也。"但孔子在陈国待了近三年,如果陈国君臣都不好,不好到都不愿意接济孔子,有点说不通:既如此,何以能待三年?

14.19

貉稽曰:"稽大不理于口。"①

孟子曰:"无伤也。士憎兹多口。《诗》云:'忧心悄悄,愠于群小②。'孔子也。'肆不殄厥愠,亦不殒厥问③。'文王也。"

今译——

貉稽说:"我的口碑不好。"

孟子说:"没关系。士人憎恨流言蜚语。《诗经》中说:'忧心悄悄,愠于群小。'(忧愁沉沉压心,惹恼一群小人)孔子就是这样。'肆不殄厥愠,亦不殒厥问。'(任随那些怨恨在那里不去管它,也不丧失自己的名声)文王就是这样。"

注释——

① 貉稽:人名,生平不详。理:顺。赵岐曰:"貉姓,稽名……为众口所讪。"
② 忧心悄悄,愠于群小:语出《诗经·邶风·柏舟》。悄悄:忧愁的样子。
③ 肆不殄厥愠,亦不殒厥问:语出《诗经·大雅·绵》。肆:于是,所以。郑玄注:"肆,故今也。"意思是:所以现在。朱熹《诗集传》:"犹言遂也,承上启下之辞。"意思是:于是。程俊英、蒋见元《诗经注析》:"肆,所以。"其实,肆有陈列、放置义,《说文》:"肆,极陈也。"《广韵》:"肆,陈也。"《诗经·小雅·楚

茨》："或剥或亨，或肆或将。"《诗经·大雅·行苇》："肆筵设席，授几有缉御。"后引申有放任之义，《庄子·缮性》："故不为轩冕肆志。"王先谦注："肆志，放纵其志。"译文取任随义。殄（tiǎn）：断绝。厥（jué）：代词，其，那。愠（yùn）：恼怒，怨恨。殒：失去。问：通"闻"，声誉。郑玄注释为"小聘"，意思是诸侯每年派人聘问天子的礼节。郑玄注与《孟子》不合。

开讲——

貉稽是谁？不知道。从孟子安慰他的口气看，"无伤也"，孟子不讨厌貉稽，甚至还欣赏他。

群小蚁聚，流言蜚语，积毁销骨，自古就有，《诗经》里很多写小人难缠可怕的诗。所以"士憎兹多口"，所以孔子说"六十而耳顺"（《论语·为政》）。小人总是成群结队，总是喜欢打群架。草原上一头狮子被一群狼缠住就惨了。"群小"一定是靠"群"，靠数量来战胜你，而不是靠真理。当一群小人围上来，君子怎么办呢？只能是"肆不殄厥愠，亦不殒厥问"，让那怨恨在那里，既不平息那怨恨，也不失去自己的名声。群小是人类中这样的一群生物，他们存在于这个世界的方式，就是对他人诋毁谩骂。能让狗不叫吗？狗天生是要叫的，所以只能随它去吧。人要和狗纠缠上了，它会兴奋地叫上一整天；人要是转身走了，它也就安生了。这就是"肆不殄厥愠"。如何战胜小人？不是要打得过他，而是要高得过他。打是打不过小人的，小人不择手段天天打，他乱拳打死老师傅，你怎么打？你跟他打，就跟他打成一片，最后打成一路货色了，所以高得过小人的方法，就是"肆不殄厥愠"，不损害自己的名声。

成语——忧心悄悄
链接——6.9；8.30；8.30

14.20

孟子曰:"贤者以其昭昭,使人昭昭;今以其昏昏,使人昭昭。"

今译——

孟子说:"贤人以自己的明明白白,让人明白;如今的人自己糊糊涂涂,还想让人明白。"

开讲——

以其昭昭,使人昭昭,合乎逻辑,事理之常。

以其昏昏,使人昭昭,逻辑不通,事理悖谬。

关键是第一句,孟子说"贤者";第二句孟子说"今",也就是今人。既如此,则贤者指古圣先贤;而今日没有贤人。

所以,孟子在批评一种有悖常理的现象,更是在批评有悖常理的时代。

成语——以其昏昏,使人昭昭
链接——12.3

14.21

孟子谓高子曰:"山径之蹊间,介然用之而成路①。为间不用,则茅塞之矣。今茅塞子之心矣。"

今译——

孟子对高子说:"山间的小道只一点点宽,一直走一直走也就成了一条路。一段时间不走,那么茅草就长满了。如今茅草长满了你的心。"

注释——
① 蹊(xī):小道。间:缝隙。介然:决然、执着的样子。

开讲——

鲁迅说:"其实地上本没有路,走的人多了,也便成了路。"(《故乡》)

这里有个成语:茅塞顿开。"茅塞"的比喻很好。比如荀子说"学不可以已"(《劝学》),我们长期坚持读书、坚持与人交流、坚持独立思考,头脑就能保持清醒。学会经常思考一些抽象的、有高度的、有难度的问题,可以保护我们的智力。

庄子也用过类似的比喻："今子有五石之瓠，何不虑以为大樽而浮于江湖，而忧其瓠落无所容？则夫子犹有蓬之心也夫！"(《庄子·逍遥游》)孟子、庄子都用这个比喻，说明人的脑子特别容易长草。要想不长草，就让孔子、孟子，让老子、庄子，让苏格拉底、柏拉图、康德，让这些东西方圣贤不断走进你的大脑。"今茅塞子之心矣"，孟子骂学生高子的这句话很尖锐，一点情面不留。

成语——茅塞顿开
链接——14.22

14.22

高子曰:"禹之声尚文王之声。"

孟子曰:"何以言之?"

曰:"以追蠡①。"

曰:"是奚足哉?城门之轨,两马之力与?"

今译——

高子说:"禹的音乐胜过文王的音乐。"

孟子问:"为什么这么说?"

(高子)说:"因为禹钟上的钟纽快要被磨损断了。"

(孟子)说:"这证明充分吗?城门下面路上的车辙,是两匹马的力量造成的吗?"

注释——

① 追(duī):悬挂钟的钟纽。蠡(lǐ):虫蛀木,引申为器物经久磨损要断的样子。朱熹引丰氏曰:"追,钟纽也,《周礼》所谓旋虫是也。蠡者,啮木虫也。言禹时钟在者,钟纽如虫啮而欲绝,盖用之者多。"段玉裁《说文解字注》认为,朱熹注有误,"蠡"实为"离"的假借字,"追(duī)蠡"即"追(duī)离"。

开讲——

"禹之声尚文王之声",孟子能认可这个判断吗?不可能。如果孟子认同"禹之声尚文王之声",就等于说文王的境界没有禹的境界高。尧传舜,舜传禹,禹传商汤,商汤传文王,文王传武王、周公,然后是孔子,道统传承过程中不同时代的圣人,是并肩而立的,而不是由高到低,或者由低到高。所以孟子不可能接受高子的观点。于是孟子马上问:"何以言之?"

高子回答说"以追蠡",因为禹的钟纽磨损得快要断了,可见禹钟被敲的时候更多,听禹钟的人更多。

孟子举"城门之轨"为例,城门下只容得下一辆车出入,所有来往的车都轧在一个地方,所以,辙痕比别处深。深深的车辙难道是两匹马经过轧出来的吗?不是,是无数的时间、无数的马车轧出来的。时间越久,车辙越深。禹在文王之前千余年,你为什么不把时间考虑进去呢?把时间考虑进去,就不可能得出"禹之声尚文王之声"的结论。看来,孟子之前骂高子"今茅塞子之心矣"(14.21),骂得一点不错。

朱熹注,先引丰氏曰:"城中之涂容九轨,车可散行,故其辙迹浅;城门惟容一车,车皆由之,故其辙迹深。盖日久车多所致,非一车两马之力,能使之然也。言禹在文王前千余年,故钟久而纽绝;文王之钟,则未久而纽全,不可以此而议优劣也。"

继曰:"此章文义本不可晓,旧说相承如此,而丰氏差明白,故今存之,亦未知其是否也。"

此讲也以丰氏为据。

链接——14.21

14.23

齐饥。陈臻曰:"国人皆以夫子将复为发棠①,殆不可复。"

孟子曰:"是为冯妇也。晋人有冯妇者,善搏虎,卒为善,士则之。野有众逐虎②,虎负嵎,莫之敢撄③。望见冯妇,趋而迎之。冯妇攘臂下车,众皆悦之,其为士者笑之。"

今译——

齐国闹饥荒。陈臻说:"齐国人都以为老师您将再(劝齐王)打开棠地的仓库(赈济灾民),恐怕不会再这么做了吧。"

孟子说:"这么做就成了冯妇了。晋国有一个叫冯妇的人,擅长打老虎,最后改行为善,士人以他为榜样。有次野外很多人追逐老虎,老虎背靠山的一角,没有人敢近前。大家望见冯妇,就都跑上前迎接他。冯妇撸起袖子下了车去打虎,大家都很开心,冯妇成了士人的笑话。"

注释——

① 发棠:棠,地名,齐国仓廪所在地,在今山东省即墨县南。发棠,打开国库赈灾。

② 此段"善搏虎,卒为善,士则之。野有众逐虎",这个地方的解释比较多,而且有不同断句。赵岐说:"善士者,以善搏虎有勇名也,故进以为士。"焦循认为,冯妇打虎是勇士,不打虎就变成善士,并没有身份的提升:"本称勇士,改而为善,乃为善

士也。"朱熹的解释非常简略，但也认为不打虎就变成善士："卒为善士，后能改行为善也。""改行为善"说明打虎不善。宋人刘昌诗提出一种新的标点："卒为善，士则之。野有众逐虎。"刘昌诗说："盖有搏虎之勇而卒能为善，故士以为则；及其不知止，则士以为笑也。"今人杨逢彬从语法的角度，认为应采用刘昌诗之说。此处断句依宋人刘昌诗。

③ 隅（yú）：山弯弯的角落。撄（yīng）：迫近、触犯。

开讲——

"复为发棠"的"复"，说明孟子之前劝过齐王开仓赈灾，根据下文"善搏虎"，应该是齐宣王也听从了。陈臻猜测自己的老师不会再重复做这样的事了。

冯妇的人生有点像晋朝的周处。《世说新语·自新》记周处年少时，凶暴逞强，乡里人把他和水中蛟、山中虎合称为"三横"。后来他悔悟自新，最终成为忠臣孝子。

一讲打虎者，很多人就觉得他们是英雄。其实正统文化里，并不赞扬一个人去打老虎，认为这种冒险毫无价值。一个人若非特殊情境，绝不可能打杀老虎，《水浒》中的武松、李逵打虎杀虎，那是文学虚构。

孔子对暴虎冯河的行为是否定的，说："暴虎冯河，死而无悔者，吾不与也。"（《论语·述而》）《诗经·小雅·小旻》："不敢暴虎，不敢冯河。"也是不赞成一个人冒无谓之险。

为什么冯妇再打虎，"其为士者笑之"呢？因为其一，也许冯妇以前打过虎，但那一定是某种侥幸而成功，人对虎，一般情况下没有胜算，这种行为第一次可能是避无可避的不得已，如武松之在景阳冈，也是顶上了，不得不打，若第二次主动上去，那就是作死。施耐庵也没安排武松第二次打虎。其二，士有士的身份，士作为贵族和社会上层，国家事务管理者，应该有身份意识。冯妇当初打虎，可能是一时不得已，今次再打虎，就有点不知高低了。

这倒也不是太大的过错。孟子借这个故事想说的是：我曾经劝过齐王，现在再劝齐王，就不对了，因为我现在的身份不一样了。朱熹《四书章句集注》："疑此时齐王已不能用孟子，而孟子亦将去矣，故其言如此。"即此时孟子不再有齐国卿的身份，如果再上去劝，有不在其位而谋其政的感觉。孙奭则认为，孟子这里将齐王比喻为负隅顽抗的老虎，孟子以前就对付过这只老虎，老虎不肯悔改，孟子现在不想再管了："言今齐王恃威虐以敛民，亦若虎之负嵎，以难合之说，述于暴人之前，又若迎而搏虎也。是以孟子将复为发棠，非不足以悦众，自君子观之，亦若为士者之笑冯妇也，以其不知止矣。"（《孟子注疏》）

其实，孟子可能是这个意思：我以前劝过齐王，此时齐王只要照我上次说的去做就是了，无须再劝第二遍，何况我要走了。赈灾是政府应尽的义务和责任，一个正常的国君做这样的事，何需人劝。所以陈臻会猜测老师"殆不可复"。

成语——再作冯妇　负隅顽抗
链接——4.5

14.24

孟子曰:"口之于味也,目之于色也,耳之于声也,鼻之于臭也,四肢之于安佚也,性也。有命焉,君子不谓性也。

"仁之于父子也,义之于君臣也,礼之于宾主也,知之于贤者也,圣人之于天道也,命也。有性焉,君子不谓命也。"

今译——

孟子说:"口舌对于美味的欲望,眼睛对于美色爱好,耳朵对于美声的喜爱,鼻子对于香味的嗜好,四肢对于安逸的追求,这是人性。但能否获得要由命来决定的,所以君子不将此看作性。

"仁的情感对于父子的重要,义的规则对于君臣的不可或缺,礼的规矩对于宾主的必需,智慧对于贤人的必备,圣人对于天道的践行,这是人的命。但这是人性本就具有不可丢失的,君子不将此看作命。"

开讲——

食色,性也,是人性中都喜欢的东西,但是"有命焉",性中有此欲求,命里未必得到。君子不强调这样的人性,是因为君子不能够被这种人性牵着鼻子走。人贪图享乐,贪得无厌,耽于声色,不能自拔,常常会说:"人性如此嘛!"人性如此,成了他不愿意道德上进的借口。

故人可顺应自然做事，不可顺应本性做人——因为人之本性中，有很多是属于动物性的。如果把这些动物性的欲求强调为性，会让人终生追求这些而不知节制。朱熹引程子曰："五者之欲，性也。然有分，不能皆如其愿，则是命也。不可谓我性之所有，而求必得之也。"并引申道："不能皆如其愿，不止为贫贱。盖虽富贵之极，亦有品节限制，则是亦有命也。"

所以君子对此不强调性，而强调命。得之，是命；不得之，安之若命，也是命，就像舜那样，"饭糗茹草也，若将终身焉。及其为天子也，被袗衣，鼓琴，二女果，若固有之"（14.6）。像《中庸》所说的："素富贵，行乎富贵；素贫贱，行乎贫贱；素夷狄，行乎夷狄；素患难，行乎患难。"

"仁之于父子也，义之于君臣也，礼之于宾主也，知之于贤者也，圣人之于天道"，为什么说是"命也"？因为这是人的使命，是人的责任。责任是外在的，又是注定不可推卸的，这就叫命。虽然你是你，事是事，看起来是两者，但当事不可推，责不可卸，该你去做，你与事就不再是两分，事就变成了你的命。就像《水浒传》中，镇关西欺负金翠莲父女，是事。渭州大多数人都知情，却不当作自己的事，于是人事两分。视作人事两分的人，都是不知命的，所以没有智慧，不能成为"智深"之人。但当酒楼上鲁达遇到金翠莲父女，他就要管这事，这事也因此成了鲁达的命：他打死了镇关西，由此避难五台山，变成了鲁智深。这就是"命也"。但是，"有性焉"，这是人性所有的——因为在孟子看来，爱与正义是人性的本质。鲁达就是拥有这种本质的人。

既是"命也"，为什么孟子又说君子"不谓命"呢？因为如果都归于命，会导致人以此为借口不努力，并且是否实现也往往由外力决定，于是人会对自己的无所作为安之若命。而仁义礼智与天道，是人必须实现和践行的，所以，君子不把这些看作"命"，而是把这些看作

"性"。是性,就与人不可须臾离也。

质言之,两个立足点:面对功名利禄的时候,强调"命",安之若命;面对不可推卸的道德责任的时候,强调性,"仁也者,人也"(14.16)。

在什么时候强调什么,表明你的立足点在哪里。这就是态度。人生智慧,首先是态度。没有态度,就没有温度;没有态度,就没有努力方向。态度决定生命的取向。所以孟子这里讲的"不谓性也""不谓命也",就在表明他的这种态度。

朱熹注:

> 愚闻之师曰:"此二条者,皆性之所有而命于天者也。然世之人,以前五者为性,虽有不得,而必欲求之;以后五者为命,一有不至,则不复致力。故孟子各就其重处言之,以伸此而抑彼也。张子所谓'养则付命于天,道则责成于己'。其言约而尽矣。"

链接——14.6;14.16

14.25

浩生不害问曰:"乐正子何人也?"①
孟子曰:"善人也,信人也。"
"何谓善?何谓信?"
曰:"可欲之谓善②,有诸己之谓信,充实之谓美,充实而有光辉之谓大,大而化之之谓圣,圣而不可知之之谓神。乐正子,二之中,四之下也。"

今译——

浩生不害问:"乐正子是什么样的人?"
孟子说:"是善人,是信人。"
"什么是善?什么是信?"
(孟子)说:"让人想亲近便是善,善确实存在于自己身上便是信,善很充实便是美,善充实并散发出光辉便是大,大而能化育人间便是圣,圣而高深莫测便是神。乐正子,在善和信二者的中间,在美、大、圣、神的下面。"

注释——

① 浩生不害:齐国人,姓浩生,名不害。乐正子:孟子学生,姓乐正,名克,曾经做过

鲁平公的臣子，2.16、7.24、12.13 均记载其事，可参看。
② 可欲之谓善：朱熹："天下之理，其善者必可欲，其恶者必可恶。其为人也，可欲而不可恶，则可谓善人矣。"

开讲——

一个人心中有善，追求善，"可欲之谓善"，他的善一定会有所表现，别人也一定愿意接近他。但有时，善可能只是表面的样子，"有诸己之谓信"，善于自身真正存在才是真的善，这就是信。第一层，让别人愿意接近他。第二层，真有让人接近他的价值，他的价值是真实可信的，不是伪装的。

然后，是第三层，他的价值，不是一点点，而是很多，这是"充实之谓美"，用 13.38 中的话，叫"践形"，"践形"是形容一个人内在善的可能性获得最大的实现，人的本质获得充分自由的实现和展开（参见 13.38 开讲）。

第四层，"充实而有光辉之谓大"，内充实而外光华，对外产生影响力，这就是大。

第五层，大到无边无际，与周围融为一体而无形，这就是"大而化之之谓圣"。"化"，化于无形，用老子的话，叫"大方无隅"（《道德经》第四十一章），最大的体积、最大的物体，是看不到边界的。

最后，"圣而不可知之之谓神"，圣到极处，深不可测，这就是颜回讲的孔子："仰之弥高，钻之弥坚；瞻之在前，忽焉在后。"（《论语·子罕》）

善、信、美、大、圣、神，六种人格境界。

成语——大而化之
链接——2.16；7.24；12.13；13.38

14.26

孟子曰："逃墨必归于杨，逃杨必归于儒。归，斯受之而已矣。今之与杨、墨辩者，如追放豚，既入其苙①，又从而招之②。"

今译——

孟子说："逃离墨子一定归向杨朱，逃离杨朱一定归向儒家。归来了，接受他们就是了。如今与杨朱、墨子辩论，如同去追走失的小猪，已经赶进了猪圈，就接着去招揽更多的迷途之人。"

注释——

① 苙（lì）：猪圈。
② 招，赵岐、朱熹都认为通"罥"（juàn），用绳索绊取、缠绕。赵岐认为，"又从而招之"是过分之举："今之与杨、墨辩争道者，譬如追放逸之豕豚，追而还之入栏则可，又复从而罥之，太甚。以言去杨、墨归儒则可，又复从而非之，亦云太甚。"朱熹亦持此说："言彼既来归，而又追咎其既往之失也。此章见圣贤之于异端，距之甚严，而于其来归，待之甚恕。距之严，故人知彼说之为邪；待之恕，故人知此道之可反，仁之至，义之尽也。"
然赵佑《四书温故录》则认为，"招"读本字即可："其来归者，既乐受之，使入其苙；未归者，又从而招之。言望人之弃邪反正，无已时也。"此说可取。《孟子》中

其他地方的"招"字，如 6.1 之"招虞人""非其招""待其招"，10.7 之"以大夫之招招虞人""以士之招招庶人""以不贤人之招招贤人"都是读如本字，且此处读如本字，意思是接着去招揽更多的迷失于杨墨的人。整个句子意思事理可通，故译文从本字。

开讲——

"逃墨必归于杨"，从墨家学派极端的无己中逃出，必然归于杨朱学派极端的利己，这是逻辑的必然；"逃杨必归于儒"，从杨朱学派极端利己中醒悟，又必归于儒家所强调的道德责任，这是事理的必然。杨墨是两个极端，而儒家是两者之中。执无己、执利己，都是执一；而儒家，是执中。孟子说"所恶执一者，为其贼道也，举一而废百也"（13.26）。

可与 14.30 对看。

链接——6.9；13.26；14.30

14.27

孟子曰:"有布缕之征,粟米之征,力役之征。君子用其一,缓其二。用其二而民有殍,用其三而父子离。"

今译——

孟子说:"有征收布帛的赋税,有征收黍米的赋税,有征发人力的徭役。执政者只能征收其中一种,而缓征另外两种。同时征收两种人民就有饿死的,三种同时实行就会让人民父子离散。"

开讲——

"布缕之征""粟米之征""力役之征",当时国家的三种税源。这三种税源一般情况下只能预留而不能开征。如果必须开征,孟子说,只能征其中一种;如果征两种,就会有人饿死;如果征三种,就会父子分别,妻离子散。

财富有三种存在方式。法家讲藏富于国,儒家讲藏富于民。藏富于民比藏富于国好,这个已经无须再论证。从经济学的角度,从国家伦理的角度,都已经不需要再说。而现代社会讲藏富于制度,比如医疗保障、养老保障、住房保障和失业保障,这些制度与藏富于民相比更好,它理念上还是藏富于民(取之于民用之于民),而实践上又使得这部分财富更加安全抗风险,甚至增值,还能使全民都得到保障,是藏富于民的高级版。因为原始意义上的藏富于民,财富藏之于个体,不仅抗风险能力差,还会导致贫富悬殊,而贫者事实上没有得到保障。藏富于制度,则是通过税收进行财富的二次分配、三次分配,解决全民的教育、养老、医疗三大问题,让穷人也能够得到国家基础教育、养老和医疗保障,享受社会福利。所以最好的办法,就是现代的藏富于制度。

链 接 ——1.3;1.5;1.7;2.5;5.3;6.8;7.13;12.10;13.22;13.23

14.28

孟子曰:"诸侯之宝三:土地、人民、政事。宝珠玉者,殃必及身。"

今译——

孟子说:"诸侯要把三种东西当宝贝:土地、人民、政事。把珠宝当宝贝的人,必有灾祸殃及自身。"

开讲——

执政重在:土地、人民、政事。如果为了聚敛金钱财富,一定会倒霉。《大学》讲执政规律:"财聚则民散,财散则民聚。是故言悖而出者,亦悖而入,货悖而入者,亦悖而出。"(参见拙著《大学·中庸导读》,中国青年出版社,2022年)

链接——13.14;14.8;14.12

14.29

盆成括仕于齐①。孟子曰:"死矣!盆成括!"

盆成括见杀。门人问曰:"夫子何以知其将见杀?"

曰:"其为人也小有才,未闻君子之大道也,则足以杀其躯而已矣。"

今译——

盆成括去齐国做官。孟子说:"要死了!盆成括!"

盆成括被杀。有弟子问孟子:"老师您怎么知道他将会被杀掉呢?"

(孟子)说:"盆成括的为人啊有小才华,却不明白君子的大道,那就足以让他丧命了。"

注释——

① 盆成括:姓盆成,名括,曾经向孟子学习,没有学成,就离开了,后来到齐国当官。

开讲——

盆成括,据说曾经求学于孟子,后来离开了。学生来去自由,"往者不追,来者不拒"(14.30),孟子也不会阻拦。盆成括离开后,去齐国做官。孟子这个老师也真是的,竟然预言人家要死了!而且,果然,盆成括死了。

普通人不闻大道也罢了，该吃吃，该睡睡，安于平庸生活，安于自我自涉而不涉他，问题不大。就怕不闻大道的人偏偏做了官，决定他人命运，决定国家命运，还置身钩心斗角的官场纷争。这样的人，保持淳朴与赤子之心最好，若喜欢耍小聪明，花花肠子特别多，不闻大道，就一定要倒霉。很多人喜欢小聪明、小机巧，反感讲什么大道理。其实，"大道"就是大道理，一部《孟子》，就是讲大道理。人生也一定要有大道理支撑。懂大道理未必能给人带来小得意、小得志，但能让人避开种种人生桎梏，不会自蹈死地。孔子说："人之生也直，罔之生也幸而免。"（《论语·雍也》）直，就是人生大道理。直，是人的正道，也是人的生路。

链接——14.9；14.30

14.30

孟子之滕，馆于上宫①。有业屦于牖上②，馆人求之弗得。或问之曰："若是乎从者之廋也③？"

曰："子以是为窃屦来与？"

曰："殆非也。夫子之设科也，往者不追，来者不拒。苟以是心至，斯受之而已矣④。"

今译——

孟子到滕国，住在上宫。有一双没有织成的麻鞋放在窗台，宾馆的人找不到了。有人问孟子说："是不是跟你来的人把它藏起来了？"

（孟子）说："你以为他们是为了偷草鞋来的？"

（那人）说："恐怕不会。可是您老人家开科授徒，离开的不追问，跑来的不拒绝。假如有人带着这样的心来，也就都收下来喽。"

注释——

① 上宫：一说是别宫名，一说上等宾馆的意思。
② 业屦（jù）：没有完成的麻葛制的鞋子。牖（yǒu）：窗户。
③ 廋（sōu）：隐藏，藏匿。此处是"偷窃"的委婉说法。
④ 是心：朱熹解释为"向道之心"，疑不确。盖"是"为代词，当指代前面所谓"为窃

屦来"之心，所以这句话的意思是：您孟夫子开门办学，往者不追，来者不拒，或许有这样的人吧？这是怀疑者的自我辩护之辞。

开讲——

"殆非也。夫子之设科也，往者不追，来者不拒。苟以是心至，斯受之而已矣"，这句话前的"曰"，没有主语。是孟子说的，还是上述的"或"——那个人说的？朱熹《集注》认为："孟子答之，而或人自悟其失，因言此从者固不为窃屦而来，但夫子设置科条以待学者，苟以向道之心而来，则受之耳，虽夫子亦不能保其往也。门人取其言，有合于圣贤之指，故记之。"

赵岐则将"夫子"注作"夫予"，认为说这句话的主语是孟子。还有人把"殆非也"理解为"或"的话，后面再加一"曰"字，同时改"夫子"为"夫予"，表示这后面的话是孟子说的，这是赵岐版本的改进版。如此，则孟子自称，我的教学方式、教学模式，是"往者不追，来者不拒"，他抱求学的心来，我不拒绝，接纳就可以了；想走，也可以。"殆非也"，说明孟子也有点心虚，万一真的是学生偷的呢？来来往往的人多，各种各样的人都有，孟子也不敢把话说绝。

但根据上下文的一问一答，说这话的是"或"——那人更合情合理，那人是为自己说的"若是乎从者之廋也"找理由，却侧面反映了孟子教学"往者不追，来者不拒"的特点。如果主语是孟子，不仅"夫子"解释不通，要改为"夫予"，还感觉孟子如此自辩有些勉强。

这一章之所以被记录下来，估计就是为了说明孟子教学"往者不追，来者不拒"。这也是孔子开科授徒的特点，《荀子·法行》：

> 南郭惠子问于子贡曰："夫子之门，何其杂也？"子贡曰："君子正身以俟，欲来者不拒，欲去者不止。且夫良医之门多病人，檃

栝之侧多枉木。是以杂也。"

櫽栝之侧多枉木——曲木矫正器的旁边多弯木,是孔孟的教育宗旨,也是孔孟的慈悲,还是他们"有教无类"的形象说明。

可与"逃墨必归于杨,逃杨必归于儒。归,斯受之而已矣"(14.26)对看。

成语——往者不追　来者不拒
链接——14.26；14.29

14.31

孟子曰:"人皆有所不忍,达之于其所忍,仁也;人皆有所不为,达之于其所为,义也。人能充无欲害人之心,而仁不可胜用也;人能充无穿逾之心,而义不可胜用也;人能充无受尔汝之实①,无所往而不为义也。士未可以言而言,是以言餂之也②;可以言而不言,是以不言餂之也,是皆穿逾之类也。"

今译——

孟子说:"人人都有不忍心做的事,把它扩充到那些忍心做的事上,就是仁;人人都有不肯去做的事,把它扩充到那些在做的事,就是义。人能把不想害人的心充满了,那仁就用不尽了;人能把不想跳墙钻洞偷偷摸摸的心充满了,那义就用不尽了;人能够把不受轻贱的心充满了,那无论到哪里都不会不合乎义了。一个士人不该说的话他说,这是用说的那些话来牟利;应该说的话他不说,这是用不说话来牟利,这都是与跳墙钻洞同类的行为。"

注释——

① 尔汝:尔、汝,都是古代尊对卑、长对幼时称呼的"你"的意思。如果平辈之间用"尔""汝",则表示对对方的轻贱蔑视。这里用"尔汝"代指轻贱之意。朱熹:"尔

汝人所轻贱之称。"实：结果。

② 餂（tiǎn）：诱取、套取，即"舔"。朱熹："餂，探取之也。今人以舌取物曰餂，即此意也。"

开讲——

"人皆有所不忍，达之于其所忍，仁也"，有所不忍，即恻隐之心；"人皆有所不为，达之于其所为，义也"，有所不为，即羞恶之心。孟子这里从"四心"中的两心，恻隐之心、羞恶之心，讲"以其所爱及其所不爱"（14.1），讲"知皆扩而充之矣，若火之始然，泉之始达"（3.6）。"人能充无欲害人之心，而仁不可胜用也"，一个人的仁心充满，就有源源不断的仁德贯彻到自己所有的行为中。

"受尔汝之实"，有人只要能获得某些好处，宁愿受人轻贱。孟子讲："蹴尔而与之，乞人不屑也。"（11.10）人人有自尊心，哪怕是乞丐，也不愿接受轻蔑的施舍。我们对他人的轻蔑，常常很隐蔽，不为人察觉；但我们对自我的轻贱，自己察觉了吗？

"以言餂之也"，不该说的话，为什么说了？因为能得到赏识，获得好处。有偿说话。

"以不言餂之"，该说的话，为什么不说？这是以沉默获得好处。有偿沉默。

沉默可以拿来牟利，沉默也可以拿来换取安全。魏晋时，司马昭特别残忍，大肆屠杀异己分子。有的人选择沉默，比如阮籍，"籍虽不拘礼教，然发言玄远，口不臧否人物。……礼法之士疾之若仇，而帝每保护之"（房玄龄《阮籍传》，《晋书》卷四九）。而阮籍的好友嵇康，他的选择是不沉默。嵇康《与山巨源绝交书》中说："阮嗣宗口不论人过，吾每师之而未能及……吾不如嗣宗之资，而有慢弛之阙；又不识人情，暗于机宜；无万石之慎，而有好尽之累。久与事接，疵衅日兴，虽欲无患，其可得乎？"嵇康也想学阮籍保持沉默，但学不了，而且"有好尽之累"，不但要说，还要说得痛快，最后被司马昭杀了。对阮籍，司马昭为什么"帝每保护之"？要让阮籍做榜样，这就是有偿沉默。孟子两千多年以前讲的"以言餂之""以不言餂之"，两句话，囊括多少人的无耻。当然，孟子讲的是"可以言而不言"，阮籍的时代，"天下多故，名士少有全者"（《晋书·阮籍传》），如此时代不说话，按照儒家的观点，是可以的。子曰："邦有道，危言危行；邦无道，危行言孙。"（《论语·宪问》）何况阮籍也并非一味沉默，他有《咏怀诗》，曲折表明他的痛苦；他有《大人先生传》，直接表明他的志趣。只是他与嵇康相比，确实以沉默保住了性命。

读书人有言论能力，既可以"言"邀功，也可以"不言"邀赏，不可不慎。读《孟子》，当自警醒。

成语——无所不为
链接——3.6；6.3；11.10；14.1

14.32

孟子曰:"言近而指远者,善言也;守约而施博者,善道也。君子之言也,不下带而道存焉①;君子之守,修其身而天下平。人病舍其田而芸人之田②,所求于人者重,而所以自任者轻。"

今译——

孟子说:"言语浅近而所指深远,这是善言;规矩简约而恩德广施,这是善道。君子说的话,讲的是眼前的事而道就寄存于其中;君子遵守的,是修养自身而使天下太平。人的毛病在于放下自己的田不锄而去锄别人的田,要求别人的很重,自己担负的很轻。"

注释——

① 带:束腰带。不下带,不到束腰带以下。形容就在眼前。朱熹:"古人视不下于带,则带之上,乃目前常见至近之处也。举目前之近事,而至理存焉,所以为言近而指远也。"
② 芸:同"耘",除草。

开讲——

"言近而指远者,善言也",话说得很切近,但是内涵很深远,这是善言。"守约而施博者,善道也",大道简约,但是又能通行天下,这是善道。"君子之言也,不下带而道存焉","带",束腰带。君子讲的那些话,并不是故意讲得玄远、晦涩难懂,讲的就是眼前的、实实在在的道理,讲得很切近,甚至切近到不到腰带以下的程度,但是这里面有道。"君子之守,修其身而天下平",君子守身如玉,身守好了,天下也就平了。"人病舍其田而芸人之田,所求于人者重,而所以自任者轻",人经常对自己要求轻,对别人要求重,表面上是对自己好,实际上恰恰相反,这就相当于到别人家的田地里用力耕田,却不去耕种自己家的田地。

大道至简,大道也至近。我们常见有人入山修道,岂不知修身即是修道,不修身又如何修道,而修身又何必入山?担水劈柴之中,有道存焉;饥餐渴饮困眠之时,即是修道。孟子说"求其放心",斯言岂非善言?斯道岂非善道?

成语——言近指远　守约施博
链接——12.2；13.15

14.33

孟子曰:"尧、舜,性者也;汤、武,反之也①。动容周旋中礼者②,盛德之至也。哭死而哀,非为生者也;经德不回③,非以干禄也;言语必信,非以正行也④。君子行法,以俟命而已矣。"

今译——

孟子说:"尧、舜,天性即仁的人。商汤、周武王,是修身为仁的人。一举一动都合乎礼的人,有最高的极致的德行。哀哭死去的人,不是为了给活人看;依顺德性的要求去做事而不背离,不是为了谋求官位;说出的话一定守信,不是为了证明自己行为端正。君子依规则做事,以此等待命运的安排就可以了。"

注释——

① 尧、舜,性者也;汤、武,反之也:13.30 中也有"尧、舜,性之也;汤、武,身之也",义近。
② 动容:举止仪容。周旋:行礼时揖让进退的动作。
③ 经:依顺。回:违背。
④ 非以正行也:赵岐:"非必欲以正行为名也。"不是追求正行的虚名。赵岐注增字为解,似不可从。我认为,"正"通"证",王念孙《读书杂志·晏子春秋杂志·外篇

重而异者》"正谏"条:"不听正谏,念孙案:正与证同。"正行,即证明自己行为端正。

开讲——

"尧、舜,性者也。汤、武,反之也",尧、舜本性即仁道;汤、武则是"反身而诚"(13.4),归于自己本性的仁道。孟子曰:"尧、舜,性之也;汤、武,身之也。"(13.30)一身一反,正好可以互释"反身而诚"。

我在13.30开讲里,讲到"尧、舜,性之也",有尧、舜即是仁之本体的意思,是对尧、舜人格的神格化,孟子说:"诚者,天之道也;思诚者,人之道也。"(7.12)《中庸》:"诚者,天之道也;诚之者,人之道也。诚者,不勉而中,不思而得,从容中道,圣人也。诚之者,择善而固执之也。"则在孟子的意思里,尧、舜属于"诚者",有"天"的意义,是"天之道"的人间呈现,其为人格,即是圣人;圣人即是"天"之人间赋形,以人格体现神格。而汤武,则是"诚之者",是人之道的最高代表,以人格皈依神格,故曰"反"。

"哭死而哀,非为生者也",哀悼死去的人,是内心中的真哀痛,真恻怛,一个字:诚。悲痛和伤感对人的内心世界非常重要。现在人们什么都讲要活在当下、要快乐生活,但是儒家会讲保持内心中的伤痛。悲是万物的命,慈是人类的性。孔子"于是日哭,则不歌"(《论语·述而》),孔子参加人家的丧礼了,那天就不唱歌。世上有太多的不幸,心中有慈的人,一定有悲伤之情。对世间万物的命运有真切的体会、体谅、体察,这是人性的高贵和深度。有慈悲与哀伤,才能读懂这样的诗:李商隐的"夕阳无限好,只是近黄昏"、苏东坡的"但愿人长久,千里共婵娟"……好的诗歌,本质上是哀伤的。好的音乐也如此。所以儒家的礼乐之"乐(yuè)",不能理解成"乐(lè)",那种"乐

（yuè）"，哪里是为浅薄的"乐（lè）"而生发，它是要我们沉潜到人伦人性深处，感知到人类一体的悲欢。是悲悯使我们像人，是悲悯使所有人相簇拥而互安抚。同情者，同悯也；同理者，同悲也。好的小说，本质上也是大悲凉的。曹雪芹说"千红一哭，万艳同悲"，鲁迅说"悲凉之雾，遍被华林"。《红楼梦》如此，鲁迅的小说何尝不如此？《金瓶梅》如此，《水浒传》如此。我写《鲍鹏山新批水浒传》序，说《水浒传》"出于杀戮、归于慈悲"。人心中的那一点哀伤，是人性的最深藏身之处。所以，孟子在这里说："哭死而哀，非为生者也。"岂止哭死而哀？看春去秋来，见繁华憔悴，人间何处不是哀伤，何时不可哀伤。我们需要用这样的哀伤来滋养、丰满我们的人性。

"经德不回，非以干禄"——禄可干，而经德不回非以干禄。因为经德不回不是方法，是目标，是人生方向。

"言语必信，非以正行"——行可证，而言语必信非以证信。因为言语必信不是证明自己的手段，而是做人的必需，不是人之功能，是人之本体。

"行法以俟命"——《中庸》："君子居易以俟命。"孟子说："夭寿不贰，修身以俟之，所以立命也。"（13.1）可以参看。一言一行、一举一动都合乎规矩，只求自己的行为合乎本性中的德，至于未来的命运会怎么样，坦坦荡荡等待就是了。把人应尽的力量尽到了，便是尽人力。尽人力而不以此为手段要富贵求成功，把尽人力看作为人之必需，这就是听天命——天命就是尽人力，尽人力就是我们的天命。

现在人们理解"尽人力，知天命"为"谋事在人，成事在天"，意思不能说不对，却肤浅了。因为，这样说话，那深层隐含的意思和动机，还是要所谓的"成事"。其实，尽人力哪里是为了成事，尽人力是为了成人。不是尽人力为成事，恰恰相反，成事是为成人。是人就得尽人力嘛！尽人力才是人嘛！尽了人力才能成人嘛！子夏转述孔子的话：

"死生有命，富贵在天。"（《论语·颜渊》）他是在讲如何处死生得富贵吗？不是。他在讲：生富贵不在人之考虑之内；死生富贵都在人之度外；死生富贵本来就不是人的问题，不是人生的问题，不是人要考虑尤其不要焦虑的问题。人生的问题是什么？子这样曰："德之不修，学之不讲，闻义不能徙，不善不能改，是吾忧也。"（《论语·述而》）孟子怎样说？孟子说，"行法"在我，"经德不回"在我，死生有命，富贵在天。

孔孟给我们指出了正道：如何求福？求福就是我们自己走正道。走正道一定能求到福吗？不一定。怎么办？孔子说"有命"；孟子曰"俟命"。真个是，"不知命，无以为君子也"（《论语·尧曰》）！

成语——行法俟命

链接——3.3；8.19；12.7；13.1；13.4；13.30；14.6

14.34

孟子曰:"说大人则藐之,勿视其巍巍然。堂高数仞,榱题数尺①,我得志弗为也;食前方丈,侍妾数百人,我得志弗为也;般乐饮酒②,驱骋田猎,后车千乘,我得志弗为也。在彼者,皆我所不为也;在我者,皆古之制也。吾何畏彼哉?"

今译——

孟子说:"向王公大人们进言要藐视他们,不要把他们高高在上的样子看在眼里。殿堂高耸数丈,出檐宽展数尺,我即使得志也不要这些;餐桌一丈见方,侍妾数百人等,我即使得志也不要这些;饮酒作乐,驰骋打猎,跟随的车子上千辆,我即使得志也不要这样。在他们那里的,都是我不要的;在我这里的,都是古代文明。我为什么要敬畏他们呢?"

注释——

① 榱(cuī)题:伸出的屋檐,通称出檐。
② 般乐(pán lè):玩乐。

开讲——

读这段，首先看到的是孟子那种鄙夷的神情，让人想起孔子在说到子西时的那种瞧不上："问子西，曰：'彼哉彼哉！'"（《论语·宪问》）孟子这一段，是大号的"彼哉！彼哉！"

不一样的是，孟子这里有彼，还有我。彼我分立，对立。一句彼，一句我，说得彼无立锥之地，而我占尽风光。孟子这段话讲得特别有志气。

"大人"，指王公大人。"大人"和"小人"的词义内涵很丰富。"小人"有时指地位低的人，有时指德行差的人。"大人"有时指德行好的人，有时指地位高的人。这里的"大人"指的是地位高的人。孟子对这种人的态度是"藐之"。何谓"藐之"？就是用眼睛的余光去看，不正眼瞧他。藐是小，小看他；藐是远，远看他；藐是渺，潦草看他；藐还是眇，一只眼睛看他就够了。

与孔子不一样，孟子是一棍子打翻一船人，所有"大人"全遭了孟子毒手。而孔子，是只对个别人。孔子有"三畏"之说，其中一畏，即"畏大人"（《论语·季氏》），敬畏地位高的人。他们俩谁做得对？该赞成孔子还是孟子？其实，孔子的"畏大人"，是在做自己，是依照礼的修养，对比自己地位高的人，表示应有的一份尊敬。而孟子想的是"在彼者，皆我所不为也；在我者，皆古之制也"，你们"大人"代表的是世俗权势，而我代表的，是"古之制"，古代的文化、礼乐、制度，古圣人传承下来的道义，因此绝不可在权势面前唯唯诺诺，低三下四。"我"之不自卑而自大，乃是因为我所承载的"古之制"尊严而无上。"说大人则藐之"，拿来"说大人"的，就是"古之制"，是"非尧、舜之道，不敢以陈"（4.2），难道跟你们这些不可一世的大人先生们说尧舜之道，还得低三下四不成？

所以，孟子堂堂正正，"勿视其巍巍然"，不看"大人们"那不可一世、道貌岸然、高高在上的样子。是什么给了孟子这样的文化自信、这样的傲慢姿态？道义。孟子争的，不是个人的位置，是道义的位置。

中间三个"我得志弗为也"，说出了自己高出这些"大人"的理由，也说出了自己打心眼里藐视"大人"的原因：你们这些"大人"，也就是吃喝玩乐洞房清宫而已。你们有的，我看不上；我有的，你们够不着——"吾何畏彼哉"？

"吾何畏彼哉"这句话，我们可以看成是孟子对孔子"畏大人"的一声隔空回应。

韩非有一篇《说难》，讲游说君主的困难，又是研究君主的逆反心理，又是告诫不可撄人主的逆鳞，又是提醒人们要仰承人主的爱憎厚薄……真是穷尽游说之技巧。而孟子只一句："说大人，则藐之。"——谁是高明者？司马迁《老子韩非列传》："然韩非知说之难，为说难书甚具，终死于秦，不能自脱。"而孟子则寿终正寝，谁有真智慧？而智慧又到底是什么？

成语——食前方丈
链接——4.2

14.35

孟子曰:"养心莫善于寡欲。其为人也寡欲,虽有不存焉者,寡矣;其为人也多欲,虽有存焉者,寡矣。"

今译——

孟子说:"保养善心最好的办法是减少欲望。如果做人欲望少,即使善心有所损失,也损失得不多。如果做人欲望多,善心即使有所保存,也保存得不多。"

开讲——

读着读着,就仿佛在读《道德经》。

"寡欲",不能简单理解为减少欲望,而要理解为管控欲望,使欲望正当,并能用正当的手段实现。不正当的欲望,或用正当手段无法满足的欲望,都会使人走上邪路。见得思义,就是用"正当"与否来审察欲望。

"欲"不仅指生理欲望,也指人过大的、过多的志向、兴趣、追求。孔子去见老子,老子告诫孔子"去子之骄气与多欲,态色与淫志",要去掉你过分的志向、追求。"欲"就是志向,"淫"就是过分。那时,三十五岁的孔子正值而立之年,精力旺盛,天赋高,志向大,踌踌满志，老子却说"是皆无益于子之身"，并说"吾所以告子，若是而已"(《史记·老子韩非列传》)。去"多欲"，去"淫志"，需要决断，断了，才能精进，把精气神从涣散处集中起来，聚精会神才能做大事。

《道德经》第十九章："见素抱朴，少私寡欲。"二十二章："少则多，多则惑。"（参见拙著《道德经导读》，中国青年出版社，2022年）

链接——3.6；11.13；11.14；13.1

14.36

曾皙嗜羊枣[1],而曾子不忍食羊枣。公孙丑问曰:"脍炙与羊枣孰美[2]?"

孟子曰:"脍炙哉!"

公孙丑曰:"然则曾子何为食脍炙而不食羊枣?"

曰:"脍炙所同也,羊枣所独也。讳名不讳姓,姓所同也,名所独也。"

今译——

曾皙喜欢吃羊枣,因此曾子不忍心吃羊枣。公孙丑问孟子:"烤肉与羊枣哪个美味?"

孟子说:"当然是烤肉!"

公孙丑问:"那么曾子为什么吃烤肉而不吃羊枣?"

(孟子)说:"烤肉是大家的共同嗜好,羊枣却是曾皙独有的嗜好。就像讳名不讳姓,姓是许多人共有的,名是一个人独有的。"

注释——

① 羊枣:一种枣子,熟后黑色,似羊屎,俗称"羊矢枣"。
② 脍炙(kuài zhì):烤熟的肉。

开讲——

曾晳，孔子的学生。曾晳的儿子曾参，也是孔子的学生。这里为什么称曾参为曾子？因为孟子从学于孔子之孙子思的学生门下，子思学于曾参，曾参可以说是孟子的曾祖师，所以尊称为曾子。而对曾祖师的父亲曾晳，就用称字不称名的敬称了（曾晳，名点，字晳）。曾家三代，曾晳、儿子曾参、孙子曾西，在历史上都很有名，尤其曾参，以孝闻名。因为父亲曾晳特别喜欢吃羊枣，父亲去世后，曾参睹物思人，就不再吃羊枣了。这就是"曾晳嗜羊枣，而曾子不忍食羊枣"的典故。

"然则曾子何为食脍炙而不食羊枣？"公孙丑问得有点肤浅。"五亩之宅，树之以桑，五十者可以衣帛矣；鸡豚狗彘之畜，无失其时，七十者可以食肉矣"（1.3），当时一般人都吃不上肉，所以没有人不爱吃烤肉，自然曾晳也喜欢吃烤肉。但是，吃羊枣却属于曾晳独特的嗜好，带有曾晳鲜明的个人印记，所以他去世后，儿子曾参不忍再吃羊枣了。后面孟子用"讳名不讳姓，姓所同也，名所独也"做了一个比喻。

链接——7.19；9.1

14.37

万章问曰:"孔子在陈,曰:'盍归乎来!吾党之小子狂简,进取,不忘其初。'①孔子在陈,何思鲁之狂士?"

孟子曰:"孔子'不得中道而与之,必也狂狷乎!狂者进取,狷者有所不为也'②。孔子岂不欲中道哉?不可必得,故思其次也。"

"敢问何如斯可谓狂矣?"

曰:"如琴张、曾皙、牧皮者③,孔子之所谓狂矣。"

"何以谓之狂也?"

曰:"其志嘐嘐然④,曰:'古之人,古之人。'夷考其行⑤,而不掩焉者也。狂者又不可得,欲得不屑不洁之士而与之,是狷也,是又其次也。孔子曰:'过我门而不入我室,我不憾焉者,其惟乡原乎!乡原,德之贼也⑥。'"

曰:"何如斯可谓之乡原矣?"

曰:"'何以是嘐嘐也?言不顾行,行不顾言,则曰:"古之人,古之人。"行何为踽踽凉凉⑦?生斯世也,为斯世也,善斯可矣⑧'——阉然媚于世也者⑨,是乡原也。"

万子曰:"一乡皆称原人焉,无所往而不为原人,孔子以为德之贼,何哉?"

曰:"非之无举也,刺之无刺也。同乎流俗,合乎污世。居之似忠信，行之似廉洁，众皆悦之，自以为是，而不可与入尧舜之道，故曰'德之贼'也。

"孔子曰：'恶似而非者。恶莠⑩，恐其乱苗也；恶佞，恐其乱义也；恶利口，恐其乱信也；恶郑声，恐其乱乐也⑪；恶紫，恐其乱朱也⑫；恶乡原，恐其乱德也。'君子反经而已矣⑬。经正则庶民兴，庶民兴，斯无邪慝矣⑭。"

今译——

万章问孟子："孔子在陈国，说：'为什么不回去呢！我家乡的学生们志向远大而行为粗简，能进取，不忘初心。'孔子在陈国，为什么想念鲁国的狂士呢？"

孟子说："孔子说过'找不到言行合乎中庸之道的人交往，那就一定要同狂者和狷者交往了吧！狂者进取，狷者有所不为'。难道孔子不想交往中道之人吗？中道之人不是一定能结交得到的，所以想着退而求其次。"

（万章问：）"请问怎么样就可以算是狂士呢？"

（孟子）说："像琴张、曾晳、牧皮那样的人，就是孔子所说的狂士了。"

（万章问：）"依据什么说他们狂呢？"

（孟子）说："他们志向远大说话夸张，挂在嘴上的话是：'古之人，古之人。'去考察他们的行为，却发现与他们说的不完全符合。若与狂士交往也不可得，就与那些不屑与肮脏为伍的人交往，这就是狷者，这又是退而求其次的选择。孔子说：'经过我的门不进入我房屋，我不觉得遗憾的，只有乡愿啊！乡愿，是祸害道德的人。'"

（万章）问："怎么样算是乡愿之人呢？"

（孟子）说："（乡愿会奚落狂士）'何必这样志大言狂呢？说话不顾

及行动，行动不顾及说话，动不动就说：'古之人，古之人。'（又奚落狷者说）'做事为什么这么孤傲落落寡合呢？生在这个世上，在这个世上做人，只要别人说我好就可以了'——曲意逢迎献媚取宠于世的，就是乡愿。"

万章说："一乡的人都说他忠厚恭谨，不论到哪里都表现得忠厚恭谨，孔子却说他是祸害道德的人，什么原因呢？"

（孟子）说："想批评他没有什么能指责的，想谴责他没有什么好谴责的。混同于流俗，融合于污浊。居心好像忠信，行为好像廉洁，大家都喜欢他，他也自以为是，但无法与他一同进入尧舜之道，因此说他是'道德的祸害'。

"孔子说：'厌恶那些似是而非的东西。厌恶狗尾巴草，是怕它混淆谷苗；厌恶谄媚，是怕它祸乱道义；厌恶花言巧语，是怕它危害诚信；厌恶郑地音乐，是怕它扰乱雅乐；厌恶紫色，是怕它淆乱正红色；厌恶乡愿，是怕它祸害德性。'君子只是回归常道罢了。常道不偏离则百姓就会觉醒，百姓觉醒，就不生邪恶了。"

注释——

① 《论语·公冶长》(5.22) 记："子在陈，曰：'归与！归与！吾党之小子狂简，斐然成章，不知所以裁之。'"本书所引《论语》注释，均可参见拙著《论语导读》，中国青年出版社，2021年，修订增补版。

② 《论语·子路》(13.21) 记："子曰：'不得中行而与之，必也狂狷乎？狂者进取，狷者有所不为也。'"这里的"中行"与"中道"，均指言行合乎中庸之道的人。参见同上。

③ 琴张、曾皙、牧皮：三人均为孔子的学生。琴张：名牢，字子开，一说字子张，生平事迹不详。《论语·子罕》："牢曰：'子云：吾不试，故艺。'"曾皙，参见7.19注②。牧皮：生平事迹不详。关于他们为什么被孟子称为狂者，朱熹注："子桑户死，

琴张临其丧而歌。事见《庄子》。虽未必尽然，要必有近似者。……季武子死，曾皙倚其门而歌，事见《檀弓》。又言志异乎三子者之撰，事见《论语》。牧皮，未详。"

④ 嘐嘐（xiāo xiāo）然：志向远大夸夸其谈的样子。朱熹："嘐嘐，志大言大也。"

⑤ 夷：赵岐、朱熹都注释为"平"。"夷考其行"即平允地、公允地、客观地考察他们的行为。王引之《经传释词》："夷，语助也。"据此，夷为含有转折意义的语气词。

⑥ 乡原（yuàn）：乡，乡里。原，通"愿"，老实恭谨。乡愿，指乡中貌似老实恭谨实则与流俗合污的伪善者。《论语·阳货》（17.13）："子曰：'乡愿，德之贼也。'"

⑦ 踽踽（jǔ jǔ）凉凉：孤立独行、落落寡合的样子。

⑧ "何以是嘐嘐也……善斯可矣"这段话有不同的标点和解释。朱熹认为，应标点为："何以是嘐嘐也？言不顾行，行不顾言，则曰：'古之人，古之人。'行何为踽踽凉凉？生斯世也，为斯世也，善斯可矣。"这段话的解释，分为两个部分："乡原讥狂者曰：何用如此嘐嘐然，行不掩其言，而徒每事必称古人邪？又讥狷者曰：何必如此踽踽凉凉，无所亲厚哉？人既生于此世，则但当为此世之人，使当世之人皆以为善则可矣，此乡原之志也。"译文从之。

⑨ 阉（yān）然：阉，阉割。阉然，曲意逢迎的样子。

⑩ 莠（yǒu）：一种草名，俗称"狗尾草"，样子很像谷子。

⑪ 恶郑声，恐其乱乐也：郑声，郑国的民间音乐。孔子认为它是靡靡之音，情调不健康，故主张"放郑声"。《论语·卫灵公》（15.11）："颜渊问为邦，子曰：'行夏之时，乘殷之辂，服周之冕，乐则《韶》《舞》。放郑声，远佞人。郑声淫，佞人殆。'"

⑫ 恶紫，恐其乱朱也：朱，大红色，传统上的正色。紫色虽与红色接近，却属于杂色。春秋时期，鲁桓公、齐桓公都喜欢穿紫色衣服。孔子认为这是破坏礼的行为。《论语·阳货》（17.18）记："子曰：'恶紫之夺朱也，恶郑声之乱雅乐也，恶利口之覆邦家者。'"紫色非正色；郑声非正声；利口非正论。服饰音乐言论都是政治，政者正也，三者不正，非政也。故孔子恶之。

⑬ 反经：反，同"返"，回归。经：常道，正经。

⑭ 邪慝（tè）：奸邪，邪恶。

开讲——

孔子说"无友不如己者"(《论语·学而》),不要和不如自己的人结交。孔子又说"君子上达,小人下达"(《论语·宪问》),君子天天向上,小人日日沉沦。与人交往,最理想的是结交中道(中庸)之人,但世上能做到"中道"的人极少,即使有,也不一定能遇到,这就是孔子说的"不得中道而与之"。怎么办?退而求其次,"必也狂狷乎",还有两种人可以结交,一种是狂者,一种是狷者。

孟子描写狂者"其志嘐嘐然",可以想象他的样子,走路仰着头,总是看不惯现实,一开口就是"古之人,古之人",有理想,有激情,有不满,有进取心,志意高远,敢作敢为,"有澄清天下之志"。但是,"夷考其行,而不掩焉者也",真正去考察他们的行为,却发现他们与他们标榜的"古之人"还存在着不少距离。狂者有救世的热情,这都是可贵的品质,也是这个世界不可或缺的精神,但这种救世热情如果没有节制,则易变得不择手段。而且,他们志向大,理想高,认知却未必跟得上。一旦认知出现差错,就如开车方向出现差错,则马力越大,油门越足,危险越多,危害越大。罗素说:"我绝不会为我的信仰而献身,因为我可能是错的(I would never die for my beliefs because I might be wrong)。"这句话会让很多人愤怒,愤怒的人往往是理想主义者,是人群中值得尊敬的人。但是,罗素这句话,是不是也值得我们思考呢?孟子说:"仲尼不为已甚者。"(8.10)孔子说:"人而不仁,疾之已甚,乱也。"(《论语·泰伯》)谈理想的时候,理性永远不可缺位;正如理性冷静之时,也不可或缺理想。孔子深切恐惧的是:这世界最大的祸患不是出自自觉的坏人,而是出自自以为是的"理想主义者"。

没有理想的理性,会使人精致利己;

没有理性的理想,会使人鲁莽灭裂。

《庄子·则阳》:"君为政焉勿卤莽,治民焉勿灭裂。"理想主义的政治家，若缺乏理性约束，一般而言，带给国家和百姓的，往往是灾难。这是历史的事实。

思想家应当多点理想，而政治家应该多点理性。

狷者是"不屑不洁之士"，他们为人耿直，洁身自好，做事有底线，不习惯与不合理的世界相处。他们善于把握自己，绝不肯同流合污，但狷者亦易流于消极避世。

狂者与狷者，毕竟都有仁义之一端：狂者是"己欲立而立人，己欲达而达人"（《论语·雍也》）；狷者是"己所不欲，勿施于人"（《论语·颜渊》）。一忠一恕，狂狷各执一端。只有"中道"才兼有二者之优点而无二者之缺点，故孟子说："孔子岂不欲中道哉？不可必得，故思其次也。"

孔子最讨厌的人，是乡愿，"过我门而不入我室，我不憾焉者，其惟乡原乎"，对乡愿的厌恶和决绝，溢于言表。

乡愿看不上狂者，也看不上狷者。狂者进取，狷者有所不为，他们的相同点都在于不习惯于不完美的世界，不习惯于不合理的世界，不习惯于肮脏的世界。明白这一点，我们就能知道乡愿为什么看不上狂狷了。乡愿的特点就是习惯于肮脏、习惯于不合理，并且在这样的不合理和肮脏之中如鱼得水。他们奚落狂者："何以是嘐嘐也？"何必要唱那么高的调子呢？何必要树那么高的道德标杆呢？你们自己"言不顾行，行不顾言"，你们标榜的那些你们做到了吗？你们的行为合乎你们宣扬的标准吗？他们奚落狷者：你们何必这样特立独行落落寡欢？何必这样自视清高孤芳自赏？

乡愿的信条是，"生斯世也，为斯世也，善斯可矣"，活在这个世界上，就要学会跟这个世界好好相处。"善"，可以理解为"缮"，与这个世界搞好关系，不论这个世界是如何肮脏、黑暗，他们都能在里面活着且活出无穷滋味和无尽幸福感。乡愿不仅道德是非感缺乏，他们也没有肮脏感。狂者的理想主义精神，他们没有，他们永远是自然主义、实用主义；狷者的道德洁癖他们也没有，他们永远不恶心不愧疚。阮籍曾经嘲讽这些"乡愿"——他们自称为君子，阮籍用"大人"之口来骂他们，《大人先生传》：

且汝独不见夫虱之处于裈中，逃乎深缝，匿乎坏絮，自以为吉宅也。行不敢离缝际，动不敢出裈裆，自以为得绳墨也。饥则啮人，自以为无穷食也。然炎丘火流，焦邑灭都，群虱死于裈中而不能出。汝君子之处区内，亦何异夫虱之处裈中乎？悲夫！而乃自以为远祸近福，坚无穷已。

阮籍平时隐忍，骂起人来特别毒辣。他把世道比喻成肮脏的棉裤裆，把乡愿（那些所谓的君子们）比喻成棉裤裆里面的虱子：虱子藏身在深深的布缝里，破败的棉絮中，就这样肮脏的地方它们也能安身立命并生活得有滋有味。它们小心谨慎，动静合乎规矩，不敢离开裤隙，不敢爬出裤裆。饿了就叮咬人体，自以为这是无穷无尽的食物之源。然而火山喷出岩浆四处奔流，烧焦城邑毁灭都市，这群虱子最终烧死在裤裆里不能逃出。这些"君子"住在人世间里，又跟那些虱子住在裤子里有什么区别呢！可悲啊！你们自以为远离灾祸，靠近福禄，世世代代子子孙孙都可以享这无穷的食禄！

孟子说，"阉然媚于世也者，是乡原也"，阉，是阉割的阉，"阉然"就是精神阉割，用被阉割了的精神"媚于世"。

乡愿，也是伪善者，"一乡皆称原人焉，无所往而不为原人"，一乡人都说他们和善，他们走到哪里也都表现得那么和善。可是孔子早已说过，要警惕这样的人，《论语·八佾》："子贡问曰：'乡人皆好之，何如？'子曰：'未可也。'"乡愿，就是子贡说的"乡人皆好之"之人，他们"非之无举也,刺之无刺也",这种人的可恶之处就在于,他们是老好人,你想批评他们,却也找不出什么证据来,因为他们没有大恶,但他们与恶混在一块、站在一起,与恶和平共处,他们以其站位,增加了恶的分量,增加了恶的胜算。他们自诩公正公允,自诩无偏无党,但,当一只大象把脚踩在一只老鼠的尾巴上时,你说你不选边站,真是立场公正吗?

所以,乡愿是"德之贼",乡愿是"同乎流俗,合乎污世。居之似忠信,行之似廉洁"的伪善者,乡愿也是汉娜·阿伦特(Hannah Arendt)在《艾希曼在耶路撒冷》(*Eichmann in Jerusalem: A Report on the Banality of Evil*)一书中提到的"平庸之恶",他们无原则不判断(自愿放弃理性顺随世道),他们根本"不可与入尧舜之道"。孔子、孟子可以说是最早对这类人有观察并且有鉴定的。

孔子"恶乡原,恐其乱德也",他把对乡愿的厌恶,与另外五个"恶(wù)"并列:恶莠,恶佞,恶利口,恶郑声,恶紫。孔子一口气讲了六个"恶",他厌恶的是"似而非者",似是而非,以邪乱正。子贡曾经问孔子:"君子亦有恶乎?"很多人以为君子充满仁爱,一定没有恶(wù)。但没有恶(wù),怎么有爱?君子的正道与正义,决定他永远站在恶(è)的对立面,站在被恶(è)伤害的人一边。菩萨也有金刚怒目时。

"经正则庶民兴","经正",倒过来读就是"正经"。《论语》是正经,《孟子》是正经,《金刚经》是正经。正经读多了,我们的精神就"反(返)经"了,就回到常道、回到正道上来了。大家都走在常道、正道上,民族就能站立起来了。

成语——言不顾行　行不顾言　踽踽凉凉　同流合污　似是而非
　　　　以紫乱朱

链接——9.7

14.38

孟子曰:"由尧舜至于汤,五百有余岁。若禹、皋陶,则见而知之;若汤,则闻而知之。

由汤至于文王,五百有余岁。若伊尹、莱朱①,则见而知之;若文王,则闻而知之。

由文王至于孔子,五百有余岁。若太公望、散宜生②,则见而知之;若孔子,则闻而知之。

由孔子而来,至于今百有余岁,去圣人之世,若此其未远也;近圣人之居,若此其甚也,然而无有乎尔,则亦无有乎尔!"

今译——

孟子说:"从尧舜到商汤,有五百多年。像禹、皋陶那些人,是亲见尧舜而理解尧舜的;而商汤,则是听闻尧舜而理解尧舜的。

从商汤到周文王,又有五百多年。像伊尹、莱朱那些人,是亲见商汤而理解商汤的;而文王,则是听闻商汤而理解商汤的。

从周文王到孔子,也是五百多年。像太公望、散宜生那些人,是亲见文王而理解文王的;而孔子,则是听闻文王而理解文王的。

从孔子以后,到今天有一百多年,距离圣人孔子的时代,如此这般的不远;靠近圣人孔子的家乡,如此这般的亲近,然而没有继承他的人，就也没有继承他的人吧！"

注释——
① 莱朱：传说中的商汤的贤臣。
② 太公望，即吕尚，俗称的姜太公。散宜生：姓散宜，名生，周文王之臣。

开讲——

"见而知之"，即孟子讲的"亲炙"（14.15），因为同时代，而能亲身感受圣人之道的熏陶，直接受其影响。"闻而知之"，则是虽相隔五百年而仍然能从圣人那里汲取力量，继承圣人之道。

从尧舜到商汤，五百年；从商汤到文王，五百年；从文王到孔子，又五百年。那么，从孔子之后呢？"由孔子而来，至于今百有余岁"，从孔子去世到孟子出生，相隔一百多年了，那么，能继承圣人之道的是谁呢？是我孟子吗？孟子在这句后面，讲着讲着，就把自己排进去了——"去圣人之世，若此其未远也"，我孟轲距离孔子的时代才一百多年；"近圣人之居，若此其甚也"，孔子的家乡在鲁国，离我的家乡邹国如此之近，孔子游历诸侯国的足迹，还历历在目，我虽然不得孔子"亲炙"，却是孔子之孙子思之传人，"闻而知之"孔子之道——"然而无有乎尔，则亦无有乎尔"，如果今天有人一定要说没有人能够达到孔子的境界，没有人能像孔子继承文王、文王继承商汤、商汤继承尧舜一样代代相传圣人之道，那好吧，就算没有人能继承吧！

仔细揣摩孟子这句话，实在大有意趣，孟子的言外之意是：小子们，你们记住，你们有幸跟我在一起，你们就可能是那些"见而知之"的人。当然，你们可能不承认，"然而无有乎尔，则亦无有乎尔"，不承认就不承认吧，反正就这样吧！

儒家道统之说，最早就源自孟子这段话。孟子隐然以继承孔子自任,这段话,可见孟子的自信、孟子的自知,也是孟子的苍凉。

一部大书,从第一章"亦有仁义而已矣"开始,到这里"则亦无有乎尔"结束。

到底是"有",还是"无"?我们也只能一声浩叹——

孟子已经来过,好话都已说尽,苦口婆心,圣者仁心,先知觉后知,先觉觉后觉,然而无有乎尔?则亦无有乎尔!

链接——4.13;8.22;13.40

附录一
《孟子》的编撰与成书

衣抚生

《孟子》的作者

《孟子》一书的作者,主要有三种说法:

第一,孟子与弟子合著。该说法最早出自《史记》:"天下方务于合从连衡,以攻伐为贤,而孟轲乃述唐、虞、三代之德,是以所如者不合。退而与万章之徒序《诗》《书》,述仲尼之意,作《孟子》七篇。"[1]《史记》认为,《孟子》一书由孟子与万章等人合作完成,篇幅为七篇。

第二,孟子自著。该说法最早出自东汉赵岐《孟子题辞》:"此书,孟子之所作也,故总谓之《孟子》。""退而论集所与高第弟子公孙丑、万章之徒难疑答问,又自撰其法度之言,著书七篇。"[2]赵岐也提到孟子弟子公孙丑、万章等人,但他们只是孟子"难疑答问"的对象,并非作者。"论集"者,也就是作者,为孟子。

这两种观点分别认为孟子是第一作者、独立作者,都认可孟子的贡献最大。

---

[1] 司马迁:《史记》卷七十四《孟子荀卿列传》,北京:中华书局,1982年,第2343页。
[2] 赵岐注,孙奭疏:《孟子注疏》,阮元校刻:《十三经注疏》,北京:中华书局,1980年,第2661—2662页。

第三种观点则认为,《孟子》一书为孟子弟子所撰,孟子本人不在作者之列。该观点最早见于韩愈《答张籍书》:"孟轲之书非轲自著。轲既殁,其徒万章、公孙丑相与记轲所言焉耳。"①

《史记》、赵岐、韩愈均是只有结论,而无论证过程。下面对一些有影响力的论证进行介绍和分析。

一、晁公武以君主谥号为线索,来讨论该问题。晁公武认为,《孟子》一书对君主皆称谥号,这说明《孟子》成书于这些君主去世之后,而孟子不可能活这么久。因此,晁公武支持韩愈的观点:

> 此书韩愈以为弟子所会集,非轲自作;今考于轲书,则知愈之言非妄发也。其书载孟子所见诸侯皆称谥,如齐宣王、梁惠王、梁襄王、滕定公、鲁平公是也。夫死然后有谥,轲著书时所见诸侯不应皆死。且惠王元年,至平公之卒年,凡七十七年,孟子见梁惠王,王目之曰叟,必已老矣,决不见平公之卒也。故予以愈言为然。②

以谥号来研究书籍的成书年代,是前辈学者的常用方法。该方法并不准确。举两个反例如下:

孔子卒于鲁哀公之前,不可能知道鲁哀公的谥号为"哀"。然而孔子所著《春秋》中,赫然出现鲁哀公元年至十四年的纪年。

司马迁卒于汉武帝之前,不可能知道汉武帝的谥号为"武"。然而《史记》中赫然出现《孝武本纪》。

是否可以根据《春秋》中的"哀公"、《史记》中的"孝武",剥夺

---

① 韩愈著,马其昶校注,马茂元整理:《韩昌黎文集校注》,上海:上海古籍出版社,2018年,第155页。
② 晁公武编,孙猛校:《郡斋读书志校证》,上海:上海古籍出版社,1990年,第415页。

孔子、司马迁的著作权？答案显然是否定的。

根据《史记》的用字习惯可知，所谓"孝武"原本应写为"今上"，被后人改为"孝武"。《春秋》中的"哀公"也应与此类似。那么，后人为何要进行如此修改？原因是不如此修改，就难以确定所谓"今上"是哪位君主，可能会给后人的认知带来困难和混乱。秦二世胡亥明白这个道理，可能是最早明确指出该类问题的人：

> 二世东行郡县，李斯从。到碣石，并海，南至会稽，而尽刻始皇所立刻石，石旁著大臣从者名，以章先帝成功盛德焉：皇帝曰："金石刻尽始皇帝所为也。今袭号而金石刻辞不称始皇帝，其于久远也如后嗣为之者，不称成功盛德。"丞相臣斯、臣去疾、御史大夫臣德昧死言："臣请具刻诏书刻石，因明白矣。臣昧死请。"制曰："可。"[1]

秦始皇刻石耀功，总是自称"皇帝"如何如何。秦始皇生前，这没有问题——他是第一个也是唯一一个"皇帝"。但是秦二世继位以后（"今袭号"），也成为"皇帝"，如何区分刻石上的"皇帝"是秦始皇还是秦二世？"金石刻辞不称始皇帝，其于久远也如后嗣为之者"。时间越久，这个问题就越严重，秦始皇刻石完全可能被误以为是后世某"皇帝"所为，因此，秦二世要说明刻石为"始皇帝"所刻。

明白这个道理，就会知道，后人为了避免歧义和混淆，很自然地会将《孟子》中出现的君主改为谥号。这不能作为《孟子》一书并非孟子所著的证据。杨伯峻对此有较为合理的解释："至于对当时诸侯都称

---

[1] 司马迁：《史记》卷六《秦始皇本纪》，北京：中华书局，1982年，第267页。

谥……大概是孟轲门徒追加或追改的。"①

二、朱熹从文字风格、文章水准入手，认为应为孟子自著：

> 《论语》多门弟子所集，故言语时有长长短短不类处。《孟子》，疑自著之书，故首尾文字一体，无些子瑕疵。不是自下手，安得如此好！若是门弟子集，则其人亦甚高，不可谓"轲死不传"。②

不同的人有不同的文风，朱熹以《孟子》全书文章风格"首尾文字一体"为依据，说明是经由孟子亲自撰写，其观点具有很大的可信性。杨伯峻认为《孟子》是公孙丑、万章所著，为了解释全书风格一致的问题，认为该书经过孟子的审定：

> 《孟子》仿《论语》而作，但《论语》编纂于孔子再传弟子之手，《孟子》大概是万章、公孙丑二人所记，对同学辈称"子"，对自己不称"子"，全书文章风格一致，可能经过孟子亲自润色。③

然而，孟子既然"可能亲自润色"，为何不亲自撰写？有过写作经验的人都知道，将不同写作者的文字"亲自润色"为统一风格，是非常困难的，其难度恐怕不低于亲自撰写。有此时间与精力，孟子完全可以自己撰写。更何况，作为总结孟子一生思想精髓、可传之后世的重要著作，孟子不亲自撰写，是讲不通的。

---

① 杨伯峻等：《经书浅谈》，北京：中华书局，1984年，第125页。
② 朱熹著，黎靖德编：《朱子语类》，武汉：崇文书局，2018年，第325页。
③ 杨伯峻等：《经书浅谈》，北京：中华书局，1984年，第125页。

三、崔述提了三条证据：

> 谓《孟子》一书为公孙丑、万章所纂述者，近是；谓孟子与之同撰，或孟子所自撰，则非也。
>
> 《孟子》七篇之文往往有可议者。如"禹决汝、汉，排淮、泗而注之江""伊尹五就汤，五就桀"之属，皆于事理未合。果孟子所自著，不应疏略如是，一也。
>
> 七篇中，称时君皆举其谥，如梁惠王、襄王、齐宣王、鲁平公、邹穆公皆然；乃至滕文公之年少亦如是。其人未必皆先孟子而卒，何以皆称其谥，二也。
>
> 七篇中，于孟子门人多以子称之，如乐正子、公都子、屋庐子、徐子、陈子皆然；不称子者无几。果孟子所自著，恐未必自称其门人皆曰子，三也。
>
> 细玩此书，盖孟子门人万章、公孙丑等所追述，故二子问答之言在七篇中为最多，而二子在书中亦皆不以"子"称也。①

第一条意见不足取，不能说，凡是水平高的，都是孟子写的或说的，凡是水平低的，都是孟子弟子写的。圣贤也会有事实和逻辑错误，这很正常。第二条意见也不足取，前文已有所批驳。第三条意见值得重视。一般认为，老师对于学生应当直呼其名，或是称字，而不应称"子"。但《孟子》中的弟子大都称"子"，这该如何解释？

按照传统解释，这说明《孟子》经过孟子弟子及再传弟子的修改，甚至有可能是成书于他们之手。但《孟子》一书具有特性：孟子跟弟子对谈时，皆称对方为"子"，而不会直呼其名。比如：

---

① 崔述：《崔东壁遗书》，上海：上海古籍出版社，1983年，第433页。

彭更问曰:"后车数十乘,从者数百人,以传食于诸侯,不以泰乎?"孟子曰:"非其道,则一箪食不可受于人;如其道,则舜受尧之天下,不以为泰。子以为泰乎?"(6.4)

乐正子从于子敖之齐。乐正子见孟子。孟子曰:"子亦来见我乎?"(7.24)

孟子谓乐正子曰:"子之从于子敖来,徒餔啜也。我不意子学古之道而以餔啜也。"(7.25)

万章曰:"敢问交际何心也?"孟子曰:"恭也。"……(孟子)曰:"子以为有王者作,将比今之诸侯而诛之乎?其教之不改而后诛之乎……"(10.4)

孟季子问公都子曰:"何以谓义内也?"曰:"行吾敬,故谓之内也。"……公都子不能答,以告孟子。孟子曰:"敬叔父乎?敬弟乎?彼将曰:'敬叔父。'曰:'弟为尸,则谁敬?'彼将曰:'敬弟。'子曰:'恶在其敬叔父也?'彼将曰:'在位故也。'子亦曰:'在位故也。庸敬在兄,斯须之敬在乡人。'"(11.5)

浩生不害问曰:"乐正子何人也?"孟子曰:"善人也,信人也。""何谓善?何谓信?"曰:"可欲之谓善,有诸己之谓信,充实之谓美,充实而有光辉之谓大,大而化之之谓圣,圣而不可知之之谓神。乐正子,二之中、四之下也。"(14.25)

在上述对话中,孟子将彭更、乐正克、万章、公都子等弟子都称为"子"。可以想见,孟子跟其他弟子对谈时,也应称对方为"子",而非直呼其名。既然对谈称"子",那么写作时称"子",不也是顺理成章的事情吗?只是公孙丑、万章参与了《孟子》一书的写作,所以不称"子"。当然,两人也并非完全不称"子"。万章也有称"子"的现象,即 14.38 先称"万章",后称"万子",则两词可以互相替换。

如此,老师称学生为"子",至少在孟子身上是很有可能的,似乎不一定能作为判断《孟子》作者的依据。

四、罗根泽指出孟子不宜自称为"孟子":"《孟子》书中,皆称孟子,古无自己称子之例,且于门弟子亦时称子,更不合理,故朱子自著之说,不能立也。"[①]

罗根泽之说粗看起来很有道理,但检之先秦诸子,多有自称为"子"者。比如:

> 惠子谓庄子曰:"魏王贻我大瓠之种,我树之成而实五石。以盛水浆,其坚不能自举也。剖之以为瓢,则瓠落无所容。非不呺然大也,吾为其无用而掊之。"庄子曰:"夫子固拙于用大矣……今子有五石之瓠,何不虑以为大樽而浮乎江湖,而忧其落无所容?则夫子犹有蓬之心也夫!"
>
> 惠子谓庄子曰:"吾有大树,人谓之樗。其大本臃肿而不中绳墨,其小枝卷曲而不中规矩。立之涂,匠者不顾。今子之言,大而无用,众所同去也。"庄子曰:"……今子有大树,患其无用,何不树之于无何有之乡,广莫之野,彷徨乎无为其侧,逍遥乎寝卧其下。不夭斤斧,物无害者,无所可用,安所困苦哉!"(《庄子·逍遥游》)

《庄子》内篇为庄周自著,《逍遥游》尤其是庄周自著的名篇,其中自称为"庄子"。《韩非子·问田》记载堂溪公与韩非的对话,韩非也自称"韩子":

[①] 罗根泽:《孟子传论》,长春:吉林出版集团股份有限公司,2017年,第65页。

> 堂溪公谓韩子曰:"臣闻服礼辞让,全之术也;修行退智,遂之道也。今先生立法术,设度数,臣窃以为危于身而殆于躯,何以效之……窃为先生无取焉。"
>
> 韩子曰:"臣明先生之言矣。夫治天下之柄,齐民萌之度,甚未易处也。然所以废先王之教,而行贱臣之所取者,窃以为立法术,设度数,所以利民萌,便众庶之道也。故不惮乱主暗上之患祸,而必思以齐民萌之资利者,仁智之行也。惮乱主暗上之患祸,而避乎死亡之害,知明夫身而不见民萌之资利者,贪鄙之为也。臣不忍向贪鄙之为,不敢伤仁智之行。先生有幸臣之意,然有大伤臣之实。"

孟子自称为"孟子",与庄子自称为"庄子"、韩非自称为"韩子"是同样现象。倘若不能否认庄子是《庄子》内篇的作者、韩非是《韩非子》的作者,就不能据此否认孟子是《孟子》的作者。另外,周广业认为,《孟子》称"孟子"是模仿《论语》中的"子曰",也很有道理,参见下文。

五、清儒周广业认为,《孟子》一书不可能是孟子自著,而是孟子和弟子、再传弟子合著,原因是该书写作难度太大,非一人一时所能撰写,必有长期追随孟子左右、详细记录孟子言行的弟子参与其中:

> 此书叙次数十年之行事,综述数十人之问答,断非辑自一时,出自一手。其始(万)章、(公孙)丑之徒追随左右,无役不从,于孟子之言动无不熟察而详记之。每章冠以"孟子曰"者,重师训,谨授受,兼法《论语》也。观公孙丑美大之称[①],几及孳孳之

---

① 此处有误。《孟子》13.41 载公孙丑之言为"道则高矣,美矣",应为"美高之称",而非"美大之称"。14.25 孟子答浩生不害之言,有"美大":"充实之谓美,充实而有光辉之谓大。"然而与公孙丑无关。

言，屋庐子喜于得间数节，当日师弟情事毕见矣。追还自青齐，既难必于行道，而孟子亦欲垂教后世，取向所进说时王、传授弟子者，润饰而删定之，以为有王者起，必来取法，托诸空言，不若载诸事实之深切著明也。老游梁鲁，其例亦同。岂竟孟子自著哉？其后编次遗文，又疑乐正子及公都子、屋庐子、孟仲子之门人为之。[①]

《孟子》一书确实人物众多、时间漫长，而且多有细节描写，这恰恰说明其主要作者应为孟子。周广业以"法《论语》"解释书中称"孟子"，也值得引起重视。周氏之言本于赵岐《孟子题辞》："七十子之畴，会集夫子所言以为《论语》。《论语》者，五经之锟辖，六艺之喉衿也。《孟子》之书则而象之。"[②]《孟子》既然模仿《论语》，则《论语》为语录体，《孟子》也为语录体；《论语》称孔子为"子""夫子"，《孟子》也称孟子为"孟子"。

综上所述，《孟子》全书的思想内容、文字风格一致，多有细节描写，且有早期学者的论述为证，当为孟子本人所撰写。从公孙丑、万章不称"子"，其他弟子多称"子"来看，公孙丑、万章等弟子也应起到一定的辅助作用。

我们还可以从《孟子》文本的蛛丝马迹来看该问题：

> 孟子去齐。充虞路问曰："夫子若有不豫色然。前日虞闻诸夫子，曰：'君子不怨天，不尤人。'"
> 曰："彼一时，此一时也。五百年必有王者兴，其间必有名世

---

① 周广业：《孟子四考》卷四《孟子出处时地》，《清经解续编》第230卷，上海：上海书店出版社·，1988年，第1078页。
② 赵岐注，孙奭疏：《孟子注疏》，阮元校刻：《十三经注疏》，北京：中华书局，1980年，第2662页。

者。由周而来，七百有余岁矣。以其数，则过矣；以其时考之，则可矣。夫天未欲平治天下也，如欲平治天下，当今之世，舍我其谁也？吾何为不豫哉？"（4.13）

一般认为，孟子晚年离开齐宣王后，即归隐著书。上文所言"天未欲平治天下也"，也清晰表明孟子放弃了"平治天下"的希望和努力。此时的孟子尚富有余力，不再周游诸侯，且有充虞等弟子跟随，很自然地就会与弟子们一起"序《诗》《书》，述仲尼之意，作《孟子》"。

《孟子》的篇幅、字数与佚文

一、《孟子》的篇幅

《孟子》的篇幅，《史记》记载为"七篇"，《汉书·艺文志》记载为"《孟子》十一篇"[1]，比《史记》多出四篇。赵岐说："又有外书四篇，《性善》《辩文》《说孝经》《为正》，其文不能弘深，不与内篇相似，似非孟子本真，后世依放而托之者也。"[2] 多出的四篇又称为"外书"，很可能是孟子学派的后学所著，依附于《孟子》。赵岐认为"其文不能弘深"，水平不高，没有为之作注。由于赵岐注本是朱熹《孟子集注》之前的近一千年里最经典、最流行的《孟子》注本，该版本不含"外书"，导致"外书"失传。今本《孟子外书》是伪书。

《孟子》本为七篇，赵岐分为上下，这就是十四卷本的由来。篇名中的"章句"二字，也来自赵岐为《孟子》所作章句。

---

[1] 班固：《汉书》卷三十《艺文志》，北京：中华书局，1962年，第1725页。
[2] 赵岐注，孙奭疏：《孟子注疏》，阮元校刻：《十三经注疏》，北京：中华书局，1980年，第2663页。

二、《孟子》的字数

赵岐《孟子题辞》说:《孟子》一书,"三万四千六百八十五字"[①]。《孟子篇叙》重申了这一字数,并有进一步的解释:"三万四千六百八十五字者,可以行五常之道,施七政之纪,故法五七之数而不敢盈也已。"[②] 赵岐明确说,《孟子》的字数为34685字,而且该数字有明确寓意。寓意有二:

一为效法五常、七政。焦循解释说:"五七当三万五千字",即"三万五千"的35为5、7的乘积。还有一点是焦循没有注意到的,那就是34865能被5、7整除,因而可以与五常、七政联系起来:$34685 \div 5 = 6937$,$34685 \div 7 = 4955$。

二为效法五常、七政而不足,以示谦虚。焦循解释说:"五七当三万五千字,今不足,故云不敢盈……此明云'五七之数不敢盈',则为三万四千有奇而不足五千,断非赵氏此数为传写有误。"[③]

赵岐反复论述并详细解释34685这一数字的含义,并得到焦循的确认,应该是可信的。然而陈士元、焦循统计的今本《孟子》分别为35410字、35226字,分别比赵岐本多了725字、541字,且与赵岐"不敢盈"之说相违背。我们重新统计阮元校刻《十三经注疏》中的《孟子》原文,发现陈士元的统计是准确的[④]。当然,不同版本的《孟子》之间可能有10字左右的字数差别,并不影响大局。

我们这次统计的字数是35384字(见本书附录二)。

这说明,今本《孟子》在流传的过程中,曾被人为添字。文言文的表述言简意赅,这700多字有能力表达不少信息。那么,今本《孟子》多了

[①] 阮元校刻:《十三经注疏》,北京:中华书局,1980年,第2662页。
[②] 焦循:《孟子正义》,北京:中华书局,1987年,第1044页。
[③] 焦循:《孟子正义》,北京:中华书局,1987年,第1044—1045页。
[④] 焦循统计的《梁惠王》少了100余字,《滕文公》少了60余字。

哪些字？这些字对《孟子》一书的含义有无重要影响？字数增加的原因是什么？由于《孟子》的崇高地位，而文本是研究《孟子》的基础，这些问题就显得很重要：如果是多出一些之乎者也等虚词，那倒没什么，要是多了实质性的内容，岂不是有可能影响到我们对孟子思想的认知？

研究《孟子》的大学者焦循提出两种解释[①]：

第一，非对话体的章节，均为孟子自说自话，不必加"孟子曰"三字。比如，"孟子曰：'无罪而杀士，则大夫可以去；无罪而戮民，则士可以徙。'"（8.4）焦循认为，这句话为孟子自说自话，"孟子曰"三字是后人添加的。焦循认为这一点涉及约400字，是焦循证据的主体。

第二，部分对话中的"孟子"二字为后人所加，理由是：对话时，如果《孟子》原文没有明确说是谁说的，赵岐通常会注明；因此，赵岐注明是谁说的，原文中又出现了该人，那么该人应为后人所加。

焦循的解释并不准确，可以找到不少反例，因此该问题实际上并未解决，是有关《孟子》文本的重要疑难问题。我们正在从事相关研究。

三、《孟子》的佚文

前辈学者早就发现，今本《孟子》有大量佚文，并有较为完备的辑佚。[②]

如果前辈学者所辑佚的三千多字佚文属实，这就意味着：

第一，孟子本人的文字有三千多字散失，我们对孟子思想的理解是

[①] 焦循：《孟子正义》，北京：中华书局，1987年，第1045页。

[②] 相关研究主要有：宋代毛居正《六经正误》，王应麟《汉书艺文志考证》《困学纪闻》《玉海》，史绳祖《学斋占毕》，元代马端临《文献通考》，吴莱《渊颖集》，明代李诩《戒庵老人漫笔》，陈士元《孟子杂记》，焦竑《焦氏笔乘》，陈耀文《经典稽疑》，胡爌《拾遗录》，董斯张《吹景集》，吕元善、吕兆祥、吕逢时《三迁志》，清代顾炎武《日知录》，毛奇龄《四书賸言》，马骕《绎史》，朱彝尊《经义考》，阎若璩《潜邱札记》，李锴《尚史》，惠栋《九经古义》，程大中《四书逸笺》，吴浩《十三经义疑》，四库馆臣《孟子注疏·孟子题辞解》考证、《后汉书》考证，李调元《逸孟子》，周广业《孟子四考》，翟灏《四书考异》，今人曹景年《〈孟子〉佚文考论》等。

不完整的。第二，更为严重的问题是，今本《孟子》比古本多700多字，再加上这些佚文，今本《孟子》将比古本多四千字。这就意味着，有多达四千字的他人文字混入《孟子》，也就是说，我们对孟子思想的理解可能是不准确的。

鉴于《孟子》在中国思想史上占据重要地位，文本又是研究《孟子》的基础，判断这三千多字佚文是否属实，就变成一项非常重要的工作，应该引起我们的重视。

判断这些佚文的归属，是一项很艰难的工作。前辈学者往往将问题简单化，要么将其全部归为《孟子》正文的佚文，要么将其归为《孟子外书》。清儒翟灏《四书考异》的辑佚内容多，考辨深入，且带有方法论性质，因而成绩很大，堪称相关研究的最高水平。我们正在从事相关研究。

《孟子》的主要研究成果

《孟子》的主要研究成果有三种：赵岐《孟子注》（收入《孟子注疏》）、朱熹《孟子集注》（收入《四书章句集注》）、焦循《孟子正义》。

东汉学者赵岐的《孟子注》是《孟子》的第一种经典注本。《孟子》是赵岐家族的家学。东汉末年，统治黑暗，宦官当权，赵氏家族以孟子宣扬的大丈夫精神勇斗宦官，最后被满门抄斩，只逃出来赵岐和堂兄赵袭（也作赵息）、堂侄赵戬。赵岐生活窘迫，被迫在北海（今山东）卖饼为生而终不悔，终年九十余岁，可谓仁者寿。正因如此，赵岐注《孟子》时的条件比较差，却颇能得孟子之意，从而成为经典。

宋代有人为赵岐注作"疏"，而伪托宋初著名学者孙奭之名。该疏水平不高，大都为简单翻译赵岐注，颇有德不配位之感，而且该疏将赵岐所作"章指"割裂，散之入"疏"，引起后世不少学者误读。因而该疏为学者们所鄙夷，被称为"伪孙奭疏"。赵岐注、"伪孙奭疏"合称《孟子注疏》，是十三经注疏之一。

《四书章句集注》是宋代大儒朱熹毕生心血所在，临终前数日尚在修订，代表了唐宋元明时期研究"四书"的最高水准。

清儒焦循嫌"伪孙奭疏"过于粗略，为之重新作疏，其编撰的《孟子正义》汇集了清人的大量研究成果，是研究《孟子》的集大成之作。焦循编撰此书时，劳累过度而生病不起，自知即将去世，就嘱托其子焦廷琥继续修订。焦廷琥在伤心之时，竭力修订，不久也劳累而亡。焦循之弟焦徵继续修订，"更深人静，风雨凄凄，寒柝争鸣，一灯如豆，忆及兄侄，涕泗交横，废书待旦，非复人境矣"，并与焦氏家族"相约各减衣食之半"，《孟子正义》才得以最终出版。[①]可以说，《孟子正义》蕴含了焦氏家族两代人的心血。

赵岐、朱熹、焦循研习《孟子》，不只是为了学问而学问，更是将《孟子》当成安身立命的生命之学。这是他们的研究能达到很高水平的原因之一，也值得今天的读者深思。

---

① 焦循:《孟子正义·目录》，北京：中华书局，1987年，第8页。

附录二
《孟子》字数统计明细

《孟子》一书在流传的过程中，文字有增删或散佚，但是今本《孟子》各版本之间的差异并不算太大。赵岐《孟子题辞》认为《孟子》一书有34685字，另据陈士元和焦循的统计，《孟子》分别为35410字、35226字。本书以朱熹《四书章句集注》为底本，参考阮元校刻《十三经注疏》、焦循《孟子正义》等。对诸家版本差异之处，择善而从，择便而从，择易而从。本书定稿后，特请浦江学堂家委总会于铮、孟怡廷、姜玲玲、应雯四位，对本版《孟子》的原文部分做了细致审慎的字数统计，逐字检点，不含标点、篇目，得《孟子》总字数为35384字。现将统计明细表刊于后，以备检视。

《孟子》字数统计汇总表

序号	篇目	章数	字数
1	梁惠王上	7	2442
2	梁惠王下	16	2930
3	公孙丑上	9	2688
4	公孙丑下	14	2453
5	滕文公上	5	2495
6	滕文公下	10	2550
7	离娄上	28	2395
8	离娄下	33	2354
9	万章上	9	2676
10	万章下	9	2452
11	告子上	20	2642
12	告子下	16	2612
13	尽心上	46	2419
14	尽心下	38	2276
合计		260	35384

《孟子》字数统计明细表

梁惠王上		梁惠王下		公孙丑上		公孙丑下		滕文公上		滕文公下		离娄上	
1.1	152	2.1	364	3.1	510	4.1	165	5.1	129	6.1	274	7.1	355
1.2	165	2.2	138	3.2	1096	4.2	511	5.2	356	6.2	140	7.2	128
1.3	359	2.3	267	3.3	86	4.3	145	5.3	583	6.3	273	7.3	80
1.4	125	2.4	353	3.4	160	4.4	165	5.4	1118	6.4	235	7.4	52
1.5	173	2.5	305	3.5	169	4.5	118	5.5	309	6.5	366	7.5	29
1.6	155	2.6	74	3.6	255	4.6	79	总计	2495	6.6	156	7.6	40
1.7	1313	2.7	195	3.7	137	4.7	139			6.7	152	7.7	195
总计	2442	2.8	61	3.8	77	4.8	178			6.8	78	7.8	131
		2.9	117	3.9	198	4.9	210			6.9	575	7.9	181
		2.10	137	总计	2688	4.10	245			6.10	301	7.10	69
		2.11	234			4.11	108			总计	2550	7.11	29
		2.12	141			4.12	223					7.12	105
		2.13	60			4.13	110					7.13	107
		2.14	89			4.14	57					7.14	116
		2.15	165			总计	2453					7.15	48
		2.16	230									7.16	39
		总计	2930									7.17	86
												7.18	92
												7.19	142
												7.20	47
												7.21	13
												7.22	13
												7.23	11
												7.24	79
												7.25	31
												7.26	27
												7.27	69
												7.28	81
												总计	2395

离娄下		万章上		万章下		告子上		告子下		尽心上		尽心下	
8.1	72	9.1	316	10.1	414	11.1	91	12.1	200	13.1	43	14.1	88
8.2	74	9.2	323	10.2	347	11.2	121	12.2	226	13.2	40	14.2	28
8.3	169	9.3	222	10.3	279	11.3	62	12.3	166	13.3	43	14.3	44
8.4	24	9.4	363	10.4	394	11.4	181	12.4	282	13.4	27	14.4	93
8.5	13	9.5	347	10.5	100	11.5	176	12.5	131	13.5	27	14.5	17
8.6	15	9.6	389	10.6	314	11.6	270	12.6	301	13.6	16	14.6	33
8.7	45	9.7	340	10.7	421	11.7	328	12.7	330	13.7	29	14.7	42
8.8	14	9.8	179	10.8	80	11.8	237	12.8	204	13.8	55	14.8	21
8.9	13	9.9	197	10.9	103	11.9	142	12.9	110	13.9	105	14.9	23
8.10	10	总计	2676	总计	2452	11.10	320	12.10	139	13.10	25	14.10	21
8.11	18					11.11	55	12.11	64	13.11	21	14.11	24
8.12	15					11.12	62	12.12	10	13.12	23	14.12	26
8.13	20					11.13	43	12.13	153	13.13	63	14.13	23
8.14	50					11.14	159	12.14	126	13.14	44	14.14	68
8.15	15					11.15	116	12.15	146	13.15	62	14.15	78
8.16	37					11.16	76	12.16	24	13.16	52	14.16	14
8.17	17					11.17	84	总计	2612	13.17	20	14.17	33
8.18	80					11.18	56			13.18	33	14.18	18
8.19	40					11.19	29			13.19	58	14.19	46
8.20	69					11.20	34			13.20	65	14.20	22
8.21	53					总计	2642			13.21	88	14.21	34
8.22	33									13.22	185	14.22	36
8.23	33									13.23	79	14.23	79
8.24	242									13.24	76	14.24	83
8.25	30									13.25	44	14.25	79
8.26	92									13.26	64	14.26	42
8.27	99									13.27	58	14.27	38
8.28	239									13.28	13	14.28	22
8.29	136									13.29	23	14.29	57
8.30	196									13.30	29	14.30	70
8.31	158									13.31	64	14.31	112
8.32	31									13.32	55	14.32	67
8.33	202									13.33	62	14.33	62
总计	2354									13.34	49	14.34	84
										13.35	83	14.35	37
										13.36	102	14.36	73
										13.37	39	14.37	403
										13.38	17	14.38	136
										13.39	99	总计	2276
										13.40	45		
										13.41	72		
										13.42	28		
										13.43	54		
										13.44	31		
										13.45	32		
										13.46	77		
										总计	2419		

附录三
主要参考文献

1 —— ［汉］韩婴撰，许维遹校释：《韩诗外传》，北京：中华书局，1980年。

2 —— ［汉］司马迁：《史记》，北京：中华书局，1982年。

3 —— ［汉］班固：《汉书》，北京：中华书局，1962年。

4 —— ［汉］许慎撰，［清］段玉裁注：《说文解字注》，上海：上海古籍出版社，1981年。

5 —— ［汉］刘向撰，向宗鲁校证：《说苑》，北京：中华书局，1987年。

6 —— ［汉］郑玄注，［唐］孔颖达疏：《礼记正义》，北京大学出版社，1999年。

7 —— ［汉］赵岐注，孙奭疏：《孟子注疏》，阮元校刻：《十三经注疏》，北京：中华书局，1980年。

8 —— ［汉］高诱注，［清］毕沅校，徐小蛮标点：《吕氏春秋》，上海：上海古籍出版社，2014年。

9 —— ［魏］王弼注，楼宇烈校释：《老子道德经注校释》，北京：中华书局，2008年。

10 —— ［魏］王弼注，［唐］孔颖达正义：《周易正义》，阮元校刻：《十三经注疏》，中华书局，2009年。

11 —— ［晋］陈寿：《三国志》，北京：中华书局，1982年。

12 —— ［南梁］皇侃撰，高尚榘整理：《论语义疏》，北京：中华书局，2013年。

13 —— ［唐］陆德明：《经典释文》，上海：上海古籍出版社，2013年。

14 —— ［唐］韩愈著，马其昶校注，马茂元整理：《韩昌黎文集校注》，上海：上海古籍出版社，2018年。

15 —— ［唐］白居易：《初授拾遗献书》，丁如明、聂世美校点：《白居易全集》，上海：上海古籍出版社，1999年。

16 —— ［唐］柳宗元：《柳宗元集》，北京：中华书局，1979年。

17 —— ［五代］王定保：《唐摭言》，西安：三秦出版社，2011年。

18 —— ［宋］欧阳修、宋祁等：《新唐书》，北京：中华书局，1975年。

19 —— ［宋］张载著，章锡琛点校：《张载集》，北京：中华书局，1978年。

20 —— ［宋］程颢、程颐撰，潘富恩导读：《二程遗书》，上海：上海古籍出版社，2000年。

21 —— ［宋］朱熹：《四书章句集注》，北京：中华书局，1983年、2012年。

22 —— ［宋］朱熹：《四书或问》，上海：上海古籍出版社；合肥：安徽教育出版社，2010年。

23 —— ［宋］朱熹：《晦庵先生朱文公文集》，《朱子全书》第二十四册，上海：上海古籍出版社；合肥：安徽教育出版社，2010年。

24 —— ［宋］晁公武编，孙猛校：《郡斋读书志校证》，上海：上海古籍出版社，1990年。

25 —— ［宋］黎靖德编，王星贤点校：《朱子语类》，北京：中华书局，1988年。

26 —— ［明］王守仁撰，吴光等编校：《王阳明全集》，上海：上海古籍出版社，2012年。

27 —— ［明］李贽：《四书评》，上海人民出版社，1975年。

28 —— ［明］焦竑、顾宪成：《焦氏四书讲录》，上海：上海古籍出版社，2002年。

29 —— ［明］吕毖：《明朝小史》，台北：正中书局，1980年。

30 —— ［清］顾炎武著，黄汝成集释：《日知录集释》，上海：上海古籍出版社1985年。

31 —— ［清］顾炎武著，陈垣校注：《日知录校注》，合肥：安徽大学出版社，2007年。

32 —— ［清］王夫之：《四书训义》，长沙：岳麓书社，2011年。

33 —— ［清］王夫之：《读四书大全说》，北京：中华书局，1975年。

34 —— ［清］王夫之：《四书笺解》，新北：广文书局，1977年。

35 —— ［清］张廷玉等：《明史》，北京：中华书局，1974年。

36 —— ［清］顾栋高辑，吴树平、李解民点校：《春秋大事表》，北京：中华书局，1993年。

37 —— ［清］周广业：《孟子四考》，《清经解续编》，上海：上海书店出版社，1988年。

38 —— ［清］孙希旦撰，沈啸寰、王星贤点校：《礼记集解》，北京：中华书局，1989年。

39 —— ［清］崔述：《崔东壁遗书》，上海：上海古籍出版社，1983年。

40 —— ［清］王念孙著，钟宇讯点校：《广雅疏证》，北京：中华书局，1985年。

41 —— ［清］王念孙：《读书杂志》，南京：江苏古籍出版社，1985年。

42 —— ［清］阮元校刻：《十三经注疏》，北京：中华书局，1980年、

2009 年。

43 —— ［清］阮元校刻：《孟子注疏》，北京：中华书局，1980 年。

44 —— ［清］王引之撰，虞思征等校点：《经义述闻》，上海古籍出版社，2018 年。

45 —— ［清］刘沅：《十三经恒解》，成都：巴蜀书社，2016 年。

46 —— ［清］陶起庠：《四书集说》，《清经解全编》，济南：齐鲁书社，2016 年。

47 —— ［清］焦循：《孟子正义》，北京：中华书局，1987 年。

48 —— ［清］刘宝楠撰，高流水点校：《论语正义》，北京：中华书局，1990 年。

49 —— ［清］王先谦撰，沈啸寰、王星贤点校：《荀子集解》，北京：中华书局，1988 年。

50 —— ［清］王先慎撰，钟哲点校：《韩非子集解》，北京：中华书局，1998 年。

51 —— ［清］郭庆藩撰，王孝鱼点校：《庄子集释》，北京：中华书局，1982 年、2013 年。

52 —— ［清］孙诒让撰，孙启治点校：《墨子间诂》，北京：中华书局，2001 年、2017 年。

53 —— 唐文治：《四书大义》，上海人民出版社，2018 年。

54 —— 程树德撰，程俊英、蒋见元点校：《论语集释》，北京：中华书局，1990 年。

55 —— 徐元诰撰，王树民、沈长云点校：《国语集解》，北京：中华书局，2002 年。

56 —— 《鲁迅全集》，北京：人民文学出版社，2005 年。

57 —— 余嘉锡：《世说新语笺疏》，北京：中华书局，1983 年。

58 —— 杨树达：《古书句读释例》，北京：中华书局，1954 年。

59 ——《胡适文集》，北京大学出版社，1998年，

60 ——《郭沫若全集》，北京：人民文学出版社，1984年。

61 —— 钱宝琮：《中国数学史》，北京：科学出版社，1963年。

62 —— 向宗鲁：《说苑校证》，北京：中华书局，1987年。

63 —— 钱穆：《论语新解》，北京：生活·读书·新知三联书店，2012年。

64 —— 钱穆：《四书释义》，北京：九州出版社，2010年。

65 —— 钱穆：《论语集解》，台北：联经出版事业股份有限公司，2002年。

66 —— 钱穆：《先秦诸子系年》，北京：商务印书馆，2001年。

67 —— 许维遹：《韩诗外传集释》，北京：中华书局，1980年。

68 —— 许维遹撰，梁运华整理：《吕氏春秋集释》，北京：中华书局，2009年。

69 —— 罗根泽：《孟子传论》，长春：吉林出版集团股份有限公司，2017年。

70 ——《王力古汉语字典》，北京：中华书局，2000年。

71 —— 牟宗三：《圆善论》，台北：联经出版事业股份有限公司，2003年。

72 —— 牟宗三：《心体与性体》，台北：联经出版事业股份有限公司，2003年。

73 —— 杨伯峻：《论语译注》，北京：中华书局，2009年。

74 —— 杨伯峻等：《经书浅谈》，北京：中华书局，1984年。

75 —— 杨伯峻：《春秋左传注》，北京：中华书局，1981年。

76 —— 颜炳罡：《中华传统文化经典教师读本·孟子》，济南：济南出版社，2015年。

77 —— 梁涛：《孟子解读》，北京：中国人民大学出版社，2010年。

78 —— 周大璞：《训诂学要略》，武汉：武汉大学出版社，2013 年。

79 —— 杜道生：《论语新注新译》，北京：中华书局，2011 年。

80 —— 王利器校注：《盐铁论校注》，北京：中华书局，1992 年。

81 —— 杨宽：《我国古代大学的特点及其起源》，《古史新探》，北京：中华书局，1965 年。

82 —— 严耕望：《治史三书》，上海：上海人民出版社，2016 年。

83 —— 何宁：《淮南子集释》，北京：中华书局，1998 年。

84 —— 缪文远、缪伟、罗永莲译注：《战国策》，北京：中华书局，2012 年。

85 —— 缪文远：《战国策新校注》，成都：巴蜀书社，1987 年。

86 —— 李学勤主编：《字源》，天津：天津古籍出版社；沈阳：辽宁人民出版社，2012 年。

87 —— 王国轩、王秀梅译注：《孔子家语》，北京：中华书局，2009 年。

88 —— 汤余惠：《释"垃圾""狼藉"》，载吕绍纲编：《金景芳九五诞辰纪念文集》，长春：吉林文史出版社，1996 年。

89 —— 邢义田：《地不爱宝：汉代的简牍》，北京：中华书局，2011 年。

90 —— 傅佩荣：《人性向善论》，《中国信纸理教育哲学基础国际学术研讨会》，台北：辅仁大学出版社，1985 年。

91 —— 杨朝明、宋立林主编：《孔子家语通解》，济南：齐鲁书社，2013 年。

92 —— 宋杰：《九章算术与汉代社会经济》，北京：首都师范大学出版社，1994 年。

93 —— 杨逢彬：《孟子新注新译》，北京大学出版社，2017 年。

94 —— 杨逢彬：《论语新注新译》，北京大学出版社，2016 年。

95 —— 王进锋：《殷商史》，上海：上海人民出版社，2015年。

96 —— 彭卫、杨振红：《中国风俗通史》，上海：上海文艺出版社，2002年。

97 —— 荆州市博物馆：《郭店楚墓竹简》，北京：文物出版社，1998年。

98 —— 睡虎地秦墓竹简整理小组编：《睡虎地秦墓竹简》，北京：文物出版社，1990年。

99 —— 张家山二四七号汉墓竹简整理小组编：《张家山汉墓竹简二四七号墓》，北京：文物出版社，2006年。

100 ——［古希腊］柏拉图著，王晓朝译：《柏拉图全集》，北京：人民出版社，2002年。

101 ——［英］威廉·莎士比亚著，朱生豪译：《李尔王》，南京：译林出版社，2018年。

102 ——［德］黑格尔著，范扬、张企泰译：《法哲学原理》，北京：商务印书馆，1961年。

103 ——［德］叔本华：《爱与生的苦恼》，北京：金城出版社，2018年。

104 —— 韦启昌译：《叔本华美学随笔》，上海：上海人民出版社，2009年。

105 ——［德］恩格斯：《路德维希·费尔巴哈和德国古典哲学的终结》，《马克思恩格斯选集》。北京：人民出版社，1972年。

106 ——［德］雅斯贝尔斯：《历史的起源与目标》，上海：华东师范大学出版社，2018年。

107 ——［英］汤因比著，索麦维尔节录，曹未风译：《历史研究》，上海：上海人民出版社，1986年。

108 ——［美］弗朗西斯·福山著，毛俊杰译：《政治秩序的起源：从前人类时代到法国大革命》，桂林：广西师范大学出版社，2012年。

109 —— 鲍鹏山：《孔子传》，北京：中国青年出版社，2013年。

110 —— 鲍鹏山：《大学中庸导读》，北京：中国青年出版社，2022年。

111 —— 鲍鹏山：《孔子如来》，北京：中国青年出版社，2021年。

112 —— 鲍鹏山：《论语导读》（修订增补版），北京：中国青年出版社，2021年。

113 —— 鲍鹏山：《孔子原来》，北京：中国青年出版社，2020年。

114 —— 鲍鹏山：《风流去》，北京：中国青年出版社，2009年。

115 —— 鲍鹏山主编：《中国古代文学通论》，上海：上海古籍出版社，2003年。

116 —— 彭卫：《汉代人的肉食》，《中国社会科学院历史研究所学刊》第7辑。

117 —— 刘源：《"五等爵"制与殷周贵族政治体系》，《历史研究》2014年第1期。

118 —— 张信通：《秦国乡里赋税制度与赋税征收再探讨》，《中国农史》2018年第6期。

119 —— 衣抚生：《〈白虎通〉与东汉政治研究》，山东大学2015年硕士学位论文。

后　记

写这篇后记时，心中充满感动和感叹。

事实上，这正是写这篇后记的原因。

2014年，我在北京创办花时间读书社。当时，由王飞飞、吴晓梅、张德江、汲德存一起主持，后来周长琰加入。这是以同仁引荐的方式加入社员的小型读书会，不收社员学费（收些班费以备茶歇和食宿、课间简餐、特别场景课堂），我免课酬，场地亦由同仁支持，不对外宣传。我们读《论语》和《孟子》时，中粮广场汲德存的工作室、民生证券张德江的会议室，什刹海边水波漪漪的望海楼（庄伟女士在那儿主持慈弘慈善基金会），都是我们读书社的教室。现在我们在周长琰的厂区花院里上课。这期间，我们不断储存美好回忆——梦一般的回忆，花一样的时间，那些纯粹的人。

下面是花时间读书社创设之初，我们写进班规里的理念：

> 孔子曰："德之不修，学之不讲，闻义不能徙，不善不能改，是吾忧也。"曾子曰："君子以文会友，以友辅仁。"人固不可以无学，学固不可以无师友也。此读书社所以兴作也。
>
> 读书社上探宋明书院讲学精神，融汇近代大学导师制度。阐发

经典，弘扬人文。立品节、正心术、广知识，期个人智慧之成长与事业之发达，冀中国之复兴与文化之进步。此读书社之志事而切望于诸君子者。

今特取古今贤圣教人为学之大端，科条宗纲，陈兹数事，诸君子幸共勉旃。

一曰高远。孟子曰："孔子登东山而小鲁，登泰山而小天下。"观于海者难为水，游于圣人之门者难为言。盖所处益高，则视下益小；所见益博，则琐屑丛胜皆不足碍眼目而扰心胸。志识坚定、器量雄远，方能建穷大极深之业。庸鄙蟠互，即有造就，亦自卑隘。立志可不勉乎！

一曰纯粹。纯粹者，正其谊而不谋其利，明其道而不计其功。盖急于近者必遗于远，贵乎细者必失乎大。不辨理之邪正、事之得失，惑溺而不见道，则虽功利抑不可求。道，大本也；义，达道也。陶铸万有，广达宏通。道义为根柢，功业为嘉葩。根之茂者实遂，膏之沃者光华。故孔子曰："君子喻于义，小人喻于利。"曰："放于利而行，多怨。"曰："苟志于仁矣，无恶也。"

一曰系统。梁柱枋椽，皆有职乎宫室；执其一支，则不能有宫室之用。以其无统系也。为学亦然。陵杂无序，不能入理；单辞碎义，犹比窥观。庄生曰："吾生也有涯而知也无涯。以有涯随无涯，殆矣。"三坟五典，九流百家之书，诚若烟海，然弗患其无涯也。察始原终，则幽微洞彻；明体达用，则曲畅旁通。兼总条贯，综达旨归，举一纲而张万目，读书之道尽于此矣。

一曰有恒。易曰："不恒其德，或承之羞。"孔子取焉。无恒固无一而可也。人以或作或缀之功，挂名于学，进锐退速，一曝十寒，文行安能有获哉？荀子曰："骐骥一跃，不能十步；驽马十驾，功在不舍。"锲而舍之，朽木不折；锲而不舍，金石可镂。故人无分老幼，事无分难易，行之有恒，自如种树畜养，日见其大而不觉耳。

一曰庄肃。士之所由以致于道者，学也。有得于中，必形于外。故孔子曰："非礼勿视，非礼勿听，非礼勿言，非礼勿动。"曰："居处恭，执事敬。"曰："君子不重则不威。"此数者，身之用也。由乎中而应乎外，闲于外而养其中。诗云："古训是式，威仪是力。"戒慎乎不睹，恐惧乎不闻，笃厚安详，清整庄肃，所以安心存诚也。

本以上"高远、纯粹、系统、有恒、庄肃"之理念，花时间读书社制定规章制度如下，认同以上理念并能知行合一者，方接受为社员……

（以下略）

花时间读书社的社员都是一些纯粹的人。我们以终身学习为念，没有功利目的，读无用之书，度有涯之生。我们拿一本本古代经典，一句句读将来，一章章读将来，一篇篇读将来。他们说，烦琐的生活、繁重的工作、繁难的应酬，几乎占据人的一生，为什么我们不能为自己花点时间，一起以经典为伴，把无聊变为有聊，把无奈变为有赖？花时间读书社，一期一会，花开有时，潮来有信。我讲得不急，他们听得不急，孔子孟子老子庄子墨子荀子也不急，司马迁陶渊明李白杜甫施耐庵曹雪芹俟其后，也不急。时间的花开在我们这里，也开在他们那里。

我们首先用近两年时间，读完了全本《论语》。

接着用四年时间，读完全本《孟子》。每次课两天，讲《孟子》十四篇中的一篇。有时讲不完，讲不完就下次讲。这么不急不慢，算下来，《孟子》我讲了有三十多天吧。

接着，又讲完了《大学》《中庸》。接下来，要讲老子和庄子了吧。

那天，最后一次《孟子》课，讲最后一段，感慨万千：

> 由孔子而来，至于今百有余岁，去圣人之世，若此其未远也；近圣人之居，若此其甚也，然而无有乎尔，则亦无有乎尔！（《孟子·尽心下》）

圣人，吾不得而见之矣，得见君子者斯可矣；善人，吾不得而见之矣，得见有恒者斯可矣。
然而无有乎尔，则亦无有乎尔！
然而——竟然有，就在今日，就在闹市中，就在一帮最忙碌的人群中。与有恒者兀兀穷年以读书，真是滚滚红尘花时间。

听讲者中，有中国社科院衣抚生博士，他也是浦江学堂北京班的老师。后来他博士毕业去河北一所大学任职，不能每次都到。但他提出，他来做《孟子》课录音的文字录入！我吃了很大一惊：博士又大学教师，来做录入员的工作，太浪费了吧？他说：第一，算我补课；第二，这样的内容，非专业人员还真做不了。可是，这是何等巨大的工作量啊！

中间还有一个波折：他做到大约三分之一的时候，电脑硬盘物理性损毁，所有的成果，荡然无存！全部得重来！于是他就从头再来。他就是这样心性稳定不急不躁的人。我这边接着讲，他那边继续做，用了两年多的时间吧，最后电脑统计录音文字，删去课堂间逸出的话题，竟然还有一百二十八万字之巨！而且，我讲课时随口引用的各种文献、资料，他都一一找到出处，按照现行学术规范中最严苛的标准，专门做了说明。我口误的地方，也做了订正！

衣抚生博士，是我见过的、对先秦文献最熟悉的年轻人，有他把关，庶几可以不出知识性错误。

在差不多成书的时候，他又不下两次审读全书注释。他对我的多处注解充分肯定，为此还做了很多材料补充。我们常常为了一个注释，电话中反复讨论，我们也在此基础上，写出三篇以《孟子注解的疑难与新解》为题的论文，对《孟子》文本解读中的历史性疑难问题提出我们的看法。这些成果即将在学术杂志发表。

衣抚生博士录入的一百二十八万字的原始稿，交到了吴晓梅编审手里。她要按照此前我出版的《论语导读》《大学中庸导读》《道德经导读》的体例，把它变成一本书。其间，她从中国青年出版社退休，但社里的"吴晓梅工作室"一直存续，她也一直在编辑我的书。

她对照《孟子》原文核对；她把我穿插在讲解之中的原文翻译摘出来，变成"今译"；她把我授课时随口做出的释义、衣抚生博士补充的文献资料变成规范的"注释"格式；她把我一句一句的串讲变成"导读"——她找出每章要点，找出主题，找出内在逻辑，然后，删繁就简，把一百二十八万字精缩到了四十八万字，凿刻出了现在书的模样。

想想：对于课堂录音这样的口语录入稿，不是大段大段删除或保留就可以的，而要逐句处理：保留的要一句一句摘出，不要的要一句一句删除，同时，要保证保留下来的句子语气顺畅，语义连贯，逻辑通达，主题突出。这种案头工作的烦难，也许还好理解。但所需的专业知识、学术能力、文字功夫和编辑水准，就常常被人忽忘。我以前说，吴晓梅是中国最好的编辑，这是她此前编辑我书时，我的感受。这次，我的感受更深。

在吴晓梅给我的基础稿上，我又对译文、注释和导读，做了三遍或重写、或修改、或增订——此时，恰好上海防疫被封控在家近三个月，出不了门，专注只做这一件事。

我们三人如此衔接交替，前后做了将近五年的时间，终于定稿。

顺便讲一个插曲：在我接到吴晓梅发来的书稿，开始动笔的时候，我多年来一直使用的、上面写满了我读书心得和随手搜集的多种资料的中华书局版朱熹《四书章句集注》，突然不知所踪。

大海捞针和掘地三尺，都找不到这本书了。万思不得其解之时，不禁胡思乱想：是孟子不喜欢我的讲解，冥冥之中阻止我做这本书吗？

马绒是这本书的责任编辑，她是吴晓梅编审"老带新"的徒弟。她常来听我的课。她也是浦江学堂的老师，在班级给小学生完整讲授过《孟子》。她是一位做事极认真负责、工作极细致小心的编辑。书稿交给她后，她加班加点，在极其有限的时间里，再次核对原文、译文、注释、导读，理顺文字，稳妥表达，对全书做最后的编辑梳理。在编辑的烦难和学术的厚重中，我清晰地看到了年轻编辑的成长——不仅是专业能力，还有心性的历练。

用她自己的话说，这几年编辑导读系列，从《论语》到《大学》《中庸》，到《道德经》《孟子》，她相当于又读了一个硕士。

拿到马绒给我的校样后，我再次逐句做了最后一次修订。

这本书，是我所有书稿中成本最高的——我在花时间读书社四年的讲解；一位秦汉史与史学理论博士、大学老师两年多的录入整理和文献支持；一位高级编辑两年多的成书化编纂；一位年轻责编一年多无休无止的后期编辑。当然，还有我数月之久坐冷板凳的增补、修订。如此，而有厚重得要分上、中、下三卷的这本书，版面字数已近九十万之巨。

这本书，在我的"中华传统文化经典导读系列"《论语导读》《大学中庸导读》《道德经导读》之后出版，本应名《孟子导读》，但两个校次之后，我突然想到，也许用《孟子开讲》做书名更恰当。这样的成书过程和结果，不论从体量上，还是文体上，显然已经有别于之前的"导读"了。

"开讲"者，开场讲也，开敞讲也，由开麦而终落笔。其实，我还有一个意思：不是我在讲，是孟子在对我们开讲、开示。

孟子说：

> 于不可已而已者，无所不已。
> 于所厚者薄，无所不薄也。其进锐者，其退速。（13.44）

在花时间讲课、花时间读书、花时间做书这件事上，我们没有走得太快，但一直没有停止。

当初开讲孟子时，花时间读书社就曾有一个课程公告，公告的标题是：万古皆有春，今春孟子来。

孟子，是中国文化大野上的参天大树。

我们希望对得起孟子。对得起这位堂堂正正的中华大丈夫，这位用他的思想和语言护佑一个民族的伟人。

我们这么认真做《孟子开讲》，也为了能对得起买这部厚厚的三卷本的读者们。

希望大家一起，从这本书，走近孟子，体会孟子的智慧与慈悲，也体会他的苍凉与愤怒。

鲍鹏山
2023 年 2 月于偏安斋改定